黃振威 著

番書與黃龍

香港皇仁書院

華人精英與近代中國

中華書局

馮錦榮序

　　1909 年（清宣統元年）己酉新歲元月，香港總督盧嘉爵士（Sir Frederick John Dealtry Lugard, 1858－1945）撰、「香港大學堂華人勸捐委員會」司理陳少白（1869－1934）翻譯之《港督盧制軍香港大學堂勸捐啟譯文并序》（香港中環和盛印字館承印）正式刊行。卷前的〈香港創設大學堂勸捐導言〉已指出：「今者中國朝廷派遣游學諸生，皆以所得於香港者為最。若大學堂既成，則香港畢業之學生，即與出洋畢業者無異。將來為國宣猷，從公于邁，近取即是，何俟遠求！」盧嘉所言已點出來自香港的教育精英成為光緒末年、宣統初年清廷派遣出洋游學之官員（包括通過科舉而晉身翰林院的年青官員）的中流砥柱。盧嘉又在〈勸捐啟〉中述及香港學生（包括皇仁書院的畢業生）赴中國內地升學與日俱增的箇中原因是香港沒有大學的設立：「西式之學堂已日增於中國之內地，且聞北京近有創設稅務學堂之舉，招生入學，乃第一次投考，被選者半為香港之學徒。學校內授課以英語為主，卒業期以四年，內分財政、外國語言文字、數學、地理、萬國公法及各國條約等科，立法既良，成效必著，他日本港大學成立，開堂授課，足資吾人之取法者必多。…… 本港皇仁書院開設以來，功效不少。由此院出身而登中國仕版者大不乏人。今大學之設，正所以廣其作用耳。」於此具見盧嘉爵士識見深邃高遠。

　　振威自本世紀初於香港大學中文學院本科及碩士課程隨余學習時已致力搜求近世稀珍或流通不多的書刊和舊物，於掌故、舊聞之整理、闡發用力甚勤；後更負笈劍橋大學；學成回港後，供職於香港商務印書館。年前更以「在職研究生」身份入讀港大哲學博士課程，余續忝任其論文導師，研究課題即本書書題所示之《番書與黃龍：香港皇仁書院華人精英與近代中國》。振威治史，善於從檔案和放失舊聞中重構歷史真像，並配以其歷年搜羅之稀珍書籍，或以文字、或以圖像，將歷史人物鮮為人知的各個面相，原原本本，呈現於讀者眼前。書中諸章如〈皇仁書院校友群像〉、〈政治變色龍：外交界聞人溫宗堯〉、〈貨幣與圖圈：民國第一任財長陳錦濤〉、〈汪精衛政權時期駐台北總領事：張國威〉、〈法學權威 東西津樑：鄭天錫的一生〉、〈法學與外交：被遺忘了的羅文榦〉等，或就皇仁書院早期畢業生之人脈、網絡重構給出翔贍資料，或就政治轉型或敏感時期關鍵人物的處世、行誼條分縷析，勝義紛陳。這些人物當中，陳錦濤直接參與清政府設立度支部印刷局（1908 年成立）和延聘美國著名雕刻技師海趣（Lorenzo James Hatch, 1856－1914）為首任技師長（主管產物設計、雕刻、製版並負責培訓藝徒），引進美國雕刻鋼版（Engraved steel intaglio plate）凹印工藝印刷鈔票的新技術。綜言之，在這寬廣的歷史空間中交織重疊的思想折射面上，振威可説是研究皇仁書院歷史的功臣。

是為序。

馮錦榮

京都大學文學博士

香港大學香港人文社會研究所院士

香港海事博物館董事

中國科學院竺可楨科學史講席教授

自　序

（一）

　　位於銅鑼灣高士威道的皇仁書院（Queen's College）環境清幽，面向維多利亞公園，是銅鑼灣一個重要的地標。皇仁書院前身是中央書院（Government Central School），在 1862 年創辦，1889 年更名為維多利亞書院（Victoria College），1894 年再易名為皇仁書院。[1]在晚清至民初數十年間，皇仁書院是孕育華南和香港精英的搖籃，曾於該校就讀的學生，遍及全球，有些更在中國的政、商、學界等叱咤一時。本書通過考察和整理 1862 年至 1922 年間逾四百位該校華人校友的生平，嘗試將這些零碎片段拼湊成一個較完整的論述，從而說明皇仁書院對中國近代化的貢獻，以及香港在中國近代史上的特殊位置。

　　本書的基礎是筆者的博士論文。書中所談人物，大部分均是其他著作從未或鮮有提及的皇仁校友。學者對皇仁書院個別傑出校友

1　Gwenneth Stokes & John Stokes, *Queen's College: Its History 1862-1987* (Hong Kong: Queen's College Old Boys' Association, 1987), pp. 33, 239-240, 243-244；楊國雄：《香港身世：文字本拼圖》（香港：香港各界文化促進會，2009 年），頁 143。本書為符合歷史事實起見，1889 年之前稱中央書院，1889 年至 1894 年為維多利亞書院，1894 年起稱為皇仁書院。如討論涉及三個階段，則以皇仁書院統稱。

如何啟（1859－1914）[2]、周壽臣（1861－1959）[3]、何東（Robert Ho Tung, 1862－1956）[4] 等均有專書或論文研究。這些研究各擅勝場，均是重要的著作，惟皇仁書院創校多年，歷屆學生不計其數。我們所知的校友僅是冰山一角，可發掘的空間還有許多，而 1862 年至 1922 年這六十年正是重大的轉折時期，西方政治和文化等各方面的意識形態，均在中國發展和扎根，中國社會亦因西方帶來的影響而走上轉型之路。

　　本書是寫給大眾閱讀的，故行文用字力求淺白。筆者希望通過這部書，讓廣大讀者了解早期皇仁校友與中國近代化的關係。另外，本書附有許多相片、書影和文獻圖片等，是筆者多年搜集所得，部分相當罕有，相信讀者當感興趣。

2　Chiu Ling-yeong, *The Life and Thought of Sir Kai Ho Kai*, Ph. D. Thesis, University of Sydney, 1968; Chow Lo-sai Pauline, *Ho Kai and Lim Boon Keng: A Comparative Study of Tripartite Loyalty of Colonial Chinese Elite, 1895-1912*, M. A. Thesis, University of Hong Kong, 1987; G. H. Choa, *The Life and Times of Sir Kai Ho Kai: A Prominent Figure in Nineteenth-century* (Hong Kong: Chinese University Press, 2000); John M. Carroll, *Edge of Empires: Chinese Elites and British Colonials in Hong Kong* (Cambridge, Massachusetts: Harvard University Press, 2005)；張禮恆：《何啟胡禮垣評傳》（南京：南京大學出版社，2006 年）。

3　鄭宏泰、周振威：《香港大老：周壽臣》（香港：三聯書店〔香港〕有限公司，2006 年）。

4　鄭宏泰、黃紹倫：《香港大老：何東》（香港：三聯書店〔香港〕有限公司，2007 年）；鄭宏泰、黃紹倫：《何家女子：三代婦女傳奇》（香港：三聯書店〔香港〕有限公司，2010 年）；鄭宏泰、黃紹倫：《山巔堡壘：何東花園》（香港：中華書局〔香港〕有限公司，2012 年）。

（二）

　　除自序外，本書共分七章。第一章是全書的概說。第二章鈎沉一
眾被遺忘的的皇仁早年校友，考證他們的生平，剖析他們在中國近代
化進程中所擔當的角色。在討論過程中，我們不難察覺，某些家庭與
皇仁書院有着深厚的淵源。第二章是本書最重要的部分，故所佔的篇
幅亦較多。

　　接下來的五章，筆者挑選了五位皇仁校友作個案分析。選擇這五
人作為討論對象，是因為有關他們的資料較多。

　　出身皇仁書院的愛國分子固然甚眾，惟亦有少數通敵附日者。接
下來所論之三位校友，在晚清民國時期都是具新頭腦的人物，但因個
人之抉擇或其他緣故，在抗日戰爭時均淪為「漢奸」。第三章先談溫
宗堯（1867－1947）。他善於審時度勢，順應潮流，用通俗的話來
說，是典型的「世界仔」、「香港仔」。[5] 溫宗堯一生政治見解變化多
端，是政壇變色龍。他晚年附日，歷史上對他的評價，毀多於譽。在
晚清最後十年，他是聲名鵲起的洋務官員，赫有大名；在民國初年，
則活躍於外交界。二十年代初以後，他息影泉林，長年在滬作寓公，
埋首個人事業，三十年代末重投宦海。當時反日之聲高漲，他卻逆其
道而行，參加日本在華的傀儡政權，經常發表極為露骨的反蔣和親日
言論，屢為時人詬病。抗戰勝利以後，他因通敵面臨審判，最後鬱鬱
而終。溫宗堯是晚清、民國聞人，惟有關他生平的資料相當零散且互
有分歧。直至現在，還未見任何有關溫宗堯的系統研究，人們對他的
生平仍是一知半解。這一章談他不平凡的一生。

5　　例如馬家輝指溫宗堯是「必勝客」、「永遠不愁工作機會」，評價十分恰當。可參馬家
　　輝：〈皇仁的漢奸〉（明報新聞網：2015 年 9 月 6 日）。

第四章以經濟學家陳錦濤（1871－1939）為中心。陳錦濤是中華民國第一任財政總長，且是當時中國首屈一指的經濟學家。美國銀行家、康乃爾大學（Cornell University）出身的 Willard Straight（1880－1918）認為他很能幹。[6] 陳錦濤仕途並不得意，曾淪為政爭犧牲品，一度身陷囹圄，出獄後生活十分拮据，以後還當過大學教授、政府經濟顧問等職。他後來投日，當上維新政府的財政部長，且死在任上，[7] 身後寂寂無聞。他生前似乎沒有留下有系統的記錄，因此生平待考的地方甚多，例如陳錦濤是否在清末已加入革命黨，尚待證實，有些記載說他曾在哥倫比亞大學（Columbia University）留學，[8] 也是謬誤。綜觀他的一生，遊走於官、商、學之間，且與貨幣改革結下不解之緣。他是許多方面的第一：除了是中華民國第一任財政總長，也是第一個在耶魯大學（Yale University）取得經濟學博士的中國人，同時是中國第一代投資無線電的商人。[9]

第五章的主角是在汪精衛（1883－1944）政權時期任駐台北總領事的張國威（約 1872－?）。[10] 張國威是一位資深外交官。或許長期在外，少與中國的知識分子和社會精英交往，故在時人著作中，鮮見他的身影，即在當時的名人錄中，對其生平也只有極簡的記載，甚至連生年也付之闕如。[11] 筆者在偶然的情況下，在日本官方檔案中發

6　Willard Straight, *China's Loan Negotiations* (New York: China Press, 1912), p. 32.

7　山口梧郎：《支那常識讀本》（東京：テンセン社，1939 年），頁 188；"Chen Chin-tao", "Obituary", *North China Herald*, 13 June 1939.

8　如 "Chen Chin-tao" 便是如此記載。

9　胡光麃（1897－1993）：《波逐六十年》（香港：新聞天地社，1964 年），頁 252。

10　張國威生年根據〈申送署甅南浦副領事張國威起復親供〉，《外務部》，中央研究院近代史研究所檔案館藏，檔號 02-19-011-01-033；JACAR（アジア歴史資料センター）Ref. B15100379700、台北駐在中華民国総領事並同館員（M-2-5-0-4_40_003）（外務省外交史料館）。

11　敷文社編：《最近官紳履歷彙編》第一集（北京：敷文社，1920 年），頁 142。

現他的詳細履歷。[12] 張國威離開皇仁書院以後曾出資捐官，亦曾遊學美國，增加自己進入中國官場的本錢。[13] 受歷史資料的限制，關於張國威在台灣的一段歷史，本書只能提供一個輪廓，而在此之前的歷史則較詳。或許他最後投日，也是出於實際生活的考慮。

第六章談的是法學名家和國民政府最後駐英大使鄭天錫（F. T. Cheng, 1884－1970）。鄭天錫長期在中國司法界工作，亦曾在海牙（Hague）國際法院當法官，在法學上極有成就。他精通英語，舊學根柢亦十分深厚，故能貫通中西，以英語向世界介紹中國文化之精髓。他有自傳 East and West: Episodes in a Sixty Years' Journey 傳世，為本書提供重要的事實基礎。[14]

第七章的主角是羅文榦（1888－1941）。他出身省港富家，早年在皇仁書院就讀，後從牛津大學（University of Oxford）畢業，專研法律，曾任外交總長和財政總長，顯赫一時。羅文榦與陳錦濤一樣，因政爭淪為犧牲品而繫獄。羅文榦英年早逝，有關其身世的資料散落在舊報紙和卷宗之中，蒐集殊非易事。學界對他的認識只限於一鱗半爪，比較系統的傳記尚待整理。本章嘗試拼合各種零碎資料，還原他的一生。

最後一章則是結論。附錄部分則列出本書所討論皇仁諸校友的生平簡歷。

---

12 詳參 Ref. B15100379700、台北駐在中華民国総領事並同館員（M-2-5-0-4_40_003）。

13 〈甌南浦副領事張國威請更正底銜〉，《外務部》，中央研究院近代史研究所檔案館藏，檔號 02-19-007-03-006。

14 F. T. Cheng, East & West: Episodes in a Sixty Years' Journey (London: Hutchinson & Co. Publishers Ltd., 1951).

（三）

在研究路上，常常遇到困難，有時終日躊躇，苦思答案不得。慶幸途上得到許多支持，難關都一一跨過了。感謝馮錦榮老師的悉心指導及惠賜序文。這幾年，劍橋大學碩士論文導師 Professor Hans van de Ven 經常赴港出席學術會議，時有請益的機會。Professor Hans van de Ven 不吝賜教，對筆者的研究十分關注，情誼可感。一如以往，何冠環博士、何漢威教授、馬幼垣教授常錫以南針，令筆者茅塞頓開。感謝尹惠玲小姐、王善詩小姐、王敬安先生、何阿三先生、何劍葉小姐、吳小燕小姐、吳志棠先生、吳淼鑫教授、李家明先生、明柔佑博士、林軒亮先生、林學忠博士、張宇程先生、莊旭輝先生、郭鵬飛教授、陳敏玲小姐、陳韶韻先生、陸國燊博士、黃海濤先生、楊啟業先生、楊康婷博士、詹玲莉小姐、廖建鴻先生、趙令揚教授、潘志文先生、潘銘燊博士、鄭碧珊小姐、穆國敏先生、蕭敬偉博士、羅淑華小姐、譚小圓小姐、Mr. 及 Mrs. Les Hales、Dr. Kerrie L. MacPherson、Professor Victor H. Mair 等一直以來的幫忙和鼓勵。招天欣醫生慷慨提供其曾祖父招浩駢（1867－1941）的相片，招天欣醫生父親招顯洸醫生惠贈《招顯洸九十華誕感恩畫冊》和《招氏族譜》，鄭斌教授回憶其父鄭天錫的生平點滴並慨予照片，傅德楨先生提供鄭斌教授與傅錦培女士之合照，傅仲熊先生和傅錡華博士提供稿本《傅秉常日記》，楊永安博士惠借周壽臣照片，羅文榦孫、車顯承（1890－1925）外孫羅徵詮先生和羅昭湄女士惠賜珍藏羅文榦、車顯承相片及文獻，羅徵遠醫生惠寄羅文榦早年相片和提供《羅氏族譜》等，羅愛麗 Audrey Scherbler 女士和羅沛雲女士分享羅氏家族歷史的片斷，National Library of Australia 提供温宗堯簽名本《英國史略》和 T. K. Dealy（1861－1924）所編 *Notes on the Geography of the Chinese Empire* 之初版，均令本書生色不少，在此敬致謝忱。

此外還要感謝父母及兄長一直以來的默默支持。最後，衷心感謝中華書局（香港）有限公司副總編輯黎耀強先生接納書稿出版，以及本書編輯吳黎純小姐細心校閱全書內容。

最近有機會再訪皇仁書院校史館，因何冠環博士之介紹，得識皇仁書院副校長趙善衡先生和皇仁書院校史館榮譽館長余尚賢先生，交流彼此研究心得，晤談甚歡。相信隨着校史館的積極推廣，校史之研究定必日見豐碩。

皇仁書院早期校友的歷史是一個大題目，本書只是一個開端，期望以後能有更多學者注意這個課題，進行更深更廣的研究。筆者學殖有限，不足之處在所難免，敬希各方讀者隨時賜正，至深感銘！來郵請寄 wongchunwai25@yahoo.com.hk。

黃振威 謹識

2018 年 12 月 31 日

目　錄

馮錦榮序　/ i

自　序　/ iii

第一章　**序章**　　　　　　　　　　　　　　　▶　1

　　從中央書院到皇仁書院　/ 3

　　本書研究方向探析　/ 15

　　餘論：皇仁書院的日本學生　/ 28

第二章　**皇仁書院校友群像**　　　　　　　　　　▶　33

　　中國海關職員　/ 35

　　中國海軍　/ 102

　　鐵路職員、郵電職員、工程師　/ 109

　　翻譯、洋務人員、外交官　/ 119

　　官僚、文員　/ 149

　　買辦和商人、商界職員　/ 156

　　西醫　/ 181

　　報界　/ 199

　　律師、法官　/ 208

　　英文讀本作者　/ 217

　　教師　/ 236

　　運動員　/ 240

其他 / 242

小結 / 244

第三章　**政治變色龍：外交界聞人溫宗堯**　　247

八面玲瓏 / 252

翻譯《英國史略》/ 276

折衷中外 / 285

民國時期的溫宗堯 / 292

通敵 / 298

第四章　**貨幣與囹圄：民國第一任財長陳錦濤**　　319

初涉學林 / 325

徘徊於國計與壇坫之間 / 338

身陷囹圄及出獄之後 / 364

陳錦濤與貨幣、郵政改革及經濟史研究 / 369

從銀本位到英鎊連鎖制 / 386

最後的時光 / 391

第五章　**汪精衞政權時期駐台北總領事：張國威**　　395

誰是張國威？ / 398

張國威所見之朝鮮 / 401

外交生涯 / 406

聯英之建議 / 410

台北開館 / 413

第六章　**法學權威　東西津樑：鄭天錫的一生**　　415

　　貫通東西 / 422

　　香港之行 / 427

　　鄭天錫與中國文化 / 432

　　國府最後的駐英大使 / 447

第七章　**法學與外交：被遺忘了的羅文榦**　　455

　　羅文榦的家世及生平 / 458

　　縲絏之災 / 468

　　羅文榦的《獄中人語》/ 471

　　新疆交涉 / 477

　　對日本侵華的態度 / 483

結論 / 495

附錄 / 498

參考文獻 / 605

第一章

序章

按自開港以來，設有大書院，俾有志者入而肄業，實
於培育人材一事，意至美而法至良。其學成而去，蔚然為眾
望所歸者，時不乏人。故遍日學徒愈盛，咸聞風而至，負笈
而來，期於中西文字，淹通並貫。

〈留心育才〉，《循環日報》（1880 年 9 月 17 日）

先兄諱顯承，號湛清，世居廣州河南，生而穎悟，年十四
入香港皇仁中學校，成績斐然。逾年轉入香港聖士提反學堂。

《車顯承哀啟》[1]

這個皇仁書院本是為培育殖民地（香港）的人民設立的，
只是中學的程度，一刊〔般〕應授的科學並不完全，注重是
英文和中國文的繙譯，旁及些數學與地理。這時我國雖高唱
着興學校、廢科舉，但尚未有設備完好的學校，這皇仁書院
便成了廣州的青年最近欲得到西洋教育的唯一的學校。

謝英伯：〈謝英伯先生自傳 —— 人海航程〉[2]

有些人提醒我，如果我想認真學習英文的話，應該到
香港的皇仁書院去。那是殖民地的伊頓或哈羅。

F. T. Cheng, *East & West: Episodes in a Sixty Years' Journey* [3]

1　《車顯承哀啟》（自刊，無出版地，1925 年），原無書名和頁數。羅徵詮先生和羅昭
　　湄女士提供，特此鳴謝。書名由筆者根據內容擬定。
2　謝英伯（1882−1939）:〈謝英伯先生自傳 —— 人海航程〉，載秦孝儀編:《革命人
　　物誌》第 19 集（台北:中央文物供應社，1968 年），頁 294−369。
3　*East & West: Episodes in a Sixty Years' Journey*, p. 72。原文為英文，由筆者譯作中
　　文，下同。

是年春，余入皇仁書院習英文，其時月脩一元，書籍、石版等件，俱由書院供給。

譚榮光：《花甲回憶錄》[4]

自 1841 年起，英國在香港展開逾一百五十年的管治。在清政府眼中，香港不過南方一小島，遠離政治核心的北京，英國起初亦不甚重視。中英雙方當時尚未意識到，開埠以後的香港，對近代中國的歷史進程，起着舉足輕重的作用。

在港英政府管治香港最初的幾十年，在社會、政治及民生方面，均有所興革，原因主要是為了鞏固港英政府在本地的統治。然而，這些功利政策也惠及香港和鄰近地方。其中新式教育便是最具代表性的政策。

從中央書院到皇仁書院

在英治初期，港英政府對香港教育投放的資源相當有限，新式學校主要由教會創辦。香港開埠初年的教育，仍以傳統私塾為主導。後來港英政府基於社會發展的考慮，開始有限度資助香港的新式教育，而當時香港民眾也感到香港僻處中國的南方，要在競爭激烈的科舉中脫穎而出，實非易事，故有不少香港人進入這些新式學校，以期學曉英語和相關的應用知識，在華洋雜處的社會中謀生。中央書院遂在這樣的背景下應運而生。

中央書院是仿效英國學制而成立的官立學校，創立於 1862 年。[5]

4　譚榮光（1887－1956）：《花甲回憶錄》（香港：自刊，1952 年），頁 4。「是年」為1898 年。

5　李金強：〈香港中央書院與清季革新運動〉，載李國祁主編：《郭廷以先生百歲冥誕紀念史學論文集》（台北：台灣商務印書館股份有限公司，2005 年），頁 249－267。

它又名中環大書院、[6] 中環大書館等，[7] 1889 年易名為維多利亞書院，1894 年起改稱皇仁書院。[8] 校舍最初設在中環歌賦街，1889 年遷往中環鴨巴甸街及荷李活道交界，日治時期校舍燬於戰爭和火災。1950 年，高士威道皇仁書院現址校舍正式啟用。[9] 中央書院創校初期學校分中、英文兩部。1896 年 5 月 31 日，中文部正式結束。[10] 早期班級尚未有定制，以 1871 年為例，只有一至六班和預備班，[11] 後來班級較多，甚至設有十一班。[12]

中央書院的班級制漸漸發展為八級，最低是第八級，最高是第一級。七、八級是初小部；六至四級是初中部，學生可兼讀英文；三至一級是高中部，學生可兼讀中文。[13] 在生源方面，大部分均是廣東人，但也有英國人、葡萄牙人、印度人，甚至日本人等在該校就讀。[14]

在構想中央書院的課程時，英國漢學家理雅各（James Legge，1815－1897）起了關鍵的作用。他認為中央書院應是一所中英兼重的學校。考生入學需要通過《三字經》和《千字文》等蒙學教材考試，及格者方可進入初小部研讀尺牘、四書五經等。經考試進入初中部

6　〈憲節下臨〉，《循環日報》，1882 年 2 月 13 日。

7　〈獎勵學童〉，《循環日報》，1884 年 1 月 19 日。

8　*Queen's College: Its History 1862-1987*, pp. 33, 239-240, 243-244.

9　Ibid., pp. 9-10, 131, 238-240, 345.

10　*The Hongkong Government Gazette*, 6 June 1896, p. 467. 然而在 1904 年，皇仁書院重設中文班（vernacular school），詳見 "Vernacular School Half-Yearly Examination, June 1904," *The Yellow Dragon*, Vol. V, No.9 (July 1904), p. 170.

11　Ibid., 2 March 1872, pp. 97-107. 本書的「班」是指「級」，下同。如果是指某班的話，會註明班別如 4A 或 4B 班等，如此類推。

12　例如〈獎賞學童〉，《循環日報》，1883 年 1 月 31 日。當年英文班第九班首名是周麗棠，次名方仲由。第十班首名是馮天泰，次名梁松鑑。第十一班首名是蔡朝鍾，次名陳永祥。

13　〈香港中央書院與清季革新運動〉，頁 249－267。

14　*The Hongkong Government Gazette*, 18 March 1871, pp. 115-121.

後，課程則改為上午學習中文，然後是午後學習英文。[15] 另外，中央
書院的第一任校長史釗域（Frederick Stewart, 1836－1889）和第二
任校長黎璧臣（George Henry Bateson Wright, 1853－1935）都是由
理雅各所引薦的。[16]

　　中央書院早年的課程已頗為多元化，就 1871 年第一班的試卷所
見，當時有代數、算術、化學、默書、數學繪圖、地理、幾何、文
法、測量、中譯英和英譯中等科目。[17] 該校課程的發展，隨着時代變
遷，漸漸變得較為全面和完善，且相當重視學生的語言、數學和科學
等方面的能力。代數一科是在 1868 年增添的，[18] 翌年則是化學與幾
何，[19] 1870 年開始在低班教授音樂科。繪畫科的教學材料則由英國訂
購。[20] 1871 年新增數學繪圖。[21] 後來校方更在課程中加入威廉·莎士比
亞（William Shakespeare, 1564－1616）文學作品研讀，高年班習拉
丁文的學生須翻譯莎士比亞的《尤利烏斯·凱撒》（*Julius Caesar*）的
第一卷。[22] 這些課程的藍本來自英國，可見皇仁書院着力與英國學校
的程度看齊。這解釋何以皇仁書院校友在英文和數學方面等均勝人
一籌。

　　中央書院深受學子歡迎。1866 年，高班和低班合共僅有學

15　〈香港中央書院與清季革新運動〉，頁 249－267。

16　*Queen's College: Its History 1862-1987*, pp. 7 & 26. George Henry Bateson Wright
　　中文譯名根據〈黎璧臣臨別贈言〉，《香港華字日報》，1909 年 4 月 19 日。

17　*The Hongkong Government Gazette*, 2 March 1872, pp. 97-107.

18　Ibid., 6 March 1869, pp. 92-99.

19　Ibid., 5 February 1870, pp. 46-49.

20　Ibid., 18 March 1871, pp. 115-121.

21　Ibid., 2 March 1872, pp. 97-107.

22　*Queen's College: Its History 1862-1987*, p. 33.

生 182 人。[23] 1867 年是二百餘人，[24] 1870 年三百三十七人，1871 年三百六十七人，[25] 可見報讀人數持續增長。其實早在草創之前，中央書院預期就讀的學生是中產的華人子弟。一方面，只有他們有足夠的經濟能力，另一方面，他們明白英文在職場上的重要性。[26] 當時報章記載「（舊曆二月）初二日，本港國家大書院啟館，生徒新往報名入館肄業者蓋四百餘人，座上幾無虛位，此亦見願學英文者之眾也」、[27]「（舊曆正月）二十六日本港中環大書院啟館，新入館肄業者計一百零四人。現館內共有學徒四百五十人，聞尚有限於座位未能入館者云」。[28] 可見收生情況相當理想。

由於學生投考踴躍，皇仁書院的學費一直在增加。1880 年是每月一元。[29] 1890 年時第一班學費一年三十六元，即每月三元；二班和三班一年各二十四元，即每月二元。其他班是一年十二元，即每月一元。[30] 1910 年是每月五元。[31] 開辦初期，學生平均年紀較大。根據一份 1870 年的報告，第一班和第二班的學生差不多全是已婚男人。[32] 因班上學生年齡差參，學校奉行混齡教學，有時更出現「父子同班」的情況。[33] 大概學生進入中央書院目的只有一個 ── 學懂英文，以作謀生

23　*The Hongkong Government Gazette*, 9 February 1867, pp. 35-38.

24　Ibid., 15 February 1868, pp. 39-42.

25　Ibid., 2 March 1872, pp. 97-107.

26　*Queen's College: Its History 1862-1987*, p. 7.

27　〈人材奮興〉，《循環日報》，1881 年 3 月 4 日。

28　〈學徒甚盛〉，《循環日報》，1884 年 2 月 25 日。

29　*The Hongkong Government Gazette*, 8 October 1879, n.p.

30　*The Hongkong Government Gazette*, 11 January 1890, p. 29.

31　〈國家書院加收學費〉，《香港華字日報》，1910 年 1 月 17 日。

32　*Queen's College: Its History 1862-1987*, p. 17.

33　Ibid., p. 233.

之用。[34] 惟皇仁書院也要求學生中文達一定程度。校長黎璧臣曾謂：
「爾等若有子弟欲入院肄業者，准於（舊曆）六月初一日自攜唐人紙
筆墨硯赴院面試。如果文字不能通順，心地尚欠明白者，可見漢文未
足，本掌院概不收錄，勿謂言之不預也。」[35]

　　皇仁書院鼓勵學生參與公開考試如牛津大學和劍橋大學（University
of Cambridge）在香港舉行的考試。在這些考試中如考獲佳績的話，
可以較容易入讀英美的大學。[36] 這解釋了何以許多皇仁早期校友日後到
外地升學。到了二十世紀初，人們預期科舉即將取消，[37] 促使更多學子
學習洋文。皇仁書院作為英文學堂，更受歡迎。

　　至於教科書方面，有關皇仁書院所採用課本之記載甚少且相當零
碎。開校初年，中央書院所用的教科書是 *Commissioners for National
Education in Ireland* 等。英國本土對這套教科書也有批評。另外，
有些人質疑它是否適合華裔學生。史釗域亦承認，這套書確有一些
瑕疵，惟一時之間尚難找到其他替代品。[38] 除此之外，還包括一些中
國經典的英譯範文。[39] 皇仁書院的老師也自編教材。中央書院第二任
校長黎璧臣曾自編 *A School Arithmetic*，在 1888 年印行。他希望此
書除了供中央書院學生使用外，亦能在英國本土流通。惟皇仁校史
的作者認為此書艱深，黎璧臣在書中所列舉的逾二千個例子和練習，
似未有考慮中央書院學生的接受程度。[40] 1890 年，黎璧臣撰寫 *New*

34　〈留心育才〉，《循環日報》，1880 年 9 月 17 日。

35　*The Hongkong Government Gazette*, 6 June 1896, p. 472.

36　*Queen's College:Its History 1862-1987*, p. 32.

37　凌鴻勛（1894－1981）：《七十自述》（台北：三民書局，1968 年），頁 6。

38　這應是一個系列。詳見 *The Hongkong Government Gazette*, 24 March 1866, pp.
　　137-142.

39　*The Hongkong Government Gazette*, 9 February1866, pp. 35-38.

40　*Queen's College: Its History 1862-1987*, p. 237.

Spelling Book，在 1891 年印行，有很多華人學童使用。[41] 有些皇仁書院教科書除了供校內學生作課本外，亦對外銷售。在 1897 年中環威靈頓街聚珍書樓一幀廣告中，皇仁書院所刊之《英文談說》*English Conversation* 一二集售價是銀四毫、三四集售價銀三毫、五六集售價也是銀三毫。[42] 另外，皇仁老師 A. J. May 編了一本雙語詞彙教材。[43] 1893 年至 1896 年間，皇仁書院教師曾編纂六本教科書，印刷費均由政府承擔。其中一部是日後成為皇仁書院第三任校長狄吏（T. K. Dealy, 1861－1924）所撰的 *Notes on the Geography of the Chinese Empire*。[44] 狄吏在書中之序指出，此書成書有點倉猝，是從各種書籍中擷取資料而成，以作皇仁書院的教材。全書可以足夠四十課節之用。他亦指出，老師在授課時應該提供書中內容相對的中文字，以便學生抄寫在相關英文字旁。[45] 此書教授簡單中國地理知識，如將香港和南澳等歸類為島，[46] 後來再有增訂。[47]

此外，學校也採用美國書籍作為課本。1905 年，中國人因美國排華而抵制美貨，報載「香港大書院於九月初十日分頒校中各生書籍，約共數百部。時有一生檢視，見此書是由美國來者，遂向眾宣言

41　Ibid., p. 240.

42　〈新書寄售〉（廣告），《香港華字日報》，1893 年 7 月 23 日。

43　"Report of the Head Master of Queen's College for 1897," *Sessional Papers*, 4 January 1898, pp. 65-67.

44　"Report of the Head Master of Queen's College for 1896," *Sessional Papers*, 19 January 1897, pp. 117-121. T. K. Dealy 中文譯名根據 *Queen's College: Its History 1862-1987*, p. 84.

45　T. K. Dealy, *Notes on the Geography of the Chinese Empire* (Hong Kong: Noronha & Co., 1896), preface.

46　Ibid., p. 6.

47　T. K. Dealy, *Notes on the Geography of the Chinese Empire* (Hong Kong: South China Morning Post,1910).

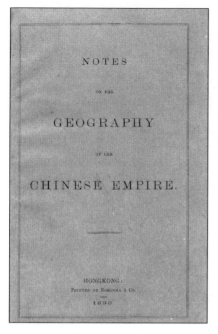

圖 1-1　T. K. Dealy 所編的 *Notes on the Geography of the Chinese Empire* 初版之封面和
內文。

【資料來源】T. K. Dealy, *Notes on the Geography of the Chinese Empire* (Hong Kong: Noronha &
Co., 1896), cover & p. 5. Chinese Collection. National Library of Australia 藏。

曰：今我國民正在抵制美貨，此書來自美國，即不啻美貨也，立棄
之。於是眾生同聲，盡棄於地。教習無奈，隨即使人檢去云云。」[48]

　　以下是皇仁書院二十世紀初其中一年所用的教科書，雖然算不上
是完整書目，但我們可以從中窺見當時學生的一些學習情況：

表 1-1　1914 至 1915 年間皇仁書院所用之教科書一覽

科目	書名
英文	*Pride and Prejudice*
	Essays of Elia
	Cranford
	Selections from Tennyson
	Alice in Wonderland
	Smith's Book of Verse
	John Gilpin
	Life of Christopher Columbus
	Palmerston Readers
	Oxford Reading Books
	Marsh's Picture Composition
	Murché's Science Readers
	Nesfield's Grammar
	Normal Skeleton Essays
	Nesfield's Oral Exercises
	Nesfield's English Composition
	Mason's Junior Grammar
	Mason's Intermediate Grammar
	Lyster's Hygiene
	Meiklejohn's New Spelling Book
	Wood's English Lessons for Asiatics
	Course of Hygiene

（續表）

科目	書名
歷史	*Muir's New School Atlas of Modern History*
	Rodger's Outlines of Modern History
	Davis's Outlines of European History
	Hamilton's Outlines of Greek and Roman History
數學	*Hall and Stevens's School Geometry*
	Hall and Stevens's School Arithmetic
	Hall and Knight's Algebra
	Hall and Knight's Trigonometry
	Stevens's Elementary Mensuration
	Loney's Arithmetic (Vol.1)
	Godfrey and Siddon's Elementary Algebra
	Godfrey and Siddon's Geometry for Beginners
	Pitman's Book Keeping Simplified
	Thorton's Primer of Book Keeping
	Thorton's Easy Exercises in Book Keeping
	Mathematical Tables (Board of Education)
地理	*Thorton's Primary Physical Geography*
	Philips' Model Geography
	Chamber's Concise Geography
	Dealy's Geography of China [49] 〔 *Dealy's Notes on the Geography of the Chinese Empire* 〕
	Atlas of Commercial Geography (Cambridge University Press)
	Mill and Allen's Elementary Commercial Geography(Cambridge University Press)

49　原文如此。

（續表）

科目	書名
理科	*Sinclair & Mallister's First Year's Chemistry*
	Sinclair's First Year's Physics
速記	*Pitman's Shorthand Manual*
中文書	《中國國文讀本》
	《書經》
	《時勢論說》
	《東萊博議》
	《詩經》
	《春秋》
	《古文》[50]
	《經學不厭精》
	《共和國教科書新國文讀本》
	《彪蒙論說入門》
	《秋水軒尺牘》
	《普通尺牘》（商務印書館發行）
	《四書備旨》
	《中國歷史》（商務印書館發行）
	《分類尺牘》

【資料來源】南滿洲鉄道株式会社総務部交渉局編譯：〈女王學校教科用書一覧（一九一四～一九一五年度分）〉，《支那ニ於ケル外国人経営ノ教育施設》（大連：南滿洲鉄道総務部交渉局，1916 年），頁 687–689。筆者按，英文書名前的英文名字是作者名或出版社之名字。

50　應是指古文讀本。

圖 1-2　《球圃菜根集》封面和版權頁，
　　　　封面正中為李惠堂。

【資料來源】《球圃菜根集》（香港：前鋒體育
書報社，1948 年）。筆者藏。

　　上引書目相當有史料價值。我們可以由此歸納到一些特色。第一，主要以英國教科書為藍本。英文的比重較多。第二，皇仁書院有些教科書採用了頗長的時間。1890 年代末，鄭天錫（1884－1970）未有在皇仁書院完成課程，不久便回鄉避疫。他購買 *Nesfield's Grammar* 及 *Webster's Dictionary* 自學英語。[51] 筆者推測，鄭天錫或許根據皇仁書院所開列之書單購買這些書籍自修。第三，用英文學習的歷史科側重世界歷史。第四，雖然英文的比重較多，但中文也沒有偏廢，而且學習古文的比重不輕。第五，有些教科書是由皇仁書院教師編寫的。

　　另外，皇仁書院在運動方面也開風氣之先。1905 年，皇仁書院提倡排球運動，當時稱為隊球。後來排球運動逐漸遍及中國各地。[52] 在足球方面也甚有成就，「亞洲球王」李惠堂（1905－1979）即曾在皇仁書院就讀。[53]

　　除皇仁書院外，聖保羅書院（St. Paul's College）、聖士提反書院（St. Stephen's College）、拔萃書室（Diocesan School & Orphanage）等，再加上稍後成立的香港大學醫學院前身 —— 香港華人西醫書院（College of Medicine for Chinese, Hong Kong）等，均是新式學校的翹楚。然而，在香港大學（University of Hong Kong）未成立之前，皇仁書院是香港地位最崇高的學府，且具官方性質，宗教色彩亦淡，故深受華人歡迎。有學者指出，該校「是時代的寵兒」。[54] 這一見解非常恰當。換句話說，就是「皇仁出品，必屬佳品」，吸引了許多本

51　*East and West: Episodes in a Sixty Years' Journey*, p. 78.

52　教育部體育大辭典編訂委員會編：《體育大辭典》（台北：台灣商務印書館股份有限公司，1984 年），頁 50。

53　蕭乾（1910－1999）主編：《新編文史筆記叢書》（北京：中華書局，2005 年），第一輯《粵海揮塵錄》，頁 94。

54　王齊樂：《香港中文教育發展史》（香港：三聯書店〔香港〕有限公司，1996 年），頁 168。

地及華南精英學子入讀。他們日後在各方面成就卓著，獨當一面，與
皇仁書院的名聲，不無關係。可以說，皇仁校友對他們來說有光環效
應。他們亦可憑藉這個身份，建立人際關係，方便尋找工作。

本書研究方向探析

開埠初年的香港，是一個以男性勞動移民為主的社會。中國的傳
統社會結構分為士、農、工、商四個階層。但在開埠初年的香港，本
土知識分子絕少，只有少量以教館為業的私塾老師，對社會整體作用
並不顯著。

正因為香港社會結構不完整，經濟欠規模，加上社會上流行西人
主導的種族主義，[55] 在島上土生土長的知識分子難有出路，回國發展
是當時唯一的選擇。何東離開中央書院以後，曾在廣東海關工作。[56]
伍廷芳（1842－1922）雖已獲得大律師的資格，但終覺在香港發展有
限，故回國擔任清政府官員。清政府在歷經戰敗和內亂之後，展開自
強運動和新政等，那些在香港，或在其他通商口岸接受新式教育的知
識分子因而被積極吸納。在中國近代化的進程當中，香港提供了不少
人才。在這方面，皇仁書院有着深遠的貢獻。

香港對中國的重要性不止於此。香港的華人知識分子如何啟
（1859－1914）、胡禮垣（1847－1916）與孫中山（1866－1925）等，
更是提倡中國變革的先鋒。孫中山的革命思想，正是發端於香江。

55　John M. Carroll, "The Peak: Residential Segregation in Colonial Hong Kong," in Bryna
　　Goodman & David S G Goodman (eds.), *Twentieth-century Colonialism and China*
　　(London: Routledge, 2012), pp. 81-91. 此文以香港山頂為考察對象，研究港英政府
　　管治初期的種族隔離政策。

56　*The Hongkong Government Gazette*, 4 May 1878, pp. 231-236; https://www.bris.
　　ac.uk/history/customs/resources/servicelists/chinesestaff/genghuan.

　　惟要說明的是，香港在中國現代化進程中，也有其局限性。香港雖然在中國近代化進程中起着先驅的作用，但起初的力量始終有限。知識分子若沒有科舉功名的話，實難以打進清政府管治底下的上流社會。香港在近代化方面的影響力，大概要到清末民初才具體浮現。第一，當時清政府面對西方列強的衝擊，亟需諳外語的人協助交涉，第二，港英政府管治香港近半世紀，通過官方等在教育方面的努力，促成了香港社會精英階層的冒起。他們接受英式教育，精通英語，有宏闊的世界視野。正如下文所見，他們在清末民初的外交、經濟和法律方面，均曾有所貢獻。

　　香港史概括可區分為殖民史觀和本土史觀等流派。George Beer Endacott 代表前者，他的 *A History of Hong Kong* 主要描述歷任港督的政績和在香港發生、與殖民地有關的歷史。[57] George Beer Endacott 的殖民史觀對早期香港史研究的方向有着重要的影響。

　　至於近三十年研究香港史的方向，則傾向本土關懷，例如陳偉群的 *The Making of Hong Kong Society: Three Studies of Class Formation in Early Hong Kong*[58] 及 Partick Hase 夏思義的 *The Six-Day War of 1899:Hong Kong in the Age of Imperialism* 都屬於這一類。[59] 這類著作着眼點是香港社會的各階層居民，不再限於管治階層。有些學者更開始注意到香港精英與中國政權的互動，例如鍾寶賢在 *Chinese Business Groups in Hong Kong and Political Changes in South China, 1900-*

57　George Beer Endacott, *A History of Hong Kong* (Hong Kong: Oxford University Press, 1973).

58　Chan Wai Kwan, *The Making of Hong Kong Society: Three Studies of Class Formation in Early Hong Kong* (Oxford: Clarendon Press, 1991).

59　Patrick H. Hase, *The Six-Day War of 1899: Hong Kong in the Age of Imperialism* (Hong Kong: Hong Kong University Press, 2008).

1925 一書中說明了香港商人在清末民初參政的歷史，[60] 內容相當豐富。張雲樵《伍廷芳與清末政治改革》是迄今有關伍廷芳研究最詳盡的傳記，但僅及清末。[61] 伍廷芳的政治生涯在民國時期進入了另一個新階段，而此一階段的研究似未算十分完備。John M. Carroll 研究何啟的改革思想和作為殖民地精英的自我身份認同：何啟既關心本地社會發展，同時也支持中國現代化。John M. Carroll 指出，何啟認為中國要走出積弱的困局，重點是要向英國學習；香港殖民地的成功經驗，孕育了何啟以英國為藍本的改革思想。[62]

這些研究各有特色，也具啟發性。本書擬再進一步，將「年輕中國」（Young China）群體的概念與香港史研究結合。[63]「年輕中國」與中國近代民族主義的冒起有着密切的關係。所謂「年輕中國」，是指十九世紀末至二十世紀初那些有新思維、曾接受西方高等教育的中國新式社會精英。Hans van de Ven 指出，鄭觀應（1842－1922）就是「年輕中國」的一個代表人物。[64] 鄭觀應長期在華洋雜處的上海經商，對西方的社會結構和現代化有很深的見解，他提倡中國要進行深層次改革，才能力挽狂瀾。「年輕中國」的知識分子與傳統的知識分子，在思想、世界觀和西學觀各方面，都有着很大的差距。

傳統的中國知識分子以科舉為中心，所學以四書五經為主，不

---

60   Stephanie Chung Po-yin, *Chinese Business Groups in Hong Kong and Political Changes in South China,1900-1925* (London: St. Martin's Press,1996), pp. 33-55.

61   張雲樵：《伍廷芳與清末政治改革》（台北：聯經出版事業公司，1987 年）。

62   John Carroll, "Ho Kai: A Chinese Reformer in Colonial Hong Kong," in Kenneth Hammond (ed.), *The Human Tradition in Modern China* (Lanham: Rowman & Littlefield, 2007), pp. 55-72.

63   這一觀點承蒙 Professor Hans van de Ven 啟發，特此鳴謝。

64   Hans van de Ven, *Breaking with the Past: The Maritime Customs Service and the Global Origins of Modernity in China* (New York: Columbia University Press, 2014), pp. 154-155.

通外文，也不太明瞭西洋學術知識。到了晚清，因世變日劇，中國知識分子在參與科舉和鑽研儒家經典的同時，亦開始關注西洋學術知識。縱使他們不諳外文，也盡可能在能力範圍許可下，研讀洋書的漢譯本。潘光哲指出，晚清時期被視為保守派的學者朱一新（1846－1894），也曾經閱讀這些洋書的漢譯本。[65] 至於「年輕中國」的知識分子，許多均曾出洋留學，對於西方的富強有第一身的體驗。而在這些人當中，很多均來自香港，特別是皇仁書院。

在西方人眼中，清政府代表腐敗和沒落。在十九世紀中後期，社會達爾文主義（Social Darwinism）盛行，與殖民主義（Colonialism）相結合，中國成為列強侵凌對象。清政府不懂國際公法，故在談判桌上輸掉國家的主權和利權。另外，隨着西方教育的引入，不少中國人因生計和出路的考慮，不再視科舉為唯一出路。梁敦彥（1858－1924）就是一個顯例。他是晚清著名的外交官，與袁世凱關係千絲萬縷。他是早期留美幼童之一，從耶魯大學畢業後，從事教授西學和外交的工作。[66]

另一例子則是唐紹儀（1862－1938）。他是廣東香山人，出身富家，父親是著名茶商。唐紹儀曾在中央書院讀書，也是早期留美幼童，先後就讀於紐約大學（New York University）和哥倫比亞大學。中國海關是清政府的經濟命脈，惟操於英國人之手，清政府深以為憂，在新政時期力謀奪回管理權。1906 年，清政府下旨成立稅務處，加強對中國海關的控制，派滿人鐵良（1863－1939）主理，唐紹儀副之。英國人對唐紹儀並不陌生。1904 年，唐紹儀為清政府的全權代表，與英國就西藏問題談判，表現出色，向英國人宣示清政府

65　潘光哲：《晚清士人的西學閱讀史（1833－1898）》（台北：中央研究院近代史研究所，2014 年），頁 19－20。

66　北京清華學校編：《游美同學錄》（北京：清華學校，1917 年），頁 88。

的主權。因他同時主掌鐵路和開礦的事務，英國人視他為政壇明日之星。[67] Douglas R. Reynolds 及 Carol T. Reynolds 探討中國知識分子在這期間如何理解和認識近代日本的政治和社會變遷。他們談到晚清時期透過捐納和其他科舉以外途徑入仕的知識分子的冒起和貢獻。[68] 上述的梁敦彥、唐紹儀以及本書論及的諸位皇仁精英，正與他們所討論的知識分子背景有若干相似之處。在這些新式知識分子當中，很多都不是透過科舉獲得功名而當官的。

　　「年輕中國」所代表的晚清至民國期間一股新興的力量，為中國改革和現代化注入新動力。他們也代表了中國知識分子和社會精英的轉型。本書擬以這些社會精英為出發點，期望能進一步拓展這一課題。

　　Carl T. Smith（施其樂）、Emily M. Hill、Lisa Rose Mar 和 Abe Kaori 在他們的中國近代史研究中，都強調中介人（middleman / broker）的重要性。施其樂在研究中所提到早期接受教會教育的香港華人、[69] Emily M. Hill 研究中提到的馮銳（1898－1936）、[70] Lisa Rose

67　Howard L. Boorman & R. C. Howard (eds.), *Biographical Dictionary of Republican China*, Vol.3 (New York: Columbia University Press, 1967-1979), pp. 232-236; *Breaking with the Past: The Maritime Customs Service and the Global Origins of Modernity in China*, pp. 156-158.

68　Douglas R. Reynolds & Carol T. Reynolds, *East Meets East: Chinese Discover the Modern World in Japan, 1854-1898: A Window on the Intellectual and Social Transformation of Modern China* (Ann Arbor: The Association for Asian Studies, 2014), pp. 2-3 & 13-16.

69　Carl T. Smith, "The Formative Years of the Tong Brothers, Pioneers in the Modernization of China's Commerce and Industry, " in *Chinese Christians: Elites Middlemen and the Church in Hong Kong* (Hong Kong: Hong Kong University Press, 2005), pp. 34-51.

70　Emily M. Hill, *Smokeless Sugar: The Death of a Provincial Bureaucrat and the Construction of China's National Economy* (Vancouver: University of British Columbia Press, 2010).

Mar 研究中提到十九世紀末至二十世紀初的加拿大僑領、[71] Abe Kaori 在其研究中提到 1830 至 1890 期間的香港華人買辦，[72] 都擔當了中介人的角色。施其樂和 Lisa Rose Mar 的研究尤其突顯中介人的重要性。前述的梁敦彥、唐紹儀、何東、温宗堯（1867－1947）等，在外交和經濟方面各有成就，其實都擔當着中介人的角色。在香港接受教育的華人懂英文，能與洋人溝通，他們在香港是政府文員、買辦，在中國則替清政府作傳譯，或在中國海關做事等。

本書嘗試利用「中介人」這個概念，說明皇仁校友在清末民初中國處於轉型時期所作出的貢獻。

以陳錦濤（1871－1939）為例，他是引進新經濟知識的中介，也是中華民國政府和北洋政府與各國政府議事的中介，亦是與各國財團周旋、議定借貸的中介。他一生提倡貨幣改革和金融現代化，認為中國應仿效西方實行財政預算。作為財政總長，陳錦濤強調「總以撙節軍、政兩費為入手辦法」。[73] 作為經濟學家，陳錦濤在三十年代世界經濟大蕭條和國內經濟處於破產邊緣時，認為中國應行「英鎊連鎖制」，「得多數國同情，推行順利。世界亦當共受其益，又何止吾國一國之利哉！」[74] 可惜他際遇不佳，更一度淪為階下囚，在北方政壇無法立足。後轉行業商，再轉入學術界。最後陳錦濤投敵，留下一生最大的污點。

皇仁書院在香港以至中國近代史的地位如此重要，然而相關

71　Lisa Rose Mar, *Brokering Belonging: Chinese in Canada's Exclusion Era, 1885-1945* (New York: Oxford University Press, 2010), pp. 1-3.

72　Abe Kaori, *Chinese Middlemen in Hong Kong's Colonial Economy, 1830-1890* (London: Routledge, 2017).

73　賈士毅（1887－1965）:《民國財政史》上冊（上海:商務印書館，1928 年），頁 194。

74　陳錦濤:《管理幣制本位定價之商榷》（上海:財政部幣制委員會，1936 年），頁 18。

的系統研究不算太多。最重要的當推 Gwenneth Stokes 的 *Queen's College, 1862-1962* [75]、Gwenneth Stokes 及 John Stokes 的 *Queen's College: Its History 1862-1987* [76]。兩書均為皇仁書院官方校史。*Queen's College, 1862-1962* 以《黃龍報》（*The Yellow Dragon*）為基礎，輔以其他材料，介紹皇仁書院一百年的歷史。這一本校史內容相對簡單。二十五年之後，另一本校史 *Queen's College: Its History 1862-1987* 正式面世，作了大量增訂，內容比前書豐富許多，本書亦多所引用。兩書提供許多重要的背景資料。然而，因為兩書是校史性質，在敘事時以校長任期劃分。雖然偶爾提到當時的社會情況，但尚未完全觸及皇仁書院與中國近代化進程的關係。而且作者不諳中文，未能廣泛引用中文材料。另外，由於《黃龍報》創刊於 1899 年 6 月，1899 年之後的校史相對充實，1899 年之前的校史則比較簡略，往往只得片言隻字。事實上，皇仁書院最初三十多年的歷史至關重要，因為這段時間正值中國劇變的時代。然而「劇變」不一定是壞事 —— 它帶來了機遇。皇仁書院的早期校友就因為這個「劇變」，得以從各種途徑參與中國的近代化。要重構這段時期的歷史，1899 年前本地報章所載的皇仁書院學生頒獎名單，以及許多中外未被發掘的官私記載，就成為填補這一段空白的重要資料了。惟兩書及其他研究似未廣泛利用這些材料。

　　至於學者研究方面，吳倫霓霞是研究香港早期教育史的先鋒。她的 *Interactions of East and West: Development of Public Education in Early Hong Kong* 探討香港公立教育在 1843 年至 1913 年之發展和蛻變。她很敏銳地觀察到香港教育發展與其他西方殖民地的不同，即

75　Gwenneth Stokes, *Queen's College, 1862-1962* (Hong Kong: Queen's College, 1962).

76　Gwenneth Stokes & John Stokes, *Queen's College: Its History 1862-1987* (Hong Kong: Queen's College Old Boys' Association, 1987).

香港的教育發展不是照搬英國的內容和制度。她注意到港英政府因應香港的社會結構和本地華人態度、中國政治和教育情況，以及英國對中國政府態度的改變，適時調整香港的教育制度。此書更有一章專論在香港接受教育的精英，特別是皇仁校友如溫宗堯、陳錦濤、鄭天錫等人與中國近代化的關係。惟這部分她所引用的資料只限《黃龍報》和 *Who's Who in China* 等，[77] 現在看來似覺單薄，所論亦未算深入。可以理解的是，當時搜集原始資料相當困難，能做到這樣已經很不錯了。施其樂則廣泛披閱原始資料，撰寫〈十九世紀香港英語教育下的華人精英〉一文。施其樂在文中談到會說英語的華人作為傳譯員、律師和西醫的概況。他所討論的人物，不限於皇仁校友，也涉及到其他懂英語的華人精英。[78] 李金強〈香港中央書院與清季革新運動〉一文也是對這方面的重要研究，惟作者所提到的只是若干中央書院較著名的校友如胡禮垣等。[79] 鄧城鋒〈中央書院學制分析〉一文，只能說是泛泛之論，沒有引用甚麼新發現的材料，徵引史實亦偶有錯誤。[80] 本書則重點鈎沉為世所遺的皇仁校友，並探討他們在中國近代化所擔當的角色。

本書重點並非考證和論述皇仁書院發展的史實，而是探討其校友與中國近代化的關係。另外，值得注意的是，皇仁校友的交際圈經常

77　Ng Lun Ngai-ha, *Interactions of East and West: Development of Public Education in Early Hong Kong* (Hong Kong: Chinese University Press,1984), preface & pp. 131-156. 有關這段歷史的簡述，可參吳倫霓霞：〈教育的回顧（上篇）〉，載王賡武編：《香港史新編（增訂版）》（香港：三聯書店〔香港〕有限公司，2017 年），下冊，頁 483－531。

78　施其樂：〈十九世紀香港英語教育下的華人精英〉，載施其樂著，宋鴻耀譯：《歷史的覺醒：香港社會史論》（香港：香港教育圖書公司，1999 年），頁 105－136。

79　〈香港中央書院與清季革新運動〉，頁 249－267。

80　鄧城鋒：〈中央書院學制分析〉，《滁州學院學報》第 11 卷 1 期（2009 年），頁 1－4。

互相重疊。在他們的人際網絡中，不難找到其他皇仁校友的身影，而這種網絡，不單強化他們對自己作為社會精英的身份認同，也令他們較容易找到工作。本書對個別皇仁校友的交際網絡和家庭將作較詳細的討論。

《黃龍報》是本書最重要的參考資料。[81] 它是皇仁書院的校刊，以「黃龍」命名，頗具民族主義色彩，但同時又強調「四海之內皆兄弟也」，[82] 可見皇仁書院是一個多元社會的縮影。《黃龍報》初出版時內容較單薄，但隨着學校日益發展，內容日漸充實。

《黃龍報》出版之時，正值英帝國主義發展的全盛時期。作為殖民地精英學府的校報，它自反映皇仁書院強烈的親英傾向。它主要收錄校長、教師、學生的論說，大部分均用英文寫成，中文比重相對較少。到了 1900 年代至 1910 年代以後的《黃龍報》，記載校友訊息的部分顯著增加，對於傑出校友，有詳細的記載，且仔細羅列個別學生的個人資料如年歲、離校後的就業情況等。惟該報在 1899 年始創刊，對前此校友只有零星記載，且以英文拼音拼寫學生名字，沒有統一規範。[83] 因此，《黃龍報》有其重要性亦有其局限。

研究皇仁書院最困難之處，莫如鈎沉最初三十多年曾在該校讀書的學生。有兩個核心的問題需要特別注意。一、鑑定哪些人曾在皇仁書院就讀，這是最重要亦是最困難的地方，在許多情況下，只有該校友的簡歷，有時甚至只有片言隻字的記載，故有關皇仁書院的研究，一直只局限於若干出身皇仁書院的商界名流。二、皇仁書院精英的生平。

---

81 有關《黃龍報》的介紹，柳存仁（1917－2009）有一扼要説明。可參柳存仁：〈清末民初的《黃龍報》〉，載柳存仁：《和風堂新文集》（台北：新文豐出版股份有限公司，1997 年），頁 193－208。柳存仁曾在皇仁書院任教。另參楊國雄：《舊書刊中的香港身世》（香港：三聯書店〔香港〕有限公司，2014 年），頁 148－150。

82 見《黃龍報》創刊號封面。

83 詳見各期《黃龍報》。

皇仁書院學生的名錄早已不全，原因是多方面的。第一，早期皇仁書院學生因種種原因，沒有完成學業便離校。有的學生只在學校三、四個月，有的可能是數年。總之，就是未完成整個課程便離校。第二，考諸各種現存近代名人錄，均只記載傳主的最高學歷或科舉功名，通常略去中學的學歷不談。然而，在十九世紀末、二十世紀初的香港，大學學歷並不普遍。當時香港大學尚未成立，皇仁校友需要北上或到外國尋求升學機會，因此中學肄業或畢業已是最高學歷。加上清政府講求洋務，商界亦急需懂外語之人才。皇仁校友因為懂英文，自然不愁出路。第三，傳主自己沒特別提到。第四，本來皇仁書院有歷年學生入學的詳細記錄，惜在日治時期受到破壞，學校檔案蕩然無存。[84] 1945 年，陳君葆（1898－1982）在〈過皇仁書院見瓦礫堆忽憶三十年前往事〉一詩中云：「昔日娛親處，今成瓦礫場。可堪雙淚落，投老尚窮荒。」[85] 可見當時皇仁書院荷李活道校舍受到何等嚴重的破壞。

皇仁書院的著名校友固然不少，但寂寂無聞的也有許多，有的學生離校以後，投身社會，在人海中浮沉；有的身體欠佳，很早便離世；有的在各自工作崗位上平淡度過一生，沒有留下甚麼具體記錄，以後生平自是無從稽考。而且《黃龍報》所記只是較有成就的學生，其他沒有甚麼表現的便沒有提及。因此，我們研究皇仁書院校史，除要引用《黃龍報》外，還要利用其他資料。

要確定哪些人是早期皇仁校友、重構他們的生平，尤其是那些鮮為人知的校友，需要利用各種原始文獻。由於他們當中大部分人都不是顯赫有名的大人物，東西官方檔案未必有他們的記載。故本書同時利用各式資料如報紙新聞、廣告、成績表、頒獎名單、著作序跋、詩

---

84   *Queen's College: Its History 1862-1987*, p. 10.

85   陳君葆著，謝榮滾整理：《水雲樓詩草（修訂本）》（廣州：廣東人民出版社，2017年），頁 93。

圖 1-3 《何東藏畫》封面
【資料來源】《何東藏畫》（香港：香港政
府印務局，1959 年）。筆者藏。

圖 1-4 周壽臣
【資料來源】楊永安博士提供。

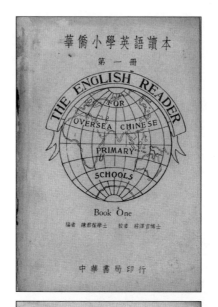

圖 1-5-1 至圖 1-5-2　陳君葆編的《華僑小學英語讀本》第一冊封面、書名頁、
　　　　頁 16－17、26、版權頁，陳君葆曾任馬來視學官。

【資料來源】陳君葆編，莊澤宣校：《華僑小學英語讀本》第一冊（新加坡：中華書局，
1940 年）。筆者藏。

（續圖）

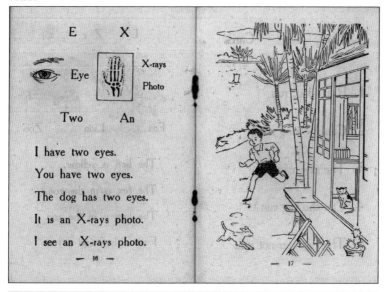

E　　　　X

👁 Eye　　　🖐 X-rays
　　　　　　　　　　Photo

Two　　　An

I have two eyes.

You have two eyes.

The dog has two eyes.

It is an X-rays photo.

I see an X-rays photo.

— 16 —

— 17 —

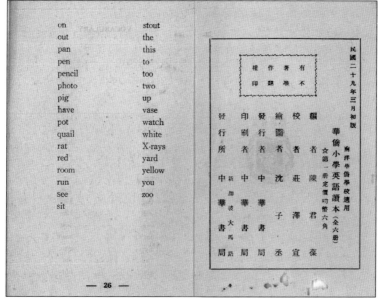

on	stout
out	the
pan	this
pen	to
pencil	too
photo	two
pig	up
have	vase
pot	watch
quail	white
rat	X-rays
red	yard
room	yellow
run	you
see	zoo
sit	

— 26 —

民國二十九年三月初版

南洋華僑學校適用

華僑小學英語讀本（全六冊）

☆第一冊定價叻幣六角

編者	校者	繪圖者	發行者	印刷者	發行所
陳君葆	莊澤宣	沈子丞	中華書局	中華書局	中華書局 新加坡大馬路

有著作權
不准翻印

圖 1-5-2

文錄、同人錄、同學錄、勸捐錄、祝壽錄、榮哀錄、訃文、回憶錄、方志、當代名人錄和皇仁校友後人提供的資料等，細心爬梳，互相比對，希望能理出一個系統來。本書同時糾正個別傳記和研究的若干錯誤，補充現有著作的若干遺漏。[86]

正如二十世紀初一篇文章中提到皇仁書院「以寫字買辦為目的的港僑，每趨之若鶩」。[87] 這反映了當時香港一般人對皇仁書院的典型看法。本書欲對這看法，提出一些修正。

餘論：皇仁書院的日本學生

順帶一提，中央書院在開辦初年已有日本學生就讀。1871 年，Kurogo 考獲優異成績，獲頒金筆盒一個。[88] 1872 年，Ikawai 考獲優秀成績，獲頒望遠鏡一部。當時他在英文班第一班。[89] 1875 年，T.Namiki 考獲優秀成績，獲頒 *Cabinet of Gems* 一書。他當時在給歐洲人就讀的中文班（Chinese Class For Europeans）第三班。[90] 1877 年他仍在中央書院，在外國人就讀的中文班第一班，因成績優異，獲頒

86　如下文劉鑄伯（1867－1922）「西學堂」注釋。

87　辰光：〈談皇仁書院〉，《語絲》第 137 期（1927 年），頁 18－20。

88　"Prize List", *Hong Kong Daily Press*, 13 February 1871。該得獎名單註明 Kurogo 是日本人。按，可能是指金色筆盒，下同。

89　"Distribution of Prizes at the Government Central Schools," *Hong Kong Daily Press*, 31 January 1872.

90　"Public Examination at the Central School," *Hong Kong Daily Press*, 30 January 1875。筆者曾翻閱奧田乙治郎編《明治初年に於ける香港日本人》（按，是書是編年史，以 1873 年為起始）的中文全譯本《明治時期香港的日本人》1875 年的記載，未有提及 T. Namiki。此書根據檔案寫成，詳細記錄這段時期日本人居港生活狀況。詳參趙雨樂、鍾寶賢、李澤恩編註，梁英杰、高翔、樊麗敏譯：《明治時期香港的日本人》（香港：三聯書店〔香港〕有限公司，2016 年），頁 26－31。

銀筆盒一個。[91] 稍後的另一人是安廣伴一郎（1859－1951）。安廣伴
一郎字龍峰，日本福岡縣人，1879 年是英文班第三班第四名。[92] 1880
年 1 月，在第一班，成績優異，獲頒銀筆盒一個。當時記載他的名
字為 B. Yasuhiro。[93] 由此推論，安廣伴一郎在校跳班。[94] 他在 1878 年
6 月 3 日進入中央書院學習英文，1880 年 5 月 10 日卒業。1885 年 2
月 7 日赴劍橋大學唸法律，1887 年 12 月 10 日得劍橋大學法學士學
位。他在劍橋大學的成績是二級榮譽的最後一席，[95] 日後當上了滿鐵
（South Manchuria Railways Co.）總裁。[96] 他的舊學根柢很好，能以中
文賦詩。如他以〈航空船〉為題，詠曰：「御風直欲到瑤臺，誰竊神
機智巧詼。河漢有源何處問，仙楂犯斗幾時回。步虛奔月娥應伴，無
水行舟篝或推。不信長安近於日，孤帆一片日邊來。」[97] 在〈無線電
信〉中，他稱許無線電技術的神妙：「不須銅線繞坤輿，一道電波馳
大虛。萬里山川胡越似，霎時音信比鄰如。為傳天上仙娥想，直代空

91   "Prize Day at the Central School," *Hong Kong Daily Press*, 27 January 1877.

92   "Prize List," *The China Mail*, 16 January 1879.

93   "Prize Day at the Central School," *Hong Kong Daily Press*, 31 January 1880; Koyama
      Noboru（小山騰）, Ian Ruxton（tran.）, *Japanese Students at Cambridge University in
      the Meiji Era, 1868-1912,*〔《破天荒明治留学生列伝 — 大英帝国に学んだ人々》〕
      (North Carolina: Lulu.com, 2004), p. 82.

94   皇仁書院的學生經常跳班，例如何啟 1870 年在第四班，1871 年 9 月已在第一班。
      Queen's College: Its History 1862-1987, p. 229.

95   JACAR（アジア歴史資料センター）Ref. A06050218500、樞密院文書文書・雜件
      雜件 大正一・大正元年～大正五年・樞密院秘書課（国立公文書館）。查《明治時
      期香港的日本人》1878 年至 1880 年的記載，未見提及安廣伴一郎。詳參《明治時
      期香港的日本人》，頁 67－131。安廣伴一郎在劍橋大學的成績參 Koyama Noboru,
      Japanese Students at Cambridge University in the Meiji Era, 1868-1912, p. 82.

96   康狄：《太陽旗下的罪惡：不為人知的日本遠東戰爭罪行》（台北：獨立作家，2015
      年），頁 211。

97   《遼東詩壇》第 20 期（1927 年），頁 2 下。

中朔雁書。智慧西人真獨絕，翻教造化乞其餘。」[98]

　　1880 年，J. Tanabe 在化學科考獲優秀成績，獲頒金筆盒一個。[99] 1881 年仍在中央書院，在外國人就讀的中文班第一班。[100] 1886 年 2 月，高洲太郎入讀中央書院。1887 年，日本外務省派遣小田切萬壽之助（1868－1934）、山崎龜造、大河平隆則、豐島捨松進入中央書院學習英文和廣東話。[101] 由此可見日本人與皇仁書院的淵源深厚。

圖 1-6　安廣伴一郎
【資料來源】浦上新吾編：《立身致富信用公録（第 15 編）》，無頁數。相片人物身份辨認根據第五回內國勸業博覽会協賛会編：《大阪と博覽会》（大阪：第五回內國勸業博覽会協賛会，1902 年），書前人物照片，無頁數。日本國立國會圖書館藏。

98　《遼東詩壇》第 24 期（1927 年），頁 2 上。

99　"The Central School: Annual Distribution of Prizes," *The China Mail*, 30 January 1880.

100　"Annual Distribution of Prizes at the Central School," *The China Mail*, 27 January 1881.

101　馮錦榮：〈日本人在香港的活動與「和書」的流播（1868－1945）〉，載李培德編：《日本文化在香港》（香港：香港大學出版社，2006 年），頁 65－91。

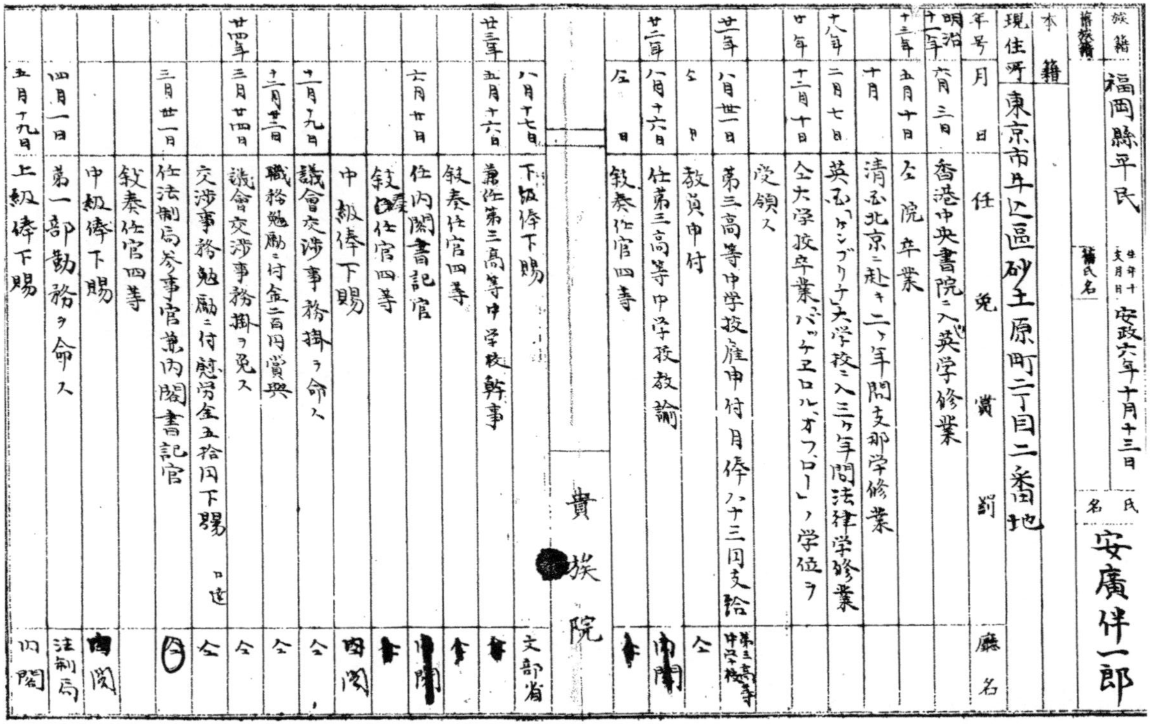

族籍	福岡縣平民	生年月日	安政六年十月十三日	氏名	安廣伴一郎
本籍					
現住所	東京市牛込區砂土原町二丁目二番地				

年号	月日	任免賞罰	廳名
明治十一年	六月三日	香港中央書院ニ入英学修業	
十三年	五月十日	仝院卒業	
	十月	清国北京ニ赴キ二ヶ年間支那学修業	
十八年	二月七日	英国「ケンブリッヂ」大学校ニ入三ヶ年間法律学修業	
廿年	十二月十日	仝大学校卒業「バッケエロル、オブ、ロー」ノ学位ヲ	
		受領ス	
廿一年	八月廿一日	第三高等中学校雇申付月俸八十三円支給	第三高等中学校
	仝 月	教員申付	仝
廿二年	八月十六日	任第三高等中学校教諭	内閣
	仝 日	敍奏任官四等	
		貴族院	
	八月十七日	下級俸下賜	文部省
廿三年	五月十六日	兼任第三高等中学校幹事	
		敍奏任官四等	
	六月廿日	任内閣書記官	内閣
		敍奏任官四等	
		中級俸下賜	内閣
	十一月九日	議會交渉事務掛ヲ命ス	仝
	十二月廿三日	職務勉勵ニ付金二百円賞與	仝
廿四年	三月廿四日	議會交渉事務掛ヲ免ス	仝
		交渉事務勉勵ニ付慰労金五拾円下賜 口達	仝
	三月廿一日	任法制局参事官兼内閣書記官	
		敍奏任官四等	
		中級俸下賜	内閣
	四月一日	第一部勤務ヲ命ス	法制局
	五月十九日	上級俸下賜	内閣

圖 1-7　安廣伴一郎履歷表中有關中央書院和劍橋大學部分。可見安廣伴一郎在 **1878** 年（明治 **11** 年）**6** 月 **3** 日進入中央書院，**1880** 年（明治 **13** 年）**5** 月 **10** 日離校。

【資料來源】JACAR（アジア歴史資料センター）Ref. A06050218500、樞密院文書・雜件 大正一・資料來源：大正元年～大正五年・樞密院秘書課。日本國立公文書館藏。

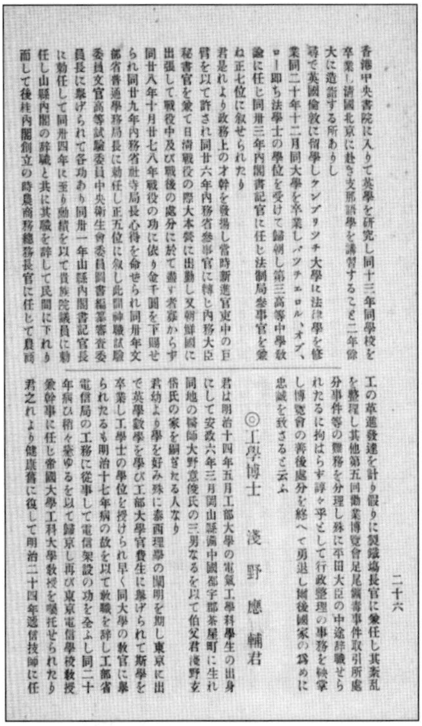

二十六

香港中央書院に入りて英學を研究し同十三年同學校を卒業し清國北京に赴き支那語學を講習すること二年餘大に造詣する所ありし
尋で英國倫敦に留學しケンブリッヂ大學に法律學を修業同二十年十二月同大學を卒業しバッチェロル、オブ、ロー即ち法學士の學位を受けて歸朝し第三高等中學教諭に任じ同卅三年內閣書記官に任じ法制局參事官を兼ね正七位に叙せられたり
君是れより政務上の才幹を發揚し當時新進官吏中の巨臂を以て許され同廿六年內務省參事官に轉じ內務大臣秘書官を兼て日清戰役の際大本營に出勤し又朝鮮國に出張して戰役中及び戰後の處分に於て盡す者寡からず同廿八年十月廿七八年戰役の功に依り金千圓を下賜せられ同廿九年內務省社寺局長心得を命せられ同卅年文部省普通學務局長に勅任し正五位に叙し此間神職試驗委員文官高等試驗委員中央衛生會委員圖書編纂審查委員長に擧げられて各功あり同卅一年山縣內閣書記官長に勅任して同卅四年に至り勳績を以て貴族院議員に勅任し山縣內閣の辭職と共に其職を辭して民間に下れり而して後桂內閣創立の時農商務總務長官に任じて農商工の革進發達を計り假りに製鐵塲長官に兼任し其紊亂を整理し其他第五回勸業博覽會足尾鑛毒事件取引所處分事件等の難務を分理し殊に平田大臣の中途辭職せられたるに拘はらず諄々乎として行政整理の事務を鞅掌し博覽會の善後處分を終へて勇退し爾後國家の爲めに忠誠を致さると云ふ

◎工學博士　淺野應輔君

君は明治十四年五月工部大學の電氣工學科學生の出身にして安政六年三月岡山縣備中國都宇郡茶屋町に生れ同地の醫師大野意俊氏の三男なるを以て伯父君淺野玄俗氏の家を嗣ぎたる人なり
君幼より學を好み殊に泰西理學の闡明を期し東京に出で英學數學を學び工部大學官費生に擧げられて斯學を卒業し工學士の學位を授けられ早く同大學の教官に擧られたるも明治十七年病の故を以て教職を辭し工部省電信局の工務に從事して電信架設の功を奏ふし同二十年病ひ稍々癒ゆるを以て歸京し再び東京電信學校教授兼幹事に任じ帝國大學工科大學教授を囑托せられたり
君之れより健康舊に復して明治二十四年遞信技師に任

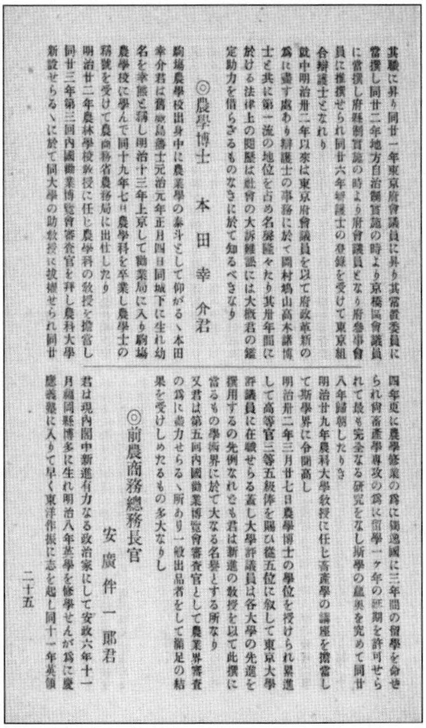

其職に昇り同廿一年東京府會議員に昇り其常置委員に當撰し同廿二年地方自治制實施の時より京橋區會議員に當撰し府縣制實施の時より府會議員となり府參事會員に推撰せられ同廿六年辯護士の登錄を受けて東京組合辯護士となれり
就中明治卅二年以來は東京府會議員を以て府政革新の爲に盡す處あり辯護士の事務に於て岡村鳩山高木諸博士と共に第一流の地位を占め名聲隆々たり其卅年間に於ける法律上の閱歷は社會の大訴雜訟には大概君の鑑定助力を借らざるものなきに於て知るべきなり

◎農學博士　本田幸介君

駒塲農學校出身中に農業學の泰斗として仰がるゝ本田幸介君は舊鹿島藩士元治元年正月四日同城下に生れ幼名を幸熊と稱し明治十三年上京して勸業局に入り駒塲農學校に學んで同十九年七月農學科を卒業し農學士の稱號を受けて農商務省農務局に出仕したり
明治廿二年農林學校教授に任じ農學科の教授を擔當し同廿三年第三回內國勸業博覽會審查官を拜し農科大學新設せらるゝに於て同大學の助教授に拔擢せられ同廿四年更に農學修業の爲に獨逸國に三年間の留學を命せられ傍畜產學專攻の爲に留學一ヶ年の延期を許可せられて最も完全なる研究をなし斯學の蘊奧を究めて同廿八年歸朝したりき
明治廿九年農科大學教授に任じ畜產學の講座を擔當して斯學界に令聞高し
明治卅二年三月廿七日農學博士の學位を授けられ累進して高等官三等五級俸を賜ひ從五位に叙して東京大學評議員に在職せらる蓋し大學評議員は各大學の先進を撰用するの先例なれども君は新進の教授を以て此撰に當るもの學術界に於て大なる名譽とする所なり
又君は第五回內國勸業博覽會審查官として農業界審查の爲に盡力せらるゝ所あり一般出品者をして滿足の結果を受けしめたるもの多大なりし

◎前農商務總務長官　安廣伴一郎君

君は現內閣中新進有力なる政治家にして安政六年十一月福岡縣博多に生れ明治八年英學を修學せんが爲に慶應義塾に入りて早く東洋作振に志を起し同十一年英領

二十五

圖 1-8　明治時期日本方面有關安廣伴一郎的記載，當中提到他曾在香港中央書院學習英文。

【資料來源】浦上新吾編：《立身致富信用公録（第 15 編）》（東京：国鏡社，1903 年），頁 25－26。日本國立國會圖書館藏。

第二章

皇仁書院

校友群像

　　香港大書院乃係國家所設立，教授英國語言文字，兼習華文。院中以英教授為主，凡有數人，各司厥職，以資襄贊。學童前來誦讀者凡四、五百人，其中各有造就，以至成材者不少。福州、上海選材者每來取資焉。惟院中屋宇尚隘，非大為擴廓不足以宏制度耳。

〈書院為港中之望〉，《循環日報》（1881 年 8 月 12 日）[1]

　　福建船政局之琛航兵舶由福州抵港。船主為楊君永年，大副為關君景，皆粵東人也。楊君職係游擊，在船政局中肄業已十有餘年，前曾管理福星兵舶，現調琛航。關君向在港中大書院讀書，遴選至閩，學習船務，以明敏謹慎陞授此職。

〈管駕得人〉，《循環日報》（1881 年 12 月 17 日）

　　海關裏的中國通事主要來自香港皇仁書院，一間歷史悠久的學校，為學生提供非常優質的英文教育。當然，我所指是南中國。

Paul King, *The Chinese Customs Service: A Personal Record of Forty-seven Years* [2]

　　本書嘗試根據各種資料，整理 1862－1922 年間逾四百位皇仁校友的生平如下，並以這些校友為討論基礎。四百多位校友當然不能說是涵蓋全面，但以小見大，從他們的經歷當中，我們可以窺見皇仁書院與近代中國的關係，再進一步，就是有香港教育背景的華人精英在

1　　按，「國家」是指英國。

2　　Paul King, *The Chinese Customs Service: A Personal Record of Forty-seven Years* (London: T. Fisher Unwin, 1924), pp. 216-217. 原文是英文，現由筆者譯成中文。

近代中國所擔當的角色。

　　中國海關稅收是晚清政府的重要收入來源，同時亦涉及與外國政府的往還，因此清政府需要大量懂英語的人才在各崗位工作。不少皇仁校友進入中國海關工作。[3]

中國海關職員

　　中央書院首任校長史釗域批評早期中央書院的學生眼光狹窄，只是着眼於如何找工作，如何賺大錢。[4] 這些學生們都是比較功利的，只想學好中英文謀生，不過因應中國海關提升入職考試的水平，令這種觀念開始有所轉變，學生開始努力鑽研其他科目。[5] 史釗域曾在校務報告中指出，對於很多中央書院學生來說，能在中國海關覓得一職位是他們的奮鬥目標，一則薪給優厚，二則備受尊重。[6] 可見中國海關的工作對皇仁校友吸引力之大。但是究竟有哪些皇仁校友曾在中國海關工作，由於資料零散和亡佚，至今仍是一個有待考證的有趣課題。

　　霍啟昌曾研究香港華人學生如何參與中國海關的運作。他又指出，香港的官方文書以及《黃龍報》中有這方面的材料。[7] 然而霍啟昌發表研究的時間是 1988 年，當時中國海關極大部分檔案尚未整理和對外開放，學者普遍未能利用。2003 年至 2007 年期間，劍橋大學

3　Chihyun Chang, *Government, Imperialism and Nationalism in China: The Maritime Customs Service and Its Chinese Staff* (London: Routledge, 2013), p. 67.

4　*Queen's College: Its History 1862-1987*, p. 16.

5　Ibid., p. 17.

6　*The Hongkong Government Gazette*, 6 March 1869, pp. 92-99.

7　京良：〈中國海關史首屆國際研討會擇介〉，《近代史研究》第 2 期（1989 年），頁 304–314。會議論文集為《中國海關研究首次國際研討會：一九八八年十一月三十日至十二月二日》（香港：香港大學歷史系，1988 年）。惟原文似是演講稿，討論會之後編輯成書的論文集亦未見收錄。

的 Hans van de Ven 與布里斯托大學（Bristol University）的 Robert Bickers 畢可思等學者領導研究團隊與中國第二歷史檔案館合作，大規模整理中國海關舊卷宗，編成大型資料庫，供廣大研究者閱讀。[8] 筆者在考證皇仁校友與中國海關之關係部分，亦參考了這個資料庫。另外，筆者亦參考了孫修福的《中國近代海關高級職員年表》。[9] 職銜譯名則根據〈中國近代海關機構職銜名稱英漢對照〉。[10]

研究早期中央書院校友與中國海關和海軍的關係，撰於 1878 年〈香港監督學院史安夫子大人雅鑒〉銘文[11] 提供了重要的線索，史安即史釗域。銘文所載之名字，均為中央書院 1878 年初或以前的學生。這是經見的資料，但似尚未有學者對它進行系統研究。銘文中部分名字均耳熟能詳，惟大部分名字均鮮見於其他文獻。

筆者利用這篇銘文所載之名字，與其他資料比對，考證出其中若干人的生平。

陸廣嵩，廣東人，1866 年 1 月進入中國海關，初為通譯，1895 年 5 月離開時為頭等同文供事。[12]

黃斌也是廣東人，1871 年 6 月進入中國海關，[13] 初為通譯，1917 年 3 月離開時為超等同文供事副後班。[14]

8　https://www.bris.ac.uk/history/customs/about.html.

9　孫修福編譯：《中國近代海關高級職員年表》（北京：中國海關出版社，2004 年）。以下簡稱《年表》。

10　http://archdtsu.mh.sinica.edu.tw/imhkmh/images/namelist1.htm.

11　〈香港監督學院史安夫子大人雅鑒〉，*The Yellow Dragon*, Vol. X, No. 8 (May 1909), pp. 137-138，以下簡稱〈銘文〉。

12　〈銘文〉；https://www.bris.ac.uk/history/customs/resources/servicelists/chinesestaff/lulung. 按，這裏所指的離開中國海關，可能是指離職、退休或逝世。下同。

13　〈銘文〉；《年表》，頁 634。

14　https://www.bris.ac.uk/history/customs/resources/servicelists/chinesestaff/huanghyui.

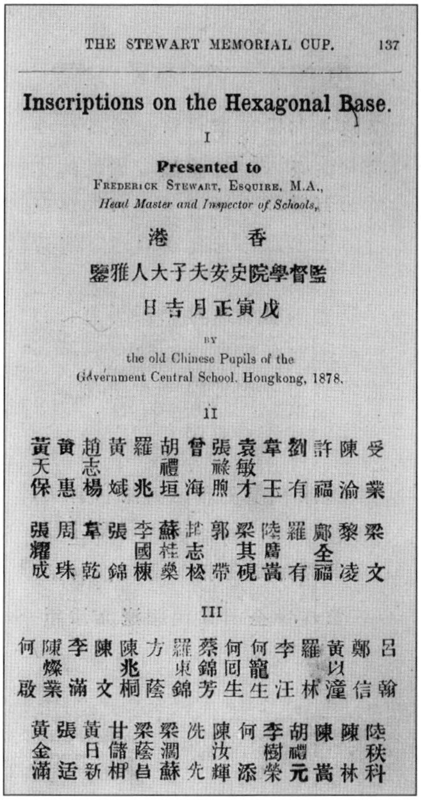

THE STEWART MEMORIAL CUP.　137

Inscriptions on the Hexagonal Base.

I

Presented to

FREDERICK STEWART, ESQUIRE, M.A.,

Head Master and Inspector of Schools,

香　港

監督學院史安夫于大人雅鑒

戊寅正月吉日

BY

the old Chinese Pupils of the

Government Central School. Hongkong, 1878.

II

黃　黃　趙　黃　羅　胡　曾　張　袁　韋　劉　許　陳　受
天　志　　　　禮　祿　敏　才　王　有　福　渝　業
保　惠　楊　斌　兆　垣　海　煦　　　　　　　　　　

張　周　韋　張　李　蘇　甘　郭　梁　陸　羅　鄺　黎　梁
耀　國　桂　志　其　廣　　　　　　　　　　　　　文
成　珠　乾　錦　棟　燊　松　帶　硯　萬　有　福　凌　全

III

何　陳　李　陳　陳　方　羅　蔡　何　何　李　羅　黃　鄭　呂
燦　業　兆　東　錦　同　寵　　　　　　　　　　　　
敢　業　滿　文　桐　蔭　錦　芳　生　生　汪　林　瀅　信　翰

黃　張　黃　甘　梁　梁　冼　陳　何　李　胡　陳　陳　陸
金　适　新　栢　昌　蘇　先　輝　添　榮　元　萬　林　科
滿　　　　　　　　　　　　　　　　　　　　秩

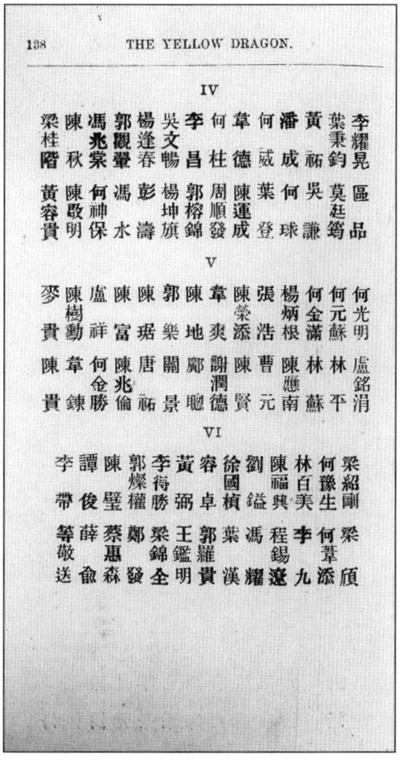

138　THE YELLOW DRAGON.

IV

梁　陳　馮　郭　楊　吳　李　何　韋　何　潘　黃　葉　李
柱　兆　觀　逢　文　昌　杜　德　威　成　祐　　　秉　耀
階　秋　棠　肇　春　暢　　　　　　　　　　　　　鈞　晃

黃　陳　何　馮　彭　楊　郭　周　陳　葉　何　吳　莫　區
容　敬　神　　　坤　榕　順　運　成　登　球　　廷　
貴　明　保　水　濤　旗　錦　發　　　　　　謙　　筠　品

V

麥　陳　盧　陳　陳　郭　陳　韋　陳　張　楊　何　何
樹　　　　　　　　　榮　炳　金　元　光
貴　勳　祥　富　瑞　樂　地　炎　添　浩　根　滿　蘇　明

陳　韋　何　陳　唐　關　鄺　謝　陳　曹　陳　林　盧
　　金　兆　　　　　　　潤　應　　　　　銘
貴　鍊　勝　倫　祐　景　德　賢　元　南　蘇　平　涓

VI

李　譚　陳　郭　李　黃　容　徐　劉　陳　林　何　梁
帶　俊　燦　待　權　勝　國　弼　卓　福　百　豫　紹
　　　　　　　　　　　　　　槙　鑑　興　美　生　剛

等　薛　蔡　鄭　梁　王　郭　葉　程　李　何　梁
敬　惠　錦　鑑　羅　　錫　華
送　兪　森　發　全　明　貴　漢　耀　遼　九　添　頎

圖 2-1　〈香港監督學院史安夫子大人雅鑒〉

【資料來源】*The Yellow Dragon*, Vol. X, No. 8 (May 1909), pp. 137-138.

　　王鑑明，廣東人，1872 年 11 月進入海關，[15] 初為通譯，1919 年 4 月離開時為超等同文供事副後班。[16] 王鑑明在中央書院求學時，地理科表現最為突出。1871 年，他在亞洲地理一門成績最優秀，獲校方頒贈顯微鏡一台，[17] 1872 年時數學繪圖成績最佳，獲頒數學儀器作為獎勵。[18]

　　陳文是廣東人，1872 年 11 月加入中國海關，初為通譯，1899 年 4 月離開。[19]

　　李樹榮，廣東人，1873 年 8 月進入中國海關，初為通譯，1905 年 4 月離開時為頭等同文供事中班。[20] 李樹榮、陳樹勳與梁錦全 1873 年時同在英文班第二班，三人成績名列前茅，在學校頒獎禮中分別獲頒象牙筆盒、銀筆盒和手錶。[21] 1873 年陳琚與陳富等均在英文班第一班，各人因成績優異，獲頒望遠鏡作為獎勵。[22]

15　〈銘文〉；《年表》，頁 697。

16　https://www.bris.ac.uk/history/customs/resources/servicelists/chinesestaff/waywong.

17　王鑑明英文拼音為 Wong Kam-ming。"Prize List," *Hong Kong Daily Press*, 13 February 1871.

18　"Distribution of Prizes at the Government Central School," *Hong Kong Daily Press*, 31 January 1872.

19　〈銘文〉；https://www.bris.ac.uk/history/customs/resources/servicelists/chinesestaff/cheuconk.

20　〈銘文〉；https://www.bris.ac.uk/history/customs/resources/servicelists/chinesestaff/leelichen.

21　李樹榮英文拼音為 Li Ju-wing；陳樹勳英文拼音為 Ch'an Shu-fan；梁錦全英文拼音為 Leung Kam-ts'un, "Distribution of Prizes at the Government Central School," *Hong Kong Daily Press*, 22 January 1873.

22　陳琚英文拼音為 Ch'an Aku；陳富英文拼音為 Ch'an Afu, "Distribution of Prizes at the Government Central School," 22 January 1873。筆者按，在當時有關中央書院學生的記載，凡是名字為單字者，在英文拼寫的姓與名之間偶爾會出現「阿／亞」（Ah）的英文拼音。下同。

陳琚是廣東人，1873 年 8 月進入中國海關，[23] 初為通譯，1918 年 1 月離開時為九江關二等幫辦後班。[24]

盧祥，廣東人，1874 年 2 月加入中國海關，[25] 後來在稅務處工作。[26]

陳富是廣東人，1873 年 9 月進入中國海關，初為通譯，1921 年 3 月離開時為特等一級稅務員。[27] 陳富在校時英文成績甚佳，1873 年時是考獲英語最佳成績的其中一名學生，獲頒金筆盒一個。他又同時是英語會話和作文最佳成績的其中一名，獲頒 *Williams' Dictionary* 一部，繪圖成績亦佳，獲頒數學儀器。[28]

葉漢，廣東人，1872 年當中央書院的老師，1873 年 9 月加入廣東海關。[29] 葉漢在 1871 年時名列第一，化學科成績最優，獲頒銀手錶一隻。1871 年他在中央書院英文班第一班，與陳燦業等為同學。[30] 1872 年葉漢因成績優異，獲頒 Lobscheid 所編字典一部。[31] 他 1913 年

23　〈銘文〉；《年表》，頁 612。

24　https://www.bris.ac.uk/history/customs/resources/servicelists/chinesestaff/ cheuconk；《年表》，頁 244。

25　〈銘文〉；《年表》，頁 537。

26　《年表》，頁 537。

27　〈銘文〉；https://www.bris.ac.uk/history/customs/resources/servicelists/chinesestaff/ cheuconk.

28　"Distribution of Prizes at the Government Central School," *Hong Kong Daily Press*, 22 January 1873.

29　*The Yellow Dragon*, Vol. V, No. 3 (November 1903), p. 46；〈銘文〉；《年表》，頁 636。

30　葉漢英文拼音為 Ip A-hon。"Prize List," *Hong Kong Daily Press*, 13 February 1871。按，銀手錶可能是指銀色手錶，下同。

31　"Distribution of Prizes at the Government Central Schools," *Hong Kong Daily Press*, 31 January 1872。按，Lobscheid 全名是 William Lobscheid，是一個傳教士。有關他的簡歷，詳參周佳榮：《潮流兩岸：近代香港的人和事》（香港：香港中和出版有限公司，2016 年），頁 74–77。

至 1915 年為粵海關二等幫辦後班，1916 年為粵海關二等幫辦前班，[32] 1918 年為九江關二等幫辦後班。[33]

陳樹勳，廣東人，1874 年 5 月進入海關，[34] 初為通譯，1913 年 12 月離開時為超等幫辦前班。[35] 陳樹勳 1874 年時在中央書院英文班第一班，因成績優異，獲頒手錶一隻。[36]

麥貴，廣東人，1874 年 5 月進入中國海關，初為通譯。1880 年 8 月離開時為三等通事。[37]

林平，廣東人，1875 年 1 月進入中國海關，初為通譯。[38]

郭羅貴，廣東人，1875 年 5 月進入海關，[39] 初為通譯，1913 年 5 月離開時為頭等同文供事副前班。[40] 郭羅貴曾編纂《字典彙集》一書，遠銷至澳洲。其書「每卷九百餘篇。英字典每字用華英字解，番裝訂成牛皮書脊，每套價銀一磅零五元」。另又著有《通商須知》一書，「此書華英字用（按，原文如此），書內之才（材）[41] 從初入手，至於大學院掌教者，概皆合用，而生意場中有志英文，更合。每套價二磅二元，付費在內」。[42]

32　《年表》，頁 109－110。

33　同上，頁 244。

34　〈銘文〉；《年表》，頁 598。

35　https://www.bris.ac.uk/history/customs/resources/servicelists/chinesestaff/aichan.

36　"Public Examination at the Government Schools," *Hong Kong Daily Press*, 11 February 1874.

37　〈銘文〉；https://www.bris.ac.uk/history/customs/resources/servicelists/chinesestaff/maming.

38　〈銘文〉；https://www.bris.ac.uk/history/customs/resources/servicelists/chinesestaff/laleaou。根據上述資料記載，有三位名叫「林平」的人都同在 1875 年 1 月進入海關。筆者推測這三人是同一人。

39　〈銘文〉；《年表》，頁 643。

40　https://www.bris.ac.uk/history/customs/resources/servicelists/chinesestaff/kuokyung.

41　按，原文如此，疑欠一「料」字。

42　〈廣告〉，《廣益華報》，1899 年 3 月 24 日。

　　林蘇，澳門人，1876 年 5 月進入中國海關，初為候補通事，1880 年 8 月離開時為四等通事。[43] 他是中央書院 1875 年的 Morrison Scholar，[44] 後來當上檳榔嶼（Penang）法庭的翻譯。[45] 1873 年他與黃金滿及林平等同在英文班第四班。三人成績優異，曾分別獲頒手錶、象牙筆盒和墨水座。[46] 1921 年林蘇仍健在，出席了該年舉辦的皇仁舊生聚餐，與其他兩人是當年席上最年長的校友。[47]

　　李帶是香港人，1876 年 12 月加入中國海關，初為通事，1884 年 9 月離開時為四等通事。[48] 梁錦全，廣東人，1877 年 3 月進入中國海關，初為候補通事，1884 年 3 月離開時為三等通事。[49]

　　盧銘涓，廣東人，1877 年 3 月進入中國海關，初為候補通事，1891 年 12 月離開時為二等同文供事。[50] 盧銘涓在中央書院成績名列前茅，1877 年得翻譯科獎，獲頒手錶一隻。[51] 陳琚、陳富、盧祥、陳樹勳、麥貴、盧銘涓、林平、林蘇等名字在〈銘文〉中連在一起，[52] 似可證明他們互有聯繫。

43　〈銘文〉；https://www.bris.ac.uk/history/customs/resources/servicelists/chinesestaff/laleaou.

44　英文拼音 Lam Asu, "Public Examination in the Central School," *Hong Kong Daily Press*, 30 January 1875.

45　*Queen's College: Its History 1862-1987*, p. 231.

46　"Distribution of Prizes at the Government Central School," *Hong Kong Daily Press*, 22 January 1873.

47　*Queen's College: Its History 1862-1987*, p. 231.

48　以進入海關年份推算，應即李戴。〈銘文〉，https://www.bris.ac.uk/history/customs/resources/servicelists/chinesestaff/leelichen.

49　〈銘文〉；https://www.bris.ac.uk/history/customs/resources/servicelists/chinesestaff/leelichen.

50　〈銘文〉；https://www.bris.ac.uk/history/customs/resources/servicelists/chinesestaff/loloy.

51　"Prize Day at the Central School," *Hong Kong Daily Press*, 27 January 1877.

52　〈銘文〉。

張錦（約 1854 – 約 1939），字富石，廣東南海人，香港大書院卒業，1876 年 12 月進海關工作，[53] 初為候補通事，1920 年 6 月離開時為超等幫辦前班。[54] 張錦 1876 年任稅關書記，1896 年任稅務處幫辦，1911 年赴印度視察鴉片。他曾任駐印度禁煙委員。清朝時為候選布政司理問，後來進入稅務處工作，為稅務處第三股長。1915 年為代理九江關監督兼通商事宜。[55] 張錦亦參與對外交涉。1910 年 12 月與中央書院校友陳鑾（約 1867 – ？）同時被委任為俄約研究員，張錦時為第三股幫辦。[56] 據《中英續訂禁煙條約》所載，根據 1907 年所訂之辦法，英國政府批准清政府派員往印度檢視「售賣印藥（按，鴉片）及印藥裝箱」。另外，印藥出口時報關赴中國或在中國發賣，在付運前須將憑單交予清政府所派官員，轉呈清政府和中國海關職員。稅務處在 1911 年 8 月 29 日派稅務處幫辦布政司理問張錦前往印度，同時「暫加四品，以崇體制」。[57]

1912 年 7 月，張錦仍為駐印度禁煙委員，因西藏事與張煜全聯繫。外交部向張錦發出「西藏要聞，希隨時電昶雲（張煜全字，詳情見下），[58] 餘函詳外」的指令。[59] 張錦不久即回覆，指「拉薩被圍，

53　〈銘文〉；外務省情報部編：《現代支那人名鑑》（東京：外務省情報部，1924 年），頁 157；朱彭壽：《安樂康平室隨筆》（北京：中華書局，1982 年），頁 280；《年表》，頁 607。

54　https://www.bris.ac.uk/history/customs/resources/servicelists/chinesestaff/chengchern.

55　《現代支那人名鑑》，1924 年，頁 157。

56　〈派陳鑾張錦充研究員咨請查照由〉，《外務部》，中央研究院近代史研究所檔案館藏，檔號 02-13-021-05-021；《現代支那人名鑑》，1924 年，頁 249。

57　《兩廣官報》第 17 期（1911 年），頁 206。

58　《現代支那人名鑑》，1928 年，頁 186。

59　〈飭電西藏要聞〉，《北洋政府外交部》，中央研究院近代史研究所檔案館藏，檔號 03-28-003-01-004。

兵事未已，達賴配駐印藏邊界」。[60] 10 月，張錦從印度回覆外交部，稱「接奉手諭，內稱請將所聞藏中消息隨時電告等語，具見熱心藏事，欽仰莫名。張錦現駐此邦，誠如手諭所云，得信較近，嗣後如遇有要聞，自必隨時電達，以副熱心之至意。」[61] 11 月 23 日，張錦報告中國政府「洋報載英人現由印邊修路至江孜」。[62] 除替外交部搜集西藏情報外，張錦亦負禁煙之責。1913 年 1 月 7 日，他前往化斯浦爾（Ghazipur）「監視印土（按，鴉片）裝箱」，[63] 在該地住了四天。張錦指該廠監督對他甚佳，並邀他晚膳。該監督談到鴉片問題，指華人吸食鴉片與印人同等嚴重，故明白中國政府禁煙的決心。[64] 1918 年 6 月北洋政府稅務督辦孫寶琦（1867－1931）委任股長張錦善後江寬輪船事。[65] 張錦六十歲後仍在稅務處工作。1921 年 8 月前後，他曾參與松花江和黑龍江行輪章程之商議。[66]

60　〈報告拉薩被圍〉，《北洋政府外交部》，中央研究院近代史研究所檔案館藏，檔號 03-28-003-01-005。

61　〈嗣後遇有藏事要聞遵命電達〉，《北洋政府外交部》，中央研究院近代史研究所檔案館藏，檔號 03-28-003-01-027。

62　〈英人擬由印邊至江孜修路事〉，《北洋政府外交部》，中央研究院近代史研究所檔案館藏，檔號 03-28-003-02-003。

63　〈報告聯豫不日抵印及監視印土裝箱情形〉，《北洋政府外交部》，中央研究院近代史研究所檔案館藏，檔號 03-28-004-01-019。

64　同上。

65　〈會議江寬輪船補救事已派定張錦等為會員再送戴理爾所擬華船航洋保安規條以資參考由〉，《北洋政府外交部》，中央研究院近代史研究所檔案館藏，檔號 03-06-057-02-007。

66　〈組織委員會訂松黑兩江行輪章程事本處擬派股長張錦會同總稅務司一同出席請將會址及開會日期見示由〉，《北洋政府外交部》，中央研究院近代史研究所檔案館藏，檔號 03-32-274-02-028。

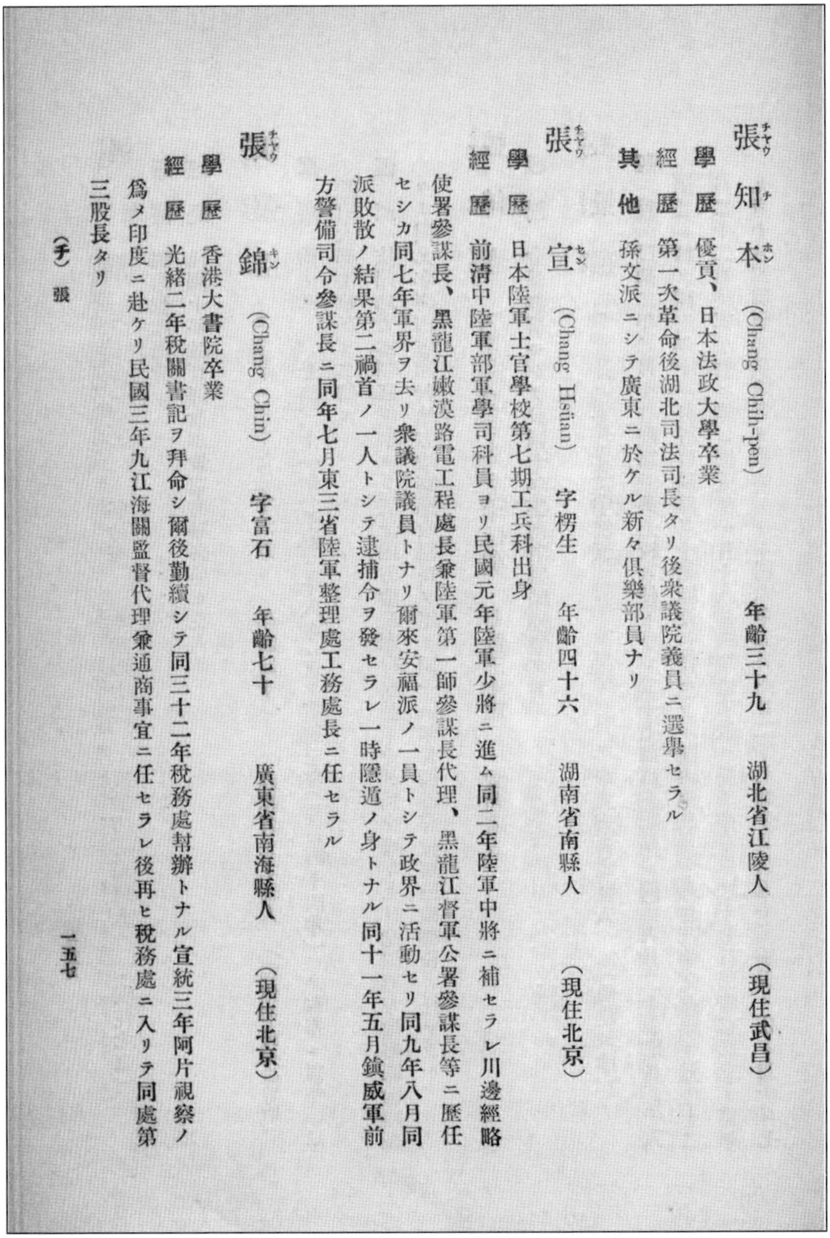

張知本 (Chang Chih-pen) チャウ　ホン
　　　　　　　　　　　年齡三十九　　湖北省江陵人　　（現住武昌）
學歷　優貢、日本法政大學卒業
經歷　第一次革命後湖北司法司長タリ後衆議院議員ニ選舉セラル
其他　孫文派ニシテ廣東ニ於ケル新々俱樂部員ナリ

張宣 (Chang Hsüan) チャウ　セン
　　　　　字楞生　　年齡四十六　　湖南省南縣人　　（現住北京）
學歷　日本陸軍士官學校第七期工兵科出身
經歷　前淸中陸軍部軍學司科員ヨリ民國元年陸軍少將ニ進ム同二年陸軍中將ニ補セラレ川邊經略使署參謀長、黑龍江嫩漠路電工程處長兼陸軍第一師參謀長代理、黑龍江督軍公署參謀長等ニ歷任セシカ同七年軍界ヲ去リ衆議院議員トナリ爾來安福派ノ一員トシテ逮捕令ヲ發セラレ一時隱遁ノ身トナル同十一年五月鎭威軍前方警備司令參謀長ニ同年七月東三省陸軍整理處工務處長ニ任セラル

張錦 (Chang Chin) チャウ　キン
　　　　　字富石　　年齡七十　　廣東省南海縣人　　（現住北京）
學歷　香港大書院卒業
經歷　光緒二年稅關書記ヲ拜命シ爾後勤續シテ同三十二年稅務處封辦トナル宣統三年阿片視察ノ爲メ印度ニ赴ケリ民國三年九江海關監督代理兼通商事宜ニ任セラレ後再ヒ稅務處ニ入リテ同處第三股長タリ

（手）張

一五七

圖 2-2 《現代支那人名鑑》有關張錦的記載
【資料來源】《現代支那人名鑑》，1924 年，頁 157。日本國立國會圖書館藏。

　　稅務處自 1908 年成立之後，高級職員大多由皇仁校友擔任。[67]
1908 年至 1909 年是陳鑾、盧祥、陳樹勳、張錦；1910 年至 1911 年
是陳鑾、陳樹勳、張錦；1914 年至 1920 年是陳鑾、張錦、王暢祖。[68]
1921 年至 1922 年是陳鑾、王暢祖；1923 年是王暢祖、許金水。[69] 逮
1923 年才有一位福建人黃厚誠加入，之前全為廣東人，且皇仁書院
校友佔絕大多數。1924 年至 1928 年許金水仍是稅務處高級職員。[70]
稅務處初創時以唐紹儀為副手，[71] 因此唐紹儀利用這機會起用皇仁書
院校友，自是極有可能。後來，皇仁校友網絡在稅務處已根深柢固，
因此援引更多校友。徵諸史實，這一推論應能成立。

　　從〈銘文〉推測，各人在離校工作之後似仍有聯繫。根據中國海
關員工入職慣例推斷，各人入職的年份與其離校年份，有時甚至是月
份，一般都較為接近，可能是剛離開學校便進入海關工作。另外，上
列各人不少都是前後同學，或是同班，或是同級，或是學兄學弟。憑
着這些連帶關係，相互援引、介紹進海關工作的可能性，應該是相當
高的。換句話說，「埋堆」文化相當普遍。從本書所引例子反映，當
時中國海關所吸納的職員，都是皇仁書院的尖子。

67　《年表》，頁 537－538。

68　"Prize Distribution at Queen's College," *The Hong Kong Weekly Press*, 13 February
　　1896；《年表》，頁 697。

69　英文拼音 Hu Kam-Shui, "Presentation of Prizes at Queen's College," *The China Mail*,
　　23 January 1897；https://www.bris.ac.uk/history/customs/resources/servicelists/
　　chinesestaff/genghuan.

70　《年表》，頁 537－538、697。

71　*Breaking with the Past：The Maritime Customs Service and the Global Origins of
　　Modernity in China*, pp. 156-158.

另外，〈銘文〉中之何豫生、何寵生、何回生亦似是兄弟關係。[72] 何回生是廣東南海人，自設太厘洋行，任司事。[73] 何豫生 1873 年在第七班，成績優異，曾獲頒温度計作為獎勵。[74]

另一件研究中央書院早期校友極為重要的史料，是一份 1878 年中央書院學生名單，附有學生出生年份和在校時間，本書將重點引用。這份名單是中央書院首任校長史釗域在 1878 年提交香港政府的報告之其中一部分，亦是經見的史料，[75] 惟尚未見系統的解讀。這個測試是在 1878 年 3 月 5 日這一天裏完成的[76]，可見史釗域之驚人魄力。名單中一小部分因年代久遠，破損無法辨認，但無損它的重要價值。

當時他曾親自評估全校 453 位學生的英語口語能力，且將學生成績分為五等。表中亦列出各生在校年期和年齡、國籍等，因此保存了中央書院早期學生許多重要的原始資料。由此我們亦可窺見下述海關職員在校之英文程度。A 級是指能使用慣用語說英語的英裔和歐裔學生。B 級是指能說相當流利英語的歐裔和印裔學生。C 級是指能說相當流利英語的華人學生。D 級是指說英語相當生硬的學生。而 E 級是指根本不能說英語的學生。[77]

72 〈銘文〉。.

73 【清】張之洞（1837－1909），孫華峰、李秉新編：《張之洞全集》（石家莊：河北人民出版社，1998 年），第 1 卷，頁 447。

74 "Distribution of Prizes at the Government Central School," 22 January 1873.

75 *The Hongkong Government Gazette*, 4 May 1878, pp. 231-236. 例如《白手興家：香港家族與社會，1841－1941》一書亦曾引用，詳見鄭宏泰、高皓：《白手興家：香港家族與社會，1841－1941》（香港：中華書局〔香港〕有限公司，2016 年），頁 75。

76 Gillian Bickley, *The Golden Needle : The Biography of Frederick Stewart (1836-1889)* (Hong Kong：David C. Lam Institute for East-West Studies, Hong Kong Baptist University,1997), p. 160. 當然，亦可能是史釗域所進行的英文測試十分簡單顯淺。

77 *The Hongkong Government Gazette*, 4 May 1878, pp. 231-236.

THE HONGKONG GOVERNMENT GAZETTE, 4TH MAY, 1878.

No. 94.

GOVERNMENT NOTIFICATION.

ENGLISH SPEAKING AT THE GOVERNMENT CENTRAL SCHOOL.

The following Documents are published for general information.

By Command,

J. M. PRICE,
Acting Colonial Secretary.

Colonial Secretary's Office, Hongkong, 4th May, 1878.

[*No.* 29.]

GOVERNMENT CENTRAL SCHOOL,
HONGKONG, 1*st March,* 1878.

SIR,—I have the honour to inform you that this school was re-opened to-day after the Chinese New Year holidays. There were 218 applicants fo. admission, and only 40 vacant seats.

I have the honour to be,
Sir,
Your most obedient Servant,

FREDERICK STEWART,
Head Master.

The Honourable J. GARDINER AUSTIN, C.M.G.,
Colonial Secretary.

Minute by His Excellency the Governor.

Immediate.

Request Mr. STE ...   .   t th p .pils now on the books of the Cent.al School, marking with red ink the names of the pupils who can speak English.

J. POPE HENNESSY.

Minute by the Inspector of Schools.

In accordance with His Excellency's request, I enclose a list of the names, 453 in number, of all the scholars on the books of the Central School, at this date. They compose the nine English classes into which the scholars are divided.

As the "speaking of English," that is, the ability to converse in the English language, is a term of variable application, I have thought it advisable to arrange the list under the following headings, namely:—

1.° Those marked A, numbering 8, who are English or other European boys speaking English idiomatically.

2.° Those marked B, numbering 33, who are European and Indian boys speaking English with considerable fluency.

3.° Those marked C, numbering 18, who are Chinese boys speaking English with considerable fluency.

4.° Those marked D, numbering 58, who speak English with diffidence.

5.° Those marked E, numbering 336, who cannot be said to "speak English" at all.

FREDERICK STEWART,
Inspector of Schools.

Government Central School, 5th March, 1878.

圖 2-3-1 至圖 2-3-6　1878 年中央書院學生名單，附有學生出生年份和在校時間。

【資料來源】*The Hongkong Government Gazette*, 4 May 1878, pp. 231-236.

番書與黃龍——香港皇仁書院華人精英與近代中國

THE HONGKONG GOVERNMENT GAZETTE, 4TH MAY, 1878.

List of all the PUPILS now on the Books of the CENTRAL SCHOOL showing to what extent each of them can "SPEAK ENGLISH."

...l Hing, ...C	98.—Yau Wai-cheung, ...D	195.—Hung Mung-cho, ...E
...in Man-kwong, ...C	99.—Luk King-fo, ...E	196.—Wong Tai-wa, ...E
...Hazeland, ...A	100.—Ch'an Ping-hang, ...B	197.—Leúng Ching, ...D
...sng Kit-fan, ...C	101.—Kwong Chiu-wing, ...E	198.—Li Tsz-yung, ...E
5.—Ch'an Kai-ming, ...C	102.—Tang Yuk, ...D	199.—Ch'an Cham-púi, ...B
6.—Hung Kam-shing, ...C	103.—Yeúng Lam-fuk, ...E	200.—Ng Yun, ...E
7.—F. Ribeiro, ...B	104.—Kwok Shing, ...E	201.—Lau Yuk-tsing, ...E
8.—Tsang Kam-chiu, ...C	105.—Lai Pat-leung, ...E	202.—Chan Tung-ping, ...E
9.—Yam Kwan-ún, ...C	106.—Tang Wing-ki, ...E	203.—Tong Man-kwong, ...E
10.—Chiu Chi-ming, ...DE	107.—Li Fuk-on, ...E	204.—ô Lai-tai, ...D
11/12.—Kwok Hung-kwai, ...C	108.—Leúng Kwong-chiu, ...E	205.—Wong Chim-fúi, ...E
13.—Chiu Lai, ...D	109.—Mok Yat-cheung, ...E	206.—Fung Hin-chiu, ...E
14.—Sin Hon, ...D	110.—Leúng Hi, ...E	207.—M. Fernandes, ...B
15.—Ho Tung, ...D	111.—Wat Ying-cho, ...E	208.—Ho Tun-yung, ...E
16.—Midene, ...B	112.—Ch'an Ming, ...C	209.—A. Abbas, ...E
17.—Ch'an Kai-wing, ...D	113.—Leúng Hin-tsing, ...E	210.—F. Remedios, ...E
18.—Lam Ts'ún, ...D	114.—Wong Tsan, ...E	211.—Lau Ts'ún, ...C
19.—Ch'an Tsai-cheung, ...D	115.—Ng Ti, ...E	212.—Yeúng Hing, ...E
20.—Moosa, ...B	116.—L. Witt, ...E	213.—Im Sit, ...E
21.—A. Collaço, ...B	117.—Cheng T'ung, ...E	214.—Wong Kam-shing, ...E
22.—A. J. Reed, ...A	118.—Chü Tung, ...E	215.—Pang Shan-ch'ün, ...E
23.—A. R. Mcosdene, ...A	119.—Yeúng Tsung-pak, ...E	216.—Tsang King-tau, ...E
24.—Ram Samui, ...B	120.—Tong Man-lal, ...E	217.—Yeúng Pui-wing, ...E
25.—A. Ramjan, ...B	121.—Cheung Ping-fai, ...E	218.—Chàn Wa-hon, ...E
26.—Lo Tsz-lam, ...D	122.—F. Machado, ...B	219.—Li Shai-kit, ...E
27.—Li Fuk-t'in, ...D	123.—Leúng Shing-hoi, ...E	220.—Cheúng Yuk-chi, ...E
28.—Tam Sz-chiu, ...D	124.—Ku Chat, ...E	221.—Ch'an Ting-pò, ...E
29.—Leúng Shiu-kong, ...C	125.—Mahomet, ...E	222.—Cheng Wing, ...E
30.—A. Machado, ...D	126.—Au-yeúng Chan, ...E	223.—Lau Kam-shing, ...E
31.—Ngai Sau-leung, ...D	127.—Tsang Pak, ...E	224.—Siu Kit, ...E
32.—Ch'au Ü, ...D	128.—Ch'an Tin-seung, ...E	225.—Kwok King-on, ...E
33.—ô Ying-súi, ...D	129.—F. X. Jesus, ...E	226.—Lo Tsz-yau, ...E
34.—Wong Kam-yung, ...D	130.—Wong Man-ling, ...E	227.—Li Kun, ...E
35.—Ng Yau, ...D	131.—Lo Ün-kok, ...E	228.—Wong Kam-sau, ...E
36.—Ho Shan-cheung, ...D	132.—Ch'an Yau, ...E	229.—Leúng Ü-in, ...E
37.—Lo Fik-shan, ...D	133.—Chan Yuk, ...E	230.—Lam Kun-ü, ...E
38.—Yeúng Tik-fan, ...D	134.—S. Thompson, ...E	231.—Leúng Chiu-ün, ...E
39.—Wong Yam-ting, ...D	135.—Sit Sam-yung, ...E	232.—ô Shui-púi, ...E
40.—Ho Fuk, ...D	136.—Lin Shing-ko, ...E	233.—Cheng Ying-tseung, ...E
41.—V. Currim, ...B	137.—Wong Kam-lu, ...E	234.—F. W. White, ...A
42.—Wai Sau-hing, ...D	138.—Tang Wing-shing, ...E	235.—Ch'an Fuk-tin, ...E
43.—F. E. L. Soares, ...B	139.—Leúng Yuk-tso, ...E	236.—Sz Tuk-kwan, ...E
44.—Ch'an Fuk-tai, ...D	140.—Wat Pat-tai, ...E	237.............E
45.—Tam Li, ...D	141.—Mak Shing-cheung, ...E	238.—... Yir, ...C
46.—...Chéung Ping-tsoi, ...D	142.—Li Pak-shan, ...E	239.............C
	143.—Tsü Kang-chiu, ...E	240.............E
	144.—Wong Loi, ...E	241.—...tai, ...E
...............D	145.—Wat Wing-tsau, ...E	242.—...ping, ...E
...............B	146.—Cheng Man-ki, ...F	243.—...tseung, ...E
	147.—...................E	
...Yeúng Yenng, ...		...............E
52.—A. F. Remedios, ...B	149.—Li In, ...E	246.—...sheik Abdool-ruman, ...B
53.—Lo Sik-ling, ...E	150.—Shau Sói-shang, ...E	247.—Yeúng Ki, ...E
54.—Lo Sik-pin, ...E	151.—Hü Yuk-lun, ...E	248.—Man Iu-nam, ...E
55.—Au Hi-yung, ...E	152.—Li Fai, ...E	249.—Ho Kam-fuk, ...E
56.—F. X. Remedios, ...B	153.—V. Thompson, ...B	250.—V. C. C. Herbet, ...E
57.—Lau Chiu-leúng, ...E	154.—R. J. White, ...E	251.—Ho ô-sang, ...E
58.—Miu Yeuk-ki, ...E	155.—Tse Yuk, ...E	252.—Ün Ti-hung, ...E
59.—Ch'an Tao-hing, ...D	156.—Ho Yung-shang, ...E	253.—Tsui Tsoi-hi, ...E
60.—Tam Ying, ...D	157.—Kom Ping-kwan, ...E	254.—Cheúng Shing, ...E
61.—Ch'an Tu-pan, ...D	158.—To Kam-yung, ...E	255.—Wong Sing-lan, ...E
62.—ô Cheuk-kwan, ...E	159.—Wan Tak-fan, ...E	256.—Wan Wai-lin, ...E
63.—U. Ramjan, ...D	160.—Ch'an Pat, ...E	257.—Ho Fúk, ...E
64.—Li King-pan, ...D	161.—Chau Shau, ...E	258.—Lau Kwai-tsau, ...E
65.—Kwok Tsun, ...D	162.—Ch'an Púi, ...E	259.—Chü Yuk-tong, ...E
66.—Wong Ching-ki, ...D	163.—Wong Hing-tseung, ...E	260.—Cheuk King, ...E
67.—Au In-tsan, ...D	164.—Lo Pak-wing, ...E	261.—Ng Yuk, ...E
68.—Lau Tsun-kwai, ...D	165.—Kwok I-yap, ...E	262.—Lam Mún, ...E
69.—Wong Hin-cheung, ...E	166.—Au Kan, ...E	263.—Wat Man-tsung, ...E
70.—Ho Lam-ying, ...E	167.—Ho Wan-lin, ...E	264.—Lo Hün, ...E
71.—Yeúng I-kam, ...E	168.—Kwok Ping-ún, ...E	265.—Yeúng Po-shan, ...E
72.—Lau Tsun-mo, ...E	169.—Lo Fuk-nin, ...E	266.—Ho Iu-leung, ...E
73.—Fung Yun, ...E	170.—Fung Yau, ...E	267.—M. Mauricio, ...E
74.—Leúng Man-chiu, ...F	171.—Ho Hing-tseung, ...E	268.—A. Spencer, ...B
75.—Lai Ki-hing, ...E	172.—Yeúng She-chan, ...E	269.—Leúng Shin-nam, ...E
76.—Tong Mi-on, ...D	173.—G. Bass, ...D	270.—Lo Kit, ...E
77.—Pun Kam-kan, ...D	174.—Tsang Mau, ...E	271.—Yeúng Chiu-pan, ...E
78.—Leúng Ping, ...E	175.—Chau Kap-fú, ...C	272.—Hung Wing-kwan, ...E
79.—Wan Tak-k'ün, ...E	176.—ô Kwai-sham, ...E	273.—Tong Chik, ...E
80.—Yau Sik-ling, ...E	177.—Chung Shúi-shang, ...E	274.—Tang Wing-kwong, ...E
81.—Ma Kan, ...E	178.—Cheuk Ting-ü, ...E	275.—Wong Tat-pong, ...E
82.—Li Tsau-shing, ...E	179.—Ho Pak, ...E	276.—Liu Fuk-tseung, ...E
83.—Kwok Nai-on, ...E	180.—Ku Ping, ...E	277.—Wong Sham, ...E
84.—Li Wai, ...E	181.—Pau Kan, ...E	278.—Ch'an I-nang, ...E
85.—Cheng Yung, ...E	182.—Cheúng Mú, ...E	279.—Ng Man-ki, ...E
86.—J. Mauricio, ...B	183.—Wong Wán, ...E	280.—Leúng K'ün, ...E
87.—J. M. Botelho, ...B	184.—Ch'an Kam-fong, ...E	281.—Ch'an Shiu-lam, ...E
88.—R. S. Solomon, ...B	185.—Lai Ping-chiú, ...E	282.—Han Fung-shü, ...E
89.—Ch'an Mi, ...E	186.—Lam Wing-kwong, ...E	283.—Chan Fai, ...E
90.—Chéng Tsz-in, ...E	187.—Ho Wing, ...E	284.—A. Barros, ...D
91.—Yeúng Chan-to, ...E	188.—Leúng Wai-kit, ...B	285.—Kwok Sz-ping, ...E
92.—Chan Tsung-ki, ...E	189.—Cheng Só, ...E	286.—S. Madar, ...E
93.—Chéung Yung-kan, ...E	190.—Li Yau, ...E	287.—H. Carneiro, ...D
94.—H. Sampson, ...B	191.—Cheng Yung-hang, ...E	288.—Ko Kun, ...E
95.—C. Franco, ...B	192.—Ko Cheuk-shing, ...E	289.—Miu Hop, ...E
96.—Sheik Hussain, ...E	193.—Sham Tin-shan, ...E	290.—Kwan Shui-ping, ...E
97.—Mok Tsong, ...D	194.—Ho Tseung-hang, ...E	291.—Lau Chak, ...E

圖 2-3-2

（續圖）

List of all the Pupils now on the Books of the Central School,—(Continued.)

292.—Wong Lai-tsam, ...E	346.—Hon Kam-chiu, ...E	400.—J. Bass, ...E
293.—Ch'an Ün-fan, ...E	347.—Sung Ying-shing, ...E	401.—J. F. Thompson, ...B
294.—Léung Man-kwong, ...E	348.—Fung Tin-sik, ...E	402.—Wong Ping, ...E
295.—Wan Kwai-hon, ...E	349.—Cheng Hong, ...E	403.—Sheik Cassim, ...E
296.—Wong Kwok-fai, ...E	350.—Lau Shing-k'ün, ...E	404.—Fung Kam, ...E
297.—Ü Púi, ...E	351.—Ch'an Wing-fun, ...E	405.—Li Ip, ...E
298.—Ng Mung-hung, ...E	352.—Ma ki-kai, ...E	406.—Cheuk Kwong, ...E
299.—Chan Luo, ...E	353.—Tang Üt-fú, ...E	407.—Cheuk Kwan, ...E
300.—Chéung Ping-man, ...E	354.—Yéung Ping-lu, ...E	408.—Ch'an Ting-súi, ...E
301.—Ho Shing, ...E	355.—Ü Chin-pan, ...E	409.—Leúng Ho-kwan, ...E
302.—Chü Tsun-ching, ...E	356.—Cheng Sú, ...E	410.—Chiu To, ...E
303.—Lui Wing-hin, ...E	357.—Kwok Kau, ...E	411.—Kwok Kam-wing, ...E
304.—Chán Kwan, ...E	358.—S'ün Man-hin, ...E	412.—Lun Kai-súi, ...E
305.—T'ám Tat-tsoi, ...E	359.—Tang Ting-hang, ...E	413.—Lun Ting-kit, ...E
306.—Tang Tsap-tseung, ...B	360.—Mok Tséung, ...E	414.—Sung Man-hoi, ...E
307.—Wan Shán-tseung, ...E	361.—Lo Kam, ...E	415.—Ho Ying-ming, ...E
308.—Lo Tung-sun, ...E	362.—Kan Hip-kang, ...E	416.—Lam Kat, ...E
309.—Fok Kun-tso, ...E	363.—Chán Lün-kit, ...E	417.—Wong Man-kwong, ...E
310.—Ho Kam-tong, ...E	364.—Abdool, ...E	418.—Lo Hoi-ling, ...E
311.—Yéung Ngok-shing, ...E	365.—Sheik Rahim, ...D	419.—C. Gracia, ...E
312.—Wong Púi-lam, ...E	366.—Abdoola, ...E	420.—Ch'an Chan-pong, ...E
313.—Tang Chak, ...E	367.—Tsoi Tsun-ying, ...E	421.—Tsoi Kam-tsung, ...E
314.—Lau Kwai, ...E	368.—Leúng Tai-on, ...E	422.—Kwan Ngok, ...E
315.—A. Mauricio, ...E	369.—Tang On, ...E	423.—Mok Man-to, ...E
316.—Slampiune, ...D	370.—Hung Tsun-ki, ...E	424.—Kwok Kam-chü, ...E
317.—Tang Wing-iu, ...E	371.—Lam Cheung, ...E	425.—Lo Wai, ...E
318.—Mok Ping, ...E	372.—Ch'an Wing-kiu, ...E	426.—Fung Yéung, ...E
319.—Wong Wan-chung, ...E	373.—Sheik Baloo, ...E	427.—Fung Chui-yéung, ...E
320.—Wong Piu, ...E	374.—Sheik Abram, ...E	428.—Ho Sing-hon, ...E
321.—Lai Kit-wai, ...E	375.—Chán Tsz-cho, ...E	429.—Lo Tsz-un, ...E
322.—Chik Wai, ...E	376.—Ch'an Man-him, ...E	430.—Cheung Un-kwong, ...E
323.—Tsang Ü-ch'in, ...E	377.—Ch'an Kam-tong, ...E	431.—Ng Yuk, ...E
324.—Lam Yung, ...E	378.—Ch'an Hün-shing, ...E	432.—Ho Hin-shü, ...E
325.—P. Remedios, ...E	379.—Yeúng Yung-kan, ...E	433.—Ng Chiu-hin, ...E
326.—Tang Tsung-fong, ...E	380.—Chü Yau-tsoi, ...D	434.—Ng Man-hin, ...E
327.—Larfar, ...E	381.—Hung Tsun-tsoi, ...E	435.—Cheng Chak-pü, ...E
328.—Ng Man, ...E	382.—Ch'an Yun, ...E	436.—Li Tsm-tsün, ...E
329.—G. Hoosin, ...E	383.—Lau Kwong, ...E	437.—Ch'an Kat-ü, ...E
330.—S. Mootian, ...D	384.—Kwok Ho-kai, ...E	438.—Wan Kwan-cheung, ...E
331.—Sun King-i, ...E	385.—Yeúng Ping, ...E	439.—Tsang Chim-ch'ün, ...E
332.—Li Wing, ...E	386.—Chau Ming-cho, ...E	440.—Lau Ling-hoi, ...E
333.—Cháo Hoi, ...E	387.—Sham Shung, ...E	441.—Yung Tso, ...E
334.—Lam On, ...E	388.—Lo Tseung-ip, ...E	442.—Ch'an Súi-lam, ...E
335.—Tang Tin-tsoi, ...E	389.—Tse Seung-hung, ...E	443.—Ch'au Hing-ki, ...E
336.—Kwok Kam-ts'ün, ...E	390.—Siu Kai, ...E	444.—Hon Sz-kun, ...E
337.—Wong Man-to, ...E	391.—Leúng Ting-pan, ...E	445.—Lam Wing-nin, ...E
338.—Ho Ti-wa, ...E	392.—Tsoi Shui-lim, ...E	446.—Cheng U-ku, ...E
339.—Lau Shing-tin, ...E	393.—Yeúng Ün-mi, ...E	447.—Wan Fuk-cheung, ...E
340.—Leúng Tung, ...E	394.—Leúng Pang-nin, ...E	448.—C. Amaraka, ...
341.—Ch'an Tsoi-ying, ...E	395.—Yeúng Tsau, ...E	449.—W. Stainfield, ...
342.—Kwok Tin-kwai, ...E	396.—Cheúng In-nam, ...E	450.—Hortou, ..
343.—Kwong Sit-lung, ...	397.— ...	4 ...
344.—Li Kwong-tsoi, ...		
345.—Leúng Shiu-fan, ...E	399.—J. Basa, ...E	453.—F. Shuster, ...

FREDERICK STEWART,
Inspector of Schools.

To A. FALCONER, Esq.,
  Acting Head Master,
    Government Central School.

Add to the above the age of each boy, and the number of months each has been in the Government Central School for the information of His Excellency the Governor.

E. J. EITEL,
Acting Inspector of Schools.

Hongkong, 12th March, 1878.

Minute by His Excellency the Governor.

1. Publish in the *Gazette* Mr. STEWART's report on the result of his own examination of the pupils in the Central School as to their capacity for speaking English.

2. To the register number of each pupil should be added his nationality, his age, length of time at the Central School, and (using in every case the words of Mr. STEWART) his power of speaking English.

3. In the list as copied by one of my clerks a mistake was made respecting No. 255 who was actually only twenty-two months at the School, whereas in the copy put into my hands he was stated to have been 10 years and 2 months at School.

Before sending Mr. STEWART's report and the list of pupils to the printer, I should be glad if Dr. EITEL would be good enough to have the list carefully compared with the results obtained by Mr. STEWART at his examination in last March and with the records of the Central School.

J. POPE HENNESSY.

30th April, 1878.

圖 2-3-3

（續圖）

List of all the PUPILS *now on the* BOOKS *of the* CENTRAL SCHOOL, *showing to what extent each of them can "*SPEAK ENGLISH.*"*

No.	Nationality.	Age.	Length of time at the Central School.		As to Speaking English.
			Years.	Mon.	
1	Chinese, ...	23	8	...	Speaks English with considerable fluency.
2	Do.,	20	7	...	" "
3	English,	17	7	...	" idiomatically. "
4	Chinese,	20	7	...	" with considerable fluency.
5	Do.,	18	8	1	" "
6	Do.,	19	5	...	" "
7	Do.,	16	7	...	" "
8	Portuguese,	16	5	...	" "
9	Chinese,	19	6	...	" "
10	Do.,	17	6	...	" "
11	Do.,	21	5	...	" with diffidence.
12	Do.,	22	4	4	" with considerable fluency.
13	Do.,	18	6	...	" with diffidence.
14	Do.,	16	5	...	" "
15	Do.,	16	4	5	" with considerable fluency.
16	Arab,	21	6	...	" "
17	Chinese,	20	5	...	" with diffidence.
18	Do.,	20	7	...	" "
19	Do.,	21	4	...	" "
20	Indian,	16	6	...	" with considerable fluency.
21	Portuguese,	17	3	...	" "
22	English,	13	7	...	" idiomatically.
23	Indian,	13	6	...	" with considerable fluency.
24	Do.,	16	6	...	" "
25	Do.,	15	5	...	" "
26	Chinese,	17	6	...	" with diffidence.
27	Do.,	16	5	...	" "
28	Do.,	19	4	...	" "
29	Do.,	20	4	...	" with considerable fluency.
30	Portuguese,	14	3	...	" "
31	Chinese,	19	5	...	" with diffidence.
32	Do.,	19	7	...	" "
33	Do.,	20	4	1	" "
34	Do.,	17	5	1	" "
35	Do.,	21	4	6	" "
36	Do.,	18	4	...	" "
37	Do.,	19	4	...	" "
38	Do.,	17	5	1	" "
39	Do.,	20	3	...	" "
40	Do.,	15	3	...	" "
41	Indian,	16	6	...	" with considerable fluency.
42	Chinese,	20	3	...	" with diffidence.
			1	6	" with considerable fluency.
			4	1	" with diffidence.
				9	" "
	Ina ...	15	...		" " fluency.
48	Chinese,	18	5	1	" with diffidence.
49	Do.,	18	4	5	" "
50	Parsee,	18	5	...	" with considerable fluency.
51	Chinese,	20	3	...	" with diffidence.
52	Portuguese,	16	3	...	" with considerable fluency.
53	Chinese,	20	5	...	" with diffidence.
54	Do.,	18	5	...	" "
55	Do.,	16	3	...	" with considerable fluency.
56	Portuguese,	13	3	...	" with diffidence.
57	Chinese,	18	4	...	" "
58	Do.,	17	3	...	" "
59	Do.,	18	3	...	" "
60	Do.,	16	4	1	" "
61	Do.,	15	5	1	Cannot be said to speak English at all.
62	Do.,	17	4	...	Speaks English with considerable fluency.
63	Indian,	13	4	5	" with diffidence.
64	Chinese,	17	4	1	" "
65	Do.,	20	3	10	" "
66	Do.,	20	4	...	" "
67	Do.,	17	4	...	" "
68	Do.,	17	4	2	Cannot be said to speak English at all.
69	Do.,	17	4	1	" "
70	Do.,	17	5	1	Speaks English with diffidence.
71	Do.,	17	3	7	Cannot be said to speak English at all.
72	Do.,	20	5	...	" "
73	Do.,	16	5	5	" "
74	Do.,	21	5	...	" "
75	Do.,	19	3	6	" "
76	Do.,	17	4	1	" "
77	Do.,	16	3	...	" "
78	Do.,	16	3	...	" "
79	Do.,	16	3	...	" "
80	Do.,	20	2	...	" "
81	Do.,	19	4	1	" "
82	Do.,	18	4	...	" "
83	Do.,	17	4	...	" "
84	Do.,	16	5	...	" "
85	Do.,	19	6	...	Speaks English with considerable fluency.
86	Spaniard,	19	2	6	" "
87	Portuguese,	17	3	...	" "
88	Jew,	12	...	...	Cannot be said to speak English at all.
89	Chinese,	16	3	7	" "
90	Do.,	20	3	...	" "
91	Do.,	17	3	1	Speaks English with diffidence.
92	Do.,	20	3	...	" "
93	Do.,	17	3	8	Cannot be said to speak English at all.

No.	Nationality.	Age.	Length of time at the Central School.		As to Speaking English.
			Years.	Mon.	
94	English,	14	9	...	Speaks English idiomatically.
95	Portuguese,	20	...	4	" with considerable fluency.
96	Indian,	15	1	7	" "
97	Chinese,	18	4	...	" with diffidence.
98	Do.,	19	3	10	Cannot be said to speak English at all.
99	Do.,	17	3	5	" "
100	Do.,	17	3	...	" "
101	Do.,	20	4	2	" "
102	Do.,	19	2	2	Speaks English with diffidence.
103	Do.,	17	3	...	Cannot be said to speak English at all.
104	Do.,	18	2	...	" "
105	Do.,	19	3	10	" "
106	Do.,	16	2	2	" "
107	Do.,	20	2	5	" "
108	Do.,	16	3	...	" "
109	Do.,	17	2	3	" "
110	Do.,	16	2	5	" "
111	Do.,	20	2	...	" "
112	Do.,	16	1	7	Speaks English with considerable fluency.
113	Do.,	21	4	...	" with diffidence.
114	Do.,	20	5	5	" "
115	Do.,	20	4	1	" "
116	German,	13	2	7	Speaks English with considerable fluency.
117	Chinese,	21	2	1	Cannot be said to speak English at all.
118	Do.,	20	3	1	Speaks English with diffidence.
119	Do.,	19	3	...	Cannot be said to speak English at all.
120	Do.,	14	5	...	" "
121	Do.,	20	2	10	" "
122	Portuguese,	13	3	...	Speaks English with considerable fluency.
123	Chinese,	19	3	10	Cannot be said to speak English at all.
124	Do.,	18	3	...	" "
125	Indian,	11	4	...	Speaks English with considerable fluency.
126	Chinese,	20	4	1	Cannot be said to speak English at all.
127	Do.,	19	3	...	" "
128	Chinese,	16	1	6	Speaks English with diffidence.
129	Portuguese,	13	1	6	" with considerable fluency.
130	Chinese,	16	4	...	Cannot be said to speak English at all.
131	Do.,	20	2	...	" "
132	Do.,	17	5	...	" "
133	Do.,	16	3	...	" "
134	English,	13	3	...	Speaks English with considerable fluency.
135	Chinese,	18	3	...	" "
136	Do.,	18	1	1	" "
137	Do.,	19	1	1	
138	Do.,	16	3		
141	Do.,	16	3	2	
142	Do.,	16	3	10	
143	Do.,	20		1	... said to speak English at all.
144	Do.,	16	3	...	
145	Do.,	16	4	1	
146	Do.,	16	3	2	
147	Do.,	14	3	1	
148	Do.,	16	2	2	
149	Do.,	20	3	1	
150	Do.,	18	2	1	
151	Do.,	17	3	3	
152	Do.,	18	2	6	Speaks English with considerable fluency.
153	English,	10	3	...	" "
154	Do.,	19	2	6	" idiomatically.
155	Chinese,	20	2	5	
156	Do.,	17	2	1	
157	Do.,	17	3	5	
158	Do.,	16	3	6	
159	Do.,	15	2	1	
160	Do.,	15	5	...	
161	Do.,	17	2	...	
162	Do.,	16	3	...	
163	Do.,	18	2	2	
164	Do.,	15	3	...	Cannot be said to speak English at all.
165	Do.,	18	2	1	
166	Do.,	15	3	1	
167	Do.,	13	2	1	
168	Do.,	17	2	...	
169	Do.,	17	3	2	
170	Do.,	16	2	2	
171	Do.,	14	3	2	
172	Do.,	15	4	...	Speaks English with diffidence.
173	Spaniard,	17	1	1	Cannot be said to speak English at all.
174	Chinese,	19	3	8	Speaks English with considerable fluency.
175	Do.,	16	1	...	
176	Do.,	18	3	...	
177	Do.,	20	3	...	
178	Do.,	16	3	...	
179	Do.,	16	3	1	Cannot be said to speak English at all.
180	Do.,	18	3	10	
181	Do.,	19	2	5	
182	Do.,	18	2	...	
183	Do.,	16	3	...	
184	Do.,	20	3	8	Speaks English with diffidence.
185	Do.,	17	2	...	Cannot be said to speak English at all.
186	Do.,	16	2	...	

圖 2-3-4

THE HONGKONG GOVERNMENT GAZETTE, 4th MAY, 1878.   235

List of all the Pupils now on the Books of the Central School,—(Continued.)

No.	Nationality	Age	Years	Mon.	As to Speaking English
187	Chinese,	15	2	2	Cannot be said to speak English at all.
188	Do.,	14	2	...	
189	Do.,	15	...	6	Speaks English with considerable fluency.
190	Do.,	22	1	...	
191	Do.,	17	2	1	
192	Do.,	23	1	...	Cannot be said to speak English at all.
193	Do.,	17	2	...	
194	Do.,	18	2	...	
195	Do.,	21	2	...	
196	Do.,	17	2	...	
197	Do.,	20	...	8	Speaks English with diffidence.
198	Do.,	15	2	...	
199	Do.,	15	2	...	
200	Do.,	17	2	1	
201	Do.,	19	1	3	
202	Do.,	16	2	...	Cannot be said to speak English at all.
203	Do.,	13	2	...	
204	Do.,	13	3	...	
205	Do.,	16	1	1	
206	Do.,	14	2	...	
207	Portuguese,	19	...	7	Speaks English with considerable fluency.
208	Chinese,	16	2	1	Cannot be said to speak English at all.
209	Indian,	13	...	5	Speaks English with considerable fluency.
210	Portuguese,	12	...	3	,, ,,
211	Chinese,	16	3	1	,, ,,
212	Do.,	18	3	1	
213	Do.,	18	3	...	
214	Do.,	18	2	1	
215	Do.,	18	2	...	
216	Do.,	14	1	1	
217	Do.,	17	1	7	
218	Do.,	13	1	...	
219	Do.,	16	2	...	
220	Do.,	15	...	5	
221	Do.,	16	3	2	
222	Do.,	16	1	3	
223	Do.,	16	1	5	Cannot be said to speak English at all.
224	Do.,	18	1	6	
225	Do.,	16	1	7	
226	Do.,	16	1	3	
227	Do.,	17	1	6	
228	Do.,	15	2		
229	Do.,	17	2		
230	Do.,	17	2		
231	Do.,	17	2		
232	Do.,	16	2		
233	Do.,	18	3		
234	English,				
235	Chinese,	15	3	...	be said to speak English at all.
236	Do.,	16	4	...	
237	Do.,	15	2	...	
238	Do.,	12	2	1	Speaks English with considerable fluency.
239	Do.,	10	2	1	,, ,,
240	Do.,	18	3	...	
241	Do.,	18	2	2	
242	Do.,	15	3	2	Cannot be said to speak English at all.
243	Do.,	14	2	...	
244	Do.,	16	2	8	
245	Do.,	16	2	...	
246	Indian,	10	2	...	Speaks English with considerable fluency.
247	Chinese	20	3	1	
248	Do.,	19	2	7	Cannot be said to speak English at all.
249	Do.,	11	4	...	
250	German,	7	2	...	Speaks English with considerable fluency.
251	Chinese,	13	2	...	
252	Do.,	16	2	...	
253	Do.,	17	1	10	
254	Do.,	16	2	1	
255	Do.,	15	10	2	
256	Do.,	16	2	...	
257	Do.,	16	2	...	
258	Do.,	19	1	3	
259	Do.,	16	1	6	Cannot be said to speak English at all.
260	Do.,	14	...	10	
261	Do.,	15	2	...	
262	Do.,	17	1	1	
263	Do.,	17	1	6	
264	Do.,	16	1	1	
265	Do.,	18	1	8	
266	Do.,	15	3	...	
267	Spaniard,	14	...	11	
268	English,	13	...	5	Speaks English with considerable fluency.
269	Chinese,	17	2	...	
270	Do.,	11	1	2	
271	Do.,	15	1	7	
272	Do.,	14	1	3	
273	Do.,	17	1	5	
274	Do.,	15	1	1	
275	Do.,	18	1	8	
276	Do.,	17	...	1	Cannot be said to speak English at all.
277	Do.,	16	1	3	
278	Do.,	16	1	1	
279	Do.,	17	1	...	
280	Do.,	16	1	1	
281	Do.,	15	1	1	
282	Do.,	17	1	...	
283	Do.,	15	1	...	
284	Portuguese,	17	...	6	Speaks English with diffidence.
285	Chinese,	18	1	...	Cannot be said to speak English at all.
286	Indian,	10	3	...	Speaks English with diffidence.
287	Portuguese,	16	...	3	
288	Chinese,	18	...	8	,, ,,
289	Do.,	17	3	...	
290	Do.,	16	...	5	
291	Do.,	19	1	...	
292	Do.,	16	1	1	
293	Do.,	17	...	5	
294	Do.,	18	1	1	
295	Do.,	14	1	...	
296	Do.,	16	1	...	
297	Do.,	17	1	...	
298	Do.,	16	1	...	
299	Do.,	15	1	...	
300	Do.,	17	1	...	
301	Do.,	15	1	...	
302	Do.,	14	1	...	Cannot be said to speak English at all.
303	Do.,	15	...	8	
304	Do.,	15	1	1	
305	Do.,	16	1	1	
306	Do.,	16	1	...	
307	Do.,	15	1	...	
308	Do.,	15	1	...	
309	Do.,	16	1	1	
310	Do.,	18	1	...	
311	Do.,	15	1	...	
312	Do.,	16	1	1	
313	Do.,	15	1	...	
314	Do.,	17	1	...	
315	Spaniard,	19	...	1	
316	Indian,	9	...	1	Speaks English with diffidence.
317	Chinese,	12	3	1	
318	Do.,	17	2	1	
319	Do.,	11	2	1	
320	Do.,	16	1	7	Cannot be said to speak English at all.
321	Do.,	8	2	1	
322	Do.,	14	2	1	
323	Do.,	15	2		
324	Do.,	13	1	7	
325	Portuguese,	11	1	3	Speaks English with diffidence.
326	Chinese,	16	1	3	
327	Indian,	3	1	3	Cannot be said to speak English at all.
328	Chinese,	1	1	8	
329	Indian	1	1	2	
330		1	1	1	
331					
332	Do.,	20	1	2	
333	Do.,	16	1	1	
334	Do.,	19	1	1	
335	Do.,	14	1	1	
336	Do.,	12	1	1	
337	Do.,	13	1	1	
338	Do.,	16	1	1	
339	Do.,	16	1	1	
340	Do.,	16	1	1	
341	Do.,	15	1	1	
342	Do.,	16	1	1	
343	Do.,	15	1	1	
344	Do.,	17	1	1	
345	Do.,	15	1	1	
346	Do.,	13	1	1	
347	Do.,	19	1	1	
348	Do.,	13	1	1	Cannot be said to speak English at all.
349	Do.,	14	1	1	
350	Do.,	13	1	1	
351	Do.,	17	1	1	
352	Do.,	13	1	1	
353	Do.,	15	1	1	
354	Do.,	17	1	1	
355	Do.,	16	1	1	
356	Do.,	16	1	...	
357	Do.,	16	1	1	
358	Do.,	13	1	...	
359	Do.,	12	...	11	
360	Do.,	11	...	11	
361	Do.,	14	...	11	
362	Do.,	14	...	11	
363	Do.,	13	...	11	
364	Indian,	13	...	11	
365	Do.,	14	...	11	Speaks English with diffidence.
366	Do.,	9	...	9	
367	Chinese,	15	1	10	
368	Do.,	17	...	9	
369	Do.,	19	...	9	
370	Do.,	15	...	9	
371	Do.,	15		9	
372	Do.,	15	...	9	Cannot be said to speak English at all.
373	Indian,	14	...	9	
374	Do.,	10	...	9	
375	Chinese,	16	...	9	
376	Do.,	11	...	9	
377	Do.,	16	...	8	
378	Do.,	16	...	8	
379	Do.,	14	...	8	
380	Do.,	13	4	1	Speaks English with diffidence.

圖 2-3-5

（續圖）

List of all the PUPILS *now on the* BOOKS *of the* CENTRAL SCHOOL,—*(Continued.)*

No.	Nationality.	Age.	Length of time at the Central School.		As to Speaking English.	No.	Nationality.	Age.	Length of time at the Central School.		As to Speaking English.
			Years.	Mos.					Years.	Mos.	
381	Chinese, ...	13	...	8		418	Chinese, ...	10	...	2	
382	Do., ...	14	...	7		419	Portuguese,	12	1	1	
383	Do., ...	14	...	8		420	Chinese, ...	18	...	1	
384	Do., ...	15	...	7		421	Do., ...	16	...	1	
385	Do., ...	16	...	7		422	Do., ...	18	...	1	
386	Do., ...	16	...	7		423	Do., ...	18	...	1	
387	Do., ...	19	...	8		424	Do., ...	15	...	1	
388	Do., ...	14	...	7		425	Do., ...	18	...	1	
389	Do., ...	14	...	6		426	Do., ...	15	...	1	
390	Do., ...	14	...	6	Cannot be said to speak English at all.	427	Do., ...	16	...	1	
391	Do., ...	17	...	6		428	Do., ...	16	...	1	
392	Do., ...	15	...	6		429	Do., ...	15	...	1	
393	Do., ...	22	...	6		430	Do., ...	15	...	1	
394	Do., ...	15	...	6		431	Do., ...	15	...	1	
395	Do., ...	16	...	6		432	Do., ...	13	...	1	
396	Do., ...	14	...	6		433	Do., ...	16	...	1	Cannot be said to speak English at all.
397	Do., ...	17	...	6		434	Do., ...	17	...	1	
398	Do., ...	15	...	6		435	Do., ...	15	...	1	
399	Spaniard,...	8	...	5		436	Do., ...	18	...	1	
400	Do., ...	6	...	5		437	Do., ...	16	...	1	
401	English, ...	8	...	3	Speaks English with considerable fluency.	438	Do., ...	19	...	1	
402	Chinese, ...	15	...	11		439	Do., ...	16	...	1	
403	Indian,......	10	...	5		440	Do., ...	16	...	1	
404	Chinese, ...	14	...	6		441	Do., ...	18	...	1	
405	Do., ...	18	...	4		442	Do., ...	18	...	1	
406	Do., ...	17	...	3		443	Do., ...	16	...	1	
407	Do., ...	17	...	3		444	Do., ...	16	...	1	
408	Do., ...	18	...	3		445	Do., ...	17	...	1	
409	Do., ...	18	...	3	Cannot be said to speak English at all.	446	Indian,......	17	...	1	
410	Do., ...	15	...	3		447	Do., ...	17	...	1	
411	Do., ...	13	...	3		448	Indian,......	12	...	1	
412	Do., ...	12	...	2		449	English, ...	10	...	1	Speaks English idiomatically.
413	Do., ...	11	...	2		450	Do., ...	8	...	1	Cannot be said to speak English at all.
414	Do., ...	12	...	2		451	Indian,......	14	...	1	" "
415	Do., ...	16	...	2		452	Do., ...	10	...	1	Speaks English idiomatically.
416	Do., ...	15	...	2		453	English, ...	7	...	5	" "
417	Do., ...	16	...	3							

I certify that this is a correct copy of the Original lodged in the Office of the Central School, with the exception of the entry under 255, which should be 1 year and 10 months, instead of 10 years and 9 months.

FALCONER,
Head Master.

Central School, 2nd May, 1878.

No. 95.

GOVERNMENT NOTIFICATION

The following Returns of Births and Deaths for the 4th Quarter of 31st December, 1877, the year 1877, and for the 1st Quarter ending 31st March, 1878, received ...... the Registrar General's Office, are published for general information.

By Command,

J. M. PRICE,
Acting Colonial Secretary.

Colonial Secretary's Office, Hongkong, 4th May, 1878.

RETURNS *of* BIRTHS *and* DEATHS *for the 4th Quarter of* 1877, *ending 31st December.*

DISTRICTS.	BRITISH AND FOREIGN COMMUNITY.				CHINESE.				DEATHS. BRITISH & FOREIGN COMMUNITY.
	BIRTHS.		DEATHS.		BIRTHS.		DEATHS.		
	Boys.	Girls.	Males.	Females.	Boys.	Girls.	Males.	Females.	British & Foreign,... 7
Victoria, ...	23	20	29	11	201	178	433	341	Portuguese, ...11
Kow-loon, ...	...	...	...	...	13	5	35	19	Indian, &c., ... 8
Shau-ki Wán, ...	...	...	...	...	13	15	19	9	Non-Residents, ...14
Aberdeen, ...	...	...	...	...	5	2	20	9	
Stanley,...	...	...	...	...	7	4	17	8	TOTAL,..........40
TOTAL,...	23	20	29	11	239	204	524	386	

GRAND TOTAL	ANNUAL DEATH-RATE, PER 1,000 FOR 4TH QUARTER OF	1877.				
Births,......	Whole Population,..................	27.30	...	...	...	...
Deaths, ...	British & Foreign Community,	17.82	...	...	...	...
	Do. deducting non-Residents,	13.27	...	...	...	...
	Chinese, ...	27.96	...	...	...	...

CECIL C. SMITH,
Registrar General.

Registrar General's Office, Hongkong, 24th January, 1878.

圖 2-3-6

List of all the Pupils now on the Books of the Central School, showing to what extent each of them can "Speak English."

No.	Nationality.	Age.	Length of time at the Central School.		As to Speaking English.	No.	Nationality.	Age.	Length of time at the Central School.		As to Speaking English.
			Years.	Mos.					Years.	Mos.	
1	Chinese,	23	8	...	Speaks English with considerable fluency.	94	English,	14	0	...	Speaks English idiomatically, with considerable fluency.
2	Do.,	20	7	...	"	95	Portuguese,	20	...	4	"
3	English,	17	7	...	" idiomatically.	96	Indian,	15	1	7	" with diffidence.
4	Chinese,	20	7	...	" with considerable fluency.	97	Chinese,	18	4	...	"
5	Do.,	18	8	1	"	98	Do.,	19	3	10	Cannot be said to speak English at all.
6	Do.,	19	5	...	"	99	Do.,	17	3	5	"
7	Do.,	16	7	...	"	100	Do.,	17	3	...	"
8	Portuguese,	19	5	...	"	101	Do.,	20	4	3	"
9	Chinese,	19	6	...	"	102	Do.,	16	3	...	Speaks English with diffidence.
10	Do.,	17	6	...	"	103	Do.,	17	3	...	Cannot be said to speak English at all.
11	Do.,	21	4	...	" with diffidence.	104	Do.,	18	2	...	"
12	Do.,	22	4	4	" with considerable fluency.	105	Do.,	19	3	10	"
13	Do.,	17	3	...	" with diffidence.	106	Do.,	16	2	...	"
14	Do.,	16	5	...	"	107	Do.,	16	3	5	"
15	Do.,	16	4	5	" with considerable fluency.	108	Do.,	16	3	...	"
16	Arab,	23	6	...	"	109	Do.,	16	3	...	"
17	Chinese,	20	5	...	" with diffidence.	110	Do.,	16	2	5	"
18	Do.,	19	7	...	"	111	Do.,	20	2	...	"
19	Do.,	21	4	...	"	112	Do.,	18	1	7	Speaks English with diffidence.
20	Indian,	16	6	...	" with considerable fluency.	113	Do.,	21	4	...	Cannot be said to speak English at all.
21	Portuguese,	17	3	...	"	114	Do.,	20	5	...	"
22	English,	13	7	...	" idiomatically.	115	Do.,	20	4	1	Speaks English with considerable fluency.
23	Indian,	13	6	...	" with considerable fluency.	116	German,	13	2	7	Cannot be said to speak English at all.
24	Do.,	16	6	...	"	117	Chinese,	21	3	1	Speaks English with diffidence.
25	Do.,	15	5	...	"	118	Do.,	20	3	1	Cannot be said to speak English at all.
26	Chinese,	17	6	...	" with diffidence.	119	Do.,	15	3	...	"
27	Do.,	16	5	...	"	120	Do.,	14	5	...	"
28	Do.,	19	4	...	"	121	Do.,	20	4	2	"
29	Do.,	19	4	...	" with considerable fluency.	122	Portuguese,	13	3	...	Speaks English with considerable fluency.
30	Portuguese,	14	3	...	"	123	Chinese,	19	3	10	Cannot be said to speak English at all.
31	Chinese,	19	5	...	" with diffidence.	124	Do.,	18	3	...	"
32	Do.,	19	7	...	"	125	Indian,	11	4	...	Speaks English with considerable fluency.
33	Do.,	20	4	1	"	126	Chinese,	20	4	...	Cannot be said to speak English at all.
34	Do.,	17	5	1	"	127	Do.,	14	2	...	"
35	Do.,	21	4	6	"	128	Do.,	16	1	6	Speaks English with diffidence.
36	Do.,	18	4	...	"	129	Portuguese,	13	1	6	" with considerable fluency.
37	Do.,	19	4	...	"	130	Chinese,	16	4	...	Cannot be said to speak English at all.
38	Do.,	17	5	1	"	131	Do.,	20	2	...	"
39	Do.,	20	3	...	"	132	Do.,	15	3	...	"
40	Do.,	15	4	...	"	133	Do.,	15	3	...	"
41	Indian,	16	6	...	" with considerable fluency.	134	English,	13	3	...	Speaks English with considerable fluency.
42	Chinese,	20	3	...	" with diffidence.	135	Chinese,	18	3	...	}
43	Portuguese,	15	1	6	" with considerable fluency.	136	Do.,	18	1	1	
44	Chinese,	18	4	...	" with diffidence.	137	Do.,	16	3	...	
45	Do.,	10	3	9	"	138	Do.,	16	3	...	
46	Do.,	18	4	...	"	139	Do.,	17	2	...	
47	Indian,	15	6	...	" with considerable fluency.	140	Do.,	17	3	1	
48	Chinese,	15	5	1	"	141	Do.,	20	3	10	
49	Do.,	18	4	5	"	142	Do.,	16	3	...	
50	Parsee,	13	5	...	" with considerable fluency.	143	Do.,	20	3	1	} Cannot be said to speak English at all.
51	Chinese,	20	5	...	" with diffidence.	144	Do.,	16	3	1	
52	Portuguese,	16	3	...	" with considerable fluency.	145	Do.,	16	3	...	
53	Chinese,	20	5	...	"	146	Do.,	14	3	1	
54	Do.,	18	5	...	"	147	Do.,	14	3	...	
55	Do.,	17	6	...	"	148	Do.,	18	3	1	
56	Portuguese,	13	3	...	" with considerable fluency.	149	Do.,	18	2	1	
57	Chinese,	18	4	...	" with diffidence.	150	Do.,	17	2	1	
58	Do.,	17	3	...	"	151	Do.,	17	3	...	
59	Do.,	18	3	...	"	152	Do.,	13	2	6	Speaks English with considerable fluency.
60	Do.,	16	4	1	"	153	English,	10	3	...	"
61	Do.,	15	5	1	"	154	Do.,	10	2	6	" idiomatically.
62	Do.,	17	4	...	Cannot be said to speak English at all.	155	Chinese,	20	2	5	}
63	Indian,	15	5	...	Speaks English with considerable fluency.	156	Do.,	18	2	1	
64	Chinese,	17	4	1	" with diffidence.	157	Do.,	15	3	5	
65	Do.,	20	5	10	"	158	Do.,	15	3	5	
66	Do.,	20	4	...	"	159	Do.,	16	3	...	
67	Do.,	17	4	...	"	160	Do.,	15	5	...	
68	Do.,	17	4	2	"	161	Do.,	17	3	...	
69	Do.,	17	4	...	Cannot be said to speak English at all.	162	Do.,	16	3	...	
70	Do.,	17	5	1	Speaks English with diffidence.	163	Do.,	18	3	...	} Cannot be said to speak English at all.
71	Do.,	17	3	7	Cannot be said to speak English at all.	164	Do.,	15	3	...	
72	Do.,	20	5	...	"	165	Do.,	18	2	1	
73	Do.,	17	5	5	"	166	Do.,	17	3	1	
74	Do.,	21	5	...	"	167	Do.,	17	2	...	
75	Do.,	16	5	6	"	168	Do.,	17	2	...	
76	Do.,	16	4	1	"	169	Do.,	17	2	7	
77	Do.,	17	4	...	"	170	Do.,	16	2	2	
78	Do.,	17	4	1	"	171	Do.,	14	3	2	
79	Do.,	16	3	...	"	172	Do.,	15	3	...	
80	Do.,	20	2	9	"	173	Spaniard,	17	1	1	Speaks English with diffidence.
81	Do.,	20	4	...	"	174	Chinese,	19	3	...	Cannot be said to speak English at all.
82	Do.,	16	4	1	"	175	Do.,	16	1	...	Speaks English with considerable fluency.
83	Do.,	17	3	...	"	176	Do.,	18	3	...	
84	Do.,	16	5	3	"	177	Do.,	18	3	...	
85	Spaniard,	10	3	6	Speaks English with considerable fluency.	178	Do.,	16	3	...	
86	Chinese,	17	3	...	"	179	Do.,	16	3	10	} Cannot be said to speak English at all.
87	Portuguese,	17	3	...	"	180	Do.,	18	3	...	
88	Jew,	12	...	...	Cannot be said to speak English at all.	181	Do.,	19	2	...	
89	Chinese,	16	3	7	"	182	Do.,	16	2	...	
90	Do.,	17	3	1	"	183	Do.,	16	3	...	Speaks English with diffidence.
91	Do.,	17	3	...	Speaks English with diffidence.	184	Do.,	23	2	6	"
92	Do.,	16	3	...	Cannot be said to speak English at all.	185	Do.,	17	2	...	Cannot be said to speak English at all.
93	Do.,	17	3	6	"	186	Do.,	18	1	...	

圖 2-4-1 至圖 2-4-3 上述名錄的解釋，因原件此部分破損，現以 **1877** 年（**1878** 年印行）的 *Hong Kong Blue Book* 相關部分補上。

【資料來源】"Teaching of English in the Government Schools," *Hong Kong Blue Book 1877*, n.p.

番書與黃龍──香港皇仁書院華人精英與近代中國

（續圖）

List of all the PUPILS *now on the* BOOKS *of the* CENTRAL SCHOOL,—*(Continued.)*

No.	Nationality.	Age.	Length of time at the Central School.		As to Speaking English.	No.	Nationality.	Age.	Length of time at the Central School.		As to Speaking English.
			Years.	Mon.					Years.	Mon.	
187	Chinese, ...	15	2	2	Cannot be said to speak English at all.	281	Chinese, ...	15	1	1	Cannot be said to speak English at all.
188	Do., ...	14	2	...		282	Do., ...	17	1	1	
189	Do., ...	15	...	6	Speaks English with considerable fluency.	283	Do., ...	15	1	...	
190	Do., ...	29	1	...		284	Portuguese,	17	...	6	Speaks English with diffidence.
191	Do., ...	17	2	1		285	Chinese, ...	18	1	...	Cannot be said to speak English at all.
192	Do., ...	23	1	...		286	Indian, ...	10	3	...	Speaks English with diffidence.
193	Do., ...	17	2	...	Cannot be said to speak English at all.	287	Portuguese,	16	...	3	
194	Do., ...	18	2	...		288	Chinese, ...	18	...	8	„ „
195	Do., ...	21	2	...		289	Do., ...	17	3	...	
196	Do., ...	17	2	...		290	Do., ...	14	...	5	
197	Do., ...	16	1	8	Speaks English with diffidence.	291	Do., ...	19	1	1	
198	Do., ...	15	2	...		292	Do., ...	16	1	1	
199	Do., ...	15	2	...		293	Do., ...	17	1	5	
200	Do., ...	17	2	1		294	Do., ...	18	1	1	
201	Do., ...	19	1	8	Cannot be said to speak English at all.	295	Do., ...	14	1	...	
202	Do., ...	13	2	...		296	Do., ...	16	1	...	
203	Do., ...	13	3	1		297	Do., ...	17	1	...	
204	Do., ...	16	2	...		298	Do., ...	16	1	...	
205	Portuguese,	...	...	7	Speaks English with considerable fluency.	299	Do., ...	15	1	...	
206	Chinese, ...	16	2	1	Cannot be said to speak English at all.	300	Do., ...	17	1	...	
207	Indian, ...	13	...	5	Speaks English with considerable fluency.	301	Do., ...	15	1	...	Cannot be said to speak English at all.
208	Portuguese,	16	...	3	„ „	302	Do., ...	14	1	...	
209	Chinese, ...	16	3	1		303	Do., ...	15	...	8	
210	Do., ...	18	3	...	„ „	304	Do., ...	15	1	1	
211	Do., ...	13	2	1		305	Do., ...	16	1	1	
212	Do., ...	13	2	...		306	Do., ...	16	1	...	
213	Do., ...	14	1	7		307	Do., ...	15	1	...	
214	Do., ...	13	1	...		308	Do., ...	15	1	...	
215	Do., ...	16	2	...		309	Do., ...	16	1	1	
216	Do., ...	16	...	5		310	Do., ...	14	1	...	
217	Do., ...	16	3	3		311	Do., ...	15	1	...	
218	Do., ...	16	1	5		312	Do., ...	10	1	2	
219	Do., ...	16	1	3	Cannot be said to speak English at all.	313	Do., ...	15	1	...	
220	Do., ...	16	1	6		314	Do., ...	17	1	...	
221	Do., ...	16	1	7		315	Spaniard, ...	19	...	7	
222	Do., ...	16	1	3		316	Indian, ...	9	...	1	Speaks English with diffidence.
223	Do., ...	17	1	6		317	Chinese, ...	17	2	1	
224	Do., ...	15	1	1		318	Do., ...	12	3	1	
225	Do., ...	17	2	...		319	Do., ...	11	2	1	
226	Do., ...	17	2	...		320	Do., ...	16	1	1	Cannot be said to speak English at all.
227	Do., ...	16	2	...		321	Do., ...	8	2	1	
228	Do., ...	16	2	1		322	Do., ...	14	2	1	
229	Do., ...	18	3	...		323	Do., ...	15	2	1	
230	English, ...	8	2	6	Speaks English idiomatically.	324	Do., ...	13	1	7	
231	Chinese, ...	15	3	...	Cannot be said to speak English at all.	325	Portuguese,	11	1	3	Speaks English with diffidence.
232	Do., ...	16	4	...		326	Chinese, ...	10	1	3	
233	Do., ...	15	2	...		327	Indian, ...	13	1	3	Cannot be said to speak English at all.
234	Do., ...	12	2	1	Speaks English with considerable fluency.	328	Chinese, ...	13	1	3	
235	Do., ...	10	2	1	„ „	329	Indian, ...	13	1	2	
236	Do., ...	18	3	...		330	Do., ...	13	1	3	Speaks English with diffidence.
237	Do., ...	18	2	2		331	Chinese, ...	14	1	3	
238	Do., ...	15	3	...		332	Do., ...	20	1	2	
239	Do., ...	14	2	...	Cannot be said to speak English at all.	333	Do., ...	16	1	1	
240	Do., ...	16	2	8		334	Do., ...	13	1	1	
241	Do., ...	16	2	...		335	Do., ...	14	1	1	
242	Do., ...	16	2	...		336	Do., ...	12	1	1	
243	Indian, ...	10	2	...	Speaks English with considerable fluency.	337	Do., ...	13	1	1	
244	Chinese, ...	20	3	1	Cannot be said to speak English at all.	338	Do., ...	13	1	1	
245	Do., ...	10	3	7	Speaks English with considerable fluency.	339	Do., ...	16	1	1	
246	Do., ...	11	4	...		340	Do., ...	16	1	1	
247	German, ...	7	2	...		341	Do., ...	15	1	1	
248	Chinese, ...	19	2	...		342	Do., ...	15	1	1	
249	Do., ...	16	2	...		343	Do., ...	15	1	1	
250	Do., ...	17	1	10		344	Do., ...	17	1	1	
251	Do., ...	16	2	...		345	Do., ...	13	1	1	
252	Do., ...	15	10	...		346	Do., ...	13	1	1	
253	Do., ...	16	2	...		347	Do., ...	13	1	1	Cannot be said to speak English at all.
254	Do., ...	19	2	...		348	Do., ...	12	1	1	
255	Do., ...	16	1	3	Cannot be said to speak English at all.	349	Do., ...	14	1	1	
256	Do., ...	14	2	10		350	Do., ...	15	1	1	
257	Do., ...	17	2	1		351	Do., ...	17	1	1	
258	Do., ...	17	1	6		352	Do., ...	15	1	1	
259	Do., ...	16	1	8		353	Do., ...	15	1	1	
260	Do., ...	18	3	...		354	Do., ...	17	1	1	
261	Spaniard, ...	14	...	11		355	Do., ...	16	1	1	
262	English, ...	13	...	5	Speaks English with considerable fluency.	356	Do., ...	15	1	1	
263	Chinese, ...	14	2	...		357	Do., ...	16	1	1	
264	Do., ...	11	1	7		358	Do., ...	13	1	...	
265	Do., ...	15	1	3		359	Do., ...	15	...	11	
266	Do., ...	14	1	1		360	Do., ...	17	...	11	
267	Do., ...	16	1	...		361	Do., ...	16	...	11	
268	Do., ...	19	1	...	Cannot be said to speak English at all.	362	Do., ...	13	...	11	
269	Do., ...	18	1	1		363	Do., ...	13	...	11	
270	Do., ...	17	1	1		364	Indian, ...	13	...	11	Speaks English with diffidence.
271	Do., ...	18	1	1		365	Do., ...	14	...	9	
272	Do., ...	16	1	1		366	Do., ...	9	1	3	
273	Do., ...	16	1	1		367	Chinese, ...	18	1	5	
274	Do., ...	17	1	1		368	Do., ...	17	...	10	
275	Do., ...	16	1	1		369	Do., ...	16	...	9	
276	Do., ...	16	1	1		370	Do., ...	15	...	9	Cannot be said to speak English at all.
277	Do., ...	16	1	1		371	Do., ...	15	...	9	
278	Do., ...	17	1	1		372	Do., ...	15	...	9	
279	Do., ...	16	1	1		373	Indian, ...	14	...	9	
280	Do., ...	16	1	1		374	Do., ...	10	...	9	

圖 2-4-2

（續圖）

List of all the PUPILS now on the Books of the CENTRAL SCHOOL,—(Continued.)

No.	Nationality.	Age	Years	Mths	As to Speaking English.	No.	Nationality.	Age	Years	Mths	As to Speaking English.
375	Chinese,	16	...	0		415	Chinese,	16	...	2	
376	Do.,	11	...	9		416	Do.,	15	...	2	
377	Do.,	16	...	8		417	Do.,	16	...	3	
378	Do.,	16	...	8	Cannot be said to speak English at all.	418	Do.,	10	...	2	
379	Do.,	14	...	8		419	Portuguese,	12	1	1	
380	Do.,	13	4	1	Speaks English with diffidence.	420	Chinese,	18	...	1	
381	Do.,	13	...	8		421	Do.,	16	...	1	
382	Do.,	14	...	7		422	Do.,	16	...	1	
383	Do.,	14	...	8		423	Do.,	16	...	1	
384	Do.,	15	...	7		424	Do.,	16	...	1	
385	Do.,	16	...	7		425	Do.,	18	...	1	
386	Do.,	16	...	7		426	Do.,	15	...	1	
387	Do.,	19	...	8		427	Do.,	16	...	1	
388	Do.,	14	...	7		428	Do.,	16	...	1	
389	Do.,	14	...	6		429	Do.,	15	...	1	
390	Do.,	14	...	6		430	Do.,	15	...	1	
391	Do.,	17	...	8	Cannot be said to speak English at all.	431	Do.,	15	...	1	
392	Do.,	15	...	6		432	Do.,	13	...	1	
393	Do.,	22	...	6		433	Do.,	16	...	1	
394	Do.,	15	...	6		434	Do.,	17	...	1	
395	Do.,	10	...	6		435	Do.,	15	...	1	
396	Do.,	14	...	6		436	Do.,	18	...	1	
397	Do ,	17	...	6		437	Do.,	16	...	1	Cannot be said to speak English at all.
398	Do.,	15	...	6		438	Do.,	16	...	1	
399	Spaniard,	8	...	5		439	Do.,	16	...	1	
400	Do.,	6	...	5		440	Do.,	16	...	1	
401	English,	8	...	3	Speaks English with considerable fluency.	441	Do.,	16	...	1	
402	Chinese,	15	...	11		442	Do.,	18	...	1	
403	Indian,	10	...	5		443	Do.,	16	...	1	
404	Chinese,	14	...	6		444	Do.,	16	...	1	
405	Do.,	18	...	4		445	Do.,	17	...	1	
406	Do.,	17	...	3		446	Do.,	17	...	1	
407	Do.,	17	...	3		447	Do.,	17	...	1	
408	Do.,	18	...	3	Cannot be said to speak English at all.	448	Indian,	12	...	1	
409	Do.,	18	...	3		449	English,	10	...	1	Speaks English idiomatically.
410	Do.,	15	...	3		450	Do.,	8	...	1	Cannot be said to speak English at all.
411	Do.,	13	...	3		451	Indian,	14	...	1	
412	Do.,	12	...	2		452	Do.,	10	...	1	Speaks English idiomatically.
413	Do.,	11	...	2		453	English,	7	...	5	
414	Do.,	12	...	2							

I certify that this is a correct copy of the Original lodged in the Office of the Central School, with the exception of the entry under 255, which should be 1 year and 10 months, instead of 10 years and 2 months.

A. FALCONER,
Acting Head Master.

Central School, 2nd May, 1878.

RESOLUTIONS OF THE CONFERENCE ON TEACHING ENGLISH.

At a conference held at the Council Chamber on the 25th February, 1878, to consider the question of the teaching of English in the Government Schools, the following gentlemen were present by invitation of His Excellency the Governor, who presided:—

The Honourable the Colonel Commanding the Troops, (Colonel BASSANO, C.B.)
The Honourable the Colonial Secretary, (J. GARDINER AUSTIN, C.M.G.)
The Honourable PHINEAS RYRIE.
The Honourable HENRY LOWCOCK.
The Honourable J. McNEILE PRICE.
The Honourable FRANCIS BULKELEY JOHNSON.
FREDERICK STEWART, Esquire, Head Master of the Central School.
The Reverend E. J. EITEL, Ph. D.

The following resolutions were arrived at:—

1. That the primary object to be borne in view by the Government should be the teaching of English.

2. That to enable the Central School to give more time to English and less time to Chinese studies, without materially diminishing the amount of Chinese knowledge on the part of the scholars on leaving the School, the preliminary requirements in Chinese knowledge be raised in the case of all such candidates for admission as do not already speak English fairly well to the requirements of Standard IV. of Class I. of the Grant-in-Aid Schedule, (with the exception of Geography).

3. That five hours be given every day (except Saturday) to English, and 2½ hours to Chinese studies, but with the understanding that all English lessons will be obligatory, and all Chinese lessons optional, according to declaration on the part of the parents.

圖 2-4-3

何東 1878 年 10 月進入中國海關工作，初為候補通事，1880 年 6 月離開時為四等通事。[78]

梁文照（約 1857－？），廣東人，1873 年進入中央書院唸書。1878 年仍在該校就讀，1880 年 4 月至 9 月在中國海關任候補通事。[79]

羅錫標（約 1860－？），廣東人，1873 年進入中央書院唸書，1878 年仍在該校就讀。1879 年得化學科獎。1880 年 4 月進入中國海關工作，初為候補通事，1914 年 10 月離開時為超等同文供事正後班。[80]

陳福泰（約 1860－？），香港人，1874 年進入中央書院唸書，1878 年仍在該校就讀，1880 年 10 月至 1881 年 10 月在中國海關為候補通事。[81]

鄧榮基（約 1862－？），廣東人，1876 年[82] 進入中央書院讀書，1882 年 3 月進入中國海關工作，初為候補通事。1922 年 3 月離開時為超等同文供事中班。[83]

78　英文拼音 Ho Tung，名單序號 15。*The Hongkong Government Gazette*, 4 May 1878, pp. 231-236, https://www.bris.ac.uk/history/customs/resources/servicelists/chinesestaff/genghuan.

79　英文拼音 Leung Man-chiu，名單序號 74。*The Hongkong Government Gazette*, 4 May 1878, pp. 231-236；https://www.bris.ac.uk/history/customs/resources/servicelists/chinesestaff/leelichen.

80　英文拼音 Lo Sik-piu，名單序號 54。*The Hongkong Government Gazette*, 4 May 1878, pp. 231-236, "Prize List," *The China Mail*, 16 January 1879; https://www.bris.ac.uk/history/customs/resources/servicelists/chinesestaff/loloy.

81　英文拼音 Chan Fuk-tai，名單序號 44, "Teaching of English in the Government Schools," in *Hong Kong Blue Book*, Hong Kong, 1877；*The Hongkong Government Gazette*, 4 May 1878, pp. 231-236, https://www.bris.ac.uk/history/customs/resources/servicelists/chinesestaff/aichan.

82　此據前述 *Hong Kong Blue Book* 的記載。

83　英文拼音 Tang Wing-ki，名單序號 106, *The Hongkong Government Gazette*, 4 May 1878, pp. 231-236, https://www.bris.ac.uk/history/customs/resources/servicelists/chinesestaff/tatchai.

張耀南（約 1864－?），廣東人，1877 年進入中央書院，1882 年為英文班第四班首名，1885 年 8 月進入中國海關工作，初為候補通事，1915 年 11 月離開時為二等同文供事正前班。[84]

黃文韜（約 1865－?），廣東人，1877 年進入中央書院讀書，1882 年在第二班，因成績優異獲頒 Samuel Smiles 的 *The Life of George Stephenson*，1884 年 1 月至 1885 年 2 月間為中國海關候補通事。[85]

何英明（約 1862－?），香港人，1878 年進入中央書院唸書，1883 年 3 月至 1885 年 4 月間任候補通事。[86] 何英明在香港生活，是何回生之姪，即也是南海人。[87]

侯鳳書（約 1861－?），廣東人，1877 年進入中央書院讀書，1883 年中央書院英文班第一班第三名。[88] 1885 年 1 月進入中國海關。[89] 1913 年 7 月離職，時為二等同文供事副前班。[90]

---

84 英文拼音 Cheung Iu-nam，名單序號 396, *The Hongkong Government Gazette*, 4 May 1878, pp. 231-236；〈大書院學童考列名次〉，《循環日報》，1882 年 2 月 13 日；https://www.bris.ac.uk/history/customs/resources/servicelists/chinesestaff/cheuconk.

85 英文拼音 Wong Man-to，名單序號 337。*The Hongkong Government Gazette*, 4 May 1878, pp. 231-236；"Distribution of Prizes at the Central School," *The China Mail*, 10 February 1882；〈大書院學童考列名次〉；https://www.bris.ac.uk/history/customs/resources/servicelists/chinesestaff/uwaung.

86 英文拼音 Ho Ying-ming，名單序號 415。*The Hongkong Government Gazette*, 4 May 1878, pp. 231-236；https://www.bris.ac.uk/history/customs/resources/servicelists/chinesestaff/genghuan.

87 《張之洞全集》，第 1 卷，頁 447。

88 〈獎賞學童〉。

89 *The Yellow Dragon*, Vol. V, No. 3 (November 1903), p. 48；《年表》，頁 627。

90 "Teaching of English in the Government Schools," in *Hong Kong Blue Book*, Hong Kong, 1877；英文拼音 Hau Fung-shü，名單序號 282。*The Hongkong Government Gazette*, 4 May 1878, pp. 231-236。在表中，Hau Fung-shü 被拼為 Han Fung-shü，疑為誤植；https://www.bris.ac.uk/history/customs/resources/servicelists/chinesestaff/genghuan.

　　理論上，能在英國人主導的中國海關工作，首要條件是必須懂英文，因此獲聘之人英文水準應達一定水平。然而，根據史釗域報告推敲，似乎即使是中央書院的學生，口語水平仍有相當大的進步空間。例如陳福泰和羅錫標的口語是 D 級，鄧榮基和黃文韜是 E 級。何英明、梁文照和侯鳳書也是 E 級。何東英文則達 C 級水平，能說相當流利的英語。[91] 史釗域認為如能小班教學，學校能有多些英文教師，以及如有操場供中西學童多作交流的話，學生的英語當能有所進步。[92] 黎璧臣後來亦承認，學生在上課時間外鮮有聽到英文。[93] 說到底，其實是指學生沒有多少機會接觸英文。

　　在下文中，筆者將會再談到學生的英文水平。

　　何錦垣是 1885 年中央書院的 Morrison Scholar。1886 年 6 月進入中國海關，初為候補通事，1926 年 6 月離開時為特等一級稅務員。[94]

　　何廷勳，廣東人，1885 年時為中央書院學生，成績亦相當優異，1885 年 8 月進入中國海關工作，初為候補通事，1925 年 8 月離開時為頭等同文供事中班。[95]

　　蕭祥彬（？－1918），[96] 廣東人，1885 年時為中央書院學生，成績相當不俗，1886 年 6 月進入中國海關工作，初為候補通事。1911

91　"Teaching of English in the Government Schools," in *Hong Kong Blue Book*, Hong Kong, 1877; *The Hongkong Government Gazette*, 4 May 1878, pp. 231-236.

92　*Queen's College：Its History 1862-1987*, pp. 19-22.

93　"Inspector of Schools' Annual Report," *The Hongkong Government Gazette*, 5 July 1890, pp. 627-646.

94　英文拼音 Ho Kam-un, *The Hongkong Government Gazette*, 25 April 1885, pp. 357-360；https://www.bris.ac.uk/history/customs/resources/servicelists/chinesestaff/genghuan.

95　英文拼音 Ho Ting Seung, *The Hongkong Government Gazette*, 25 April 1885, pp. 357-360；https://www.bris.ac.uk/history/customs/resources/servicelists/chinesestaff/genghuan.

96　卒年根據《年表》，頁 111。

年至 1912 為江海關二等幫辦後班，1913 年為江海關二等幫辦前班，
1914 年至 1917 年為粵海關二等幫辦前班，1918 年 1 月逝世時為粵海
關頭等幫辦後班。[97]

施炳光是混血兒，1885 年在中央書院得翻譯科獎，後來任協理
英國海關參贊及清政府駐朝鮮欽差。[98]

霍達光，廣東人，1885 年時為中央書院學生，成績名列前茅，
1885 年 5 月進入中國海關工作，初為候補通事。1906 年為杭州關
二等幫辦前班，駐在嘉興。1909 年 3 月離開時為頭等同文供事副
後班。[99]

張玉堂（約 1867－?），又名張福廷，廣東香山人，1882 年中央
書院中文班第一班首名，[100] 1883 年也是首名。[101] 1884 年因成績優異獲
獎，獎品是王韜（1828－1897）所捐贈的《康熙字典》。[102] 根據海關

97　英文拼音 Siu Tseung-pan, *The Hongkong Government Gazette*, 25 April 1885, pp.
　　357-360；《年表》，頁 110－11、369、371、373；https://www.bris.ac.uk/
　　history/customs/resources/servicelists/chinesestaff/shisoo.

98　英文拼音 Shi Ping Kwong, "Prize List," *The China Mail*,4 February 1885. 詳參丁新豹、
　　盧淑櫻《非我族裔：戰前香港的外籍族群》（香港：三聯書店〔香港〕有限公司，
　　2014 年），頁 206－207。

99　英文拼音 Fok Tat Kwong, *The Hongkong Government Gazette*, 25 April 1885, pp.
　　357-360；《年表》，頁 187；https://www.bris.ac.uk/history/customs/resources/
　　servicelists/chinesestaff/daifung.

100　英文拼音 Cheung Yuk-tong, *The Hongkong Government Gazette*, 25 April 1885, pp.
　　357-360；〈大書院學童考列名次〉，1882 年 2 月 13 日。張玉堂生年根據〈新派亞
　　東關稅務司張玉堂之歷史〉，《香港華字日報》，1906 年 12 月 7 日推測。〈亞東關用
　　華人為稅務司〉，《南洋商務報》，1906 年第 10 期。另張玉堂籍貫參〈亞東關稅務
　　司首途〉，《香港華字日報》，1907 年 3 月 19 日。

101　〈獎賞學童〉，1883 年 1 月 31 日。

102　"Prize Day at The Central School," *Hong Kong Daily Press*, 23 January 1884.

記錄，張玉堂在 1886 年 12 月進入海關工作。[103]《香港華字日報》記張玉堂「為宜昌關二等供事」，「於光緒十二年（按，1886 年）入關」，進關年份和籍貫與海關記載吻合，[104] 可證為同一人。

張玉堂曾任宜昌稅關文案十多年，「能操英語」。[105] 他在海關的仕途甚佳，未滿四十歲已當上亞東關副稅務司。[106] 張玉堂由「漢口稅務司克君保薦，蒙鐵尚書（按，鐵良）奏賞四品，銜充亞東關稅務司」。[107]《香港華字日報》云：「自海關聘用外人以來，於今四十餘年，西人無論何人，皆可由四等幫辦歷升至稅務司，而華人則僅為供事，無有升幫辦者，更無論稅務司矣。重內輕外，反客為主，太阿倒持，莫此為甚。」[108] 此亦當時海關人事之實況。1906 年，清政府創設稅務大臣。時為侍郎的唐紹儀首議用華人為稅務司，因此張玉堂被派為亞東關副稅務司。他的中英文均甚佳。[109] 1907 年 7 月，廣東籍官員張蔭棠（1864－1937）派張玉堂往印度新辣（Simla）任翻譯。[110] 張玉堂曾撰《藏事述要》一書，「於藏地理、天時、風俗、宗教、文字等事，探本溯源，條分縷晰，頗足以資參考」。[111] 1908 年 8 月，他任亞東商

103　《年表》，頁 607。

104　〈新派亞東關稅務司張玉堂之歷史〉。

105　〈亞東關用華人為稅務司〉。

106　〈新派亞東關稅務司張玉堂之歷史〉。

107　〈亞東關用華人為稅務司〉。

108　〈新派亞東關稅務司張玉堂之歷史〉。

109　〈新派亞東關稅務司張玉堂之歷史〉；〈亞東關稅務司首途〉。

110　〈初五日抵江孜擬調張玉堂譯埠章派吳梅生代理江孜商務委員乞咨稅務處轉飭遵照又藏官赴新辣為難情形並請撥經費二萬兩由〉，《外務部》，中央研究院近代史研究所檔案館藏，檔號 02-16-003-04-005。

111　〈咨送亞東關署稅司張玉堂所著之《藏事述要》一書由〉，《外務部》，中央研究院近代史研究所檔案館藏，檔號 02-16-005-03-007。

務委員一職。[112]

　　以成績論，何錦垣各科成績均甚平均。在算術一門，何錦垣在六十分當中考獲四十九分、代數六十分當中考獲四十八分、幾何考獲六十分滿分、測量六十分當中考獲五十九分。地圖繪畫三十分當中考獲二十七分、地理五十分當中考獲四十七分、歷史六十分當中考獲五十五分。至於語言方面，閱讀考獲三十分滿分、作文一百分當中考獲七十五分、默書三十分當中考獲二十四分，反映何錦垣聽寫能力不俗。文法五十分中考獲四十分、中譯英六十分當中考獲五十八分，而英譯中則為五十九分，均為接近滿分成績。[114] 大概可見何錦垣中、英及各科根柢均甚好。

　　劉鑄伯則緊隨其後。他在數學方面的成績其實不算差，算術有三十九分、代數三十五分。幾何考獲六十分滿分、測量考獲五十九分。地圖繪畫獲三十分滿分、地理四十三分、歷史五十八分。在地圖繪畫方面劉鑄伯比何錦垣優勝。至於在語言方面，閱讀考獲二十九分、作文八十分，分數比何錦垣更高。默書考獲二十八分、文法考獲四十分。中譯英考獲五十九分，而英譯中則為五十三分。從英文的考試成績看，劉鑄伯的英文程度比何錦垣更高。[115] 這解釋何以劉鑄伯日後憑其良好的英文造詣，而為清政府官員所賞識。

　　1888 年，劉鑄伯應台灣巡撫劉銘傳（1836－1896）之招，任西學堂教席，兼洋務委員。兩年後充總教員。1905 年，劉鑄伯又應北洋大臣楊士驤（1860－1909）之招任漁業總辦，兼洋務會辦，另衛生

112　〈已簡飭總稅務司轉飭張玉堂吳梅生為亞東江孜商務委員由〉，《外務部》，中央研究院近代史研究所檔案館藏，檔號 02-13-004-02-010。

113　〈團體魂〉，*The Yellow Dragon*, Vol. XIII, No. 7 (April 1912), pp. 305-310.

114　*The Hongkong Government Gazette*, 25 April 1885, pp. 357-360.

115　Ibid.

番書與黃龍 —— 香港皇仁書院華人精英與近代中國

GOVERNMENT NOTIFICATION.—No. 174.

The following Tables and Examination Papers of the Prize Examination held at the Government Central School in January, 1885, are published for general information.

By Command,

W. H. MARSH,
Colonial Secretary.

Colonial Secretary's Office, Hongkong, 25th April, 1885.

*(Scholarships awarded to boys whose names are marked *).*

"MORRISON" SCHOLARSHIP, AND GENERAL PRIZE LIST.

FIRST CLASS.	Reading. 30	Arithmetic. 60	Map Drawing. 30	Algebra. 60	Composition. 100	Dictation. 30	Euclid. 60	Geography. 50	Grammar. 50	History. 60	Mensuration. 60	Translation Chinese into English. 60	Translation English into Chinese. 60	710
*1. Ho Kam-un,	30	49	27	48	75	24	60	47	40	55	59	58	59	631
2. Lau Shau,	29	39	30	35	80	28	60	43	40	58	59	59	53	613
3. Lo Kit,	27	60	28	59	54	21	56	39	43	57	57	58	43	602
4. Lo Shing-lau,	30	42	15	33	75	28	60	40	40	52	42	57	54	568
5. Ho Ting Seung,	28	49	24	42	60	18	60	38	31	52	47	49	56	554
6. Siu Tseung-pan,	29	37	22	48	52	9	59	42	42	56	59	54	43	552
7. Lam Tsun Kwai,	29	50	19	18	70	18	60	41	47	56	40	49	53	550
8. Wong Hing-yau,	13	39	22	46	60	9	60	32	40	50	58	56	45	530
9. Lam Wing Kwai,	24	50	12	34	75	26	57	40	26	48	22	57	50	521
10. Shi Ping Kwong,	30	39	15	35	65	25	34	39	39	46	35	52	57	511
11. Ho Shing-hon,	24	44	21	38	55	4	59	31	22	47	59	45	58	507
12. Chan Wing Kin,	26	18	15	30	60	12	59	36	33	46	56	54	50	495
13. Lo Shiu-hung,	26	39	15	41	46	8	56	39	32	53	36	49	51	491
14. Fok Tat Kwong,	22	43	21	6	65	12	47	35	32	38	42	47	30	440
15. Cheung Yuk-tong,	27	33	19	14	58	6	56	23	31	50	30	41	51	439
16. Tang Ting-hang,	11	30	18	23	56	...	52	21	25	36	57	41	43	413
17. V. Ribeiro,	30	31	27	32	45	18	57	41	39	38	47	...	7	412
18. Ching Tso In,	28	18	16	12	61	...	52	44	29	44	17	42	39	402
19. Lau Hi To,	26	8	11	2	65	15	45	26	35	43	9	55	43	382
20. Harry Arthur,	30	14	30	2	19	30	20	41	30	50	9	18	15	379
21. Lau Ming,	26	15	15	17	50	6	51	25	32	21	30	45	40	373
22. Kwok Kau,	12	33	20	19	42	4	53	32	29	40	9	37	42	372
23. Hon Shi Kam,	20	15	15	4	60	8	20	19	39	37	9	51	52	349
24. Yam Sik-lam,	23	8	15	10	57	8	20	17	36	6	19	47	30	296
25. Au Yeung Chan,	13	23	15	21	57	4	22	14	21	17	18	30	28	283

圖 2-5　1885 年時（1）何錦垣、（2）劉壽（即劉鑄伯）[113]、（3）羅杰、（4）羅星樓、（5）何廷勳、（6）蕭祥彬、（8）黃興有、（10）施炳光、（14）霍達光和（15）張玉堂在中央書院的成績。

【資料來源】*The Hongkong Government Gazette*, 25 April 1885, p. 357.

局、巡警局，皆資助理。劉鑄伯亦曾當屈臣氏（Watsons）買辦等職。[116]
1909 年，時任籌辦海軍大臣的載洵（1885－1949）與薩鎮冰（1859－
1952）訪港，劉鑄伯代表華商致辭。[117] 劉鑄伯後改行從商。他曾在
廣東平湖創立醫院和學校。1916 年，時為廣東省長朱慶瀾（1874－
1941）曾親撰匾額二方，以誌其貢獻。[118] 1922 年劉鑄伯病逝，部分
海外華文報紙對其評價甚低。它們指劉鑄伯在港創辦慈善事業甚多，
惟「對於粵省護法之師，則持冷淡主義」，「人雖善賈，其腦筋則陳舊
也」。[119] 劉鑄伯曾著《自治須知》和《西禮須知》兩書。[120]

　　第三名學生為羅杰（約 1867－?），1877 年進入中央書院，生平
無可考。他的數學科成績尤為突出，其他科表現亦不錯。[121] 羅杰曾留
校任教，惟 1893 年因健康理由辭職。[122]

116　吳醒濂編：《香港華人名人史略》（香港：五洲書局，1937 年），〈已故名人史略〉，
　　頁 5。吳醒濂在傳中稱劉鑄伯任職於淡水西學堂，似不確。蓋劉銘傳所建之新學堂
　　為「西學堂」，創立於 1887 年，校址在台北大稻埕六館街。「淡水西學堂」則為傳
　　教士馬偕（Rev. George Leslie Mackay, 1844－1901）1882 在淡水所創辦，英文名
　　為 "Oxford College"。詳參湯志民：《台灣的學校建築》（台北：五南圖書出版有限
　　公司，2006 年），頁 18－24，及劉昭仁：《台灣仁醫的身影》（台北：秀威資訊科
　　技股份有限公司，2006 年），頁 18。兩者容易混淆。既然劉鑄伯是應劉銘傳之招，
　　那麼，他應該是在西學堂任職，而非淡水西學堂。有關劉鑄伯的研究亦似沿襲了這個
　　錯誤，如蔡惠堯：〈深港聞人劉鑄伯：生平、志業與意義〉，載《台灣師大歷史學報》
　　第 50 期（2013 年 12 月），頁 199－246。

117　〈洵貝勒薩軍門到港紀事〉，《香港華字日報》，1909 年 9 月 9 日。

118　〈劉鑄伯得贈匾額〉，《香港華字日報》，1916 年 12 月 4 日。

119　〈劉鑄伯身故〉，《廣益華報》，1922 年 6 月 17 日。

120　〈介紹新著〉，《香港華字日報》，1908 年 4 月 9 日。

121　英文拼音 Lo Kit, *The Hongkong Government Gazette*, 4 May 1878, pp. 231-236；〈賞
　　物誌盛〉；《循環日報》，1885 年 2 月 6 日；*The Hongkong Government Gazette*, 25
　　April 1885, pp. 357-360.

122　*The Hongkong Government Gazette*, 10 March 1894, pp. 118-125.

羅星樓是第四名。[123]

何廷勳是第五名,他在數學科方面的成績不俗,算術有四十九分、幾何六十分、代數四十二分、測量四十七分。地圖繪畫二十四分、地理三十八分、歷史五十二分。成績算是中上。在語言方面,閱讀考獲二十八分、作文六十分。默書只得十八分。文法三十一分、中譯英四十九分,而英譯中則為五十六分。[124] 以上成績反映何廷勳撰寫和閱讀英文能力不錯,惟在聆聽方面則較弱。正如歐德理(Ernest John Eitel, 1838－1908)在教育報告中所言,默書是第一班的弱科。[125]

蕭祥彬是第六名,他在數學科方面的成績很好,算術有三十七分、代數四十八分、幾何五十九分、測量五十九分。地圖繪畫二十二分、地理四十二分、歷史五十六分。成績甚佳。在語言方面,閱讀考獲二十九分、作文五十二分,默書只得九分。文法考獲四十二分、中譯英考獲五十四分,而英譯中則為四十三分。[126] 以上成績反映蕭祥彬英文閱讀能力不錯,惟在聆聽英文和寫作方面則甚弱。

施炳光成績也是名列前茅。雖然在數學科方面和地圖繪畫等科成績一般,但在語言方面成績甚佳。[127]

霍達光在數學科方面的表現參差,算術是四十三分,代數卻只得六分,或是一時失手。幾何四十七分,而測量則是四十二分。地圖繪畫二十一分、地理三十五分、歷史三十八分。成績屬於中上。在語言方面,閱讀考獲二十二分、作文六十五分。默書僅得十二分、文法三十二分。中譯英四十七分,而英譯中則為三十分。[128] 以上成績反映

123　英文拼音 Lo Sing-lau, *The Yellow Dragon*, Vol. V, No. 3 (November 1903), p. 99.

124　*The Hongkong Government Gazette*, 25 April 1885, pp. 357-360.

125　Ibid., 23 May 1885, pp. 471-476.

126　Ibid., 25 April 1885, pp. 357-360.

127　Ibid.

128　Ibid.

霍達光閱讀英文能力不錯，惟在聆聽英文和中英互譯方面則甚弱。

張玉堂數學科方面的成績較差，算術是三十三分，代數只得十四分。幾何五十六分，而測量只得三十分。其他科目稍好一點，地圖繪畫十九分、地理二十三分，歷史則是五十分。在語言方面，閱讀二十七分、作文五十八分，默書僅得六分。文法是三十一分。中譯英四十一分、英譯中五十一分。[129] 張玉堂英文閱讀能力不錯，惟在聆聽英文方面則甚弱。

皇仁校友進入海關工作者甚眾。胡廷勳，廣東人，1873 年已在中央書院預備班，與郭樂同班，因成績優異獲頒 *Chalmers' Dictionary* 一部。1874 年在第五班，因成績優異獲頒望遠鏡一個。1876 年在第三班，因成績優異獲頒手錶一隻。1880 年 5 月進入中國海關工作，初為候補通事，1885 年離開時為四等通事。[130]

梁容光，廣東人，1883 年為中央書院英文班第八班首名。1887年 9 月進入中國海關工作，初為候補通事，1927 年 8 月離開時為超等同文供事後班。[131]

陳鑾字宇琴，廣東新會人，1884 年 1 月進入海關。他曾任稅關書記，1903 年任北洋洋務隨辦，1904 年任英藏條約譯官，1906 年任稅務學堂總辦，1910 年任外務部俄國條約研究會員，1913 年為稅務處第

129 Ibid.

130 "Distribution of Prizes at the Government Central School," *Hong Kong Daily Press*, 22 January 1873；胡廷勳英文拼音 U Ting-fan，郭樂英文拼音 Kwok A-lok, "Public Examination at the Government Schools," *Hong Kong Daily Press*, 11 February 1874; "Prize Day at the Central School," *Hong Kong Daily Press*, 19 January 1876; https://www.bris.ac.uk/history/customs/resources/servicelists/chinesestaff/uwaung.

131 〈獎賞學童〉，《循環日報》，1883 年 1 月 31 日；https://www.bris.ac.uk/history/customs/resources/servicelists/chinesestaff/leelichen.

三股總辦及關稅改良委員會副會長，1914 年從稅務處提調。[132] 1926 年任上海編定貨價委員會委員長。[133]

譚保元（或作譚葆元），廣東人，1885 年 2 月是中央書院英文班第三班第三名。他在 1885 年 8 月進入中國海關，初為候補通事，1904 年 3 月離開時為三等同文供事前班。[134]

何炳，香港人，1886 年在第一班，1887 年 4 月進入中國海關，初為超額候補通事，1888 年 10 月離開時為候補通事。[135]

梁文勳，廣東人，1882 年在中央書院英文班第九班，是班上第二名，1887 年 5 月進入中國海關，初為額外候補通事，1927 年 2 月離開時為超等同文供事前班。[136]

黃興有，廣東人，1887 年在中央書院英文班第一班，與溫宗堯、黃國瑜等為同學。黃興有 1887 年 4 月進入中國海關，初為額外候補通事，1890 年 6 月離開時為試用同文供事。[137] 黃興有 1887 年在中譯英和數學兩科獲獎。[138]

袁玉太（或作袁玉泰），香港人，1887 年 4 月進入中國海關，初

132 《年表》，頁 598；《現代支那人名鑑》，1924 年，頁 249。

133 〈日本政府派員接洽由〉，《北洋政府外交部》，中央研究院近代史研究所檔案館藏，檔號 03-24-028-01-007。

134 〈賞物誌盛〉，《循環日報》，1885 年 2 月 6 日。https://www.bris.ac.uk/history/customs/resources/servicelists/chinesestaff/tatchai.

135 英文拼音 Ho Ping, *The Hongkong Government Gazette*, 23 January 1886, pp. 48-52, https://www.bris.ac.uk/history/customs/resources/servicelists/chinesestaff/genghuan.

136 英文拼音 Leung Man Fan, "Distribution of Prizes at the Central School," *The China Mail*, 10 February 1882；https://www.bris.ac.uk/history/customs/resources/servicelists/chinesestaff/lianlieu.

137 英文拼音 Wong Hing-yau, *The Hongkong Government Gazette*, 22 January 1887, pp. 59-64；https://www.bris.ac.uk/history/customs/resources/servicelists/chinesestaff/waywong.

138 "Prize Day at the Central School Hongkong," *Hong Kong Daily Press*, 24 January 1887.

為候補通事，1909 年 1 月離開時為頭等同文供事副前班。[139]

　　李福疇，香港人，1886 年在中央書院第一班，1887 年 8 月加入中國海關，初為候補通事，1892 年 8 月離開時為四等同文供事。[140]

　　招浩駢（1867－1941）譜名明輝，字文卿，廣東南海橫沙村人，至少在 1886 年起已在中央書院就讀，成績優異。1889 年 7 月進入中國海關，初為候補通事，1929 年離開時為副稅務司（會計課）。招浩駢與溫宗堯、袁玉太、黃國瑜、黃興有等為同學。[141] 招浩駢以華人能晉升至副稅務司，極為難得。1917 年至 1919 年招浩駢為九龍關二等幫辦後班，1920 年至 1921 年為九龍關二等幫辦前班，1922 年至 1924 年為九龍關頭等幫辦前班，1925 年至 1927 年為九龍關超等幫辦後班，1929 年為九龍關副稅務司。[142] 他在九龍關工作凡四十年零六個月。[143]

　　招浩駢不少親屬亦在中國海關工作。招浩駢的堂兄弟招紹駢 1890 年 10 月加入中國海關，初為翻譯，1927 年 4 月離開時為超等同文供事後班。[144]

139　英文拼音 Un Yuk Tai, *The Hongkong Government Gazette*, 22 January 1887, pp. 59-64, https://www.bris.ac.uk/history/customs/resources/servicelists/chinesestaff/uwaung；《年表》，頁 690。

140　英文拼音 Li Fuk Tsau, *The Hongkong Government Gazette*, 23 January 1886, pp. 48-52, https://www.bris.ac.uk/history/customs/resources/servicelists/chinesestaff/leelichen.

141　英文拼音 Chiu Ho-ping, *The Hongkong Government Gazette*, 23 January 1886, pp. 48-52; *The Hongkong Government Gazette*, 22 January 1887, pp. 59-64, https://www.bris.ac.uk/history/customs/resources/servicelists/chinesestaff/cheuconk 招浩駢生卒年、譜名、字及籍貫承招天欣醫生提供，另招顯洸醫生提供《招氏族譜》作參考和對照，在此一併鳴謝。

142　《年表》，頁 266－268。

143　〈招顯宗岑淑嫻百年好合〉，《華僑日報》，1962 年 12 月 9 日。

144　https://www.bris.ac.uk/history/customs/resources/servicelists/chinesestaff/cheuconk；《招氏族譜》。

圖 2-6　招浩駢

【資料來源】招天欣醫生提供

圖 2-7　右坐者為招顯洸祖父招浩駢，左坐者為招顯洸祖母黃婉佳，左三為招顯洸父親招
　　　　俊機，左四為招顯洸母親鄧燕珍，左五手抱嬰兒為招顯洸。照片攝於 1928 年。

【資料來源】《招顯洸九十華誕感恩畫冊》，頁 7。招顯洸醫生提供。

圖 2-8 招顯洸一家合照。左起長子招天
　　　欣、招顯洸太太梁碧冕女士、手抱
　　　嬰兒為三子招天立、招顯洸、二子
　　　招天聰。照片攝於 1964 年。
【資料來源】《招顯洸九十華誕感恩畫冊》，頁
14。招顯洸醫生提供。

圖 2-9 招顯洸九秩華誕與家人之合照。後左起長孫女招曉澄、長孫男招曉進、長子招天
　　　欣、三子招天立、二子招天聰、二孫女招曉霖、二孫男招曉通。前左起招天欣太
　　　太、招顯洸太太梁碧冕女士、招顯洸、招天聰太太。照片攝於 2018 年 5 月。
【資料來源】招顯洸醫生提供照片和相中各人資料。

招俊機（1899－1985）則是招浩駢兒子。[145] 他曾在 1919 年 10 月至 1920 年 9 月在中國海關工作，任三等同文供事副後班（試用）。[146] 招俊機後來在法律界工作，亦是香港後備警察高級督察兼警例主任教官，1952 年退休從商。[147]

招浩駢孫為香港著名西醫招顯洸，1953 年自香港大學醫科畢業，多年來在筲箕灣行醫，服務區內坊眾。[148] 招顯洸醫生曾在 1985 年至 1988 年任立法局議員（醫學功能界別），1986 年至 1988 年任行政局議員。1987 年獲委任為太平紳士，1988 年獲頒 OBE 勳章，歷任香港醫學會副會長、香港醫療輔助隊副總監、嶺南大學校董會主席，以及理工大學和浸會大學校董等。他在 1958 年協助籌建浸會醫院，擔任醫院董事逾半世紀。[149] 浸會醫院的招顯洸心臟中心，就是以他的名字命名的。招顯洸醫生長子招天欣醫生是私人執業牙科醫生，早年在美國和加拿大求學，是加拿大多倫多大學（University of Toronto）理學士和牙科博士。招天欣醫生現為浸會醫院董事和香港大學深圳醫院顧問醫生。

羅傳英 1889 年是英文班第四班第二名，獲頒 Henry M. Stanley（1841－1904）所著 *Through the Dark Continent* 作為獎勵。[150] 羅傳英是廣東人，1889 年 7 月至 1890 年 8 月在中國海關任候補通事。[151]

李漢楨是廣東人，1890 年在第一班，1890 年 6 月加入中國海

145 〈招顯宗岑淑嫻百年好合〉。招俊機生卒年由招天欣醫生提供，特此鳴謝。

146 https://www.bris.ac.uk/history/customs/resources/servicelists/chinesestaff/cheuconk.

147 〈招顯宗岑淑嫻百年好合〉。

148 朱國誌：〈蒙召顯洸 —— 摯誠生命的服事〉，載《招顯洸九十華誕感恩畫冊》（香港：自刊，2018 年），頁 5－6。

149 《招顯洸九十華誕感恩畫冊》，頁 4 及 80。

150 英文拼音 Lo Tsün Ying, "The Government Central School: Annual Distribution of Prize," *The China Mail*, 18 January 1888.

151 https://www.bris.ac.uk/history/customs/resources/servicelists/chinesestaff/loloy.

GOVERNMENT NOTIFICATION.—No. 23.

Temporary Wardmaster required for the Government Civil Hospital.

Emoluments.—Forty dollars ($40) a month, with quarters, fuel and light, and three suits of drabette cloth annually.

Applications, with copies of testimonials, to be sent to the Colonial Surgeon before noon on the 29th instant.

By Command,

FREDERICK STEWART,
Acting Colonial Secretary.

Colonial Secretary's Office, Hongkong, 23rd January, 1886.

GOVERNMENT NOTIFICATION,—No. 24.

The following Tables and Papers connected with the examination of the First Class held at the Government Central School during the week, January 9–16, are published for general information.

By Command,

FREDERICK STEWART,
Acting Colonial Secretary.

Colonial Secretary's Office, Hongkong, 23rd January, 1886.

MORRISON SCHOLARSHIP.

FIRST CLASS.	Reading.	Arithmetic.	Map Drawing.	Algebra.	Composition.	Dictation.	English.	Geography.	Grammar.	History.	Mensuration.	Translation into English.	Translation into Chinese.	General Intelligence.	Total.
	30	60	30	60	100	30	60	50	50	60	60	60	60	70	780
1. Cheung Tsoi,	30	41	15	58	72	29	59	47	49	56	38	56	55	52	657
2. Lo Sing-lau,	30	32	22	50	85	30	48	39	48	42	49	55	58	47	635
3. Lo Kit,	29	58	20	40	87	30	38	49	43	54	40	52	38	37	615
4. Mok Lai-chi,	30	48	27	60	49	16	56	48	45	49	54	54	51	18	605
5. Lam Tsun Kwai,	28	30	21	19	82	29	55	44	47	52	49	50	52	45	603
6. Wong Hing-yau,	25	43	24	33	75	16	49	38	45	58	49	46	51	43	595
7. Lam Wing Kwai,	27	30	23	30	70	18	56	42	44	57	39	51	59	40	586
8. Yung Fai-û,	28	52	23	24	50	20	57	40	47	49	45	51	60	39	586
9. Ho Shing-hon,	23	59	19	60	30	15	49	32	44	41	35	48	52	45	552
10. Lo Tseung-shiu,	30	35	26	20	64	15	48	43	41	59	19	51	34	35	520
11. Siu Tseung-pan,	27	43	A	35	77	22	A	47	36	57	56	50	51	A	501
12. Chiu Ho-ping,	25	37	18	42	40	18	54	35	27	46	35	32	49	35	493
13. Li Tak-yung,	22	50	20	20	65	13	37	32	40	46	25	46	50	18	484
14. Wan Chiu Wing,	27	30	22	30	35	22	38	43	41	47	30	47	51	19	482
15. Wong Tsan-shing,	23	30	7	52	50	10	49	26	32	43	15	48	49	18	452
16. Tang Kit-shang,	27	7	24	10	92	17	49	40	20	42	0	53	43	22	446
17. Lo Shiu-hung,	22	30	22	32	20	13	53	35	20	55	30	44	49	17	442
18. Cheng Tso-in,	27	3	7	5	64	21	24	29	40	54	25	46	50	24	419
19. Lau Ming,	26	10	19	22	50	23	42	30	18	37	35	30	46	24	412
20. Ip Kwong-man,	22	15	18	32	58	13	49	34	42	30	0	35	49	17	410
21. Wong Yuk-lam,	28	4	15	30	65	16	40	25	33	36	8	34	47	20	401
22. J. Remedios,	30	31	20	32	75	18	10	30	34	52	32	0	0	26	390
23. Os. Madar,	29	30	22	15	60	16	30	39	37	49	30	5	10	15	387
24. Fung Pui-lam,	25	10	21	21	48	A	49	22	25	41	48	27	38	9	384
25. P. Graça,	26	30	22	22	75	11	52	30	26	20	18	0	15	19	369
26. Lo Pak-ching,	25	15	20	30	51	10	5	31	26	35	19	30	35	36	363
27. Tahir Alley,	29	14	16	35	40	19	36	33	25	37	30	0	10	22	346
28. Wm. Howard,	30	23	18	19	70	20	6	31	26	39	20	0	9	26	337
29. J. Graça,	28	31	22	30	65	11	38	30	8	22	29	0	0	12	323
30. Tsang-chung,	26	30	19	36	28	14	0	14	10	9	8	35	48	35	322
31. Leung Yeung Kwong,	20	0	18	12	54	4	30	19	28	31	0	39	42	5	302
32. Omar Madar,	30	10	11	23	80	29	18	25	22	37	8	2	15	12	322
33. Wong Lai-fong,	26	8	9	40	30	10	18	11	13	24	37	22	30	10	288
34. Tong Kwok-in,	20	7	23	0	45	13	0	30	8	39	0	35	45	14	279
35. Li Fuk-tsau,	25	0	22	0	54	10	24	34	10	45	0	12	22	11	270
36. Ho Ping,	27	7	18	55	20	11	7	16	5	10	25	19	43	1	264
37. T. Wallace,	30	6	7	4	66	22	0	19	15	30	0	0	10	18	221

圖 2-10　1886 年時（1）張才、（2）羅星樓、（3）羅杰、（4）莫禮智、（6）黃興有、（10）羅長肇、（11）蕭祥彬、（12）招浩駢、（20）葉廣文、（30）曾忠、（35）李福疇、（36）何炳等在中央書院的成績。

【資料來源】 *The Hongkong Government Gazette*, 23 January 1886, p. 48.

關，初為試用同文供事，1904 年 5 月離開時為四等同文供事前班。[152] 李漢楨 1921 年時仍在生，在廣州生活。[153]

羅翰芬 1889 年是英文班第四班第一名，獲頒手錶一隻作為獎勵。[154] 他是澳門人，1890 年 11 月加入中國海關，初為候補通事，1896 年 5 月離開時為四等同文供事。[155]

何錦鏞，廣東人，1887 年在第一班，相信與溫宗堯等亦認識。1891 年 7 月至 1895 年 5 月在中國海關工作，為試用同文供事。[156]

戴天培，廣東人，1885 年中央書院中文班第四班首名，1887 年 4 月進入中國海關，初為候補通事，1919 年 8 月離開時為頭等幫辦後班。[157] 校長黎璧臣曾在校務報告中提到他，指他 1887 年盛夏（midsummer）離校時在第二班，在校時英文程度出眾，及在 1887 年 11 月考獲秀才資格。他不無惋惜地說，戴天培的成就不是屬於中央書院的，因為以學校課程而言，沒有做過甚麼提升該學生的中文知識。[158] 可見戴天培中英文均佳。

152　英文拼音 Li Hon-ching, *The Hongkong Government Gazette*, 18 January 1890, pp. 65-70, https://www.bris.ac.uk/history/customs/resources/servicelists/chinesestaff/leelichen.

153　"Association Notes," *The Yellow Dragon*, Vol. XXII, No. 10 (July 1921), pp. 219-220。"Canton" 一般是指廣州。

154　英文拼音 Lo Hon-fan, "Prize Distribution at the Central School," *The China Mail*, 5 March 1889.

155　https://www.bris.ac.uk/history/customs/resources/servicelists/chinesestaff/loloy.

156　英文拼音 Ho Kam Yung, *The Hongkong Government Gazette*, 22 January 1887, pp. 59-64, https://www.bris.ac.uk/history/customs/resources/servicelists/chinesestaff/genghuan.

157　英文拼音 Tai Tin Pui。〈賞物誌盛〉，https://www.bris.ac.uk/history/customs/resources/servicelists/chinesestaff/tatchai.

158　*Supplement to The Hongkong Government Gazette*, 11 February 1888, pp. 157-160。有關黎璧臣生平，詳見 May Holdsworth and Christopher Munn (eds.), *Dictionary of Hong Kong Biography* (Hong Kong：Hong Kong University Press, 2012), pp. 466-467.

戴天澤,廣東人,1885 年皇仁書院英文班第九班次名,1887 年
4 月進入中國海關,初為候補通事。1911 年至 1912 年為粵海關二
等幫辦後班,1913 年至 1917 年為粵海關二等幫辦前班,1918 年至
1919 年為粵海關超等幫辦後班。1927 年 10 月離開時為代理稅務司
(超等幫辦後班)。[159] 兩人可能是兄弟,戴天培是兄,而戴天澤是弟。

戴天材,廣東人,1897 年仍在皇仁書院,應與許金水同班。
1899 年 2 月進入中國海關,初為試用同文供事後班。1924 年為江海
關二等幫辦後班。1928 年為粵海關二等一級幫辦。1929 年為粵海關
一等二級幫辦。1931 年 6 月離開時為代理稅務司(一等幫辦級),是
中國海關的高級職員。[160] 戴天材可能是戴天培、戴天澤兩人的弟弟。

范汝雄,廣東人,1887 年仍在中央書院,1887 年 6 月進入中國
海關,1927 年 6 月離開時為超等同文供事中班。[161]

范汝繼,廣東人,1894 年在維多利亞書院英文班 5B 班,成績優
異,1896 年 9 月至 12 月在中國海關任額外同文供事,1930 年離開時為
超等二級稅務員。[162] 范汝繼似為范汝雄弟。范氏兄弟應為廣東南海人。

施其樂考證了范汝為(?-1878)和范汝駒的家族歷史。他指范
汝為和范汝駒是英華書院的學生,二人均在香港政府工作。畢業後,
范汝駒在政府開辦的華文學校任英語老師,當數間學校合併入中央書

159 英文拼音 Tai Tin Chak。〈賞物誌盛〉,https://www.bris.ac.uk/history/customs/
resources/servicelists/chinesestaff/tatchai;《年表》,頁 107-111。

160 英文拼音 Tai Tin-tsoi, "Presentation of Prizes at Queen's College," *The China Mail*,
23 January 1897;《年表》,頁 115-116、393,https://www.bris.ac.uk/history/
customs/resources/servicelists/chinesestaff/tatchai.

161 英文拼音 Fan U-hung, *The Hongkong Government Gazette*, 22 January 1887, pp.
59-64. https://www.bris.ac.uk/history/customs/resources/servicelists/chinesestaff/
daifung.

162 英文拼音 Fan U Kai, "Prize Day at Victoria College," *The China Mail*, 25 January 1894.
https://www.bris.ac.uk/history/customs/resources/servicelists/chinesestaff/daifung.

院後，范汝駒當上了副校長。[163]

范汝為是廣東南海人，學成後赴澳洲墨爾本，返港後在 1862 年被委任為輔政司的華籍文員和傳譯。1867 年，范汝為調到華民政務司部門，一直工作至 1873 年。范汝為在九龍擁有若干農田，當他在 1878 年逝世時，農田歸其三個兒子所有。范汝為安排其兄弟范汝漢為遺囑執行人。[164]

范汝為最年幼的兒子范學燾，也在維多利亞書院唸書，1891 年離校，成為農林處文員和傳譯。[165]1881 年，有一姓名為范學澎的學生在中央書院唸書，是中文班第五班第二名。其名亦見於 1882 年中央書院得獎名單，是英文班第八班首名。[166] 相信他亦是范學燾的兄弟或親戚，而范汝雄和范汝繼名字中均有「汝」字，與范汝為同，故極可能來自同一家族。

梁詩南，澳門人，1888 年在中央書院英文班第二班，成績優異，獲頒手錶一隻。1888 年 11 月進入中國海關，初為候補通事。1922 年為江海關二等幫辦前班，1923 年為江海關二等幫辦後班，1924 年為江海關頭等幫辦後班，1927 年為拱北關頭等幫辦前班，1928 年為拱北關頭等幫辦後班。1928 年 10 月離開時為頭等幫辦前班。[167] 以澳門人管理拱北的事，自是熟悉當地的情況。

梁詩鑾，澳門人，疑為梁詩南之弟，1890 年在維多利亞書院第一班，與陳錦濤等應為同學。1893 年進入中國海關，1896 年 5 月離

163　〈十九世紀香港英語教育下的華人精英〉，《歷史的覺醒：香港社會史論》，頁 105－136。

164　同上。

165　同上。

166　英文拼音 Fang Hok Pong, "Annual Distribution of Prizes at the Central School," *The China Mail*, 27 January 1881；〈大書院學童考列名次〉。

167　英文拼音 Leung Shi-nam, "The Government Central School: Annual Distribution of Prize," *The China Mail*, 18 January 1888；《年表》，頁 279、390、392、393，https://www.bris.ac.uk/history/customs/resources/servicelists/chinesestaff/leelichen.

開，其間為試用同文供事。[168]

梁詩彥，1894 年在維多利亞書院中文班第六班。[169] 他是廣東人，1904 年 5 月進入中國海關，初為試用同文供事後班，1911 年 11 月離開時為三等同文供事正後班。[170] 梁詩彥在潮海關的任上，因參與革命而曠工，最後被免職。[171] 以名字推論似為梁詩南和梁詩鑾等的兄弟，可能也是澳門人，且籍貫為廣東與澳門亦無牴觸。

梁詩惠，澳門人，1905 年皇仁書院 2A 班第一名。[172] 1906 年進入北洋大學堂，惟未知有否完成學位。[173] 1908 年 6 月進入海關，初為候補三等稅務員。1934 年至 1936 年為粵海關一等二級幫辦。1937 年為廈門關一等一級幫辦。1943 年 6 月離開時為超等二級幫辦。[174] 梁詩惠似與前述三人為兄弟關係。

由以上三個例子可見，皇仁書院有不少校友及兄弟在中國海關工作。

陳瑞麒，廣東人，1889 年仍在維多利亞書院求學，1890 年 8 月進入中國海關，初為試用同文供事後班，1915 年 6 月離開時為二等同文供事副前班。[175]

168　*The Hongkong Government Gazette*, 18 January 1890, pp. 65-70, https://www.bris.ac.uk/history/customs/resources/servicelists/chinesestaff/leelichen.

169　英文拼音 Leung Shi-in, "Prize Day at Victoria College," *The China Mail*, 25 January 1894.

170　https://www.bris.ac.uk/history/customs/resources/servicelists/chinesestaff/leelichen.

171　〈呈報對梁詩彥等人參加反清革命後申請准予復職的處理意見〉，載楊偉編：《潮海關檔案選譯》（北京：中國海關出版社，2013 年），頁 10－14。

172　英文拼音 Leung Shi-wai, "Prize List 1904-5," *The Yellow Dragon*, No. 6, Vol. VI (March 1905), pp. 115-117；《年表》，頁 646。

173　"Situations Obtained by Queen's College Boys in 1906," *The Yellow Dragon*, Vol. VIII, No. 6 (March 1907), pp. 130-132.

174　https://www.bris.ac.uk/history/customs/resources/servicelists/chinesestaff/leelichen；《年表》，頁 89－90、117－118。

175　英文拼音 Chan Sui-ki, *The Hongkong Government Gazette*, 2 February 1889, pp. 110-115, https://www.bris.ac.uk/history/customs/resources/servicelists/chinesestaff/aichan

劉漢池，廣東人，1888 年在中央書院英文班第三班，成績優異，[176] 1890 年 3 月進入中國海關，初為試用同文供事，1906 年為膠海關二等幫辦後班，1911 年至 1912 年為梧州關二等幫辦後班，1913 年為梧州關頭等幫辦後班，1916 年為江海關頭等幫辦前班，1917 為江海關頭等幫辦後班，1918 年為江海關二等幫辦前班，1919 年為江海關頭等幫辦前班，1920 年為江海關頭等幫辦後班，1921 年為江海關超等幫辦後班，1922 年為江海關超等幫辦前班。1923 年至 1925 年為總稅務司公署副稅務司。1925 年 6 月離開時為署襄辦銓敘科副稅務司（總稅務司署）。[177]

葉廣文，1886 年在中央書院第一班。[178] 他是廣東人，1891 年 1 月進入中國海關，初為試用同文供事，1897 年 9 月離開時為四等同文供事。[179]

周昭岳，廣東人，是皇仁校友，1892 年 8 月進入中國海關，1894 年 5 月離開時為試用同文供事。[180]

陳順和，香港人，1895 年時仍在皇仁書院求學，1895 年 6 月進入中國海關，初為另用同文供事，1929 年 3 月離開時為特等二級稅務員。[181]

關景忠（1873－1923），廣東番禺人，是關景良（1869－1945）

176　英文拼音 Lau Hon-chi, "The Government Central School：Annual Distribution of Prize," *The China Mail*, 18 January 1888.

177　https://www.bris.ac.uk/history/customs/resources/servicelists/chinesestaff/laleaou；《年表》，頁 34－37、227、377、378、380、382、384、386、504。

178　英文拼音 Ip Kwong-man, *The Hongkong Government Gazette*, 23 January 1886, pp. 48-52.

179　https://www.bris.ac.uk/history/customs/resources/servicelists/chinesestaff/ikhoong.

180　https://www.bris.ac.uk/history/customs/resources/servicelists/chinesestaff/chao；李金強：《中山先生與港澳》（台北：秀威資訊科技股份有限公司，2012 年），頁 115。

181　*The Hongkong Government Gazette*, 19 January 1895, pp. 44-49, https://www.bris.ac.uk/history/customs/resources/servicelists/chinesestaff/aichan.

弟，1892 年從維多利亞書院畢業。[182] 1895 年 11 月進中國海關，初為試用同文供事，1921 年 11 月離開時為頭等同文供事副後班。[183] 關景忠歷任各海關辦事員，兼辦京師稅務學堂提調差使。[184]

黃顯華，廣東人，1895 年時仍在皇仁書院求學，1896 年 6 月進入中國海關，初為試用同文供事。1923 年為岳州關二等幫辦後班，1926 年為粵海關二等幫辦後班，1926 年至 1927 年為粵海關二等幫辦前班，1928 年為瓊海關一等二級幫辦，1930 年 12 月離開時為九龍關一等二級幫辦。[185]

王諒祖，廣東人，1895 年仍在皇仁書院求學，1896 年 6 月進入中國海關，初為試用同文供事，1930 年 3 月離開時為超等一級稅務員。[186]

王暢祖，廣東人，1896 年在皇仁書院 1A 班，1896 年 6 月進入中國海關。[187] 王延祖，廣東人，1897 年在皇仁書院 1B 班，是班上第二名，1897 年 11 月進入中國海關，初為另用同文供事，1904 年 9 月離開時為試用同文供事前班。[188] 王諒祖與王暢祖、王延祖三人疑為兄弟。

另王建祖（1879－？）也可能是王氏兄弟之一人。王建祖字長信，廣東番禺人。離開皇仁書院後先後在北洋大學堂和日本求學，後得加

182　關肇碩、容應萸：《香港開埠與關家》（香港：廣角鏡出版社有限公司，1997 年），頁 14。

183　https://www.bris.ac.uk/history/customs/resources/servicelists/chinesestaff/kuokyung.

184　《香港開埠與關家》，頁 14。

185　*The Hongkong Government Gazette*, 19 January 1895, pp. 44-49；《年表》，頁 113－115、254、268、522, https://www.bris.ac.uk/history/customs/resources/servicelists/chinesestaff/waywong.

186　*The Hongkong Government Gazette*, 19 January 1895, pp. 44-49, https://www.bris.ac.uk/history/customs/resources/servicelists/chinesestaff/waywong.

187　"Prize Distribution at Queen's College," *The Hong Kong Weekly Press*, 13 February, 1896；《年表》，頁 697。

188　"Presentation of Prizes at Queen's College," *The China Mail*, 23 January 1897, https://www.bris.ac.uk/history/customs/resources/servicelists/chinesestaff/waywong.

州大學經濟科學士。[189] 1897 年王建祖是北洋大學堂歲考二等二班洋文前十名之一；又本班第二，獲賞銀二兩五。[190] 同年稍後在北洋大學堂二等頭班。時皇仁校友王寵惠、王寵佑、胡棟朝（1872－1957）、林潤釗等在頭等第三班。[191] 可見他早年學業成績已相當優秀。1908 年廷試更獲一等成績。[192]

王建祖 1901 年任南洋公學教員，1906 年從美返國，任兩廣總督署文案。同年粵漢鐵路又聘其為財政顧問員。1907 年為度支部秘書，授翰林院編修，1908 年為赴美特使秘書，1909 年為江蘇省財政監理官。晚清時為唐紹儀參贊。1915 年為北京大學法科長，[193] 後為北京大學教授。任南洋公學教員期間，他着手翻譯《歐洲文明史》。後翻譯《銀行史論》，另又曾譯基特（Charles Gide, 1847－1932）的《政治經濟學教程》（Cours d'Économie politique）。王建祖是美西中國學生會會長、《留美學生年報》第一期編輯，曾獲俄國和德國政府三等功勳章，在政治上屬王寵惠系。[194]

郭鳳儀，廣東人，1893 年在維多利亞書院求學，成績優異。1896 年 10 月至 1897 年在中國海關，為試用郵政局供事。[195]

189 支那研究會編：《最新支那官紳錄》（北京：支那研究會，1918 年），頁 42；外務省情報部編：《現代中華民國滿洲國人名鑑》（東京：東亞同文會調查編纂部，1932 年），頁 22。

190 〈續錄北洋學堂歲考各童〉，《香港華字日報》，1897 年 2 月 24 日。

191 〈天津北洋大學堂夏季課榜〉，《香港華字日報》，1897 年 7 月 23 日。

192 〈廷試留學生今日揭曉一等王建祖二等鄭豪趙學三等熊崇志陳仲篪均廣東人〉，《香港華字日報》，1908 年 5 月 9 日。

193 《最新支那官紳錄》，頁 42；《現代中華民國滿洲國人名鑑》，頁 22。

194 〈鐵路聘財政顧問員〉，《香港華字日報》，1906 年 8 月 17 日；《最新支那官紳錄》，頁 42；《現代中華民國滿洲國人名鑑》，頁 22。

195 "Victoria College: Distribution of Prizes by H.E. The Governor," *Hong Kong Daily Press*, 10 February 1893, https://www.bris.ac.uk/history/customs/resources/servicelists/chinesestaff/kuokyung.

伍錫河，廣東人，1890 年維多利亞書院英文班 8B 班第二名。
1897 年 3 月至 1898 年 2 月為試用郵政局供事 [196] 1914 至 1915 年間為
鐵路協會會員。[197]

楊炳南，廣東人，1895 年時仍在皇仁書院求學，1897 年 3 月進
入中國海關，初為試用同文供事，1921 年 8 月離開時為頭等同文供
事副後班。[198]

何球堃，廣東人，1897 年仍在皇仁書院求學，得英譯中最佳成
績獎，1897 年 3 月進入中國海關，初為另用同文供事，1901 年 3 月
離開時為郵政分局次等供事。[199]

王維瀚，廣東人，1890 年在第一班。1897 年 11 月進入中國海
關，初為試用同文供事，1900 年 2 月離開時為試用同文供事前班。[200]

張啟源，香港人，1897 年在皇仁書院 6A 班，成績優異，1898
年 12 月進入中國海關。[201]

葉清龍，福建人（一說香港人），1894 年在維多利亞書院英文班
5C 班，成績優異。1898 年 5 月進入中國海關，初為試用同文供事，

196　英文拼音 Ng Sik-ho，海關名錄作 Ng Shik-ho, "The Prize-list," *China Mail*, 13 January 1890,
　　　https://www.bris.ac.uk/history/customs/resources/servicelists/chinesestaff/moouyang.

197　〈本會紀事：介紹新入會會員：三年十一月起至四年四月止六個月入會人員數目〉，
　　　《鐵路協會會報》第 32 期（1918 年），頁 12。

198　*The Hongkong Government Gazette*, 19 January 1895, pp. 44-49, https://www.bris.
　　　ac.uk/history/customs/resources/servicelists/chinesestaff/yaoyin.

199　英文拼音 Ho Kau-kwan, "Prize-list," *The China Mail*, 23 January 1897, https://www.
　　　bris.ac.uk/history/customs/resources/servicelists/chinesestaff/genghuan

200　英文拼音 Wong Wai-hon, *The Hongkong Government Gazette*, 18 January 1890, pp.
　　　65-70, https://www.bris.ac.uk/history/customs/resources/servicelists/chinesestaff/
　　　waywong.

201　英文拼音 Cheung Kai-uen, "Presentation of Prizes at Queen's College," *The China
　　　Mail*, 23 January 1897；《年表》，頁 607。

1927 年 2 月離開時為頭等同文供事前班。[202]

　　許金水，廣東人，1897 年仍在皇仁書院。1899 年 2 月進入中國海關，初為試用同文供事後班。1929 年為三水關一等二級幫辦，1930 年為拱北關一等一級幫辦，1932 年為粵海關副稅務司，1933 年 4 月離開時為代理稅務司，是中國海關的高級職員。[203] 以名字推論，許金水或為蜑家人，因蜑家人多習慣以「金水」為名。

　　鄧松滿是 1888 年中央書院中文班第五班第一名。他是廣東人，1895 年 3 月加入中國海關，初為通譯，1929 年 12 月離開時為副稅務司。[204] 鄧松滿也是中國海關的高級職員。

　　林藻泰是廣東廣州人，[205] 1893 年是維多利亞書院中文班第六班第二名。1901 年 9 月加入中國海關為郵政局次等供事，1906 年 9 月離開時為郵政局供事試用前班。[206]

　　李輝耀，廣東人，1891 年維多利亞書院英文班 4C 班第二名，1893 年獲英譯中獎。1899 年 2 月加入中國海關，初為試用同文供事

202　葉清龍的名字是用廣東話拼音 Ip Ching lung 拼寫的，"Prize Day at Victoria College," *The China Mail*, 25 January 1894, https://www.bris.ac.uk/history/customs/resources/servicelists/chinesestaff/ikhoong；《年表》，頁 636。

203　"Presentation of Prizes at Queen's College," *The China Mail*, 23 January 1897；《年表》，頁 116、280、336，https://www.bris.ac.uk/history/customs/resources/servicelists/chinesestaff/genghuan.

204　英文拼音 Tang Tsung Mǔn, "The Government Central School: Annual Distribution of Prize," *The China Mail*, 18 January 1888, https://www.bris.ac.uk/history/customs/resources/servicelists/chinesestaff/tatchai.

205　林藻泰籍貫根據〈林君藻慶墓誌銘〉，載鄧家宙編著：《香港華籍名人墓銘集（港島篇）》（香港：香港史學會，2012 年），頁 226－227。

206　英文拼音 Lam Tso-tai。"Victoria College: Distribution of Prizes by H. E. the Governor," *Hong Kong Daily Press*, 10 February 1893, https://www.bris.ac.uk/history/customs/resources/servicelists/chinesestaff/laleaou.

後班，1901 年 10 月離開時為試用同文供事。[207]

　　李錫鷺，廣東人，1891 年維多利亞書院中文班第八班第二名。1903 年 12 月至 1904 年 4 月為試用同文供事後班。[208]

　　鄧榮發，香港人，1900 年仍在皇仁書院讀書。1901 年 10 月進入中國海關，初為額外同文供事，1926 年至 1927 年為閩海關二等幫辦後班，1928 年為閩海關二等二級幫辦，1931 年為江海關一等二級幫辦，1932 年為蕪湖關一等一級幫辦。1932 年 12 月離開時為一等一級幫辦（在假）。[209]

　　范錫駿，廣東人，是 1898 年皇仁書院 7C 班第二名。1901 年 6 月加入中國海關，初為另用同文供事，1931 年 11 月離開時為署稅務司（超等二級幫辦）。[210]

　　陳文韜，1900 年皇仁書院 3A 班第二名。[211] 他是廣東人，1901 年 6 月加入中國海關，初為另用同文供事，1936 年 6 月離開時為超等一級幫辦。[212]

　　梁沛亨，廣東人，1898 年皇仁書院 5B 班第一名。1903 年 11 月

207　英文拼音 Li Fai-iu, "Distribution of Prizes at Victoria College," *Hong Kong Daily Press*, 2 February 1891; "Victoria College: Distribution of Prizes by H.E.The Governor," *Hong Kong Daily Press*, 10 February 1893, https://www.bris.ac.uk/history/customs/resources/servicelists/chinesestaff/leelichen.

208　英文拼音 Li Sik-lun, "Distribution of Prizes at Victoria College," *Hong Kong Daily Press*, 2 February 1891, https://www.bris.ac.uk/history/customs/resources/servicelists/chinesestaff/leelichen.

209　英文拼音 Tang Wing fat, "Annual Prize Distribution at Queen's College," *Hong Kong Daily Press*, 24 January 1900；《年表》，頁 179、404、517，https://www.bris.ac.uk/history/customs/resources/servicelists/chinesestaff/tatchai.

210　英文拼音 Fan Sik Tsun, "Queen's College Prize Distribution" *The Hong Kong Telegraph*, 14 January 1898, https://www.bris.ac.uk/history/customs/resources/servicelists/chinesestaff/daifung.

211　英文拼音 Chan Man-to, "Special Prizes," *The Yellow Dragon*, Vol.1, No.7 (March 1900), pp. 144-145.

212　https://www.bris.ac.uk/history/customs/resources/servicelists/chinesestaff/aichan.

加入中國海關，初為試用同文供事後班。[213] 1925 年為總稅務司公署二等幫辦後班，[214] 1929 年為總稅務司公署檔案管理員，為一等二級幫辦，同時署副稅務司。[215] 1933 年為總稅務司公署檔案主任，駐在上海，同時是署副稅務司。1934 年至 1935 年為總稅務司公署檔案主任，[216] 1935 年 10 月離開時為檔案主任（休假）。[217]

余迪源，廣東人，1896 年在皇仁書院 2B 班，因作文成績優異獲獎。1901 年 12 月進入中國海關，初為另用同文供事，1904 年 7 月離開時為試用同文供事中班。[218]

陳滋業，廣東人，1900 年皇仁書院 5C 班第一名。1902 年 12 月進入中國海關，初為試用同文供事後班，1909 年 10 月離開時為三等同文供事副前班。[219]

朱葆林 1904 年是皇仁書院 2A 班第一名。[220] 他是廣東人，1904 年 3 月進入中國海關，初為試用同文供事後班。1939 年 2 月離開時為超等二級幫辦。[221]

213　英文拼音 Leung Pui Hang, "Queen's College Prize Distribution," *The Hong Kong Telegraph*, 14 January 1898, https://www.bris.ac.uk/history/customs/resources/servicelists/chinesestaff/leelichen.

214　《年表》，頁 37。

215　同上，頁 39–40。

216　同上，頁 45–48。

217　https://www.bris.ac.uk/history/customs/resources/servicelists/chinesestaff/leelichen.

218　英文拼音 Ü Tik-ün, "Prize List," *The Hong Kong Weekly Press*, 13 February 1896, https://www.bris.ac.uk/history/customs/resources/servicelists/chinesestaff/uwaung.

219　英文拼音 Chan Tsz-ip, "Prize List," *The Yellow Dragon*, Vol. I, No. 7 (March 1900), pp. 143-145, https://www.bris.ac.uk/history/customs/resources/servicelists/chinesestaff/aichan.

220　英文拼音 Chü Po-lam, "Queen's College Presentation of Prizes," *The Yellow Dragon*, Vol. V, No. 5 (March 1904), pp. 85-98.

221　https://www.bris.ac.uk/history/customs/resources/servicelists/chinesestaff/cheuconk.

梅英山 1900 年為皇仁書院 7A 班第二名。他是廣東人，1904 年 7 月進入中國海關。[222] 1927 年梅英山是南寧關二等幫辦後班，1928 年以二等二級幫辦之身份任南寧關代理稅務司，[223] 1933 年是潮海關一等一級幫辦，1934 年至 1935 年為潮海關超等二級幫辦，1936 至 1938 年為潮海關超等一級幫辦。[224] 1939 年 5 月離開海關，時為超等一級幫辦。[225]

梁榮昭 1902 年在皇仁書院 3B 班，得歷史科獎。[226] 他是廣東人，1904 年 10 月進入中國海關，初為試用同文供事後班，1933 年 6 月離開時為一等一級稅務員。[227]

余幼裴，廣東人，1897 年在皇仁書院 6C 班，成績優異，1898 年 4B 班第一名。1905 年 4 月進入中國海關，初為試用同文供事後班，1913 年 6 月離開時為三等同文供事正後班。[228]

劉葉昌是廣東人，1905 年 12 月進入中國海關，初為試用同文供事後班，1940 年 12 月離開，時為特等二級稅務員。[229]

222　英文拼音 Mui Ying Shan, "Prize List," *The Yellow Dragon*, No. 7, Vol. I (March 1900), pp. 143-145；《年表》，頁 301。

223　《年表》，頁 301。

224　同上，頁 453。

225　https://www.bris.ac.uk/history/customs/resources/servicelists/chinesestaff/moouyang.

226　英文拼音 Leung Wing-chiu, "Presentation of Prizes," *The Yellow Dragon*, Vol. III, No. 6 (February 1902), pp. 101-112.

227　https://www.bris.ac.uk/history/customs/resources/servicelists/chinesestaff/leelichen.

228　英文拼音 Ü Yau Pui, "Presentation of Prizes at Queen's College," *The China Mail*, 23 January 1897; "Queen's College Prize Distribution," *The Hong Kong Telegraph*, 14 January 1898, https://www.bris.ac.uk/history/customs/resources/servicelists/chinesestaff/uwaung.

229　"Situations Obtained by Queen's College Boys in 1905," *The Yellow Dragon*, Vol. VII, No. 6 (March 1906), pp. 120-122, https://www.bris.ac.uk/history/customs/resources/servicelists/chinesestaff/laleaou.

陳炳麟，廣東人，1904 年 3B 班第二名。[230] 1906 年 1 月進入中國海關，初為試用同文供事後班，1916 年 3 月離開時為三等同文供事正前班。[231]

蘇啟康，廣東人，1906 年 12 月進入中國海關，初為試用同文供事後班，1941 年 11 月離開，時為特等一級稅務員。[232]

張耀生也是廣東人，1906 年 6 月進中國海關，[233] 1928 年至 1930 年間為九龍關二等二級幫辦，1932 年至 1935 年為九龍關一等一級幫辦，1936 年是九龍關超等二級幫辦。[234]

蔡蔭樞，廣東人，1906 年 6 月進中國海關，初為試用同文供事後班，1936 年 6 月離開，時為超等一級稅務員（休假）。[235]

陳敬光，廣東人，1903 年 5A 班第二名。[236] 1907 年 3 月進入中國海關，初為試用同文供事後班，1910 年 8 月離開時為試用同文供事副後班。[237]

宋啓堃，廣東人，1907 年 7 月加入中國海關，初為試用華班鈐

---

230 英文拼音 Chan Ping-lun, "Queen's College Presentation of Prizes," *The Yellow Dragon*, Vol. V, No. 5 (March 1904), pp. 85-98.

231 https://www.bris.ac.uk/history/customs/resources/servicelists/chinesestaff/aichan.

232 "Situations Obtained by Queen's College Boys in 1906," *The Yellow Dragon*, Vol. VIII, No. 6 (March 1907), pp. 130-132, https://www.bris.ac.uk/history/customs/resources/servicelists/chinesestaff/shisoo.

233 *The Yellow Dragon*, Vol. VIII, No. 6 (March 1907), p. 131；《年表》，頁 607。

234 《年表》，頁 268－270。

235 "Situations Obtained by Queen's College Boys in 1906," *The Yellow Dragon*, Vol. VIII, No. 6 (March 1907), pp. 130-132, https://www.bris.ac.uk/history/customs/resources/servicelists/chinesestaff/tsengtzou.

236 英文拼音 Chan King Kwong, "Distribution of Prizes," *The Yellow Dragon*, Vol. IV, No. 6 (March 1903), pp. 101-110.

237 https://www.bris.ac.uk/history/customs/resources/servicelists/chinesestaff/aichan

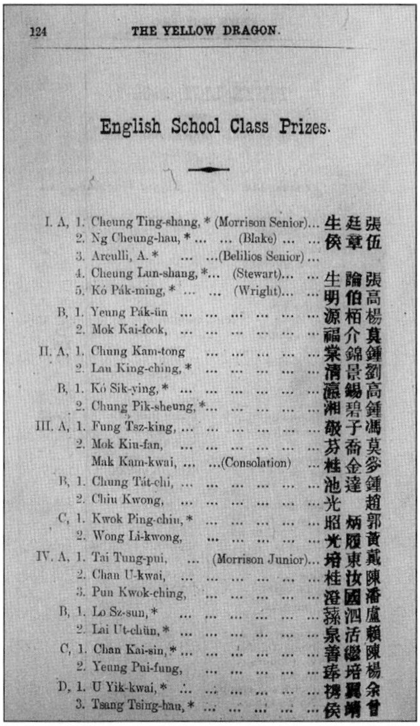
124 THE YELLOW DRAGON.

English School Class Prizes.

I. A,	1.	Cheung Ting-shang, * (Morrison Senior)...	張廷生
	2.	Ng Cheung-hau, * ... ... (Blake)	伍章侯
	3.	Arculli, A. * ... ...(Belilios Senior) ...	
	4.	Cheung Lun-shang, *... (Stewart)... ...	張論生
	5.	Kó Pák-ming, * ... ... (Wright)... ...	高伯明
B,	1.	Yeung Pák-ün	楊栢源
	2.	Mok Kai-fook, ...	莫介福
II. A,	1.	Chung Kam-tong	鍾錦棠
	2.	Lau King-ching, *	劉景清
B,	1.	Kó Sik-ying, *	高錫瀛
	2.	Chung Pik-sheung, *...	鍾碧湘
III. A,	1.	Fung Tsz-king, ...	馮子敬
	2.	Mok Kiu-fan, ...	莫喬芬
		Mak Kam-kwai, ...(Consolation) ...	麥金桂
B,	1.	Chung Tát-chi, ...	鍾達池
	2.	Chiu Kwong, ...	趙光
C,	1.	Kwok Ping-chiu, *	郭炳昭
	2.	Wong Li-kwong, ...	黃履光
IV. A,	1.	Tai Tung-pui, ... (Morrison Junior)...	戴東培
	2.	Chan U-kwai, ...	陳汝桂
	3.	Pun Kwok-ching, ...	潘國澄
B,	1.	Lo Sz-sun, *	盧泗蓀
	2.	Lai Ut-chün, *	賴活泉
C,	1.	Chan Kai-sin, *	陳繼善
	2.	Yeung Pui-fung, ...	楊培琫
D,	1.	U Yik-kwai, *	余翼揆
	3.	Tsang Tsing-hau, *	曾靖侯

圖 2-11　潘國澄 1907 年在英文班 4A 班，是班上第三名。
【資料來源】"English School Class Prizes," *The Yellow Dragon*, Vol. VIII, No. 6 (March 1907), p. 124.

子手，1938 年 1 月離開時為超等一級驗貨員。[238]

潘國澄，廣東人，1907 年在英文班 4A 班，成績優異。[239] 1907 年 12 月加入中國海關，1933 年至 1934 年為九龍關一等二級幫辦，1935 年至

238　英文拼音 Sung Kai-kwan, "Situations obtained by Q.C.boys in 1907," *The Yellow Dragon*, Vol. IX, No. 6 (February 1908), pp. 123-124, https://www.bris.ac.uk/history/customs/resources/servicelists/chinesestaff/soonszung.

239　英文拼音 Pun Kwok-ching, "English School Class Prizes," *The Yellow Dragon*, Vol. VIII, No. 6 (March 1907), pp. 124-125.

1936 年為九龍關一等一級幫辦，1937 年至 1941 年為九龍關超等二級幫辦。[240] 1942 年潘國澄在汪精衞管轄下之粵海關及江門分關任二級稅務官。[241]

潘斯讓，廣東人，1904 年 2B 班第二名。1908 年 7 月進入中國海關，初為試用華班鈐子手。[242] 1934 年為重慶關署理港務長和署監察長。[243] 1942 年 7 月離開時為副監查官（一級）。[244]

伍章侯（約 1887 －？）1904 年 3 月 3 日進入皇仁書院第三班，1905 年在第二班，1906 年在第一班。1906 年和 1907 年均獲翻譯獎。他是廣東人，1907 年 12 月進入中國海關，初為試用同文供事後班，1908 年 10 月離開時為試用同文供事。[245]

郭潤堂也是皇仁書院學生，1908 年在漢口鋼鐵廠（Hankow Steel Works）工作。他是廣東人，1908 年 6 月進入中國海關，初為候補三等稅務員，1943 年 6 月離開時為超等一級幫辦。[246]

蘇念誥，廣東人，1908 年 11 月進入海關，最初為試用華班鈐子手。[247]

240　《年表》，頁 269－271。

241　同上，頁 551。

242　英文拼音 Pun Si Yeong，海關名錄則作 Pun Shi Yeung, "Queen's College Presentation of Prizes," *The Yellow Dragon*, Vol. V, No. 5 (March 1904), pp. 85-98, https://www.bris.ac.uk/history/customs/resources/servicelists/chinesestaff/pairen.

243　《年表》，頁 161。

244　https://www.bris.ac.uk/history/customs/resources/servicelists/chinesestaff/pairen.

245　英文拼音 Ng Cheung-hau, "English School Class Prizes," *The Yellow Dragon*, Vol. VIII, No. 6 (March 1907), pp. 124-125 and "Scholarship Winners,1906-7," pp. 126-127, https://www.bris.ac.uk/history/customs/resources/servicelists/chinesestaff/moouyang.

246　英文拼音 Kwok Yun-tong, "Situations Obtained by Q.C.boys in 1908," *The Yellow Dragon*, Vol. X, No. 6 (March 1909), pp. 111-112, https://www.bris.ac.uk/history/customs/resources/servicelists/chinesestaff/kuokyung.

247　英文拼音 So Nim-ko, "Situations Obtained by Q.C.boys in 1908," *The Yellow Dragon*, Vol. X, No. 6 (March 1909), pp. 111-112, https://www.bris.ac.uk/history/customs/resources/servicelists/chinesestaff/moouyang.

1933 年 10 月，蘇念詒由宜昌關一等驗貨員調升為粵海關署副驗估員。[248] 1942 年 7 月離開時為鑑定官（四級）。[249]

吳兆熊，廣東人，公開試成績優異，1910 年 12 月進海關。[250] 當吳兆熊參加海關入職試時，時任副稅務司的英國人賀智蘭（R. F. C. Hedgeland）為主考官。[251] 吳兆熊 1929 年為粵海關二等二級幫辦，1930 年為粵海關二等一級幫辦，1932 年為粵海關一等二級幫辦，1933 年至 1935 年為粵海關一等一級幫辦，1936 年至 1937 年為粵海關超等二級幫辦，1938 年至 1941 年為粵海關超等一級幫辦，1946 年為粵海關特等二級幫辦，[252] 同年 8 月離開海關。[253] 1942 年吳兆熊曾在汪精衛管轄下的粵海關及江門分關任一級稅務官。[254]

麥兆億 1903 年是皇仁書院 5A 班第一名，[255] 1906 年曾任同校的小老師（Pupil Student）。[256] 麥兆億是廣東人，1911 年 4 月進入中國

248　〈關員消息〉，《關聲》第 3 卷 1 期（1933 年），頁 22。

249　"Situations Obtained by Q.C.boys in 1908," *The Yellow Dragon*, Vol. X, No. 6 (March 1909), pp. 111-114, https://www.bris.ac.uk/history/customs/resources/servicelists/chinesestaff/shisoo.

250　英文拼音 Ng Shiu hung。*The Yellow Dragon*, Vol. XII, No. 6 (March 1911), p. 106；《年表》，頁 663。

251　*The Yellow Dragon*, Vol. XII, No. 6 (March 1911), p. 106；《年表》，頁 627。有關 R. F. C. Hedgeland 的生平，詳參 Catherine Ladds, *Empire Careers: Working for the Chinese Customs Service, 1854-1949* (Manchester: Manchester University Press, 2013).

252　《年表》，頁 115。

253　https://www.bris.ac.uk/history/customs/resources/servicelists/chinesestaff/moouyang.

254　《年表》，頁 551。

255　英文拼音 Mak Siu-yik, "Distribution of Prizes," *The Yellow Dragon*, Vol. IV, No. 6 (March 1903), pp. 101-110.

256　"Situations Obtained by Queen's College Boys in 1906," *The Yellow Dragon*, Vol. VIII, No. 6, (March 1907), pp. 130-132.

海關，初為試用同文供事，1947 年 2 月離開時為特等一級稅務員。[257]

從以上的描述，可見在晚清時期，有大量的皇仁校友加入中國海關。他們多數的崗位也是同文供事（Clerk）和幫辦（Assistant）一類職位。今天，我們理解 "Clerk" 一詞為文員、文書一類較基層工作。然而在百多年前的中國，懂英文的人不多，同文供事和幫辦已是中上級職位，能夠躋身管理階層，是中國海關的高級職員。加上薪金待遇優渥，因此他們大多在中國海關工作數十年。

長期以來，中國海關作為清政府的稅收機關一直為外國人所把持，華人升遷始終受到局限。唐紹儀有鑑於此，遂倡建稅務學堂（Customs College）。在構想課程時，督辦認為學生在稅務學堂就讀，是應繳交學費的。[258] 稅務學堂「所招學生，必須曾有（按，疑為「習」）英文，粗通算術，中國文理清通，始能合格。四年畢業，即派往各海關，學習辦事，以便徐收華人自辦海關之權」。[259] 首屆考試擬招選三十六名學生，在北京、上海、漢口、福州、廣州五處同日考試。課程預期學生學習四年，專攻稅務，同時兼習洋文、公法條約、數學和地理等科。畢業後則按各人程度派往各處。入學試分為兩次，第一次考試為「誦讀英書」，第二次分三場。第一場試以中文英文翻譯、英文文法、普通地理、算學、幾何學。第二場試以較高等的地理學、數學和幾何學，以及代數、格物。但代數、格物不是強迫應考的。第三場則試以四書問題，分為五道題目：中文修身倫理文章一篇、敘事文一篇、時論一篇等。學生年齡以十六至二十二歲為限。[260]

257　https://www.bris.ac.uk/history/customs/resources/servicelists/chinesestaff/maming.

258　*Government, Imperialism and Nationalism in China: The Maritime Customs Service and Its Chinese Staff*, p. 64.

259　〈稅務學堂招生章程略述〉，《四川學報》第 10 期（1906 年），頁 11。

260　〈政書：度支部事類：稅務學堂招考學生示並章程〉，《現世史》第 7 期（1908 年），〈度支部〉，頁 8−9。

　　當時的皇仁學生大概多在廣州應考。以課程論，皇仁學生確有優勢。以 1907 年為例，當時皇仁書院已教授翻譯、文法、地理、作文、歷史、幾何、代數、測量、通識（General Intelligence）、莎士比亞、三角學、衞生和簿記等。[261] 可見該校課程相當接近稅務學堂的考試科目。

　　在收生方面，學校強調同學的英文程度多於其他方面的成績。而在十九世紀末二十世紀初，能夠進入學校學習英語的人一般都比較富裕，因此稅務學堂的學生很多都家境不錯。[262] 由於稅務學堂的創辦，以及近代中國民族主義在二十世紀初抬頭，驅使中國海關加快走上本土化的步伐，華人在中國海關的地位得到顯著提升。在二十世紀二十年代以後，不少皇仁校友正式躋身中國海關的最高級管理層。

　　最終 1908 年稅務學堂取錄正選和候補共五十人，其中十五名是皇仁校友，[263] 計有：楊明新（約 1895－?）[264]、黃臨初（約 1892－?）[265]、陳柏康、馮國福、霍啟謙、胡仕澄、黃韻豪、葉易山、黃文耀、甘元晉、劉春和、黎藻颺、陳元沾、劉宗傑、張竹朋（約 1887－?）[266]。當時全國報名人數眾多，報紙記載云：「現在報名投考者，有三、四千人之多。當時經教習鄧君考驗口音，祇准一百餘人，屆時准其入

261　*Queen's College: Its History 1862-1987*, p. 50.

262　*Government, Imperialism and Nationalism in China: The Maritime Customs Service and Its Chinese Staff*, p. 64.

263　*The Yellow Dragon*, Vol. X, No. 3 (November 1908), pp. 52-53.

264　楊明新生年根據〈中央公務懲戒委員會議決書〉，《國民政府公報》，1939 年渝字 136，頁 21－22。

265　黃臨初生年根據 "Scholarship Winners 1907-8," *The Yellow Dragon*, Vol. IX, No. 6 (February 1908), pp. 120-121.

266　張竹朋生年根據〈本校畢業同學個人狀況調查表〉，《稅務專門學校季報》第 4 卷 2 期（1923 年），通訊，頁 1－3。

場考試,皆一律發給准考卷據,其餘皆毋庸與考。聞現在各處交送之條子,已高可盈尺,而稅務大臣欲秉公去取,不准有絲毫情面。而又探悉此項學生將來畢業後,一律派往稅關當差。」[267] 可見競爭之激烈。

雖然我們對以上各人身世所知不多,但根據 1912 年一份捐款的名單,可以窺見他們部分人的家境。當時胡仕澄捐大洋五元、劉宗傑五元、霍啟謙五元、馮國福二元、楊明新二元、葉易山五元、陳元沾五元、甘元晉二元、陳柏康一元。以上各人當時同在稅務學堂甲班。張竹朋則在稅務學堂乙班,捐大洋二元。[268] 當時各人仍是學生(例如楊明新不過十七歲左右),尚未有工作,而數元大洋不是小數目。較合理的推論是,他們來自比較富裕的家庭,家人定期提供生活費。皇仁校史的作者亦承認,當時大部分學生的家境都不俗。[269]

在這批稅務學堂首屆取錄的皇仁校友當中,日後有數人成為中國海關稅務司。

劉春和 1908 年原在廣東清政府的學部工作,後來加入中國海關。[270]

葉易山 1912 年 2 月進入中國海關,同年 4 月離開,時為試用同文供事。[271]

陳元沾 1909 年 1 月進入中國海關,初為見習,1925 年 2 月離開時為二等同文供事中班。[272]

267 《夏聲》第 7 期(1908 年),頁 187。

268 〈財政部收到稅務學堂各班學生國民捐洋數通告〉,《政府公報》第 154 期(1912 年),頁 23–24。

269 *Queen's College: Its History 1862-1987*, p. 47.

270 英文拼音 Lau Chun-wo, "Situations obtained by Q.C.boys in 1908," *The Yellow Dragon*, Vol. X, No. 6 (March 1909), pp. 111-112.

271 https://www.bris.ac.uk/history/customs/resources/servicelists/chinesestaff/ikhoong.

272 https://www.bris.ac.uk/history/customs/resources/servicelists/chinesestaff/chechen.

　　楊明新是廣東寶安人，[273] 在 1913 年 3 月進入中國海關。[274] 1919
年他由蒙自關調往潮海關，[275] 1933 年為甌海關超等二級幫辦，同時署
稅務司。[276] 1944 年楊明新為梧州關稅務司，1945 年仍為梧州關稅務
司，暫駐百色，1946 年在梧州關稅務司任內，兼管南寧關事務。[277]

　　陳柏康在 1913 年 4 月進入中國海關。[278] 1917 年，他是蕪湖關四
等幫辦，[279] 1929 年為總稅務司公署二等一級幫辦，[280] 1930 年為杭州關
二等一級幫辦，同時署副稅務司。1931 年他仍為署副稅務司，駐在
嘉興。1932 年以杭州關一等二級幫辦暫行代理杭州關稅務司職務，[281]
1933 年為總稅務司公署二等署副稅務司。[282] 1939 年至 1941 年為重慶
關副稅務司，主管萬縣關。[283] 1942 年在總稅務司公署典職科工作，為
稅務司。[284] 1943 年為重慶關稅務司（額外），1944 年為重慶關稅務司
（額外），主管成都分關工作。1945 年為重慶關稅務司（額外），主
管成都分關工作。[285]

　　馮國福在 1913 年 3 月進入中國海關。[286] 1917 年至 1920 年間，

273　〈中央公務懲戒委員會議決書〉，頁 21－22。

274　《年表》，頁 58。

275　〈會員近訊〉，《稅務專門學校季報》第 1 卷 1 期（1919 年），頁 7－8。

276　《年表》，頁 500。

277　同上，頁 508－509。

278　同上，頁 598。

279　赫美玲、陳柏康、顧恩瀚：〈中華民國五年蕪湖口華洋貿易情形論畧〉（中英文對照）
　　　（附圖表），《通商各關華洋貿易全年清冊》第 2 卷（1917 年），頁 654－671。

280　《年表》，頁 39－40。

281　同上，頁 190。

282　同上，頁 45－46。

283　同上，頁 161－162。

284　同上，頁 57。

285　同上，頁 162－163。

286　同上，頁 622。

他是宜昌關四等幫辦。[287] 1921 年在江海關工作，崗位是出口枱，報住地址為上海厚德里十二號。[288] 1924 年往天津海關工作，[289] 1948 年 3 月離開中國海關時為稅務司。[290]

黃文耀 1913 年 4 月進入中國海關，[291] 1930 年為九龍關二等二級幫辦，1931 年至 1932 年為九龍關一等二級幫辦，[292] 1939 年為總稅務司公署超等一級幫辦。[293] 1942 年至 1944 年，黃文耀在汪精衛管轄下之江海關任一級稅務官。[294]

霍啟謙在 1920 年為江門關四等幫辦。[295] 1921 年，他由江門關調至上海造冊處，[296] 1929 年任代理思茅關稅務司，[297] 1929 年為總稅務

---

287 勒慕薩、馮國福、鄧邦達：〈中華民國五年沙市口華洋貿易情形論畧〉（中英文對照）（附圖表），《通商各關華洋貿易全年清冊》第 2 卷（1917 年），頁 470－474；克立基、馮國福、李彭祿：〈中華民國六年宜昌口華洋貿易情形論畧〉（中英文對照）（附圖表），載《通商各關華洋貿易全年清冊》第 2 卷（1918 年），頁 490－499；勞騰飛、馮國福、李彭祿：〈中華民國七年宜昌口華洋貿易情形論畧〉（中英文對照）（附圖表），載《通商各關華洋貿易全年清冊》第 2 卷（1919 年），頁 460－474；羅雲漢、馮國福、李明：〈中華民國八年宜昌口華洋貿易情形論畧〉（中英文對照）（附圖表），《通商各關華洋貿易全年清冊》第 2 卷（1920 年），頁 420－433。

288 〈江海關同學一覽表〉，《稅務專門學校季報》第 3 卷 1 期（1921 年），頁 6－8。

289 馮國福：〈滬關馮國福君來函二〉（10 月 8 日），《稅務專門學校季報》第 4 卷 4 期（1923 年），通訊，頁 8。

290 https://www.bris.ac.uk/history/customs/resources/servicelists/chinesestaff/aichan.

291 《年表》，頁 697。名字為 Wong T. Manuel。

292 同上，頁 268－269。

293 同上，頁 52－53。

294 同上，頁 557、563、568、744。

295 沙博思、霍啟謙、雷若衡：〈中華民國八年沙市口華洋貿易情形論畧〉（中英文對照）（附圖表），《通商各關華洋貿易全年清冊》第 4 卷（1920 年），頁 261－272。

296 霍啟謙：〈霍啟謙來函〉（11 月 14 日），《稅務專門學校季報》第 3 卷 1 期（1921 年），頁 88。

297 財政部令第 2228 號，《財政日刊》第 422 期（1929 年），頁 3。

司公署一等二級幫辦，駐在上海。[298]1933 年，霍啟謙為蘇州關一等一
級幫辦，同時是護理稅務司。1934 年為蘇州關超等二級幫辦，同時
是護理稅務司。[299] 1936 年至 1937 年為鎮江關署稅務司。[300] 1941 年為
重慶關稅務司，同時兼管重慶海關總署工作。[301] 1942 年為重慶關稅務
司，兼管宜昌關。1943 仍為重慶關稅務司。[302] 1947 年霍啟謙在總稅
務司公署任稅務司，當時也負責員工福利委員會的工作。[303]

　　胡仕澄，廣東人，1909 年 1 月進入中國海關工作，初為見習，
1917 年 4 月離開時為三等同文供事副前班。[304] 胡仕澄曾任廣東稽核分
所英文文牘員。[305]

　　黎藻颿則為江蘇掘港通泰秤放總局局長。[306]

　　張竹朋原名張慶桐，竹朋乃其字，一字權隱，廣東順德人。1914
年自稅務學堂畢業，曾在廣州、嘉興（杭州分關）、杭州、牛莊海關工
作是內班職員，[307] 後曾在汪精衞管轄下的中國海關工作。[308]

　　鄺燕暖（約 1890－？），字建之，廣東台山人。[309] 他的生平資料

298　《年表》，頁 42－43。
299　同上，頁 441－442。
300　同上，頁 150。
301　同上，頁 162。
302　同上，頁 162。
303　同上，頁 64－67。
304　https://www.bris.ac.uk/history/customs/resources/servicelists/chinesestaff/genghuan
305　〈稅務同學在稽核所供職一覽表〉，《稅務專門學校季報》第 4 卷 2 期（1923 年），
　　　通訊，頁 1－3。
306　同上。
307　〈嘉興海關來函〉，《稅務學校季報》第 1 卷 1 期（1919 年），報告，頁 13－14；〈本
　　　校畢業同學個人狀況調查表〉，《稅務專門學校季報》第 4 卷 2 期（1923 年），畢業
　　　生調查表，頁 1－8。
308　《年表》，頁 709。
309　〈本校畢業同學個人狀況調查表〉。

較為完整。1905 年時為皇仁書院 8A 第二名，當時名字為鄺言暖。[310]
1916 年自稅務專門學校畢業，[311] 1916 年 7 月加入中國海關為見習。[312]
畢業初期鄺燕暖曾在粵海關和騰越關工作。1923 年在粵海關大公事
房工作，月薪一百四十元，當時報住廣州西關。[313] 西關是高尚住宅
區，證明他生活甚富裕，但未審是他來自富有家庭，抑或他在海關工
作的收入令他能住在西關。

鄺燕暖 1939 年至 1940 年為江海關一等二級幫辦，[314] 1943 年為
梧州關超等二級幫辦，1944 年為梧州關署副稅務司，1945 年至 1946
年為梧州關代理副稅務司，1944 年至 1946 年間為楊明新下屬。[315]
1947 年他是粵海關超等一級幫辦。[316]

稅務學堂後易名為稅務專門學校。[317] 這所學校經費充裕，亦能為
學生提供良好的就業機會。[318] 在中國海關之中，「向以稅專畢業生為正
統」，[319] 因此稅務專門學校畢業生在海關人事升遷上有明顯的優勢，
以後亦有不少皇仁書院校友投考。

310 英文拼音 Kwong In-nun, "Prize List 1904-5," *The Yellow Dragon*, Vol. VI, No. 6 (March 1905), pp. 115-117.

311 〈本校畢業同學個人狀況調查表〉。

312 https://www.bris.ac.uk/history/customs/resources/servicelists/chinesestaff/kuokyung.

313 〈本校畢業同學個人狀況調查表〉。

314 《年表》，頁 416－418。

315 同上，頁 508－509。

316 同上，頁 121。

317 *Government, Imperialism and Natioalism in China: The Maritime Customs Service and its Chinese Staff*, p. 67.

318 陳善頤：〈稅務專門學校的回憶〉，載黨德信主編：《文史資料存稿選編》（北京：中國文史出版社，2002 年），第 24 冊，頁 360－372。

319 張志雲：〈中國海關關員的遺留和決擇（1949－1950）〉，載王文隆等：《近代中國外交的大歷史與小歷史》（台北：政大出版社，2016 年），頁 79－109。

鄺建三

燕三

暖之

三十三歲

廣東廣州西關十一甫新橫街台山縣七號樓下

民國五年　一九一六年

粵海關　騰越關　粵海關

粵海關

大公事房　秘書處　總結房

大公事房

無

一百四十元

養老除（金外）

妻一多時　子二在　女三家

無

姓　字
名　或號

歲　年
　　籍貫

住址
（街門牌名）

何年畢業

歷任服務機關或口岸

現在服務機關或口岸

歷任職守

現任職守

勳章

月俸幾何
（計銀元）

眷屬夫人及公子男女各幾位

公餘作何消遣及事業

特別記載

畢業生調查表

圖 2-12　鄺燕暖自撰之個人介紹

【資料來源】〈稅務同學在稽核所供職一覽表〉，《稅務專門學校季報》第 4 卷 2 期（1923 年），畢業生調查表，頁 1–2。

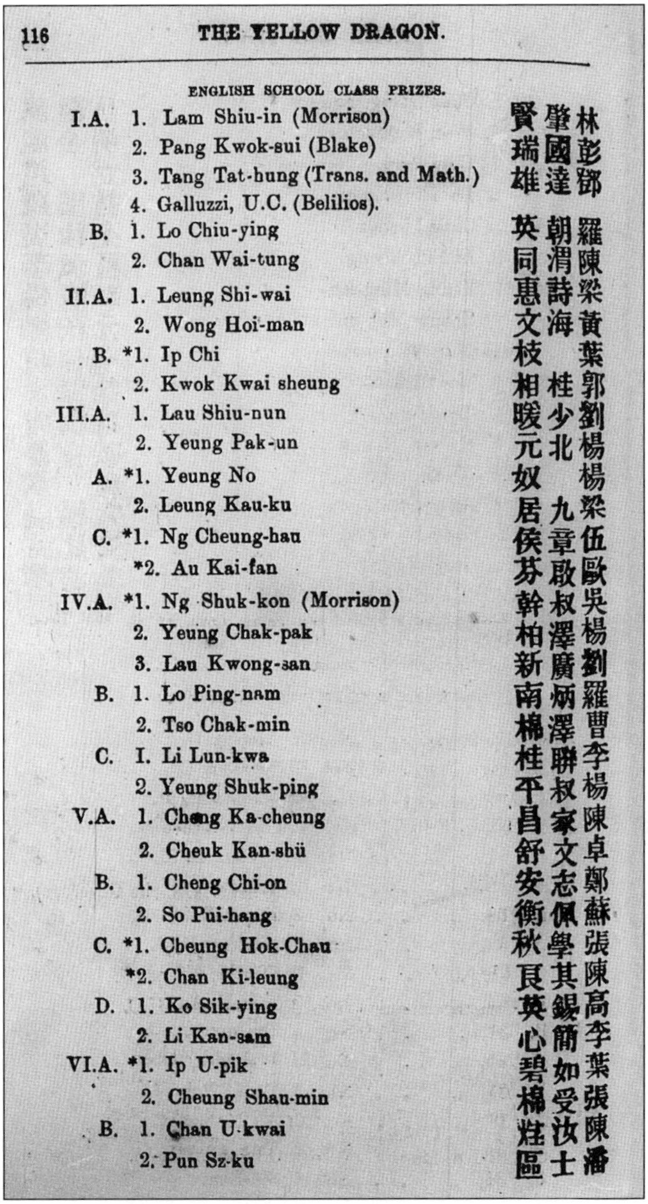

116　　THE YELLOW DRAGON.

ENGLISH SCHOOL CLASS PRIZES.

I.A. 1. Lam Shiu-in (Morrison)
2. Pang Kwok-sui (Blake)
3. Tang Tat-hung (Trans. and Math.)
4. Galluzzi, U.C. (Belilios).
B. 1. Lo Chiu-ying
2. Chan Wai-tung
II.A. 1. Leung Shi-wai
2. Wong Hoi-man
B. *1. Ip Chi
2. Kwok Kwai sheung
III.A. 1. Lau Shiu-nun
2. Yeung Pak-un
A. *1. Yeung No
2. Leung Kau-ku
C. *1. Ng Cheung-hau
*2. Au Kai-fan
IV.A. *1. Ng Shuk-kon (Morrison)
2. Yeung Chak-pak
3. Lau Kwong-san
B. 1. Lo Ping-nam
2. Tso Chak-min
C. 1. Li Lun-kwa
2. Yeung Shuk-ping
V.A. 1. Cheng Ka-cheung
2. Cheuk Kan-shü
B. 1. Cheng Chi-on
2. So Pui-hang
C. *1. Cheung Hok-Chau
*2. Chan Ki-leung
D. 1. Ko Sik-ying
2. Li Kan-sam
VI.A. *1. Ip U-pik
2. Cheung Shau-min
B. 1. Chan U-kwai
2. Pun Sz-ku

林彭鄧羅陳梁黃葉郭劉楊楊梁伍歐吳楊劉羅曹李楊陳卓鄭蘇張陳高李葉張陳潘
肇國達朝渭詩海桂少北九章敢叔廣炳澤聯叔家文志佩學其錫簡如受汝士
賢瑞雄英同惠文枝相暖元奴居侯芬幹柏新南棉桂平昌舒安衡秋貝英心碧棉炷區

圖 2-13-1 至圖 2-13-2　酈燕暖在皇仁書院成績名列前茅（當時名字
為酈言暖），亦可見梁詩惠、伍章侯、楊明新都是其學兄。

【資料來源】The Yellow Dragon, Vol. VI, No. 6 (March 1905), pp. 116-117.

C.　1. Chan Hing-chung
　　　2. Wan Kam-ming
VII.A.　1. Chiu Lap
　　　2. Lo Hin-cheung
B.　1. Chan U-chun
　　　2. Li Pui-cheung
C.　*1. Yeung Ming-san
　　　2. Cheng Yuk-un
D.　1. Chiu Chung-cho
　　　2. Yeung Kit-to
VIII.A.　1. Tse U-kwai
　　　2. Kwong In-nun
B.　1. U Sheung
　　　2. Au-yeung I
C.　1. Chan Leung-on
　　　2. Chu Wai-ki.

陳溫趙羅周李楊鄭楊謝鄺余歐陳朱
慶金　顯汝佩明沃仲傑汝言　楊量渭
昌明立昌全昌新元初徒桂暖相宜安其

Boys marked thus * hold the same places as at Mid Term November, 1904.

ENCOURAGEMENT PRIZES FOR PROGRESS.

I A.　13, Boys, 　. . No. 5. Alonco, D.
B.　14, 　„　. . No. 3. Curreem, C.
II.A.　56, 　„　. . No. 6. Yamasaki, M.
III.A.　50, 　„　. . No. 4. Tsoi Wa-cheung.
B.　42, 　„　. . No. 8. Osman, A. M.
IV A.　59, 　„　. . No. 13. Abbas, Y.
B.　59, 　„　. . No. 8. Kwan Iu-ki.
VI.A.　62, 　„　. . No. 6. Markar, H. G.
C.　61, 　„　. . No. 7 Gourgi, I.
VII.A.　63, 　„　. . No. 9. Ismail, A.
B.　37, 　„　. . No. 9. Osman, S.
C.　35, 　„　. . No. 13. Wagener, R.
D.　35, 　„　. . No. 3. Yeung Pun sit
VIII.A.　38, 　„　. . No. 10. Ali Mahomet.
B.　34, 　„　. . No. 3. Tsin Yui-san.
C.　34, 　„　. . No. 11. Sin-Lim.

圖 2-13-2

鄧偉傑（約 1903－?），廣東三水人。1921 年前後考進稅務專門學校，報住地址為香港皇后大道中七十八號，[320] 1925 年 9 月進入中國海關，初為見習，1936 年 11 月離開時為頭等同文供事中班。[321]

蔡鎮鏞（約 1903－?），字鐵庵，廣東番禺人。1921 年前後考進稅務專門學校，報住地址為廣州河南德鄰里九號。[322] 1921 年 9 月進入中國海關，初為見習，1931 年 6 月離開時為三等一級稅務員。[323]

張經鎏（約 1903－?），廣東楊縣人，1921 年前後考進稅務專門學校，報住地址為香港乾秀里六號二樓，[324] 1925 年 8 月進入海關，1950 年 2 月離開時為一等一級幫辦。[325] 他曾在汪精衛政權管轄下的中國海關工作。[326]

梅仲宏（約 1903－?），廣東台山人，1921 年前後考進稅務專門學校，報住地址為香港希〔禧〕利街二十三號。[327] 梅仲宏甚熱愛粵劇，1947 年時是中國海關粵樂組成員之一。[328] 他亦曾在汪精衛政權管轄下的中國海關工作。[329]

陳端義（約 1902－?），廣東番禺人，1921 年前後考進稅務專門學校，報住地址為香港昭隆街十六號。[330]

320　〈本屆新同學一覽表〉，《稅務專門學校季報》第 3 卷 1 期（1921 年），附錄，頁 1－3。

321　https://www.bris.ac.uk/history/customs/resources/servicelists/chinesestaff/tetsen.

322　〈本屆新同學一覽表〉。

323　https://www.bris.ac.uk/history/customs/resources/servicelists/chinesestaff/tetsen.

324　〈本屆新同學一覽表〉。

325　https://www.bris.ac.uk/history/customs/resources/servicelists/chinesestaff/chang.

326　《年表》，頁 708。

327　〈本屆新同學一覽表〉。

328　梅仲宏、郭琳焯：〈曲詞：花落春歸去〉，《上海粵樂社團第六次聯歡大會特刊》，1947 年，頁 16。

329　《年表》，頁 732。

330　〈本屆新同學一覽表〉。

　　張炳南（約 1903－？），廣東南海人，1921 年前後考進稅務專門
學校，報住地址為廣州西關錦龍中約第九號，[331] 可見他或來自較富裕
的家庭。張炳南在 1926 年 8 月進入海關。[332] 1950 年 2 月他離開時為
特等一級稅務員。[333]

　　董幹文（約 1897－？），廣東香山
人，曾在皇仁書院肄業，後來考進稅務
專門學校。1920 年離開學校到粵海關
工作，但只工作了很短時間便離開，轉
到香港安達銀行任買辦，工作四年。不
久他與朋友合組廣興貿易公司，任總經
理，後到道亨銀行工作。[334]

　　另外有些非稅務專門學校畢業的
皇仁校友循其他途徑進入中國海關工
作。

　　林樂明（1898－1991），廣東香山
人，幼年就讀私塾，後隨自澳洲回國之
兄赴香港，先後在育才書社和皇仁書院

圖 2-14　董幹文
【資料來源】《中國童子軍第一七七團年
刊》第 3 期（1948 年），頁 1。

就讀，又赴上海，就讀於聖芳濟書院，兩年卒業。林樂明曾在永安公
司任文員，1919 年 10 月進入中國海關，最初在江海關任職，1954 年
退休時為稅務司。[335]

331　同上。

332　《年表》，頁 600。

333　https://www.bris.ac.uk/history/customs/resources/servicelists/chinesestaff/chang.

334　康健：〈老成持重的董幹文〉，《現代經濟文摘》第 1 卷 1 期（1947 年），頁 20－
　　21。

335　林樂明：〈自序〉，《海關服務卅五年回憶錄》（香港：龍門書店，1982 年），頁 45－
　　57，http://museum.mof.gov.tw/ct.asp?xItem=3550&ctNode=59&mp=1.

　　高以孝，廣東人，1915 年從育才書社進入皇仁書院第三班，1917 年 6 月 8 日離校，時在第二班。離校後在九龍關任試用華班鈐子手，[336] 1935 年在粵海關外班，[337] 1937 年由津海關一等監察員升為二等副監察長。[338] 同年又轉為重慶關二等副監察長。1939 年至 1940 年為重慶關署監察長。[339] 1948 年離開時為一等監察長（病假）。[340] 高以孝曾在汪精衞政權管轄下的中國海關工作。[341]

　　羅少堅，廣東人，1916 年 9 月 6 日進入皇仁書院 2C 班。1917 年 7 月在江海關任華班鈐子手。1950 年 2 月離開時為特等二級驗貨員。羅少堅亦曾在汪精衞政權管轄下的中國海關工作。他的家境不俗，父親在香港經營商店，1917 年更在上海創辦另一商店，由羅少堅弟羅達文主理。[342]

　　羅達文同在 1916 年 9 月 6 日進入皇仁書院 2C 班，亦在 1917 年 7 月加入中國海關，任試用華班鈐子手，由此推之，羅達文只在父親的商店工作了很短時間。1928 年羅達文由粵海關二等關員調任為北海關二等關員，1936 年 9 月為代理監察長和代理港務長。[343]

336　*The Yellow Dragon*, Vol. XVIII, No. 10 (July 1917), p. 162, https://www.bris.ac.uk/history/customs/resources/servicelists/chinesestaff/kikung.

337　〈收到《關聲》捐款第八次報告〉，《關聲》第 3 卷 11 期（1935 年），頁 645。

338　〈專件：關員消息（民國二十六年四月份）〉，《關聲》第 5 卷 11 期（1937 年），頁 1065。

339　《年表》，頁 161－162。

340　https://www.bris.ac.uk/history/customs/resources/servicelists/chinesestaff/kikung.

341　《年表》，頁 722。

342　英文拼音為 Lo Shiu-kin 和 Lo Tat-man, *The Yellow Dragon*, Vol. XVIII, No. 10 (July 1917), p. 162；〈粵海關華人關員之更調〉，《工商日報》，1928 年 12 月 11 日；《年表》，頁 729，https://www.bris.ac.uk/history/customs/resources/servicelists/chinesestaff/loloy.

343　同上。

　　葉毓勳，廣東人，1908 年在皇仁書院 4A 班，成績優異。1919
年進入中國海關，初為試用三等同文供事副後班，1950 年離開時是
特等二級幫辦。他曾在汪精衞管轄下之海關工作。[344]

　　霍滄華，廣東人，1918 年仍在皇仁書院就讀，且得歷史科獎。
1919 年 10 月加入中國海關，1950 年 2 月離開時為超等二級幫辦，兼
為代理副稅務司。[345]

　　盧煥初 1912 年 3 月 11 日進入皇仁書院 4B 班，1915 年 11 月 30 日
離校，時在 1B 班。離校後，他赴江西贛州協助其在海關工作的親戚。[346]

圖 2-15　中國海關職員名片正面和背面（民國時期），名
　　　　　片的持有人相信是中國海關的高級職員。
【資料來源】筆者藏

344　英文拼音為 Ip Yuk Fan。"English School Class Prizes," *The Yellow Dragon*, Vol. IX,
　　　No. 6 (February 1908), pp. 117-119, https://www.bris.ac.uk/history/customs/
　　　resources/servicelists/chinesestaff/ikhoong；《年表》，頁 720。

345　英文拼音 Fok Chong-wa, "Queen's College: The Annual Prize Distribution," *The
　　　Hong Kong Telegraph*, 6 February 1918, https://www.bris.ac.uk/history/customs/
　　　resources/servicelists/chinesestaff/daifung.

346　*The Yellow Dragon*, Vol. XVII, No. 4 (December 1915), p. 58.

中國海軍

在〈銘文〉中，我們亦可找到中央書院舊生進入福州馬尾船政學堂學習的證據。

呂翰（約 1852－1884）是第一屆福州馬尾船政後學堂駕駛班畢業，與葉富（1848－1881）同屆。[347] 謝潤德（?－1884）[348]、關景、鄺驄、唐祐、何金勝、陳兆倫（疑即陳兆麟）等則是第四屆福州馬尾船政後學堂駕駛班畢業。[349] 在〈銘文〉中，謝潤德等六人的名字連在一起，可證各人互有關聯。[350]

呂翰字賡堂，廣東鶴山人，[351] 其名見於〈銘文〉，可證他出身中央書院。[352] 有些較早的記載則指呂翰出身香港英華書院，[353] 惟未知是否正確。

1869 年，呂翰獲選入讀船政後學堂，學習駕駛和戰陣等技術。畢業之後，呂翰被派往各口岸遊歷，後得沈葆楨（1820－1879）賞識，「擢帶振威練船（按，振威艦），駐防澎湖」。1875 年，調往揚

---

347 〈銘文〉。葉富之名未見於〈銘文〉中。有關葉富的英文剪報（*North China Herald and Supreme Court & Consular Gazette*, 4 October 1881）由馬幼垣教授提供，特此鳴謝。葉富生卒年則根據葉富兒子抄存《葉氏家譜》，詳參姜鳴：〈戰死的軍官與逆襲的草寇，誰是英雄，誰是人生贏家〉，http://toutiao.weiyoubaba.com/a/ch590. shtml。另參張俠等編：《清末海軍史料》（北京：海洋出版社，1982 年），上冊，頁 436。

348 謝潤德卒年根據《清末海軍史料》，上冊，頁 308。

349 〈銘文〉；《清末海軍史料》，上冊，頁 436。

350 〈銘文〉。

351 池仲祐：〈海軍實紀‧述戰篇‧呂游戎賡堂事略〉，載林萱治、鄭麗生編：《福州馬尾港圖志》（福州：福建地圖出版社，1984 年），頁 242－243。

352 〈銘文〉。

353 馮大本：〈藍翎參將銜升用游擊留閩儘先補用都司呂翰行略〉，《鑄強月刊》第 3 卷 6－7 期（1923 年），頁 18－21。馮大本是呂翰同時期之人。

武艦，往南洋和日本各地遊歷，加授守備加遊擊銜。因守衛台灣有功，晉升為都司。1876 年，呂翰為飛雲艦管帶。1877 年，調往威遠艦，同時為駕駛學生教習。後因三次協助平定台灣加禮宛番社亂事，晉升為遊擊。1881 年，呂翰被調到天津。1882 年，因治喪返廣東。1884 年，呂翰「服闋到閩」，擔任後學堂的教習，後又統領福勝和建勝兩炮艦。中法戰爭起，法戰艦步步進迫，呂翰與統帶張成向督師者條陳利害，惟未被採納。[354] 呂翰 1884 年在中法馬江海戰中殉職。當時他在福勝艦，時為督帶官。[355]

沈葆楨曾在奏摺中指「其駕駛心細膽大者，則粵童張成、呂翰為之冠」，「臣謹拔張成、呂翰管駕閩省原購之『海東雲』、『長勝』兩輪船，使獨當一面，以觀後效」。[356] 可見呂翰甚受沈葆楨器重。沈葆楨也提到葉富，「遞遺海東雲船務，查有藝童五品軍功葉富，熟悉海道，人亦謹慎，堪以接管」。[357]

丁日昌（1823－1882）繼沈葆楨之任，對呂翰等仍甚重用。他指「其尤精者，如張成、呂翰等，已派在揚武輪上隨同教練洋人前往日本等處遊歷，以增膽識，而擴見聞」。[358] 丁日昌又提到呂翰等人的出身，「從前張成、呂翰皆由香港英國學堂招集而來」。[359] 這裏所指的「香港英國學堂」，與〈銘文〉合觀，更進一步證明呂翰出身自中央書院。[360]

葉富字夢梅，廣州府新安縣人，生於香港島黃泥涌村，父葉悅

354　池仲祐：〈海軍實紀・述戰篇・呂游戎賡堂事略〉，頁 242－243。

355　〈馬尾陣亡人數〉，《循環日報》，1884 年 10 月 15 日。

356　轉引自林崇墉：《沈葆楨與福州船政》（台北：聯經出版事業股份有限公司，1987 年），頁 477。

357　同上。

358　轉引自《沈葆楨與福州船政》，頁 477－478。

359　同上，頁 478。

360　〈銘文〉。

華、母陳氏。[361] 葉富早年在中央書院學習英文。[362] 1867 年，清政府船政大臣沈葆楨創立船政學堂，在福州招募學生就讀。1869 年，法籍監督日意格（Prosper Marie Giquel, 1835－1886）派員前往香港等地購買船隻，同時亦在香港招收學生，葉富和呂翰等就在這時候被吸納。[363] 早期船政學堂是在福州當地招生，後來才在香港等地招收有英文基礎的、其他省份的學生。[364]

葉富最後因公殉職。1881 年，浙江台州海盜為患。超武艦奉命前往剿盜。9 月 18 日，葉富與數名水手登陸，同時找來一些士兵壯大行色。一行人等到大荊山海盜根據地剿盜。雙方交戰三小時，其間葉富不幸飲彈身亡。最後海盜戰敗，十三人被擒獲。[365]

當時香港報紙也有轉載其他西報，對葉富之死狀有更詳細的描述，與前述略有出入。《循環日報》在報道中稱葉富為「管駕超武兵船葉游府夢梅」。該報道內容譯自西報。報道指接寧波方面消息，葉富奉命駕超武艦往探詢海盜實際情況，「並檄兵船八艘同行」。據說超武艦上有一百八十名士兵。各艘船隻停泊在金門灣，葉富率領士兵登陸，後往見地方官僚和士紳，而其地點與泊船之地相距十里。葉富與他們討論剿盜之方法，地方官僚和士紳勸告葉富，因海盜藏身深山之間，要進兵剿盜，相當困難，勸告葉富小心行事。葉富剿盜心切，決意行動。當天晚上，他留宿某紳家中，翌日早上起行。葉富一行二十多人行至一山嶺，所有士兵登上山巔，打算在此紮營。葉富遂帶領親兵廿人前往深山探視。葉富一行人在這裏受到槍擊。葉富中彈，親兵

361　葉富家庭狀況根據《葉氏家譜》，詳參〈戰死的軍官與逆襲的草寇，誰是英雄，誰是人生贏家〉。

362　*North China Herald and Supreme Court & Consular Gazette*, 4 October 1881.

363　〈戰死的軍官與逆襲的草寇，誰是英雄，誰是人生贏家〉。

364　陳悅：《船政史》（福建：福建人民出版社，2016 年），上冊，頁 184。

365　*North China Herald and Supreme Court & Consular Gazette*, 4 October 1881.

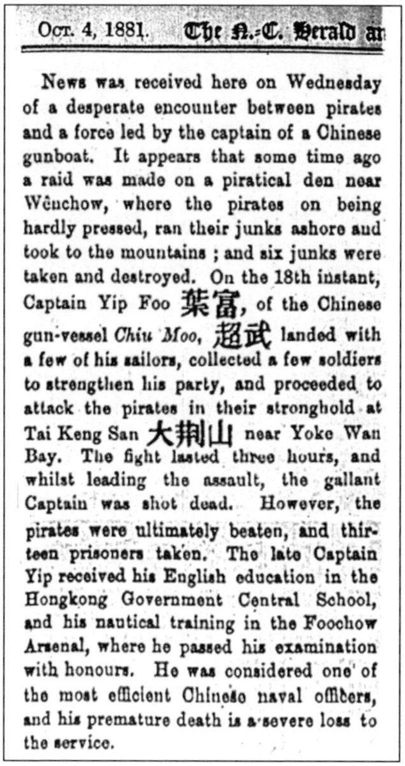

Oct. 4, 1881. The N.-C. Herald an

News was received here on Wednesday of a desperate encounter between pirates and a force led by the captain of a Chinese gunboat. It appears that some time ago a raid was made on a piratical den near Wênchow, where the pirates on being hardly pressed, ran their junks ashore and took to the mountains ; and six junks were taken and destroyed. On the 18th instant, Captain Yip Foo 葉富, of the Chinese gun-vessel *Chiu Moo*, 超武 landed with a few of his sailors, collected a few soldiers to strengthen his party, and proceeded to attack the pirates in their stronghold at Tai Keng San 大荊山 near Yoke Wan Bay. The fight lasted three hours, and whilst leading the assault, the gallant Captain was shot dead. However, the pirates were ultimately beaten, and thirteen prisoners taken. The late Captain Yip received his English education in the Hongkong Government Central School, and his nautical training in the Foochow Arsenal, where he passed his examination with honours. He was considered one of the most efficient Chinese naval officers, and his premature death is a severe loss to the service.

圖 2-16 英文報章所記載葉富的出身
【資料來源】*North China Herald and Supreme Court & Consular Gazette*, 4 October 1881。馬幼垣教授提供。

見情況不妙，即負他離去。葉富大概傷及要害，未幾即斃命。《晉源報》[366] 又引述其他西報登載，指葉富頭被海盜割去，「經以銀六十圓贖回，如禮殯殮」。[367]

以名字推論，何金勝或為蜑家人。關景則是廣東人，1881 年是琛航兵艦大副，當時報載「關君景向在港中大書院讀書，遴選至閩，

366 原文為《晉源西報》，應是指《晉源報》。馬幼垣教授提供資料，特此鳴謝。
367 〈傳聞異辭〉，《循環日報》，1881 年 10 月 12 日。

學習船務，以明敏謹慎陞授此職」。[368] 關景 1876 年在中央書院英文班第二班，因成績優異，獲頒銀筆盒一個。[369] 1885 年為福星兵艦大副。[370]

1871 年唐祐在中央書院預備班，成績優異，曾獲頒筆盒一個。[371] 1881 年尾他獲委任為濟安艦管駕。當時他在丁憂。[372]

謝潤德 1873 年在中央書院中文班第四班，成績優秀，獲頒袋刀一把。[373] 1874 年謝潤德在英文班第六班，當時他名列第一，何東第二。[374] 兩人為同學，但命運迥異，一個為國殉難，英年早逝；一個富可敵國，活到高年。1876 年謝潤德在第三班，與胡廷勳為同學，二人成績均名列前茅，謝潤德獲頒銀筆盒一個。[375] 1884 年，謝潤德在中法馬江海戰中陣亡，時為飛雲艦大副。[376]

黃倫蘇（1860－?）1874 年在中央書院英文班第八班，是班上的第二名。1875 年在英文班第五班，也是班上的第二名。[377] 可見他曾跳

---

368 〈管駕得人〉，《循環日報》，1881 年 12 月 17 日。

369 "Prize Day at the Central School," *Hong Kong Daily Press*, 19 January 1876。按，或指銀色筆盒，下同。

370 〈營務處示〉，《循環日報》，1885 年 1 月 19 日。

371 "Prize List," *Hong Kong Daily Press*, 13 February 1871 .

372 姜鳴：《中國近代海軍史事編年（1860－1911）》（北京：生活‧讀書‧新知三聯書店，2017 年），頁 211。

373 "Distribution of Prizes at the Government Central School," *Hong Kong Daily Press*, 22 January 1873.

374 "Public Examination at the Government School," *Hong Kong Daily Press*, 11 February 1874.

375 "Prize Day at the Central School," *Hong Kong Daily Press*, 19 January 1876 或為銀色筆盒，下同。

376 《清末海軍史料》，上冊，頁 308。

377 英文拼音 Wong Lung Su, "Public Examination at the Government School," *Hong Kong Daily Press*, 11 February 1874; "Public Examination at the Central School," *Hong Kong Daily Press*, 30 January 1875；《清末海軍史料》，上冊，頁 436。

班。惟未見他列名於〈銘文〉之中。他是廣東南海人，1875 年春考進船政學堂後學堂，1881 年畢業，在揚武艦學習。[378] 1883 年時為飛雲艦管帶。[379] 1884 年時為飛雲艦管駕，在羅星塔一役中受傷。[380] 1885 年為鎮海兵船管駕，後轉職南洋水師。1912 年 8 月任廣東海防辦事處幫辦，12 月廣東都督胡漢民（1879－1936）下令裁減海軍司，將之改組為江防和海防二司令部，黃倫蘇為廣東海防司令部司令。[381] 1914 年為海軍上校，1917 年為海軍少將。[382]

溫桂漢（約 1864－?）在 1877 年進入中央書院。他是馬尾船政局駕駛班第七屆畢業的學生。[383]

陳兆蘭（約 1863－?）亦是馬尾船政局駕駛班第七屆畢業的學生，在 1877 年進入中央書院。[384]

龐銘世 1876 年在中央書院英文班第五班，成績優秀，後來在福州馬尾船政局管輪班第二屆畢業。[385]

而同時在馬尾船政局管輪班第二屆畢業的學生當中，有不少來自中央書院。林泉（約 1858－?）1871 年進入中央書院，[386] 區賢燦（約

378　福州市地方志編纂委員會編；沈岩主編：《船政志》（北京：商務印書館，2016 年），頁 517－518。

379　〈羊城新聞〉，《循環日報》，1883 年 6 月 28 日。

380　〈共慶生還〉，《循環日報》，1884 年 9 月 4 日。

381　《船政志》，頁 517－518。

382　同上。

383　英文拼音 Wan Kwai-hon，名單序號 295。*The Hongkong Government Gazette*, 4 May 1878, pp. 231-236；《清末海軍史料》，上冊，頁 437。

384　英文拼音 Chan Siu-lan，名單序號 281。*The Hongkong Government Gazette*, 4 May 1878, pp. 231-236；《清末海軍史料》，上冊，頁 437。

385　英文拼音 Pong Ming Shai, "Prize Day at the Central School," *Hong Kong Daily Press*, 19 January 1876；《清末海軍史料》，上冊，頁 438。

386　英文拼音 Lam Tsun，名單序號 18。*The Hongkong Government Gazette*, 4 May 1878, pp. 231-236；《清末海軍史料》，上冊，頁 438。

1861－？）是 1874 年，[387] 黃顯章（約 1861－？）也是 1874 年進入中央書院。[388] 何林英（約 1861－？）1873 年進入中央書院，[389] 郭乃安（約 1861－？）是 1874 年。[390] 郭乃安與海軍將領程璧光（1861－1918）認識。1918 年，程璧光遇襲身亡，他曾致輓聯云：「暮年聚首，卯角論交，知君浩氣英魂，此去騎箕燭霄漢。鐵艦橫江，樓船破浪，付與殘山剩水，問誰擊楫定中原。」[391] 可證兩人很早便認識。他是傅秉常的家族朋友。1929 年傅秉常祖母逝世，他曾致送祭帳。[392] 黎弼良（約 1859－？）在 1874 年進入中央書院。[393] 1877 年是中央書院英文班第五班第二名。[394] 梁福藻（約 1861－？）在 1876 年進入中央書院。[395]

胡爾楷（1865－1898），字德澤，又字士模，廣東鶴山人，出身中央書院，1895 年自香港華人西醫書院畢業。父親胡謙亨（1830－1889）是巴陵會牧師。[396] 在此之前，胡爾楷曾在福州馬尾船政局管輪

387　英文拼音 Au In-tsan，名單序號 67。*The Hongkong Government Gazette*, 4 May 1878, pp. 231-236；《清末海軍史料》，頁 438。

388　英文拼音 Wong Hin-cheung，名單序號 69。*The Hongkong Government Gazette*, 4 May 1878, pp. 231-236；《清末海軍史料》，上冊，頁 438。

389　英文拼音 Ho Lam-ying，名單序號 70。*The Hongkong Government Gazette*, 4 May 1878, pp. 231-236；《清末海軍史料》，上冊，頁 438。

390　英文拼音 Kwok Nai-on，名單序號 83。*The Hongkong Government Gazette*, 4 May 1878, pp. 231-236；《清末海軍史料》，頁 438。

391　湯銳祥：《孫中山與海軍護法研究》（北京：學苑出版社，2006 年），頁 358。

392　《傅母李太夫人哀思錄》（香港：無出版社，1929 年），頁 27 下。

393　英文拼音 Lai Pat-leung，名單序號 105。*The Hongkong Government Gazette*, 4 May 1878, pp. 231-236；《清末海軍史料》，頁 438。

394　"Prize Day at the Central School," *Hong Kong Daily Press*, 1 February 1877.

395　英文拼音 Leung Fuk-tso，名單序號 139。"Teaching of English in the Government Schools," *Hong Kong Blue Book* 1877, n. p.；*The Hongkong Government Gazette*, 4 May 1878, pp. 231-236；《清末海軍史料》，頁 438。

396　《胡恩德：鶴山胡氏族譜》（香港：出版地缺，1968 年），無頁數；《循香江有幸埋忠骨：長眠香港與辛亥革命有關的人物》，頁 76－81。

班第三屆畢業。[397]

　　1884 年，李鴻章「具有文書移咨港官，欲在中環大書院挑選學徒十有二人，前赴天津，俾撥入水師院中學習航海事務，待業成後即派作兵船管駕」。[398] 香港招商局奉命在中央書院挑選學徒。清政府提供學生每月每人二兩六作為資助，學成之後，更提供二百兩作月薪。[399] 條件可說是相當吸引。

鐵路職員、郵電職員、工程師

　　鐵路是晚清民國重要的新興經濟事業，故有不少皇仁校友投身鐵路相關的工作。冼應勳（約 1865－?），廣東南海人，香港皇家大書院畢業，歷任北洋津榆鐵路翻譯、洋務局翻譯員、彰德府秋操接待外賓隨員、營口鈔關襄理員、海旱各口稅務總理、天津海關道翻譯委員、天津商會翻譯、辦理華洋商務理事會華書記官。民國時先後為天津海河工程局董事、交通部主事、路政司交涉科科長、交通部僉事等。[400]

　　王寵惠（1881－1958）長兄王勳（1872－1933），字閣臣，曾任中央書院教師、北洋大學堂教師、滬寧鐵路總辦分省補用道、漢陽鐵路局萍煤轉運局總辦。[401] 1892 年 2 月，王勳被香港政府聘為庫房第六

397　《清末海軍史料》，上冊，頁 439。

398　〈擬選學徒〉，《循環日報》，1884 年 1 月 21 日。

399　同上。

400　《最近官紳履歷彙編》第一集，頁 83。

401　〈改派王勳交滬甯鐵路案卷〉，《香港華字日報》，1905 年 12 月 2 日；〈唐紹儀慰留王勳之稟批〉，《香港華字日報》，1906 年 12 月 27 日；〈王閣臣委萍煤局總辦〉，《香港華字日報》，1908 年 10 月 6 日；《虎門王氏家譜》，轉引自〈族譜所見之基督教傳播與近代中國之關係〉，載羅香林：《中國族譜研究》，（香港：中國學社，1971年），頁 123－155。

文員（Sixth Clerk），[402] 1895 年辭職時為第五文員（Fifth Clerk）。[403] 1906 年 10 月左右，王勳向督辦大臣唐紹儀請辭，理由是「總管理處事務殷繁，時虞隕越，懇請銷差」。但是唐紹儀不批准，謂王勳在滬寧路工作了一段時間，在整頓路政方面，相當用功。唐紹儀閱讀歷次之會議日誌，看到王勳與外國人員所討論各點，均甚恰當。[404] 可見王勳的工作是管理鐵路和與洋人交涉，由此推斷其英文水平甚高，且辦事有效率，深得唐紹儀稱許。

胡棟朝字振廷，廣東番禺人。1897 年，胡棟朝在北洋大學堂頭等第三班。與皇仁校友王寵惠、王寵佑、林潤釗等同班。[405] 1901 年盛宣懷派胡棟朝往美國留學，得學士學位，並著有《鐵路指南》一書。後至康乃爾大學，得工程碩士學位。《黃龍報》記載，康乃爾大學設立工程科凡五十餘年，從未有學生得逾 90 分，而胡棟朝竟獲 98 分，遂為「該學堂冠并得入美國工程總會。發明造橋新法總會特贈以金牌」。[406] 1906 年留學生考試放榜，胡棟朝獲最優等成績。他與陳錦濤往見袁世凱，袁世凱各贈予五百元，以作鼓勵。[407] 他是 1908 年工科進士，[408] 歷任嶺南大學工學院長、[409] 省路局局長、廣九鐵路局長。1934 年 6 月任廣九

402　*The Hong Kong Government Gazette*, 6 February 1892, p. 110.

403　CO 129/271, William Robinson to Joseph Chamberlain, 14 April 1895, Appointment in Treasury.

404　〈唐紹儀慰留王勳之稟批〉。

405　〈天津北洋大學堂夏季課榜〉，《香港華字日報》，1897 年 7 月 23 日；《中華文化界人物總鑑》，頁 277。有關胡棟朝未刊日記的研究，可參羅湘君：〈胡棟朝日記歷史文化價值探析〉，《嶺南文史》第 3 期（2016 年），頁 39–42。

406　*The Yellow Dragon*, Vol. VIII, No. 4 (December 1906), p. 85.

407　〈胡棟朝未授職之原因〉，《香港華字日報》，1906 年 11 月 15 日。

408　〈奉旨胡棟朝賞工科進士〉，《香港華字日報》，1908 年 10 月 20 日。

409　〈校務：胡院長棟朝離校北上〉，《私立嶺南大學校報》第 3 卷 15 期（1931 年），頁 9。

鐵路中方修約代表，[410] 1935 年前後為廣東省政府勘界委員會主席。[411]

　　不少皇仁書院舊生乃交通系成員，且多為中華全國鐵路協會會員。李福全（約 1862－?），字載之，廣東香山人，1873 年進入中央書院，1878 年離開。他是盛宣懷的通譯。1900 年在盛宣懷協助下，當上芝罘招商局總辦，1905 年任道台。[412] 1909 年李福全為二品官。[413] 1910 年任京奉鐵路管理局長，1919 年任福建招商局局長。[414] 李福全是中華全國鐵路協會評議部員，[415] 1923 年因何東之介紹，加入皇仁書院舊生會。[416] 證明兩人早已認識。

圖 2-17　李福全

【資料來源】《現代支那人名鑑》，1928 年，頁 255。日本國立國會圖書館藏。

410　〈廣九修約代表紛紛雲集廣州〉，《工商日報》，1934 年 6 月 21 日；〈胡繼賢胡棟朝會商修約務本平等之旨〉，《天光報》，1934 年 6 月 29 日；〈修約領袖張慰慈昨晨北返〉，《工商日報》，1934 年 8 月 3 日。

411　〈高要高明爭界〉，《民國報》，1935 年 10 月 5 日。

412　*The Hongkong Government Gazette*, 4 May 1878, pp. 231-236; "Association Notes," *The Yellow Dragon*, Vol. XXIV, No. 7 (September 1923), p. 144; "A Distinguished Alumnus," *The Yellow Dragon*, Vol. XI, No. 3 (November 1909), p. 256.《現代支那人名鑑》，1924 年，頁 157；《現代支那人名鑑》，1928 年，頁 255。

413　*Queen's College, 1862-1962*, p. 274.

414　《現代支那人名鑑》，1924 年，頁 157；《現代支那人名鑑》，1928 年，頁 255。

415　〈中華全國鐵路協會職員錄〉，《鐵路協會會報》第 2 卷 7 冊 10 期（1913 年），頁 199－200。

416　"Association Notes," *The Yellow Dragon*, Vol. XXIV, No. 7 (September 1923), p. 144，參 *The Hongkong Government Gazette*, 4 May 1878, pp. 231-236，同時有何東和李福全的名字。李福全在名單的序號是 27。

袁齡（約 1873－？），字夢九，廣東南海人，中央書院卒業，歷任船政司總翻譯、英國律師翻譯、京奉鐵路局洋務署總翻譯、津浦鐵道浦口辦事處長，1914 年任交通部路政司司長。[417] 1915 年，北洋政府交通總長梁敦彥派時為交通部路政司司長的袁齡往商葫蘆島開埠事宜。[418]

黃贊熙（約 1875－？），字翊昌，福建閩侯人，是維多利亞書院舊生，1892 年離校後，歷任京奉鐵路車務稽核、會計主任、翻譯委員、鐵路總公司翻譯股翻譯委員、滬寧鐵路總核算兼統計科長、交通部經理司綜核科長、路政司營業科長、路政司運輸科長、路政司營業課長等。[419] 黃贊熙 1899 年前後曾任南洋學堂教員。[420] 1917 年張勳（1854－1923）復辟，黃贊熙自請要求在共和軍協力，段祺瑞（1865－1936）遂安排他在交通部幫忙協調。[421] 他大半生也在鐵路工作，後曾兼全國鐵路督辦一職，是北洋政府的高級官僚。[422] 黃贊熙在當時被視為安福系之一員。[423] 他信佛，少年喪父，生母許氏（？－1898），本

圖 2-18　黃贊熙
【資料來源】〈本會現任評議員肖像〉，《鐵路協會會報》第 100 期（1921 年），頁 20。

417　外務省情報部編：《現代支那人名鑑》（東京：外務省情報部，1925 年），頁 842。

418　〈咨復葫蘆島開埠事本部現派袁齡等屆時前往與議由〉，《北洋政府外交部》，中央研究院近代史研究所檔案館藏，檔號 03-17-007-01-012。

419　"Who's Who in China," *The Yellow Dragon*, Vol. XXIII, No. 8 (May 1922), pp. 173-174；《最新支那官紳錄》，頁 540。

420　〈訊息：黃贊熙先生來校演講〉，《南洋週刊》第 7 卷 5 號（1919 年），頁 40。

421　"Who's Who in China," *The Yellow Dragon*, Vol. XXIII, No. 8 (May 1922), pp. 173-174.

422　〈黃贊熙兼全國鐵路督辦〉，《香港華字日報》，1919 年 12 月 10 日。

423　〈抄捕安福黨人誌〉，《民報》，1920 年 9 月 11 日。

姓疑非黃，蓋黃贊熙自述「鄙人又奉先祖母命出繼先祖母外家黃氏」。[424] 1924 年，黃贊熙為隴海路督辦。[425]

李燦基（約 1880－?），字伯曜，江蘇上海人。李燦基出身香港拔萃書室和皇仁書院，後自天津北洋大學堂卒業，曾留學麻省理工學院，攻讀衛生工程，又曾在吳思德工業學校（Worcester College of Technology）、賓夕法尼亞大學（Pennsylvania University）讀書。歷任廣州英文學校英文教員、三水鳳岡高等小學數學教員、粵漢鐵路副工程司。在美時為經濟學會會員，亦曾在波士頓和華盛頓水利清道局實習及賓夕法尼亞州鐵路轉運公司實習。回國後歷任兩廣高等工業學校建築工程師、廣東工務司水利工程師、兩廣高等師範學校教員、嶺海建築測繪所經理工程師。他亦是廣東化學會和中華工程師會的會員。[426]

李應南（約 1883－?），字次薰，廣東廣州人。李應南先後在聖保羅書院和皇仁書院讀書，後從天津北洋大學堂卒業，曾留學美國，獲學士學位。歷任大連灣郵政局繪圖主任、直隸高等學堂教員、天津工程局測量主任、廣東高等學堂教員、廣東工務司工程師。[427]

馮偉（1892－?），字偉龍，廣東南海人，中國同盟會會員。1911離開皇仁書院後入郵傳部京奉鐵路唐山機車廠實習，又入路礦學校學習。武昌首義後返回廣東，任工務司測量員及調查城基委員。1913 年6 月，再回唐山機車廠繼續學習，同年 10 月稽勳局選派馮偉到美國留學。1914 年進吳思德工業學校學習機械專科，後轉入詩那喬士大學（Syracuse University），得機械工程學位，又進威士汀好士工廠大學專科學院（Westinghouse Graduate Students' Training Course）學習，

424　黃贊熙：〈信佛緣起〉，《佛學半月刊》第 3 卷 15 期（1933 年），頁 8－9。

425　〈葉恭綽廿七日三時就職〉，《香港華字日報》，1924 年 12 月 1 日。

426　《最近官紳履歷彙編》第一集，頁 50。

427　同上。

完成課程後為電機工程師，另曾任必珠卜（Pittsburgh）中國國民黨總務主任。馮偉歷任上海威士汀好士公司工程師、廣州公用局副司長兼技士、粵漢鐵路機務處處長、大本營無線電報總局長、交通部技士、廣州市電話所所長、廣州市公用局局長、廣東省政府設計委員、財政部食糖運銷管理委員會駐廣東辦事處主任等。[428]

　　在鐵路其他崗位，不難找到皇仁校友的身影。溫德章字孝生，廣東新會人，是北洋電報學堂第一屆畢業生。他是廣九鐵路華段監督。[429] 根據前述 1878 年的中央書院名錄，其中有兩名學生姓名與他甚為相似。一是溫德官（譯音，約 1862－?），1875年進入中央書院就讀；一是溫德勳（譯音，約 1862－?），1876 年進入中央書院就讀。兩人 1878 年仍在中央書院，[430] 或是溫德章兄弟或族人。1915年，溫德章與黃國瑜同列名廣東集思廣益社成員名單之中。該社當時被視

圖 2-19　溫德章
【資料來源】〈各路督辦及局長肖像〉，《鐵路協會會報》第 100 期（1921 年），頁 25。

428　〈公用局長馮偉先生略歷〉，《中華實事週報》第 1 卷 29 期（1929 年），頁 29；徐友春主編：《民國人物大辭典（增訂本）》（石家莊：河北人民出版社，2007 年），頁 2042；王棠口述，王頌威、黃振威編：《革命與我：辛亥革命元勳王棠口述》（香港：商務印書館〔香港〕有限公司，2015 年），頁 65。

429　"Association Notes," *The Yellow Dragon*, Vol. XXVIII, No. 8 (May 1922), p. 178；〈鐵路協會會員題名〉，《鐵路協會會報》第 82 期（1919 年），頁 134－135。〈交部電廣九路監督溫德章稱款絀無法協助請就地籌借〉，《香港華字日報》，1924 年 1 月 23 日。

430　英文拼音 Wan Tak-kün，名單序號 79。另一英文拼音為 Wan Tak-fan，名單序號 159。*The Hongkong Government Gazette*, 4 May 1878, pp. 231-236。

為籌安會之變相。黃國瑜也是新會人。[431]

　　衞永浩字伯權，廣東番禺人，是粵漢路官埠橋車站站長，通信處是官埠橋粵漢路車站。[432] 趙憲廉，廣東人，是漢粵川鐵路湘鄂線材料處處長，通信處是長沙新河，[433] 後調任為鐵道部一等科員。[434] 陳振南，廣東南海人，是中華銀公司會計主任，通信處是北京戶部街中華銀公司。[435] 三人均是鐵路協會會員。吳希曾字少皇，廣東四會人，先後就讀於聖保羅書院和皇仁書院，1918 年時為漢粵川湘鄂工程局副局長。[436]

圖 2-20　吳希曾
【資料來源】〈各路督辦及局長肖像〉，《鐵路協會會報》第 100 期（1921 年），頁 24。

　　唐厚培是廣東香山人，是滬杭甬鐵路杭州城站總務佐理員，通訊處是煙台毓橫頂實益學校（唐少培轉）。[437]

　　劉燕詒字公謀，廣東東莞人，是滬寧鐵路車務華副總管，通訊處是滬寧鐵路車務處或美界虹口天潼路青雲里二弄一三八號。[438]

431　〈集思廣益社之章程人物〉，《東華報》，1915 年 12 月 4 日；*The Yellow Dragon*, Vol. XVII, No. 4 (December 1915), p. 60。李金強指黃國瑜為廣東南海人，似誤。見李金強：《中山先生與港澳》，2012 年，頁 120。黃國瑜籍貫現根據《黃龍報》的記載。

432　〈鐵路協會會員題名〉，《鐵路協會會報》第 86 期（1919 年），頁 194。

433　〈鐵路協會會員題名〉，《鐵路協會會報》第 76 期（1919 年），頁 152。

434　《鐵路公報》第 248 期（1932 年），頁 2、6。

435　〈鐵路協會會員題名〉，《鐵路協會會報》第 88 期（1920 年），頁 147。

436　〈現任中華國有鐵路及首領職員一覽表〉，《鐵路協會會報》第 72 期（1918 年），頁 222。

437　〈普通會員通訊處一覽表〉，《環球中國學生會會員題名錄》，1919 年，頁 29。

438　同上，頁 50。

鄭文培字植生，廣東香山人，是滬杭甬鐵路杭楓車務巡查，通訊處是杭州車站。[439]

有些校友更遠赴南洋工作。黃卓光離校後赴馬來聯邦（Federated Malay States）的國家鐵路局（State Railway Department），任三級文員，嗣後被派往雪蘭莪（Selangor）的車站工作。[440]

另外，在晚清時期有不少學生北上，到郵電學校讀書。1910年，香港中國電報局替北京郵電學校（即現在的交通大學）在香港招生。當時北京郵電學校在港正取和備取共收四十六名學生，而其中三十人是皇仁學生。他們分別是：何覺先、王壽椿、廖光豫、潘鶴儔、李粹魂、方玉田、羅伯渭（約 1887－1955）[441]、陳呈滔、卓文通、吳超明、錢燡康、劉秉惠、潘應時、陳錫昌、鍾灼華、熊北林、曹炳乾、龔少傑、麥勝、麥蔭多、鄭樹嘉、王進祥、鄧澤祥、羅欣培、陳文燦、陳傳楠、鄧仕、李瑞光、麥惠、胡固卿。[442]

何覺先字子徵，廣東順德人，郵電傳習所高等畢業，後在廣州電報局工作。[443] 方玉田後為廣東電政管理局報務課長。[444] 麥蔭多曾在天津電報總局華洋總管處供職。[445] 吳超明在長沙郵局工作。[446] 陳錫昌是松、黑兩江郵船局局長，曾因工作表現出色獲北洋政府六

439　同上，頁 51。

440　*The Yellow Dragon*, Vol. XVII, No. 7 (April 1916), p. 114.

441　羅伯渭生年根據〈退休郵務監督羅伯渭逝世〉，《工商晚報》，1955 年 5 月 5 日推斷。

442　*The Yellow Dragon*, Vol. XI, No. 7 (April 1910), pp. 346-347.

443　〈中華全國電氣協會會員錄〉，《電氣》第 1 期（1913 年），頁 78－92。

444　微塵：〈電政要聞：國內之部：方玉田奉派視察廣東電政〉，《電友》第 12 卷 5 期（1936 年），頁 27。

445　〈天津電報總局華洋總管處恭賀新禧〉，《電友》第 2 卷 12 期（1926 年），無頁數。

446　吳超明、胡燮：〈各地郵務職工團體郵護運動文件一束：建議書〉，載《全國郵務職工總會半月刊》第 1 卷 4 期（1932 年），頁 15－16。

等嘉禾章。[447] 卓文通曾考入唐山路礦學堂（Tong Shan Engineering College），惟未知是否有就讀。後曾供職於北京電報局、電政司考工科、香港電報局等。[448] 羅伯渭從北京郵電學校卒業後赴漢口郵政管理局工作。[449] 他在 1915 年 2 月加入香港郵政局，[450] 1938 年由香港郵政局唐信（按，中文信件）分所主任晉陞為郵務副監督，是首位華人擔任此重要職位，[451] 後為郵務總管，[452] 又獲 MBE 勳銜。[453]

1911 年 6 月，皇仁書院有十六名考生通過華北鐵路工程司學徒的初試。他們分別是：郭而萬、黃應秋、何廣洵、鄧燦熙、黃國權、蘇仲材、崔維靈、馮鑑泉、鄭榮歡、許華卓、譚錫鴻、周銘波、陳迪祥、林繼宗、李平、馮啟明。[454] 最後馮鑑泉和李平與另外三名皇仁校友入選。[455]

莫錦秋 1913 年 9 月 17 日從灣仔官立學校轉入皇仁書院，1916 年 3 月 14 日離校，時在商科班 2B 班，離校後赴廣東官立電報所工作。[456]

葉文海 1917 年在皇仁書院 2B 班，後在廣州的考試中成功考入中華郵政（Chinese Postal Service）工作。[457]

447　〈大總統批令〉，《政府公報》第 1212 期（1915 年），頁 33。

448　英文名字 Cheuk Man-tung, *Yellow Dragon*, Vol. VIII, No. 4 (December 1906), pp. 87-88, "Tong Shan Engineering College"；〈電界消息〉，《電友》第 1 卷 6 期（1925 年），頁 18−19；〈恭賀新禧：香港電報局全人〉，《會報》第 32 期（1928 年），頁 1。

449　〈前郵局總管羅伯渭逝世〉，《華僑日報》，1955 年 5 月 4 日。

450　〈退休郵務監督羅伯渭逝世〉，《工商晚報》，1955 年 5 月 5 日。

451　〈羅伯渭升任郵務副監〉，《工商日報》，1938 年 3 月 17 日。

452　〈前郵局總管羅伯渭逝世〉。

453　〈退休郵務監督羅伯渭逝世〉。

454　"Railway Apprentices," *The Yellow Dragon*, Vol. XII, No. 10 (July 1911), p. 179.

455　"Examination Successes," *The Yellow Dragon*, Vol. XII, No. 11 (September 1911), p. 198.

456　*The Yellow Dragon*, Vol. XVII, No. 7 (April 1916), p. 114.

457　*The Yellow Dragon*, Vol. XVIII, No. 8 (May 1917), p. 126.

李玉書洋名 Peter Lee，廣東南海人，是寧波一等郵局長。[458]

王寵佑（1879－1958）是王勳之弟、王寵惠之兄，字佐臣，廣東東莞人。王寵佑先後在皇仁書院、北洋大學堂讀書。後進入加州大學柏克萊分校（UC Berkeley）和哥倫比亞大學，攻讀採礦冶金和地質學等科。返國後歷任長沙煤礦公司技師、保泰公司總理。1914 年任大冶鐵礦總理，1921 年為華盛頓會議中國全權代表。同年任山東礦山歸還委員會委員長。1923 年任六河溝礦山公司技術長。1929 年出席東京萬國工業會議，任代表主席。歷任國立編譯館礦物學名詞審查委員、廣東實業司司長、長沙華昌煉銻廠總工程師、太平洋會議諮議等。王寵佑是美國採礦冶金學會會員，是中國地質學界的權威，曾著《煤業概論》等書。[459]

唐瑞華（1895－?）生於上海，先後在皇仁書院和上海南洋公學唸書，1910 年 12 月自費赴美，1910 年至 1913 年在康乃爾大學攻讀機械工程，得學士學位。1913 年 7 月回國後任漢陽鐵廠助理工程師。[460]

温其濬，廣東鶴山人，「前在香港皇仁書院肄業，嗣因天津大學堂到香港招考學生，温與選」，後自費游學美國，惟學費無以為繼，幸得梁誠（1864－1917）保薦予岑春煊（1861－1933）為官費生，在美學習武備工程，畢業後履行承諾，回國服務，[461] 後來從事教研工作。[462]

458　〈普通會員通訊處一覽表〉，載《環球中國學生會會員題名錄》，1919 年，頁 16－17。

459　〈顏惠慶聘王寵佑蔣廷幹充顧問同赴太平洋會〉，《香港華字日報》，1921 年 9 月 15日；橋川時雄（1894－1982）編：《中國文化界人物總鑑》（北京：中華法令編印館，1940 年），頁 61。

460　《游美同學錄》，頁 99。

461　〈畢業生温其濬回粵〉，《東華報》，1906 年 9 月 29 日。

462　温其濬：〈英華工學分類字彙〉，《工程學報》第 1 卷 1 期（1933 年），頁 84－88。

翻譯、洋務人員、外交官

1902 年 9 月 23 日《香港華字日報》刊出廣告一幀，是有關中央書院校友郭鴻達（約 1856 – ？）的。[463] 該廣告由陸敬科（約 1861 – ？）[464]、溫俊臣（約 1865 – ？）[465]、吳節薇（按，約 1865 – 1960，楊鶴齡〔1868 – 1934〕妻舅）[466]、陳斗垣等共同署名。廣告謂，郭鴻達精通中西之學，前曾在皇家書館讀書，名列前茅，深受人所景仰，亦曾在香港政府各部門充當翻譯多年。他曾受聘於多處，當時正在報館任翻譯，但閒暇甚多。當時正是講求西學之時，而他又是出色之老師，故各人勸他開館授徒，郭鴻達欣然同意。該館設於中環歌賦街門牌四十號二樓，並定於舊曆九月初一日開館。郭鴻達 1873 年進入中央書院唸書。在 1878 年的考評中，英文達 C 級水平。[467]

任坤元（約 1859 – ？）約在 1872 年進入中央書院唸書。1879 年英文班第一班第一名。他曾任中央書院教師、寶利皇家律師行翻譯。[468]

在皇仁學生的學生中英文兼通者大不乏人。如羅旭龢（Sir Robert

463　英文名字 Kwok Hung-kwai，名單序號 12。生年根據 *The Hongkong Government Gazette*, 4 May 1878, pp. 231-236。

464　英文名字 Luk King-fo，名單序號 99。生年根據 *The Hongkong Government Gazette*, 4 May 1878, pp. 231-236。李金強指陸敬科生於 1863 年，似誤。見李金強：《中山先生與港澳》，頁 121。

465　溫俊臣生年根據《最近官紳履歷彙編》第一集，頁 189。

466　吳節薇生平根據〈吳節薇逝世〉，《華僑日報》，1960 年 10 月 16 日。

467　*The Hongkong Government Gazette*, 4 May 1878, pp. 231-236；〈教習英文〉（廣告），《香港華字日報》，1902 年 9 月 23 日。

468　英文名字 Yam Kwan-ün，名單序號 9。"Teaching of English in the Government Schools," in *Hong Kong Blue Book*, Hong Kong, 1877; *The Hongkong Government Gazette*, 4 May 1878, pp. 231-236; "Prize List," *The China Mail*, 16 January 1879, p. 3; *The Yellow Dragon*, Vol. V, No. 2 (October 1903)；曾達廷：〈縷陳緒生陋習各宜審處說〉，頁 31 – 34。

Kotewall, 1880－1949）友人王德光便是一例。王德光是 1889 年 Steward Scholar，曾當臬署翻譯官，[469] 之前曾在隸屬於海軍船塢的海軍統領部工作九年，與部中華洋員工相處融洽。[470] 王德光後來改行從商，事業相當成功，二十年代時是香港的商界代表。[471] 他沒有進過大學，但藏書甚多，文字造詣深厚。羅旭龢凡有演說和文章，必就正於王德光。香港淪陷時，協助羅旭龢處理華人代表事，後因勞累致死。[472]

羅文玉是 1890 年 Morrison Scholar，曾任檳榔嶼法庭首席通譯。[473]

黎鎮邦字貴朝，在 1903 年前後曾當粵漢鐵路建築總辦的翻譯。[474] 他在 1890 年進入維多利亞書院讀書，1896 年得牛津大學試之榮銜，同年入師範科。1905 年任廣東電報學堂校長，[475] 同年編撰 *A Manual of Electricity, Magnetism, Telegraphy and Testing* 一書，[476] 講解電力、引力、電線之功用。[477] 1907 年任黃埔水師工藝學堂高等英文教員，1908 年兼任該校監察員。[478]

祁潤華，廣東東莞人，1950 年前曾任通事二十餘年，戰前為溜冰會主席。[479]

---

469 〈王德光選充臬署繙譯〉，《香港華字日報》，1910 年 3 月 1 日；*The Yellow Dragon*, Vol. V, No. 3 (November 1903), p. 49.

470 〈王德光選充臬署繙譯〉。

471 〈香港英官請省商代表茶會〉，《東華報》，1926 年 1 月 9 日。

472 王韶生：《懷冰隨筆》，（台北：文鏡文化事業有限公司，1982 年），頁 81－82；小林英夫、柴田善雅：《日本軍政下の香港》（東京：社會評論社，1996 年），頁 63。

473 *The Yellow Dragon*, Vol. V, No. 3 (November 1903), p. 51.

474 黎鎮邦譯：〈黎掌院別港記〉*The Yellow Dragon*, Vol. I, No. 9 (May 1900), p. 202; *The Yellow Dragon*, Vol. V, No. 3 (November 1903), p. 5.

475 *The Yellow Dragon*, Vol. XII, No. 1 (September 1910), p. 14.

476 *The Yellow Dragon*, Vol. VII, No. 10 (July 1906), p. 210.

477 *The Yellow Dragon*, Vol. XII, No. 1 (September 1910), p. 14.

478 Ibid.

479 《前鋒》（香港：前鋒出版社，1950 年），第一期，無頁數。

　　譚榮光（1887－1956）是廣東東莞人，曾就讀皇仁書院，自號及幼齋主人，又號是但居士，其生平見自著之《花甲回憶錄》。他求知慾極強，一生興趣十分廣泛，尤篤信佛、道之學。[480] 李景康（1891－1960）稱譚榮光「讀律之餘，潛心音韻之學，以調聲為依歸，以英文為附麗」。[481] 可見譚榮光為一多面手。譚榮光的個人以至家族歷史，是中國近代史的縮影，他的生平反映轉型期知識分子的面貌，且他詳細記載其在皇仁書院求學的經歷，故值得以較多筆墨討論其一生。

　　譚榮光父譚醴泉（約1859－1938），學名士釗。譚醴泉父親譚泗興，一直在佛山經商，在太平天國起事之時，避地南來，在香港上環開設荷隆煙絲店。譚醴泉四歲時，父親逝世，由母親李氏（？－1901）撫養成人。譚母在譚父死後出讓荷隆煙絲店，而改以縫製洋傘維持生計。譚母似乎思想頗新穎和務實，家境亦非清貧，能有餘錢讓譚醴泉到中央書院學習英文。1874 年譚醴泉進中央書院學習。同年為中文班第四班學生，曾因成績優異獲學校頒銀筆盒一個，畢業後進師範學校，同學有日後當上清政府醫官的屈永秋（約1862－1945）和麥信堅（1865－1947）等，後在香港砵典乍街七號順利辦館任英文書記，月薪二十五元。[482] 這間師範學校也是中央書院的一部分。

　　1887 年 2 月 3 日，譚榮光在香港荷李活道國記燒臘店二樓出

480　《花甲回憶錄》，頁 1、2－5；〈譚榮光逝世今午出殯〉，《華僑日報》，1956 年 8 月 26 日。

481　李景康：〈《粵東拼音字譜》序〉，載李景康：《李景康先生詩文集》（香港：永德印務，1963 年），頁 5 下－6 上。按，譚榮光從未習律，只曾在律師樓工作多年。

482　英文拼音 Tam Sz-chiu, "Public Examination at the Government Schools," *Hong Kong Daily Press*, 11 February 1874；*The Hongkong Government Gazette*, 4 May 1878, pp. 231-236；《花甲回憶錄》，頁 1－2、5、27。麥信堅《花甲回憶錄》頁 1 作麥慎堅，考諸史實，應為同一人。屈永秋生年根據 *The Hongkong Government Gazette*, 4 May 1878, pp. 231-236。卒年則根據薛觀瀾（1897－1964）：《袁世凱的開場與收場》（台北：獨立作家出版社，2014 年），頁 358。

生。[483] 以後多次遷居，但都在中環、上環一帶。[484] 譚榮光曾在多所私塾學習。[485] 1894 年，譚榮光隨其兄譚傑威（？－1903）進入新會人羅星垣任教的私塾唸書，其同學如林肇賢[486]、林藻慶（約 1880－1952）[487]、羅啟康（？－1952）[488] 等日後均在皇仁書院求學。[489] 林藻慶字雲階，廣東廣州人，曾在香港海軍船塢工作，是香港第一代著名華人會計師。[490] 前述的林藻泰應是其兄弟。

1894 年，香港發生鼠疫，潔淨局厲行薰洗住宅，譚榮光祖母為怕煩擾，舉家遷往華界九龍城外。[491] 1896 年一家遷中環蘭桂坊。同年 9 月隨兄譚傑威在中環擺花街陳子方館，首習英文，11 月轉往中環鴨巴甸街謝躍初館「習英文調音法」。1897 年，譚傑威進皇仁書院。1898 年，譚榮光進皇仁書院學習英文，成績甚佳，故經常跳班。當時他在 8B 班，「清明試列第五名，七月試列第六名」，暑假後升 6A 班。當時「課本多須背誦，年終大考亦列第六名」，因此 1899 年升 4A 班，同班同學當中有不少日後成為顯達之士，如在本書稍後提到的何恩錫（1886?－1912）[492]、陳斯銳（約 1884－1952 年以後）[493] 等，均為例子。[494]

483　《花甲回憶錄》，頁 1。

484　同上，頁 1－2。

485　同上，頁 2－3。

486　〈捷報〉 The Yellow Dragon, Vol. XIII, No. 2 (October 1911), p. 209.

487　〈林君藻慶墓誌銘〉，載《香港華籍名人墓銘集（港島篇）》，頁 226－227。

488　"The Ninth of the Ninth Moon," The Yellow Dragon, Vol. I, No. 4 (October 1899), p. 89.

489　《花甲回憶錄》，頁 2－3。

490　〈名會計師林藻慶病逝〉，《華僑日報》，1952 年 2 月 16 日；〈林君藻慶墓誌銘〉。

491　《花甲回憶錄》，頁 2－3。

492　"In Memoriam," The Yellow Dragon, Vol. XIII, No. 5 (January 1912), p. 268.

493　《現代中華民國滿洲國人名鑑》，頁 266；譚榮光在《花甲回憶錄》記載陳斯銳在 1952 年時仍在世。詳見《花甲回憶錄》，頁 4。

494　《花甲回憶錄》，頁 3－5。從譚榮光之記載，可見當時皇仁書院一年舉行三次考試。

在 4A 班時，黃國瑜、黃明（討論見下）等為其老師，譚榮光回憶，「本年專重文法一科」，惟成績不錯，在大考排名第五。[495] 同年，譚榮光祖母半身不遂，譚體泉延聘西醫尹文楷（1870－1927）和鍾本初治理。[496] 鍾本初曾是雅麗氏醫院駐院醫生，早年在天津北洋醫學堂學習西方醫學。[497] 在治療其母一事上，可見譚體泉思想頗為前衛。

　　1900 年，譚榮光在 3A 班，「始學幾何及代數二科，教員為英人羅富先生」，是年考列第三名。[498] 譚體泉 1901 年中呂宋彩票，獲彩金二千四百元。[499] 這在當時是一個天文數字，大大改善譚氏一家的生活。1901 年譚榮光在 2A 班，應牛津大學香港試，合格，惟在年中大考，在六十人中只考獲第十五名。[500] 1902 年在第一班。同年 8 月，得父執羅文階之推薦（羅文階 1893 年仍在維多利亞書院讀書，與胡恆錦同班，以年齡計應是譚體泉的學弟）[501]，在潔淨局任臨時書記，而其兄譚傑威當時已在局中任驗渠師書記。譚榮光曾短暫到郵政局工作，惟只做了十三天，然後再轉回潔淨局工作兩年。[502] 1904 年在廣州休養期間曾在廣東郵政局工作，旋因與外籍郵政司不睦，自行求去。回港後在九龍關短暫工作，然後進希士廷律師樓工作。[503]

495　同上，頁 5。

496　同上，頁 5；"Prize Day at the Central School," *Hong Kong Daily Press*, 23 January 1884.

497　羅婉嫻：〈鼠疫前香港醫療狀況：以《1895 年醫務委員會報告書》為中心〉，載劉士立、皮國立編：《衛生史新視野：華人社會的身體、疾病與歷史論述》（新北市：華藝數藝，2016 年），頁 143－168。

498　《花甲回憶錄》，頁 5。

499　同上，頁 6。

500　同上。

501　"Victoria College: Distribution of Prize By E. E. The Governor," *Hong Kong Daily Press*, 10 February 1893.

502　《花甲回憶錄》，頁 6－7。

503　同上，頁 8－9。

1906 年，譚榮光與友人勞玉山、林藻慶等受革命思想的感召，合辦體育學校。同年，譚榮光因潔淨局友人之介紹，在晚上向羅雪甫（約 1876－1958）[504]、羅達甫和羅文榦（1888－1941）教授英文。[505] 體育學校因具革命色彩，引起香港警探注意，學校遂改以俱樂部形式經營，由會友就各自所長，教授各科。[506] 1907 年，譚榮光在皇仁書院夜校就讀，曾「參加實驗及理論化學、物理、高等數學、驗礦、速記等科，均獲優良證書」。可見譚榮光與許多同時代人一樣，學習西方科學。馮漢（1875－1950）是其學化學和物理的同學。[507] 同年譚榮光與友人在廣州河南州咀新街合組晉通工業，從事化學產品生產，惟生意不景，1911 年轉讓予羅雪甫。[508] 1910 年，譚榮光將妙生行改組而為是但公司，店址設在上環九如坊二號，銷售化妝品和西藥，而工廠則設在依利近街三十四號。譚榮光將是但公司註冊為有限公司，可見其思想新穎，其所銷貨物亦反映其生意頭腦。公司旋遷永樂街四十五號，產品類別甚廣，有香水、牙粉、爽身粉、果子露、成藥等。貨品遠銷廣州、梧州、南寧、桂林、汕頭和廈門等，惟後來因袁世凱稱帝，各省紛紛起兵倒袁，貨款無法收回，公司因周轉不靈而結業。[509]

1911 年，譚榮光「入雅麗氏醫學堂學藥性科」，其同學如翟朝

504　有關羅雪甫生於 1884 的說法，詳見不著撰人：《中國近代名人圖鑑》（上海：出版社不詳，1925 年）（台北：天一出版社重印，1977 年），頁 330－333。此資料由羅徵遠醫生提供。有關羅雪甫生於 1876 的說法，可參〈羅明佑令尊翁羅雪甫息勞歸主今日大殮明舉殯〉，1958 年 3 月 23 日。1876 年說似較可信。

505　《花甲回憶錄》，頁 10；〈羅明佑令尊翁羅雪甫息勞歸主今日大殮明舉殯〉。

506　同上，頁 10－11。

507　《花甲回憶錄》，頁 11；〈馮公府君師韓碑銘〉，載《香港華籍名人墓銘集（港島篇）》，頁 98－99。

508　《花甲回憶錄》，頁 11－12。

509　同上，頁 14。

亨[510] 等均為皇仁書院校友。譚榮光同時仍在專科學校夜校研讀化學。[511] 翟朝亨曾考進北洋醫學堂，未有完成課程，後返香港，進香港華人西醫書院。[512] 1923 年，翟朝亨曾替孫中山助理李仙根（1893－1943）妹治病。[513]

1912 年，譚榮光在香港大學當旁聽生，並入那打素醫院學習配藥，同年又在孔聖堂學習中西音樂。[514] 1914 年，譚榮光岳父創立協德洋行，譚榮光為司理。[515] 1917 年，譚榮光從惠州人張佛安「學習神打并祈神治病等術」，「畢業用刀試斬確不入」。他亦頗通中醫藥理。[516] 1918 年，譚榮光從馮漢學隸書。同年，他為腦膜炎和大腸炎所折磨，卒為何高俊（1878－1953）所治好。[517] 1923 年，譚榮光往黃大仙祠學法。[518] 1927 年，譚榮光從廣州仰忠街楞嚴佛學社沈允升學習修懺焰口等梵音喃唱。[519] 以上種種，可見譚榮光既接受西洋新知識，也對佛、道、神打等傳統事情，用力甚深。這反映了過渡期中國知識分子的思想面貌。

---

510 "Half Yearly Examination, 1909, Head Boys in Each Class," *The Yellow Dragon*, Vol. XI, No. 1 (September 1909), pp. 206-207.

511 《花甲回憶錄》，頁 14－15。

512 "Half Yearly Examination, 1909, Head Boys in Each Class," *The Yellow Dragon*, Vol. XI, No. 6 (March 1910), pp. 326-328.

513 見《李仙根日記》，1923 年 10 月 6 日，載王業晉主編；黃健敏、李寧整理：《李仙根日記·詩集》（北京：文物出版社，2006 年），頁 45。有關李仙根生平，詳見〈編輯說明〉。

514 《花甲回憶錄》，頁 15。

515 同上，頁 16。

516 同上，頁 17。

517 《花甲回憶錄》，頁 17－18；〈何高俊醫生昨晚逝世〉，《香港華僑日報》，1953 年 6 月 7 日。

518 《花甲回憶錄》，頁 21。

519 同上，頁 23。

1929 年，譚榮光因協德洋行生意不景，同時在冼文彬律師樓任通譯長以維持生計。1930 年，譚榮光從佛教真言宗居士林黎乙真法師修密宗法。[520] 1933 年，轉任冼秉熹律師樓通譯長。[521] 1937 年，他發明拼音字打字機。[522]

1941 年，香港淪陷，譚榮光一家在其岳父位於干德道家的私人防空洞避難。[523] 1942 年時，冼秉熹為中區區役所所長，譚榮光因冼秉熹之介紹，而為磅米監察。惟譚榮光只幹了 11 天便辭職。11 月，香港占領地總督部成立家屋登記所，而該所主任為譚榮光舊識，因此他開始承辦家屋所有權登記和買賣契約的工作，生意不錯，能維持生計。1943 年，香港占領地總督部准許英國律師復業，冼秉熹等邀請譚榮光復出。[524] 1944 年，譚榮光與友人邵蔚明合辦光明洋行，從事出入口業務，1945 年正式營業。[525]

譚榮光同時也是語言學家，著有《粵東拚音字譜》、《方白書範》、《英文麻將譜》等書。[526] 譚榮光另創《循環拼字圖》，可見他有普及知識之想法。

《方白書範》書面為馮漢所題。[527] 馮漢字師韓，晚號無沙老人，廣東鶴山人，皇仁書院肄業，後轉入北洋大學堂，晚清時為山海關電報領隊，後返港任公務員，又任敦梅中學書法講席。馮漢學貫中

520　同上，頁 23－24。

521　同上，頁 26。

522　同上，頁 26－27。

523　同上，頁 27－28。

524　同上，頁 28－29。

525　同上，頁 31。

526　同上，頁 21。

527　譚榮光：《方白書範》封面（香港：及幼齋，1939 年）。

圖 2-21　譚榮光所製作的《循環拼字圖》
【資料來源】筆者藏

西，多才多藝，研究《說文》，晚年又以科學方法研究掌紋學，[528] 著有《半畝竹園隨筆》、《粵音依聲檢字》、《書法相人術》、《掌紋學之秘密》、《掌紋學大辭典》等書，另有《馮師韓先生書畫集》傳世。

譚榮光的同學陳斯銳也從事與洋務有關的工作。陳斯銳字劍泉，廣東南海人，在皇仁書院前後九年，1909 年進入倫敦大學（University of London）讀書。歷任北洋政府外交部翻譯局長、國務院秘書、外交部條約司科長、外交部翻譯科長、法權調查委員會委員、外交部主席僉事。[529] 有關陳斯銳的記載不多。根據他所擬的〈美國總統媾和條件暨宣言之關係我國和議籌備〉推論，他在北洋政府外交部的職位應該不低。他主張應取消廿一條、日本應交還青島等。[530] 1920 年 11 月，陳斯銳以秘書廳辦事的身份處理唐山煤礦爆炸一案。[531]

黃瑞根 1913 年 9 月 16 日從官立西營盤書院轉入皇仁書院，進入 3C 班，1916 年 1 月 18 日離校，時在預科班。黃瑞根離校後在俗稱「大館」的中區警署任沙展翻譯。[532]

陸敬科是 1882 年英文班第一班第二名。首名學生為亞冧湛，第三名為李美渣士，兩人從名字看應該是外國人。[533] 陸敬科一生從事過多個行業。他曾當皇仁書院教師，學生包括胡禮垣兒子胡恆錦等。[534] 一個姓名為陸秩科的人亦曾在中央書院讀書，以年齡推斷，應為其

528 〈馮公府君師韓碑銘〉，載《香港華籍名人墓銘集（港島篇）》，頁 98-99。

529 *The Yellow Dragon*, Vol. 10, No. 10 (July 1909), pp. 191-193；《現代中華民國滿洲國人名鑑》，頁 266。

530 〈美國總統媾和條件暨宣言之關係我國和議籌備〉，《北洋政府外交部》，中央研究院近代史研究所檔案館藏，檔號 03-37-013-02-017。

531 〈唐山煤礦爆發事派定秘書廳辦事陳斯銳會同前往調查〉，《北洋政府外交部》，中央研究院近代史研究所檔案館藏，檔號 03-03-020-01-003。

532 *The Yellow Dragon*, Vol. XVII, No. 7 (April 1916), p. 114.

533 〈大書院學童考列名次〉，《循環日報》，1882 年 2 月 13 日。

534 〈皇仁舊生聯合會舉周年聚餐〉，《工商日報》，1935 年 4 月 14 日。

兄。[535] 陸敬科曾從商，累積了一定財富。[536] 他是輔仁文社之一員，[537] 後歷任廣東省長公署交涉局英文主任兼外交部特派廣東交涉署翻譯科長、交涉局長。1924 年孫中山委任陸敬科等為銅鼓開埠籌備委員。[538] 1922 年，陸敬科曾協助調停海員大罷工。何東曾親至香港大會堂（City Hall）與陸敬科晤面，討論解決海員大罷工的安排。[539]《香港華字日報》云：「《廣州英文時報》載港督致函交涉署科長陸敬科君道謝。陸君協助解決海員罷工風潮。函中大意言據華民政務司報告，近日海員罷工，得君之協助，從中磋商，得臻解決。聞報之下，歡忻彌深。惜君在港時，余因會議延緩及公私忙迫，未能與君暢敘為歡仄，特此捫誠申謝云云。」[540] 足證港英政府對他態度正面。

皇仁早期校友的足跡，遍佈中國的通商口岸以至全世界。譚乾初（約 1855 －？），又名譚子剛，曾在中央書院求學，為清候補道。他曾擔任駐美公使館隨員、欽差陳蘭彬（1816 － 1895）的翻譯、古巴領事、墨西哥領事，後從商，創辦濟安燕梳公司，任經理，又與港商吳理卿創立協安洋面火燭保險有限公司。惟最後經營失敗，再次投身官場，任清政府駐新加坡領事。譚子剛著有《古巴雜記》一書，前

535 〈銘文〉。

536 在二十世紀初，陸敬科似已累積一定財富。1902 年，他曾因買地與西人對簿公堂。到了 1903 年，他則是東華醫院總理之一。詳參〈臬案〉，《香港華字日報》，1902 年 1 月 31 日；〈臬案〉，《香港華字日報》，1902 年 2 月 1 日；〈東華醫院告白〉，《香港華字日報》，1903 年 12 月 18 日。

537 《中山先生與港澳》，頁 115。

538 〈大元帥令（中華民國十三年九月一日）：派李卓峯、伍大光、謝適群、徐希元、林子峯、陸敬科、薛錦標、徐紹梂為銅鼓開埠籌備委員此令〉，《陸海軍大元帥大本營公報》第 25 期（1924 年），頁 22 － 29；《現代支那人名鑑》，1925 年，頁 354。

539 "Sir Robert Ho Tung's Offer," *Hong Kong Daily Press*, 8 March 1922.

540 "Government Thanks Mr. Luk King-fo," *Hong Kong Daily Press*, 13 March 1922；〈港督致謝陸敬科〉，《香港華字日報》，1922 年 3 月 14 日。

人曾撰文討論《古巴雜記》的內容和價值，但均未能詳言譚子剛的身世。[541]《古巴雜記》記載古巴的風土人情，從書中的記載，可以讓我們了解譚子剛的生平。《最新支那官紳錄》稱其為廣東順德人。而張蔭桓（1837－1900）在《古巴雜記》的序言則云：「吾鄉譚司馬子剛以翻譯官從事於此，為《古巴遊記》一卷。」[542]「吾鄉」二字，雖然含糊，但可確證譚為粵人。譚子剛對很多研究者來說，相當陌生，有論者更謂「譚氏何許人今已難考」。[543]

有關譚子剛的記載相當零碎。原來他曾捐資製造英女皇維多利亞（Queen Victoria, 1819－1901）遺像。[544] 1879 年，譚子剛在古巴充英文翻譯。[545] 他在古巴任內，負責替當地華人代寄家書。[546] 他指「又

541 根據協安洋面火燭保險有限公司 1906 年一則廣告，公司資本是一百萬元，專保通商口岸輪船、帆船、本地屋宇、傢私和貨物等，「所有保險事宜悉照英例辦理」，公司設在文咸西街。詳見〈協安公司〉（廣告），《香港華字日報》，1906 年 3 月 16 日；JACAR（アジア歷史資料センター）Ref. B03050696400、支那ニ於ケル有力官民履歷取調一件，第二卷（1-6-1-65_002）（外務省外交史料館）；《現代支那人名鑑》，1912 年，頁 228－229；《最新支那官紳錄》，頁 777。至於有關《古巴雜記》的研究，詳參冼玉清（1895－1965）：〈比《古巴圖經》更早的《古巴雜記》〉，載冼玉清：《嶺東文獻叢談》（香港：中華書局〔香港〕有限公司，1965 年），頁 17－19。

542 【清】陳蘭彬、譚乾初著；賴某森點校：《使美紀略・古巴雜記》（湖南：岳麓書社，2016 年），頁 78。按，張蔭桓是廣東南海人。

543 趙雨樂：《近代南來文人的香港印象與國族意識（三卷合訂本）》（香港：三聯書店〔香港〕有限公司，2017 年），頁 104。作者指陳鏸勳與譚子剛為生意合作伙伴。陳鏸勳即陳曉雲（Chan He-wan），亦為皇仁舊生，詳參 "Report of the Head Master of Queen's College for 1896," Sessional Papers, 19 January 1897, pp. 117-121。陳鏸勳的字和生平見莫世祥整理；陳鏸勳：《香港雜記（外一種）》（香港：三聯書店〔香港〕有限公司，2018 年）。

544 〈茲將本港各號紳商捐助擬建英京前女皇域多利亞遺像等物芳名列〉，《香港華字日報》，1901 年 9 月 24 日。

545 《使美紀略・古巴雜記》，頁 75。

546 同上，頁 92。

華人每不願寄家信，固由去家日久，旅居無聊，亦因無處可以託寄，遂於各華人到署註冊時輾轉開導，令各寫家書一函，由本署轉寄並代給郵資，實欲各人信息相通，既可慰家庭之望，且欲伊等歷敘此間苦況，俾後來者不致誤入誘拐迷途」。[547] 由此可見清政府之用心。另外，「至於香港接派書信則均託家兄（海疇、瑞珊）及東華醫院辦理」。[548] 那麼，譚海疇和譚瑞珊又是甚麼人呢？

在 1884 年本地報紙一幀廣告中，記載了譚海疇代收古巴書信的情況。該廣告云：「啟者代收古巴書信。紳董譚海疇前寓文武廟前直街杰記蘇杭舖，現在遷寓文武廟前直街怡豐紙札店。嗣後如有託寄古巴書信者，請付至怡豐店收入便妥。」[549] 至於位於文武廟前直街杰記位於蘇杭街的舖，原本是譚瑞珊的店。在上述那幀廣告之下，譚瑞珊登載了頂讓啟事云：「譚瑞珊茲將文武廟前直街杰記蘇杭生理，全盤頂與陸熾生承受。如有欠項、揭項、會項，一概與譚瑞珊無涉。日後盈虧乃陸熾生自理。謹此佈達。」[550] 原來譚瑞珊是商人，而怡豐紙紮店則可能是譚瑞珊的商店。可見譚子剛家境應不錯。

譚海疇則是中醫。在 1902 年 4 月《香港華字日報》的一個廣告有如下記載：「譚海儔先生乃子剛觀察（按，譚子剛）之胞兄，閥閱名家，素精醫學，橘泉所慨，萬病皆春。即如發瘋一症，世稱惡疾，中西考究，未能有奏效者。先生獨秘探龍宮，搜求治法，就醫之輩，果得病痊。迄今生有子女，絕無後患。原人尚在，詢問可憑。僕等特為布告，俾此病可以杜絕根株也。先生年將八十，矍鑠精神，平日所醫愈奇難各症，匾額遍懸，不勝僂數。中西藥水，其效如神，此則遠

547　同上。

548　同上。

549　〈告白〉，《循環日報》，1884 年 2 月 25 日。

550　〈頂受杰記〉，《循環日報》，1884 年 2 月 25 日。

近早已馳名矣。先生寓文武廟直街門牌第一百四十四號頂樓，即天濟堂藥材店對面右二間。」譚海儔生平由此基本可見。[551] 這記載亦反映譚子剛或早於 1855 年出生。譚海儔是譚子剛胞兄，1902 年時接近八十歲，即譚海儔約生於 1822 年前後。假設譚子剛是 1852 年左右出生，1902 年時便是五十歲，兩者相距近三十年。如以當時一般女性生育年齡推算，譚子剛 1855 年出生一說似乎不能成立。

譚子剛曾任張蔭桓幕僚，故《張蔭桓日記》對他有零星的記載。1887 年 2 月 24 日，張蔭桓記曰：「子豫、子剛自古巴來，言修打諸埠遣至古巴華人，頗難安插，因內多老病而瞎者，分別送入醫院，受僱糖寮，聊可覓食，較在被繫地方有生活，但領事稍吃力耳。又言學堂已有規模，惟學生多不諳華語，現增延中學教習一人，請書額懸之堂中，若榜於門外，則歲輸稅銀數十金，此古巴省例也。」[552] 3 月 13 日，「華童步蘭敦每禮拜日必來使館，期尋本生父籍貫、姓名，至於流涕。其父別無遺物，無可追考。一日持一皮枕來，謂有華字，疑為乃父之名，質諸各員，則皮枕店之字號，童乃爽然若失。又謂，聞乃父來美時，經提督披利帶至華盛頓，曾傭於農部花園，即今之鉢多溺嘉頓（按，Botanic Garden）也。譚子剛憐其孤露，喜其誠孝，偕至花園晤花匠士蔑，指園內荔枝一株高丈四尺，龍眼一株高丈二尺，含笑一株高丈，云係伊父從中國帶來手植於此。惟其中國姓名殆忘之，約略記係澳門人，曾有題誌舊帙，不知擱置何處。有詩家谷（按，Chicago）一人，為其舊交，容代詢之。其來在南北花旗未征戰之前，當日花園實亦荒蕪乍剗，然華人之來華盛頓者，以為最先云。華童得

551　譚子剛的生年是根據前述《現代支那人名鑑》。有關譚海儔的記載，見〈告白〉，《香港華字日報》，1902 年 4 月 11 日。

552　【清】張蔭桓，任青、馬忠文整理：《張蔭桓日記》（北京：中華書局，2015 年），上冊，頁 146。

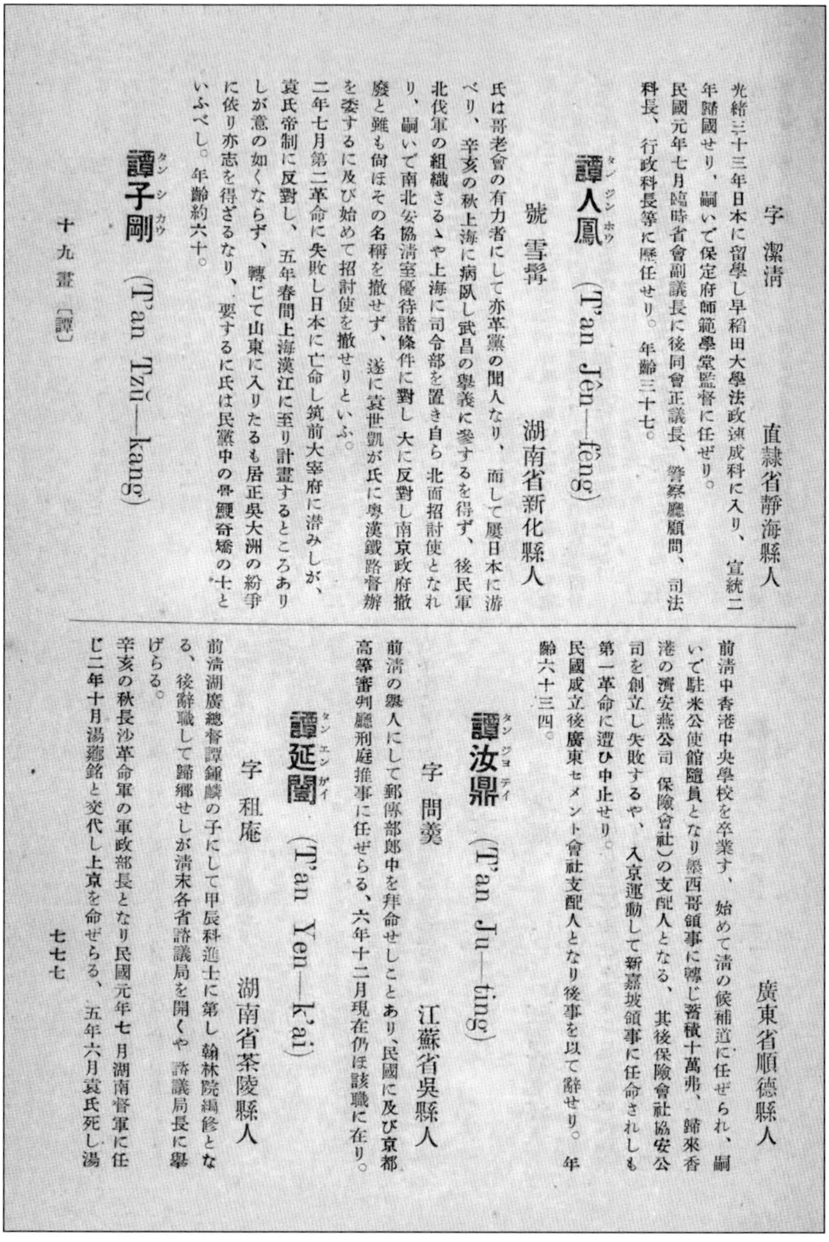

字　潔清　直隷省靜海縣人

光緒三十三年日本に留學し早稲田大學法政速成科に入り、宣統二年歸國せり、嗣いで保定府師範學堂監督に任ぜり。民國元年七月臨時省會副議長に後同會正議長、獎察廳顧問、司法科長、行政科長等に歷任せり。年齢三十七。

譚人鳳　(T'an Jên—fêng)

號　雪揮　湖南省新化縣人

氏は哥老會の有力者にして亦革黨の聞人なり、而して曩ほ日本に游べり、辛亥の秋上海に病臥し武昌の擧義に參することなや上海に司令部を置き自ら北伐軍の組織さる▲、嗣いで南北安協清室優待諸條件に對し大に反對し南京政府撤廢と雖も伺ほその名稱を撤せず、遂に袁世凱が氏に粵漢鐵路督辦を委するに及び始めて招討使を撤せりといふ。二年七月第二革命に失敗し日本に亡命し筑前大宰府に潛みしが、袁氏帝制に反對し、五年春間上海漢江に至り計畫するところあり、しが意に如くならず、轉じて山東に入りたるも居正呉大洲の紛爭に依り亦志を得ざるなり、要するに氏は民黨中の骨鯁奇矯の士といふべし。年齢約六十。

譚子剛　(T'an Tzŭ—kang)

十九畫　〔譚〕

廣東省順德縣人

前清中香港中央學校を卒業す、始めて清の候補道に任ぜられ、嗣いで駐米公使館隨員となり暴西哥事に轉じ西哥領事に任ぜり、蕃槇十萬弗、歸來香港の濟安公司（保險會社）の支配人となる、其後保險會社協安公司を創立し失敗するや、入京運動して新嘉坡領事に任命されしも第一革命に遵ひ中止せり。民國成立後廣東セメント會社支配人となり後事を以て辭せり。年齢六十三四。

譚汝鼎　(T'an Ju—ting)

字　問羹　江蘇省呉縣人

前清の擧人にして郵傳部郎中を拜命せしことあり、民國に及び京都高等審判廳刑庭推事に任ぜらる、六年十二月現在仍ほ該職に在り。

譚延闓　(T'an Yen—k'ai)

字　租庵　湖南省茶陵縣人

前清湖廣總督譚鍾麟の子にして甲辰科進士に第し翰林院編修となる、後辭職して歸鄉せしが清末各省諮議局を開くや諮議局長に擧げらる。辛亥の秋長沙革命軍の軍政部長となり民國元年七月湖南督軍に擧じ二年十月湯薌銘と交代し上京を命ぜらる、五年六月袁氏死し湯

七七七

圖 2-22　有關譚子剛的記載，明確指出他出身自中央書院。此項資料尚未見前人引用。
【資料來源】《最新支那官紳錄》，1918 年，頁 777。日本國立國會圖書館藏。

此消息感謝不置，遽欲自往詩家谷尋此西人，子剛以其年稚，止之，欲俟士蔑取得有回信再為尋究」。[553] 從步蘭敦的事情反映，譚子剛具一定的英文程度，能與洋人交涉。

4月28日，「子剛早起欲俟日出，邀余往觀，亦為海氣所障，然風已漸平，飲食略多」。[554] 6月28日，張蔭桓記載道「訶毗耶來談，携閱光緒十年（按，1884年）小呂宋官報，因留交子剛翻譯。其與華商所稟合者隻身稅晰分十等一例，其路稅一條尚未譯得也」。[555] 7月17日記曰：「子剛所撰《古巴雜記》，請代呈總署，當重予厘正。」[556] 所以譚子剛撰《古巴雜記》，可能是升遷考評的其中一個環節。

譚子剛在古巴生活五年多，深入民間搜集資料，寫成《古巴雜記》一書。書中談到古巴的風土和歷史，也談到當地華工。[557] 譚子剛在古巴時，致力改善古巴中西學堂的經營環境。他在呈文中指出學堂面對的種種困難，「茲緣中西學堂開辦至今（按，1890年），已滿三載。而諸學童日承教誨，進境甚覺為難。蓋以諸學童生於斯，長於斯，非但中國文字素所不知，即中國之語言亦素所不識。故延師教讀，尤必得一兼通日語（按，西班牙語）者，為之傳話，然後略能領會。此幫教之人，所以不能無也。究之隔膜一層，而獲益無幾矣。且此項經費，每年不下兩千餘元，向由各埠商民集腋而成。近來貿易維艱，商民拮据，湊成巨款，力實難支。然事關奏定，斷難改移。卑職惟有力勸商民，集資辦理，以勉強維持而已」。[558] 但困難不止於

553　同上，頁154。
554　同上，頁171。
555　同上，頁199。
556　同上，頁205。
557　〈比《古巴圖經》更早的《古巴雜記》〉，頁17–19。
558　〈申報中西學堂學童定核情形分別各次錄呈鑒察由〉，《總理各國事務衙門》，中央研究院近代史研究所檔案館藏檔，檔號01-40-004-04-011。

此，「前寄來書籍二箱，該處稅關要納稅銀二十五元，後緣卑職同伊相識，與之面求，方能免稅。其書現已到署，但無原單，只好照書檢收耳」。[559]

中西學堂的華文教習是廣東肇慶府高明縣附生黎煥亨，至 1890 年止，已在學堂任教三年多。他因事需回廣東三年，譚子剛替其奏請上方，希望能得「六品官牌以示獎勵」，並在學堂款下資助返國的川資。譚子剛所請最終獲批。[560] 他推薦同事廖恩燾（1863－1954）接任黎煥亨的工作，指「蓋該處學童，向來只通日語，嗣經黎教習訓以粵音，略能通曉，似宜仍以粵音繼之，方易為力。現卑署廖恩燾，學問頗優，語言亦合，擬請以該員兼充教習」。[561] 廖恩燾日後以粵語入詩而得大名，[562] 於此自是勝任有餘。這項建議得到批准。[563] 湊巧的是，其弟廖仲愷（1877－1925）後來亦在皇仁書院讀書。[564] 1901 年前後，譚子剛已累遷至花翎二品頂戴鹽運使銜分省試用道。[565]

曾海是中央書院早期的校友，從事外交工作。[566] 1907 年，伍廷芳奏派他為檀香山總領事。[567] 曾海在任其間，伍廷芳曾向他轉達清政府

559　同上。

560　〈中西學堂漢文教習將回華請予獎勵並給川資事請核示由〉，《總理各國事務衙門》，中央研究院近代史研究所檔案館藏，檔號 01-40-004-04-020。

561　〈擬詳中西學堂漢教習回華請獎及給川資事准如所請由〉，《總理各國事務衙門》，中央研究院近代史研究所檔案館藏，檔號 01-40-004-04-022。

562　詳見卜永堅、錢念民編：《廖恩燾詞箋注》（廣州：廣東人民出版社，2016 年）。

563　〈據稟悉准如所請即派廖恩燾兼充漢學教習由〉，《總理各國事務衙門》，中央研究院近代史研究所檔案館藏，檔號 01-40-004-04-023。

564　Hans van de Ven, *China at War: Triumph and Tragedy in the Emergence of the New China* (London: Profile Books Ltd., 2017), p. 28.

565　〈醇邸過港詳誌〉，《東華新報》，1901 年 9 月 14 日。

566　〈銘文〉。

567　〈伍廷芳奏派曾海為檀香山總領事〉，《香港華字日報》，1907 年 12 月 23 日。

的指令，指孫中山和康有為（1858－1927）兩人潛伏海外。伍廷芳聞說他們專向日本、新加坡、檳榔嶼、澳洲、印度、南非、檀香山、美洲、萬古圭、香港、西貢等處華僑籌款，另外又用這些錢，資助其黨羽在中國滋事，從而對付資助對方的華僑。在 1907 年爆發的桂、滇邊亂，均有他們的黨羽在內。伍廷芳指，國家歷經大故，難保兩人不乘時而起。故他勸告清政府在外領事，隨時派員與華僑商董等接洽，請他們詳盡報告最新情況，以防範變亂於未然。[568] 當時清政府希望駐外使節能協助阻止保皇黨和革命黨的擴張。1909 年，曾海被外務部調回北京「歸部行走」，[569] 以後情況不明。

梁瀾勳（約 1870－？）[570] 字慎始，廣東三水人，是中國首任駐澳洲總領事，早年嗜好西學，曾在 1902 年翻譯英國生物學家華麗士（Alfred Russel Wallace, 1823－1913）的 *The Wonderful Century: Its Successes and Failures* 為《十九周新學史》。其書「內述十九周各科學新理、新器之發明，溯其原委，詳其變遷。理想新奇、趣味濃厚，使人了然於世界文明之次序」。[571] 所謂「十九周」，即十九世紀。梁瀾勳在《十九周新學史》的序中道出翻譯此書的原委云：「歐西格致進步，以第十九周為最多，西學之輸入中國，亦莫多於是周。歐洲各邦，其大不逮中國。英、德、法、意，謹與我閩、浙、蘇、楚等省相埒，何新創之學，其夥若此，豈天之賦智，厚於西人，而薄於華人耶？蓋亦我華人之不能自奮其智也。雖然桑榆之補，來日方長，今國

568　〈密札遵照與華僑商董推誠聯絡密切開導情形申復察核由〉，《外務部》，中央研究院近代史研究所檔案館藏，檔號 02-23-004-11-004。

569　〈電調曾海來京〉，《香港華字日報》，1909 年 3 月 30 日。

570　梁瀾勳生年根據〈領事得人〉，《東華報》，1908 年 7 月 25 日。

571　《廣學會譯著新書總目》，載王韜、顧燮光等編：《近代譯書目》（北京：北京圖書館出版社，2003 年），頁 674；楊永安：《長夜星稀 —— 澳大利亞華人史 1860－1940》（香港：商務印書館〔香港〕有限公司，2014 年），頁 201。

家銳意振興，力崇新學，風會所在，士爭濯磨，他日入培根氏之室，而以絕業光國者，定不乏人。由是某藝出於閩、某藝出於蘇，地大物博，則取多用宏；推陳出新，則後來居上，而烏知第二十周以後，又非中國進步最深之時耶？竊願與讀是書者交勉之。」[572] 由序文可見，他一直在思考中國科技文明的進步。

梁瀾勳很早便關注中國的前途，與陳錦濤學術和志趣相近，均熱中於新學，具維新思想。1896 年 2 月 21 日，陳錦濤、梁瀾勳在香港品芳酒樓宴請康有為、其弟康廣仁（1867－1898）、同是皇仁出身的謝纘泰（1871－1938），以及其他康有為的支持者，與他們討論改革問題。[573] 1898 年，梁瀾勳與謝纘泰、伊雲士・夏士頓律師樓華人文案張才[574]及陸敬科在香港皇后大道中共同創辦華人俱樂部。[575]

梁瀾勳歷任候補道台、天津大學堂教師、粵漢鐵路局秘書、兩廣總督外交處員、瓊州北海交涉員、清政府駐澳洲總領事、河口厘金局長、北京財政部職員、外交部特派廣東交涉員兼粵海關監督等，後來在澳門居住。[576]

1908 年 12 月，梁瀾勳在赴英途中抵香港，皇仁校方與梁瀾勳在下榻的仁安保險公司（Yan On Insurance Company）詳談，當時陸敬

572　華麗士（Alfred Russel Wallace）著，梁瀾勳譯述，許家惺纂輯：《十九周新學史》（山西：山西大學堂譯書院，1902 年），序，頁 3。

573　Tse Tsan Tai, *The Chinese Republic: Secret History of the Revolution* (Hong Kong: South China Morning Post, 1924), pp. 10-11.

574　1904 年 *Yellow Dragon* 記載他為法庭文員。張才後為語音專家，其所創之中文速記法大受歡迎。見 *Queen's College,1862-1962*. p. 235.

575　伯子：〈辛亥前後香港的兩個群眾團體〉，載林亞傑主編：《廣東文史資料存稿選編》第 5 卷（廣州：廣東人民出版社，2005 年），頁 620－628。

576　《外務部》，〈梁瀾勳充美利濱領事黃榮良充紐絲綸正領英外部承認由〉，中央研究院近代史研究所檔案館藏，檔號 02-12-014-01-033；《現代支那人名鑑》，1928 年，頁 295。

科也在場。《黃龍報》記載當時梁瀾勳「與四十歲尚有一段距離」。[577] 有關梁瀾勳的記載頗零散，現只能從當時中國、香港和澳洲的零星記載重構其生平。

梁瀾勳在第二班時，香港天文台欲聘其為書記，但他「自念不如學成之為愈」，故打消應聘之念頭。[578] 梁瀾勳任澳洲總領事一事，是當時轟動澳洲華人社會的一件大事，故記載甚多。1908 年 11 月 22 日，梁瀾勳未上任之先，從上海向澳洲華人發佈慈禧太后和光緒皇帝的死訊。梁瀾勳在唁電中云：「澳洲美利畔華商會館鑒：勳奉派總領澳洲，道出上海，痛悉兩宮大行，海外國民，自應同心哀悼。請轉知旅澳華僑，遵守國喪，京中甚安謐。」[579]

1908 年 12 月，梁瀾勳在赴英途次訪港。其翻譯溫祥也是皇仁校友，已當清政府官員翻譯多年。[580] 溫祥號吉雲，廣東新寧人，「丁未（按，1906 年）曾隨黃委員厚成，調查澳洲華僑，充當繙譯，嗣由外務部派奏今職」。[581] 梁瀾勳與溫祥先往訪港督，然後往晤皇仁書院掌教。梁瀾勳旋赴英國，與欽使李經芳（1855－1934）見面，再赴澳洲。[582]

1909 年 2 月，梁瀾勳在英國，先拜會當地澳洲代表卡令，談到澳洲總領使館將設在墨爾本（Melbourne），而他亦將往澳洲各地遊歷，了解澳洲的情況。到任後，擬在各埠設副領事，並通知對方會在一個月後到達澳洲。同時，澳洲外務部接駐北京英使通知，「謂梁總

577　*The Yellow Dragon*, Vol. X, No. 5 (January 1909), pp. 94-95.

578　*The Yellow Dragon*, Vol. XIII, No. 11 (September 1911), p. 205.

579　〈關於國喪之要電〉,《警東新報》，1908 年 11 月 28 日。

580　*The Yellow Dragon*, Vol. X, No. 5 (January 1909), pp. 94-95;〈澳洲梁總領事抵港〉,
　　　《廣益華報》，1909 年 1 月 23 日。

581　〈雪梨華僑歡迎梁總領事之眷屬隨員〉,《東華報》，1909 年 3 月 27 日。

582　〈澳洲梁總領事抵港〉。

領係由香港皇仁書院畢業，研精英文，識見極廣，曾在香港民政部供職多年，且與英官交誼甚篤云」。[583]

他在上任澳洲總領事時有一妻一妾，可見當時具新思維的人物，在個人生活上仍揮不去舊習。澳洲華文報紙曾為文嘲笑之。該報云：「梁瀾勳為駐澳洲第一任領事，攜有一妻一妾，居然有齊人之樂。無奈澳洲為一夫一妻之制，不准一夫多妻者居留。梁恐為稅關所阻，乃諱其妾曰女教員。彼有及笄之女（按，十五歲），蓋以此瞞人目耳。梁在任數年，凡與社會周旋者，莫不與女教員形影相隨，西人聞其事者，莫不捧腹。幸荳蔻不含胎，春光未甚洩漏。苟有呱呱者，更有何詞對外人。惟然，其妻悍而妒，彼有季常之懼，詬誶之聲，達於戶外。梁常左右於妻妾之間，而莫可如何。初赴任時，梁欲獨挈其寵妾來，妻不肯；欲獨挈其妻來，妾不願。遂有諱妾為女教員之妙用。其妻為纏足者，上岸時，又不穿小革履，故演其三寸金蓮，裊裊娉娉，以翹示於西人，西人圍觀，咸以士攝說[584]映之（映相小機器）。登之報章，飛騰於全澳。」[585]

1909 年 7 月，梁瀾勳因薩摩亞華工被德國管工壓迫事，去電兩廣總督。他在電文中指，「薩摩華工，縷稟管工德人酷無人理」。當時華工朱河與管工爭執，打傷管工，惟島官擬判其死刑，眾大嘩，他們請求梁瀾勳去電兩廣總督，請其援助，並停止德國商人在汕頭招工人。[586]

8 月，梁瀾勳丁父憂，因急於回國奔喪，由墨爾本乘車往悉尼，再搭日本輪船熊野丸（Kumano Maru）返港。當時澳洲華人因二辰丸

583　〈梁領事抵英續聞〉，《警東新報》，1909 年 2 月 6 日。

584　應是指相機的聲音。

585　〈梁瀾勳之女教員〉，《警東新報》，1914 年 8 月 22 日。

586　〈紀薩摩華工被虐之慘聞〉，《警東新報》，1909 年 7 月 24 日。

（Tatsu Maru）事件，反日情緒高漲，因此堅拒送船。[587] 梁此舉頗惹澳洲華人反感。

1910 年 4 月，梁瀾勳向清政府外務部上書，強調改良商業的重要性。在上書的起首，他指出，當前的形勢是商戰世界，而商戰的核心便是振興本國商業，以吸引外國資本。而要吸引外國資本，首要是着力推廣本國商品。他指「銷流告白、廣登報紙、商標偏貼通衢，然猶以播告，只使人知，不如貨色尤使人見」，因此現代工廠、商店紛紛出版圖文並茂的銷售目錄，遠寄外國，促進銷貨。更進取的是派專人到外地考察最新時尚，隨時改良貨品，以迎合市場所需，並且常派專人在當地招徠生意。梁瀾勳認為這是西人的致勝之道。他反思中國人做生意的手法。以出口貨物言，中國人仰賴各口岸的外國商人與當地華商交易，或派人往內地收買。如此轉折，成本自然增加。他舉例說，在墨爾本，山東布疋是中國人經營的重鎮。惟在宣統年間前後，利源漸為日商所奪。日人直接從山東辦貨，然後送往墨爾本銷售。惟中國商人資金有限，只能依賴外商銷售。梁瀾勳憂慮，中國商人因覺無利可圖，致使中國商品無法銷往外地，「華商利權盡失」。[588]

他認為「欲擴商務，務廣銷場，務使外洋中西商人得與我國工廠、商店，直接辦貨。其藉以直接者，務使工廠、商店將藝術貨物繪圖、列價，刊為成書，分寄外洋，俾華洋商人，按圖採擇，逕函商辦，將省一切冗費，則貨物之成本較輕，銷流必暢」。梁瀾勳之言甚具國際視野。梁瀾勳稱自他到任以後，已有許多外國商人向他查詢與華商聯繫的方法，以便商談合作事宜。[589]

587　〈梁總領搭日船返國惹起華人之惡感〉，《警東新報》，1909 年 8 月 21 日。

588　〈擬請農工商部札飭各工商將製售之品名目價值彙輯呈部並付各領事署以憑派送由〉，《外務部》，中央研究院近代史研究所檔案館藏，檔號 02-13-006-03-024。

589　同上。

梁瀾勳在民國初年曾任外交部廣東特派
員，在任期間正值歐戰爆發，因中國為參戰
國，故代表政府接收當時被視為敵產的德華
銀行（Deutsch-Asiatische Bank）。[590] 他奉政
府令，與廣東中國銀行負責人和英國總領事
聯繫。1917 年 8 月 17 日，英國總領事先派
人查封德華銀行。8 月 21 日，梁瀾勳會同
廣東的中國銀行負責人、英副領，及財政廳
所派委員等前往接收。[591] 1917 年 8 月，梁瀾
勳向政府報告，廣州沙面及汕頭各有德國郵
局一所，惟業已停辦，另外，「粵境向無德
奧郵電處所經營郵務」。[592]

圖 2-23　梁瀾勳
【資料來源】《現代支那人名鑑》，
1928 年，頁 295。

　　1921 年前後梁瀾勳在三水生活，舊曆五月，他在三水中學畢業
禮演講。[593] 1922 年張元濟（1867－1959）往廣東，曾與梁瀾勳晤面。
3 月 22 日，梁瀾勳「至粵漢路局拜（會）許公武，不遇」，「適梁慎
始（按，梁瀾勳）在局，遂約談訂明日同往三水」。23 日，張元濟記
曰：「遂偕往廣三鐵路輪渡局，慎始為余買票，頭等一元一角，乘輪
渡河至石圍塘登車，約行一點三刻，至三水。先步行至河口厘局，[594]
登樓閱看西、北兩江合流之處。旋步行入城，至翔雲里慎始宅中。見

590　〈接收德華銀行事〉，《北洋政府外交部》，中央研究院近代史研究所檔案館藏，檔號
　　　03-21-012-06-001。

591　〈接收德華銀行情形〉，《北洋政府外交部》，中央研究院近代史研究所檔案館藏，檔
　　　號 03-36-115-05-003。

592　〈封收敵國郵電局事由〉，《北洋政府外交部》，中央研究院近代史研究所檔案館藏，
　　　檔號 03-02-025-04-002。

593　〈梁瀾勳演說〉，《民國報》，1921 年 8 月 6 日。

594　梁瀾勳曾任河口厘金局長。參《現代支那人名鑑》，1928 年，頁 295。

其一子一女，不過五、六歲。庭中花木極盛，有桃榔、白蘭、荔枝、龍眼、黃皮及棕櫚類甚多。午飯後同至伊弟軍實中將家中一坐，主人赴京未返。旋乘轎赴站，乘車至佛山，步行至光華電燈廠。又乘舟渡河至北勝街電燈公司，晤慎始之友盧繼陶，亦三水人。盧君殷殷留宿，余等堅辭。」張元濟「離廠到車站，又晤慎始之友全路巡官練定民。坐談片刻。車到，遂登車。車中又晤慎始弟號天祿者。至六點半抵省，與慎始昆仲握手而別，余返寓已將七時矣」。[595] 由張元濟的記載，可作三點推論：一、從接待的情況看，兩人是舊識；二、梁瀾勳當時經濟情況不錯，住宅甚大；三、梁瀾勳親友多在三水生活。

林潤釗（約 1875－?）也是外交官。林潤釗字抱恆，廣東博羅人，先後在皇仁書院、北洋大學堂求學，歷任廣東大學堂教師、瓊州、潮州、欽州及兩廣總督洋務委員，駐薩摩島（Samoa）兼巴布亞（Papua）領事。[596] 他亦曾在温宗堯為駐藏大臣時任通事。[597] 1932 年為廣西省政府顧問。[598] 林潤釗在薩摩島領事內，曾被惡意中傷。一個叫楊福的人，後來在當地報章刊登道歉啟事。該啟事云：「啟者一千九百一十九年十一月廿九號《民國報》新聞登載來稿一段，其中對於中國薩摩島領事林君潤釗以無禮之言，盡情毀謗。此案曾在烏修威（按，New South Wales）省法廷判結，補回名譽損失費與訟費完全了訖。《民國報》東主現知此事全屬子虛，對於破壞林君名譽之事，甚為抱歉。查林君在薩摩島甚得僑界敬仰。其生平作事甚有益於社會

595 張元濟：《張元濟日記：公元 1912－1926 年》（北京：商務印書館，1981 年），下冊，頁 816－817。

596 〈天津北洋大學堂夏季課榜〉，《香港華字日報》，1897 年 7 月 23 日；《現代支那人名鑑》，1925 年，頁 415－416。

597 〈中國駐紮薩摩島領事林潤釗醉酒願受外國法庭裁判之奇聞〉，《民國報》，1919 年11 月 29 日。

598 《廣西公報》第 30 期（1932 年），〈本府聘林潤釗為省政府顧問書〉，頁 48。

也。謹登數言，以道歉忱。」[599] 林潤釗與薩摩島僑民關係似甚不睦，或與其受惡意中傷有關，當時刊載的〈薩摩華僑全體頌詞〉多少透露了一些端倪。該頌詞云：「薩摩之有領事，十有餘載矣。其始也，我僑胞不忍外人之魚肉，故呼籲於清季之粵督，請派員查理，以資保障。其後前領事林潤釗秉節南來，遂開吾國領館於此地。直至客歲，因與商人等意見參差，大總統為疏通起見，立委任李使君南來瓜代。公佈之日，僑民等引領以待，翹首以觀。眼有望，望新領事；耳有聽，聽新領事；口有道，道領事，誠得先聲奪人耳。」[600] 可見當地華人與林潤釗關係惡劣。

張煜全（1879－?），字昶雲，廣東南海人，先後在福州英華書院、皇仁書院，以及東京帝國大學、加州大學、耶魯大學等學習，[601] 又曾在美國考獲義勇隊資格。[602] 他在清末任駐日公使館三等參贊，兼任管理游學日本學生副總監督。[603] 民國成立後歷任大總統秘書、外交部參事、江蘇交涉員、蕪湖關監督、外交部秘書。1918 年任北京清華學校校長，後歷任外交部參事、國務院調查局長、國務院參議、華盛頓會議專員，1928 年奉軍撤離北京後脫離政界。他又曾任教國立北平法學院，歷任北京大學預科英文講師、北平師範大學外國文學系講師等。[604]

黃明早年在皇仁書院求學，後留校當教師。黃明曾任臬署三等文員，亦曾為潔淨局署理首席文員，後加入粵漢鐵路，旋轉任沙面電報

599 〈楊福啟事〉，《東華報》，1920 年 10 月 2 日；〈楊福啟事〉，《東華報》，1920 年 10 月 9 日。

600 〈薩摩華僑全體頌詞〉，《廣益華報》，1920 年 9 月 4 日。

601 《現代支那人名鑑》，1928 年，頁 186；《中國文化界人物總鑑》，頁 420。

602 〈取錄留學生多廣東人〉，《警東新報》，1906 年 12 月 1 日。

603 〈學部奏派張煜全充游學監督錄旨抄稿知照由〉，《外務部》，中央研究院近代史研究所檔案館藏，檔號 02-12-042-03-004。

604 《現代支那人名鑑》，1928 年，頁 186；《中國文化界人物總鑑》，頁 420。

局經理。黃明的英文造詣很高,曾任總督秘書。1909 年,黃明任清政府駐西藏甘孜(Garzê)的商務官員,赴任前他先到拉薩(Lhasa)向時為清政府駐西藏官員溫宗堯匯報。[605]

羅泮輝(約 1885－1936)童年時從美國回流香港,故英文極流利。羅泮輝字芹三,廣東南海人,早年在三藩市(San Francisco)讀書,後轉到皇仁書院和北洋大學堂。1906 年與校友謝恩隆一同考取官費。他赴哈佛大學留學,獲碩士學位,後赴芝加哥大學(Chicago University)法學院,得法學博士學位,歷任外交部特派廣東交涉員、廣東外交司司長、東吳大學法科教授、京滬、滬杭甬鐵路管理局局長等職。[606] 從 1913 年一件公文反映,可見羅泮輝在廣東交涉員任內兼顧的事情相當廣泛。[607] 在任期間,曾公佈〈赴澳經商遊學章程〉,規定中國男女學生凡在十七至二十四歲之間,領有中國所發護照,可赴澳洲留學,以六年為限。商人則只准赴澳洲遊歷,以一年為限,若有特別原因,亦可延期。[608] 羅泮輝與香港李寶椿(1886－1963)家族有交誼。李寶椿母凌福禧(約 1853－1922)逝世,羅泮輝從上海致輓聯云:「壽母赴瑤池,久欽福德兼隆,惜未登堂瞻懿範。訃生羈滬局,謹致輓言致意,恨難越境致哀思。」羅泮輝自署「世愚姪」。[609]

605 "Mr. Wong Ming," *The Yellow Dragon*, Vol. XI, No. 4 (December 1909), p. 284;《花甲回憶錄》,頁 4－5。

606 *The Yellow Dragon*, No. 10, Vol. VII (July 1906), pp. 208-209;稻田瑁:《現代支那名士鑑》(東京:大陸社,1913 年),頁 178;〈滬市府參事羅泮輝昨暴卒死因至今尚未明瞭〉,《香港華字日報》,1936 年 1 月 31 日;"Dr.Pan H Lo," "Obituaries and Funerals," *North China Herald*, 5 February 1936;《中國文化界人物總鑑》,頁 784。

607 〈前梁主事儆諮來粵本司當與接洽謹將承詢各節逐一具復〉,《北洋政府外交部》,中央研究院近代史研究所檔案館藏,檔號 03-18-108-01-028。

608 〈佈告赴澳洲遊學經商章程〉,《廣益華報》,1913 年 4 月 5 日。

609 陳炳堃:〈李母凌太夫人紀略〉,頁 5－7,以及羅泮輝輓聯,頁 41－42,載不著撰人:《哀思錄》(香港:李安仁堂刊送,1923 年?)。

林子峯民國初年在廣東政府外交部任職。[610] 在任期間，曾代表廣東政府外交部與葡萄牙政府交涉澳門葡萄牙政府擅築堤岸一事。[611] 後者擅築堤岸一事，引起廣東方面不滿，遂派兵表示姿態。澳門葡萄牙政府因此電告北京葡使，請其轉告英使。英國領事因奉英使之命，出面調停，要求廣東方面停止軍事舉動，又通知廣東方面，葡萄牙政府將有致澳門葡萄牙政府的訓令。林子峯與廣東方面的盧旅長與澳督晤面。雙方議定內港填築工程繼續，而外港工程需立刻停止。廣東方面認為澳門葡萄牙政府「填海工程未明所限內港外港之別」。[612] 廣東政府稍後更派永豐艦前往。[613] 經廣東政府嚴正交涉後，澳門葡萄牙政府停止工程。[614] 林子峯後長期在中國各地擔任海關監督。1924 年 10 月至 1926 年 4 月為梧州關監督兼交涉員。1925 年 1 月至同年 8 月，調任稅務處處長，梧州關監督一職由吳廼桃暫代。[615]

林子峯是上海留英同學會成員之一。[616] 他出身自英國中殿律師學院（Middle Temple），得大律師資格，亦是醫學博士，曾在香港衞生部門工作，後轉任廣西省駐梧州交涉員。1926 年 4 月林子峯往訪港

---

610 英文拼音 Lum Chi Fung, "Association Notes," *The Yellow Dragon*, Vol. XXVIII, No. 8 (May 1922), p. 178.

611 〈派林子峯往前山協同盧旅長辦理澳門葡政府築堤交涉〉，《北洋政府外交部》，中央研究院近代史研究所檔案館藏，檔號 03-26-002-01-020。林子峯有時亦寫作林子峰，如《年表》，頁 804。

612 〈前山軍隊暫勿舉動並希將當日會議並希將當日會議澳督情形詳予呈報〉，《北洋政府外交部》，中央研究院近代史研究所檔案館藏，檔號 03-26-002-01-023。

613 〈青州交涉一案海軍部已派永豐軍艦前往〉，《北洋政府外交部》，中央研究院近代史研究所檔案館藏，檔號 03-26-002-01-028。

614 〈赴澳川資共墊支毫銀懇賜發還由〉，《北洋政府外交部》，中央研究院近代史研究所檔案館藏，檔號 03-26-006-03-011。

615 《年表》，頁 822。

616 陶履謙編：《伍梯雲博士哀思錄》（無出版地：無出版社，1935 年），頁 30-31。

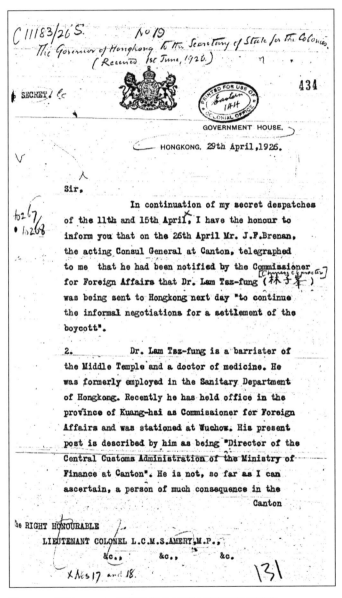

C 11183/26 S.   No 19
The Governor of Hongkong to the Secretary of State for the Colonies.
(Received 1st June, 1926.)

SECRET   434

PRINTED FOR USE OF
Eastern
1AH
COLONIAL OFFICE

GOVERNMENT HOUSE,

HONGKONG. 29th April, 1926.

Sir,

In continuation of my secret despatches
of the 11th and 15th April, I have the honour to
inform you that on the 26th April Mr. J.F.Brenan,
the acting Consul General at Canton, telegraphed
to me that he had been notified by the Commissioner
for Foreign Affairs that Dr. Lam Tsz-fung (林子峯) [Chinese character]
was being sent to Hongkong next day "to continue
the informal negotiations for a settlement of the
boycott".

2.   Dr. Lam Tsz-fung is a barrister of
the Middle Temple and a doctor of medicine. He
was formerly employed in the Sanitary Department
of Hongkong. Recently he has held office in the
province of Kuang-hai as Commissioner for Foreign
Affairs and was stationed at Wuchow. His present
post is described by him as being "Director of the
Central Customs Administration of the Ministry of
Finance at Canton". He is not, so far as I can
ascertain, a person of much consequence in the
                                             Canton

The RIGHT HONOURABLE
LIEUTENANT COLONEL L.C.M.S.AMERY,M.P.,
        &c.,   &c.,   &c.

X Nos 17 and 18.   131

圖 2-24-1 至圖 2-24-2　殖民地檔中有關林子峯出身之記載
【資料來源】CO129/492, "Canton Situation," Cecil Clementi to to L. S. Amery,
29 April 1926.

（續圖）

435

Canton Government, nor is he a member of the Canton
Council of Government. He cannot be considered to be
of equal official standing with Mr. J.H.Kemp and he
is not, of course, one of the three officials nominated
last month by the Canton Government to negotiate with
the Hongkong Government for a settlement of the boycott.

3.　　　　Dr. Lam arrived in Hongkong from Canton
by river-steamer on the afternoon of the 27th April
and at once went to visit Dr. R.H.Kotewall, an old
friend of his. At about 3.30 p.m. on the same afternoon
he called on Mr. D.W.Tratman, acting Secretary for
Chinese Affairs, accompanied by Dr. Kotewall. Mr.
Tratman asked Dr. Lam for his credentials. He thereupon
referred to Mr. Brenan's telegram, which he said was
arranged between Mr. Fu Peng-sheung and Mr. Fitzmaurice,
and he produced a minute of a meeting of the Canton
Council of Government, signed by General T'am Yin-hoi,
the acting Chairman, according to which it was decided
that Dr. Lam should take to Hongkong "an aide-mémoire
explaining the attitude of the Canton Government
towards the settlement of the strike". Dr. Lam
said that this "aide-mémoire" was a type-written
English note. It was not signed, but it was drawn up
by the Canton Government and was not intended for
presentation to me, but rather as a guide to himself
in a conversation, strictly unofficial and informal,
which he hoped to have with me. Mr. Tratman pointed
out that the usual channel for communications to
me was through the Secretary for Chinese Affairs or
the Colonial Secretary. Dr. Lam then said that the
document was intended for me personally and that he
did not think it would be proper to deliver it
otherwise than personally. Mr. Tratman replied that
he

圖 2-24-2

英政府官員，惟港督金文泰（Sir Cecil Clementi, 1875－1947）覺得他在廣州政府地位不夠高。[617] 1926 年 6 月至 1927 年 5 月為粵海關監督，兼管三水、江門、九龍、拱北等關事宜。[618] 1929 年 5 月至同年 8 月為臨清關監督。[619] 1930 年 5 月至 1935 年 2 月，林子峯為宜昌關監督兼交涉員。[620] 林子峯在任宜昌關監督期間，曾涉訟事。[621]

事緣在 1931 年，林子峯被宜昌木船工會覃一堂呈控在宜昌關違法設立常關座船，非法勒索，且私製捐票。具體情況是，1931 年 1 月 1 日，國民政府已下令裁釐，惟時任宜昌關監督的林子峯奉令後，在宜昌附近的司善亭、滑坡等處，設立座船，收取釐金。木船工會代表覃一堂向財政部控告林子峯，財政部下令停止，惟林子峯沒有遵行，反而在沙市設立常關，私製捐票，票上印有「此票由出口之關查銷繳署」等字眼。覃一堂認為捐票應由商人收執，查銷繳署不合常理。他認為林子峯此舉是有消滅證據之意。國民政府遂依照《彈劾法》提出彈劾，且將刑事部分移交法院審理。監察委員高一涵（1885－1968）、謝无量（1884－1964）和劉三審查後認為林子峯罪名成立，應依法懲處。林子峯自辯時則指「國內常關有五十里外內之分，五十里外者政府明令應於本年（按，1931 年）1 月 1 日裁撤，其五十里內者仍應照章徵收」。根據這樣規定，在控告中所指之平善壩等處設立座船，是 1901 年《庚子條約》所劃定歸稅務司所管理之五十里內常關，當時不是在 1 月 1 日裁撤之列。林子峯反駁指控：（一）覃一堂藉口政府裁撤五十里外常關，與其他船戶聯合，闖關違抗繳稅。在

617　CO129/492, Canton Situation, Cecil Clementi to to L.S.Amery, 29 April 1926.

618　《年表》，頁 833。

619　同上，頁 804。

620　同上，頁 831。

621　〈監院又一彈劾，宜昌關監督林子峯〉，《觀海》第 2 期（1931 年），頁 4。

五十里內常關,「俱歸由稅務司直接經徵經解」,林子峯的部門並沒有任何稅收,不能構成勒索。林子峯認為是「影射誣控」。(二)沙市設立常關與宜昌關沒有關係,因沙市屬荊沙關範圍。(三)至於指控中提到的私製捐票,是歷任所相沿,「由職署發給稅務司備用之稅票」,財政部亦有案卷可供查察。(四)有關稅票存根一事,由於稅款既由稅務司經手發票,故稅票存繳署是正常手續。財政部基本同意林子峯所述各項無誤。經過調查,他「尚無違法失職之事實」,「不合於《公務員懲戒法》第二條各款之規定,自不應受懲戒處分」。[622]

官僚、文員

有不少皇仁校友投身官場。謝恩隆(約1885−?),字孟博,廣東番禺人,先後在皇仁書院和北洋大學堂等求學。1904年獲中譯英獎,時在1A班。[623] 1906年赴美進農業學校,1909年卒業。謝恩隆是康乃爾大學學士和碩士。1912年任農林部技師,1914年為農商部技正,又為《農林公部》和《農商公部》編輯。1917年為農林部技正,1922年為交通部技正。謝恩隆是農學專家,曾著《中國茶說》一書,[624] 又曾在北京大學授課。[625] 在1922年一份北洋政府交通部發出的函件中,指出了謝恩隆在政府擔當的角色。該函件指「現因客郵撤銷,本部對於擴充郵務應先行查考之事甚多,惟事事多與外交有所

622 〈懲戒案:宜昌關監督林子峯非法勒索案:國民政府懲戒議決書:第十號(二十年十二月二十五日)〉,《監察院公報》第7−12期(1931年),頁465−469。

623 *The Yellow Dragon*, Vol. V, No. 5 (1904), pp. 97-98.

624 《最新支那官紳錄》,頁751。

625 〈本校佈告一:理科致劉復、李順義、謝恩隆、顧兆熊、李惟恆諸先生函〉,《北京大學日刊》第123期(1918年),頁1。

關係。茲本部派定技正謝恩隆、主事林驤為考查專員」。[626] 可見他雖為技術官僚，但也有兼辦外務的性質。謝恩隆向群眾貫輸基礎農業知識，曾以淺白文字在《勸農淺說》發表一系列文章。在〈花椰菜栽培法〉一文中，他指「近來花椰菜一物，流銷於飯館者為數甚鉅，因而種之者日多，獲利亦甚厚，吾人為投社會之嗜好起見，對於花椰菜之培植上，不可不細加研究也」。謝恩隆談到花椰菜的種植，從經濟角度出發，希望提升農作物的收成，增加農民的收入。謝恩隆教導北京地區的農民種植花椰菜之要訣：一、土壤要相當肥沃，太多沙土和黏土都不行，土壤要保持濕潤；二、花椰菜要在陽曆二月尾或三月初播種，農民應用早生種子，因花椰菜需要三個多月成長期；三、需平整土地和遷移已略為成長之花椰菜苗；四、一畝田種植多少花椰菜是有定量的，不宜過多；五、正確施肥和適當陽光，但盡量避免烈日照射。六、妥善處理椰菜花苗，避免風吹雨打。[627]

謝恩隆又談到輪栽法，指「植物有輪栽一法，農家應所深知。蓋水潦亢旱，雖謂得之天時，而防患未然，則當盡其在我。昔人謂人定勝天，輪栽者盡人事之一法也」。[628] 輪栽法其實即輪耕法（crop rotation），現在的人當然耳熟能詳，但對當時的中國農民來說，無疑是新知識。謝恩隆對輪栽法有極為扼要的描述：「何謂輪栽？譬如有地一段，分為甲、乙、丙、丁四部分。今年甲部種牧草，乙部種高粱，丙部種豆，丁部種麥。明年將植物之位置移轉，與去年不同，如甲部種高粱，乙部種牧草，丙部種麥，丁部種豆，如是輪流栽種，

626 〈現因客郵撤銷本部對於擴充郵務應先行調查之事甚多茲派定技正謝恩隆主事林驤為考查員到貴部有所接洽請轉知各廳司隨時接洽由〉，《北洋政府外交部》，中央研究院近代史研究所檔案館藏，檔號 03-02-079-04-004。客郵是指歐洲列國在其他國家設立的郵政服務。

627 謝恩隆：〈花椰菜栽培法（附表）〉，《勸農淺說》第 29 期（1917 年），頁 1-5。

628 謝恩隆：〈輪栽之利益〉，《勸農淺說》第 97 期（1917 年），頁 8-10。

周而復始，此之為輪流。」[629] 在年期和分區方面，謝恩隆亦詳細解說。[630] 他又進而談輪栽之利。謝恩隆認為「世人但知歉收之原因，止於旱潦虫病而已，而不知非行輪栽，亦於收穫大有妨害。蓋在同一土地之中，年年種同一之植物，於土地植物，兩皆有損，或則土地日見其壞，或則出產日見其少，無形損失，難以盡言，此皆不行輪栽之弊也」。[631] 進一步，他指出輪栽之好處有五：一、如在同一土地種植同一種植物，其毒素會殘留土地上，收成自然減少，輪栽之法可解決這個問題；二、某種植物僅受某種蟲害，但其他植物不受感染，輪栽可將因蟲害某種植物而招至的損失減少；三、各種植物所需水分有別，輪栽可使各種植物各得其所；四、輪栽能調和土中養分；五、善用土地。謝恩隆的結論是「輪栽之法，有百利而無一害」。[632]

唐有恆（1884－1958），字少珊，廣東香山人。父唐佩珊（？－1894），晚年赴香港謀生，與人合伙創辦廣昌隆雜貨店。唐佩珊去世後，唐有恆等生活開始出現困難。1899 年唐有恆跟隨其赴香港做工的兄長來港。1900 年至 1904 年在皇仁書院求學，1903 年至 1904 年為《黃龍報》主筆。1904 年 7 月官費赴美，1904 年至 1908 年在美國康乃爾大學攻讀農科。1907 年得學士學位，1908 年得碩士學位。他在 1908 年 9 月回國，1908 年至 1912 年任廣東農事試驗場場長，曾在廣東東郊外之農事試驗場任農師。農事試驗場創立之目的是為了改良種植方法，提升生產，並且選拔優秀農家子弟，向他們教授新法。1912 年至 1914 年為北京高等農業學校校長，1915 年後為北京農林專

629　同上。
630　同上。
631　同上。
632　同上。

門學校校長。[633] 唐有恆與唐紹儀關係密切。1930 年，唐紹儀等開闢唐家灣為商埠，唐有恆是其中一位籌辦委員，[634] 亦為中山訓委會秘書。[635] 稍後唐紹儀當中山模範縣縣長，唐有恆是中山縣政府秘書。[636] 他曾任候補中委，也曾替汪精衛辦事。[637]

　　陸煥（1892－1964），字匡文，號曾陶，廣東信宜人。陸煥在 1910 年加入同盟會，1912 年返回信宜縣任同盟會分會會長。1917 年他在北京大學哲學門三年班。原來在此之前，他曾在皇仁書院就讀。陸煥後在廣東公立法政專門學校和鹽警學校教授法律。1921 年任信宜縣縣長。後來孫中山創辦大元帥府法制委員會，陸煥任秘書兼經界局秘書。又曾一度擔任勳勤大學[638] 秘書長，亦曾在張發奎（1896－1980）下任行營民事處長等。中年以後在台灣生活，任光復大陸設計委員。1964 年他在台灣逝世。[639]

　　譚天池（？－1940/1941）1891 年在維多利亞書院由中文班第六班轉往英文班 8C 班，成績名列前茅，在班上是第二名。[640] 他是廣東

633　《游美同學錄》，頁 99；珠海市地方志辦公室編：《珠海市人物志》（廣州：廣東人民出版社，1993 年），頁 231－233。

634　〈唐家灣闢商港〉，《東華報》，1930 年 3 月 29 日。

635　〈黃居素由滬南返〉，《民國報》，1930 年 6 月 14 日。

636　〈橫琴島案已解決〉，《東華報》，1933 年 5 月 13 日。

637　〈唐少川今晨赴省偕行者唐文啟唐有恆等〉，《工商晚報》，1931 年 3 月 10 日；〈唐有恆南下抵港〉，《工商日報》，1933 年 1 月 5 日。

638　一所為紀念黨國元老古應芬（1873－1931）而設的大學，位於廣州。勳勤是古應芬的字。

639　《國立北京大學廿週年紀念冊》，〈在校同學錄〉，1917 年，頁 31，此資料載其曾在皇仁書院就讀；〈非政學系其人，而帶政學系風度：廣東的「不倒翁」陸匡文〉，《時局人物》第 3 期（1949 年），頁 12；歐鍾岳：〈陸匡文先生傳〉，《廣東文獻季刊》第 3 卷第 4 期（1973 年），頁 68。後列兩文均未提到陸煥曾在皇仁書院求學的一段歷史。

640　英文拼音 Tam Tin-chi, "Distribution of Prizes at Victoria College," *Hong Kong Daily Press*, 2 February 1891.

台山人。譚天池離開維多利亞書院後赴北洋大學堂入讀礦科，1897
年與王寵惠、林潤釗等在北洋大學堂頭等第三班。自費入讀加州大學
伯克萊分校修讀礦科，後得廣東官費，入讀哥倫比亞大學農科，得碩
士學位，1907 年夏返國。[641] 踏入民國後曾任萬牲園總辦和廣東造幣局
總辦等職，[642] 據說譚天池在鹽務署工作了很長時間。當開封淪陷時他
逃離河南，與其任政府低級職員的女婿相依為命。譚天池向時為國民
政府外交部長王寵惠寫信求助，王寵惠下令部員在自己薪金中每月撥
出二百元給譚天池。他又為其女婿向王寵惠寫信請求援助。結果因種
種原因，譚天池得不到回覆，自殺身亡。譚與王相識逾四十年。[643]

　　李孝式（1901－1988）則是由商而入官。李孝式 1901 年 11 月
出生，是廣東信宜人，早歲在皇仁書院就讀，後入英國劍橋大學，
1923 年得文科學士學位，1924 年開始在馬來亞經營錫礦生意，1929
年任吉隆坡衛生局議員。1937 年為太平紳士，1941 年日軍侵略新加
坡和馬來亞，李孝式任吉隆坡消極防衛隊主任。1942 年至 1945 年期
間，在聯軍中任上校。1948 年獲委任為馬來亞聯邦行政局及立法局
議員。1946 年至 1953 年期間，曾代表馬來亞出席錫業國際會議。
1955 年至 1956 年 3 月任馬來亞運輸部長，後為財政部長。1956 年
為赴英獨立代表團之一員，1957 年為赴英財政代表團之一員，同年
獲爵士銜。[644] 李孝式與香港關係甚深，1958 年 12 月曾到香港度假。[645]

641 〈天津北洋大學堂夏季課榜〉，《香港華字日報》，1897 年 7 月 23 日；〈粵東留學生
　　新進之履歷〉，《東華報》，1907 年 11 月 30 日。

642 〈前萬牲園總辦譚天池任廣東造幣局總辦〉，《香港華字日報》，1916 年 11 月 17 日。

643 《稿本傅秉常日記》，1941 年 1 月 24 日，傅錡華博士提供，特此鳴謝。

644 〈李孝式上校爵士簡介〉，《工商日報》，1957 年 8 月 3 日。另李孝式生平見向梅
　　芳：《百年風華：李孝式傳奇》（蒙古：遠方出版社，2011 年）。惟此書是傳記文學
　　體，內容較空泛。

645 〈馬來財長李孝式今日來港〉，《工商晚報》，1958 年 12 月 18 日。

翌年 6 月，李孝式又來港治病。[646]

鄧達鴻（約 1885－？）1900 年從灣仔書館轉入皇仁書院，[647] 後加入政府工作，1917 年調至高院任通譯，1939 年退休。戰後重返高院工作，至 1953 年時工作已屆四十三年，同年獲高等法院加冕紀念獎章。[648]

黃理權 1915 年 9 月 10 日進入皇仁書院第三班，1917 年 6 月 15 日離校時是第二班。離校後任香港政府海港局抄寫文員。[649]

陳福謙（約 1892－？），廣東江門潮蓮人，父陳毓根為清末茂才。陳福謙原在育才書社就讀，1911 年 9 月 15 日轉入皇仁書院 3D 班，1915 年 11 月 26 日離校。1915 年參加香港大學會考，領有入學文憑。陳福謙在校時曾獲 Ho Kom-tong Scholar 等獎項。他離校後先赴韶關其親戚任董事的礦務公司工作，其後在 1920 年進入香港庫務司署工作，1925 年調往遺產稅署，1947 年升為特等文員，1953 年榮獲英女皇伊利沙伯二世加冕紀念章，1954 年署理遺產稅署副署長職，1955 年退休，同年獲 MBE 勳銜。[650]

陳地 1914 年 9 月 12 日進入皇仁書院商科班 3C 班，1915 年 11 月 30 日離開時在商科班 2B 班，離校後在 Messrs. Holmes and Hayward 當文員。[651]

黃寶楠（1883－？），字憪生，號晚成，廣東人，1903 年成婚。

646　〈馬來亞財長李孝式抵港〉，《工商日報》，1959 年 6 月 10 日。

647　曾達廷：〈續錄院中瑣記〉，*The Yellow Dragon*, No. 7, Vol. I, No. 7 (March 1900), pp. 160-161.

648　〈高等法院及市政衛生局頒發加冕紀念獎章侯志律爵士及彭德主席分別主持〉，《華僑日報》，1953 年 6 月 14 日。

649　*The Yellow Dragon*, Vol. XVIII, No. 10 (July 1917), p. 162.

650　*The Yellow Dragon*, Vol. XVII, No. 4 (December 1915), p. 57；〈潮連同鄉會昨宵聯賀陳福謙榮獲 MBE 勳銜〉，《華僑日報》，1955 年 6 月 23 日；〈潮連同鄉會監事長陳福謙祝嘏〉，《華僑日報》，1963 年 10 月 19 日。

651　"School Notes," *The Yellow Dragon*, Vol. XVII, No. 4 (December 1915), pp. 56-61.

1900 年至 1905 年間在皇仁書院讀書，1906 年在新加坡當英文教師，1907 年返香港當教師，1908 年 4 月自費赴美，1909 年至 1912 年在密西根鑛業學校（Michigan Mining College）攻讀鑛務工程科，1913 年至 1914 年在哥倫比亞大學攻讀政治及社會學，獲碩士學位。1914 年返國，1915 年任農商部僉事上行走，1916 年兼鹽務署編譯員。[652]

趙子權（約 1889－?）是廣東人，皇仁書院卒業，歷任香港律師樓翻譯、汕頭煤油專賣科科長、煤油專賣局局長，是國民黨人。[653]

鮑少莊（1892－?），廣東香山人，先後在廣州、香山和香港皇仁書院唸書，1913 年考得隨習通事官，奉派實習，兩星期後因工作表現優異升職，1915 年考得三級通事翻譯官，1917 年調往庫房工作，同年升為二級通事翻譯官。鮑少莊先後在海港發展處、倉庫部、會計署等工作，1923 年升任高等法院通事官，戰時負責防空工作。香港淪陷後，鮑少莊在澳門英領事館工作，直至 1945 年 9 月。在澳門時，他還兼任當地唯一報紙的報務和協助管理兩所中英文學校。和平後，鮑少莊回港，繼續在香港政府工作，1950 年通過通事翻譯官最高考試，1951 年晉升為高院主任通事，1953 年退休。[654]

江文俊（約 1903－?）是皇仁書院的 Morrison Scholar，在校成績優異，1923 年畢業。在考獲大學預科入學試合格後，即加入中央裁判署任文員，後累升至書記長。香港淪陷期間，江文俊舉家回國，加入駐華英軍服務團工作。和平後返港，仍任中央裁判署書記長一職。1957 年退休，[655] 1958 年獲 MBE 勳銜。[656]

652 《游美同學錄》，頁 133－134。

653 《現代支那人名鑑》，1928 年，頁 121。

654 〈高院主任通事鮑少莊氏退休法官同寅歡送〉，《華僑日報》，1953 年 4 月 16 日；吳灝陵等編：《香港年鑑 1958》（香港：華僑日報出版部，1958 年），頁 106。

655 〈任職中央裁判署垂卅四年書記長江文俊榮休〉，《工商日報》，1957 年 12 月 2 日。

656 〈總督府盛會總督代表女王授勳有功官民〉，《工商日報》，1958 年 12 月 12 日。

黃匡國曾在皇仁書院就讀，1925 年加入香港政府工作，1936 年被調往高等法院。戰時往澳門避難，在英國領事館政治部工作。1945 年起任租務法庭首席書記。[657]

區煒森（1910－1980）是廣東新會潮連鄉人，生於香港。早年從皇仁書院畢業後即考入香港政府工作，1950 年從市政衛生局行政主任調升為副華民政務司，不久兼任報紙及刊物註冊官。1963 年從華民政務司署退休，獲 MBE 勳銜。[658]

買辦和商人、商界職員

既然皇仁的學生擁有良好英語的溝通能力，故離校之後的工作亦多與英文有關。陳兆桐是中央書院早期的學生，[659] 1871 年是中央書院英文班第六班第三名，陳樹勳是則是第二名。[660] 陳兆桐曾與吳縣王貫三合撰《萬國輿圖》一書。[661]《萬國輿圖》的序跋提供了陳兆桐生平的若干線索，至為重要。

原來陳兆桐是廣東新會人，[662] 又名陳作琴，是陳藹亭（1846－1905）之姪。[663] 陳藹亭即陳言，又名陳善言，字慎於，1856 年至1864 年在香港聖保羅書院讀書。陳藹亭是香港著名報人，也是清政

---

657 "List of Members of the Queen's College Boys' Association 1921- Continued," *The Yellow Dragon*, Vol. XXII, No. 8 (May 1921), p. 178；〈高等法院及市政衛生局頒發加冕紀念獎章侯志律爵士及彭德主席分別主持〉，《華僑日報》，1953 年 6 月 14 日。

658 〈副華民政務司區煒森息勞歸主〉，《華僑日報》，1980 年 4 月 12 日。

659 〈銘文〉。

660 英文拼音 Chan shiu-tung, "Prize List," *Hong Kong Daily Press*,13 February 1871.

661 【清】陳兆桐、【清】王貫三：《萬國輿圖》（出版地不詳：同文書局，光緒 12 年〔1886 年〕）。

662 〈《萬國輿圖》序〉，《萬國輿圖》，無頁數。

663 〈袁祖志序〉，《萬國輿圖》，無頁數。

府外交官，1878 年在華盛頓中國公使館任翻譯官，1879 年任古巴馬丹薩（Matanzas）領事，1886 年至 1889 年為清政府駐古巴第二任總領事。返國後曾任開平礦務公司會辦。[664] 陳藹亭也是伍廷芳的親戚，[665] 可見陳兆桐自幼已生活在新學的氛圍中。

邵元冲（1890－1936）曾在 1928 年 7 月與陳兆桐見面。他在當天日記有如下記載：「遊覽時許，復至陳鴻璧別墅一遊，兼晤其父陳作琴，年七十餘矣，猶矍鑠可驚也。」[666] 由此推斷，陳兆桐大概生於1850 年代。

陳兆桐「究心西學亦既有年，茲取所繪萬國輿圖及日月天象各稿本，倩同文書局，以石印法拓成總冊，冀廣流傳」。[667] 可見陳兆桐對輿圖之學長年研究，積稿累累。陳兆桐在〈《萬國輿圖》序〉中談到中外地理的大勢：「今者寰海鏡清，河山繡錯，幅員之廣，前此罕聞。加以萬邦協和，八荒綏輯，華夷離處，中外相安。格致之理既明，輿地之學斯準。用是網羅眾說，彙集各家，本《周髀》之算經，參以西法；考張衡之遺製，悟出球形。是圖也，首載天文，合仰觀於觀察；廣徵地軸，以乾象為坤輿，於是備列五洲，旁通萬國。神州縣赤，實居大海之中；鳥卵裹黃，始信渾天之說。」[668] 陳兆桐的地理知識，部分或從中央書院的地理課學習得來，因為該校很早便有亞洲地理一科。[669]

664　聖保羅書院同學會編：《中國．香港．聖保羅 —— 165 年的人與時代》（香港：商務印書館〔香港〕有限公司，2016 年），頁 54－56。

665　〈趙序〉，《伍廷芳與清末政治改革》，頁 3－5。

666　邵元冲原著，王仰清、許映湖標注：《邵元冲日記》（上海：上海人民出版社，1990年），頁 449。

667　〈袁祖志序〉，《萬國輿圖》，無頁數。

668　〈《萬國輿圖》序〉，《萬國輿圖》，無頁數。

669　"Prize List," *Hong Kong Daily Press*, 13 February 1871.

後來，他成為了招商局總辦。[670]

　　馮華川（約 1845－？）原名馮水，字穗祥，廣東香山人，也是中央書院早期學生。歷任旗昌洋行（Russell & Co.）買辦、鴉片商人、潔淨局議員等。[671] 1882 年為人和鴉片公司助理，[672] 後曾創辦馮華川銀號等。[673] 1885 年廣東水災，馮華川捐白銀二十元，[674] 1903 年與何啟等協助廣西賑災，[675] 1905 年在中國抵制美國貨風潮中，時為華商公局主席的馮華川亦曾表態，致函香港政府。馮華川指出，中國各埠華人因為美國政府對之約束過甚，群起抵制美國貨；而南洋英屬各埠的華僑，亦應聲而起，他們的行為完全出於愛國熱誠。從各董事的角度看，他們的願望似無違背成例，且亦合理。他相信此舉或可令美政府變更禁例。[676] 1907 年岑春煊過港，馮華川、譚子剛等代表港商致電歡迎，[677] 可見馮華川是當時香港社會的領袖之一。

　　與馮華川一樣，許多皇仁校友都是商人或買辦。胡禮垣以提倡中國變法而為人所熟悉，他本身便是商人。胡禮垣生於商人家庭，幼時在香港接受傳統和西方教育。[678] 1873 年，他從中央書院畢業，留校任

670　宋鑽友：《廣東人在上海：1843－1949 年》（上海：上海人民出版社，2007 年），頁 102。

671　〈准粵督電復周榮曜煤廠事仍請將馮華川交案由〉，《外務部》，中央研究院近代史研究所檔案館藏，檔號 02-13-002-02-019；曾達廷：〈縷陳緒生陋習各宜審處説〉，*The Yellow Dragon*, Vol. V, No. 2 (October 1903), pp. 31-34；《現代支那名士鑑》，頁 306。

672　"Jury List for 1882," *The Hong Kong Government Gazette*, 25 February 1882.

673　〈准粵督電復周榮曜煤廠事仍請將馮華川交案由〉。

674　〈續錄再賑東粵水災樂捐芳名〉，《循環日報》，1885 年 9 月 28 日。

675　〈額外聚會〉，《香港華字日報》，1903 年 4 月 24 日。

676　〈安撫華民政務司大人鑒〉，《香港華字日報》，1905 年 8 月 30 日。

677　〈港商設會歡迎岑督〉，《香港華字日報》，1907 年 6 月 22 日。

678　近代中国人名辭典修訂版編集委員会編集：《近代中国人名辭典（修訂版）》（東京：国書刊行会，2018 年），頁 205。

教師，後又創辦《粵報》，[679] 1882 年，擔任香港上海滙豐銀行文員。[680]
清朝遺老張學華嘗替胡禮垣撰寫〈胡翼南先生墓誌銘〉，扼要道出胡
禮垣的志事與生平如下：「君胡氏，諱禮垣，號翼南，廣東三水人。
少肄業香港皇仁書院，既以優等畢業，為政府所委任。君有大志，負
時名，出使大臣爭欲致，君謝弗往。既客南洋島，地廣而荒，君治其
榛蕪，遂成鉅埠。蘇祿國王，聞而慕之，禮以客卿，凡所條畫，罔不
採納。王年既老，舉國讓焉，君亟避去，聞者高之。中日搆釁，朝使
歸國，僑商舉君暫攝領事，綏懷安定，市肆晏然。晚歲返里，仍寓
香港。閉門著書，廿三種行世。卒於丙辰年九月十八日，春秋六十有
九。配梁氏，先君卒。子三人，葬君於嘉露蘭山，特來請銘，謹志如
左。番禺張學華拜撰。」[681] 可見胡禮垣備受社會之尊重。

　　胡禮垣逝世以後，香港各界名人多有致送輓聯，當中雖不乏誇
大溢美之辭，但亦反映胡禮垣在香港以至近代中國的地位。鄭天錫輓
聯云：「七十年香島退藏，徵書可却，大寶能辭，瞻仰魯殿靈光，傳
誦遍稱文考賦。數萬里英倫遊學，法政粗知，庶常濫職，悵恨陽關
話別，歸來空泣都公碑。」[682] 此聯強調胡禮垣為「魯殿靈光」。胡禮
垣四弟胡禮倬則云：「自擊獅睡酣鼾，發醒世之文章，易簀未忘堯舜
典。心傷雁行折翼，徒呼天而冊祝，登堂休問伯康衣。」[683] 胡禮倬認
為兄長是憂國憂民的改革先鋒。

　　胡禮垣的兄弟亦多在中央書院讀書。[684] 一直以來，我們對胡禮垣
的兄弟所知不多。筆者在研究過程中找到若干記載。胡禮元字松圃，

679　*Queen's College,1862-1962*, p. 274；《近代中国人名辭典（修訂版）》，頁 205。

680　"Jury List for 1882," *The Hong Kong Government Gazette*, 25 February 1882.

681　〈胡翼南先生墓誌銘〉，載《香港華籍名人墓銘集（港島篇）》，頁 98－99。

682　〈輓名士胡翼南先生聯選錄〉，《香港華字日報》，1916 年 11 月 28 日。

683　〈輓名士胡翼南先生聯選錄〉，《香港華字日報》，1916 年 11 月 29 日。

684　〈銘文〉．.

從 1908 年初起，在江蘇高等學堂任教英文。1911 年，他申報自己學歷為「香港英國大學畢業貢生知縣用福建候補縣丞」，其親人胡宗楷、胡宗模同時在該校就讀。[685] 香港大學當時尚未成立，故胡禮元所云當指中央書院。而且，從這一條資料可見，胡禮元是在中央書院完成課程的，其名亦見於〈銘文〉。[686] 胡禮泰（譯音，約 1865－?）在 1875 年進入中央書院，以年齡推算，應是胡禮垣之弟。[687]

曾傑芬（約 1858－?）是 1878 年的 Morrison Scholar，曾任香港庫房文員，後在怡和洋行工作。[688]

陳啟明（1859－1919），混血兒，是鴉片商人。[689]

何東也是混血兒，曾任怡和洋行買辦，後為香港廣州火險買辦。何東對中國政治相當注意，曾調停 1922 年的海員大罷工。1925 年，何東發起中國和平統一會議，邀請各方政要和軍人出席。1932 年任國民政府顧問。1936 年蔣介石（1888－1975）壽辰，何東曾斥資十萬購贈一飛機為賀禮。[690]

何東弟何福（1863－1926），字澤生，與其兄長一樣，也是大商人。[691]

685　《江蘇高等學堂校友會雜誌》第 1 期（1911 年），頁 17、33。

686　〈銘文〉。

687　英文拼音 U Lai-tai, *The Hongkong Government Gazette*, 4 May 1878, pp. 231-236.

688　"Teaching of English in the Government Schools," in *Hong Kong Blue Book*, Hong Kong, 1877; *The Hongkong Government Gazette*, 4 May 1878, pp. 231-236; CO129/271, William Robinson to Joseph Chamberlain, 14 April 1895, Appointment in Treasury；曾達廷：〈纍陳緒生陋習各宜審處説〉，頁 31－34, *The Yellow Dragon*, Vol. V, No. 2 (October 1903); *The Yellow Dragon*, Vol. V, No. 3 (November 1903), pp. 47, 50.

689　《現代支那名士鑑》，頁 45。

690　《香港華人名人史略》，頁 1－2。

691　JACAR（アジア歴史資料センター）Ref. B03050696400、支那ニ於ケル有力官民履歴取調一件 第二卷（1-6-1-65_002）（外務省外交史料館）；《現代支那人名鑑》，1925 年，頁 520－521；〈何澤生公之哀思錄〉，《香港華字日報》，1927 年 10 月 7 日。

THE FOLLOWING IS THE CHINESE TRANSLATION OF A
LETTER RECEIVED FROM H. E. SIR GEOFFRY NORTHCOTE,
K.C.M.G., GOVERNOR OF HONGKONG.

香港孖剌西報台鑒

波士文隊長之巨著，詞意新穎，兼有歷史性

質，殊能引起壹般讀者之興趣，此書實為成

功之作，而永鐫於讀者心坎中也，余謹馨香

以祝之，順煩致謝

波士文隊長

壹九三九年正月十二日

羅富國書於香港督憲府

圖 **2-25-1** 至圖 **2-25-3**　**Walter Bosman's** *Lands Unknown*. 作者在南非 **Durban**
簽贈此書予 **Mrs.Bessie Hatton**。

【資料來源】Hong Kong: *Hong Kong Daily Press*, 1939. 筆者藏。

番書與黃龍——香港皇仁書院華人精英與近代中國

（續圖）

LANDS UNKNOWN

by

Walter Bosman, M.I.C.E.

Captain (on the reserve) Permanent Staff

(Engineers) S. A. Defence Forces.

with a Foreword by

Mr. V. G. M. Robinson.

Late Chairman of the Public Service Commission of the

Union of SOUTH AFRICA.

PRINTED BY THE HONG KONG DAILY PRESS, LTD.

HONG KONG

1939

圖 2-25-2

（續圖）

LANDS · UNKNOWN

I dedicate the following pages to my wife and the members of the staff, Anna Tweedie, Josef Sandberg and Elizabeth Hunter.

O' Quetta, Quetta, the land of our dreams

Those days in the desert,

How dreary they seemed

But now we are with you, how happy we are

So lets drink to our master,

Whose pluck we admire

To Josef and Anna we must give a sip

To our kind noble mistress let's all shout hip, hip.

Elizabeth Hunter.

To Mrs Bessie Hatton
With the Author's best wishes

H. Bosman

Durban
28/ Jany 1940.

111

圖 2-25-3

何東弟何啟佳（Walter Bosman）早年亦在中央書院就讀，後入讀英國水晶宮工程學院（Crystal Palace Engineering School）。[692] 1891 年抵南非（South Africa）的納塔爾省（Natal）任鐵路工程師。在南非，何啟佳先是從事鐵路和道路的建設工作，後來從商。他在當地生活逾半世紀。[693]

何東的親家羅長肇（1869－1934）曾是怡和洋行的買辦。[694] 羅長肇兒子羅文顯（1895－1963）先後在皇仁書院和香港大學畢業，是怡和洋行華經理和中華總商會會董。1936 年為非官守太平紳士。[695]

周少岐（1863－1925）是香港著名華商，早年曾在中央書院求學。1925 年 7 月 17 日，上環普慶坊發生倒塌事件，他在這次事故中身亡。[696]

葉灝明（1866－1946），字蘭泉，號瀚群。廣東鶴山縣羅江新村孝廉葉亦賓之第九子。嬰孩時隨父到湖南任所，九歲時父親去世。二十歲來港，就讀於中央書院。四年後離校，任職海舶般鳥輪船辦房，往來於南洋、荷屬東印度、廈門和汕頭等地。未幾何東聘請葉灝明到泗水（Surabaya）負責糖務。後又任屈臣氏漢口分行買辦。四年之後回港，組織光大堂置業有限公司，後與陳啟明等組織華商總會。1924 年代表香港率團參加英國所召開之屬地物品展覽會。「九一八」事變後，

692　*Supplement to The Hongkong Government Gazette*, 11 February 1888, pp. 157-160；鄭宏泰、黃紹倫：《何家女子 —— 三代婦女傳奇》（香港：三聯書店〔香港〕有限公司，2010 年），頁 52。

693　Walter Bosman, *Lands Unknown* (Hong Kong: Hong Kong Daily Press, 1939), pp.vii-viii, foreword.

694　〈港紳羅長肇逝世續記定下星期二日出殯〉，《天光報》，1934 年 7 月 1 日。

695　〈太平紳士羅文顯病逝〉，《工商晚報》，1963 年 3 月 14 日。

696　〈督憲為周少岐像開幕〉，《香港華字日報》，1925 年 12 月 4 日；《白手興家：香港家族與社會，1841－1941》，頁 72－76。

葉灝明辭去大阪商船公司辦房一職，後與港商合組中華廠商聯合會。
香港淪陷期間滯港，1946 年在港逝世。[697] 葉灝明是香港商界的宿耆。

　　劉賀是 1880 年 Morrison Scholar，後來當上大成紙局總辦。[698]

　　羅旭龢亦是混血兒，曾在拔萃書院和皇仁書院學習。十六歲時考
入警隊為四等文員，1913 年任裁判司署首席文案，後升為布政司署
首席文案。羅旭龢後創立旭龢行，經營留聲機業務，同時為和聲唱片
公司經理。省港大罷工時與周壽臣積極與廣東方面交涉。在香港淪陷
期間，羅旭龢任軍政府華民代表會主席。和平後港英政府因羅旭龢通
敵，將其列入黑名單，1949 年鬱鬱而終。[699]

　　周壽臣的事跡耳熟能詳，在此不另贅述。不過值得一提的是，周
壽臣任海關道台時所聘用的家庭教師，亦是皇仁學弟。[700]

　　曾錫周是廣東香山人，早年在皇仁書院求學。後來成為駐西貢
（Saigon）東方匯理銀行（Banque de l'Indochine）買辦，曾捐贈一萬
元予香港大學的創立基金，他亦是香港大學勸捐董事之一。他支持孫
中山的革命事業。1902 年至 1903 年之際，孫中山化名高達生在西貢
遊歷，託稱自己是美國的記者。孫中山偶與曾錫周談話，縱論天下大
勢，十分投緣，孫中山告以真實姓名，兩人遂結為友好。以後孫中山
多次起事，他曾先後捐款五至六萬元。[701]

697　不著撰人：《葉公蘭泉紀念冊》（香港：追悼葉公蘭泉大會，1946 年）。

698　英文拼音 Lau Ho, "Prize Day at the Central School," *Hong Kong Daily Press*, 31
　　January 1880；曾達廷：〈縷陳緒生陋習各宜審處說〉，頁 31－34；*The Yellow
　　Dragon*, Vol. V, No. 2 (October 1903).

699　《非我族裔：戰前香港的外籍族群》，頁 204－206。

700　*Queen's College: Its History 1862-1987*, p. 54.

701　*The Yellow Dragon*, Vol. X, No. 7 (April 1909), p. 13；〈大學堂勸捐董事會議〉，《香
　　港華字日報》，1909 年 3 月 22 日；中山縣文獻委員會編：《中山文獻》第 1 期創刊
　　號（1947 年），頁 11。

圖 2-26　羅旭龢藏《童星彔書陰騭文大楷》
　　　　羅旭龢藏書印和藏書票
【資料來源】筆者藏

　　莫禮智（1868－1926）出身於中央書院。[702] 他是一個頗另類的商人，可稱得上是商人教育家。從他的例子可以看到，當時皇仁校友就業跨度廣闊。正因有良好的教育基礎，故在一生當中，可以遊走於各種行業。這亦反映他們所處的時代正處於轉型期，有不同的機會讓他們嘗試不同的崗位。前人對莫禮智的研究極少，故本書嘗試對他的生平作初步探討。

　　莫禮智曾研發花露水售買，且甚具生意頭腦。他經營雜貨，銷售產品計有外國的進口糖果、鮮花露水[703]、春蘭吐氣香水[704]、艷容香水[705]、濯髮香水、搽頭香膏、生髮香水[706]、靈驗三寶丸、湯匿水（Tonic）、沙士水、檸檬水、荷蘭水、士多啤梨冰、高拉三鞭水[707]等，自家品牌名曰「蘭花嘜」[708]。當時莫禮智在本地報章推廣其花露水云：「本號所製鮮花露水，久已中外馳名，靡不嘖嘖稱妙。茲特加工監製，用廣暢流。另隨時製造各款外國馳名香水、香油、香糕、香粉發售。貨色精妙，價極相宜。」[709] 他也懂得利用民族主義作生意噱頭，在推銷檸檬糖膠和桑子糖膠的廣告中，莫禮智強調「全用一號蔗

702　"Mr. Mok Lai-chi", "Obituary", *The Hong Kong Telegraph*, 18 December 1926；甘思永：〈莫禮智先生行述〉，《神召會月刊》第 2 卷 1 期（1927 年），頁 3。

703　〈莫禮智自製鮮花露水發售〉（廣告），《香港華字日報》，1907 年 6 月 24 日；〈莫禮智鮮花露水〉（聲明），《香港華字日報》，1907 年 8 月 15 日。

704　〈莫禮智春蘭吐氣香水〉（廣告），《香港華字日報》，1908 年 1 月 4 日。

705　〈莫禮智艷容香水〉（廣告），《香港華字日報》，1907 年 6 月 22 日。

706　〈莫禮智生髮香水〉（廣告），《香港華字日報》，1901 年 12 月 4 日。這是有關濯髮香水、搽頭香膏、生髮香水的廣告。

707　〈莫禮智高拉三鞭水〉（廣告），《香港華字日報》，1901 年 10 月 18 日。這是有關靈驗三寶丸、湯匿水、沙士水、檸檬水、荷蘭水、士多啤梨冰、高拉三鞭水的廣告。

708　〈莫禮智蘭花嘜〉（廣告），《香港華字日報》，1902 年 5 月 21 日。

709　〈莫禮智鮮花露水出售〉（廣告），《香港華字日報》，1901 年 12 月 25 日。

糖」、「絕無外國雜質」。[710] 在自家品牌付流梨地（按，fair lady）花露水的廣告當中，莫禮智亦申明此義。他指「處今日商戰劇烈之世界，非競言興實業為急圖者哉。然欲興實業，非先自精製造不可。故製造者，實商戰中優勝之利器也。即如付流梨地花露水一物，歲自外洋流入我國，奪走我利權，數動鉅萬。弟早有鑒此，故於化學一門，悉心研究十有餘載，且蒙英國著名製造化學師指傳妙訣，故能將付流梨地花露水自出心裁，製造精巧，雖歐美各貨莫可比倫。惜我國能曉時法實是罕覯，故弟特將製造付流梨地花露水善法教授與人。倘有資本家欲興本國之實業而塞外溢之漏巵，請函約一定時候相酌」。[711]

莫禮智的樂群學塾教授英文、算學、商務、書信、單式、減筆字、機器、打字等。有關這學校的記載很少，但在 1908 年的一則廣告中，我們可以了解該校的大概：「本書塾已有十五年之久，戊申年（按，1908 年）仍在文武廟側石級上美華會禮拜堂三樓，教授英文繙譯、商務信札、雜話、算學、打字、快字等。」[712] 以上是學校的基本科目。廣告又談到學校的上課環境：「地步（按，地址）當中并無別屋相連掩影，四便窗扇，通氣光亮，亦幽靜，亦廣闊，內功課俱用華語解明。凡學童有不明之處，任意可問，弟必盡所識，樂為指授。」[713] 意即教學語言是中文。這是為了迎合當時的社會情況。1909 年前後，樂群學塾遷往新址。莫禮智在廣告云：「本書塾開設已十六載於茲，向在樓梯街美華自理會三樓，館規肅整，法則從良。所有課程皆做皇仁書院，現已遷往康樂道中五十六號三樓，即中環街市對出海傍，添用莫介福為副教員。准正月十八日啟館，凡有志英文者，請移

710 〈莫禮智精製香蕉糖〉（廣告），《香港華字日報》，1901 年 11 月 6 日。

711 〈付流梨地花露水莫禮智教授製造〉（廣告），《香港華字日報》，1908 年 6 月 55 日。

712 〈樂群書塾英文日館〉（廣告），《香港華字日報》，1908 年 3 月 19 日。

713 同上。

玉至本塾或擺花街莫禮智商店，先取本塾章程細閱，方可立意實行，負笈於何方。」[714] 莫禮智明確在廣告中指出，樂群學塾課程是倣效皇仁書院。

莫介福（1895－？）是他的兒子，也是皇仁校友，[715] 後來在耶魯大學讀書。歷任鐵路部統計處處長、平綏路局會計處處長等，1941年為財政司幫辦，[716] 在政治上屬孫科（1891－1973）系。[717] 1934年6月莫介福任中方廣九鐵路修約代表，時為鐵路部參事。[718]

樂群學塾的學費並不便宜，「束脩俱用本港銀紙，高給（按，原文如此）學童每人全年束脩五十元，限二月交足，每月束脩六元先惠。初給（按，原文如此）學童每人全年束脩四十元，限三月交足，每月束脩五元先惠」。[719] 可見該校甚具名氣。

另外，根據1907年的廣告，他的雜貨店設在中環擺花街十四號。當時莫禮智花露水甚暢銷。1907年，莫禮智曾在報紙刊出聲明，指「此花露水是弟親自製造，與別家由外處辦來謬認自製者大不相同。貴客賜顧，祈勿任人夾別家次貨替換。若某店欠奉，請移玉至擺花街本號採買」。[720]

莫禮智亦是「香港華人五旬節之開山祖」。1907年9月，美國嘉牧師訪華，宣揚基督教，莫禮智為翻譯。後在香港設華人五旬節會，

714 〈樂群書塾英文莫館廣告〉（廣告），《香港華字日報》，1909年3月19日。

715 《現代中華民國滿洲國人名鑑》，頁315；Queen's College, 1862-1962, p. 265.

716 〈人事匯志〉，載《抗戰與交通》第60期（1941年），頁1030。

717 莫介福生年根據《現代中華民國滿洲國人名鑑》，頁315。該書指莫介福在哥倫比亞大學畢業，似不確。〈人事匯志〉記載的是莫介福當時的最新情況，應是較可信的。

718 〈廣九修約代表紛紛雲集廣州〉，《工商日報》，1934年6月21日。

719 〈樂群學塾啟館告白〉（廣告），《香港華字日報》，1902年2月20日。

720 〈請試用莫禮智〉（廣告），《香港華字日報》，1907年9月26日；〈莫禮智特別減價〉（廣告），《香港華字日報》，1907年12月10日。

「薪金未嘗賴人供給」,「二十年來,除仰給於神外,自設英文學校以度活」。[721] 證明莫禮智營商得法,能有餘利,可自給自足。1908 年莫禮智創辦宗教刊物 *Pentecostal Truths*。他支持基督教本土化,相信只有中國人才能夠在中國人當中傳揚教理。1913 年,他脫離美國人的資助,自立門戶在香港創辦華人五旬節會。莫禮智積極在香港的貧民窟和農村傳教,希望提升貧民的地位,以及協助他們應對大業主。他亦將五旬節會引進廣東。1923 年,莫禮智的健康開始明顯惡化,卒在 1926 年逝世。[722]

黃金福（約 1870−1931）,字麗川,是混血兒。[723] 他是九龍倉（Hong Kong and Kowloon Wharf and Godown Company Limited）買辦,後為九龍金興織造有限公司司理人。該公司經營出租襪機等業務。[724]

黃屏蓀（約 1873−?）是鐵行公司（P&O）經理。[725]

郭嶧亭（約 1877−?）是法華輪船公司經理。根據外務省的資料,他同時也是晚清時期廣東方面派駐香港的秘密偵探。[726] 郭嶧亭是同昌公司負責人,該公司與其他公司合作,經營接儎（按,安排船位寄貨業務）業務。[727]

721　〈莫禮智先生行述〉第 2 卷 1 期（1927 年）,頁 3。

722　Bryan S. Turner & Oscar Salemink (eds.), *Routledge Handbook of Religions in Asia* (London: Routledge, 2014), p. 406.

723　《現代支那名士鑑》,頁 192;〈黃金福今午出殯之榮哀〉,《工商晚報》,1931 年 12 月 12 日。

724　《現代支那名士鑑》,頁 192;〈金興織造有限公司告白〉（廣告）,《香港華字日報》,1924 年 11 月 22 日。

725　〈港紳黃屏蓀年老退休〉,《大公報》,1939 年 3 月 26 日。

726　《現代支那人名鑑》,1912 年,頁 288;《現代支那名士鑑》,1913 年,頁 195。

727　〈法國歐美亞輪船廣告〉,《香港華字日報》,1910 年 1 月 21 日。

袁金華，字英山，曾任職於皇仁書院、士篤士律師樓，後改行從商。[728]

馮柏燎字耀卿，廣東鶴山人，1904年任廣州寶興磁器莊出口部主管，1906年與李道明在廣州合組利豐（Li & Fung），主力經營雜貨出口。1917年在香港創立利豐分號。[729] 1915年馮耀卿為廣東出品協會評議幹事，充廣東赴美副代表兼陳列幹事員，另同協會總理陳廉伯（1884－1944）為廣東赴美正代表兼實業報聘員，一同出席巴拿馬太平洋萬國博覽會。[730]

陳廉伯，字樸庵，廣東南海人，來自廣東南海一個富裕商人家庭，也是廣州滙豐沙面銀行買辦，後兼任司理。1908年，陳廉伯繼承父親所創立的昌棧絲莊，後參與創辦廣東保險公司，及投資南洋兄弟煙草公司。陳廉伯曾在皇仁書院唸書，祖父是南洋歸僑，父親是富有絲商。他在商團事件中，牽頭反對孫中山執政。[731]

戴東培（約1888－1882）出身皇仁書院等，曾任金山輪船公司買辦。[732]

謝祺（1886－?），字作楷，廣東新會人，離開皇仁書院後，曾當廣州聖心書院教師，後到外國留學。曾任北京傳習所教師、農林部

728　曾達廷：〈纘陳緒生陋習各宜審處說〉，*The Yellow Dragon*, Vol. V, No. 2 (October 1903), pp. 31-34；〈華商會所改良之第壹日〉，《香港華字日報》，1916年10月1日。

729　《香港華人名人史略》，頁47。

730　〈廣東赴美正代表兼實業報聘員陳廉伯已捲輯赴美咨請查照由〉，《北洋政府外交部》，中央研究院近代史研究所檔案館藏，檔號03-12-014-02-032。

731　張曉輝：《近代粵商與社會經濟》（廣州：廣東人民出版社，2015年），頁55。陳廉伯在國民黨史中被視為大逆不道之流。《廣東扣械潮》則是從支持陳廉伯的視角出發。詳參《香港華字日報》編輯：《廣東扣械潮》（香港：香港華字日報，1924年）。

732　〈港大土木工程系首屆畢業生地產物業界前輩戴東培老先生殯禮極備哀榮〉，《工商日報》，1982年1月24日。

視察員、廣東礦務局長、廣東電力公司協理、廣東捲煙特稅局長、國民政府財政部捲煙煤油稅處長、國民政府財政部統稅處長等職。[733] 謝作楷從兩廣學務署考獲留學的官費，一年領費一千二百兩。[734] 1927 年為嶺南大學董事會董事。[735] 1935 年，謝作楷是中國建設銀公司股份有限公司發起人之一；其他發起人有孔祥熙（1880－1967）、宋子文（1893－1971）等。謝作楷當時報住上海外灘二十二號。[736]

盧家裕（約 1876－1965），字仲雲，廣東香山人，皇仁書院畢業後曾留校任教。後加入德華銀行，歐戰時銀行停辦，轉往京奉鐵路工作。[737]

伍青霄（1876－1923），字尚華，以伍漢墀之名為人所熟悉，伍青霄（Ng Ching-siu）是他在皇仁讀書時的名字。[738] 他是香港旗昌洋行買辦，後從事船舶代理，曾在中華銀行辦房工作，又開辦漢興洋行。他曾先後擔任潔淨局局紳、定例局員。[739]

陳兆瑞（約 1877－?），字雪佳，廣東香山人，皇仁書院卒業後赴上海助其父陳可良經營業務。其父為太古洋行華經理，父死，陳兆瑞繼其業，在上海當買辦。[740]

733 《最新支那官紳錄》，頁 750；《現代中華民國滿洲國人名鑑》，1932 年，頁 145。

734 〈美國留學生三誌〉，《東華報》，1904 年 7 月 23 日。

735 〈嶺南大學準備立案〉，《民國報》，1927 年 2 月 19 日。

736 〈中國建設銀公司〉，《實業部》，中央研究院近代史研究所檔案館藏，檔號 17-23-01-72-23-101。

737 《香港華人名人史略》，頁 44；JACAR（アジア歴史資料センター）Ref. B02031670900、支那要人消息雜纂，第四卷（A-6-1-0-1_004）（外務省外交史料館）。

738 "Prize Day at Victoria College," *The China Mail*, 25 January 1894；〈伍漢墀公墓誌〉，載《香港華籍名人墓銘集（港島篇）》，頁 41－42。

739 《現代支那人名鑑》，1925 年，頁 772；不著撰人：《伍漢墀訃告》（香港：無出版社，1923 年）；〈伍漢墀公墓誌〉，載《香港華籍名人墓銘集（港島篇）》，頁 41－42。

740 《現代支那人名鑑》，1928 年，頁 191；〈陳雪佳先生小傳〉，《海上名人傳》1930 年 5 月，頁 56。

　　容子名（1883－?），廣東香山人，是渣打銀行（Standard Chartered Bank）買辦。容家世居香港。祖父容良為渣打銀行首任華買辦。後容子名父容憲邦繼容良為第二任買辦。容子名又繼容憲邦之職任買辦數十年。[741] 容家子弟多出身自皇仁書院，1902 年的 Steward Scholar 容啟邦應是其族人。[742] 容子名兒子容次嚴（1909－?）後來也在皇仁書院畢業。[743]

　　梁文興（1886－?），字蔚彬，洋名 Milton，生於廣東香山。1897 年至 1898 年在皇仁書院求學，1898 年至 1904 年間在檀香山公立學校就讀，1904 年至 1909 年在海德堡學校攻讀商業，1909 年至 1911 年在法巴來蘇大學（Valparaiso University）求學，1911 年至 1912 年在哥倫比亞大學讀書，得文學士學位。1912 年 9 月回國，1912 年至 1914 年任廣東高等學校校長，1914 年至 1915 年任天津青年會教員。1915 年至 1916 年任天津北方絨毯公司經理。[744] 劉景清（約 1887－?），廣東東莞人，1907 年皇仁書院卒業。[745] 劉景清在學時成績優異，1906 年 5 月中期試是英文班 2A 班第二名。[746] 後在香港政府工作，曾在廣東陸軍測量學校和粵東女子師範學校任英文教師，凡兩年。返港後先後任米業商行之洋務交涉工作、海洋船務公司總經理、Hong Kong Fire Insurance 及 Canton Insurance Co. 香港代表。[747]

741　《香港華人名人史略》，頁 42；《香港華僑概説》，1939 年，頁 17；Ref. B02031670900、支那要人消息雜纂，第四卷（A-6-1-0-1_004）。

742　The Yellow Dragon, Vol. V, No. 3 (November 1903), p. 50.

743　《香港華人名人史略》，頁 4。

744　《游美同學錄》，頁 87－88。

745　《香港華人名人史略》，頁 60。

746　The Yellow Dragon, No. 9, Vol. VII (June 1906), p. 185.

747　《香港華人名人史略》，頁 60；《香港華僑概説》，1939 年，頁 23；Ref. B02031670900、支那要人消息雜纂，第四卷（A-6-1-0-1_004）。

彭國瑞（1887－1969）早年在皇仁書院唸書，後在青島學習德文。1906 年曾從建築師 W.Danby 工作。他經營航運業務，後全資擁有祈廉保船務公司。[748] 其父為彭壽春（約 1865－?），1877 年進入中央書院，後為 Morrison Scholar。彭壽春共有二十七個子女，[749] 可見他甚富有。1883 年彭壽春是英文班第一班第一名，第二名是屈八，第三名是侯鳳書，第四名是何榮。[750] 彭家五代人均曾就讀皇仁書院。[751]

吳城波（約 1890－1970），字志澄，廣東香山人。吳城波二十三歲從皇仁書院畢業，畢業後進其樂公司工作，後轉往法國郵船公司及太古船塢，其後再轉到先施公司，累升至監察助理。離開先施後，先後開設華貿洋行和光達公司。[752]

羅啟康 1899 年在皇仁書院 2B 班。[753] 他是省港澳輪船公司總買辦，1952 年在越南西貢逝世。[754]

盧河清（?－1956）1907 年前後在皇仁書院唸書，是皇仁書院足球會會員，後為英美煙公司鴻商源東主，亦是紅卍字會道人。[755]

黃炳耀（Benjamin Wong Tape, 1875－1967）則是保險業商人，生於新西蘭，英語極好。父親曾在澳洲的維多利亞（Victoria）金

748 *The Yellow Dragon*, Vol. VIII, No. 6 (March 1907), p. 130; "Situations Obtained By Queen's College Boys in 1906"；〈航業界老前輩彭國瑞今日舉殯〉，《華僑日報》，1969 年 7 月 29 日。

749 英文拼音 Pang Shau-chün，序號 215。*The Hongkong Government Gazette*, 4 May 1878, pp. 231-236. *Queen's College: Its History 1862-1987*, pp. 235, 248.

750 〈獎賞學童〉。

751 此據何冠環博士言。

752 《香港華人名人史略》，頁 85。

753 "The Ninth of the Ninth Moon," *The Yellow Dragon*, Vol. I, No. 4 (October 1899), p. 89.

754 〈羅啟康哀思會〉，《華僑日報》，1952 年 10 月 9 日。

755 〈今賽腳波會〉，《香港華字日報》，1907 年 6 月 15 日；〈哀榮錄〉，《華僑日報》，1956 年 12 月 16 日；〈明論堂同人為盧河清誦經〉，《華僑日報》，1956 年 12 月 20 日。

礦區逗留過一段短時間，而且率先帶領華人在新西蘭定居。黃炳耀1886 年隨父母到香港。皇仁書院校長因其英語優良而取錄他。1892年進新西蘭 Otago Boys' High School 唸書。後在香港 China Mutual人壽保險公司工作，1909 年升任秘書，1919 年為香港分行司理。後該公司由加拿大永明人壽保險公司接辦，黃炳耀擔任該公司香港分行公司秘書，1927 年升為主持人，1934 年退休。[756]

黃伯芹（約 1885－1971），廣東台山人，是香港富商黃耀東的長子。黃伯芹自皇仁書院畢業後，赴美留學，獲康乃爾大學礦科地質碩士學位。歷任美國運通銀行（American Express Co.）華經理五十年、福華銀業有限公司董事長，又擔任保良局總理和深水埗公立醫局主席等。黃伯芹亦是太平紳士。[757] 黃文徵（1894－?）原籍福建晉江，落籍廣東南海，出身皇仁書院，曾任廣州《人權報》記者，1915 年自福華銀業有限公司兼保險有限公司開業起，任公司秘書數十年。他又曾兼任聖保羅中學教師三年。[758]

陸靄雲（1882－1954）也是保險業商人。他是廣東肇慶人，1900年皇仁書院畢業。1903 年到日本橫濱鳥思倫燕梳公司工作，後調至香港分行任華經理，1953 年退休。他後為囉士洋行保險部經理。[759]

劉毓芸（約 1885－1954），廣東新會人，是香港四邑僑領。十六歲從皇仁書院畢業，曾在《華字日報》任翻譯員，又曾在英國人會計師披時士蔑及富明林事務所工作，1913 年得香港政府批准為會計

756　〈衛生局華人議員黃炳耀先生訪問記〉，《工商日報》，1948 年 3 月 28 日；〈港大創辦人太平紳士黃炳耀逝世〉，《工商日報》，1967 年 6 月 18 日；*Queen's College: Its History 1862-1987*, p. 234.

757　〈黃伯芹息勞定後日出殯〉，《工商日報》，1971 年 11 月 19 日。

758　〈人名辭典〉，《香港年鑑》（香港：華僑日報，1956 年），頁（己）22。

759　《香港華人名人史略》，頁 45；〈本港聞人陸靄雲逝世定明日下午出殯〉，《工商日報》，1954 年 9 月 15 日。

師。他是中國康年人壽保險公司經理兼聯安水火保險有限公司總司理，及康年儲蓄銀行副經理，歷任華人會計師公會會長等。[760]

黃錫祺（約 1886 - ?），廣東南海西樵人，皇仁書院高中畢業。歷任進興行監督、承春行監督、承祐物業按揭公司總司理、捷成洋行商業顧問、汕頭捷興公司董事、廈門捷昌公司董事等，又曾任孔教學院主席和華商總會值理等。[761]

鍾惠霖（約 1889 - 1954），廣東番禺人，皇仁書院畢業。歷任中西水火保險公司委員、美亞保險公司經理、華商總會值理、上海聯保水火險有限公司香港總公司經理等。[762]

梁廷翰（Leong Henry Guthrie, 1890 - 1961），字顯利，1905 年進入皇仁書院讀書，成績相當優異，曾在 1906 年榮獲 Junior Belilios Scholar。離校後曾在 Bailey & Co. 工作，亦曾任渣甸洋行大寫。梁廷翰以字行，是香港富商，日後他是九龍百老匯戲院東主和顯利大廈業主。[763]

盧國棉（1898 - 1954），廣東花縣羅洞村人，父羅鎮威在香港經營南興隆和廣興隆生豬欄。盧國棉自小在香港讀書，並在皇仁書院畢業。1918 年起，盧國棉在香港的律師樓當文員，同時亦從事商業活動。除繼承父業外，他又創立香港肉食公司、全記鮮魚欄，及與同邑合辦同安牛欄，1939 年為華商總會值理。盧國棉亦熱心各類公益事

760　《前鋒》第 1 期（1950 年），無頁數；〈劉毓芸逝世昨舉殯哀榮〉，《工商日報》，1954 年 11 月 17 日。

761　〈香港華商總會新陣容：副理事長黃錫祺〉，《經濟導報》第 79 期（1948 年），頁 8。

762　〈香港華商總會新陣容：鍾惠霖〉，《經濟導報》第 79 期（1948 年），頁 13；〈榮哀錄〉，《華僑日報》，1954 年 3 月 3 日。

763　"Scholarship Winners, 1905-6," *The Yellow Dragon*, Vol. VII, No. 6 (March 1906), pp. 117-118; *The Yellow Dragon*, Vol. VIII, No. 6 (October 1906), pp. 39-41；〈殷商梁顯利昨病逝寓所〉，《工商晚報》，1961 年 1 月 16 日；伯子：〈辛亥前後香港的兩個群眾團體〉，《廣東文史資料存稿選編》第 5 卷，頁 620 - 628。

業，在香港法律界甚有名望。[764]

　　李獻良（約 1900－?），廣東番禺人，皇仁書院畢業，曾任香港租務法庭法官、康發公司董事、華商總會代表值理等。[765]

　　何兆樞（約 1900－1980），字耿中，廣東順德人，是香港藥商，幼年來港。他從皇仁書院畢業之後，即在瑞昌西藥行協助父親經營生意。何耿中曾為第一屆藥行商會主席、癸亥年（1923 年）東華三院總理、乙丑年（1925 年）保良局總理等，[766] 可見他的家境相當富裕。

　　羅韞赤（1902－?），廣東順德人，皇仁書院畢業，曾任裕豐總經理、寶昌號司理等，又創辦綿遠中學。[767]

　　衛文緯（約 1904－?），番禺瀝浩鄉人，出身皇仁書院，是電話公司華經理、廣發祥有限公司董事。[768] 衛文緯積極參與中國的事務。在抗戰時期，他曾組織中國青年救護團，任總務主任，派遣醫生和護士返國。另外，在香港淪陷期間，他又曾協助工作人員撤退，結果被日軍關押。[769] 衛文緯曾任南京國民政府蒙藏委員會顧問，[770] 亦是國民政府僑務委員會駐港顧問，[771] 可見他是親國民政府的。

　　宋振華（約 1905－?），廣東人，1923 年曾手繪香港中英文全島圖出版，1924 年皇仁書院畢業，歷任司理和會計等職。1936 年 8 月

764　〈法律界前輩盧國棉逝世〉，《工商日報》，1954 年 10 月 16 日；《花縣華僑志》編輯組編：《花縣華僑志》（花都市：花都市地方志辦公室，1996 年），頁 300－301。

765　〈香港華商總會新陣容：李獻良〉，《經濟導報》第 79 期（1948 年），頁 11。

766　〈藥行界聞人何耿中老先生病逝〉、〈聞〉，《工商晚報》，1980 年 8 月 31 日。

767　〈人名辭典〉，《香港年鑑》，1956 年，頁（己）31。

768　〈裝電話難又難〉，《工商晚報》，1947 年 12 月 5 日；〈香港華商總會新陣容：衛文緯〉，《經濟導報》第 79 期（1948 年），頁 14；〈八二高齡儒師桃李滿門數十年前弟子設宴為慶〉，《工商晚報》，1974 年 10 月 24 日。

769　〈港澳社會人物群像之五：衛文緯〉，《公平報》第 4 卷 9 期（1949 年），頁 17。

770　〈衛文緯熊琦任蒙藏會顧問〉，《華僑日報》，1947 年 7 月 14 日。

771　〈郭贊衛文緯等謁林慶年〉，《華僑日報》，1948 年 8 月 11 日。

創立鋼泉洋行，經營出入口生意。[772]

吳文廣（約 1906－?），廣東香山人，1924 年皇仁書院畢業。他先在安南西貢南圻航業有限公司任貨儎部主任。1930 年返港，在德國商行拔蘭樽公司任船務主任。1932 年自辦泗海船務貿易有限公司，為董事長兼總經理。和平後任多利順洋行華經理。他也是旅港吳氏宗親總會首任副理事長。[773]

李文祺（約 1907－?），廣東香山小欖人，早年就讀皇仁書院，約十八歲離校。他先擔任中華鋼品公司經理，後與董仲偉合辦廣豐洋行，及創辦廣興洋紙行。李文祺亦曾任洋紙商會主席。[774]

潘範菴（約 1899－1978），廣東新興人，曾在英華書院和皇仁書院肄業。他是九龍大方書局股東兼總監督，歷任詩刺士律師樓書記、廣州《互助日報》和香港《大光報》主任編輯、廣州培正中學教師、香港英華書院教師、華人賑濟會委員、華商會籌賑會常務委員、旅香新興商會主席、華人革新協會副主席等。[775] 潘範菴是香港社會名流，也是著名文人，曾著《飯吾蔬菴微言》和《範菴雜文》等。

蔡文炳（約 1900－?），香港人，曾任美國大通銀行買辦。[776]

林銘勳（約 1902－1941），廣東新會人，皇仁書院卒業，曾在香港環球保險公司工作，亦曾任美華實業公司書記。他後與鄧次乾組共和汽車公司，又為九巴公司司理。1941 年 12 月 22 日在跑馬地藍塘

772　《前鋒》第 1 期（1950 年），無頁數。

773　同上。

774　〈經濟人物誌：李文祺先生：洋紙商會主席〉，《經濟導報》第 2 期（1947 年），頁 24。

775　〈華商總會理監事今就職最短期內舉行常務會議〉，《華僑日報》，1948 年 7 月 15 日；〈華革會副主席潘範菴病逝遺體將於後日大殮出殯〉，《大公報》，1978 年 1 月 20 日。

776　〈皇仁中學同學會第三次總聚會〉，《香港華字日報》，1922 年 12 月 13 日；〈警司懸紅購緝蔡文炳〉，《工商日報》，1930 年 8 月 20 日。

道四十二號屋被日軍殺害。[777]

鄭生（1905－?），字鈞沛，廣東寶安人，出身自皇仁書院。他曾任香港聯合化學工業製造廠經理、李美度士律師行通事、香港政府通事、永茂洋行經理、永茂電影公司經理、環球戲院副經理等職。[778]

皇仁校友當中也有不少是小商人或職員。彭顯通（約 1890－?）曾在皇仁書院肄業，後任某洋莊幫辦。[779]

何林安為南海南村沙鄉人，在鄉間經營何家園藥店。[780]

陳福濤在 1910 年 2 月離校，赴馬來聯邦（Federated Malay States）從商。[781]

陸達祥 1912 年 9 月 17 日進入皇仁書院 3C 班，1915 年 11 月 30 日離開時在 1B 班，離校後往上海協助其在茶行工作的父親。[782]

梁有彰，1914 年 9 月 12 日從西營盤學校轉入皇仁書院，1917 年 3 月 12 日離開時在商科班第一班，後投靠其從商的叔父（也是皇仁校友）。[783]

何志紅，1911 年 2 月 23 日從私立學校轉入皇仁書院 5C 班，1915 年 10 月 1 日離校，時在 1C 班。離校後經親戚介紹赴爪哇一間糖批發公司工作。[784]

楊兆華，1911 年 2 月 23 日從私立學校轉入皇仁書院 4C 班，

777　JACAR（アジア歴史資料センター）Ref.B02031670900、支那要人消息雜纂，第四卷（A-6-1-0-1_004）（外務省外交史料館）；〈林銘勳死日人刀下遺產三萬元〉，《華僑日報》，1947 年 8 月 4 日。

778　〈人名辭典〉，《香港年鑑》，1956 年，頁（己）26。

779　〈被控槍斃母親〉，《警東新報》，1914 年 3 月 21 日。

780　〈拿獲糾黨劫擄之匪徒〉，《廣益華報》，1909 年 10 月 2 日。

781　*The Yellow Dragon*, Vol. XVII, No. 7 (April 1916), pp. 113-114.

782　*The Yellow Dragon*, Vol. XVII, No. 4 (December 1915), p. 58.

783　*The Yellow Dragon*, Vo. XVIII, No. 8 (May 1917), p. 127.

784　*The Yellow Dragon*, Vol. XVII, No. 7 (April 1916), p. 114.

1916 年 2 月 21 日離校時在 2C 班。離校後協助其在糖批發公司工作的父親。[785]

馮元熙，1913 年 3 月 3 日從私立學校轉入皇仁書院 5B 班，1916 年 1 月 31 日離校，時在 2B 班。離校後赴檳榔嶼協助其父在當地的業務。[786]

張鉅鎮，1913 年 9 月 17 日進皇仁書院 3A 班，1915 年 11 月 23 日離校時在 2B 班。張鉅鎮離校後赴美國奧克蘭（Oakland）協助其父在當地的生意。[787]

梁焯榮，1913 年 9 月 17 日從灣仔地區學校（Wantsai District School）轉入皇仁書院商科班 3D 班，1915 年 12 月 31 日離校，時在商科 2C 班。梁焯榮離校後往廣東協助其親戚在當地的絲綢生意。[788]

朱勝祥，1913 年 3 月 4 日從西營盤地區學校（Saiyingpun District School）轉入皇仁書院 4B 班，1915 年 12 月 7 日離校，時在商科 2C 班。離校後往杭州協助其親戚在當地的絲綢生意。[789]

施楊廷，1913 年 9 月 16 日從西營盤地區學校進入商科班第三班，1915 年 12 月 28 日離校時在第二班。施楊廷離校後在香港中華煤氣有限公司寫字樓任文員，其父亦是皇仁校友，1915 年時在公司已工作十七年。[790]

胡瑞璋，1917 年離開皇仁書院時在商科 2B 班，後在廣州英美煙公司工作。[791]

785　*The Yellow Dragon*, Vol. XVII, No. 7 (April 1916), p. 115.

786　Ibid.

787　*The Yellow Dragon*, Vol. XVII, No. 5 (January 1916), p. 78.

788　Ibid.

789　Ibid.

790　Ibid., p. 79.

791　*The Yellow Dragon*, Vol. XVIII, No. 8 (May 1917), p. 127.

利學文，字子青，廣東東莞人，是怡和洋行幹事，通訊處是怡和公司船頭房。[792]

林福根，字芹生，廣東番禺人，是漢口謝榮記經理，通訊處是謝榮記。1904 年離開皇仁書院，在 Austrian Lloyd 工作。[793]

西醫

皇仁校友除了是外交官和商人之外，還有當西醫者。晚清時期，清政府的上層官僚開始接受西醫。[794] 因社會風尚所趨，習西醫者漸多。許多皇仁校友進入香港華人西醫書院[795] 攻讀西醫課程。江英華（約 1871－?）自中央書院肄業後，進入香港華人西醫書院，畢業後曾赴英屬北婆羅洲（North Borneo）及新加坡行醫，至 1899 年加入雪蘭莪政府服務，1902 年回港，後在山打根（Sandakan）行醫。[796]

胡爾桂（1879－1938），別字焯卿，廣東鶴山人，出身皇仁書院，是胡爾楷弟。1899 年進入香港華人西醫書院，1905 年畢業。死後歸葬香港基督教會墳場。[797]

馮志銘，生於東莞，1893 年在維多利亞書院中文班第二班，成

792　〈普通會員通訊處一覽表〉，載《環球中國學生會會員題名錄》，1919 年，頁 22。

793　"List of Boys Who Have Left During the Last Two Months ," *The Yellow Dragon*, Vol. VI, No. 3 (November 1904), p. 62；〈普通會員通訊處一覽表〉，頁 23。

794　〈兼習西醫〉，《香港華字日報》，1902 年 5 月 17 日。

795　最近有兩本學術專書研究香港華人西醫書院等問題。詳見 Faith C. S. Ho(何屈志淑)，*Western Medicine for Chinese: How the Hong Kong College of Medicine Achieved a Breakthrough* (Hong Kong: Hong Kong University Press, 2017)；羅婉嫻：《香港西醫發展史》（香港：中華書局〔香港〕有限公司，2018 年）。兩書均為出色的研究。

796　〈本港第一個西醫江英華仍然健在〉，《工商日報》，1939 年 10 月 23 日。

797　《鶴山胡氏族譜》，1968 年，無頁數；《香江有幸埋忠骨：長眠香港與辛亥革命有關的人物》，頁 76－81。

續名列前茅，1895 年進入香港華人西醫書院。[798] 1902 年 5 月與英兵華差到市內民居檢查瘟疫。[799]

劉禮生於香港，離開皇仁書院後，在 1896 年進入香港華人西醫書院。[800] 1909 年 4 月曾在香港青年會演講〈發冷等症理由及引避之法〉。[801]

何高俊是廣東南海人，父為何啟之兄，早年在皇仁書院求學。1902 年香港華人西醫書院畢業，是婦產科醫生，之前曾在香港華人西醫書院當助教。歷任那打素、何妙齡、雅麗氏等醫院婦產科醫生。1907 年起歷任東約公立醫局主任醫生及兼任留診所醫席、廣東省衞生司副司長。後在香港行醫，1949 年 9 月退休。[802]

何高俊回憶其早年學習生活云：「僕少習英文，五年後始能直接聽受西人演講，又習醫五年，乃稍知專門科學門徑，又在港助教醫學堂十餘年，始累有所得，至曰精深，仍未敢言也。」[803] 他又談到：「先叔何啟在香港為議紳，實力提倡學務，手創雅利士醫院、醫學堂、皇仁 [804]、實業、夜學等學堂。及其創辦香港大學之始，僕謂欲助中國

798　英文拼音 Fung Chi-ming, "Victoria College: Distribution of Prizes by H. E. the Governor," *Hong Kong Daily Press*, 10 February 1893；〈國父在西醫書院之同學與書院學員分析〉，收羅香林：《國父之家世與學養》（台灣：台灣商務印書館，1972 年），頁 33–42。按，〈國父在西醫書院之同學與書院學員分析〉一文雖有不少發見，但瑕疵甚多。

799　〈派醫查疫〉，《香港華字日報》，1902 年 5 月 17 日。

800　〈國父在西醫書院之同學與書院學員分析〉，頁 33–42。

801　〈青年會演說〉，《香港華字日報》，1908 年 4 月 21 日。

802　〈服務四十載榮獲 OBE〉，《華僑日報》，1949 年 9 月 5 日；〈何高俊醫生昨晚逝世〉，1953 年 6 月 7 日；〈何高俊醫生出殯哀榮〉，《工商日報》，1953 年 6 月 9 日；〈醫界名宿何高俊出殯榮哀〉，《華僑日報》，1953 年 6 月 9 日。

803　〈欲中國科學發達當以中國文授課并譯科學書報意見書〉，《新民報》第 4 卷第 6 期（1919 年），頁 18–19 上。

804　這處史實似有誤。

之進步，大學堂除文科外，各學科當以中國文講授，方易為功。先叔甚嘉其言，曾提出研究聚商數次，而事不果行。」[805] 何高俊著有《赤十字會初級急救要法》一書。該書「均悉自來療治跌打之道，醫家薄視不為。救死扶傷，徒寄諸市儈鄉愚之手，既無良術，遂少專書。此編採取泰西新法，於絜裏按事，[806] 洵見醫門之進步，並徵仁者之用心」。[807] 何高俊另撰有〈種牛痘之益〉等文章。[808]

李可楨是皇仁早期傑出學生，1902 年進香港華人西醫書院，1907 年畢業。[809]

何乃合（1876－1930）又名何樂琴，生於廣州，香港華人西醫書院畢業，是新界首任醫官，在新界大埔工作。[810] 他曾在《中西醫學報》發表〈娠婦嘔吐不止〉一文。[811]

温植慶（約 1889－1971）是廣東台山人，是温秉忠（1861－1938）弟的兒子，九歲時進入皇仁書院唸書，十五歲轉至香港華人西醫書院習醫，十八歲畢業。1910 年赴英攻讀醫科，1914 年獲愛丁堡大學（Edinburgh University）內外科醫學士，1915 年熱帶病學文憑，1916 年公共衛生科文憑，1922 年愛丁堡皇家外科學院院士。他是香港著名西醫，曾在英國行醫，1918 年回港執業，戰時曾任外科後備

---

805 〈欲中國科學發達當以中國文授課并譯科學書報意見書〉。

806 原文如此。

807 〈何高俊醫書准給版權〉，《香港華字日報》，1908 年 9 月 4 日。

808 〈種牛痘之益〉，《通問報：耶穌教家庭新聞》第 807 期（1919 年），頁 11 下。

809 〈國父在西醫書院之同學與書院學員分析〉，頁 33－42。1922 年李可楨診所在中環威靈頓街一二七號。詳見〈李可楨失竊續聞〉，《香港華字日報》，1922 年 10 月 24 日。

810 Queen's College; Its History 1862-1987, p. 43；〈國父在西醫書院之同學與書院學員分析〉，頁 33－42。

811 何乃合：〈娠婦嘔吐不止〉，《中西醫學報》第 3 期（1910 年），頁 7；〈何樂琴先生墓誌銘〉，載《香港華籍名人墓銘集（港島篇）》，頁 131－132。

醫官。[812] 1933 年至 1971 年期間為香港養和醫院董事。[813] 1945 年 12 月
至 1950 年 2 月間曾任中國海關醫員（Medical Officer）。[814]

溫植慶與何高俊認識。1953 年何高俊逝世，溫植慶也有出席喪
禮。另左汝謙（約 1876－1950）女兒左雪顏醫生亦有出席。[815] 證明彼
此互有聯繫。

溫萬慶（1895－?），1912 年仍在皇仁書院求學。[816] 溫萬慶是溫
秉忠（1862－1938）五弟溫秉禮的獨子，日後追隨孔祥熙。溫萬慶
1918 年從耶魯大學畢業，後在法國華工青年會工作一年，又曾在上
海青年會當學生書記，沒多久成了姻親和耶魯校友孔祥熙的助手。後
在南京國民政府任財政部秘書、工商部全國商標局長等職。離開政府
後加入交通銀行工作。[817]

不少皇仁校友考進天津的北洋醫學堂，該學堂是英國倫敦傳道會
（London Missionary Society）醫療傳教士應李鴻章之邀而創辦，所
行學制是英國五年制的西醫醫科學制。[818] 1887 年北洋醫學堂畢業的四
位學生全是中央書院校友，讀的是師範課程。他們分別是徐華清（約

812 〈溫植慶醫生舉殯安葬基督教墳場〉，《華僑日報》，1971 年 7 月 16 日；〈溫植慶醫
　　生逝世〉，《華僑日報》，1971 年 7 月 17 日。

813 http://www.hksh.org.hk/sites/default/files/website-media/pdf/about-hksh/board_of_
　　directors.pdf.

814 https://www.bris.ac.uk/history/customs/resources/servicelists/chinesestaff/uwaung.

815 〈醫界名宿何高俊出殯榮哀〉，《華僑日報》，1953 年 6 月 9 日；〈王氏家族枝葉繁
　　茂〉，《基督教週報》第 2164 期（2006 年 2 月 12 日）。

816 "The Prize List," The Hong Kong Telegraph, 8 February 1912；《現代中華民國滿洲國
　　人名鑑》，頁 47。

817 羅元旭：《東成西就 —— 七個華人基督教家族與中西交流百年》（香港：三聯書店〔香
　　港〕有限公司，2012 年），頁 205－206；《現代中華民國滿洲國人名鑑》，頁 47。

818 黃宇和：〈尹文楷是何方神聖？〉，載黃宇和：《孫中山：從鴉片戰爭到辛亥革命》（台
　　北：聯經出版事業股份有限公司，2016 年），頁 461－467。

1857－？）、麥信堅、屈永秋、黃寶森。[819]

　　徐華清，字靜瀾，廣東嘉應州長樂縣人，1888 年為天津鐵路公司醫官，1889 年為旅順水師水電學校教習，1895 年為陸軍官醫總局總辦，1912 年為北洋軍醫學堂總辦。1909 年與出使大臣戴鴻慈（1853－1910）赴俄國。[820] 1908 年 12 月，徐華清被派為會議專員，出席美國在上海舉辦之禁煙會議。[821] 徐華清在北洋醫學堂聘用日本陸軍軍醫和藥劑官數名當教習。[822]

　　屈永秋，字桂庭，廣東廣州人，1874 年進入中央書院，1878 年仍在中央書院求學。屈永秋自北洋醫學堂畢業，也是監生。1888 年為旅順醫院醫官，1895 年為北洋醫學堂醫官，1896 年為醫學堂監督，1899 年則為騎兵隊附軍醫官，1900 年為北洋醫學堂兼醫局正醫官，1905 年任後補道，1906 年任留學出身醫學生考試委員。1906 年他往歐美考察，1907 年返國，任北洋醫學堂兼天津衛生局總辦。[823] 屈永秋與譚禮泉差不多同時進入中央書院。他與譚禮泉和麥信堅是師範學校同學。[824]

　　1911 年，直隸總督陳夔龍（1857－1948）向清政府奏請賞給屈

819　《現代支那名士鑑》，頁 276；*Queen's College: Its History 1862-1987*, p. 238；《清末海軍史料》，上冊，頁 449。

820　《現代支那名士鑑》，頁 276。

821　〈派徐道華清為會議禁煙專員由〉，《外務部》，中央研究院近代史研究所檔案館藏，檔號 02-22-002-02-009。

822　JACAR（アジア歴史資料センター）Ref. C09123108200、明治 37 年 人事日記 庶人秘号（防衛省防衛研究所）；JACAR（アジア歴史資料センター）Ref. C09123108600、明治 37 年 人事日記庶人秘号（防衛省防衛研究所）。

823　英文拼音 Wat Wing-tsau，名單序號 145。*The Hongkong Government Gazette*, 4 May 1878, pp. 231-236；《現代支那名士鑑》，頁 197。《花甲回憶錄》，頁 1。屈永秋是其中一個被史釗域評核英文口語的學生，他被評為 E 級，被認為根本不能說英語。

824　*The Hongkong Government Gazette*, 4 May 1878, pp. 231-236;《花甲回憶錄》，頁 1。

永秋醫科進士學位。陳虁龍指屈永秋「學理精深，成績卓著」,「當光緒二十八年欽奉諭旨飭辦防疫，該員參酌西法，釐訂章程，營救民生裨益衞生政策。歷年督同醫官研究疫症，實地觀摩，如北塘、營口、唐山等處，疊起時疫，均經如法消弭」。[825] 1911 年，東三省爆發鼠疫，屈永秋「籌辦防疫，力弭巨患，外人尤為翕服」。同時屈永秋更作育英才,「其在學堂教授課程，考求新理，先後畢業生徒分充陸海軍醫及各醫官不下百餘人，造就多材，深裨時用」。[826] 陳虁龍認為既然曾參與東三省抗疫的伍連德（1879－1960）也獲授醫科進士學位，而「該員學業不亞伍連德，而辦事成績則遠過之」，故特向清政府奏請給予屈永秋醫科進士學位。[827] 清政府許多高等官僚如奕劻（1838－1917）、世續（1852－1921）、張之洞、袁世凱等，均曾接受屈永秋的治療。他因各人之薦，得以替光緒皇帝治病。[828]

麥信堅，字佐之，廣東番禺人，曾在美國留學六年。返國後得袁世凱保舉為候補道，後任工程局總辦。1908 年任招商局天津分局總辦。麥信堅亦曾擔任清政府出使大臣隨員。[829]

鄭文祺（約 1862－?），1875 年進入中央書院，1878 年仍在中央書院求學。屈永秋和鄭文祺在上述的名單序號相連，證明二人可能是同班或同屆同學。[830] 他是北洋醫學堂第三屆畢業，與尹端模同屆。[831]

825　〈直隸總督陳奏請賞給補用道屈永秋醫科進士學位片〉,《北洋官報》第 2790 冊（1911 年）,頁 5。

826　同上。

827　同上。

828　屈桂庭口述、簡又文記錄:〈診治光緒皇帝秘記〉,《逸經》第 29 期（1937 年）,頁46－47。

829　《現代支那名士鑑》,頁 9。

830　英文拼音 Cheng Man-ki，名單序號 146。*The Hongkong Government Gazette*, 4 May 1878, pp. 231-236.

831　《清末海軍史料》,上冊，頁 449。

日後鄭文祺似沒有行醫，而是在鐵路部門工作，他是鐵路協會會員之一。1920年，他與皇仁校友温德章等幾位粵籍鐵路協會會員合捐一套《粵雅堂叢書》予鐵路協會圖書館。[832] 鄭文祺曾是津浦鐵路管理局副局長兼車務總管。[833]

　　尹端模，字文楷，東莞人，以字行。尹端模來自基督教家庭。他指「先府君華川公，童年歸基督教。肄業於巴色會之李朗書院。擅制藝，有勸之應試者，不顧，寧効力於教會。好撰衞道文字，因盂蘭盆會，與《循環日報》記者連篇筆戰，不肯少餒。老泉發奮之日，已歸道山。猶記彌留之際，尚欲起搦管，完其未畢之著作，可謂至死不懈。至已刊之小冊，如《天道明徵》、《堪輿辯略》等，頗流行於時」。[834] 這處所指之「華川公」即尹維清，是基督徒。1875年的《萬國公報》「收到香港尹維清教友寄來〈救主門人李枝瓊自序〉，現登本報，其餘〈葉牧師行述〉、王元深〔琛〕〈信道實錄〉，又〈聖令大公論〉，又〈何生論〉，又〈某教士議牧說〉等篇」。[835] 王元琛（1817－1914）即王寵惠祖父。

　　尹文楷母曾氏（約1851－1910）信奉基督教，二十六歲守寡，死後葬「博胡林墳場」（即博扶林墳場）。[836] 尹端模1884年在中央書院英文班第五班，成績十分優異，是首名。[837] 也自北洋醫學堂畢業後任海軍醫官，在旅順口海軍醫院及來遠快艦工作。1891年至1896年任廣州博濟醫局醫生兼教師，並主編西醫書籍。1896年至1897年

832　〈本會紀事〉，《鐵路協會會報》第91期（1920年），頁7－8。

833　〈法制章程〉，《鐵路協會會報》第48期（1916年），頁3。

834　尹文楷：〈二十五年來之香港教會〉，《真光》第26卷6號（1927年），頁1－8。

835　〈收件告白〉，《萬國公報》第359期（1875年），頁29；〈「杏林雙幟」原是中學書友〉，《基督教週報》，第2447期（2011年7月17日）。

836　〈彤管流徽〉，《香港華字日報》，1910年7月25日。

837　"Prize Day at the Central School," 23 January 1884.

間，奉調到北洋醫學堂任教學習。旋返香港，1897 年至 1902 年間在香港那打素和雅麗氏醫院任醫生，後定居香港行醫。[838] 在 1901 年 12 月 25 日一則廣告中，尹端模提到了私人執業的決定：「本醫生自丁酉歲（按，1897 年）辭退北洋醫學教習一席，旋就香港雅麗氏之聘，於今已閱五稔。每遇親友邀赴，輒以院務叢忙，撥冗分身，難言盡職，心滋歉然。雖相知雅意，鑒原而自問，彌形慚慄。爰於西曆明年正月為始，即院內事務交代清楚，自設醫室，專誠應召，不拘早晚，均可到本醫室掛號，依時診治，亦為聊盡此心，庶幾不負所學，向隅弭憾。」[839] 大概尹端模行醫多年，已甚具名氣，不愁生意，故決意自立門戶。尹文楷醫術不凡，詞人潘飛聲（1858－1934）之妾身患重病，因其與關景良及一位德國醫生的醫治，得以康復，潘飛聲遂登報讚揚。[840]

北洋醫學堂第五屆的十二名畢業生均來自皇仁書院，[841] 名字如下：譚其濂、吳其芬、蕭杞枬（約 1878－？）[842]、吳為雨、徐英揚、左汝謙、王文藻、關景星、黎樹榮、溫秉文、游敬森（？－1916）[843]、湯輔民。[844]

我們對譚其濂的生平所知無多，只知他是廣東香山人，曾撰《鼠疫》一書。[845] 此書相當稀見。譚其濂《鼠疫》的內容、自序，和其同學吳其芬替其《鼠疫》所作之序文，可助我們破解譚其濂的身世之

838 柴蓮馥：〈教務論説門：尹文楷先生對於自立之演説〉，《新民報》第 3 卷 11 期（1916 年），頁 7 下－9 上。

839 〈尹文楷醫生〉（廣告），《香港華字日報》，1901 年 12 月 25 日。

840 〈敬頌西醫〉（廣告），《香港華字日報》，1902 年 3 月 21 日。

841 浩然：〈林聯輝任北洋醫學院院長〉，《基督教週報》第 2113 期（2005 年 2 月 20 日）。

842 蕭杞枬生年根據《最近官紳履歷彙編》（第一集），頁 239。

843 游敬森卒年根據〈交通部奏本部路電監查會調查員游敬森在職病故懇請照章給卹摺並批令〉，《鐵路協會會報》第 42 期（1916 年），頁 127－128。

844 《清末海軍史料》上冊，頁 450。

845 譚其濂：《鼠疫》（上海：商務印書館，1918 年），版權頁，作者自署「香山譚其濂」。

謎。原來譚其濂又名譚次宋。[846] 他在自序中回顧醫學研究的生涯，謂
「余不自揣而好言醫，自束髮受書，即有志於是。及長，從翠微吳鰲
石師遊。師固名儒，而精於醫理者，案頭經史外，即諸大家醫書。由
是於講誦之餘，得私自研究。然人命至重，固未嘗以斯問世也」。[847]
可見他對中國醫理的興趣，發軔很早。

接着他談到自己在北洋醫學堂的求學經過。「丙申（按，1896）
秋，應北洋醫學堂考，得與選，留堂習藝者四年。堂之右為北洋施醫
院，合淝李文忠公所奏設者也。諸生聽講以還，兼以臨症，日近窮黎
數百，無病不具，無症不詳，而於鼠疫蓋未見之。」[848] 根據譚其濂的
記述，可見北洋施醫院是北洋醫學堂的教學醫院，學生在這所醫院
實習。他又追憶何以走上研究鼠疫之路。1899 年在牛莊一帶發生鼠
疫。北方天氣嚴寒，一向沒有這種疾病。一但鼠疫爆發，天津與牛莊
相鄰，勢難倖免，人們無不談虎色變。他憶及其老師德博施的教誨
「君子以身殉道，以道殉仁，鼠疫為我醫界至勁之公敵。彼既不來，
亦當往而要之，俾得其真相，設法驅除，為我人類謀幸福。今既行將
戾止，二三子其（按，疑為甚）歡迎之，勿懈」。[849]

德博施即 Dr. Renee Depasse，[850] 書中屢次提及他。譚其濂引德博
施云：「華人身體抵抗傳染病之力，比歐洲人強，嘗於醫院習見同一
體氣之歐美人及華人，得同等之傳染病，而歐美人往往先華人死，而
華人中間有愈者云云。」[851] 又云：「聞之余師德博施先生曰，疫氣之

846　〈吳其芬序〉，《鼠疫》，頁 1−2。

847　〈自序〉，《鼠疫》，頁 1−2。

848　同上。

849　同上。

850　《鼠疫》，頁 76；Ruth Rogaski, *Hygienic Modernity: Meanings of Health and Disease in Treaty-Port China* (California: University of California Press, 2004), p. 172.

851　《鼠疫》，頁 9。

趨向，似有偏於種族者。余徵諸往事，鼠疫然；似吐瀉及諸傳染症，亦莫不皆然也。即如疫症盛於歐洲之際，白種所居之處，戕賊無遺，而黃種及別族，則尚未殃及。廣州、香港之役〔疫〕，華人染病死者，其分數比外人獨高。」[852] 書中多次徵引德博施的見解，可見譚其濂對德博施深深折服。那麼，德博施又是甚麼人呢？

原來德博施曾是李鴻章的私人醫生。1895 年，李鴻章在日本馬關（Shimonoseki）遇刺，德博施是其中一位主診醫生。在任李鴻章私人醫生的同時，他是北洋醫學堂的醫科教授。[853] 尹文楷也是譚其濂的老師。譚其濂云：「余師德博施先生謂，疫症無藥可治，祇種疫漿一法而已。尹文楷師則謂，有以加波力酸（按，Carbonic acid）見效者，但亦不過百中一二耳。」[854] 尹文楷在 1896 年至 1897 年間在北洋醫學堂任教，[855] 譚其濂在這期間受教於他。

尚幸鼠疫不久便告結束，天津得免。離開北洋醫學堂後，譚其濂「謀道申江」，即在上海工作。惟對老師之言仍念念不忘，故對鼠疫研究鍥而不捨，參照中西醫學典籍而成《鼠疫》一書。[856] 是書之序寫於 1909 年，因譚其濂在自序云「民國紀元前三載」，自署齋名為「覺覺草廬」，[857] 直至 1915 年 8 月才正式出版，1918 年 3 月三版，可見甚受歡迎。[858]

吳其芬則在天津防疫總局工作。[859] 吳其芬在為《鼠疫》一書所寫的序云：「辛亥東三省之役，蔓延既廣，傷害尤多，聚十一國之名醫

852　同上，頁 9。

853　*Hygienic Modernity: Meanings of Health and Disease in Treaty-Port China*, p. 172.

854　《鼠疫》，頁 23。

855　〈教務論說門：尹文楷先生對於自立之演說〉，頁 17–20。

856　〈自序〉，《鼠疫》，頁 1–2。

857　同上。

858　《鼠疫》版權頁。

859　〈吳其芬序〉，《鼠疫》，頁 1–2。

共同討論，而猶以無把握告，則醫術幾至於窮矣。鄙人職掌病機，關懷更切。見夫吾國人之不講衛生也如此，醫界之駁雜也如彼，每一念及，心戚戚焉。恆思將鼠疫一症筆之於書，以問當世。自思以西進，則言猶人也；若以中學，則向未講求，不敢率爾。適吾友譚君次宋道過津門，出其所著《鼠疫編》示。披覽之餘，曷勝欣慰，夫中西醫理之不相容也，言之者眾矣。譚君獨能抉微發隱，比較精詳，且所引證均出自經典及諸名家醫書，使讀之者能了然於天地間，理之毫無二致，而不至或疑。其有功於醫界豈淺鮮？」[860] 吳其芬這篇序，明確指出譚其濂兼通中西醫理。

　　據譚其濂在〈凡例〉所言：「此編作於戊申，成於己酉，故於東三省之疫，未及論述。」可知此書作於 1908 至 1909 年之際。譚其濂自言參考了許多東西方醫籍，「然大半採自孟天彌古魯君之《鼠疫編》（*Burbonic Plague* by Dr.Wontenegro〔Montenegro〕）及孟生君之《熱地病說》（Manson's *Tropical Diseases*）」。[861] 孟生即 Sir Patrick Manson（1844－1922），是香港華人西醫書院首任校長。*Tropical Diseases* 是在 1898 年出版的。[862] 這書有可能是譚其濂在北洋醫學堂曾使用的教科書。當然，他亦有可能從其他渠道得見這本書。譚其濂在《鼠疫》中云：「孟生君謂，地土與疫無大關係。余師德博施先生則不謂然。」[863] 可證德博施曾研究鼠疫。譚其濂又指「疫之為禍，向不知其所自來。至一千八百九十四年，香港大疫，由日本北里君〔按，北里柴三郎（1853－1931）〕，首先指出其為一種微生物，名霍高北士罅

860　同上。

861　〈凡例〉，《鼠疫》，頁 1－2。

862　李尚仁：《帝國的醫師：萬巴德與英國熱帶醫學的創建》（台北：允晨文化實業股份有限公司，2012 年），頁 212、350。

863　《鼠疫》，頁 7。

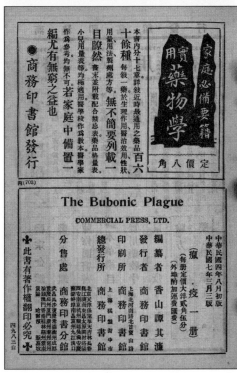

圖 2-27　譚其濂《鼠疫》封面和版
　　　　 權頁。書名首字是「鼠」
　　　　 較古的寫法。

【資料來源】譚其濂：《鼠疫》（上海：商
務印書館，1918 年）。筆者藏。

士 Cocco Bacillus〔Coccobacillus〕，又曰北士罅士怕士篤士 Bacillus Pestis 所生」。[864] 譚其濂後來似在海軍工作，1930 年左右尚在生。[865]

蕭杞枬是廣東人，字柏林。有記載指蕭杞枬曾在「香港醫學校」卒業，應是指香港華人西醫書院，惟未審是否正確。歷任京奉鐵路局通譯、翻譯長、郵傳部部員、吉長鐵路管理局營業課長、代理局長等。[866]

吳為雨，字蔭民，廣東順德人，是京綏鐵路局醫務主任，1918 年通訊地址為北京東城洒茲府。他是鐵路協會會員。[867]

徐英揚則是軍醫。1905 年他被選派到美國出席美國軍醫會議，推薦人指「查有衞生局醫官徐英揚醫學湛深，前在軍營當差多年，熟習情形，深堪委任」。[868] 1909 年再次被選派到美國出席美國軍醫會議，當時他是軍醫總局正軍醫。[869] 徐英揚後來當上陸軍軍醫學堂監督。[870]

左汝謙，字吉帆，廣東番禺人，1895 年進香港華人西醫書院，北洋醫學堂第五屆畢業。他後來在廣州經營藥房。左汝謙來自信奉基督教的家族，是左斗山（1836－1911）的兒子。其妻王慧珍（1877－1953）為王寵惠姊。[871]

864　同上。此書英文名字或學名時有錯誤。

865　〈電上海海軍醫院何院長〉，《海軍公報》第 11 期（1930 年），頁 199。

866　《最近官紳履歷彙編》第一集，頁 23

867　〈附錄鐵路協會會員題名〉，《鐵路協會會報》第 73 期（1918 年），頁 181－184。

868　〈揀派陸軍醫官徐英揚赴美國第十四次軍醫會由〉，《總理各國事務衙門》，中央研究院近代史研究所檔案館藏，檔號 01-27-015-01-068。

869　〈美開第十八次軍醫會派軍醫學堂監督唐文源醫官徐英揚赴會請照復該使由〉，《總理各國事務衙門》，中央研究院近代史研究所檔案館藏，檔號 01-27-015-01-099。

870　《陸軍軍醫學校校友會雜誌》，1918 年 12 月，無頁數。

871　〈國父在西醫書院之同學與書院學員分析〉，頁 33－42；陳貞壽：《圖説中國海軍史：古代－1955》第一冊（福州：福建教育出版社，2002 年），頁 283；〈王氏家族枝葉繁茂〉，《基督教週報》第 2164 期（2006 年 2 月 12 日）；《香江有幸埋忠骨：長眠香港與辛亥革命有關的人物》，頁 98－99。

　　王文藻是廣東鶴山人，出身自皇仁書院。王文藻曾在北洋醫學堂工作，當袁世凱為直隸總督時，對王文藻甚為器重，家中各人患病，定必延請王文藻治理，袁世凱更月給他一千元作為酬金。王文藻後來長期擔任袁世凱的醫生，民國創立以後，他更在總統府對面開設藥房，藥房裏且有直線電話達總統府。後來更有傳袁世凱任命他為宮廷醫官。[872] 法國總統曾頒榮光五等勳章予王文藻。[873]

　　黎樹榮為鐵路協會會員。[874]

　　溫秉文，字斌園，是溫秉忠的七弟。他是南京中西醫院創辦人兼總醫生。[875]

　　游敬森，1906 年補巡部主事，不久改任民政部主事，升補員外郎，歷任內外城官醫院監督、民政部衛生司主稿、禁衞軍軍醫處處長，最後為路電監查會調查員，且在任內病故。[876] 1910 年他以禁衞軍軍醫科監督之身份出席美國軍醫大會。[877]

　　鄧祥光與鄧松年 [878] 同在 1903 年進北洋醫學堂。兩人均是第八屆畢業。[879] 鄧祥光抗戰前在廣州市市立醫院工作，並曾撰〈薑片蟲病

872　*The Yellow Dragon*, Vol. XVII, No. 4 (December 1915), p. 60；《圖說中國海軍史：古代－1955》第一冊，頁 283。*Queen's College, 1862-1962*, p. 292.

873　〈外交總長孫寶琦呈法總統贈給醫官王文藻勳章應否受佩請示文並批令〉，《政府公報》第 771 期（1914 年），頁 11。

874　〈已交七年分會會費諸會員題名〉，《鐵路協會會報》第 72 期（1918 年），頁 150－151。

875　《東成西就 —— 七個華人基督教家族與中西交流百年》，頁 204。

876　〈交通部奏本部路電監查會調查員游敬森在職病故懇請照章給卹摺並批令〉。

877　〈美國軍醫會派軍醫監督游敬森軍醫梁景昌前往由〉，《總理各國事務衙門》，中央研究院近代史研究所檔案館藏，檔號 01-27-015-01-107。

878　鄧松年直至 1958 年 6 月仍然在世。詳見〈鄧松年講「醫德」指出醫者應注意幾點〉，《華僑日報》，1958 年 6 月 25 日。

879　*The Yellow Dragon*, Vol. IV, No. 10 (July 1903), p. 197；《圖說中國海軍史：古代－1955》第一冊，頁 283。

之傳染及其防預〉一文。[880] 鄧松年後來分別在美國約翰・霍金斯大學（John Hopkins University）及哈佛大學醫學院（Medical School, Harvard University）留學。[881]

1906 年，林承芬（1888－1963）、林錫桂、馬冠峰、鄧燦章、劉湛燊、酈長吾、余藻熙、陳磯良、陸鏡輝、黃福基等考進北洋醫學堂。[882]

林承芬是銀行家，廣東東莞人，1906 年考選為北洋醫學堂學生，[883] 惟最後沒有完成課程。[884] 另他曾編《英文津逮》一書。[885]

余藻熙 1906 年轉學四川高等學堂。[886] 劉光榆、李錫康、梁九居均是第九屆畢業。[887] 李錫康，字嘯秋，曾在《中西醫學報》發表〈種

880 鄧祥光：〈市立第二神經病院工作概要〉，《廣州衛生》第 1 期（1935 年），頁 107－110；鄧祥光：〈薑片蟲病之傳染及其防預〉，《廣州衛生》第 2 期（1935 年），頁 91；鄧祥光：〈廣州市市立醫院二十四年下半年度工作概要（附表）〉，《廣州衛生》第 2 期（1935 年），頁 101－105。

881 《寰球中國學生會週刊》第 47 期（1920 年），第 1 版。

882 "Situations Obtained by Queen's College Boys in 1906," *The Yellow Dragon*, Vol. VIII, No. 6 (March 1907): 130-132。原文只有英文，中文名字主要比對〈告白〉，《香港華字日報》，1906 年 7 月 25 日。林承芬生卒年根據〈林承芬在星逝世親屬舉行家奠〉，《工商日報》，1963 年 5 月 11 日。

883 林承芬 1906 年 7 月底曾到香港華商會所核實入學資料，負責統籌其事者為尹文楷和關景良。詳見〈告白〉，《香港華字日報》，1906 年 7 月 26 日。

884 JACAR（アジア歴史資料センター）Ref. B02031670900、支那要人消息雜纂第四卷（A-6-1-0-1_004）（外務省外交史料館）。

885 〈圖書館書目室啟示〉，載《北京大學日刊》257 期（1918 年），頁 3。

886 *The Yellow Dragon*, Vol. VIII, No. 6 (October 1906), pp. 39-41.

887 *The Yellow Dragon*, Vol. VII, No. 6 (March 1906), p. 121；《圖說中國海軍史：古代－1955》第一冊，頁 283。

痘規則〉一文。[888] 宋廷瑞也是第九屆畢業。[889] 陳磯良是第十屆畢業。[890]

陸鏡輝，1906 年考選為北洋醫學堂學生，[891] 是第十屆畢業生。[892] 陸鏡輝十八歲信基督教，畢業時是二十三歲。後在廣州行醫，兼在醫科學校教書，且加入河南歧興里同寅會禮拜堂。稍後到澳門，1933 年到中山行醫，凡十多年。1948 年正式在澳門取得行醫許可。1949 年至 1950 年以後，陸鏡輝在澳門定居。他既是醫生，也是牧師。[893]

除陸鏡輝和林承芬外，還有十三名皇仁學生入選北洋醫學堂。可考的有劉湛燊，是第十屆畢業，[894] 日後成為金星人壽保險公司總醫生。[895] 而該公司正是唐紹儀和王正廷（1882－1961）等合辦的。[896] 蔡華昌和梁承藻也是第十屆畢業，[897] 惟兩人以後生平不詳。

上世紀二十世紀初，北洋醫學堂在港招生，但當時投考並不熱烈。1906 年，尹文楷和關景良在報章刊登廣告云：「啟者：日前考取天津醫學堂（按，即北洋醫學堂）學生，除已選取外，尚有遺額。茲

888 　李錫康：〈社友來稿匯錄：種痘規則〉，《中西醫學報》第 15 期（1911 年），頁 11－13。

889 　《圖說中國海軍史：古代－1955》第一冊，頁 283。

890 　同上。

891 　〈告白〉，《香港華字日報》1906 年 7 月 26 日。

892 　The Yellow Dragon, Vol. VIII, No. 6 (March 1907), p. 131；《圖說中國海軍史：古代－1955》第一冊，頁 283。

893 　陸鏡輝：〈培靈會與我四十載的回憶〉，http://www.hkbibleconference.org/cn/95-about-hkbc/share-articles/258-.html.

894 　The Yellow Dragon, Vol. VIII, No. 6 (March 1907), p. 131；《圖說中國海軍史：古代－1955》，第一冊，頁 283。

895 　劉湛燊：〈衛生常識〉，《甲子年刊》，1933 年，頁 170－187。

896 　傅秉常口述，沈雲龍訪問，謝文孫記錄：《傅秉常先生訪問紀錄》（台北：中央研究院近代史研究所，1993 年），頁 111－112。

897 　The Yellow Dragon, Vol. VIII, No. 2 (October 1906), p. 41；《圖說中國海軍史：古代－1955》第一冊，頁 283。

定於六月十五日（按，1906 年 8 月 4 日），即禮拜六日下午兩點鐘在華商會所三樓，再行考取。如有志進堂肄業者，祈即到西醫關心焉醫寓報名。屆期自攜筆墨赴考可也。」[898] 如反應理想，是不會有「遺額」的。關心焉（即關景良）在香港主其事，主要是當時其兄弟關景賢（Dr. K. Y. Kwan）是北洋醫學堂訓導長（proctor）。[899] 尹文楷則是校友。另一證據是 1906 年 4 月 7 日鄧松年從北洋醫學堂寫信回母校，鼓勵同學踴躍投考。鄧松年稱：「我衷心希望，皇仁書院各位同學能夠把握這個機會，學習一們既對他們有利、又能強國的學科。」[900]

當時北洋醫學堂學生施伯聲（約 1886－?）[901] 在一篇談論北洋醫學堂學生歡度聖誕的文章中談到：「天津北洋醫學堂歷年所募諸生，多是粵人，目下新舊生三班約四十餘人，其中信教者約十有五人。本年春杪，新班廿餘人，初設每晚粵語解經祈禱會。至秋間，福州學生，又設每晚祈禱會。」[902] 這一記載反映早期北洋醫學堂的學生以粵人為主。大概他們主要來自香港，且多出身自皇仁書院。

黃敬業（1884－?），字亮文，廣東新寧人。1899 年至 1900 年在香港 Mrs. Falconer's School 學習，1900 年至 1903 年在皇仁書院就讀。1903 年結婚。1903 年至 1906 年在北洋醫學堂就讀。1909 年至 1910 年在香港工業學校學習。1912 年 7 月抵美國，1912 年至 1916

898　《香港華字日報》（廣告），1906 年 8 月 2 日。

899　"Imperial Medical College," in *North China Desk Hong List*, January 1906, p. 211.

900　*The Yellow Dragon*, Vol. VII, No. 9 (June 1906), p. 182。原文最重要是結語部分：
"I sincerely hope that the students of the Queen's College will avail themselves of this opportunity to learn a profession, which shall enable them to better themselves and strength China." 可見鄧松年的英文暢達老練。

901　施伯聲生年和籍貫根據〈老少軼聞：施伯聲行醫救同道：施診施藥，大義大善〉，《光明月刊》第 1 卷 4 期（1936 年），頁 54。

902　施伯聲：〈教會新聞：各省：北洋醫學堂慶賀主誕記〉，《真光月報》第 5 卷 2 期（1906 年），頁 20－21。

年間自費在美國搭夫脫大學（Tufts College）醫學院學醫，1916 年得醫學博士，同年 8 月回國。[903]

王寵慶（1886－1939）是王寵勳和王寵惠之弟，字景臣，1900年轉到天津大學堂就讀。[904] 王寵慶為醫學博士，曾在香港執業，1932年離港北上工作，後任國聯防疫處駐華聯絡專員。[905]

王寵益（1888－1930）是王寵勳、王寵惠、王寵慶等之弟。早年在皇仁書院就讀，1903 年入讀香港華人西醫書院，1908 年畢業後赴英，在愛丁堡大學考獲醫學博士學位，嗣後又在劍橋大學考獲公共衛生及熱帶病學文憑。1920 年返港，後為香港大學病理學系講座教授。惜英年早逝，1930 年因肺結核而亡。[906] 王寵益是李樹芬（1887－1966）在香港華人西醫書院的同學，比李樹芬早半年進入香港華人西醫書院，[907] 在愛丁堡大學與李樹芬同系。[908] 王寵益曾撰寫病理學課本，附有精細的圖解，成為當時英國醫科學生必讀課本之一。[909]

陳耀真（1899－1986）是廣東台山人。其父陳聯祥（1866－1917）是哈佛大學化學學士，回國後開設精益眼鏡舖，後來在福州教書，故陳耀真在福州出生。1917 年陳聯祥逝世，陳耀真當時在皇仁書院唸書。後他接手經營精益眼鏡舖，其間，他接觸了許多眼鏡有毛病的人，覺得單靠一副眼鏡不能解決所有問題。他遂將眼鏡舖變賣，

903　《游美同學錄》，頁 136。Mrs. Falconer 可能是中央書院已故老師 Falconer 的妻子，詳參 Queen's College: Its History 1862-1987, p. 238.

904　The Yellow Dragon, Vol. II, No. 10 (July 1901), p. 217；王寵慶生卒年和字根據《東莞虎門王氏家譜》，無頁數。

905　〈王寵慶醫生前線歸來戰區需要痘苗望各僑團捐助〉，《大公報》，1939 年 1 月 17 日。

906　《香江有幸埋忠骨：長眠香港與辛亥革命有關的人物》，頁 70－71。

907　李樹芬：《香港外科醫生：六十年回憶錄》（香港：李樹芬醫學基金出版，1965年），頁 21。

908　同上，頁 27。

909　同上，頁 29。

且在堂叔幫助下赴美留學；其家人則由身為富商的二舅父供養。

陳耀真在美國波士頓大學（Boston Univesity）用三年時間完成四年的理科學位，後在同一大學獲得醫科博士學位，又曾在約翰霍金斯大學威爾默眼科研究所（Wilmer Eye Institute）從事研究，日後成為中國眼科醫學的權威。他曾替陳寅恪（1890－1969）治療視網膜脫落，但因為陳寅恪眼病已深，最後失敗。戰後陳寅恪曾赴英國找 *System of Ophthalmology* 作者、眼科權威 Sir Stewart Duke-Elder（1898－1978）尋求治療，惟 Duke-Elder 表示，如果陳耀真也不能治好，他也無能為力。由此可見陳耀真在眼科界享有崇高地位。陳耀真是基督徒，1915 年是皇仁書院青年會司庫。[910]

報界

另外，還有不少皇仁校友在報界工作。陸慶南（約 1859－?），字善祥，廣東三水人，[911] 1879 年中央書院中文班第一班第一名。當時中文班第二班第二名為陸耀南（譯音），似是其弟。中文班第二班亦有一位得獎者叫陸敬南（譯音），亦似是陸慶南弟。[912] 然考前述 1878 年名錄，未見陸慶南等之名字，[913] 陸氏兄弟或在之後插班。陸慶南曾

---

910 〈青年會消息：香港皇仁書院青年會成立〉，《青年》第 18 卷 7 期（1915 年），頁 252。吳中柱：《老大回：三代人在美國的傳奇》（廣州：中山大學出版社，2013 年），頁 74－101。吳中柱是陳耀真的女婿。此書承吳淼鑫教授告知，特此鳴謝。

911 譚世寶：《金石銘刻的澳門史：明清澳門廟宇碑刻鐘銘集錄研究》（廣州：廣東人民出版社，2006 年），頁 229。

912 陸慶南英文拼音為 Luk Hing-nám、陸耀南英文拼音為 Luk Iu-nám、陸敬南英文拼音為 Luk King-nám,"Prize List," *The China Mail*, 16 January, 1879；《現代支那人名鑑》，1912 年，頁 140；JACAR（アジア歷史資料センター）Ref. B03040616300、新聞雜誌操縱関係雜纂 / 華字日報（外務省外交史料館）。

913 *The Hongkong Government Gazette*, 4 May 1878, pp. 231-236.

以陸善祥之名翻譯西方文學作品，如 1905 年香港聚珍書樓出版的、由他翻譯和陳紹枚潤飾的朱保高比（Fortuné Du Boisgobey）作品《紅茶花》（*The Siege and the Commune*），及 1911 年由他翻譯與邱菽園（1884－1941）評注改訂的嘉破膚（Émile Gaboriau）作品《李覺出身傳》（*Monsieur Lecoq*）。[914] 惟未知陸慶南是譯自法文原本還是英譯本。陸慶南後來成為香港《華字日報》主筆，也是統一黨黨員。[915] 陸慶南曾協助日本人收購《華字日報》股權。

温俊臣是廣東台山人。曾任香港《循環日報》記者三十多年，後當該日報經理和編輯、主筆，以及華興銀礦有限公司承總值理命司理人。温俊臣是香港報人，精通英語，長於翻譯，惟思想較保守，且吸食鴉片，日人稱他有「煙霞癖」。[916] 1920 年日本外務省資料指温俊臣所主持的《循環日報》「記事豐富」、「報道比較迅速」、「論旨穩健」、「漢字新聞紙中巨擘」、「財政甚富」、「對日感情良好」。[917]

黃燕清（1891－1974）則既是報人，又是小說家。黃字俊英，廣東高要人，又名黃言情。他十六歲加入同盟會香港支部。「三二九」之役後，革命黨人在香港創立《新少年報》，由他主筆政，與保皇黨報紙展開筆戰。他曾為《香港晨報》主筆。該報在 1919 年創辦，是國民黨機關報，報格路線與《大光報》相同。外務省指《香港晨報》筆鋒最為辛辣，經常攻擊北方派，是相當前進的報紙。[918]

914　樽本照雄編：《新編增補清末民初小説目錄》（濟南：齊魯書社，2002 年），頁 254 及 407。

915　《現代支那人名鑑》，1912 年，頁 140。

916　〈額外敘會〉，《香港華字日報》，1902 年 1 月 21 日；《最新支那官紳錄》，1918 年，頁 617。根據《最新支那官紳錄》記載，1918 年温俊臣是 50 餘歲。

917　JACAR（アジア歴史資料センター）Ref. B03040888300、新聞雑誌ニ関スル調査雑件／支那ノ部 第五巻（1-3-2-46_1_4_005）（外務省外交史料館）。

918　Ref. B03040888300、新聞雑誌ニ関スル調査雑件／支那ノ部 第五巻（1-3-2-46_1_4_005）；《香港華人名人史略》，頁 93。

圖 2-28-1 至圖 2-28-7　陸慶南等與日本人林德太郎所立合約（相關文件）。文件翻譯為任坤元，亦出身自中央書院。

［資料來源］JACAR（アジア歴史資料センター）Ref. B03040616300、新聞雜誌縱橫關係雜纂／華字日報。日本外務省外交史料館藏。

（續圖）

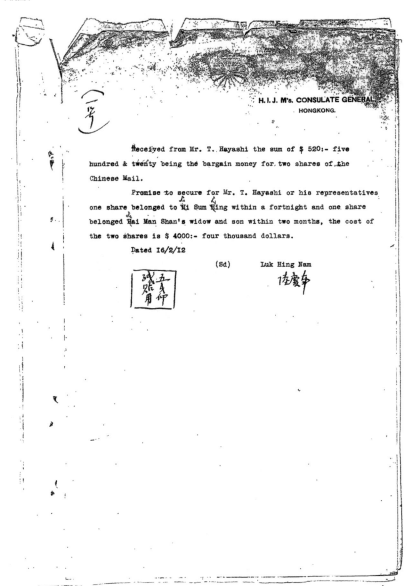

H. I. J. M's. CONSULATE GENERAL
HONGKONG.

Received from Mr. T. Hayashi the sum of $ 520:- five hundred & twenty being the bargain money for two shares of the Chinese Mail.

Promise to secure for Mr. T. Hayashi or his representatives one share belonged to Wi Sum Hing within a fortnight and one share belonged Hai Man Shan's widow and son within two months, the cost of the two shares is $ 4000:- four thousand dollars.

Dated 16/2/12

(Sd)   Luk Hing Nam

圖 2-28-2

（續圖）

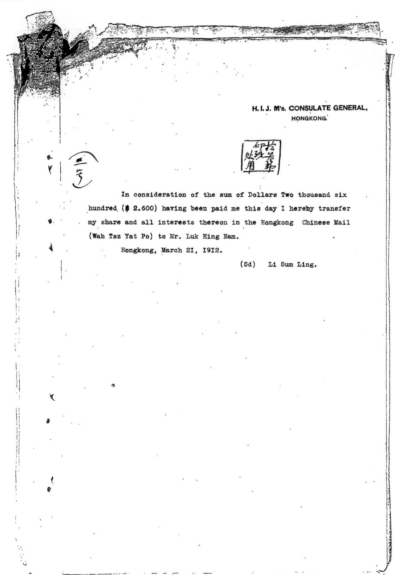

H. I. J. M's. CONSULATE GENERAL,
HONGKONG.

In consideration of the sum of Dollars Two thousand six hundred ($ 2.600) having been paid me this day I hereby transfer my share and all interests thereon in the Hongkong Chinese Mail (Wah Tsz Yat Po) to Mr. Luk Hing Nam.

Hongkong, March 2I, I912.

(Sd) Li Sum Ling.

圖 2-28-3

（續圖）

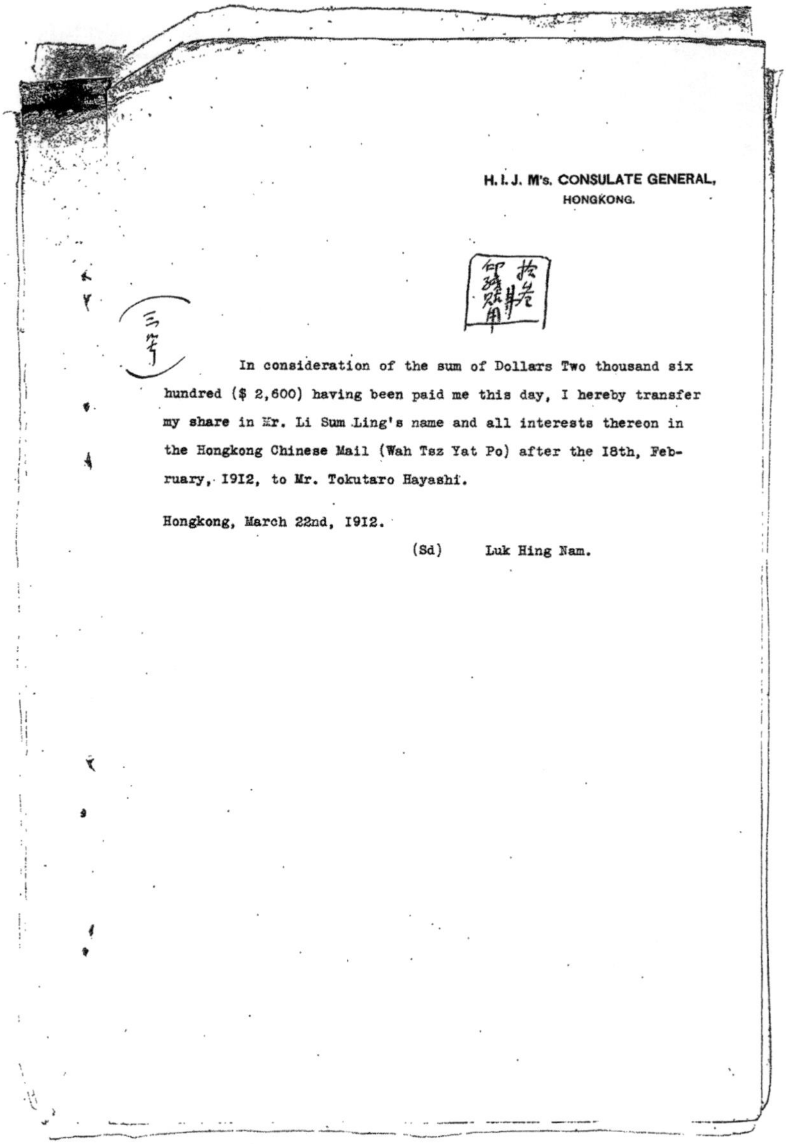

H. I. J. M's. CONSULATE GENERAL,
HONGKONG.

In consideration of the sum of Dollars Two thousand six hundred ($ 2,600) having been paid me this day, I hereby transfer my share in Mr. Li Sum Ling's name and all interests thereon in the Hongkong Chinese Mail (Wah Tsz Yat Po) after the 18th, February, 1912, to Mr. Tokutaro Hayashi.

Hongkong, March 22nd, 1912.

(Sd)　　　Luk Hing Nam.

圖 2-28-4

（續圖）

H. I. J. M's. CONSULATE GENERAL,
HONGKONG.

THIS INDENTURE MADE THE 10TH DAY OF FEBRUARY ONE THOUSAND
NINE HUNDRED AND SIX.

BETWEEN GEORGE MURRAY BAIN and CHAN UN MAN both of Victoria,
Hongkong, Proprietors of the Chinese Mail Newspaper (hereinaf
ter referred to as "the lessors") of the one part and Li sum
Ling, Luk Hing Nam, Lai Man Shan, and Ngan Hang Po (who and
and each of whom and whose and each of whose executors admini-
strators and assigns are where not inapplicable hereinafter

included under the designation "the lessors") of the same
place gentlemen of the other part, whereas CHAN OI TING was
a proprietor of the Chinese Mail Newspaper as a tenant-in-
common with the said GEORGE MURRAY BAIN AND WHEREAS the said
CHAN OI TING died on the sixth day of August 1905 intestate
and letters of administration of his personal estate and effe
effects were granted to CHAN UN MAN by the Supreme Court of
Hongkong in its probate Jurisdiction on the fourth day of No-
vember 1905 IT IS WITNESSED that in consideration of the rent
and convenants hereinafter reserved and contained and on the

part of the LESSEES to be paid observed and performed the Le-
ssors hereby grant and demise unto the Lessees All that the
goodwill of the business of the Chinese mail Newspaper together with
the use and enjoyment of the machinery, fixtures, implements,
utensils, fount of Chinese type and things now used in the pri
printing and publishing of the said Chinese Mail Newspaper.
TO HOLD the same unto the lessees from the 10th day of February
1906 for the term of FIVE YEARS from thence next ensuing YIELDING
and Paying therefor to the said GEORGE MURRAY BAIN the sum of
one thousand five hundred and seventy five Dollars on the last days
of March, June, September, and December in each and every year and
YIELDING and Paying therefor to the said CHAN UN MAN the annual
sum of one thousand five hundred Dollars

圖 2-28-5

（續圖）

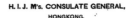

sum of one thousand five hundred Dollars such payments to be made
quarterly on the days above mentioned, the first of such quarterly
payments to be made on the last day of March next and the Lessees
hereby covenant with the Lessors in manner following that is to
say that the Lessees will pay the rents hereby reserved at the times
and in manner aforesaid and will also during the said term carry
on the business of the Chinese Mail within the city of Victoria
and in such other places as may be agreed upon to the best possible
advantage AND will not assign underlet or part with the possession
of the said premises without the consent in writing of the Lessors
AND will at all times during the said term keep in good and subst-
antial repair and condition all and singular the machinery utensils
implements and things hereby demised and will REPLENISH THE FOUNT
OF CHINESE TYPE and the same in good and substantial repair
will at the expiration or sooner determination of the said term
peaceably and quietly surrender and yield up to the Lessors (reason-
able wear and tear thereof in the meantime only excepted the ques-
tion as to what is reasonable wear and tear being settled by an
arbitrator or by the court if necessary) AND will pay all costs char-
charges damages and expenses in connection with any suit brought
for libel or for any other purpose in regard to the Chinese Mail
Newspaper and will bear all loss arising therefrom AND IT IS
FURTHER AGREED AND DECLARED that if the said rents hereby re-
served or any of them or any part thereof respectively shall be in
arrear for the space of the calender month next after any of the
days on which the same ought to be paid as aforesaid whether
the same shall or shall not have been legally demanded or if there
shall be any breach or non-observance of any of the covenants
hereinbefore contained and on the Lessees' part to be observed
and performed or if the Lessees shall become bankrupt or shall
compound or arrange with their creditors or suffer their effects

圖 2-28-6

（續圖）

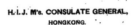

H. I. J. M's. CONSULATE GENERAL,
HONGKONG.

to be taken in execution then and in any of the said cases it
shall be lawful for the Lessors to retake possession of the said
demised premises and the same to have again retain, repossess
and enjoy as in their former estate AND the Lessors hereby covenant
with the Lessees that the Lessees paying the rent hereby reserved
and observing and performing the covenants and conditions herein
contained and on their part to be observed and performed shall and
may peaceably and quietly possess and enjoy the said premises
hereby demised during the said term without any lawful interuption
from or by the Lessors or any persons rightfully claiming from or
under them.

IN WITNESS whereof the said parties to these presents
have hereunto set their hands and seals the day and year first
above written.

SIGNED AND SEALED AND DELIVERED BY THE SAID PARTIES
IN THE PRESENCE OF 　　　　　Sd. GEO MURRAY BAIN (LS)

　　　　　　　　　　　　　　　Sd. CHAN UN MAN 　(LS)

　　　　　　　　　　　　　　　Sd. LI SUM LING 　(LS)

　　　　　　　　　　　　　　　Sd. LUK HING NAM 　(LS)

　　　Sd. H. Hursthouse ,
　　　　　　Solicitor,
　　　　　　　Hongkong.

　　　Interpreted.
　　　　Sd. YAM KWAN UN

圖 2-28-7

黃之棟（約 1904－1975），廣東澄海人，早年在皇仁書院求學，曾在皇仁書院和聖保羅書院任教，後來在新聞界工作。黃之棟是何世禮的同學，亦曾是《工商日報》的特約記者。[919]

林清源（？－1960），1912 年 3 月 12 日進入皇仁 6B 班，1916 年 2 月 29 日離校。他後來在《香港華字日報》當助理翻譯，累升至該日報營業部主任，在報界工作凡四十多年。1960 年因癌病逝世，死前為《工商晚報》廣告部職員。[920]

律師、法官

不少皇仁校友也是律師。何啟是大律師，著作《新政論議》遠被海外。當時澳洲華文報紙《廣益華報》介紹：「此書乃由香港大狀師兼為英議政員華人何啟所作，指明中國華官各弊、先睡後醒、中國宜改章程等事。十分好看。每套銀三元。」[921]

冼德芬（1856－1924），香港人，是混血兒，又名冼先。冼德芬 1871 年是中央書院英文班第二班第三名，與黃容貴等為同學。1873 年冼德芬任中央書院教師，後又曾任法律事務所書記，及在伊尹氏律師事務（Ewens and Harston）所任職。他曾任廣東軍閥龍濟光（1867－1925）的法律顧問。[922]

919 〈新聞界教育界耆宿黃之棟先生病逝〉，《工商日報》，1975 年 7 月 27 日；林鈴：〈一位為祖國解放作貢獻的香港人 — 李啟輝〉，載《廣東文史資料存稿選編》第 5 卷，頁 228－233。

920 The Yellow Dragon, Vol. XVII, No. 7 (April 1916), p. 115；〈本報職員林清源昨日出殯致祭者眾〉，《工商晚報》，1960 年 8 月 16 日。

921 〈本館有新到書籍發售茲將名目開列以便採買〉，《廣益華報》，1898 年 8 月 26 日。

922 曾達廷：〈縷陳緒生陋習各宜審處説〉，頁 31－34；"Prize List," Hong Kong Daily Press, 13 February 1871; The Yellow Dragon, Vol. V, No. 2 (October 1903)；《現代支那名士鑑》，1912 年，頁 312；〈冼德芬逝世〉，《香港華字日報》，1924 年 4 月 9 日。

胡恆錦（H. K. Woo, 1880－1957）是胡禮垣兒子，又名胡炯堂。他先後在皇仁書院和香港大學畢業，曾在英國 Messrs. Bryant and Hall, Solicitors 習律。他亦曾任教師，1921 年開始當律師。[923] 胡恆錦在皇仁書院教書時，曾教授洪興錦（1883－1937）數學。[924]

張驥英（約 1876－?），字繡雲，廣東寶安人，先在皇仁書院學習英語，後赴上海公立學校學習，1899 年蘇州大學法科畢業。張驥英歷任稅關官吏、外國領事翻譯、《南方報》記者、司法官員、律師等。他曾在上海總商會、中國紅十字會、閘北職業稅務局做事，亦曾任誘柺防止協會顧問，後來歷任浙江督軍盧永祥（1867－1933）的參議、中國海軍司令官參議、外交部長參議、閘北消防協會評議員、中國教育委員會上海市會委員等職。[925]

洪國樑（1880－1940）是大律師，混血兒。1908 年正式更名為 Joseph Overbeck Anderson，[926] 1910 年曾代表江督張人駿（1846－1927）來香港提犯，[927] 後為上海市市長的法律和政治顧問。[928]

洪國智（1890－1935），又名 Charles Graham Overbeck Anderson，是洪國樑弟。洪國智離開皇仁書院後，在 1911 年 10 月進

923　*The Yellow Dragon*, Vol. X, No. 7 (April 1909), p. 134；〈胡恆錦昨日病逝〉，《工商晚報》，1957 年 6 月 22 日；〈胡恆錦律師逝世定今午大殮出殯〉，《工商日報》，1957 年 6 月 23 日。

924　〈皇仁舊生聯合會舉周年聚餐〉，《工商日報》，1935 年 4 月 14 日；〈法界聞人洪興錦逝世〉，《工商晚報》，1937 年 2 月 19 日。

925　《現代支那人名鑑》，1928 年，頁 130。

926　*The North-China Daily News*, 9 March 1908; Teng Emma, *Eurasian: Mixed Identities in the United States, China, and Hong Kong, 1842-1943* (Berkeley: University of California Press, 2013), p. 226.

927　〈洪國樑大律師來港提犯〉，《香港華字日報》，1910 年 4 月 14 日。

928　*Eurasian : Mixed Identities in the United States, China, and Hong Kong, 1842-1943*, p. 226.

入劍橋大學 Peterhouse 讀書。[929] 他後來在上海當律師，且在當地英國領事館工作。[930]

　　謝英伯（1882－1939），名華國，字英伯，號抱香，是南社成員之一，以字行。[931] 謝英伯是廣東梅縣人，生於一個富裕的家庭。他是革命元勳，既是記者，也是律師、檢察官。謝英伯曾祖父早年居於梅縣丙村，後在暹羅經商，與暹羅某望族通婚，有子一人，即謝英伯祖父。謝英伯父謝益之為其七子之一。謝益之在城西寶慶新街有一大宅。謝英伯兒時有泥鴨逾百隻為玩具，可見其家境甚佳。他早年接受私塾教育。謝父具新思想，謝英伯早年向父親要求應考科舉，「父但默然」。他父親不希望謝英伯埋首於場屋之學，更希望他能多了解時務。在甲午戰爭爆發的那一年，他父親命他逐日標點《香港華字日報》一張。謝英伯回憶「當時報紙尚無標點，父謂能標點無誤，文理即通順，間有錯誤，則為予改正之」。他父親更為他講解時局狀況，讓他自行判斷對錯。謝英伯十六歲時，父親安排他在禔福書屋學習英文。1899 年，謝英伯十七歲，他父親將他送到香港的皇仁書院讀書。[932]

　　圍繞謝英伯的人，都是頭腦較新的人物。謝英伯在香港的監護人為母舅溫佐才。溫也是梅縣人，有舉人資格，支持維新。後來透過捐官，得江蘇後補道，又當上香港電報局總辦。溫佐才與黃遵憲（1848－1905）、《華字日報》各記者和潘飛聲等均甚友好，時有來

929　洪國智在致皇仁書院的信函中，指自己在劍橋大學 "St. Peter's College" 學習。惟劍橋大學實無 "St. Peter's College" 而只有 "Peterhouse"，*The Yellow Dragon*, Vol. XIII, No. 3 (November 1911), p. 235.

930　*Eurasian: Mixed Identities in the United States, China, and Hong Kong, 1842-1943*, p. 226.

931　《重訂南社姓氏錄》（蘇州：南社，1916 年），頁 14 下。

932　〈謝英伯先生自傳 —— 人海航程〉，頁 294－369。這一段主要根據〈謝英伯先生自傳 —— 人海航程〉。

往。温佐才在每一個星期日教導謝英伯如何撰寫時務論說，謝英伯所寫文章常得其稱讚。温佐才傾向維新，而謝英伯則支持革命，故兩人開始出現分歧。謝英伯的革命思想，如孫中山一樣，也是孕育於香港。他在皇仁書院唸書期間，認識同學杜鹿笙。謝英伯因雅好文學，與杜鹿笙非常投緣。杜後來介紹妹夫陳思仲和姊夫曹駕歐及其弟杜眉叔給他認識，互相砥礪之下，謝英伯深受革命思想的影響。透過陳思仲，謝英伯得識陳少白（1869－1934）。他以後在多間有革命色彩的報紙掌筆政，晚年在上海和廣東任律師，逝世前為廣東首席檢察官。他曾在哥倫比亞大學等留學。[933]

洪興錦是混血兒，離開皇仁書院後，赴英習律五年。1908 年 6 月通過考試，且獲高等優級執照，同年 10 月得英國法部認可。1909 年回港，在的近律師樓（Deacons）工作。[934]

車顯承（1890－1925），廣東番禺人，號湛清，「世居廣州河南，生而穎悟，年十四入香港皇仁中學校，成績斐然。逾年轉入香港聖士提反學堂」，「年二十二復往英邦，肄業於英國圜橋大學，得文學士榮銜」，[935] 其父車茂軒為香港富商。[936] 車顯承在劍橋大學讀書時屬 Christ's College。畢業後加入 Gary's Inn，在英國獲大律師資格。在英國時已替北洋政府交通部工作。當中國參戰之時，他協助北洋政府遣散在中國鐵路或其他機構工作的德國籍和奧地利籍員工。1916 年返國，進入交通部，任郵傳司總務科科員。1919 年協助北洋政府

933　同上。

934　〈洪興錦律師現接訟務〉，《香港華字日報》，1909 年 2 月 23 日；〈法界聞人洪興錦逝世〉，《工商晚報》，1937 年 2 月 19 日；〈洪興錦律師逝世法界聞人又弱一個〉，《香港華字日報》，1937 年 2 月 19 日；〈商城記 —— 香港家族企業縱橫談〉，頁60。

935　《車顯承哀啟》，無頁數。車顯承籍貫由羅昭湄女士提供，特此鳴謝。

936　〈華人大律師〉，《香港華字日報》，1916 年 3 月 18 日。

圖 2-29 《齊家要訣》賴際熙所提封面及謝英伯題辭「半為儒者半為工」（頁 **17**）

【資料來源】青年生活社編：《齊家要訣》（廣州：青年生活社，約 1930 年代新生活運動前後）。筆者藏。

圖 2-30 年輕時的車顯承
【資料來源】羅徵詮先生和羅昭湄女士提供

圖 2-31 年青時的車顯承，照片有逾百年歷史。
【資料來源】羅徵詮先生和羅昭湄女士提供

圖 2-32 年青時的車顯承，照片應在劍橋大學拍攝，有逾百年歷史。
【資料來源】羅徵詮先生和羅昭湄女士提供

番書與黃龍 —— 香港皇仁書院華人精英與近代中國

先兄諱顯承號淇清世居廣州河南生而穎悟年十四入
香港皇仁中學校成績斐然逾然轉入香港聖士提反學
堂年十六‧先嚴爲之授室‧先嚴毅然以國事自任
隨負笈遊學英國醫政治法律之學大學試屢列前茅
顏負聲譽然以攻苦過度年二十一得肓炎疾患胃
病歸國醫治一年年二十二復往英肄業於英國國橋
大學得文學士榮衛復入英國紀利士法律榮譽會至一
千九百一十五年考選英國大律師當　先兄留英時長
於交際凡英國各種團體目的在增進中英兩國友誼者
莫不有　先兄之名在焉英國法律鉅公交相推許而

先兄未嘗以學成自足更潛心學術博覽羣書學問益以
深造年二十六首途歸國遇同鄉窮困無力還國者莫不
解囊相照同舟中有跌傷流血之者　先兄速自裂其
外衣爲之包裹此細事亦足見其慷愾好義之一斑矣
歸國後任交通部主事關於鐵路各種法規之編纂多出
其手時值我國對德宣戰鐵路上德奧顧員盡被停職各
中立國時有抗議　先兄據理折衝咸得其宜人稱其才
年三十任京師修訂法律館修纂襄助編纂民刑訴訟律
例始取消列強在華領事裁判權之議起我國現行法律
多有譯成英法文字以便外人研究者其中刑事訴訟條

例司法印紙規則刑事簡易程序暫行條例各英文譯本
則　先兄所譯也年三十二任東省特別區域高等審判
廳推事然因氣候不宜尋即辭去復就纂修之職年三十
三任上海地方檢察廳檢察長　先兄平生極注意監獄
改良到任後整頓看守所不遺餘力以經費支絀募指鉅
款擴充號令嚴押人犯得不擁擠又見舊法檢驗難保
情乃與同濟大學訂立合同以剖驗屈難案件施以冤理
柱咸頒神明焉逾年　先嚴哀毀逾恒益
遵　先嚴遺訓對職務矢勤矢愼然　先兄體質素弱
身當衝繁三年以來熟心任事勞瘁不辭遂致積勞成疾

胃病復發屢延名醫診治未見效果今年春間　先兄帶
病回藉省親當時已勞頓極矣比回滬任疾日益劇因入
寶隆醫院醫治施以割療之法竟致不起年僅三十有六
嗚呼痛哉綜一　先兄平生廉以律身勤以任事識見宏遠
才其幹練法界鉅公方以遠大期之今竟溘近易勝悲愴
謹述涯畧伏冀
大雅君子錫以銘誄俾光泉壤双存均咸

　　　　　車顯
　　　　　　廷就
　　　　　　　泣述

圖 2-33-1 至圖 2-33-2　《車顯承哀啟》，此書十分珍罕。撰文者在第一頁清楚指出車顯
承曾在皇仁書院讀書。
【資料來源】羅徵詮先生和羅昭湄女士提供。

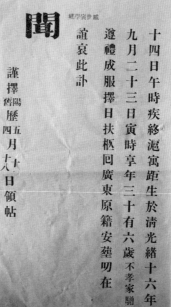

不孝家驥罪孽深重禍延
顯考
四等嘉禾章一等金質蟠螭章江蘇上海地方檢
察廳檢察長東省特別區域高等審判廳推事
修訂法律館纂修交通部主事英國倫敦大律
師圓橋大學畢業文學士諱顯湛清府君痛
於民國十四年四月六日即舊歷乙丑年三月

十四日午時疾終滬寓距生於清光緒十六年
九月二十三日寅時享年三十有六歲不孝家驥
遵禮成服擇日扶柩囘廣東原籍安葬叨在
誼哀此訃
謹擇舊歷四月十八日領帖
聞

姻學寅世戚

顯慈侍下
孤子　車　家驥　泣血稽顙
期服弟　顯　就延　泣淚稽首
大功服姪　家驄　泣淚頓首
大功服弟　顯　晉沛　技淚頓首
小功服兄　汝　來家肇　拭淚頓首
功服姪　榮進財　拭淚頓首
總服姪　拭淚頓首
司書期服姪　家駿　泣淚稽首

圖 2-33-2

起草民法和刑法。他致力於監獄改革。1921 年為哈爾濱高等法院法官。該地天氣苦寒，他因健康原因轉調到其他地方工作，臨終前為上海地方檢察廳檢察總長。[937] 車顯承在 1919 年 4 月曾與同為皇仁校友的粵籍京官梁敦彥、王建祖、謝恩隆、唐有恆等聯署請粵吏妥善保存廣東文廟。[938] 車顯承和羅文榦是兒女親家。[939]（有關車顯承和羅文榦的交誼，見羅文榦部分。）

何恩錫 1900 年以十四歲之齡入讀皇仁書院第三班，1903 年是 Head Boy，1904 年是 Morrison Scholar。[940] 他是聖保羅書院總教習何星儔的兒子，在英國唸法律，以優異成績獲律師文憑，[941] 後跟從外籍大律師保打，[942] 1911 年 12 月為哥笠酒店作辯護律師。[943] 惜英年早逝，成就無多。[944]

莫應淇（1901－1997），廣東香山人。他來自顯赫的莫仕揚家族，四歲來香港，曾在嶺南學堂唸書，後進入皇仁書院。離開皇仁書院後，1921 年 10 月進劍橋大學。[945] 莫應淇回國後為大律師，在上海

937 Mr. Che Hin-shing," "Obituary," *North China Herald*, 18 April 1925；《車顯承哀啟》。

938 〈廣東同鄉京官請粵吏保存文廟啓〉，《東華報》，1919 年 4 月 12 日。

939 此據羅昭湄女士言。

940 *The Yellow Dragon*, Vol. V, No. 3 (November 1903), p. 52; "In Memoriam," *The Yellow Dragon*, Vol. XIII, No. 5 (January 1912), p. 268; *Queen's College, 1862-1962*, p. 215.

941 〈何恩錫律師榮旋〉，《香港華字日報》，1910 年 9 月 30 日。

942 〈何恩錫律師接理訟務〉，《香港華字日報》，1910 年 10 月 11 日。

943 〈小錢債案〉，《香港華字日報》，1911 年 12 月 30 日。

944 "In Memoriam," *The Yellow Dragon*, Vol. XIII, No. 5 (January 1912), p. 268.

945 *The Yellow Dragon*, Vol. XXIII, No. 3 (November 1921), p. 44; *Dictionary of Hong Kong Biography*, (Hong Kong: Hong Kong University Press), pp. 325-326；張曉輝：《近代粵商與社會經濟》（廣州：廣東人民出版社，2015 年），頁 52。

執業，[946] 曾為華商會理事、中區街坊會理事。[947] 莫應淋 1952 年 9 月定居廣州。[948]

利樹滋（？－1954）是皇仁書院畢業生，也是香港法律界聞人，曾在高露雲律師樓工作凡三十多年。[949]

英文讀本作者

自十九世紀中葉以後，英政府打開了中國的大門，清政府在戰敗後須履行條款，開放通商口岸。因華洋交流增加，中國需要大量精通中英雙語的人才。香港成為了英國在遠東的殖民地，島上居民為了生計，亦努力學習英語。皇仁書院為香港學子提供學習英語的門路。不少皇仁校友精通英語，同時編撰英文讀本。

鄺其照（1836？－1912？），即鄺全福，是皇仁早期的校友。他是廣東台山人，[950] 是編纂漢英字典的先驅。鄺其照先後著有《改良英

946　〈莫應淋大狀師返港〉，《香港華字日報》，1927 年 7 月 19 日。

947　〈莫應淋提供福利會促進工作三年計劃〉，《華僑日報》，1951 年 6 月 17 日。

948　〈莫應淋離港以後〉，《工商日報》，1952 年 9 月 22 日。

949　〈榮哀錄〉，《華僑日報》，1954 年 3 月 14 日。

950　他是其中一位列名於〈銘文〉的學生。又內田慶市：〈鄺其照の玄孫からのメール〉，載《或問》131, No. 19, 2010 年，頁 131－146。該文附〈鄺其照關連年譜〉（初稿），甚有參考價值。鄺其照生卒年未有定讞。根據前述〈鄺其照關連年譜〉（初稿），有說其生於 1836 年，也有說其生於 1845 年前後。〈鄺其照關連年譜〉（初稿）最後指他是在 1912 年去世。筆者偶閱香港舊報，找到相關資料證明他在 1905 年 11 月前後仍然在生。根據〈鄺其照《華英字典》改良廣告〉（《香港華字日報》，1905 年 11 月 9 日），《華英字典》「悉心改良，全用大號英字，一目了然，計多五十頁，並前年新增粵音，亦多式百頁，以饜後學習話之望」。廣告只言內容有所新增，如鄺其照當時已逝，廣告應會說明由他人代續。再根據同日〈鄺其照華英書籍地圖〉（《香港華字日報》，1905 年 11 月 9 日）云：「粵東鄺蓉階先生其照，華英文學俱精深，前奉檄出洋時，久駐美邦，爰推四海同盟之義，特著六

（轉頁 218）

字 新增粵音華英字典集成》、《應酬寶笈》、《英文成語字典》、《英語彙腋》、《英學初階》、《地球五大洲全圖》等。[951] 根據當時本地報紙廣告，大約可窺見鄺其照在美生活之一斑。該廣告云「鄺容階先生華英字書數種出售」，「此書初由美國哈富載運回華」，「鄺先生前奉檄出洋，久駐哈富城，因在該處著作群書，且西學湛深，久為中外士人所欽仰」。[952]《應酬寶笈》的內容是關於「泰西應酬規矩」和「吉凶儀禮」，「書中辦明句讀之法，與串字，貼活字，並散字及文法，指示原因，尤覺天然易曉」。至於《英文成語字典》，內容達九百多頁，「載有英文成語萬餘句，每句詳加註解，復逐語作一長句，以便觸類引伸」。《英語彙腋》則分初集和二集兩部，「此書合載英字並新增者，共壹萬有餘，貿易問答語、通商應酬事，編成數千段」、「足括文壇學海之奇」。《英學初階》「書中所載禽獸草木等類，繪其圖像，用銅板描成精巧畫譜百幅，使學者觸目而心通，且有引證推求諸多善法，最合蒙學程度應讀之書」。最後的《地球五大洲全圖》，特點是「繪工精緻，巧證鮮明。閱斯圖者，雖游目尺幅圖中，恍置身百萬里外」。[953] 從各書的描述，可見鄺其照懂得迎合當時市場心理，甚具生意頭腦。他亦是清政府官員的幕僚，曾撰〈台灣番社考〉一文。[954] 當時香港報

（上接頁 217）

　　種華英之書，為後學視厥津梁。先生回華後，疊奉上憲札辦洋務，公餘之暇，再三厘定，故書成發售，中外通行。」亦未言其已逝。鄺其照各名字詳參沈國威：〈解題：鄺其照的《字典集成》及其他英語著作〉，載【清】鄺其照著；內田慶市、沈國威編：《字典集成：影印與題解》（北京：商務印書館，2016 年），頁 339－387。

951　〈鄺其照華英書籍地圖〉（廣告），《香港華字日報》，1905 年 11 月 9 日。高田時雄〈清末の英語學——鄺其照とその著作〉一文介紹鄺其照各著作。該文載《東方學》第 117 輯（2009 年），頁 1－19。

952　〈華英書籍寄售〉（廣告），《循環日報》，1885 年 12 月 16 日。

953　〈鄺其照華英書籍地圖〉（廣告），1905 年 11 月 9 日。

954　鄺其照：〈台灣番社考〉，載台灣銀行經濟研究室編：《台灣輿地彙鈔》（台北：台灣銀行發行，1965 年），頁 35－39。

紙亦有記載鄺其照任清政府通事，云：「鄺君容階前在上海道署當通事之職，現調來粵督署內，仍當通事之職，想其洋務習熟，必足資張香帥（按，張之洞）臂指之助也。」[955]

前面提到的莫禮智也是一個很好的例子。[956] 莫禮智是香港人，字睿卿。他既是英文教師，同時也是英文讀本作者、宗教家、商人、學者，集多種身份於一身，著有《新輯英文音韻考并皮廉麻繹本》和《華英應酬撮要》等。莫禮智同時也是 YMCA 榮譽秘書。他亦是犯罪學專家，對洪門文獻和記號有深入研究。[957]

《新輯英文音韻考并皮廉麻繹本》原書未見，筆者僅能從當時的報章廣告得悉其大概。「皮廉麻」是 "Primer" 的音譯。此書「乃全將英文字音，盡用華字平上去入九聲及反切之音，逐一註明，兼用英文字母串音以繹英字音之法，詳述一切，使讀者一目瞭然，凡初學英語及有志於英文正音者所宜先睹為快也」。其書不僅在香港書肆如文裕堂等有售，在廣州雙門底的聖教書樓也可以購買得到。在 1907 年前後，莫禮智另出版《華英應酬撮要新雜話書》。[958]

955　〈通事回粵〉，《循環日報》，1884 年 9 月 9 日。

956　有關莫禮智與基督教的研究，有葉先秦：〈五旬節運動入華初期史略〉，《基督教與中國文化研究中心通訊》第 64 期（香港：建道神學院，2016 年 4 月），頁 21－30；Gerald H. Anderson, *Biographical Dictionary of Christian Missions* (New York: Macmillan Reference USA, 1998), pp. 236-237.

957　〈新書將出〉，《香港華字日報》，1898 年 1 月 15 日；〈莫禮智華英應酬撮要新雜話書出板〔版〕〉（廣告）《香港華字日報》，1907 年 4 月 23 日；〈樂群書塾英文日館〉（廣告），《香港華字日報》，1908 年 3 月 19 日；"Local Chinese Christian Teacher, Mr. Mok Lai-chi," "Obituary," *The China Mail,* 18 December 1926; "Mr.Mok Lai-chi," "Obituary," *The Hong Kong Telegraph*, 18 December 1926；甘思永：〈莫禮智先生行述〉，《神召會月刊》第 2 卷 1 期（1927 年），頁 3。

958　〈新書將出〉（廣告），《香港華字日報》，1898 年 1 月 15 日；〈莫禮智華英應酬撮要新雜話書出板〉（廣告），《香港華字日報》，1907 年 4 月 23 日。

出版英語教材的皇仁校友不止他二人。另外還有比莫禮智更早離校的陸敬科。陸敬科在英文方面的造詣不錯。1882 年，他是中央書院英文班第一班第二名。[959] 1894 年，陸敬科的《華英文法捷徑》正式出版。[960] 此書內容可從其序得悉其大概。該文由其學生鄭樹壇所撰。他指陸敬科「課徒以外，涉獵群書，始知先生雖習於洋文，而不囿於洋文者也。近之學者於文法一道，舉一難望反三，每於問難間，便如隔膜之相視。先生有鑒於茲，因出其緒餘為《華英文法捷徑》一書。文化者何？其言語之法門也，其種類之法程也，其字句之法則也。生公說法，頑石也應點頭」。[961]

此外尚有莫文暢（1865 - 1917），他是廣東香山人，又名莫若濂。[962] 莫文暢曾任中央書院教師和太古副買辦等。[963] 莫文暢在中央書院唸書時數學成績甚佳，1884 年他在第一班，曾獲數學科獎。[964] 有關莫文暢的生平資料不多，只知他曾是駱克（Stewart Lockhart, 1858 - 1937）的下屬。[965] 莫文暢與駱克一直有聯繫，日後還經常與駱克討論

959 〈大書院學童考列名次〉，《循環日報》，1882 年 2 月 13 日。

960 Review by Bateson Wright, *Daily Press*, 9 June 1894，載陸敬科：《華英文法捷徑》，（香港（?）：年份不詳，出版社不詳），頁 V。筆者所藏之本為殘本，沒有封面和版權頁等。

961 《華英文法捷徑》，頁 VI，〈鄭樹壇序〉。

962 有關莫家與香港的關係，詳參莫華釗編：《澄懷古今：莫家三代珍藏》（香港：中文大學文物館，2009 年）。莫文暢生平詳見 *Dictionary of Hong Kong Biography*, pp. 323-324. 另參高永偉：〈莫文暢和他的《詳辭字典》〉，載氏著：《詞海茫茫：英語新詞和詞典之研究》（上海：復旦大學出版社，2012 年），頁 297 - 307。

963 曾達廷：〈縷陳緒生陋習各宜審處說〉，*The Yellow Dragon*, No. 2, Vol.5 (October 1903), p. 31-34.

964 "Prize Day at the Central School," *Hong Kong Daily Press*, 23 January 1884, p. 2.

965 Sonia Lightfoot, *The Chinese Painting Collection and Correspondence Of Sir James Stewart Lockhart, 1858-1937* (Lewiston: Edwin Mellen Press, 2008), p. 27.

V

REVIEW.

(Daily Press 9th June, 1894.)

Considerable pains has been taken in the selection of the most important points to be compressed into the small compass of about fifty pages, for the other half of the book is simply the Chinese rendering. Mr Luk's experience of thirteen years as a teacher has been of invaluable assistance, to him, and he has recordingly dealt most fully with those points that present chief difficulty to his fellow countrymen.

As a book written by a Chinese, printed and published by a Chinese firm the welcome it should receive from all Anglo Chinese schools and private Chinese students of English should fulfil the expectation.

...After careful perusal the book appears deserving of the highest—one might almost say, considering the nationality of the auther, unqualified praise...

G. H. B. W.

圖 2-34-1 至圖 2-34-3　陸敬科《華英文法捷徑》內文書影頁 **V**、**4-7**。書中用語如
　　　　「安樂命」、「書館」、「沙梨」、「熊人」等，都是較古老的粵語辭彙。

【資料來源】陸敬科：《華英文法捷徑》（香港？：出版資料不詳）。筆者藏。

（續圖）

4

VERB

A happy life 安樂命. Flowing streams 流水. Great scholars 大儒. Low hills 低山. A bright star 光星. The blue sky 青天. Brave soldiers 勇兵. A long stick 長棍. Cannon bolls 炮碼. A Chinese school 教華文書館. I meet your brother 我與汝兄相遇. He is a fool 他是愚人. I broke my slate 我打爛右板. The prince of Russia travels round the world 俄國太子遊歷天下. The room is twenty feet long 此房二丈長. The baby is in a sweet sleep 此嬰兒熟睡. Lazy people take most trouble 懶人做事難. The merchant sells goods 商人賣貨. George bought a hat and a pair of shoes 佐之買一項帽及一對鞋.

VERB 活字. 論事字.

A Verb is a word which tells us something about some person or thing 論説人物所作所爲者,爲生活字.

EXAMPLES.

See 見, Run 走, Dry 晒乾, Smoke 食煙, Pull 揸, Eat 食, Drink 飲, Walk 行, Blow 吹, Build 建造, Give 俾, Consult 商量, Carry 揹, Think 料想, Tear 撕爛, Kill 殺, Strike 打, Cheat 騙, Buy 買, Sink 沉, Drown 溺死, Hurt 傷, Dine 食飯, Present 送, Par, 分開, Love 愛, Are 是, Learn 學, Com,

5

PRONOUN.

Permit 准, Arrest 拿, Catch 捉, Sell 賣, Sail 駛船, Sign 簽名, Seem 似是, Trust 信托.

EXERCISE.

Point out the Verbs in the following 指出下文所列之生活字:—He comes 他來. They run 他們走. The boy cries 此童喊. The lark sings 山雀唱. They laughed at me 他們笑我. Do your duty 盡爾職份所爲. Flowers bloom in Spring 春天百花開. The hunter is trying to catch a rabbit 獵客欲捉兔. Shut the door 閂門. John writes a letter 阿督寫信. All men must die 凡人皆有死. She sent for a doctor 他遣請醫生. Can you walk far? 爾能遠行否. The old woman was sitting under a tree 此老婦人坐樹下. The lion roars 獅吼.

PRONOUN 代名字.

A Pronoun is a word used instead of a Noun. 不指出人物之名,爲代名字.

Note:—Pronouns are used to prevent naming the persons or things over and over again 凡論事屢提人物之名, 則重覆不倫, 故用代名字, 以代其名.

Thus, instead of saying 'Tom asks Tom's father to buy Tom a hat' we say 'Tom asks *his* father to buy *him* a

圖 2-34-2

（續圖）

7

ADJECTIVE. 形容字

An Adjective is a word used with a Noun to show what kind of, how much, or which persons or things are spoken of 說出人物之品質、與其數之多寡者、為形容字。

Note:—An Adjective does not show the quality of a *noun* but of the *person or thing* named by the noun 形容字說出人物之品質耳、非說出此實字之品質也。

Thus, if we say 'a large bear' the Adjective *large* shows what sort of a bear is meant, *not* what sort of a noun the word *bear* is 大熊人之之句、此大字是說此熊人之大小、非指熊人二字之大小而言也。

EXAMPLES.

1. Adjectives showing *what kind of* 下文之形容字、是指出品質性格者:—Tall 高, Good 好, Large 大, Long 長, Rich 富, Poor 貧, Red 紅, White 白, Heavy 重, Hard 硬, Clever 聰明, Sore 痛, Sick 病, High 高, Low 下, Full 滿, Fierce 猛, Small 小, Tiny 幼。

2. Adjectives showing *how many* or *how much* 下文之形容字、是指出數之多寡者:—Several 幾個, Two 二, Five 五, Four 四, Many 多, Some 有的, No 無, Both 兩個, Hundred 百, Dozen 十二個, All 所有,

6

PRONOUN.

hat' 偷云阿朶求阿朶求父親、買頂帽與阿朶、則不如謂阿朶求伊父親、買頂帽與他、之簡捷矣。

EXAMPLES.

I, me, mine, 我、（指一人自稱用）We, our, us, ours, 我等、（指數人自稱用）Thou, thy, thee, thine, 你、（指對一人言而用）You, ye, your, yours, 你等、（指對數人言而用）He, his, him, 他、（指一男人而用）She, her, hers, 他、（指一女人用）It, its, 佢、（指物件用）They, theirs, them, 伊等、（男女物件通用）Who, 伊誰 Which, 彼誰。This 此、That 彼、Each 每個、Some 有等。

EXERCISE.

Point out the pronouns in the following 指出下文所列之代名字:—He did not pay for his chair 他坐橋不與錢、I don't like this 我不取、It was he who stole the pear 是他偷此沙梨、He found me in the garden 他在花園尋着我、They lost a battle 他們敗了陣、She is very kind to you 他待汝甚厚、It is not worth while 還時候、You should not believe what he said 汝不應信他之言、Whose house is that? 是誰人之屋、Stop him 止住他、Will you kindly call on me this afternoon? 今日下午請至一敘、Is this the right one? 此是着否、The man shot himself 此人鎗斃自己、

圖 2-34-3

中國書畫。[966] 他一直十分感念駱克對他的教導。[967] 作為太古的買辦，莫文暢經手很多珍貴的中國書畫。莫投其所好，常售畫予駱克。[968] 從駱克保存莫文暢的書信，可見莫文暢的英文書寫能力相當精湛。[969] 莫文暢著有《唐字音英語》（或《唐字調音英語》）。當時廣告對此書有如下描述：「此書句話係莫文暢編輯，乃日用通行英字，分門別類，用正廣東省城粵音諧調，字字明白，韻韻清楚，見字讀字，便得英語正音，句短易讀，字音顯淺。書後附有信件、收條，及領人情、稟

圖 2-35　莫文暢像
【資料來源】《末世牧聲》第 13 卷（1933 年），頁 9。

章等格式，專為利便初學英話並生意場中交涉日用而設。」[970] 可見此書以實用見長。

在 1913 年版《唐字音英語》中，更有皇仁校友黃國瑜[971] 的推薦。黃國瑜當時是香港案察使司衙門總翻譯。他盛譽《唐字音英語》

966　Ibid., p. 82.

967　Ibid., p. 89.

968　Ibid.

969　Ibid.

970　〈唐字調音英語新書〉（廣告），《香港華字日報》，1904 年 8 月 22 日。有關《唐字音英語》與廣東話的關係，可參考黃耀堃、丁國偉：《唐字音英語和二十世紀初香港粵方言的語音》（香港：香港中文大學中國文化研究所吳多泰中國語文研究中心，2009 年）。

971　有關黃國瑜的討論見下文。

圖 2-36-1 至圖 2-36-4 《唐字音英語》所載舊香港地方名，其中提到皇仁書院（莫文暢稱之為「大書院」）之名。此書易學易懂，非常實用，惟教法不大正規。

〔資料來源〕莫文暢《唐字音英語》（香港？）：年份不詳。出版社不詳。頁 36－43。筆者所藏之本為殘本，沒有封面和版權頁等。

（續圖）

漢字地名／職稱	英文	粵音標注
意大利領事	Italian Consul	意他利仁，江紹紛
差館	Police Station	祂。厘時，時梯順
船頭官	Harbour office	喂把，祠肥時
律政官	Attorney General	遏錫尾，乞拿勞
驗船官	Marine Surveyor	馬喱。蕪氕瓜，十
美領事	American Consul	亞祺厘正，兀紹紛
日本領事	Japanese consul	乾班。依時，江紹紛
西洋領事	Portuguese consul	波甜陸時，兀紹紛
呂宋領事	Spanish consul	時班彌你，江紹紛
大英領事	British consul	厘厘之姑孛，江紹紛
督憲府	Governor's	加喂拿時，口時
臬署	Supreme court	蘇披厘庶，葛
華民政務司	Registrar General	喇喇時他羅
巡理府	Police Court	祂。厘姑孛，葛
汲水捫	Capsui-moon	汲衰捫
虎門	Boca Tigris	卜孤，樹邑厘時
澳門	Macao	馬。米
摩囉山	Mosque Terrace	摩囉時，他利時
青草山	Green mount	忌連。貓臬
大水坑口	Possession street	抱丁咧
荔枝角門	Laichi-kok	靈痴確
深水堡	Sham-shui-poo	心衰奘
大角嘴	Taikok-tsui	太確吹
百步林	Pokfulam	朴呼。林
必打步頭	Pedlar's wharf	必打步頭
昂船洲	Stone cuter's Island	時丁咧
鯽魚涌	Quary bay	戈。喱披
黃坭涌	Wongnei chung	汪。坭。涌
太平山	Tai-ping-shan	太冰山
灣仔	Wanchai	灣濟
西人墳	Happy Valley	哈被陣利
銅鑼環	Causeway bay	可據威。卓A
東角	East point	厰時，東點
長洲	Cheung chan	翁洲
鵝頸	Bowrington	波靈頓
七字妹	Tsat-tsz-mui	七 知。妹
上環	Central	司N桃紛
石塘嘴	Shok-tong-tsui	普錫 追
跑馬地	Race course	黎時 可時
熔籠洲	Junk-ling Bazzar	渣頭 霸沙
堅尼得城	Kennedy town	堅喱D。倫
西營盤	West point	威時。珀，成時

38   39

圖 2-36-2

（續圖）

輪船公司	Steamship Company
煤氣公司	Gas Company
電氣公司	Electric Light Company
火險公司	Fire Insurance Company
水務局	Water works
得律風公司	Telephone Company
孖剌新聞紙館	Daily press
糖局	Sugar Refinery
火燭燕梳	Fire Insurance Company
水險公司	Marine Insurance Company
牛奶公司	Dairy farm
公家花園	Public Gardens
打波地	Cricket Ground
山頂火車路	Tramway
火車頭	Tramway Station
德臣西報	China mail
育嬰堂	Convent
禮拜堂	Church
大藥房	Hongkong Dispensary
大禮拜堂	St. John's Cathedral
博物院	Museum
	City Hall
國家書館	Government school
大鐘樓	Clock Tower
大酒店	Hongkong Hotel
招商局	China Merchant Steamship Company
大狀師	Barrister-at-law
畫則師	Architect
巡捕官	Captain superintendent of police
厘印局	Stamp office
書信館	Post office
大書院	Queen's college
水車館	Fire Brigade station
大兵房	Murray barracks
疫症院	Plague Hospital
潔淨局	Sanitary Board
小狀師	Solicitor
大醫院	Government Hospital
工務司署	Public works Department
經歷司	Registrar

圖 2-36-3

（續圖）

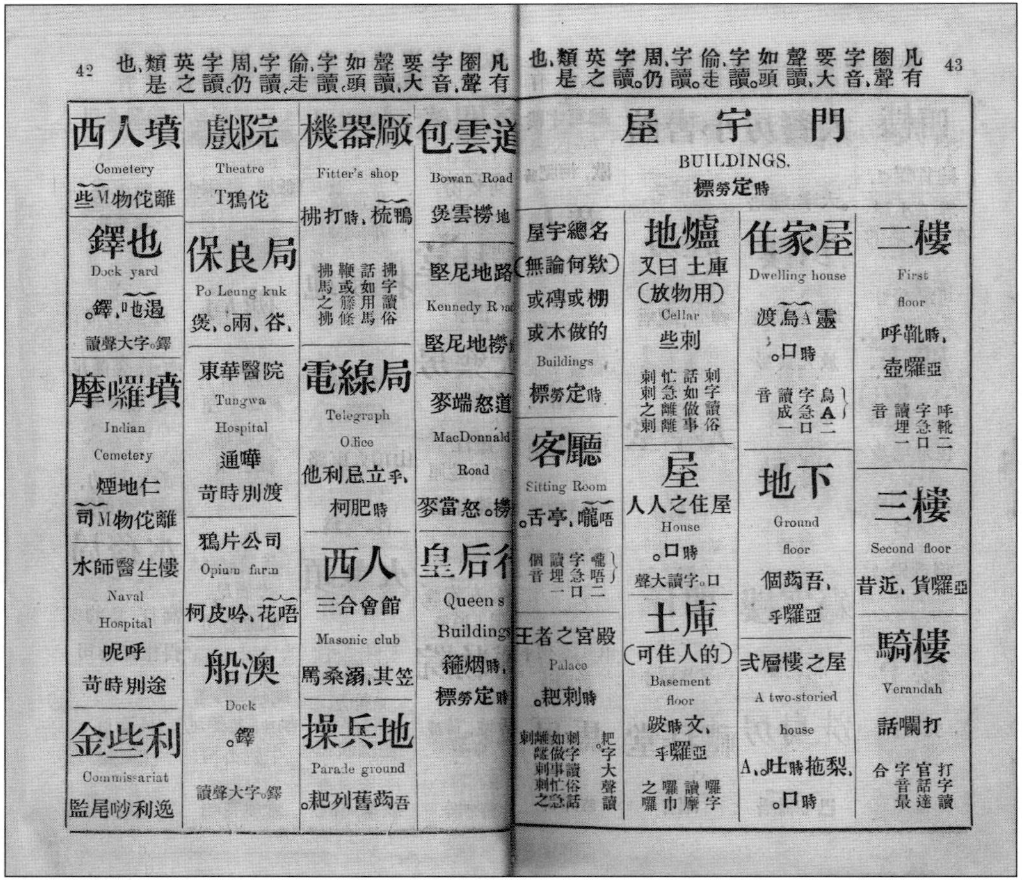
42 凡有聲音，大字要讀，頭字如讀，走字倫讀，仍字周讀，之字英類是也。

西人墳 Cemetery 些𠵱物佗離
鎅也 Dock yard 鎅，吔遏 讀聲大字。鎅
摩囉墳 Indian Cemetery 煙地仁 司𠵱物佗離
水師醫生樓 Naval Hospital 呢呼 苛時別途
金些利 Commissariat 監尾吵利逸

戲院 Theatre T鴉佗
保良局 Po Leung kuk 煲，兩，谷，
東華醫院 Tungwa Hospital 通嘩 苛時別渡
鴉片公司 Opium farm 柯皮吟，花唔
船澳 Dock 鎅 讀聲大字。鎅

機器廠 Fitter's shop 拂打時，梳鴨 拂字讀如用話，拂鞭或籐條之拂馬俗
電線局 Telegraph Office 他利忌立乎，柯肥時
西人 三合會館 Masonic club 馬桑溺，其笠
操兵地 Parade ground 耙列舊蒟吾

包雲道 Bowan Road 煲雲撈地
堅尼地路 Kennedy Road 堅尼地撈
麥端怒道 MacDonnald Road 麥當怒。撈
皇后行 Queen s Buildings 縋烟時，標勞定時

也類英字周，字倫，字如聲要字圈凡是之讀。仍讀。走讀。頭讀，大音，聲有 43

屋宇門 BUILDINGS. 標勞定時

屋宇總名（無論何欵）或磚或棚或木做的 Buildings 標勞定時
客廳 Sitting Room 舌亭，嚨唔 嚨唔二字急讀埋一口個音
王者之宮殿 Palace 耙剌時 耙字大聲讀 剌字讀如剌做事剌忙俗話之急剌離

地爐 又曰土庫（放物用）Cellar 些剌 剌字讀如做事俗話剌忙急剌離之剌
屋 人人之住屋 House 口時 聲大讀字。口
土庫（可住人的）Basement floor 跛時文，乎囉亞 囉字讀如摩巾之囉

住家屋 Dwelling house 渡烏A靈 口時 烏A二字急讀成一口音
地下 Ground floor 個蒟吾，乎囉亞
弍層樓之屋 A two-storied house A，吐時拖梨，口時

二樓 First floor 呼靴時，壺囉亞 呼靴二字急讀埋一口音
三樓 Second floor 昔近，貨囉亞
騎樓 Verandah 話嘣打 打字讀官話音最合達字

圖 2-36-3-4

云：「天下之妙理秘法，莫不籍鴻才碩學以發明之，使後學得一大助力。至於語言一科，豈無捷徑？是書之著，意美法良，誠華人學英語之寶筏也。其調音之法，顯而明；其串句之便，靈而通。尋常之字，日用之，辭均易於融會貫通，引伸觸類。事半而功倍，自學而能精，倘學者得此助力，而不能玩索有得焉，殊負作書者之苦心也。」[972]

黃國瑜又名黃廷珍，是晚清改革團體輔仁文社其中一位成員，曾任皇仁書院教員，1915 年時為粵東巡案使署交涉員，兼電報局總辦。

黃國瑜的兒子黃益初也是皇仁書院校友。黃益初在香港大學入學試中考獲頭五名，故得以廣東政府免費生之資格，入讀香港大學。在這五名學生中，有四名出身於皇仁書院，除黃益初外，還有陳濬謙（約 1895－1975）、李炳森（約 1894－1962）和潘有鴻。[973]

陳濬謙字伯益，廣東番禺人，妻何氏（約 1895－1960）。陳濬謙自香港大學畢業後，跟隨父親經營三盛昌金山莊，業務發展迅速，其後擴展至酒店業務，經營東山酒店。[974] 陳濬謙在香港大學讀書時成績優異。在香港大學畢業試國際法一門考試中，明治時代日本的國際法顧問 Dr. C. J. L. Bates 任港大畢業試委員會主試官之一。他是國際法一科的評卷者，分數由他評定。陳濬謙獲破紀錄的高分數，考試官除了傳語嘉許外，還寄給陳濬謙數百元作獎勵。另外，他也曾從區大典（1877－1937）學習中國經典，對公羊學極有心得，在討論有關春秋大一統和尊王攘夷等課題時，陳濬謙評論精闢，深獲區大典（1877－

972　轉引自黃耀堃、丁國偉：《唐字音英語和二十世紀初香港粵方言的語音》，影印原書資料，頁 613。

973　*The Yellow Dragon*, Vol. XVII, No. 4 (December 1915), p. 60；〈李炳森醫生舉殯賻金撥捐義校〉，《華僑日報》，1962 年 9 月 19 日；〈陳濬謙病逝今大殮出殯〉，《工商晚報》，1975 年 7 月 4 日。

974　*The Yellow Dragon*, Vol. XVII, No. 4 (December 1915), p. 60；〈陳伯益喪妻〉，《華僑日報》，1960 年 3 月 13 日；〈陳濬謙病逝今大殮出殯〉。

1937）讚許。[975] 陳君葆曾賦詩贈陳濬謙。在〈海棠示伯益學兄〉一詩中，陳君葆云：「紅萼無言睡覺初，移栽猶得及扶疏。如何梁苑秋光至，再打風吹總任渠。」[976]

李炳森也是廣東番禺人，日後成為醫生。[977]

潘有鴻是廣東南海人，曾在皇仁書院充師範生，其父潘西川，則在怡和洋行工作。[978] 潘有鴻是 1920 年香港大學工學士。[979]

黃益初後娶巢絳霄為妻，二人同為香港大學早期畢業生。而巢坤霖（1888－1953）則是巢絳霄之兄，亦是皇仁校友。[980] 巢坤霖為著名學者和外交官，他也是清華中學校長、官立文商專科學校校長。[981] 他是廣東順德人，曾在聖保羅書院就讀，後轉往聖士提反書院和皇仁書院就學。1908 年赴英，先後在杜倫大學（Durham University）和倫敦大學留學。返國後在北京清華學校任教。1921 年返港，在香港政府教育署工作。1941 年香港淪陷後赴桂林，後為國民政駐澳洲的宣傳特派員。[982]

975　謝榮滾主編：《陳君葆日記全集》卷七（香港：商務印書館〔香港〕有限公司，2004年），頁 246－247。

976　《水雲樓詩草（修訂本）》，頁 66。

977　*The Yellow Dragon*, Vol. XVII, No. 4 (December 1915), p. 60；〈李炳森醫生舉殯脾金撥捐義校〉。

978　*The Yellow Dragon*, Vol. XVII, No. 4 (December 1915), p. 60.

979　郭大江：《百年檔案藏一代風流：香港大學早年工學士的故事》（香港：牛津大學出版社，2012 年），頁 272。

980　*The Yellow Dragon*, Vol. XVII, No. 4 (December 1915), p. 60；黃媛珊：〈我的前半生〉、〈我的後半生 —— 在美國五十年的文化交流〉。按，黃媛珊是台灣烹飪名家，是黃益初和巢絳霄的女兒。黃國瑜是黃媛珊的祖父，而巢坤霖則是黃媛珊的舅父。〈我的前半生〉一文鏈結：http://www.qb5200.com/content/2016-01-10/a1634.html.

981　〈清華中學行頒獎禮校長巢坤霖碩士詳細報告校務〉，《華僑日報》，1952 年 1 月 21日；〈巢坤霖遺體昨日出殯〉，《工商日報》，1953 年 11 月 22 日）；〈旺角幼稚園巢坤霖紀念獎學金〉，《工商日報》，1954 年 6 月 18 日。

982　《中國・香港・聖保羅 —— 165 年的人與時代》，頁 125－127；柳存仁：〈巢坤霖〉，載柳存仁：《外國的月亮》（上海：上海古籍出版社，2002 年），頁 172－178。

黃益初號漪磋，是近代中國著名電影商人。[983] 黃益初與羅文榦姪兒羅明佑（1900－1967）等合組聯華電影公司。後來黃益初自立門戶，在香港創立聯藝影片公司，同時又與桂東原、賴際熙（1865－1937）等創立中國圖書印刷公司。[984]

黃國瑜子黃泰初也是皇仁校友。黃泰初是黃益初之兄。他在1911 年時為皇仁書院領袖員之一。[985] 黃泰初稍後進香港大學工科，是傅秉常的同學。[986] 黃泰初是土木工程師和建築師，1928 年起執業，1930 年草擬佐敦道平安戲院圖則。該戲院在 1933 年落成，[987] 後拆卸重建，現址為平安大廈。

黃臨初是首屆入讀稅務學堂的學生之一。[988] 1901 年 3 月 12 日黃臨初進皇仁書院第八班，1907 年在第一班，1908 年得 Steward Scholarship。[989] 黃臨初為胡禮垣外孫。[990] 以此推論，黃國瑜即胡禮垣的女婿。黃國瑜三個兒子的命名，都與《易經》六十四卦有關（泰、臨、益）。另外，黃媛珊亦回憶，祖母是胡家三小姐，其兩個兄弟當中，一個是留英碩士，另一人則是香港船業大王。[991]

983　〈我的前半生〉、〈我的後半生 —— 在美國五十年的文化交流〉。

984　水銀燈：〈黃漪磋之所謂「掙扎圖存」〉，《開麥拉》第 115 期（1932 年），頁 1。

985　〈我的前半生〉、〈我的後半生 —— 在美國五十年的文化交流〉；*The Yellow Dragon*, Vol. XII, No. 8 (May 1911), p. 149.

986　羅香林：《傅秉常與近代中國》（香港：中國學社，1973 年），頁 23；《百年檔案藏一代風流：香港大學早年工學士的故事》，頁 24。

987　〈廿餘年前負責興建平安戲院建築師黃泰初供述該院拱形上蓋構造〉，《工商日報》，1958 年 10 月 17 日。

988　*The Yellow Dragon*, Vol. X, No. 3 (November 1908), p. 52-53.

989　英文拼音 Wong Lam-cho，學號 8640。"Scholarship Winners 1907-8," *The Yellow Dragon*, Vol. IX, No. 6 (February 1908), p. 120-121.

990　張禮恆：《何啟胡禮垣評傳》（南京：南京大學出版社，2006 年），頁 169。

991　黃媛珊：〈我的前半生〉、〈我的後半生 —— 在美國五十年的文化交流〉。

現在再談莫文暢的其他著作。他還編纂《達辭字典》一書。柳存仁曾評價《達辭字典》的優劣。他認為這部「九十年前香港出版的一部兩厚冊，篇幅有兩千七百多頁的大字典」，「這是在我所見的若干十九世紀後期出版的英漢字典裏很突出的一部」。柳存仁指《達辭字典》的最大優點是它有解釋字句，且有許多恰當的例子，同時保留了許多十九世紀廣東話的語料。他舉出莫文暢若干譯文，認為他中、英文根柢均甚佳。柳存仁在文章結尾更指「它是九十年前香港的一位文員辛辛苦苦費了十幾年的光陰編成的一部很有用處的書，我真地不敢小覷這位文員」。[992] 可見柳存仁對《達辭字典》甚為推崇。

《達辭字典》至今已十分罕見，其內容和寫作緣起只能從胡禮垣替《達辭字典》所撰之逾萬言長序了解。這一篇序文對了解莫文暢的生平、他與胡禮垣的學問旨趣和兩人的中英文根柢，甚為重要，且能窺見兩人在中國近代化進程中所擔當的角色。[993] 胡禮垣在序中稱，莫文暢所編《達辭字典》完成之後，以未裝幀之本交給他閱讀。莫若濂更對他說，《達辭字典》編纂花了前後二十餘年之時間，只有胡禮垣能為之作序。[994] 由此可見兩人早已認識，且相當熟稔，同時莫文暢對胡禮垣十分尊敬和信任。[995] 胡禮垣之言紏正了柳存仁文章一個小錯誤，即《達辭字典》花了二十餘年左右完成，而非如柳存仁所言的十多年。[996]

992 柳存仁：〈一部九十年前香港出版的英漢辭典〉，載氏著：《和風堂新文集》，頁209－220。

993 胡禮垣：〈《華英達辭字典》序〉，載氏著：《胡翼南先生全集》（香港：胡百熙自刊，1983年），〈文集彙鈔〉卷52，頁3－13。

994 〈《華英達辭字典》序〉。

995 1909年，中醫梁達樵由省城到香港行醫，胡禮垣、莫文暢（莫若濂）和劉鑄伯等同列名於推薦廣告中。詳見〈明醫到港〉（廣告），《香港華字日報》，1909年4月21日。

996 〈一部九十年前香港出版的英漢辭典〉，載柳存仁：《和風堂新文集》，頁209－220。

胡禮垣花了十日時間「披覽數過」,「覺其苦心孤詣,觸類旁通,探索精詳,清思窮冥,不禁歡喜讚嘆,以為得未曾有」。[997] 他又批評當時華人學習英文的方法出了問題,指出當時的辭書只會令讀者認識個別字但不知道那些字的用法。[998] 他又進一步指出,一個字有其基本用法,但若以假借、會意、轉注引申之,可以有多種解法,因此一字有數十種不同用法。[999] 換句話說,即一字有許多引申義,在不同的語境(context)有不同的意思。胡禮垣稱,學習英文最佳的方法,莫如到外國去,然而「夫華人之習英文者,類多不能破費巨資,飄然數萬里,置其身於莊嶽之間,數年日與彼都人士,狎習往還。領其齒牙之餘慧,攝其語妙之神情,使言論時能縱橫跌宕,宛轉關生,或委曲以言情,或片言而居要,或以廋辭而寓意,或以諺語而解頤,頓挫抑揚,屈申如意,有磊磊落落之概,無格格不吐之談。令聞其言者,感而不能忘;聽其辯者,思而有餘味也」。[1000] 即要學地道的英文,最好就是直接到外國,沉浸在英語的環境當中。但囿於斧資,一般人無法負擔。胡禮垣因此認為,華人恪守書本式英語,卻忽略了日常應對的英語,結果與英人談話時,只能寒喧數語,然後無法接下去。這樣英語是學不好的。[1001] 胡禮垣感嘆,中國各通商口岸的人學習英文的人很多,能操通順英語的不少,「而求其當超妙者實難」,「至若熨帖其情理、流利其言辭則能之者實鮮」。[1002]

　　胡禮垣所推崇的,是淺白而能達意的英語。[1003] 他指以往鄺其照在

997　〈《華英達辭字典》序〉。

998　同上。

999　同上。

1000　同上。

1001　同上。

1002　同上。

1003　同上。

美國的時候，輯成《成語字典》。酈其照專取英文兩三字而成之僻語、俗語等組成長句，清楚解釋，對讀者很有幫助，甚有貢獻。[1004] 胡禮垣認為這是酈其照《成語字典》的優點。然而《成語字典》也有其缺點。他指出「惜其所輯僅止於此，至平常所用，人所共識之言辭，一綴以虛微小字，則意解頓殊易致誤會者，多不詳及，不能無憾」。[1005] 因此，胡禮垣一直有個想法。他想利用其法，編纂一本大字典。但當他看見《達辭字典》後，覺得莫文暢已做了他想做的事了。[1006]

胡禮垣盛譽莫文暢此書之成就。他認為《達辭字典》「如教繡鴛鴦，能使人金針自得；如示彈繩墨，能使人規矩從心；如闊幅裁衣，能使人擇布而割；如雙雞供膳，能使人取泊以餐；如聊舉一隅，能使人自然三反；如欲窮千里，能使人更上層樓。其味無窮，如傾金尊而酌清醴，引人入勝；如遊天市而到華鬘，勿愁珥墮簪遺，眼底時逢故物，奚事芒鞋竹杖，枝頭即是春光神矣。不圖訓詁之辭章，竟現文人之慧業」。[1007] 胡禮垣之言，不無溢美之辭。他當時已德高望重，其改革言論在中國引起巨大迴響，惟對後輩如莫文暢竟能如此推崇，足證兩人交情不淺。

胡禮垣見證了莫文暢為編《達辭字典》所下的苦功。他稱自己曾到莫文暢之書房，「見其左圖右史，馨逸自成，東牒西箋，橫陳几案，滿床《靈寶》（按，或指《靈寶經》）、名儒諷誦之篇；半壁《青箱》（按，或指《青箱雜記》）、《學士編》，摩之集觀，其情深二酉，知其志在千秋」。[1008] 由此可見莫文暢廣泛閱讀，多方搜集材料。他

1004　同上。

1005　同上。

1006　同上。

1007　同上。

1008　同上。

「又聞作者之成此編也，鉛槧隨身，卷不釋手，慕左思之作賦，學長吉之歌詩。有時入玄中，領解而忽然大笑；有時形諸夢寐，得句而驚喜疾書。非道士，而凝神若老僧之禪定，魂出五寸，志入四行，隻字單辭，乃竟與萬象三才同，其參證云」。[1009] 莫文暢對《達辭字典》一書的著作態度，至為認真。

胡禮垣亦談到莫文暢的英語造詣，指「作者所操英語，辯才無礙，應對如流；所為英文登西報中，閱者刮目。至於連篇累牘，翻譯為難者，亦能目視手書，易如鈔錄。若夫駢四儷六，典重詞華，體物不倫，對譯鮮當，為中西文之大別者，尤能因情得文，因文得意，恰如秉著者之所欲出，又不失其詞彩之飛揚」。[1010]

胡禮垣指「溯此篇之初成，自壬辰（按，1892 年）至丙申（按，1896 年），凡五閱寒暑，及此編之大備，則自丙申迄辛亥（按，1911年），又十有六年。此二十餘年中，油油翼翼，所好未嘗一日忘，其用志不紛已可概見」。[1011] 即莫文暢花了逾二十年時間蘊釀和構思《達辭字典》。

最後，胡禮垣談到《達辭字典》起名的原委，「作者之以達辭名其書也，將欲驅人以明乎理也。達其辭以明其理，亦明其理以達其辭。手此一編，又豈徒看書者如桶底之脫，無光不通；講話者如水銀之瀉，無孔不入」。[1012] 在繁重的工作餘暇，莫文暢能完成這些著作，其毅力令人敬佩。

1916 年，胡禮垣去世，莫文暢致輓聯云：「我本才譾問世，謬輯《達辭》，藉萬餘言宏序品題，使臭腐化神奇，筆陣敷功，直堪千

1009　同上。
1010　同上。
1011　同上。
1012　同上。

載。公真淹貫古今，博通中外，著廿叁種遺書甫竟，乃逍遙歸自在，文壇大老，痛失斯人。」此為莫文暢對胡禮垣的最後致敬。[1013]

編寫英語學習讀本的還有羅星樓。羅星樓生平不詳，現僅知道他是 1886 年的 Steward Scholar。[1014] 他曾編撰《司梳淺譯》和《英語易讀》二書。原書未見，但從當時的廣告可知其大要。《司梳淺譯》「一書將各西字譯以華文，并注以華音，最易明白」。[1015] 至於《英語易讀》一書，當時相當流行，「早經沽楚」，「茲特重加增訂，用西紙刊印，最便於學英語、習英文者」，「其中所用平上去入並夾音，所切之聲，俱與英學吻合，且讀法一一備詳」，「誠初學之梯也」。[1016]

教師

皇仁校友之中有不少是教師。吳衍（約 1866－1917），字銘泉，廣東番禺人。吳衍世居草芳村，「幼業儒，能尚道德」。吳衍十七歲來香港，初入聖約瑟書院（St. Joseph's College），十八歲進中央書院，成績優秀，1888 年畢業。1888 年 3 月 1 日升為師範生，1889 年 7 月 10 日補拔為助教，1903 年 2 月 22 日晉升為第一助教員。吳衍一直在皇仁書院任教，1917 年 3 月 16 日在校授課時突感不適，延至翌日零晨二時不治。[1017]

曾忠（約 1867－1906），字達廷，廣東南海西樵人，1879 年進入中央書院學習，「然先生雖深於英文，而又不僅深於英文者」，因曾忠

1013　〈輓名士胡翼南先生聯選錄〉，《香港華字日報》，1916 年 11 月 27 日。

1014　*The Yellow Dragon*, Vol. V, No. 3 (November 1903), p. 99.

1015　〈初學英語新書二種〉（廣告），《香港華字日報》，1903 年 9 月 25 日。

1016　同上。

1017　"A Brief Biography of Late Mr. Ng In"；〈吳衍先生史略〉，*The Yellow Dragon*, Vol. XVIII, No. 7 (April 1917), pp. 114-115.

家學淵源深厚，且所識多為文人，故中英文皆通。曾忠在皇仁書院任教職十九年。1906 年英年早逝，何高俊認為曾忠死於「心絕之症」。[1018]

周鏡澄，廣東順德人，字鑒秋，[1019] 是 1896 年 Steward Scholar，[1020] 曾任大同學校的西文教習。[1021] 惟《黃龍報》則記載，他在 1903 年或之前曾任該校校長。[1022] 大同學校為旅日華僑馮鏡如（1844－1913）等創立，原屬革命派陣營，後傾向保皇派。[1023]

馮浩昌是河北保定高等學堂西學正教員。馮浩昌親撰履歷稱自己的學歷為「香港皇仁大書院畢業縣丞職銜」。[1024]

趙志松，字鶴林，在皇仁書院任英文教師凡三十一年。趙志松 1860 年代在中央書院唸書，「才名並重，中外兼通，擅西學之宏深，濟以華文之淹博」，1900 年因商人禮聘，轉行從商。[1025] 1905 年，他曾與省港澳輪船公司買辦佘達才因錢財事對簿公堂。[1026]

江其輝（1881－1921），字少邨，廣東佛山人，皇仁書院英文教員。江其輝之祖先在廣東生活，父為香港商人，家境不錯。江其輝十四

1018　"The Late Mr. Tsang Chung, Second Chinese Assistant," *The Yellow Dragon*, Vol. VII, No. 10 (July 1906), p. 195；〈曾達廷先生小傳〉頁 203－204。

1019　鄒振環：〈清本政治與文化漩渦中的馮鏡如〉，《華東師範大學學報（哲學社會科學版）》第 3 期（2014 年），頁 51－58。

1020　*The Yellow Dragon*, Vol. V, No. 3 (October 1903), p. 49.

1021　〈清本政治與文化漩渦中的馮鏡如〉，頁 51－58。

1022　曾達廷：〈縷陳緒生陋習各宜審處說〉，*The Yellow Dragon*, Vol. V, No. 2 (October 1903), pp. 31-34; *Queen's College, 1862-1962*, p. 241。惟按〈清本政治與文化漩渦中的馮鏡如〉一文所記大同學校歷任校長，並未見周鏡澄的名字。

1023　〈清本政治與文化漩渦中的馮鏡如〉，頁 51－58。

1024　《教育雜誌》第 2 期（1905 年），頁 5 下。

1025　*The Yellow Dragon*, Vol. I, No. 7 (March 1900), pp. 142-143；曾達廷：〈送趙鶴林陸禮初先生序〉，頁 151－152.

1026　〈臬案〉，《香港華字日報》，1905 年 9 月 13 日。

番書與黃龍 —— 香港皇仁書院華人精英與近代中國

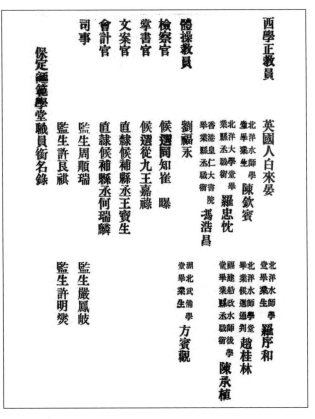

圖 2-37　馮浩昌履歷
【資料來源】《教育雜誌》第 2 期（1905 年），頁 5 下。

歲時從家鄉到香港讀書，先在灣仔官立學校唸書一年，1897 年 2 月 22 日改就皇仁書院第六班。江其輝在校成績優異，後留校任教，直至 1921 年因腦血管栓塞逝世。他亦曾為《共和報》東主和翻譯共十餘年。[1027]

何恩德（約 1883－1943），廣東南海西樵人，基督徒，香港青年會

1027 〈江其輝逝世〉，《香港華字日報》，1921 年 10 月 26 日；"The Late Mr.Kong Ki-fai," *The Yellow Dragon*, Vol. XXIII, No. 3 (November 1921), pp. 41-42.

幹部。1921 年創立一鳴英文學校，自任校長，1934 年退休，且將學校結束。1940 年香港政府聘為郵件檢查員，1941 年任金唐酒家司理。[1028]

張鶴儔（約 1889－1950）是皇仁書院校友，曾任皇仁書院英文教師十四年，在 1922 年離校，改行從商。張鶴儔在校頗受同學愛戴。同學稱讚他「品學臻美，愛人以德，教人以義，與人以禮，處己以儉，循然善誘」。1950 年 8 月，張鶴儔出殯，「執紼者眾」。[1029] 可見前述頌詞並非虛言。

謝正方也曾是皇仁書院學生，1899 年應考牛津大學本地試，同時是 Morrison Scholar，[1030] 後來留校任教。[1031]

林肇賢是皇仁書院優異生，以優異成績從牛津大學畢業。回國後在廣東任英文專科教員，後清政府賞予附生資格。[1032]

何華清（約 1885－1978），早年在皇仁書院就讀，畢業後曾在輪船辦房工作。他在皇仁書院和育才書社任教凡三十五年。[1033]

黃永年（1907－?），廣東東莞人，出身皇仁書院，曾任光大英文書院院長、崇文英文書院院長等，工書法。[1034]

1028　〈青年會今日追悼戰時殉難幹部〉，《華僑日報》，1947 年 9 月 13 日。

1029　"Situations Obtained by Q. C. Boys in 1909," *The Yellow Dragon*, Vol. XI, No. 14 (March 1910), pp. 326-328；〈歡送張鶴儔先生〉，*The Yellow Dragon*, Vol. XXIII, No. 14 (December 1922), pp. 319-320；〈前皇仁書院教師張鶴儔氏出殯榮哀〉，《華僑日報》，1950 年 8 月 28 日。

1030　英文拼音 Tse Tsing-fong, "Prize List," *The Yellow Dragon*, Vol. I, No. 7 (March 1900), pp. 143-144.

1031　《花甲回憶錄》，頁 4－5。

1032　〈捷報〉，*The Yellow Dragon*, Vol. XIII, No. 2 (October 1911), p. 209.

1033　"Situations Obtained by Queen's College Boys in 1906," *The Yellow Dragon*, Vol. VIII, No. 6 (March 1907), pp. 130-132；〈老教育家何華清病逝〉，《華僑日報》，1978 年 4 月 18 日。

1034　〈人名辭典〉，《香港年鑑》，1956 年，頁（己）22。

運動員

高錫威（？－1942），又名高建芬，1921 年皇仁書院畢業後為香港中華基督教青年會體育幹事。後赴美國春田大學（Springfield University）攻讀體育科，回國後再任青年會幹事。1942 年因心臟病逝世，[1035] 著有 *Association Football and Its Teamplay* 一書。[1036]

高錫威家族有不少成員在皇仁書院讀書。其兄弟高景芬（？－1962）是西醫。高景芬離開皇仁書院後，曾到北京協和醫院實習，再進入香港大學醫科，獲醫科學位。他曾在東華醫院當醫生三年，後在馬祿臣醫院行醫。[1037] 1933 年在上海結婚。[1038]

高佑昌（約 1900－1962）是高錫威和高景芬之姪，也曾在皇仁書院讀書。高佑昌也是香港體壇名宿，在泰和洋行工作四十多年，曾設高氏快字打字學社。[1039]

高錫威和高景芬之父為高卓成（約 1855－？）是香港富商。高景芬是高卓成第十四子。高卓成在 1877 年進入中央書院，1878 年間仍在該校，入學時已是二十二歲的成年人。[1040] 高卓成能養育這麼多兒子，證明相當富裕。日本方面則記載高錫威是廣東番禺人。[1041]

筆者偶然在香港教會的研究文章尋到高家籍貫的線索。原來高卓

1035　*The Yellow Dragon*, No. 13, Vol. XXIII (November 1922), p. 286；〈青年會今日追悼戰時殉難幹部〉,《華僑日報》，1947 年 9 月 13 日。

1036　《中國文化界人物總鑑》，1940 年，頁 338。

1037　〈高景芬醫生舉殯〉,《華僑日報》，1962 年 4 月 12 日。

1038　〈教友消息〉,《合一周刊》第 406 期（1933 年），頁 4。

1039　〈體育名宿高佑昌病逝〉,《華僑日報》，1962 年 3 月 31 日。

1040　英文拼音 Ko Cheuk-shing，名單序號 192。*The Hongkong Government Gazette*, 4 May 1878, pp. 231-236；〈高景芬醫生舉殯〉，1962 年 4 月 12 日。

1041　《中國文化界人物總鑑》，頁 338。

成是高露雲夫人的養子，高露雲夫人和高卓成是道濟會堂的教友。[1042]
高露雲即高和爾（Daniel Richard Francis Caldwell,1816－1875）。
高和爾的妻子是中國人陳氏（Chan Ayow），且陳氏是道濟會堂教
友，與上述的記載吻合。[1043] 因此高氏一家的姓氏可能源自高和爾的
「高」，而非中國姓氏「高」。

　　李惠堂，字光梁，號魯衞，廣東五華人，是中國一代球王，早
年在皇仁書院唸書。李惠堂父親李浩如，是著名建築商。李惠堂很早
投身足球圈，曾效力南華等球會，又「曾遊春申江上，創樂華幾載
效勞，顯其身手」。[1044] 李惠堂最為人所稱道的是其民族氣節。曾靖侯
回憶：「一九四二年春、夏間，當時香港淪陷，汪傀儡政府，受日人
命，組中國足球隊參加滿洲國十周年紀念運動會，必欲魯衞領隊為號
召，函電敦迫，繼派專差專機來迎。強暴之下，勢殊狼狽，予有日過
其辦事處瑞典洋行，瞥見其正焚燬各類積存文件，微知其出奔也。詎
越三兩日，重過訪之，乃知其已鴻飛冥冥矣。」[1045] 原來是李惠堂在友
人協助下，由澳門逃到中國自由區。[1046]

　　唐福祥是中國著名球員，在 1905 年前，已酷愛足球。唐福祥在
香港灣仔官立英文學校肄業，曾組灣仔小學乙組足球隊員。畢業之
後，進入皇仁書院繼續學業，並升級為甲組隊員，屢戰屢勝，1910
年離開皇仁書院，打算加入學生北伐軍，沒有成功，遂轉學聖若瑟書

1042　浩然：〈宗教鉅子 —— 傳揚福音關懷社會的王煜初牧師（十）〉，《基督教週報》第
　　　2577 期（2014 年 1 月 12 日）。文中高卓成作「高卓承」。

1043　*Dictionary of Hong Kong Biography*, pp. 60-62.

1044　《新編文史筆記叢書》，第一輯《粵海揮麈錄》，頁 94；李惠堂：《球圃菜根集》（香
　　　港：前鋒體育書報社，1948 年），頁 5－6，〈曾子序〉。

1045　"English School Class Prizes," *The Yellow Dragon*, Vol. VIII, No. 6 (March 1907), p.
　　　124；〈曾子序〉，《球圃菜根集》。

1046　〈曾子序〉，《球圃菜根集》。

院。1915 年第二屆遠東運動會在上海舉行，唐福祥當時效力南華，為正隊長，成績優秀，以後第三屆和第四屆遠東運動會，唐福祥亦有所貢獻。1923 年，唐福祥赴美求學，組織華人留美學生足球隊。返國之後，在嶺南大學工作。[1047]

葉坤畢業於皇仁書院，1913 年參與第一屆遠東運動會，獲選為中國足球代表。他返國後有感中國國民身體太弱，遂與同人合組南華體育會，為首任英文幹事，又曾任廣東全省運動會職員和廣州精武體育會職員。[1048]

梁兆文（約 1904 − ?）也是皇仁書院校友，精於泳術，曾參加遠東運動大會，亦曾參加香港渡海泳，榮獲冠軍。他後來成為國人游泳會訓練部和水球部主任。[1049]

其他

袁振英（1894 − 1979），字仲勳，廣東東莞人，早年隨父親到香港。1915 年從皇仁書院畢業。後進入北京大學，在英文系唸書，在大學時研究英國詩和戲曲。1917 年是北京大學三年級生。又與趙太侔（1889 − 1968）和黃文山（1898 − 1988）等組織實社，研究各類社會主義，特別是克魯泡特金主義。後入讀里昂中法大學。[1050]

1047　〈唐福祥君小史〉，《體育世界》第 1 期（1927 年），頁 8。

1048　上海勤奮書局編譯所編：《全國足球名將錄》（上海：上海勤奮書局編譯所，1936年），頁 18。

1049　黃錦芬：〈游泳能手梁兆文〉，《伴侶雜誌》第 1 期（1928 年），頁 6。

1050　〈在校同學錄（1917 年）〉，《國立北京大學廿週年紀念冊》，頁 9、30；袁振英：〈袁振英自傳〉，載中共東莞市委黨史研究室主編，李繼鋒、郭彬、陳立平著：《袁振英傳》（北京：中共黨史出版社，2009 年），頁 179−190。

　　黃文山，原名黃天俊，號凌霜，廣東台山人。他曾在廣州千頃書院讀書，1911 年進皇仁書院讀書，他是北京大學文學士及哥倫比亞大學文學碩士。在北京大學讀書時，黃文山是《學生週刊》和《進化雜誌》主編；留美時是《民氣日報》和《國民日報》總編輯。回國後黃文山先後在北平師範大學、中山大學、暨南大學任教，曾任勞動大學教務長、中央大學社會學系系主任兼教授等。著作有《社會進化》、《唯物論的歷史觀》和《西洋知識史》等。1949 年後在美國、台灣等地生活。[1051]

　　韋德（約 1897－1925），字榮堅，廣東香山人，曾在皇仁書院讀書。韋德是中華海員工會會員、聯義社社員、中國國民黨黨員，曾在比亞輪當侍者。1925 年行刺陳炯明（1878－1933）部下洪兆麟（1876－1925），事成自殺身亡。[1052] 聯義社 1915 年 10 月在香港創辦，是航業同人組織的俱樂部，社址在香港士丹利街三十號二樓。當時的主席為趙植之（約 1876－1952），是同盟會會員。[1053]

　　謝才 1917 年 6 月 10 日離開皇仁書院時在商科 3E 班。同年在香港國家醫院（Government Civil Hospital）擔任管工頭目。[1054]

　　潘賢達（約 1893－1956）早年就讀皇仁書院，後入讀香港大學工程學系，畢業後曾在教育界工作，又在工程界工作。潘賢達是香港

1051　《中華文化界人物總鑑》，頁 548；謝康：〈黃文山先生的「書」和「人」，載《新亞書院學術年刊》第 12 卷 11 期（1969 年），頁 8－12。謝康一文承蒙何冠環博士提供，特此鳴謝。

1052　瑋珉：〈韋德烈士略史和遺書〉，《革命導報》第 3 期（1926 年），頁 10－11；〈韋德小史〉，《真光》第 24 卷 11/12 期（1926 年），頁 67；《珠海市人物志》，頁 121－123。

1053　〈聯義社開幕紀盛〉，《香港華字日報》，1915 年 10 月 13 日；〈趙植之昨日病逝〉，《工商日報》，1952 年 5 月 22 日。

1054　*The Yellow Dragon*, Vol. XVIII, No. 10 (July 1917), p. 162.

著名則師，自營測繪事務，又曾創辦菁莪中學。[1055]

勞英群（約 1900－1977），廣東南海人，早年從皇仁書院畢業，後隨任中醫的父親懸壺濟世，有「萬家生佛」之稱，同時也是商人。[1056]

小結

綜合以上所列舉的校友資料，我們可以歸納出一些特點。

第一，以籍貫言，皇仁書院的華人校友，除少數外，大部分都是廣東人和香港人。而在廣東人之中，較多籍貫是南海、番禺、順德、香山、台山、新會等。上述各人在學時間長短不一，當中許多校友未完成全部課程便離開學校。他們的目標是學好英文以作謀生之用。

第二，在上面的論述中，可見皇仁校友有許多自父親一代已在皇仁書院唸書，日後他們亦將兒子送進皇仁書院。這樣做，除了方便兄長照顧年紀較幼之兄弟，同時亦有強化後代社會網絡的考慮，以利日後尋找工作。另外，從以上各人的生平，可大致歸納出一點，即不少皇仁校友來自物質條件相對較佳的家庭。本書談到的校友，很多都來自思想較前衛的家庭。他們的父親許多都是知識分子，或是粗通文墨的商人，又或是外洋歸僑，開始感到時代在變，再不執着於兒子要在科舉中取得功名，而是想到學習英文能對將來謀生有所幫助。另外，因為廣東、香港甚至東南亞華僑（主要是廣東人）社會遠離中華帝國文明中心，正統文化的枷鎖相對較少，加上廣東人長期與外國人交

1055　〈本港名建築師潘賢達昨病逝〉，《工商日報》，1956 年 7 月 1 日。

1056　〈名中醫勞英群出殯哀榮〉，《工商日報》，1977 年 4 月 9 日；〈已故殷商勞英群之元配勞母黃氏太夫人昨舉殯官紳名流等親臨弔唁極備榮哀〉，《華僑日報》，1989 年 1 月 19 日。

往，對學習西洋文化持開放態度。再者省港交通便利，皇仁書院宗教色彩亦淡，因此很受住在省城周邊的廣東人所歡迎。

第三，皇仁校友出路相當多元化，北上和到海外發展的相當多。他們早具有全球化之視野，商人和買辦僅是其中一部分而已。當時皇仁校友已遍佈世界各地，校友之間的網絡可算相當成熟，擔任的工作崗位極為多元化，但主要都與中國近代化的發展有關。他們在有意與無意之中，溝通中西。中國海關在赫德（Sir Robert Hart, 1835－1911）領導下，成為清政府下一個具有多元文化的行政部門。因為經營得法，部務迅速擴張，需要大量精通中西文字的人才在部中任事。就在這個時候，因緣際會，許多皇仁校友投身中國海關，且同時援引自己的兄弟、族人、同學和校友等進入中國海關工作。正因為皇仁書院是一間英文水平很高的學校，中國海關可以放心錄用其學生。後來更有不少皇仁校友躋身中國海關高級職員的行列。另外，亦有不少皇仁校友投身中國海軍、鐵路、西醫等工作；而這幾方面的研究，至今仍是起始階段，研究結果十分薄弱，還有很大的探討空間。不少皇仁書院校友投身商界，成為富商和買辦，累積巨額財富，進而利用自己的金錢和地位，參與政治活動，擴大一己的影響力。

第四，自鴉片戰爭後，門戶洞開，中國的政治和社會文化起了巨大變化，中國的官場和商場，需要大量懂英語的人才。皇仁校友正好填補這方面的空缺。正如前述，不少該校校友成為清政府官員的幕僚、助理和翻譯，以及外交官等。他們大都沒有科舉功名，難以通過正常途徑躋身官場。然而他們的英語技能和他們在香港與洋人接觸的經驗，令他們得以突破清政府官員不能填補的缺門──能直接與洋人溝通。

皇仁校友在二十世紀初，已成為香港社會一個舉足輕重的群體，這從捐獻香港大學創辦經費名單中真實反映。當時何東捐贈一萬元、周少岐一千元、唐紹儀一千元、容啟邦六百元、陳啟明五百元、伍漢堰五百元、黃麗川五百元、何啟五百元、譚子剛五百元、郭嶧廷五百元、劉鑄伯五百元、尹文楷五百元、莫若濂二百五十元、黃屏蓀五十元、李福疇五十元、曾錫周從西貢捐贈一萬元、周壽臣五百元、梁瀾勳在澳洲總領事任內捐二十英鎊 [1057] 等。而此只限於我們可確認的皇仁校友，尚未計算皇仁校友家屬和家庭商號，與其他未能辨識的皇仁校友。可見在二十世紀初，皇仁校友在中國、香港，以及世界各地均有相當重大的成就。他們積極捐錢創辦香港大學，一方面是支持香港教育和社會發展，另一方面他們亦希望以後皇仁校友畢業後能在本地繼續升學。1909 年，何啟曾致函身在澳洲的梁瀾勳，請其向澳洲華僑勸捐香港大學創辦經費。梁瀾勳回覆謂：「弟惟事關教育，且我粵密邇香港，將來此校告成」，「裨益實非鮮淺」。[1058] 梁瀾勳所言是很有代表性的。

　　以上所提到的皇仁諸校友，除個別校友如何東等外，均未見諸於其他研究。由此可見，有關該校早期校友的研究，尚有很大的拓展空間。

1057　*List of Subscription to the Endowment Fund*, 1911.

1058　〈勸捐香港大學經費函件（總領署寄）〉，《警東新報》，1909 年 7 月 3 日。

第三章

政治變色龍：

外交界聞人溫宗堯

　　温宗堯 1867 年生於廣東，在香港和美國接受教育。革命前曾擔任過數個官職，包括駐拉薩的差事。他在革命中擔當重要的角色，1912 年和 1917 年分別在上海和南京出任外交交涉員。1920 年退休，直至 1937 年 12 月才復出，當時他在南京淪陷後投日。他是其中一個南京維新政府的重要提倡者和組織者。他擔任了該政府的立法院院長。現在他是南京司法院院長。他能操良好英語，且予人親英的印象。

FO371/35844, "Leading Personalities in China," 16 April 1943, p. 42.

圖 3-1　中年温宗堯
【資料來源】《現代支那人名鑑》，1924 年，頁 515。

圖 3-2　老年温宗堯
【資料來源】《國民政府還都紀念刊》（上海：出版社不詳，1940 年），無頁數。

THE HONGKONG GOVERNMENT GAZETTE, 22ND JANUARY, 1887.   59

GOVERNMENT NOTIFICATION.—No. 28.

The following Tables and Papers connected with the examination of the First Class held at the Government Central School are published for general information.

By Command,

FREDERICK STEWART,
Acting Colonial Secretary.

Colonial Secretary's Office, Hongkong, 22nd January, 1887.

MORRISON SCHOLARSHIP.

FIRST CLASS.	Algebra.	Arithmetic.	Composition.	Dictation.	Euclid.	General Intelligence.	Geography.	Grammar.	History.	Map-Drawing.	Mensuration.	Reading.	Translation Chinese into English.	Translation English into Chinese.	Total Number of marks.
	100	100	100	100	100	100	100	100	100	100	100	100	100	100	1,400
1. Ho Man Ying,	50	78	88	82	67	76	59	85	75	98	100	91	98	86	1,183
2. Wong Hing Yau,	92	99	78	68	82	58	74	88	90	88	100	45	93	74	1,129
3. Lo Cheung Shiu,	64	58	79	68	78	40	71	90	89	90	100	97	93	88	1,105
4. Wong Fan,	69	53	86	70	76	58	83	76	92	57	89	91	95	73	1,068
5. Fan Ü Hung,	72	77	56	42	78	50	89	69	85	80	100	89	72	65	1,024
6. Osman Madar,	36	42	80	93	64	61	90	75	86	60	68	94	52	75	976
7. Li Tak Yung,	64	76	78	48	77	54	59	68	73	75	54	90	71	80	967
8. Au Shiu Mo,	32	50	80	35	79	50	87	70	90	88	40	80	85	84	950
9. Wan Chung Iu,	30	24	77	53	70	65	69	76	96	60	64	84	95	75	988
10. W. H. Howard,	78	90	83	65	47	54	79	60	78	83	90	95	...	24	926
11. J. Remedios,	50	75	81	94	56	50	55	77	93	56	88	94	...	10	879
12. Chiu Ho Ping,	50	78	69	60	63	52	62	58	40	83	34	88	68	64	869
13. Ip Tsung Ki,	12	50	81	...	56	60	91	56	73	78	80	80	82	65	864
14. Wong Ping,	36	63	68	38	74	21	45	70	59	50	94	84	67	75	844
15. Wong Tsau Shing,	12	60	76	40	54	56	50	51	57	50	64	88	86	76	820
16. F. Hyndman,	60	84	82	32	97	52	50	67	66	57	85	69	...	10	811
17. Ng Chak Tong,	32	52	93	50	52	42	53	63	56	52	16	80	91	76	808
18. Hü Shing Cheung,	36	60	61	20	83	33	40	54	61	52	84	76	67	60	787
19. J. Graça,	30	32	89	70	50	50	73	60	62	80	63	95	...	15	769
20. Un Yuk Tai,	32	43	78	52	63	25	56	53	67	52	...	90	88	62	762
21. A. Hoosein,	29	34	72	50	89	34	61	57	88	55	20	97	18	50	754
22. Taherally,	18	36	77	84	37	50	69	50	55	56	50	97	10	50	789
23. Fung Tin Cheuk,	40	24	71	41	50	36	53	42	58	60	16	98	50	59	698
24. Chau Un Nam,	62	90	48	35	55	50	28	55	68	50	...	72	66	71	680
25. A. Alantkia,	8	11	76	82	12	46	53	50	71	50	16	99	29	56	659
26. Tsang Chung,	50	52	67	42	...	28	21	24	18	72	...	90	72	93	629
27. Wong Kwok U,	4	16	70	32	...	25	29	50	72	65	16	75	79	67	600
28. Fung Tin Tai,	14	12	59	20	80	20	50	24	50	54	16	78	58	56	591
29. T. Wallace,	12	18	81	92	...	40	50	38	65	55	...	74	...	52	577
30. To Yan,	50	50	57	18	...	30	11	11	38	52	35	42	45	50	489
31. V. Herbst,	...	20	64	50	12	22	50	17	15	53	16	88	12	56	475
32. Chan Shiu Pang,	28	...	59	...	44	9	19	38	25	56	...	68	60	50	456
33. Wong Wing Yan,	20	36	35	10	16	32	29	4	50	51	35	46	25	57	446
34. Shiu Chan Pong,	...	11	38	40	20	8	25	18	39	50	...	75	50	50	424
35. Ho Kam Yung,	...	...	68	10	8	14	29	30	25	50	...	38	50	45	367

STEWART SCHOLARSHIP.

CLASS I.	Elocution.	Dictation.	Composition.	Grammar.	History.	Translation Chinese to English.	Translation English to Chinese.	Total.
	100	100	100	100	100	100	100	700
1. Ho Man-ying,	91	82	88	85	75	98	86	605
2. Lo Cheung-shiú, ...*	97	68	79	90	89	93	88	604
3. Wong Fan,	91	70	86	76	92	95	73	583
4. Wan Chung-iú,	84	53	77	76	96	95	75	556
5. Osman Madar,	94	93	80	75	86	52	75	555
6. Wong Hing Yaú,	45	68	78	88	90	93	74	536

* Stewart Scholar.

圖 3-3　1887 年時溫宗堯在中央書院的成績（**9. Wan Chung Iu**）

【資料來源】*The Hongkong Government Gazette*, 22 January 1887, p. 59.

番書與黃龍 —— 香港皇仁書院華人精英與近代中國

GOVERNMENT NOTIFICATION.—No. 37.

The following Tables and Papers connected with the Examination of the First Class held at the Government Central School are published for general information.

By Command,

FREDERICK STEWART,
Colonial Secretary.

Colonial Secretary's Office, Hongkong, 28th January, 1888.

MORRISON SCHOLARSHIP.

FIRST CLASS.	Reading. (100)	Arithmetic. (100)	Latin. (100)	Algebra. (100)	Geography. (100)	Euclid. (100)	Grammar. (100)	Mensuration. (100)	History. (100)	General Intelligence. (100)	Composition. (100)	Dictation. (100)	Map Drawing. (100)	Translation into Chinese. (100)	Translation into English. (100)	Total Number of Marks. (1,500)
1. Wong Fan,	97	81	84	96	90	94	94	71	69	78	88	84	95	83	92	1,296
2. Au Shiu-mo,	55	97	97	77	81	85	82	82	91	38	79	65	90	93	90	1,202
3. Ip Tsung-ki,	90	71	83	60	65	78	87	74	80	54	80	88	95	93	87	1,185
4. Wan Chung-in,	90	70	73	80	54	57	83	84	65	75	84	55	90	90	91	1,141
5. Hü Shing-cheung,	70	81	93	61	89	79	78	92	68	28	67	22	65	78	78	1,049
6. Ng In,	86	72	85	40	68	54	84	90	65	60	77	50	52	75	85	1,043
7. F. Hyndman,	75	97	76	70	70	76	87	95	76	65	91	50	80	...	...	1,008
8. Wong Kam-fuk,	94	50	75	30	89	50	57	55	58	40	81	50	90	73	75	967
9. Leung Ping-fai,	80	45	82	60	61	58	78	60	34	52	77	80	46	78	62	953
10. Wong Tsau-shing,	87	68	89	50	53	60	58	72	59	45	62	38	68	74	78	951
11. Li Tai,	78	50	75	35	92	30	65	69	50	60	71	50	70	72	75	942
12. W. H. Howard,	98	62	75	61	62	60	70	78	88	70	82	56	75	...	...	937
13. Tam Tak,	88	70	72	38	50	12	72	72	38	35	80	32	78	77	84	899
14. Ho Tün-ming,	78	25	70	65	63	93	70	50	56	25	74	10	58	65	71	873
15. Ng Chak-tong,	90	58	14	55	34	40	67	60	57	52	86	40	55	84	80	872
16. A. Hoosin,	100	52	50	76	53	38	63	50	80	40	78	38	78	55	...	851
17. Wong Kwok-ü,	86	81	50	18	50	...	70	60	79	52	70	12	65	66	71	830
18. A. Alarakia,	99	28	50	20	59	50	45	30	59	54	73	89	80	60	30	826
19. A. R. Abbass,	92	18	60	58	78	40	50	15	61	55	63	50	85	60	...	785
20. Lam Yun-tsoi,	82	55	60	32	51	40	60	53	50	40	58	2	63	64	73	783
21. S. Sooppen,	65	40	60	60	54	73	25	...	61	30	55	28	55	70	65	741
22. Tsang Chung,	93	54	...	65	25	...	60	30	10	55	64	10	68	62	67	663
23. So Piu,	76	60	50	65	28	65	50	20	5	20	42	...	65	62	30	638
24. V. C. Herbst,	79	...	9	...	55	20	20	...	35	50	78	80	85	65	50	626
25. T. Wallace,	97	58	8	30	27	...	35	30	24	68	79	80	63	40	...	639
26. D. K. Arai,	48	8	34	44	50	40	56	15	25	52	47	50	45	50	70	634
27. Kwan Chiu-kit,	46	18	67	26	50	50	51	10	26	30	59	10	45	65	57	610
28. Wong Wing-yan,	48	50	12	30	18	...	69	35	30	30	54	10	75	73	50	584

STEWART SCHOLARSHIP.

Scholar marked *

CLASS I.	Elocution. (200)	Dictation. (100)	Composition. (100)	Grammar. (100)	History. (100)	Chinese to English. (100)	English to Chinese. (100)	Total. (800)
1. Wong Fan,	157	84	88	94	69	83	92	667
2. Ip Tsung-ki,*	150	88	80	87	80	93	87	665
3. Wan Tsung-iu,	175	55	84	83	65	90	91	643
3. Au Shiu-mo,	143	65	79	82	91	93	90	643
5. Ng In,	181	50	77	84	65	75	85	617
6. Wong Kam-fuk,	191	50	81	57	58	73	75	585

圖3-4　1888 年時溫宗堯在中央書院的成績（4. Wan Chung-Iu）。
按 Wan Chung-In 應作 Wan Chung-Iu。
【資料來源】*The Hongkong Government Gazette*, 28 January 1888, p. 89.

1975 年 9 月，溫宗堯兒子、時為禮賢會中學校長溫慶翁（1918－?）[1]
在九龍扶輪社以〈十九世紀與二十世紀初期中國知識份子對國家之體
制及西化等問題之思想傾向〉為題，作一演講。此題目應為其香港大
學文學碩士論文 *The Chinese Reform Movement of 1898* 及香港大學
哲學博士論文 *Liberalism, Marxism, and the Intellectual Movement in
China, 1915-1920: With Special Reference to the Career of Ch'en Tu-
hsiu* 兩文的撮要。[2]

溫應翁從林則徐（1785－1850）談起，探討中國知識分子對西方
觀念的變遷。他提到「王韜預言全世界將逐漸西化，而中國將於百年
之內，全盤西化」。他又提到鄭觀應對時局的看法：中國人最急切要
做的，是振興商業。溫應翁轉而談到康有為，指出康有為目睹英國人
統治香港的成績，強化了他改革的信念。溫應翁的結論是「及至 1915
年後，彼等中之多數，終於相信中國需要全盤西化，不論其人日後之
政治觀點為何」。[3]

其父溫宗堯親身見證了這次歷史大變革，是其中一個重要的參與
者，且也是西化的信徒。

1　溫應翁（Wen Ching-hsi）早年在香港大學讀書，戰後在香港大學先後取得文學碩
　　士和哲學博士學位，長期在香港從事教育工作，亦曾在香港政府任教育官。溫應翁
　　在博士論文中，只輕輕一筆提到乃父，說溫宗堯曾在《新青年》以英文發表 "On
　　Education" 一文。詳見該文頁 45－46。有關溫宗堯的子女，可參〈忘私奉公·奮健
　　的老外交家！「好讀」是唯一的嗜好：溫宗堯氏家庭訪問記〉，《華文大阪日日》第 4
　　卷 10 期（1940 年），頁 14－15；〈教育官溫慶翁服務期滿榮休〉，《華僑日報》，
　　1969 年 4 月 25 日。

2　兩文名字和溫慶翁生年根據香港大學圖書館檢索系統所示。

3　〈禮賢會中學校長溫慶翁在九龍扶輪社講近代史〉，《華僑日報》，1975 年 10 月 1 日。

八面玲瓏

1908 年 10 月，澳門葡國政府與清政府就澳門勘界事進行談判。兩廣總督張人駿向外務部要求溫宗堯協助勘界。張人駿指：

> 澳門劃界，葡使既請派員，自應遵電選派，與之會勘。細譯葡使照會，雖寥寥數語，而言中有無狡謀，躍然紙上，事關國土，委員責任匪輕，自非得人不可。上年（按，1907 年）駿（按，張人駿）未抵粵之先，即聞澳界屢有相爭之事，而粵中洋務委員熟悉港澳情形、辦事幹練者，向推溫道宗堯、高道而謙（按，高而謙〔1863－1918〕）二人，是以特調來粵差遣。[4]

可見張人駿對溫宗堯相當倚重。

在晚清、民國時期，溫宗堯是極有名氣的政治人物。早年他是皇仁書院的教師，後又涉足官場，從事洋務工作。溫宗堯具新頭腦，英文優深，各方爭相羅致。在南北議和期間，溫宗堯奔走四方，協調中外。中年以後，息政從商；惟晚年投日，落得聲名狼藉。他一生多變，是一個具爭議性的人物。現試根據各種資料，重構其生平。

先談他的生年，有 1867 年和 1876 年兩說。1940 年日本外務省東亞局所編纂的《新國民政府人名鑑》和 1941 年東亞問題調查會編的《最新支那要人傳》均作 1876 年。[5]

---

4 〈粵無相當人員擬留溫宗堯勘界由〉，《外務部》，中央研究院近代史研究所檔案館藏，檔號 02-15-004-02-039。

5 外務省東亞局編：《新國民政府人名鑑》（東京：外務省東亞局，1940 年），頁 43－44；東亞問題調查會編：《最新支那要人傳》（大阪：朝日新聞社，1941 年），頁 26－27。

惟根據溫宗堯在光緒廿一年（1895 年）乙未季春（即 3、4 月之間）為《英國史略》所寫的序言云：

> 余自童年束髮，涉獵英文；濫竽教席，於茲八載。[6]

當時溫宗堯是皇仁書院的教師，即他大約在 1887 年前後在學校任教。如溫宗堯是 1876 年出生，1887 年尚在童齡，此說自是不能成立。

關於溫宗堯出生年份最可信的記載當是溫宗堯在〈首都高等法院檢察官訊問筆錄〉（1946 年 6 月 6 日）的自述。他說自己「是屬兔的，丁卯的兔」，又說自己是「陽曆四月十八日生日」，即 1867 年 4 月 18 日。[7] 由此可見《新國民政府人名鑑》及《最新支那要人傳》所載溫氏生年皆誤。

溫宗堯字欽甫，廣東寧陽（即台山）[8] 石龍頭鄉人[9]。他的出身也是眾說紛紜。有說他出生於印度加爾各答（Calcutta），其父在當地經營木器傢具生意，[10] 又有說其父溫景魁是前清舉人。[11]

台山是廣東著名僑鄉，台山人多有赴美求學或從事商業活動，溫宗堯的家族也不例外。溫應星（1887－1968）是溫宗堯之姪，[12] 父名

6　溫宗堯編譯：〈《英國史略》序〉（香港：循環日報館，1895 年），頁 1－2。此書現藏 National Library of Australia。

7　南京市檔案館編：《審訊汪偽漢奸筆錄》（江蘇：江蘇古籍出版社，1992 年），上冊，頁 336。

8　《英國史略》序，頁 1－2。

9　〈台山溫族革溫宗堯族籍〉，《香港華字日報》，1938 年 4 月 13 日。

10　《中山先生與港澳》，頁 120。

11　〈溫宗堯父墳被發掘〉，《香港華字日報》，1938 年 4 月 14 日。

12　郭廷以、王聿均訪問，劉鳳翰紀錄：《馬超俊先生訪問紀錄》（台北：中央研究院近代史研究所，1992 年），頁 137。

忠義。[13] 温應星是維吉尼亞軍校（Virginia Military Institute）1907 年班學生，父親是進士，曾任清朝七品知事。[14] 温應星的堂叔温秉忠為第二批留美幼童的其中之一。温秉忠父為温清溪（1834－1915），是香港商人，在香港上環永樂街經營吉箱鋪，在中西區購置不少物業，且為基督徒。[15] 温秉忠日後更跟隨温宗堯當上廣東軍政府外交部次長。[16]

温宗堯曾在皇仁書院任教，陳錦濤、王寵惠等是其學生。[17] 他亦曾任域多利監獄（Victoria Gaol）的店員。[18]《黃龍報》稱：

> 如張才、王芬〔勳〕、温宗堯、梁瀾芬〔勳〕各君，皆在本院考列超等，經英國柯士佛、劍蒲列治兩大書院取錄為庠生，奇才卓著，名冠當時。[19]

而温宗堯、梁瀾勳在充當天津大學堂教員後，更擔任盛宣懷的翻譯員。[20]

温宗堯在校成績相當優異。根據 1887 年《香港政府憲報》記載温宗堯的成績，最好的科目是歷史，獲九十六分（一百分滿分，下同），應是表中得分最高的學生。中譯英表現也好，是九十五分，算

13　〈輓聯〉，《伍秩庸博士哀思錄》（出版資料不詳，1923 年），頁 14。

14　劉鳳漢訪問、李鬱青記錄：《温哈熊先生訪問紀錄》（台北：中央研究院近代史研究所檔案館近代史研究所，1997 年）。

15　《東成西就：七個華人基督教家族與中西交流百年》，頁 141。

16　〈前軍政府外交部經辦交涉要案造具清冊檢同卷宗派員送齎請查收見復〉，《北洋政府外交部》，中央研究院近代史研究所檔案館藏，檔號 03-26-007-02-045。

17　《中山先生與港澳》，頁 120。

18　Queen's College, 1862-1962, p. 275.

19　The Yellow Dragon, Vol. IV, No. 10 (July 1903), pp. 187-188.

20　Ibid.

是表中得分最高的頭數位。閱讀八十四分、英譯中七十五分、文法
七十六分、作文七十七分，均是甚佳的成績。默書只得五十三分，
或反映其當時的英語聽寫能力未臻完善。數學成績卻甚差，代數只
得三十分，而算術只得二十四分，或是一時考試失手。幾何成績則不
俗，有七十分。溫宗堯的成績是表列第九位，而羅長肇（第三位）、
王勳（第四位）和范汝雄（第五位）的排名比溫宗堯高。[21]

　　1888 年，溫宗堯的成績有顯著進步。[22] 歷史雖然只得六十五分，
但英譯中和中譯英分別有九十分和九十一分，而在上一年表現欠佳的
代數和算術則突飛猛進，分別是八十分和七十分。默書五十五分，
反映其英語聽寫能力沒有顯著改善。閱讀和作文則分別是九十分和
八十四分。在排名方面，溫宗堯是第四位，但仍落後於第一位的王
勳，黃金福是第八位，黃國瑜則是第十七位。[23]

　　其他的記載只說溫宗堯曾赴美國留學，1903 年返國。[24] 有稱他是
最早留學美國的中國留學生，[25] 更有他曾在美國研究國際法之說法。[26]
惟據〈首都高等法院檢察官訊問筆錄〉溫宗堯的自述，他「是英國抗
不利志大學畢業」，即劍橋大學，與前述《黃龍報》記載相符。他讀
的科目是「化學及格致」，在英國留學三年。[27] 如是這樣，溫宗堯所得
之學位應為劍橋大學理學士，惟他並未明言隸屬於劍橋大學哪一所學

21　*The Hongkong Government Gazette*, 22 January 1887, pp. 59-64.

22　按，一般學生只會應考一次，但溫宗堯和王勳等的名字先後出現在 1887 年和 1888
　　年的成績表中。筆者推測，或與他們入學月份有關，當然亦有可能是部分科目不及
　　格，故須延遲畢業。真實原因待考。

23　*The Hongkong Government Gazette*, 28 January 1888, pp. 89-93.

24　《最新支那要人傳》，頁 26−27；《中山先生與港澳》，頁 120−121。

25　吉岡文六：《現代支那人物論》（東京：時潮社，1938 年），頁 194。

26　永松淺造：《新中華民國》（東京：東華書房，1942 年），頁 139−142。

27　《審訊汪偽漢奸筆錄》上冊，頁 336。

院。更奇怪的是，溫宗堯在以後自己的著作中，並沒有列出自己擁有劍橋大學的學歷，當代名人錄亦幾無提及。[28] 箇中原因，耐人尋味。

溫宗堯又回憶自己是「前清時代光緒二十五年（即 1899 年）回國」。[29] 返國後「在香港教書，後在北洋大學堂任教，後來又在海關道當洋務委員」。[30] 他曾先後在皇仁書院和天津大學堂任教英語，凡十二年，[31] 其中八年是在皇仁書院度過的。[32] 1893 年溫宗堯曾任教 3B 班全科（entire course），其中包括代數、地理、歷史和英文文法等。[33] 可見他是個通才。

溫宗堯早年參加革命。他自稱「同總理（按，孫中山）參加過的，在華人書院（按，即中央書院），我那時十八、九歲」，不過他並不贊成革命，因為「我認為革命未到時候，我反對假革命的」。[34] 這一說法十分重要，綜觀其一生，溫宗堯一直忠於此一看法，對革命始終保持一定距離。他接受的是漸進改革，後來更當上清朝的官員。溫宗堯後來的一篇英文回憶錄，談到他對孫中山的看法，亦反映其對革命和維新的看法。

1925 年 3 月 12 日，孫中山逝世。4 月，上海《世界英華週報》刊印文章紀念孫中山。報社方面訪問溫宗堯，請他回憶與孫中山的交

28 *Queen's College, 1862-1962* 有一記載與此有關，作者指 1907 年皇仁書院首次將學生送進劍橋大學。該生名 Ho Shai Chuen。詳參 *Queen's College, 1862-1962*, p. 267。如果溫宗堯是劍橋大學畢業生的話，皇仁校史不會沒有記載。當然我們不能排除溫宗堯以其他方式考進劍橋大學，因為 *Queen's College, 1862-1962* 的說法可能是指經由學校保送。

29 《審訊汪偽漢奸筆錄》上冊，頁 346。

30 同上，頁 336。按，這一條資料時序或有誤。

31 溫宗堯：《增訂英文文法易解》上冊〈前言〉（上海：商務印書館，1917 年）。

32 〈《英國史略》序〉，頁 1-2。

33 *The Hongkong Government Gazette*, 10 March 1894, pp. 118-125.

34 《審訊汪偽漢奸筆錄》上冊，頁 347。

往。溫宗堯稱他是 1882 年在中央書院認識孫中山的。[35] 當時孫中山因為已在檀香山接受教育，因此在第四班，而溫宗堯則在第九班。溫宗堯回憶，何啟剛創立雅麗氏醫院（Alice Memorial Hospital），欲訓練一批華人醫生，孫中山就是在這時考進去的。在溫宗堯眼中，年輕時的孫中山是個安靜、像個思想家且勤奮的人。溫宗堯覺得他相當出眾，在班上成績多是首名，且對中國經典深入鑽研，因為他童年時在外國生活了很長時間，中國經典對他來說是新穎的。[36]

　　孫中山在雅麗氏醫院工作期間，溫宗堯正在中央書院任教，因雅麗氏醫院沒有實驗室，需借用書院的實驗室，故此兩人常見面。不久之後，孫中山等在香港組織興中會。就溫宗堯記憶所及，參加興中會的人計有：楊衢雲（1861－1901）、胡幹之、陳少白、黃國瑜、周昭岳、尤烈（1866－1936）、Sze Hsin-ling [37]、區鳳墀（1847－1914）[38] 與陳錦濤 [39]。在這名單當中，至少四人是皇仁學生。溫宗堯指出一個比較貼近歷史真相的事實，即楊衢雲是將大家號召在一起的靈魂人物。會員的目標是實現中國的現代化，以及推翻清政府。[40]

　　1895 年，溫宗堯往天津北洋大學堂任教，從此分道揚鑣。他帶了不少皇仁學生北上，王寵惠就是其中之一。[41] 溫宗堯回憶，北上前

35　此說年份有誤。孫中山是 1884 年進入中央書院唸書的，當時名字為孫帝象。詳見 *Queen's College, 1862-1962*, pp. 227-228。

36　"More About Dr. Sun Yat-sen: Mr. Wen Tsung-yao's Views," *The World's Anglo-Chinese Weekly*, 12 April 1925, pp. 11, 14-17.

37　按，中文名字不詳。

38　區鳳墀除精通教理外，對世界地理亦有所認識。1881 年初，文裕堂刊登廣告，稱「梁柱臣區奉持二君詳細校訂」（《地理全志》）。詳見〈新刻地理全志發售〉（廣告），《循環日報》，1881 年 1 月 3 日。區奉持即區鳳墀。

39　"More About Dr. Sun Yat-sen: Mr. Wen Tsung-yao's Views," pp. 11, 14-17.

40　Ibid.

41　Ibid.

夕，孫中山擬在廣東發動革命，炸毀衙門。在此之前，溫宗堯等與孫中山起草萬言書，由區鳳墀潤飾，惟孫中山未能上呈當道，故感失望，轉向暴力起事。[42] 溫宗堯與陳錦濤自從往天津北洋大學堂任教後，直到 1911 年前後才再與孫中山相會。他與孫中山重逢後，感覺孫中山沒有多大改變，只覺他沒有政府的概念，且在遊歷當中沒有多少機會研究政府制度。[43] 以上溫宗堯的記憶容有錯誤，但對孫中山的敵意是相當明顯的。

溫宗堯對孫中山的批評還不止於此。溫宗堯認為孫中山空有理想，但沒有付諸實行的能力；且不能妥協，從而令其計劃在中國實現；在他一生中沒有多少機會研究中國人民，令他沒有機會了解他們對其建議的反應。[44] 溫宗堯更認為孫中山最大的過錯，是他最後[45]重返廣州。[46] 在公在私，如此批評是可以理解的。而且，徵諸史實，溫宗堯的話不是全然無據。在公，因為他與岑春煊太親近，在受訪前數年，岑春煊在護法軍政府排擠孫中山，這事難免影響溫宗堯對孫中山的觀感。在私，溫宗堯是經商的，惟孫中山二十世紀二十年代在廣東與商人關係十分惡劣，最後更釀成 1924 年的商團事件，而牽頭的陳廉伯亦是皇仁校友。此事猶歷歷在目，對溫宗堯評價孫中山不無影響。

最後他認為孫中山對革命有絕對的貢獻，但在當時難以估量革命造成的破壞對其歷史名聲有何影響。隨着孫中山的逝世，革命的破壞時期得以終結。[47] 總之，他對孫中山的評價相當負面，對革命亦不抱好感。

年輕時的溫宗堯更傾向支持楊衢雲。1892 年 3 月，楊衢雲等香

42　Ibid.

43　Ibid.

44　Ibid.

45　也可譯作「上一次」。按，原文是英文。

46　"More About Dr. Sun Yat-sen: Mr. Wen Tsung-yao's Views," pp. 11, 14-17.

47　Ibid.

港新銳知識分子目睹國勢傾頹，意欲有所振作，遂與志同道合的友人在香港中環百子里一號二樓成立同人組織輔仁文社，其中有不少與皇仁書院有關的香港知識分子參加。輔仁文社以開通民智為目標，溫宗堯是早期成員之一。[48]

1895 年，美國公理會傳教士丁家立（Charles Daniel Tenney, 1857－1930）協助盛宣懷籌辦天津北洋大學堂，抵港後物色皇仁書院高材生溫宗堯和王勳為天津大學堂「英文並算學教習」。[49] 1900 年溫宗堯曾參與唐才常（1867－1900）的兩湖自立軍起事。在此期間曾在南洋公學任教。[50] 1901 年秋，溫宗堯與蔡元培（1868－1940）、杜亞泉（1873－1933）、張元濟和趙從蕃（1860－？）[51] 等創辦《開先報》，該報稍後更名為《外交報》。[52] 1903 年 9 月 11 日，時任兩廣總督秘書的溫宗堯探訪母校，為隆重其事，皇仁書院特別安排半天假期。[53] 可見校方以溫宗堯之成就為榮。

1904 年，他與英藏訂約副大臣唐紹儀一同出使印度與英國議約。[54] 同年，時任兩廣總督的岑春煊委任溫宗堯為秘書，同時兼任洋務局長，[55] 以後溫宗堯與岑春煊長期保持合作關係。溫宗堯也是伍廷芳的入門弟子。[56]

48　《中山先生與港澳》，頁 111－113。

49　*The Yellow Dragon*, Vol. VI. No. 10 (July 1905), pp. 203-204.

50　《中山先生與港澳》，頁 120。

51　趙從蕃，字仲宣，江西南豐人，光緒辛卯科（1891 年）舉人、甲午科（1894 年）進士及殿試三甲，曾任安徽財政監理官兼南洋公學事等。詳參《現代支那名士鑑》，頁 61。

52　張人鳳編：《張菊生先生年譜》（台北：台灣商務印書館，1995 年），頁 46。

53　*The Yellow Dragon*, 1903, Vol. V, No. 1 (August & September 1903), p. 18.

54　《最新支那要人傳》，頁 26－27。

55　《新中華民國》，頁 139－142。

56　《傅秉常先生訪問紀錄》，頁 109。

溫宗堯早歲得志，顯達之後，沒有忘記母校，捐款回校作獎學金，[57] 又曾將狄吏夫人（Mrs. Dealy）所繪的狄吏油畫像贈予母校。[58] 他歷任修正中外條約參贊官、兩廣將弁學堂監督等職。[59] 溫宗堯後來服官西藏。1910 年，《黃龍報》曾有文章稱許溫宗堯的成就，同時指出作為香港精英的溫宗堯對中國近代化的貢獻：

> 本記者閱《南清報》所載，關於我等學堂最有名譽之人一事，甚為喜悅其人為誰？乃敝學堂前時之學生，又即學堂前時之教員也。猶憶此人，近在西藏，充副辦事大臣之職，岑西林（按，岑春煊）督粵時，又曾當督幕洋務委員差。吾等學堂，有此顯貴之人，最是榮幸。深望此後同學，繼起大有人耳，且不獨為吾學堂之幸事而已也。中國沈沈大夢，得此人而任用之，未始非中國前途之福矣。[60]

根據溫宗堯回憶，1911 年辛亥革命前夕，他自西藏返，當時他應兩江總督張人駿之聘，在督署任外交顧問。7、8 月間，庚子賠款償還之期已到，惟款項仍無着落，故兩江總督派溫宗堯至上海，與滙豐銀行、德華銀行、華俄道勝銀行（Russo-Chinese Bank）、橫濱正金銀行（Yokohama Specie Bank）、東方匯理銀行代表，商討還款延期三個月。[61]

57　*The Yellow Dragon*, 1905, Vol. VI, No. 6 (March 1905), p. 120.

58　*The North-China Daily News*, 10 December 1913.

59　〈溫院長陳部長訪日新聞紀事〉，《和平月刊》第 2 期（1939 年），頁 47－52。

60　*The Yellow Dragon*, Vol. XII (1910), p. 72.

61　溫宗堯：〈辛亥革命之回憶及感想〉，《新命月刊》第 4 期（1939 年），頁 12－13。據溫宗堯在文中云，此文在 1936 年所寫。這一點很重要。

　　得各代表首肯後，溫宗堯原欲返回南京覆命。剛巧陳其美（1878－1916）往訪，陳其美向溫宗堯表示，革命風潮已起，外交需人甚切，伍廷芳已答應當外交總長。陳其美勸他擔任外交副長。溫宗堯當初不願接受，指「當時余以為我國教育尚未普遍，普通人民知識太薄弱，未合革命程度，恐民國成立之後，徒有共和之名，而無和平之實」，因為「蓋余平素，常以法國之革命歷史為鑑」。溫宗堯指出法國大革命在 1789 年爆發，正因法國民智未開，「大亂不止」，亂局維持八十多年，直至普法戰爭，動亂才告一段落。[62]

　　溫宗堯認為中國民智未開，若要從事改革，應由具知識之士領導，以漸進的方式，始能避免動亂。[63] 言下之意，他不太支持革命派。但溫宗堯未能說服陳其美。陳其美指清政府利用親貴，政治不修，民心早已盡去。他又轉請溫宗堯往見伍廷芳。伍廷芳「稱時機已成熟，只有幹下去之一途而已，事成之後或治或亂，聽天可也」。最後伍廷芳說服溫宗堯擔任外交副長。[64]

　　1911 年，溫宗堯任上海光復軍政府外交副使，協助伍廷芳與北方代表唐紹儀議和。伍廷芳對溫宗堯甚為欣賞，曾向孫中山稱許：「欽甫次長是提高中國國際地位的第一人，他給中國外交史上建下的奇功最多。」1912 年，溫宗堯在南京臨時政府任駐滬通商交涉使，並加入岑春煊所組織之國民公黨，任副會長。1913 年，溫宗堯支援反袁運動。後又參與岑春煊組建的肇慶軍政府，任駐上海外交副使，嗣後又任廣東軍政府外交部長，1920 年後退出政界。[65] 溫宗堯因長年在

62　同上。

63　同上。

64　同上。

65　《最新支那要人傳》，頁 26－27；慧士：〈人物剪影：溫宗堯（附照片）〉，《新中國》第 2 卷 5－6 期（1939 年），頁 24－26。

上海作寓公，且關心鄉梓，故與上海廣肇公所關係密切，曾任主席，三十年代更協助籌建滬難民工藝所。[66]

他又曾與香港商人李星衢（1879－1955）等合組大中華影業公司，[67] 陳錦濤也參與其事。[68] 然而根據當時報紙記載，溫宗堯牽頭所組公司有外國資金支持，被問及此事的來龍去脈，溫宗堯回應謂：

> 此破壞之言也，不足縈懷。苟或欲反對第一公司收外人股者，則應先彈劾政府聘外國顧問。二事出於一轍，似宜相提並論，然眼光遠大者，必無此成見。[69]

溫宗堯亦曾與軍人李烈鈞（1882－1946）和趙恆惕（1880－1971）等組中國殯儀館。[70] 可見他人脈甚廣，且甚有生意頭腦。

1932 年 12 月中，溫宗堯以廣肇公所主席身份，往訪當時的東華主席陳廉伯。陳廉伯在東華東院大堂設茶會歡迎溫宗堯到訪。當時溫宗堯和陳廉伯、蔡廷鍇（1892－1968）等在上海創辦東北救濟難民協會。[71] 1933 年，溫宗堯經常南下來港，主要是處理和推廣業務。同年 9 月初曾與陳銘樞（1889－1965）、李濟琛（1885－1959）、鄧世增（1889－1954）等兩廣軍人「乘陳廉伯之電船」，「前往遊河」。[72] 又曾

66 〈溫宗堯昨晨返滬〉，《工商日報》，1933 年 1 月 12 日；〈溫宗堯由滬來港〉，《工商日報》，1933 年 6 月 7 日。

67 〈新鮮笑話：影片公司當作衙門〉，《開麥拉》第 72 期（1932 年），頁 1。

68 〈溫宗堯再來港〉，《天光報》，1933 年 2 月 13 日。

69 〈溫宗堯強硬談話〉，《開麥拉》第 80 期（1932 年），頁 1。

70 溫宗堯、趙恆惕、程月剡等 ：〈古香齋：殯儀館宣言〉，《語絲》第 6 期（1932 年），頁 202。

71 〈歡迎溫宗堯〉，《工商晚報》，1932 年 12 月 13 日。

72 〈鄧世增定今晚晉省〉，《天光報》，1933 年 9 月 8 日。

辦大中華有限公司,「其宗旨乃代本國之織造工廠推銷國貨」。[73] 溫宗堯在 1933 年 4 月初接受《天光報》訪問,談到興辦大中華影業公司和大中華有限公司的意旨:

> 鄙人以為我國影業幼稚,不特以年中數千萬元之金錢流出外洋為可惜,而此最好文化教育工具,不善用之,更為可惜。蓋電影關係於教育文化至重且大,刻下已為世人所認識。顧時下影業,多推重商業化,乃無多少文化成分於其間,實未足以語此,此本人經營影業之動機也。至大中華有限公司之經營,各報載「中華百貨公司」或「大中華公司」等名稱實誤會,亦與國家經濟有大關係。試觀別國,如東鄰之三井、三菱等,其經濟之偉大、範圍之廣闊、收效之敏捷,其有補於國計民生為何如。至大中華有限公司之組織,甚為宏博,如進出口貨之採辦,使國貨工業推銷全世界,國內欠缺,得資補充;銀行事業之經營,使農村與城市經濟得以調劑;信託事業之設辦,使歸國華僑之投資有穩妥之指導。而其他一切經營,皆無一不抱大目的、為國家經濟着想。[74]

1937 年 9 月 6 日,當時留歐的陳濟棠(1890－1954)向前下屬李揚敬(1894－1988)發電報,請其設法協助因戰事滯留上海的粵人南返。李揚敬接電報後,即與廣肇公所的溫宗堯聯繫。他請溫宗堯設法僱商輪運送粵人返粵,並匯租船所需費用三萬元。[75]

73　〈溫宗堯南下抵港〉,《天光報》,1933 年 4 月 4 日。

74　〈遠東最高的建築物〉,《天光報》,1933 年 4 月 5 日。

75　〈陳濟棠再電李揚敬〉,《工商日報》,1937 年 9 月 7 日。

中日抗戰期間，溫宗堯先任維新政府立法院院長，後來在汪精衞政權出任司法院院長。[76] 溫宗堯精通英語，曾著《英文文法易解》，一紙風行，曾多次重印。根據溫宗堯所言，《英文文法易解》底稿是他 1908 年在廣東寫成的，原意是作為教授他一對子女的英語教材，書成之後，沒有立即出版。溫宗堯的前言是 1912 年 2 月 12 日在上海完成的。書前尚有張元濟之〈敘言〉。張元濟稱：

> 余昔年居京師，思習英文，遍取初學諸書讀之，茫然不得其涯岸。其後得 C. D. Tenney's *English Lessons* 及 Theophilus Sampson's *Progressive Lessons in English* 〔*Progressive Lessons in English, Being an English Conversational Grammar for the Use of Chinese Students*〕乃渙然而冰釋。蓋二君雖外國人，而其所著書則專以教吾中國人者也。吾友溫君欽甫通英文，且從事於教授者久，積其所得為是編以示吾。吾取而讀之，所見皆吻合。其所舉特異之點，亦皆為吾意中所欲言，以視 Tenney 及 Sampson 之書，其方法之正當便利，殆有過之無不及也。然則是書出而教者、學者可收事半功倍之效，豈非教育界之一幸歟？故勸其刊行，而樂為之序。[77]

張元濟對此書如此推崇，其出版或由他所促成。

76　《最新支那要人傳》，頁 26–27。

77　詳見溫宗堯：《增訂英文文法易解》上冊（上海：商務印書館，1921 年）（第 15 版），頁 i–ii，前言。根據上冊版權頁所示，《增訂英文文法易解》1912 年 4 月初版，1917 年 2 月是 8 版。本書引用的是 1917 年 2 月第 8 版。

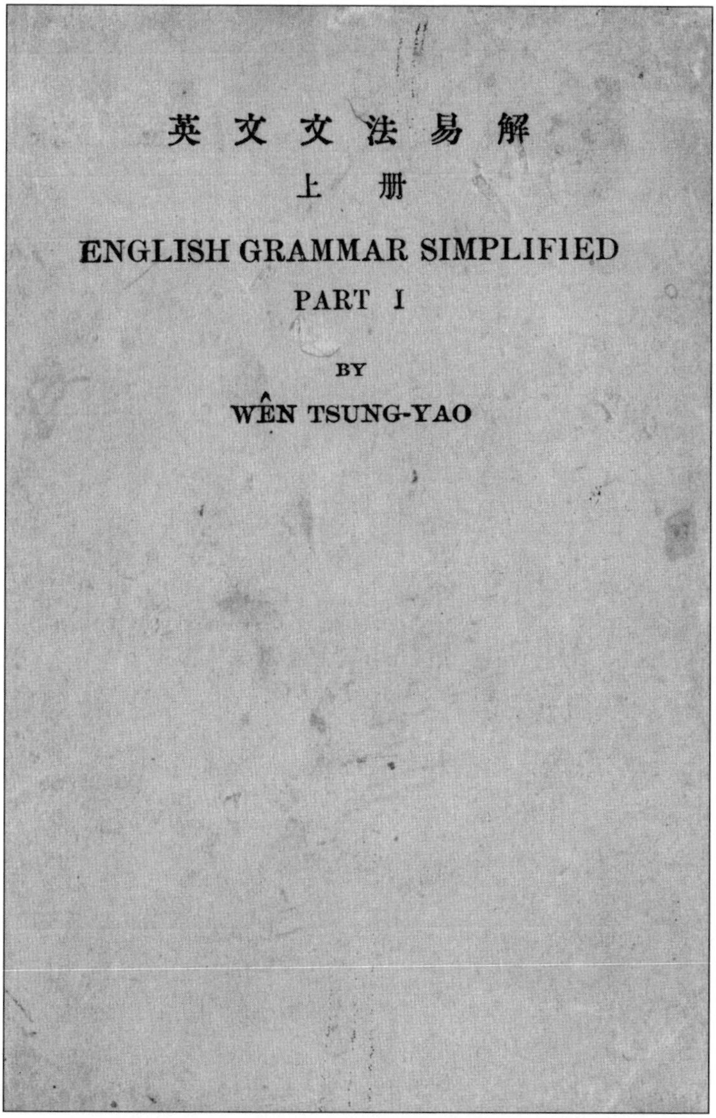

英　文　文　法　易　解

上　冊

ENGLISH GRAMMAR SIMPLIFIED

PART I

BY

WÊN TSUNG-YAO

圖 3-5-1 至圖 3-5-11　溫宗堯《增訂英文文法易解（上冊）》封面、書名頁、
　　　　前言、目錄、頁 8－12、版權頁等。相比前述之《華英文法捷徑》和
　　　　《唐字音英語》，《增訂英文文法易解》以較規範化和有系統的方式教
　　　　授英文。《華英文法捷徑》和《唐字音英語》則是功能性的，體例較
　　　　粗糙和鬆散。

【資料來源】溫宗堯：《增訂英文文法易解（上冊）》（第 15 版）（上海：商務印書館，
1921 年）。筆者藏。

（續圖）

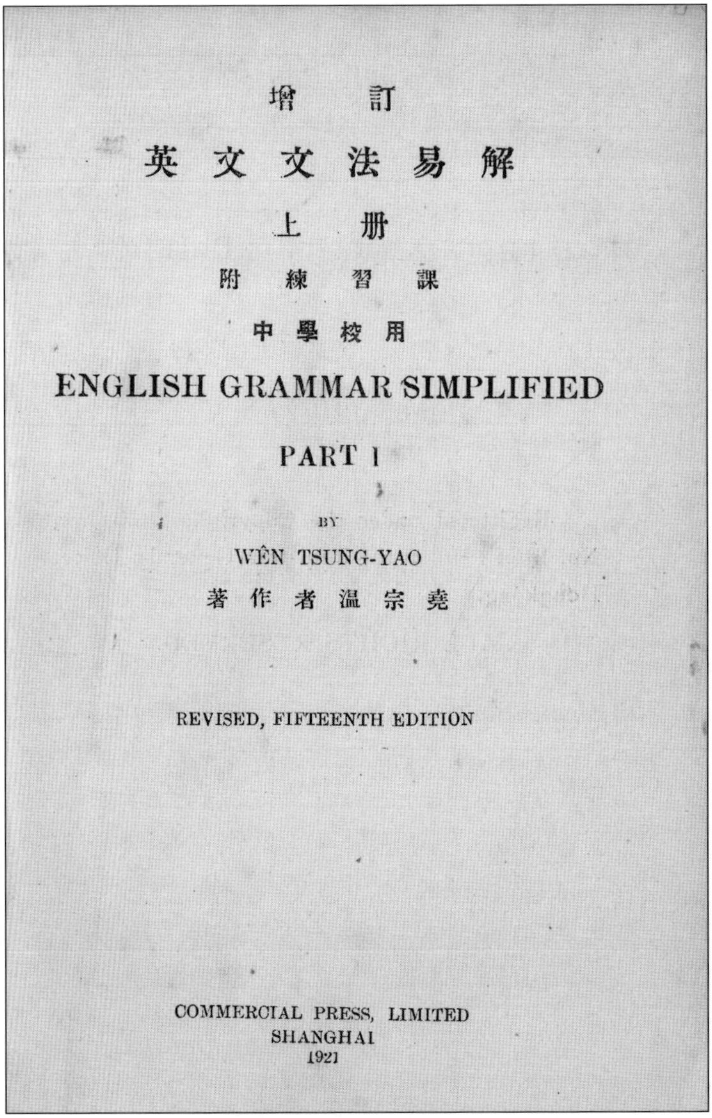

增　訂

英 文 文 法 易 解

上　冊

附　練　習　課

中　學　校　用

ENGLISH GRAMMAR SIMPLIFIED

PART I

BY

WÊN TSUNG-YAO

著 作 者 温 宗 堯

REVISED, FIFTEENTH EDITION

COMMERCIAL PRESS, LIMITED
SHANGHAI
1921

圖 3-5-2

（續圖）

PREFACE

This little book was written in Canton in the year 1908, but has been withheld from publication until now because it was prepared solely for the use of my own children. In that year I found to my surprise that although my daughter, Pao-chen, and my son, Ching-lin, had studied English under an able and experienced teacher for no less than two years, they could not even construct Simple Sentences, in spite of the fact that they had committed to memory many of the definitions and rules of English grammar. This fact, combined with my experience as an English student, at once convinced me that the textbooks on English grammar as written by English authors, though they were suitable for study by English boys, were very ill-understood by Chinese students. I then lost no time in setting myself to work. I prepared grammar lessons in the form of notes after my office hours in the evening, and squeezed an hour out of my busy time every afternoon and devoted it to teaching these lessons to my two children. But my labors were liberally rewarded. Scarcely had six months passed, when, to my delight and satisfaction, my two children were able to construct not only Simple Sentences but Compound and Complex Sentences also.

My experience as a teacher, both in Queen's College, Hongkong, and in the Imperial University of Tientsin, for twelve years, revealed to me the most difficult points in English grammar that the average Chinese student is most likely to meet with. Conspicuous among these difficult points are the following:

1. The definitions in the ordinary textbooks are not sufficiently simple to the Chinese student and are, consequently, not properly understood by him, though these definitions may have been thoroughly committed to memory.

2. The uses of the Tenses, contained in the ordinary textbooks, are not exemplified to such a sufficient extent as to enable the Chinese student to understand them properly.

圖 3-5-3

（續圖）

ii   PREFACE

3. The Subjunctive Mood, so long as it appears in the way that English authors ordinarily put it, will remain a great puzzle to the Chinese student.

4. The difference between the Verbal Noun and the Infinitive in " -ing," as explained in the ordinary textbooks, is far from being easily distinguished by the Chinese student.

5. The examples, which appear in the ordinary textbooks, of analysis of sentences are not of such a variety as to include all sorts and forms of sentences and clauses. Nor is syntax sufficiently explained.

To supply these deficiencies so that the study of English grammar might be made very simple for my own children, has been my chief aim in preparing this little work. And owing to repeated requests on the part of many of my friends who seem to put on the book a higher value than it deserves, and who are, therefore, anxious to see it used by their own children, it is now published by me not without reluctance.

Elaborate exercises have not been included in this book, the space at my disposal being devoted mainly to examples as a means of simplification; and it is, therefore, necessary for the teacher to set exercises according to his discretion.

Shanghai, February 12, 1912.

NOTE TO REVISED EDITION

In the present Edition, suitable exercises have been added at the kind suggestion of many experienced teachers, who are using this book in their schools. Apart from this, the work has been improved throughout. It may be mentioned that the book now includes, among other things, the insertion of the highly important but rather perplexing elements of composition, known as " The Figures of Speech," which are written in such a simple form and are so fully illustrated that, in the Author's opinion, even the dullest student has no difficulty in grasping them.

W. T. Y.

June, 1915.

圖 3-5-4

（續圖）

CONTENTS

CHAPTER I

PAGE

THE PARTS OF SPEECH 1
   1. Nouns 1
   2. Pronouns 2
   3. Adjectives 2
   4. Articles 2
   5. Verbs.. 3
   6. Adverbs 4
   7. Prepositions.. 4
   8. Conjunctions 5
   9. Interjections.. 7

CHAPTER II

THE NOUN.—DEFINITIONS 9
   1. The Proper Noun 9
   2. The Common Noun 10
   3. The Collective Noun 10
   4. The Material Noun.. 10
   5. The Abstract Noun.. 11
   6. The Verbal Noun 12

CHAPTER III

INFLECTION 14
   Inflection of Nouns—Gender 14

CHAPTER IV

NUMBER.—DEFINITION 22
   General Rule in Forming the Plural Number
   of Nouns 22

CHAPTER V

CASE.. 29
   How to Form the Possessive Case of Nouns .. 31
   How to Use the Possessive Case of Nouns .. 32
   Person 33

圖 3-5-5

8   ENGLISH GRAMMAR SIMPLIFIED

Where is my book? I put it on the table, but it is not there now.

A selfish person always loves himself too much.

The foolish man would not follow wise advice.

A man has one mouth, two eyes, and thirty-two teeth.

Every citizen must obey the laws.

The messenger will bring us a letter.

I do not like to absent myself from school.

The careless boy nearly fell into the pond.

London is the largest city in the world.

George Washington defended the liberty of the Americans.

We must not deceive ourselves.

Did you go to the theater with your son last night?

The cat is lying beneath the sofa.

My dog is called Snap, and my sister's cat is called Snowy.

Our lessons are dreadfully hard.

The hare runs very quickly.

This steamer is named the Fatshan.

We should always try to tell the truth.

John and Henry are going to school. John works hard, Henry is idle.

I lost the prize, although I tried my best.

We arrived after you had gone.

Oh? what a queer fellow he is.

Hurrah! our soldiers have won the victory. 勝戰

圖 3-5-6

（續圖）

CHAPTER II

THE NOUN

DEFINITION.—Nouns are the names of persons, or the names of places, or the names of animals, or the names of things. (See page 1.)

Nouns are divided into six classes.

The six classes of Nouns are—

    1. Proper Nouns.

    2. Common Nouns.

    3. Collective Nouns.

    4. Material Nouns.

    5. Abstract Nouns.

    6. Verbal Nouns.

1.   THE PROPER NOUN

DEFINITION.—A Proper Noun is the name of a particular person, or the name of a particular place, or the name of a particular animal, or the name of a particular thing.

EXAMPLES

John, France, Reynard, Jip, and so forth, are Proper Nouns.

All Proper Nouns begin with a Capital letter.

9

圖 3-5-7

（續圖）

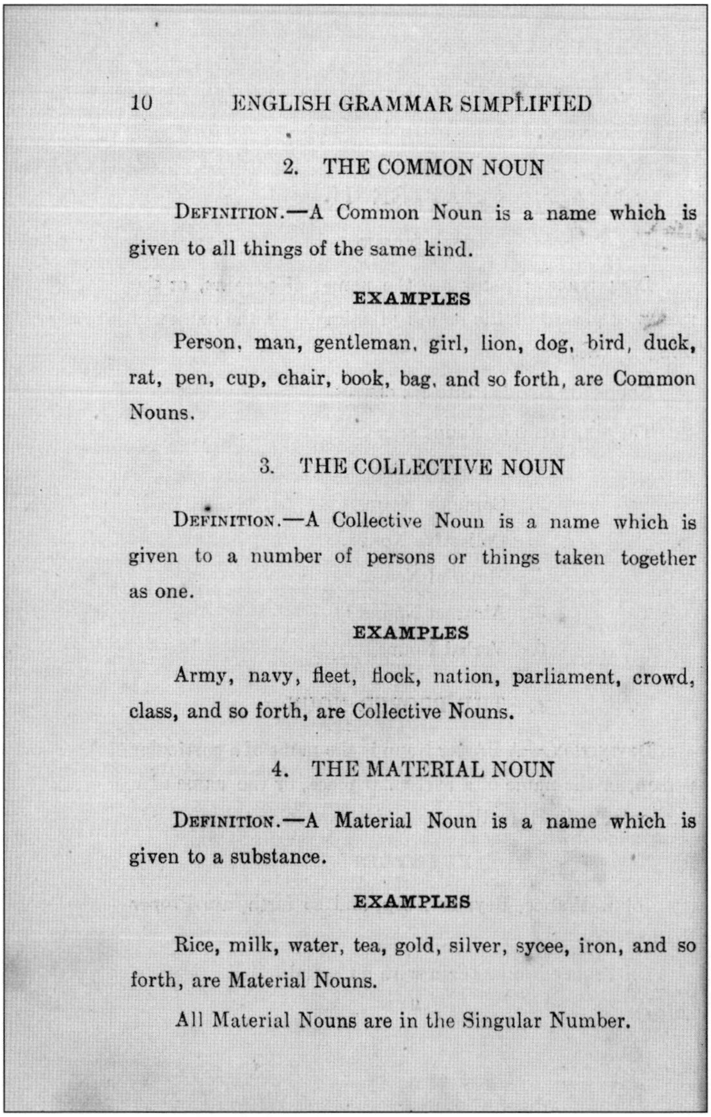

10 ENGLISH GRAMMAR SIMPLIFIED

2. THE COMMON NOUN

DEFINITION.—A Common Noun is a name which is given to all things of the same kind.

EXAMPLES

Person, man, gentleman, girl, lion, dog, bird, duck, rat, pen, cup, chair, book, bag, and so forth, are Common Nouns.

3. THE COLLECTIVE NOUN

DEFINITION.—A Collective Noun is a name which is given to a number of persons or things taken together as one.

EXAMPLES

Army, navy, fleet, flock, nation, parliament, crowd, class, and so forth, are Collective Nouns.

4. THE MATERIAL NOUN

DEFINITION.—A Material Noun is a name which is given to a substance.

EXAMPLES

Rice, milk, water, tea, gold, silver, sycee, iron, and so forth, are Material Nouns.

All Material Nouns are in the Singular Number.

圖 3-5-8

NOUNS 11

If the name of a substance is in the Plural Number, it becomes a Common Noun, and is no longer a Material Noun. We cannot put the Article " a " before a Material Noun.

If the name of a substance is preceded by the Article " a," it is no longer a Material Noun but is a Common Noun.

5. THE ABSTRACT NOUN

DEFINITION.—An Abstract Noun is the name of a quality, or the name of a condition, or the name of an action.

EXAMPLES

Whiteness, goodness, illness, richness, health, truth, wealth, motion, examination, translation, and so forth, are Abstract Nouns.

Abstract Nouns are chiefly formed from Adjectives and Verbs.

EXAMPLES

Adjectives.	Abstract Nouns.	Verbs.	Abstract Nouns.
Good	Goodness.	Dictate	Dictation.
Red	Redness.	Examine	Examination.
Black	Blackness.	Move	Motion, or Movement.
Large	Largeness.	Translate	Translation.
True	Truth.	Divide	Division.
Full	Fullness.	Subtract	Subtraction.
Faithful	Faithfulness.	Act	Action.

圖 3-5-9

12   APPENDIX

87. To reveal secrets, or to betray one's friends, is a
    contemptible perfidy.
88. To read or to write was equally difficult to her.
89. Judas betrayed his master with a kiss.
90. Some men are too ignorant to be humble, and without
    humility there can be no docility.
91. Be accurate in all you say or do, for accuracy is
    important in all concerns of life.
92. There are, in the Republic of China, millions of
    people whose support is derived almost entirely
    from rice.
93. Did you commit the same mistake that I corrected
    you for?
94. Let every one of them attend to his own affairs.
95. Every difference of opinion is not a difference of
    principle.
96. Next to the knowledge of God, the knowledge of our-
    selves seems most worthy of our endeavor.
97. I had no idea but that the story was true.
98. Men that are avaricious never have enough.
99. The way in which I do it, is this.
100. Avoid haughtiness of behavior, and affectation of
     manners; they imply a want of solid merit.

圖 3-5-10

（續圖）

簡易初等英文法詳解

Grammar Made Easy

55 cts.

This book takes up the principles of grammar in an easy manner. The explanations and definitions are given in Chinese, and the examples and exercises are translated into Chinese. Footnotes give the pronunciation and Chinese equivalent of the terms and hard words used in each lesson. A key to the exercises is furnished.

H 55　**The Commercial Press, Ltd., Publishers**

English Grammar Simplified
Part I
Revised Edition
Commercial Press, Limited
All rights reserved

分售處

總發行所

印刷所

發行者　商務印書館

編纂者　新寧溫宗堯

（增訂英文文法易解二冊）
（上冊定價大洋伍角伍分）
（外埠酌加運費滙費）

中華民國元年四月初版
中華民國十年八月五版

商務印書分館
漢口長沙常德衡州成都重慶
達縣福州廣州潮陽四川安慶
梧州雲南貴陽張家口新嘉坡
南洋桂林坡

商務印書館
北京天津保定奉天吉林龍江
濟南東昌太原開封洛陽西安
南京杭州蘇安慶蘇湖南昌

商務印書館
上海北河南路北首寶山路

上海棋盤街中市

圖 3-5-11

翻譯《英國史略》

除《英文文法易解》外，溫宗堯也曾編譯《英國史略》一書。《英國史略》原書十分罕見，除卷首外凡四卷，書成於 1895 年春 3、4 月之間。本書所據的本子是溫宗堯的簽名本，現藏 National Library of Australia，彌足珍貴。封面有 "G. H. Bateson Wright Esq. D. D. With Compliments Wan Tsung-iu 30. 4. 95." 題識。[78] 溫宗堯贈書時為皇仁書院教師。G. H. Bateson Wright 即黎璧臣，是中央書院第二任校長，1881 年至 1909 年期間在職。他出身牛津大學 Queen's College，專攻神學，1875 年獲學士學位，1891 年獲神學博士學位。著作有 *The Book of Job: A New Critically Revised Translation, With Essays on Scansion, Date, Etc.* 等。[79] "D. D." 即神學博士（Doctor of Divinity）的縮寫。該書序言對了解溫宗堯早年生平和思想，提供了重要線索。序云：

> 泰西諸國政治不一，史載各殊，如俄則政操自君，美則權移於民。荷蘭之政，半出於君，半屬於民；法國之政，古秉自君，今主於民。故讀俄史，僅知君主之政；讀美史，僅知民主之政；讀荷史，僅知君民共主之政；讀法史，僅知先君後民之政。欲求一書，而備載諸政者，非英史不可。蓋英國始則政權秉於君，繼則事權屬於民。迨今政事，則君與民互相主理。故其史記，各政具備，但英之史書不一，要皆連篇累牘，汗牛充棟，博覽詳觀，殊非易易。惟《史略》一書，刪繁就簡，言明意賅，洵為各史之冠，故各埠書院，恆以課徒。余自童年束髮，涉獵英文，濫竽教席，於茲八載。

78　《英國史略》，封面。

79　*Dictionary of Hong Kong Biography*, pp. 466-467.

圖3-6　溫宗堯簽名本《英國史畧》封面、書名頁、序。

【資料來源】溫宗堯譯：《英國史畧》（香港：循環日報館，1895年）。Chinese Collection, National Library of Australia 藏。

公餘披覽，深喜此書記載美備。因恐院中各徒，間或未能詳解，爰輯譯華文，刊刻成帙，敢以供豪傑博覽，亦聊備及門諸子旁資考証云。爾書成，爰弁數言於簡端。光緒廿一年歲次乙未季春，甯陽温宗堯序於香港大書院。[80]

此序文透露了兩個訊息。第一，反映他以英國的歷史進程比擬中國的歷史進程。如他在序中所云：

蓋英國始則政權秉於君，繼則事權屬於民。迨今政事，則君與民互相主理。[81]

他寄望英國史能為中國起借鑑的作用。第二，此書可能是當時皇仁書院的歷史教科書。根據温宗堯的序，《英國史略》是譯作無疑。他說：

惟《史略》一書，刪繁就簡，言明意賅，洵為各史之冠。故各埠書院，恆以課徒。[82]

則《英國史略》底本應為當時非常流行的教科書，但他沒有指明《英國史略》所本為何，校務報告亦只言該書是英國歷史的中譯本。[83] 經筆者仔細搜尋和比對內容後，確認《英國史略》的底本是 *Brief History of England: With Notes, Questions, and Maps*。此書是 Royal School Series 的其中一種，不著撰人，1874 年由倫敦 T. Nelson and

---

80 〈《英國史略》序〉，頁 1–2。

81 同上。

82 同上。

83 *Sessional Papers*, "Report of the Head Master of Queen's College for 1896," 4 January 1898, pp. 117-121.

Sons, Paternoster Row 出版，全書共九十六頁，附以大量圖、表和註釋，輔助說明內容，各章之後附有考題，方便學生閱讀，是英國學校的教科書。[84] 然溫宗堯在翻譯時全部刪去，只餘正文。

　　溫宗堯的譯文基本上忠於原著，但亦有就書中內容重組和引申。在結構上大致跟從原書的安排，以歷朝為經，下繫歷朝帝王。為便香港學生閱讀，溫宗堯在西洋繫年下增添中國朝代相應的年號。[85] 比較有趣的是，溫宗堯提到維多利亞女皇時，在「皇域多理」四字上虛一格，以示尊重；提到「中朝」時，也是如此，[86] 這也許反映當時香港華人的獨特身份認同。另外，書中許多人名和地名的拼音，都不是規範的，溫宗堯似是用粵式拼音來拼寫。

　　以下試列出《英國史略》中所述之若干重要歷史片段，與原書比照，以見溫宗堯編譯《英國史略》時對史實的取捨。

羅馬史

《英國史略》[87]	Brief History of England: With Notes, Questions, and Maps
羅馬人據布辣顛國 布辣顛國即今之英國也，原為茄路士人所居，耶穌未降世前五十五年中國漢宣帝十七〔九〕年羅馬遣將攘奪其地。耶穌降世後四十三年，全國隸於羅馬，閱三百五十年皆服羅馬政令。至耶穌降世四百一十年，羅馬戍軍棄其土地而歸，布辣顛人不能自保，遂變而為英。	I. The Roman Period 55 B. C. to 410 A. D. Leading Features: - Britain a Roman province for three centuries and a half-The Britons unable to defend themselves when the Romans withdrew.

84　*Brief History of England: With Notes, Questions, and Maps* (London: T. Nelson and Sons, Paternoster Row, 1874), cover page.

85　《英國史略》，〈卷一〉，頁 1 上。

86　同上，〈凡例〉；〈卷四〉，頁 10 下。

87　標點為筆者所加。下同。

（續表）

羅馬初侵布辣顛國　布辣顛國為茄路士人所居，耶穌未降世前五十五年，羅馬王遣兵總招利士施沙率兵侵之，割據其土地，史所稱羅馬之世自此始。 布辣顛國折入羅馬　羅馬人雖侵據布辣顛國，然視同藩服，未隸版圖，政令悉仍其舊。耶穌降生後四十三年中國漢光武帝十八〔九〕年羅馬皇高羅達士踐位，再征布辣顛建立功業，頒行規制，布辣顛遂歸羅馬。 布辣顛人叛羅馬　羅馬雖據有布辣顛，而人心尚多未服，耶穌降生五十一年中國東漢明帝十一年〔中國漢光武帝廿七年〕布人架勒他加士招集亡命，揭竿而起，騷擾地方，勇敢驍戰，所向披靡，羅馬遣健將擊之，架勒他加士大敗，勢窮力竭，俯首就擒，巨憝成禽，脅從解散，而地方又安。 羅馬人逐布辣顛祭司　羅馬人惡布辣顛祭師，五十九年捫挐島各祭師盡被羅馬人逐出境外。捫挐島即今之鶯忌利士島也。[88]	The Celts who inhabited Britain were disturbed in the year 55 B. C. by the arrival of Roman soldiers under Julius Caesar. The *Roman Period* of British history then began. It lasted for four hundred and sixty-five years. It was not until the reign of Claudius, 43 A. D., that the Romans gained any decided success in Britain. Shortly after that time, 51 A. D., a brave British chief, named Caradoc or Caractacus (Ca-rac-ta-cus), was defeated and taken prisoner; and the Druids, as the priests of the Britons were called, were expelled from Mona (Anglesey).[89]

　　温宗堯譯凱撒（Gaius Julius Caesar, 前 100－前 44）為「招利士施沙」，稱其為「兵總」，而原文則只稱凱撒帶兵，未言其職稱。[90] 考

88　《英國史略》，〈卷一〉，頁 1 上。

89　*Brief History of England: With Notes, Questions, and Maps*, p. 7.

90　《英國史略》，〈卷一〉，頁 1 上。

諸史實，溫宗堯的說法是恰當的。凱撒日漸坐大，有權傾朝野之勢。至敘述「布人架勒他加士」一節，則明顯超出原文的意思。[91] 溫宗堯又譯 "priests" 為祭師，也是恰當的。

新教

《英國史略》	Brief History of England: With Notes, Questions, and Maps
復原教起　初日耳曼人鳥達創立復原教，以抗天主教。時王方謹事羅馬教王，以復原教為不合，貽書斥之。及王既自立為英國教門至尊頭目，既歸從復原教，以拒羅馬王。國中寺觀，盡行毀拆，籍沒財產，驅逐僧人，迫害慘酷之事，由是紛起。一千五百三十九年王立例曰：「凡教門至尊所信道理，國人皆須信從，如有違犯，罪至於死。」例既行，凡羅馬教人不認王為教門至尊，及認之而不從其教者，皆投諸烈火，以滅其軀。教徒因是死者甚眾，後人名為「殘忍律例」。[92]	Meanwhile a great religious movement was taking place in Germany, called the Reformation. Henry had at first opposed it, and written a book against Luther, its leader. But now that he had quarrelled with the Pope, he was inclined to show the Reformers some favour. Having called himself Head of the Church, he proceeded to destroy the monasteries throughout England, to turn the monks out into the world, and to seize their incomes. Then followed a long and terrible persecution. Henry made a law that everyone must, on pain of death, believe what the Head of the Church believed. By this law Roman Catholics were burned to death for not acknowledging him as Head of the Church; and Protestants, for not believing his doctrines. Such numbers suffered death through this law that it was ever afterwards known as the Body Statute.[93]

第三章　政治變色龍：外交界聞人溫宗堯

91　同上。

92　《英國史略》，〈卷二〉，頁 9 下 — 10 上。

93　*Brief History of England: With Notes, Questions, and Maps*, pp. 49-50.

温宗堯稱英皇亨利八世為「教門至尊頭目」。「教門至尊頭目」一詞，甚有中國宗教色彩。另原文 "to turn the monks out into the world" 似應譯作「令教士還俗」，而非「驅逐僧人」。

美國獨立

《英國史略》	Brief History of England: With Notes, Questions, and Maps
美人自主　一千七百六十五年，王與北美洲各藩屬爭競。初美洲雖未公舉議員與聞政事，惟例不能徵抽貨稅，王欲聿改舊章，以徵課稅，乃推行士擔例，人心忿怒，幾釀事端。王始將例裁撤，惟志猶未懈。議院員紳必、霍士、巴祈三人力為規諫，但政府置若罔聞，遂將美國入口茶葉及貨徵抽課稅。美人心懷不服，抗不遵繳。有船由英滿載茶葉直抵波士頓口岸，美人忿甚，擲其茶於水中，王聞而震怒，欲威以兵力，使其順從，多調軍兵至美，以資彈壓。美人亦自立一軍，由華盛頓統帶，藉資保護，美人由是背英。一千七百七十六年乾隆四十年〔乾隆四十一年〕美人聯合十三國，[94] 稱為合眾國，表告於眾以自主。	In 1765 a dispute arose with the American Colonies. The English Government claimed the right of taxing them, although they had no voice in Parliament; and accordingly it passed the Stamp Act. This raised such a storm of anger that it was repealed: but the right was still claimed; and in spite of the loud warnings of Pitt, Fox and Burke, taxes were laid on tea and other articles imported to America. The Americans, however, were in no humour to submit to pay them; and a cargo of tea, sent from England to Boston, was turned overboard in Boston harbour by the enraged inhabitants. England resolved to enforce submission to sword. Large bodies of troops were sent out. The Americans raised an army in their own defence, under the command of George Washington, and threw off their allegiance to Britain. In 1776 they drew up a Declaration of Independence, and formed a union of thirteen States, under the

94　應作「州」。

（續表）

王怒與爭，七年內血戰多次，勝負不一。其後大臣高那利士統兵七千以伐美，中華盛頓之計，被困於約投唔口岸，大臣進退無據，反戈降美。既而元戎巴埃賢率師一隊，駐防沙罅兔〔兔〕架，亦降於美。王知不能服美，乃決意棄干戈而以玉帛相見，於一千七百八十三年乾隆四十八年議立和約，准合眾國為自主之邦。當英美之相持也，法蘭西、西班牙、荷蘭欲聯合以助美而拒英。及美事平，各國亦言歸於好。[95]	name of the United States of America. A desperate struggle was carried on for seven years, during which many bloody battles were fought with various successes; but at last Lord Cornwallis, with 7,000 British troops, being hemmed in at York-town by the skillful movements of Washington, was forced to surrender. Another English army, under General Burgoyne, had surrendered at Saratoga some time previously; and now England decided to give up the strife. A treaty was drawn up in 1783, by which the independence of the States was acknowledged. A general peace with America, France, Spain, and Holland, which, during the struggle with the States, had all been united against England, soon followed. England, once more at rest from the din of war, was now enjoying great prosperity at home, and cultivating the arts of peace.[96]

　　温宗堯似乎不知道 "Declaration of Independence" 應譯為《獨立宣言》，而只是譯作「表告於眾以自主」。

95　《英國史略》，〈卷四〉，頁 5。

96　*Brief History of England: With Notes, Questions, and Maps*, pp. 81-83.

鴉片戰爭與香港

《英國史略》	Brief History of England: With Notes, Questions, and Maps
中英失和　一千八百四十年，中英失和。初鴉片產於印度，華人嗜之，中朝欲為禁止，不准鴉片入口，違者執而燒燬，鴉片被燒甚多。英商由印度私走〔走私〕入中國。中朝執數英人禁諸獄中，遂啟邊釁，後迫中國開口岸五處以通商貿易，並賠補軍餉。一千八百四十三年俾香港與英人。[97]	In the same year[98] a dispute arose with China about the importation of opium, a drug which the Chinese love to smoke and chew. The Emperor, wishing to put an end to these dangerous habits, ordered that no opium should be imported；and seized and destroyed many cargoes which British merchants tried to smuggle into Chinese ports from India, where it is cultivated. He also imprisoned several British subjects. War was declared. British troops captured several large towns, and compelled the Chinese to open five ports to British trade, to pay a large sum of money, and to give up the island of Hong-kong, which has ever since belonged to Britain (1843) (sic).[99]

　　温宗堯在**翻**譯有關鴉片戰爭的史實時，避重就輕，尤其談到戰爭過程時，更是略去不談。原文說鴉片是危險的習慣（dangerous habits），譯文沒有提及，又原文談及英軍佔領若干大城鎮，譯文卻隻字不提；原文談到清政府賠償（to pay a large sum of money）予

97　《英國史略》，〈卷四〉，頁 10 下。下線為筆者所加。

98　1840 年。

99　*Brief History of England: With Notes, Questions, and Maps*, p. 90。下線為筆者所加。

英政府，溫宗堯巧妙地稱之為「軍餉」。比較中英文本，溫宗堯翻譯時略去不少英文原著的內容。畢竟當時溫宗堯仍是殖民地精英學府教師，行文有所忌諱也是可理解的。另外，英文原書謂清政府在 1843 年將香港給予英國。此一史實亦似有誤。

折衷中外

　　溫宗堯曾在香港生活和工作，且精通英語，故在晚清時獲安排處理外務。1904 年 11 月，清政府收到德國外交人員呈上節略，宣稱在海南島北海、海口兩地，只有中國的旱路電線與其他地方連繫。根據德國駐北海領事所言，北海所收發電報，途中耽誤一日半至二日不等，有時更遲至一星期。另外，往西面臨海的旱線，延誤一如北海。如果是這樣的話，則人人均用輪船而不用電報。探其原委，中國各局均以颱風、盜匪等為推搪藉口，殊難令人信服。而在北海方面，德國的輪船往來運貨，更感到問題之嚴重。茲事體大，電報的正常運作與商務有密切關係。[100]

　　時任電政大臣的袁世凱「即經劄行兩廣電報總局溫宗堯，切實查明該處往來電報，因何耽延」。他引述溫宗堯的調查，指出北海和海口兩處電局近海，每月電報收發均不等，全憑沿途桿線完好無缺，所託得人，自無延誤，亦可避免予人口實。至於海口至北海的桿線，必須經過雷州、岸步、白沙、廉州等地。而由北海至香港一線，則必須經過廉州、武利、靈山、橫州、貴縣、潯州、白馬、廣州等地，線路迂迴，收發自多轉折。若遇軍事電報繁多且需先發，所有商業電報自必押後。而且各地均有土人偷線的問題，一時難以完全解決。再者

100　〈查明北海海口電報耽延原因已由署理粵督飭兩廣電局總辦溫宗堯認真整頓由〉，《外務部》，中央研究院近代史研究所檔案館藏，檔號 02-02-001-05-029。

線路日久失修，電桿或以竹及其他物料代替，且經風吹雨打，受阻更甚，特別是橫州、廉州、白沙、岸步等處，最為嚴重，只能靠專人派送，因此電報未能第一時間送達各處。[101]

溫宗堯提出改善建議，指出路線的延展費用甚鉅，覓款有相當困難。惟在高、廉、雷、瓊一帶修整電報線桿一事，業已選派三名工程委員，認真修理，電線必能暢通無阻。同時嚴格監督負責人員，明定賞罰規則。另外，他已暗中派員調查各局工頭、巡勇是否有吃空額，從而肅清問題的源頭。[102] 他的建議是切實可行的。

溫宗堯在外交方面，多主張和平解決。在二辰丸軍火案一事上，他與魏瀚指出：

> 二辰丸案為李鎮部下所致，豐潤為地方起見，亦知稍涉操切，然不能不力任維持，用心良苦。堯、瀚即慮及強弱異形，贊成歸海關會訊章程辦理，冀導入和平。李初意尚疑分權關員，幸帥意堅定，不為所動，始成近象。[103]

溫宗堯的外交才能，在處理西藏事務時嶄露頭角。二十世紀初，英國政府積極介入西藏事務，清政府認為情況堪憂。1907 年 7 月 5 日，西藏查辦大臣、廣東人張蔭棠初「率同參隨各員既噶布倫汪曲結布等各藏員由拉薩起程」前往新辣商議藏印通商章程。8 月 23 日抵新辣與英全權大臣戴諾（Dano）等會談。張蔭棠指「當按照內地埠章」，「參合西藏情形」，「酌擬章程二十條，電請大部核示，照送戴

101　同上。

102　同上。

103　〈日船事〉，《外務部》，中央研究院近代史研究所檔案館藏，檔號 02-22-004-02-001。

諾作為會議底本」。[104] 然而「戴諾力持印藏直接主義，蔑我主權，面談數次，頗難就緒」。張蔭棠指戴諾「始終堅持」，「情況狡獪」，「磋磨至數月之久始能融合彼此意見，擬定章程十四款請軍機處大部核定」，惟中間出現了問題。該草約尚未完成簽核，戴諾便已回倫敦，英政府欲推翻前議，刪改草約中若干條款。軍機處大部與駐北京英使討論細節，以「主權無礙」的前提與英方妥協。[105] 此凸顯英國外交當局的反覆，益證清政府急需熟悉英政府運作的華人協助談判。

　　1908 年 6 月，清政府得悉英國派威爾薩海帶兵前往西藏南部與印度接壤之布魯克巴，策封終薩奔落為布王，「歸英管轄」。為抗衡英國的力量，清政府委派「藏委員厚賷賞需前往查撫慰想」。[106] 在西藏事務上，清政府亟需委任一個精通英語和外交事務的華人與英政府代表談判。溫宗堯在香港接受良好教育，精通英語，且曾從唐紹儀協辦西藏事務，故為不二之選。

　　當時西藏的情況不靖。清政府屢次催促駐藏辦事大臣趙爾豐（1845－1911）盡快從四川赴西藏，他回應指「巴里新附，人心未定，必須佈置妥協，方免牽掣」。[107] 5 月初，趙爾豐奏請溫宗堯協助整頓藏務，清政府准奏。[108] 6 月，清政府向駐藏大臣聯豫發電，指出

104　〈中英藏約請代奏請旨批准並蓋用御寶由〉，《外務部》，中央研究院近代史研究所檔案館藏，檔號 02-16-007-01-006。

105　同上。

106　〈英有冊封布王之事〉，《外務部》，中央研究院近代史研究所檔案館藏，檔號 02-16-007-01-011。

107　〈執事何時由川赴藏何時抵任希即復由〉，《外務部》，中央研究院近代史研究所檔案館藏，檔號 02-16-007-01-004；〈藏事俟佈置稍有頭緒即行出關由〉，《外務部》，中央研究院近代史研究所檔案館藏，檔號 02-16-007-01-005。

108　〈本報特電〉，《香港華字日報》，1908 年 5 月 6 日。

「班禪既未啟程，仍應靜候御旨，再行進京」。[109] 8 月，趙爾豐「部處出關」，故請剛被委任為駐藏幫辦大臣溫宗堯從廣東速赴西藏，因「開埠各事急待籌商」。趙爾豐請溫宗堯從海道趕赴任所。[110] 同月 18 日，外務部向兩廣總督張人駿發電，詢問溫宗堯「何日起程，務先電達」，以便外務部「託英人照料」。[111] 10 月初，溫宗堯奏請外務部提供密電本一份。[112] 10 月中，趙爾豐向廣東方面發電報，指度支部批准從廣東運庫銀二十萬兩至西藏以作為新政的經費。趙爾豐因需款甚急，故溫宗堯為此仍留廣東。據報溫宗堯擬在 10 月 20 日乘搭沙宣洋行（David Sassoon & Sons Company）鴨加輪由香港赴印度加爾各答，然後從陸路入西藏。[113]

1908 年 10 月 22 日，溫宗堯由廣東乘搭播寶輪船抵香港。溫宗堯的三位皇仁校友，參贊林仁照、周景澄、林國材「則乘炮船與行裝同到」，「駐蹕於康樂酒店」，且「拜會港督」。港督盧押（Frederick John Dealtry Lugard, 1st Baron Lugard, 1868－1945）在山頂行轅設午餐接待。溫宗堯等後改為擬在 10 月 25 日乘搭奧國公司船柯士地利亞輪從印入藏。他接受《香港華字日報》訪問時，指：

> 西藏改行省之消息尚未得聞，如改行省，實西藏之

109　〈班禪既未啟程應候旨再行進京由〉，《外務部》，中央研究院近代史研究所檔案館藏，檔號 02-16-007-01-003。

110　〈請飭溫宗堯迅由海道赴藏乞代奏由〉，《外務部》，中央研究院近代史研究所檔案館藏，檔號 02-16-007-01-022。

111　〈溫大臣何日起程先電達由〉，《外務部》，中央研究院近代史研究所檔案館藏，檔號 02-02-004-04-027。

112　〈請發密電本由〉，《外務部》，中央研究院近代史研究所檔案館藏，檔號 02-16-007-01-029。

113　〈溫宗堯赴任有期〉，《香港華字日報》，1908 年 10 月 17 日。鴨加輪是藍煙通的輪船。

益，可以如各省一律漸次開通。若如往日與境外隔絕，雖有善者，亦難為力。

當時澳門劃界事亦屬迫切，惟藏事更為緊急，溫宗堯趕緊起程赴任。當時報章稱溫宗堯與參贊三人為「皇華四牡」，「盡屬院中（按，皇仁書院）桃李，誠一時之佳話」。[114] 1908 年 11 月，溫宗堯隨同謝恩摺上數千字密摺一件，條陳治藏要點，「蒙留中彼覽」。[115] 同月，香港報章轉引溫宗堯在新加坡接受泰晤士報（The Times）記者訪問，溫宗堯談到治藏方略。他提到：

> 吾將開放江孜、加鐸兩處商埠，又施教育以開導之。然此乃極難之事，祇望漸漸歸化耳。現剌沙（按，拉薩）有六書院兼用漢、藏文字教授，已有報館一間。吾到任後，須習藏語與藏民直接交涉云。[116]

可見溫宗堯為辦好藏事，有學習藏語的打算。1909 年 6 月，溫宗堯和聯豫安排班禪額爾德尼往迎見達賴喇嘛。[117] 8 月，溫宗堯母在廣東逝世，溫宗堯欲辭職回鄉守孝，清政府不許，只批准給假三月。[118] 惟據之後的事情推斷，溫宗堯未有休假三月。1909 年 9 月，聯豫與溫宗堯奏請清政府增設參贊練兵以防止藏亂發生，並請四川方面提供軍

---

114 〈溫大臣過港〉，《香港華字日報》，1908 年 10 月 23 日；〈書院生光〉，《香港華字日報》，1908 年 10 月 23 日。

115 〈溫宗堯密陳藏政要摺〉，《香港華字日報》，1908 年 11 月 9 日。

116 〈溫宗堯與報員之言〉，《香港華字日報》，1908 年 11 月 14 日。

117 〈聯豫溫宗堯電奏班禪請迎達賴等語著准其前往欽此〉，《外務部》，中央研究院近代史研究所檔案館藏，檔號 02-16-005-04-002。

118 "H. E. WEN TSUNG YAO," The Hong Kong Telegraph, 16 August 1909.

備。[119] 12 月，清政府批示溫宗堯和聯豫的奏章，指出西藏「情形日迫」，命「趙爾巽、趙爾豐妥籌辦理並電諭甘督等嚴查軍火矣」。[120]

惟至 1910 年 3 月初，「有旨嚴責溫宗堯貽誤藏事」，清政府以前藏參贊錢能訓接替之。[121] 所謂「貽誤藏事」，是指「溫宗堯擅結條約貽誤藏邊」。[122] 即溫宗堯與達賴私下立約。[123] 此約或屬商約性質，蓋聯豫和溫宗堯「奏藏約已定亞東、江孜、噶大克各地開作商埠，設立稅關」。[124] 溫宗堯此舉雖然不見容於清政府，但其嶄新思維，自是發展西藏的正確途徑，其思想源頭相信與他來自香港，特別是他在中央書院求學時的經歷，有着密切的關係。

1910 年 4 月，溫宗堯公開表示對引導藏人改革感到絕望。《德臣西報》（*The China Mail*）則指出，溫宗堯向西藏引進教育與衞生，這是他接受新教育而來的知識，但對達賴喇嘛來說，以此作為中國引進西藏改革的其中一環，定必引起反感。[125] 此論至為中肯，凸顯了溫宗堯在西藏改革進程中所擔當的角色。溫宗堯素與滿人聯豫不協，未能有效統領川軍，而西藏人對溫宗堯引進的改革並不接受，故引起川軍與西藏人衝突。[126]

1910 年 10 月 8 日，當時已從駐藏幫辦大臣退下的溫宗堯與「夫人及哲嗣一人、女公子六人乘哈德安輪來港」，10 日「由法輪船往

119　〈本報特電〉，《香港華字日報》，1909 年 9 月 2 日。

120　〈西藏事〉，《外務部》，中央研究院近代史研究所檔案館藏，檔號 02-16-005-04-011。

121　〈本報特電〉，《香港華字日報》，1910 年 3 月 3 日，。

122　〈溫宗堯危矣〉，《香港華字日報》，1910 年 3 月 19 日。

123　〈本報特電〉，《香港華字日報》，1910 年 3 月 8 日。

124　〈本報特電〉，《香港華字日報》，1910 年 3 月 10 日。

125　*Queen's College, 1862-1962*, p. 280.

126　龔選舞：《一九四九國府垮台前夕：龔選舞回憶錄》（台北：衛城出版社，2011 年），頁 197。

滬」，據說是「擬在上海作寓公」。留港期間曾拜訪港督盧押，「談至點餘鐘之久」，「談西藏交涉事宜並述及該處在官為難之處等語」。[127] 1911 年 3 月，外務部電邀溫宗堯入京，溫宗堯以病辭。[128]

又劉玉麟（1862–1942）電奏，請清政府從速派員往雲南勘界。清政府擬定李經方（1852–1934）、胡惟德（1863–1933）、高而謙和溫宗堯四人。[129] 1911 年 7 月，督辦鐵路大臣端方（1861–1911）擬在各省選拔總辦一名，監察鐵路工程，廣東方面選派溫宗堯。[130] 8 月，時任兩江總督兼南洋通商大臣的張人駿派督署秘書官溫宗堯晉京「參與外官制」。[131] 未久辛亥革命爆發，清政府覆亡。

1913 年 2 月，內閣定派溫宗堯、錢能訓和金掄元宣慰前、後、中藏。[132] 又有傳駐英公使劉玉麟改任海牙和平會使，溫宗堯獲委任為駐英公使。[133] 這項傳聞主要是因溫宗堯一向被視為親英派。3 月，時任總統的袁世凱派溫宗堯任西藏巡邊使。[134] 4 月，袁世凱屢次電請溫宗堯晉京，「授以宣撫西藏全權」。惟溫宗堯表示在藏時舊僚已四散，遂在月初返粵，安頓家眷，招集舊人。[135] 但其實早在 3 月尾，溫宗堯已徵得舊部鄧熙疇和林振澤等。兩人在「前清時從事藏務多年」，「反正後遄歸粵省」。[136] 可見溫宗堯意在推搪。

127　〈溫宗堯赴滬〉，《香港華字日報》，1910 年 10 月 10 日；〈溫宗堯謁見袁〔輳〕督談〉，《香港華字日報》，1910 年 10 月 10 日。

128　〈本報特電〉，《香港華字日報》，1911 年 3 月 14 日。

129　同上。

130　〈溫宗堯派粵路總辦〉，《香港華字日報》，1911 年 7 月 15 日。

131　〈派溫宗堯入京〉，《香港華字日報》，1911 年 8 月 30 日。

132　〈本報特電〉，《香港華字日報》，1911 年 3 月 13 日。

133　〈溫宗堯之前途〉，《香港華字日報》，1913 年 2 月 22 日。

134　〈袁總統派溫宗堯任西藏巡邊使〉，《香港華字日報》，1913 年 3 月 7 日。

135　〈溫宗堯預備入藏〉，《香港華字日報》，1913 年 4 月 9 日。

136　〈溫宗堯調員幫理藏務〉，《香港華字日報》，1913 年 3 月 31 日。

溫宗堯指袁世凱派他為西藏巡邊使，目的是要他與英國訂立藏印界務條約。早在晚清時代，溫宗堯在西藏任內，曾購置英國歷年的藍皮書，通讀書中所論藏印交涉部分，以及英國政府與印度總督來往函凡數十卷，故得悉英國政府與印度政府在西藏政策上有所分別：英國政府只求與西藏通商，而印度政府則有領土野心。因此溫宗堯堅持北京或倫敦為議約地點，惟印度總督堅持在印度議約。袁世凱受到英國駐華大使朱爾典（John Jordan, 1852－1925）影響，同意在印度首都議約，因此溫宗堯沒有就任。袁世凱原欲派胡漢民任此職，胡不允，袁世凱遂派梁士詒（1869－1933）等往勸溫宗堯接受，溫亦不就。[137]

自此之後，溫宗堯不再參與西藏事務。

民國時期的溫宗堯

1916 年，岑春煊與梁啟超（1873－1929）等在廣東肇慶成立軍務院，從事反袁活動。溫宗堯與岑春煊關係密切，政治理念相近，故參加了軍務院的工作。岑春煊甫自南洋回國，即下榻溫宗堯家。岑春煊稱溫宗堯「招待甚至」，「可感也」，[138] 可見兩人感情甚篤。6 月尾，在滬生活的粵人致電北京政府，請求革除軍閥龍濟光之職。溫宗堯、王寵惠和唐紹儀等出身皇仁書院的粵籍國民黨人致「北京各國公使，謂已電黎總統革去龍濟光之職」。[139] 8 月 4 日，政學系要人李根源（1879－1965）電告溫宗堯，謂「陸榮廷允接羊城督軍之任」。[140]

137　〈辛亥革命之回憶及感想〉。

138　轉引自胡平生：《梁蔡師生與護國之役》（台北：台灣大學文學院，1976 年），頁141。

139　〈本報特電〉，《香港華字日報》，1916 年 7 月 1 日。

140　〈本報特電〉，《香港華字日報》，1916 年 8 月 5 日。

8 月，岑春煊曾派周善培（1875－1958）和溫宗堯往訪日本駐上海總領事有吉訪，表示願意以廣東水泥廠作擔保，向日本政府借貸一千萬元。[141] 10 月初，岑春煊推薦溫宗堯為外交總長。[142] 10 月 16 日，溫宗堯辭浦口商埠督辦一職，[143] 惟不獲政府批准。[144] 同月溫宗堯與王寵惠獲授三等寶光嘉禾章。[145] 12 月初，陸榮廷（1859－1928）欲薦岑春煊為粵督軍、溫宗堯為粵省長，但內閣決議慰留陸榮廷。[146] 12 月尾，劉式訓不願就外交次長一職，遂改委溫宗堯。[147]

　　1920 年 4 月底，溫宗堯從滬抵港，以岑春煊為首的南方政府對其禮遇有加。報載「已預備政務會議之後座為其駐所」，另岑春煊特派江固艦往香港迎接。[148] 1920 年 5 月初，溫宗堯為關餘事四出奔走。南方政府內部分裂，溫宗堯之師伍廷芳支持孫中山，與岑春煊等決裂。較早前在北京的海關總稅務司安格聯（Francis Aglen, 1869－1932）按比例將關餘派送南方政府，伍廷芳當時以南方政府財政總長的身份，代表政府接受。惟伍廷芳先將關餘寄存銀行，然後離開政府，岑春煊等遂起訴訟，要求取回關餘。伍廷芳當時拒絕調停，岑春煊以章士釗（1881－1973）為其律師。章士釗要求南方政府派員參與訴訟，岑春煊遂派外交部長溫宗堯往上海。[149] 溫宗堯又向廣州沙面各領事交涉關餘。至於北京政府方面的交涉，則由曾為他的學生、時任

141　彭澤周：《近代中國之革命與日本》（台北：台灣商務印書館，1989 年），頁 186。

142　〈本報特電〉，《香港華字日報》，1916 年 10 月 10 日。

143　〈本報特電〉，《香港華字日報》，1916 年 10 月 17 日。

144　〈本報特電〉，《香港華字日報》，1916 年 10 月 23 日。

145　〈本報特電〉，《香港華字日報》，1916 年 10 月 30 日。

146　〈本報特電〉，《香港華字日報》，1916 年 12 月 5 日。

147　〈本報特電〉，《香港華字日報》，1916 年 12 月 27 日。

148　〈溫宗堯來粵消息再誌〉，《香港華字日報》，1920 年 4 月 27 日。

149　〈溫宗堯親赴上海消息〉，《香港華字日報》，1920 年 5 月 6 日。

May 5th 1916

Dear Mr. Imai,

Many thanks for your kind letter. Mr. 周 says he is sorry that he cannot postpone his departure for Shanghai till the 7th instant. He asks you kindly to tell Colonel B. Idogawa that if the Colonel has any-thing to say to him, he may wire it to General Aoki in Shanghai, as he will see General Aoki as soon as he arrives in Shanghai.

Mr. 周 and I have

MT 161752 1362

圖 3-7-1 至圖 3-7-3　温宗堯致日本駐香港總領事今井忍郎函（1916 年 5 月 5 日），
寫在郵船天洋丸（SS Tenyo Maru）的便箋上，內容涉及岑春煊等在廣東肇
慶的反袁活動。

【資料來源】JACAR（アジア歴史資料センター）Ref.B03050739100、袁世凱帝制計画一
件（極秘）/ 反袁動亂雜件ノ部第三卷（1-6-1-75_2_003）（外務省外交史料館）。

（續圖）

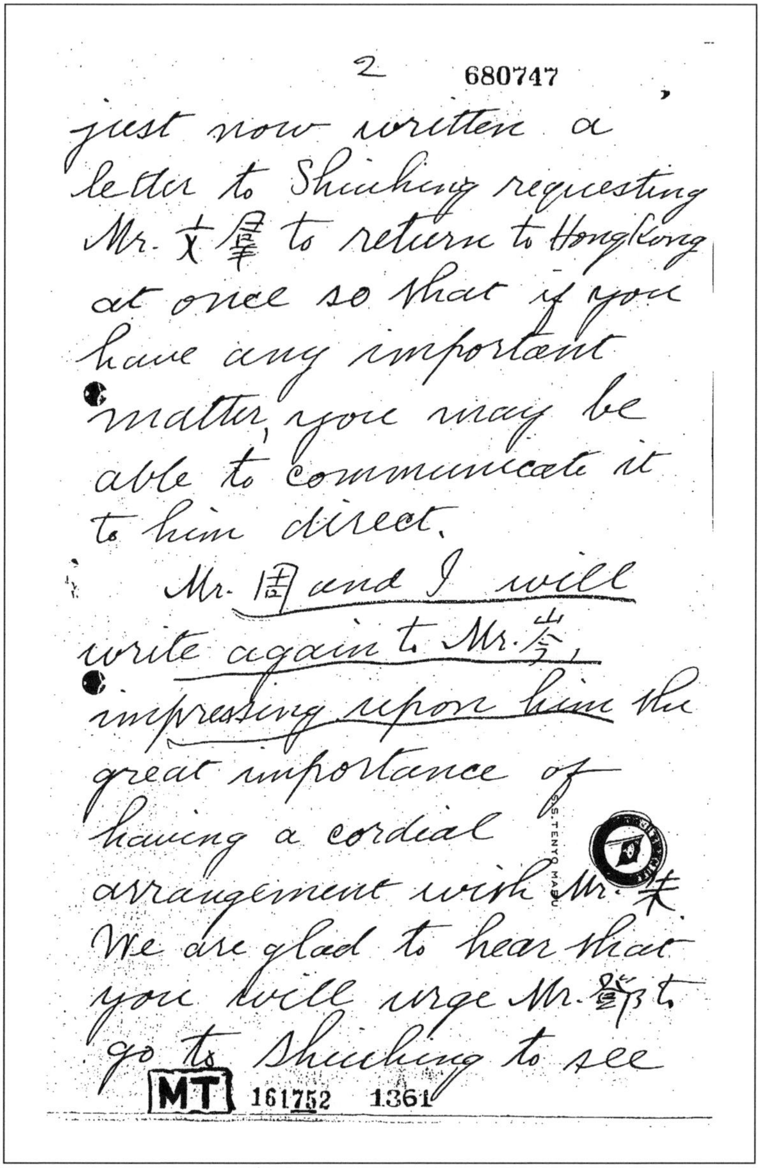

2 680747

just now written a
letter to Shiuhing requesting
Mr. 文羣 to return to Hongkong
at once so that if you
have any important
matter, you may be
able to communicate it
to him direct.

Mr. 周 and I will
write again to Mr. 岑,
impressing upon him the
great importance of
having a cordial
arrangement with Mr. 朱.
We are glad to hear that
you will urge Mr. 鄧 to
go to Shiuhing to see

S.S. TENYO MARU
MT 161752 1361

圖 3-7-2

（續圖）

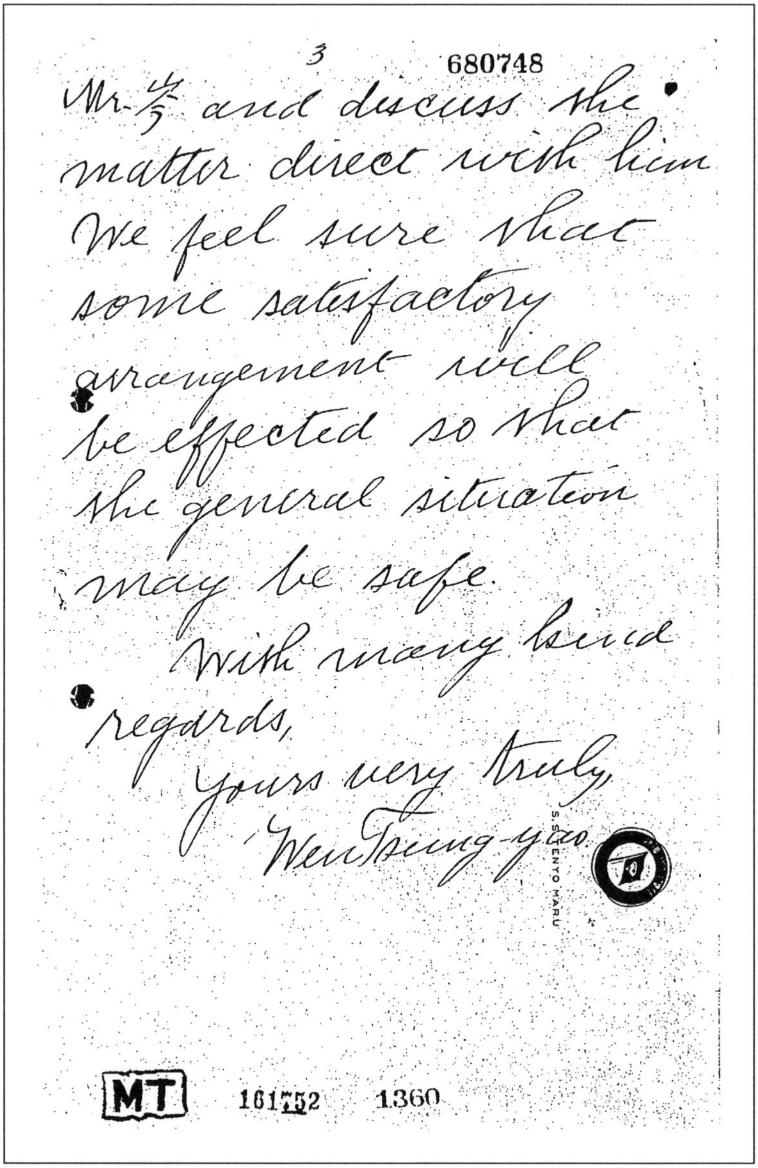

3
680748

Mr. 岑 and discuss the matter direct with him We feel sure that some satisfactory arrangement will be effected so that the general situation may be safe.

With many kind regards,

Yours very truly,

Wen Tsung-yao

S.S. ENTO MARU

MT 161752 1360

圖 3-7-3

南方政府財政部長的陳錦濤負責。[150] 8 月，外間屢傳溫宗堯離粵赴香港。[151] 9 月，支持孫中山的廣東軍人李福林（1872－1952）和魏邦平（1884－1935）與舊桂系軍閥莫榮新（1853－1930）在廣東交戰，溫宗堯等欲盡快平息事件。9 月 27 日下午，他「到沙面見英、法領事，請從中勸告雙方勿輕啟戰端，徐圖和解，以免地方糜爛」。英、法領事同意，即與溫宗堯往晤莫榮新，莫答應「不先開炮」。英、法領事旋又與溫宗堯會見李福林和魏邦平。二人謂：「余為廣東人，苟莫氏不先炮擊，余決不肯糜爛桑梓。」[152]

溫宗堯在 1920 年 12 月將前軍政府外交部檔案移交北洋政府外交部。在移交的公函中，他透露了這些檔案的大概：

> 為諮送事案照。民生顛危，外交緊迫，鞏固國脈，端在合群，故護法之役既終，而軍府之責即卸，是以軍政府各總裁經於敬電聲明取消軍府而南北統一。又見中央明令艱難，相期共濟治理，自可研求。至軍政府政務會議各檔案，及軍政府外交部組辦與葡政府澳門委員議定澳門海口工程等件並經簽約之最要檔一宗，當經軍政府派員齎送中央政府接收在案。惟軍政府外交部經辦之交涉要案，尚有多起須備中央查考者。昔黍兼司有責，今當結束，齎交檔案，既屬外交，收存應隸貴部，相應造具清冊，檢回卷宗，並派前任軍政府外交部次長溫秉忠、秘書李之毅、司員溫汝楫等三員會同親齎清冊卷宗備文諮送。請煩貴總長查照管收，並希見覆

150　〈溫宗堯不赴京矣〉，《香港華字日報》，1920 年 5 月 11 日。

151　〈溫宗堯離粵之說不確〉，《香港華字日報》，1920 年 8 月 28 日。

152　〈溫宗堯亦說調和〉，《香港華字日報》，1920 年 9 月 30 日。

為荷。再軍政府外交部印信，刻經銷毀，合併敍明。此諮外交部總長顏。計附清單一本、檔案一百四十一宗。溫宗堯中華民國九年十二月。[153]

1922 年 10 月，有傳北京政府欲委任「溫宗堯為浦口商埠督」。[154] 1923 年 4 月，岑春煊派溫宗堯與軍閥齊燮元（1885－1946）會面「商粵桂軍事」。[155] 12 月 6 日，溫宗堯往見曹錕（1862－1938）。[156] 12 月中，有傳北京政府欲委任他為接收廣州灣督辦。[157] 月尾則有傳齊燮元欲電起用溫宗堯，「聞係岑春煊授意」。[158]

通敵

南京淪陷之後，日方原有意扶植曾任國務總理的唐紹儀組織傀儡政府。惟因唐紹儀在 1938 年遇刺身亡，日方只好另找他人，在很早投靠日本的溫宗堯和梁鴻志（1882－1946）之中二選一。以資望論，溫宗堯在清朝時經已顯達，但以年紀論，溫宗堯當時已年過七十，故日方捨溫取梁。梁鴻志出任維新政府要職，為行政院院長兼交通部長，溫宗堯則為立法院院長。[159] 英國方面認為，這個內閣的閣員如溫宗堯、陳錦濤、陳籙（1877－1939）等算是比較有名，但無一人是

153 〈前軍政府外交部經辦交涉要案造具清冊檢同卷宗派員齎送請查收見復〉，《外交部》，中央研究院近代史研究所檔案館藏，檔號 03-26-007-02-045。

154 〈本報特電〉，《香港華字日報》，1923 年 10 月 7 日。

155 〈本報特電〉，《香港華字日報》，1923 年 4 月 21 日。

156 〈本報特電〉，《香港華字日報》，1923 年 12 月 8 日。

157 〈將任溫宗堯為接收廣州灣督辦〉，《香港華字日報》，1923 年 12 月 12 日。

158 〈本報特電〉，《香港華字日報》，1923 年 12 月 27 日。

159 《一九四九國府垮台前夕：龔選舞回憶錄》，頁 198－199。

中國近代史上舉足輕重的人物，又認為這個政府是北方舊安福系殘餘分子和南方國民黨不同政見者的「奇怪大雜燴」（queer amalgam），部分人參與之目的或出於愛國熱忱，但若以其他人以往的種種行徑而論，難免令人覺得事情並非如此。[160] 可見英人甚鄙視維新政府。後來傀儡政府合併重組，溫宗堯任汪精衛政權之司法院院長。當然，這政府也是日人在背後操控的。[161]

溫宗堯為甚麼要參加傀儡政府呢？溫宗堯在審判時自稱：

> 我本來不肯做事，因為日本人要將我們廣肇公所的房產地皮、墳墓拿走，使我不能救濟難民，所以參加的。我參加之後，廣肇公所可以保存，並且難民有款可得救濟。[162]

還有，「我們廣東人要求我做的」。[163] 這些話純是託詞。在 1938 年，溫宗堯參與日人支持之政府，其鄉人聞而大怒，即將其位於開平縣蜆崗附近虎頭山的父墳破毀，[164] 並把溫宗堯的族籍革去。[165] 溫宗堯投敵的真實原因不難從〈首都高等法院檢察官訊問筆錄〉或其他資料中找到。

溫宗堯私囊甚豐是事實。1906 年前後，有說他已在上海的「跑馬場購地七畝建大洋房，有適彼樂郊爰居爰處之意」。[166] 據溫宗堯所說，他在民國初年，曾替孫中山墊款四十二萬兩。他說此款是自付

160　FO371/22158, Sir A Clarr-Kerr to The Viscount Halifax, "Monthly Summary of Events in China," 5 April 1938.

161　《近代中國人名辭典（修訂版）》，頁 633。

162　《審訊汪偽漢奸筆錄》上冊，頁 339。

163　同上。

164　〈溫宗堯父墳被發掘〉。

165　〈台山溫族革溫宗堯族籍〉。

166　〈姚紹書李贊揚溫欽甫之行踪〉，《香港華字日報》，1906 年 11 月 28 日。

WHO'S WHO IN CENTRAL CHINA GOVERNMENT.

44

H.M.P.　　　Liang Hung-chih（梁　鴻　志）:
Chairman of Executive Yuan; Born at Changlo Hsien
（長　樂　縣）in Fukien Province; 57 years old;
prominent figure of the Anfu Clique of which the late
Marshal Tuan Chi-jui was the head; Member of the
Senate and concurrently the Secretary-General in
1918; Secretary-General of the Chief Executive,
Marshal Tuan Chi-jui, in 1924.

P.& T.T.　　　Mr. Liang Hung-chih, aged 55, joined Marshal
Tuan Chi-jui during the 1920 revolt and subsequently
took refuge in the Japanese Legation in Peking. He
has been in retirement in Shanghai since 1927. Mr.
Liang is noted as a poet and philosopher.

H.M.P.　　　Wen Tsung-yao（溫　宗　堯）:
Chairman of Legislative Yuan; Born at Taishan Hsien
（台　山　縣）in Kwangtung Province; 63 years old;
one of the first batch of returned students from
America; participated as deputy-representative in
Sino-British negotiations regarding trade with Tibet;
Minister of Foreign Affairs of the Kwangtung Military
Government; Chief Executive of the Kwangtung Military
Government; Chief Delegate of the South to the peace
conference between the South and the North held at
Shanghai.

P.& T.T.　　　Mr. Wen Tsung-yao, born in Kwangtung; he went
to Hongkong to study and before he was 20 he was one
of the oldest Chinese sent to America to study.
Returning in 1903 he became the delegate to the Anglo-
Chinese convention for the revision of Treaties.
During the period 1903-1908 he was secretary to Vice-
roy Liang-kwang, and was concurrently chief of the
Foreign Affairs Bureau. Mr. Wen took a conspicuous
part in the revolution in 1911 and was appointed Vice-

圖 3-8-1 至圖 3-8-2 英國檔案中有關溫宗堯的記載，資料譯自 **1938 年 3 月 29 日**之《新民報》及《京津泰晤士報》（*Peking and Tientsin Times*）。
【資料來源】FO676/402, "Reformist Government of China, Notes on Members, Enclosure," "Who's who in Central China Government," 31 March 1938, pp. 1-2.

（續圖）

2.

Minister of Foreign Affairs by the first Republican
Government. In 1912 he was transferred to Shanghai
as Commissioner of Foreign Affairs. Playing an
important role in the second revolution in 1913, Mr.
Wen directed stations against the royalist movement
in 1915 and was appointed deputy diplomatic envoy to
southern Shanghai. In 1917 he was promoted
commissioner of foreign affairs in Nanking. Retiring
from public life in 1920, Mr. Wen lived till now in
comparative obscurity at Shanghai.

H.M.P. Ch'en Lu (陳 籙): Minister of Foreign
Affairs; born in Fukien Province; 61 years old;
returned student from France; served as Director of
the Political Affairs Department of the Ministry of
Foreign Affairs, Minister to Mexico, Vice-Minister
of Foreign Affairs, Minister to France, Delegate to
the League of Nations; Vice-Chairman of the Treaty
Committee of the Ministry of Foreign Affairs since
1936.

P.& T.T. Mr. Chen Lu was born in Foochow in 1878. Until
recently he was adviser to the Chinese Central
Government, Ministry of Foreign Affairs in Nanking.
Having studied in Paris, where Mr. Chen received his
degree, he served with the Chinese Diplomatic Corps
in Holland, Mexico, Russia and France. Among his
more notable positions were: Vice-Minister 1920 to
1927, and Chinese delegate to the League of Nations
in 1923.

H.M.P. Ch'en Ch'un (陳 羣): Home Minister;
a native of Foochow in Fukien Province; 49 years old;
returned student from Japan; participated in Northern
Expedition under General Pai Ch'ung-hsi; served as
Director of Shanghai Military Law Department; as

圖 3-8-2

的，而非由上海廣肇公所墊支。[167] 在晚清時代溫宗堯在西藏做官，而西藏又是比較貧瘠的地方。錢從何來，似乎難以解釋，或許是他理財有道吧。1910 年左右，四十三歲的溫宗堯從四川回來以後，曾任上海物品交易所經紀人公會會長。以後當過通商交涉使和浦口商埠督辦等職，但都只當很短的時間。[168] 他又稱「民國十六年起至二十六年止不曾做事」。[169] 正如前述，溫宗堯在此期間沒有官職，一面與人合作經商，一面從事救濟，長期在上海作寓公。抗戰前後，溫宗堯的家庭人口持續增加，經濟負擔不輕，在傀儡政府任事能帶來可觀收入。溫宗堯在 1946 年說自己一家有「十幾個人」，又說自己「沒有財產。鄉下有一幢房子，浦口有二百四十畝地」。[170] 很難確定這是否溫宗堯的全部財產，但可以肯定的是，他在附敵時得到不少經濟利益。正如〈首都高等法院特種刑事判決〉（1946 年度特字第六十三號）所云，溫宗堯就「以立法院院長及偽議政會議委員資格，通過鴉片買賣，及承認日本有管理偽維新政府所屬區域內有自來水、電氣、航行等項之特權」等事，自承其過。[171] 可見他亦曾以權圖利。

除經濟因素外，更重要的是溫宗堯的「官癮」很大，曾先後在不同政權當官。溫宗堯是個在政治上不甘寂寞的人，他在審訊時說：

> 我不要做官，我並且吩咐子孫不要做官。我今年八十一歲，年紀大了，糊塗得很。請原諒。[172]

167　《審訊汪偽漢奸筆錄》上冊，頁 347。

168　同上，頁 336－337。

169　同上，頁 337。

170　同上，頁 347。

171　同上，頁 351。

172　《審訊汪偽漢奸筆錄》上冊，頁 339。

事實上溫宗堯一點也不糊塗。在審判當中，他強調自己年過八十，以圖減刑。[173] 但他在淪陷時常冒天下之大不韙，發表擁日言論，卻是不爭之事實。英國人也察覺到他的親日態度，指：

> 傀儡溫宗堯以前曾是初級駐藏大臣，現在公開發表言論，要以日本為師，事事跟隨日本。[174]

他與一些親日的英人有所往來。他向日人控制的北京報章《英文北京時事日報》（*Peking Chronicle*）主編、同時是《每日電訊報》（*Daily Telegraph*）通訊員，也是他的老朋友 G. Gorman 提供消息。[175]

溫宗堯高調抨擊蔣介石。1939 年，溫宗堯在〈敬告國民政府諸公及西南北當局與父老兄弟書〉痛罵蔣介石，認為蔣介石當國十二年，只致力於消滅異己、重用妻黨、中飽私囊。在對日戰爭方面，溫宗堯指蔣介石因韓復榘（1890－1938）不守山東，即槍決之，然而守土之責不在他人而在蔣介石：

> （蔣介石）稍有廉恥之心，東三省不守之日，即當自殺以謝國人。⋯⋯
>
> 不幸喪地至十六省，蔣介石猶靦然以領袖自居，國人亦昏然擁護之為領袖，蔣介石本不知責任為何事，廉恥為何

---

173 〈人與事：貝當和溫宗堯〉，《群光週報》第 2 期（1946 年），頁 12。

174 FO371/23457, "Situation in China," Letter from W. H. Donald to Mr. Gage, 15 January 1939.

175 FO371/23406, Allan Archer to The Right Honorable Viscount Halifax, "Prospect of Marshal Wu Pei-fu Leading a Puppet Government," 30 January 1939.

物，足責也。[176]

温宗堯以戰爭之害，嘗試說服中國人放棄支持蔣介石：

> 長期抗戰，本極不得已之事、極不祥之名，諸公必欲長期抗戰者，惟先諸蔣介石以明責任，定功罪，而使抗戰之將士，皆知喪師失地，不免於死。抗戰既未必勝，猶庶幾可長，是敢敬告諸公者一也。[177]

另外，温宗堯又勸中國人不要寄望外國協助中國抗戰。英國和法國無力東顧，而蘇聯又與日本修好，中國不可能作長期抗戰。再者，温宗堯指日本沒有滅中國之心，所以中國人不應抵抗。他稱：

> 今則日本既已一再宣言，決無侵略中國領土之野心，決不妨礙中國之獨立自主，是中國未至於滅亡，堅強之民意，即當用之於建設，不當用之於犧牲；當用之於將來有用之日，不當用之現在消耗之地。用之而當，中國不待抗戰，自有長期之生存；用之而不當，末日且臨，尚何長期抗戰之可能耶？[178]

176　温宗堯：〈敬告國民政府諸公及西南北當局與父老兄弟書〉，《新中國》第 2 卷第 7－8 期（1939 年），頁 1－4。温宗堯這一系列文章，有兩點值得注意。第一，署名温宗堯所撰之文章，亦可能由他人代筆。不過因為由他署名，文責仍是歸他。下同。第二，温宗堯這些文章是宣傳性的，無論所論何事，往往是預設結論（即鼓吹中日合作和親善），內容大同小異，時地人並不重要。因此，本書在引述這些內容時主要根據各篇內容而非時序。

177　同上。

178　同上。

這完全是消磨中國人抗戰意志的言論。溫宗堯的結論是蔣介石當誅：

> 速將宜和宜戰之大計，託之西南北各省當局及地方之
> 士民，由眾議決，諸公但當服從，不必滅諸公之權也。[179]

他又進一步鼓吹中日親善。在〈八一三興亞運動感言〉中，他指中國
和日本是：

> 同文同種之兩大民族，仍日在相互殘殺中，地方糜
> 爛，生靈塗炭，而黨政府猶以英、法、蘇聯為可恃，圖博所
> 謂最後之勝利，國人知識淺薄，不明世界大勢，激於愛國熱
> 忱，妄信麻醉之宣傳，以為抗戰不已，必有最後勝利之一
> 日，而不知十分之中國土地人民，今已去其七矣。[180]

因此他提倡中日合作，蓋：

> 中日密邇之鄰邦也，就地理歷史文化宗教國力言之，
> 兩國必須親善合作，而後可以共存共榮於世界，反是則兩敗
> 俱傷，而中國必先蒙受無窮之患，此於今日之中日戰事，可
> 以知之。[181]

---

179 同上。
180 溫宗堯：〈八一三興亞運動感言〉，《新中國》第 2 卷第 7–8 期（1939 年），頁
     29–30。
181 同上。

他又說：

> 余於辛亥革命之初，深感人民知識程序未達革命時期，力主效法日本，由政府領導人民從事維新，（見民國二十五年《大公報》雙十節特刊余所作之〈辛亥革命之回憶〉）[182] 而與日本發生親密之國際關係，採取先進國之物質文明，保持我東亞固有之道德，否則後患不堪設想。[183]

他的結論仍是鼓吹親日。他指中國土地已十喪其七，人民生活於水深火熱之中，蘇聯和美英援助遲遲未到，軍事勝利遙遙無期，因此中國人應該：

> 痛定思痛，改變以往之錯誤，與同文同種之鄰邦日本，攜手共向建設新東亞途上邁進，則此次犧牲雖大，其代價當永遠存在，以後年年今日，中日兩國歡聲歌舞，共慶興亞，此則余於悲感之中，又有莫大之希望也。[184]

這又是媚日的言論。

溫宗堯緊貼日方的步伐。同年在〈讀阿部首相車中談及新政綱之感想〉一文中，對日本首相阿部信行（1875－1953）的外交政策極為擁護。阿部信行往謁伊勢神宮（Ise Jingū），在車中對記者發表談話，強調酌量改變對蘇聯等國之方針，但要看其他國家態度如何，再

182　是原文註解。全文為溫宗堯：〈辛亥革命之回憶及感想〉，《新命月刊》第 4 期（1939年），頁 5－6。

183　同上。

184　同上。

作定奪。溫宗堯認為「是誠深悉外交之肯綮也」。[185]

　　阿部又指日方外交以解決中日事變為中心，溫宗堯稱：「日本生死之交惟中國，中國事能有解決之法，則東亞自成一門羅（按，即James Monroe, 1758－1831）之局勢，固不以他國之離合為輕重也。」總之與任何國家締盟「但不妨礙東亞之新秩序，則皆可為日本之友，不然則皆甘心欲與日本為敵，亦甘心欲與中國為敵者也」。[186] 溫宗堯嘗試從外交觀點解讀阿部談話。

　　阿部又警告日本不要因為中日事變而以為可漁人得利，因為蔣介石總有外援的。[187] 溫宗堯認為：「此尤深知中日事變之肯綮之論也。」溫宗堯雖然媚日，但以日後政局發展而論，其看法部分是應驗了，這亦反映他作為老牌外交家的智慧。他認為：

　　　　此後雖有歐戰，英法固可分其餘力，以經濟為蔣之援，美則可以經濟及軍需品，積極的代英法以援蔣，若夫俄國，則尤千載一時，可包辦援蔣之一切。其可恨可畏，尤過於英法，阿部首相警告國人之法，可謂深切著明。[188]

惟溫宗堯不顧事實，希圖蒙蔽國人。他稱：

　　　　阿部首相既集中精神，以圖解決中國之事變，必有極適合中國情勢，行之必有效之方法，中國人惟靜待首相之為

185　〈讀阿部首相車中談及新政綱之感想〉，《新中國》第 2 卷 9－10 期（1939 年），頁 1－3。

186　同上。

187　同上。

188　同上。

中國之救世主，以挽此浩劫耳。[189]

他視阿部信行為「救世主」一語，反映其通敵程度之深。對於中國抗戰，溫宗堯認為：

> 蓋中日事變，本三個月可以解決，所為延長至逾兩年者，非中國之甲堅於日本、兵利於日本也，亦非盡賴英、法、美、俄之援助也。論作戰上之一切物質，中國不及日本十之一，即他國援以軍需，助以經濟，亦皆物質之援助。中國人精神，苟仇日而不擁蔣，即使物質有餘，亦誰肯捐其項領、棄其父母妻子，而擁所不欲擁之蔣介石，以抗其宜親宜愛之日本乎？本當簞食壺類〔漿〕，以迎親我之師，乃卒至前死後繼，抗戰兩年之久，不惟日本兵未之地，亦有不易畫清之勢，中國人非好戰而樂死也，蓋未晤日本之可親耳。日本誠能示之以可親，使知此次之戰，純為伐罪弔民而來，決無滅亡中國之心，中國人一覺悟，則必不待日本之倒蔣，必自起而逐蔣；亦必不待日本之倒蔣，必自起而逐蔣；亦必不待日本代為應付第三國，必自起而應付第三國，以專與日本為千秋不貳之友。解決中日事變，在收拾中國之人心，此宗堯所敢貢獻者一也。[190]

這又是歪曲事實、強烈鼓吹投日之言論。在〈中國事變之癥結及其解決之途徑〉一文中，溫宗堯再論中日戰爭延長的原因。他認為問題不

189　同上。

190　同上。

在第三國的援助，也不在蔣介石，而在中國人的抗日意志。他又再次
污衊蔣介石：

> 蔣介石果愛國者，「九一八」不起而抗日，即當自殺以
> 謝國人，乃不敢言抗，又不肯自殺。是即蔣介石之不愛國且
> 極怕死之證，其不與日本妥協者，則因輿論主抗，彼恐一言
> 妥協，雖有利於國家，而受輿論攻擊，即不能保其地位。蔣
> 介石乃只愛自己不愛國家、既愛生命復愛權利之人，故不主
> 抗，亦不言和，惟以模稜敷衍，惟苟延喘息之計。直至蘆溝
> 橋事變之起，輿論嘩然，蔣介石乃不得不迎合人民之心理而
> 抗日。[191]

溫宗堯此說沒有根據。郭岱君根據近年開放《蔣介石日記》，指出早
在 1935 年 6 月《何梅協定》要求國民黨及中央軍退出河北時，蔣介
石已下定決心不再忍讓，要與日本一戰。[192]

　　溫宗堯歸咎中日戰爭遷延是因為中國民心，認為：「中國人本無
仇日抗日之心，七七以後，乃步步而進於仇日抗日，至於兩年之久，
死傷數百萬人，乃抗之不已者」，原因是受各方面的煽惑。因此他
認為：

> 但使人心由不恐怖而至於親日信日，則戰事立可結
> 束，然後由中國人以感謝日本、親信日本之心，自動與日本

191　溫宗堯：〈中國事變之癥結及其解決之途徑〉，《新中國》第 2 卷 9–10 期（1939
　　年），頁 22–24。

192　郭岱君編：〈從抗日大戰略的形成到武漢會戰（1931–1938）〉，載氏著：《重探抗
　　戰史》（台北：聯經出版事業股份有限公司），頁 7–14。

為一切精神之合作。日本雖以領土主權還中國，中國人自動以酬報日本者，決不在日本所希望限度之下，而中國人自動以為酬報，較之日本自動以為要求者，雖同一得，而得之之性安危，得之之時之久暫，則大有別焉。[193]

全部均是向日本輸誠之言，難怪溫宗堯在戰後難以洗察附敵之惡名。

溫宗堯為討好日本人，努力學習日語，「而他還是像一個苦學的青年一樣，每天一清早，便勤奮的讀着日語書藉，可以說是寒暑不間斷」。[194] 可見其附日之情切。在東京、大阪的書店，有售賣溫宗堯的著作，「被友邦人士爭相購讀的情形」。[195] 日本國立國會圖書館收藏了溫宗堯寫於淪陷時期的著作之翻譯本，其中計有：一、西田當元[196] 譯《誅蒋救国論：全世界に告ぐ》（東京：昭和書房，1939 年）；二、徐本謙[197] 譯《新中国の建設》（東京：東亞公論社，1940 年）；三、徐本謙譯《新東亜の諸民族に訴ふ》（東京：東亞公論社，1941 年），證明其著作曾被譯介到日本。溫宗堯與一眾日本要人亦認識，在 1943 年出版的《須賀彦次郎君追念錄》，收錄了溫宗堯〈故友追念記〉一文。[198] 在 1938 年日本出版的一本書中，溫宗堯被譽為「親日

193　〈中國事變之癥結及其解決之途徑〉。

194　〈人物剪影〉，頁 24 – 26。

195　同上。

196　西田當元曾是日本報知新聞社記者，亦是東京奄美會總幹事長。詳見 http://www.tokyo-amamikai.com/node/4。

197　徐本謙曾任司法院中央懲戒委員，是溫宗堯的下屬，詳參〈国民政府答礼使節きょう來朝〉，《大阪朝日新聞》，1940 年 5 月 20 日。（神戶大學新聞記事文庫外交〔152–033〕）

198　須賀中將追念錄編纂會編：《須賀彦次郎君追念錄》（東京：須賀中將追念錄編纂會，1943 年），頁 40 – 41，〈故友追念記〉。

救國の大旆」（親日救國的大旗）。[199] 1944 年，溫宗堯更獲日本政府敘勳。[200]

　　溫宗堯曾在廣播電台演講治匪之道。在淪陷初期，華北和華中出現不少匪徒。這些匪徒，有的是流氓，有的卻是反日分子。針對治匪之道，溫宗堯認為首要令良民不要參與匪徒的活動：

> 　　解散良民之法，惟先解其抗日之誤，使其瞭然抗日乃蔣介石之宣傳，日本確為代我去殃民之蔣，並無滅亡中國之心，使之日當感而不當怨，移其心而親日，自不復附匪而抗日。[201]

此話完全主張中日友善。溫宗堯接着又批判國民黨，認為：

> 　　自國民黨攫取中國以來，閉門既十二年矣！此次之出當大難，實感友邦不亡中國之仁，內哀人民顛沛流離之苦，眾人不察，不輕笑之為傀儡，則重斥之為漢奸，偶不得已而有所發言，皆妄相疑為有所受。推原其故，半由蔣介石宣傳之為害，半則我亦有不能盡言之苦衷。[202]

199　報知新聞社政治部編：《大陸の顏》（東京：東海出版社，1938 年），頁 72－73。

200　JACAR（アジア歷史資料センター）Ref. A10113498300、敘勳裁可書・昭和十九年・敘勳卷八・外国人（国立公文書館）。

201　溫宗堯：〈治匪之道〉，《新中國》第 1 卷 3 期（1938 年），頁 70－72。

202　同上。

他進而指：

> 蔣介石猶子弟，中國人皆其父兄也，父兄不能約束子
> 弟，乃使得罪鄰居，固宜負相當之責，日本但列舉所願取償
> 之物，所類參預之事條例而明定其範圍，苟非中國人所不
> 堪，即為中國人所樂受，且所受者，非代蔣介石受連坐之
> 罰，乃對日本還我土地主權，盡相當酬報之禮。日本取之不
> 為苛，中國人受之不為辱，國內明達，早明此理。[203]

可見溫宗堯極盡顛倒是非之能事。他不顧事實，指出：

> 深知日本者，固知日本在求中日真正之親善，精神之
> 合作，所願取償者，乃欲開發整個中國，以興兩國之富，不
> 在獨佔一二事之特殊利益也；所欲參與者，乃欲代中國為整
> 個計劃，以圖兩國之強，不欲參預一二事，以侵中國之權
> 也。[204]

1939 年，溫宗堯回顧維新政府立法院成立一週年的歷史。他指出：

> 一年以來，深賴友邦（按，即日本）陸海諸賢達之援
> 助，以其毅力與善意，相與有成，粵、漢既克，國基漸固，
> 坐言起行，益非難事，今後所當併〔拼〕力邁進，與其希望
> 之最為深切者，本東方固有之道德文明，保持其立法之精

203　同上。
204　同上。

神，可務求法典之原備，使兩國民間，有所信賴，無詐無虞，分工合作，從事於東亞新秩序之建設，以舉共存共榮，則外來勢力之誘惑與其障礙均不足為患矣。[205]

此即無疑提倡中日親善。

溫宗堯是有名的「英國通」，但在評論抗戰時的英日關係時站在日本一方，其親日之表示更為露骨。在〈英國與日本〉一文中，溫宗堯回顧英日兩國過去的關係，指出「在歐戰以前及歐戰期中，日英兩大民族是親密的與國」，且為了鞏固彼此的勢力範圍，兩個民族相互依賴。然而，華盛頓會議（Washington Conference）打破了這一層關係。溫宗堯批評：

> 有少數目光短淺的英國政治家，做着盎格魯撒克遜人支配世界的迷夢，把那力量足以維持兩歐亞洲和平的唯一工具摧毀了，那就是日英同盟。[206]

這種批評適合戰時宣傳需要，但只說明了事實之一部分。日本在十九世紀至二十世紀初國力不斷上升，對中國領土的野心日漸明顯，直接影響英國在華利益，故英國對日英同盟續約抱觀望態度。

當然，日英並未因此即時決裂，正如他所言，兩國仍舊維持友好關係，在 1932 年「一・二八」事件中，英國居間調停，中日雙方簽訂《淞滬停戰協定》，上海暫時回復平靜。但是「自此之後，英國對中國的政策就遊移不定起來了。他們所採取的口號是援助蔣

205　溫宗堯：〈立法院成立一年間之回想〉（附照片），《和平月刊》第 1 期（1939 年），頁 24。

206　溫宗堯：〈英國與日本〉，《新東亞》第 1 卷 6 期（1939 年），頁 1−2。

政府」。[207] 溫宗堯這見解甚確，原因是自二十世紀二十年代以來，中國民族主義不斷冒升，1922 年香港的海員大罷工和 1925 年至 1926 年的省港大罷工，重創英國在華經濟。面對這樣的困局，英國政府調整對華方針，1926 年更提出著名的《十二月備忘錄》（December Memorandum），一改以往對華強硬作風。英國對華政策並非同情民族主義，而是為形勢所迫。至於援助蔣介石政府，亦只是提供微不足道的協助而已。

溫宗堯進一步分析日英關係問題的核心，指出「現在日英之間的糾紛，根本原因就在英國忽視日本在中國的地位」。他稱英國在開戰後：

> 決定與喪失信用的蔣政府相結托，不惜予以大量金錢與物質的援助。夫蔣介石既為日本的仇敵，則援蔣者在邏輯上亦當然為日本的仇敵。……
> 英國採取此項政策，必須擔負延長中日戰禍的責任。[208]

詞意相當強硬。他認為：

> 英國行此政策，希望從中日兩國實力消耗殆盡之中獲得利益，而因此取到獨佔中國整個市場的地位，這是顯而易見的。

但他認為這沒有用，因為「英國藉援蔣以延長戰禍，將使中國貧困和市場毀滅。」[209]

207　同上。
208　同上。
209　同上。

他又進一步稱「大家的意見一致，抗日必定無效，不過使中國人民的痛苦和災難更深而矣」。溫宗堯又恐嚇英國政府，指出：

> 英國主要的貿易地帶在長江流域，此處正在日本的軍事佔領之下，現在尚未開放，倘使戰爭長此遷延下去，各方面都必定破產。……
>
> 英國援蔣，甚至中國人亦加以譴責，因而反英情緒遍及全國。英國必須認識，如再援助遠在四川、已經淪為地方政權的蔣政府，他的損失很大。[210]

溫宗堯又指：

> 英國的錯誤在容許重慶政府所豢養的恐怖分子利用上海和鼓浪嶼的公共租界以及天津的英租界，做恐怖的活動，這是不能否認的事實，而此項活動在日本方面，無異是一根針刺。在這些地方遭遇謀害及暗殺的許多親日的中國高級官吏，好像直接或間接是英國的幸福，因為主要的兇手還沒有被捕。[211]

可見他對英國頗不滿。惟在文章結尾，他希望英國能變更態度，只要英國願意不再支持蔣介石的政策，英日關係將會有所改善。[212]

在談東亞新秩序時，溫宗堯又站在日本一方。他指東亞新秩序最

210　同上。
211　同上。
212　同上。

重要有三方面：一、是恢復中國主權之完整，使中國成為完全的獨立國；二、恢復東亞固有之道德和文化；三、達至黃種人和白種人的民族平等。[213] 溫宗堯一轉而將焦點移向俄國和英國。他說俄國從北方開始侵略中國領土，而英國則在南方。這明顯是為了奉迎日本。在談英國部分，溫宗堯所說的話與其四十多年前所編譯《英國史略》一書有關鴉片戰爭的敘述大相逕庭。[214] 他稱：

> 其在南方開端侵犯中國，是英國，因為英國強迫中國，購售印度所產之鴉片煙土，而中國政府不欲中國人民成為毒藥化，是以禁止鴉片之輸入，英國因而憤怒，遂於一八四零年，即道光二十年，向中國宣戰。[215]

他接着討論英法聯軍之役，得出結論是如中國要走出亡國奴的惡運，中國要與日本和滿洲國緊密合作，共同建設東亞新秩序。[216]

他又比較中日兩國的政治進程。他指出日本在 1864 年受美國、法國、美國、荷蘭共同轟炸後：

> 立即從事於改革，但其本國固有之道德及文化，悉仍其舊，至於陸軍與立憲制度以及各種科學，各種實業，則均效法西洋。⋯⋯
>
> 但中國雖屢受西洋之侮辱，而終不覺悟，所以終不能

213　溫宗堯：〈東亞新秩序之建設〉，《和平月刊》第 1 期（1939 年），頁 51–53。

214　詳參《英國史略》，〈卷四〉，頁 10 下。

215　〈東亞新秩序之建設〉。

216　同上。

脫離其所處之次殖民地之地位也。[217]

溫宗堯根本無視日本侵華的事實。接着他又進一步歪曲事實：

> 日本之攻打中國，亦不止一次矣，但日本之攻打中
> 國，其性質全不相同，蓋西洋之攻打中國，其目標是在瓜分
> 中國；日本之攻打中國，是欲中國與之合作，以圖共存共榮
> 也。日本首次與中國戰鬥是在一八九四年，其時中國串同高
> 麗國，以諂媚俄國，而排擠日本，日本懼高麗一旦落於俄國
> 之手，必危害日本之生存，故為自身之存亡計，而不得已與
> 中國戰鬥也。假使當時中國與高麗，能與日本攜手合作，則
> 東亞秩序，早經成立，而中國與高麗之富強，亦必與日本無
> 異。果爾，則不獨一八九四年之戰禍不致發生，即一九三二
> 年之戰禍，與今回之戰禍，亦可避免也。[218]

溫宗堯說得很動聽，但似是而非，完全將事實顛倒。他又鼓吹中國人
仿效日本。他指出中國本身的道德和文化是世界上最好的，但是誤入
歧途。主要原因是：

> 遣送青年留學於東西洋各國以來，其固有之道德日
> 衰，固有之文化亦日乖。此無他，由於留學於英者，成為英
> 國化；留學於法者，成為法國化，諸如此類，綜而觀之，既
> 不類驢，又不類馬，雜亂無章，實無異於一大碗之李鴻章雜

217　同上。
218　同上。

碎也。[219]

說到底，溫宗堯只想說明一點 —— 向日本學習。他指出：

> 日本則不然。自從與西洋互市以來，獨於科學、醫術、工藝、實業、經濟、警察，憲政與海陸軍方面，效法西洋而已。蓋不如此，不足與之抗衡也，至於固有之道德與文化，並未改變。故日本人民之團體性，非常堅強，其忠君愛國之精誠，亦不稍改變。[220]

這又是置黑白是非於不顧之論。

日本戰敗後，溫宗堯等被捕入獄。他在獄中曾寫信給同是台山人的國民黨要人馬超俊（1886－1977），請其設法替他保外就醫。馬超俊與他雖為舊識，且溫宗堯在民初曾救馬超俊一命，惟因溫宗堯干犯通敵之罪，馬超俊亦無能為力，只好婉拒。[221] 溫宗堯在牢獄中度過餘生，不久下世。[222] 他前半生走在時代尖端，奔走四方，名動公卿；惜因一念之差，「落水」而與敵為伍，換來千古罵名。

219　同上。

220　同上。

221　《馬超俊先生訪問紀錄》，頁 31、189。

222　《近代中國人名辭典（修訂版）》，頁 633－634。

第四章

貨幣與國圖：

民國第一任財長陳錦濤

累月未見，時用結想，政府得兄為判度支，可謂大幸；為兄自計，可謂大不幸。以天下人之不講是非，愈欲有為，將愈無以求諒於人也。然有一事獨為兄喜，丙辰兄以財賄見罪，朝參政事，夕對吏議，胡然而名捕，胡然而註誤，橫被僇辱，壞盡法程。而當時究不識陳錦濤為何如人也。此八年間，兄蟄居天津寶華里之二樓二底，不求人知，人亦不知之。常不得飽飯吃，則以客室為工場，以十元二十元為資本，率其子女，利其化學知識，從事於小工藝品之製作。天津雜貨店知「陳錦濤雪花膏」質良，雅意稱販，君家數口得權子母為食，而排娼者或仍謂是贓私未盡也。民國十四年中，自有財政總長，學養深而條理明，又一毫不苟，貧幾無以自持如兄者，豈有二人？而餘子身名俱泰，下亦席豐能自彌縫，獨兄躬屍贓名，坐費十年，道路悠悠，頑然不曉，以其跡求之，天地間猶有所謂公道者存哉？總長也者，平時如爛頭之羊，亂時如喪家之狗，去就之際，豈復於兄有所增損？而兄今日得此差（按，財政總長），足證明丙辰之事之為何義。及兄自見之為何道，將使天下忠見謗而信見疑者，毋感於一時之得喪榮辱，硜硜以守而待直道之久而自還。此其有關世道人心者甚大，弟所以為兄喜也。

章士釗：〈與陳瀾生論金佛郎案書〉（1925 年）[1]

1　孤桐（章士釗）：〈與陳瀾生論金佛郎案書〉，《甲寅週刊》第 1 卷 23 期（1925 年），頁 5–8。

圖 4-1　陳錦濤
【資料來源】《東方雜誌》第 13 卷 7 期（1916
年），無頁數。

　　1912 年元旦，臨時大總統孫中山委任陳錦濤為中華民國第一
任財政總長，認為他「曾經在清朝時候訂立幣制借款」，「在國際
上很有信用」，[2] 但因為國家融資及其他種種問題無法克服，陳錦濤
在同年 4 月請辭。[3] 此後，他還擔任過兩任財政總長，均為段祺瑞
所委任。第一次是 1916 年 6 月 30 日，兼鹽務處總辦，同時兼任署
理外交總長，1917 年 4 月因涉嫌受賄而下台；另一次則為 1925 年
12 月。[4] 1922 年 2 月 6 日華盛頓會議討論到有關中國的關稅自主，

2　《民國初年的幾任財政總長》，頁 4；〈陳錦濤〉，頁 290–301。

3　桑兵主編：《各方致孫中山函電匯編》（北京：社會科學文獻出版社，2012），第 2
　　卷，頁 248–249，〈陳錦濤呈孫中山文〉。

4　《民國初年的幾任財政總長》，頁 5–8；〈陳錦濤〉，頁 290–301。另陳錦濤曾出任
　　廣東護法軍政府財政總長。參〈陳錦濤整理財政方針〉，《香港華字日報》，1920 年
　　5 月 21 日。

3.

44

Chief of General Affairs Department of Shanghai
Codification Institute; as Political Vice-Minister
of Interior in 1933.

H.M.P.   Ch'en Tse-min (陳 則 民):
Minister of Education; a native of Soochow in Kiangsu
Province; 58 years old; a graduate from the Japanese
Imperial University; active during the First Revolution;
served as Chairman of the Shanghai Lawyers' Guild,
Chairman of the United Chamber of Commerce of
Shanghai, Member of the Board of Directors of Chinese
tax-payers in Shanghai; established the electric
power house at Soochow.

H.M.P.   Ch'en Chin-tao (陳 錦 濤):
Minister of Finance; born at Nanhai Hsien (南 海
縣) in Kwangtung Province; 69 years old; graduated
from Columbia and Yale Universities in America;
served as Minister of Finance of the Nanking
Provisional Government in 1912. Minister of Finance
in the Tuan Chi-jui cabinet in 1916; Minister of
Finance of the Kwangtung Government under Tsen Chun-
hsuan (岑 春 煊) in 1920, Minister of
Finance under Marshal Tuan Chi-jui, the Chief
Executive; also served as delegate to the Special
Customs Tariff Conference; Professor at Tsinghua
University; member of the Economic Commission;
member of the Currency Commission; an authority on
financial and currency affairs.

P.& T.T.   Mr. Chen Chin-tao was born in Kwangtung in 1871
and was educated at Queens College, Hongkong, later
becoming instructor at Queens and professor at
Peiyang University. Proceeding to America in 1901
he took a mathematics degree at the University of
California, and later an economics degree at Yale

/ University

圖 4-2-1 至圖 4-2-2　英國檔案中有關陳錦濤的記載，資料來自 1938 年
3 月 29 日之《新民報》及《京津泰晤士報》。

【資料來源】FO676/402, "Reformist Government of China, Notes on Members,
Enclosure, Who's who in Central China Government," 31 March 1938, pp. 3-4.

4.   44

University, where his doctoral dissertation "Social
Circulation" won the Yale University publication prize
for the year. Returning to China in 1906 he held
various professorial and financial positions
culminating in 1912 in the promotion to Minister of
Finance in the Provisional Republican Government.
Since 1912 Mr. Chen has been consecutively Chinese
representative to the International Conference,
Chambers of Commerce, Director-General of the Salt
Administration, and several times Minister of Finance,
culminating with the appointment to that position in
1926 by the Peking Government.

H.M.P.   Wang Tze-hui（ 王　子　惠 ）:
Minister of Industries; born at Amoy in Fukien Province;
47 years old; returned student from Japan; served as
Editor-in-Chief of Kuo Feng Jih Pao（ 國　風　日　報 ）
in Peking; President of Cheng Yi Jih Pao（ 正　義
日　報 ）; later served as Vice-Commander of the
20th Army of the Nationalist Revolutionary Army and
concurrently Chief of the Political Affairs Department
of the Army; Chief-of-Staff of the National Government;
member of the Economic Research Committee.

H.M.P.   Jen Yuan-tao（ 任　援　道 ）:
Vice-Minister of Pacification and Acting as Minister;
born at Yi Hsing Hsien（ 宜　興　縣 ）in Kiangsu
Province; 48 years old; graduate from the Paoting
Military Academy; held the rank of Lt.-General; served
as Commander of the 55th Mixed Brigade, Director of
Arms and Ammunition Department of the Ministry of War,
Chief of the Section of Confidential Affairs;
Communication Commander on the northern section of the
Tientsin-Pukow Railway; Garrison Commander on the
Peking-Hankow Railway; Member of the Foreign Affairs
Commission of the Hopei-Chahar Political Council.

圖 4-2-2

番書與黃龍 —— 香港皇仁書院華人精英與近代中國

GOVERNMENT NOTIFICATION.—No. 34.

The following Tables and Papers connected with the Examination of the First Class, held at the Victoria College, are published for general information.

By Command,

F. FLEMING,
Colonial Secretary.

Colonial Secretary's Office, Hongkong, 18th January, 1890.

MORRISON SCHOLARSHIP.

CLASS I.	Reading. 100	Arithmetic. 100	Latin. 100	Algebra. 100	Geography. 100	Euclid. 100	Grammar. 100	Mensuration. 100	History. 100	General Intelligence. 100	Composition. 100	Dictation. 100	Translation to Chinese. 100	Translation to English. 100	Shakespeare. 100	Trigonometry. 100	TOTAL. 1,600
1. Lo Man Yuk,	75	90	78	91	79	74	85	50	95	85	77	60	51	98	88	87	1,263
2. Chan Kam-to,	69	88	69	91	70	79	78	78	70	72	71	50	60	90	60	89	1,184
3. Leung Lán-fan,	92	80	63	69	69	75	65	70	89	67	71	50	59	81	62	74	1,136
4. Taske Takasu,*	72	84	56	55	71	74	77	25	90	82	75	50	53	79	62	50	1,055
5. A. Abraham,	80	60	86	50	60	63	67	55	68	68	77	78	31	57	67	50	1,017
6. Leung Kwong-hin,	74	90	72	60	61	61	57	50	90	67	71	15	65	94	70	A	997
7. Chan Wing Cheung,	45	90	75	70	66	70	69	50	85	62	62	0	50	82	58	54	988
8. Chau Chiu-ngok,	50	63	74	62	81	54	66	60	72	69	92	50	50	74	33	35	985
9. Hung Hing-fat,	67	75	83	52	55	63	80	25	61	64	74	60	20	80	59	53	981
10. Leung Shi-lun,	80	86	68	72	63	70	65	50	87	57	65	0	18	96	60	A	937
11. Wong Ming,	78	58	65	56	65	76	64	25	80	60	67	40	38	71	52	42	937
12. A. Allen,	88	62	94	65	77	50	56	28	78	60	90	80	10	0	58	30	926
13. Fung Shing-im,	50	50	69	63	50	74	77	12	82	62	68	25	35	99	51	A	867
14. Tse-Tsán-tai,	90	40	56	30	68	33	79	0	91	67	97	90	40	0	70	10	861
15. Chan Yeuk-ying,	74	38	67	50	52	8	76	10	73	73	86	55	62	76	60	0	860
16. Wong Wai-hon,	82	55	60	50	66	50	58	0	84	65	63	30	33	68	52	16	832
17. Chan Man-lap,	58	50	65	62	77	50	62	12	79	66	57	0	33	90	62	A	823
18. Lo Man-kam,	73	55	40	58	45	63	37	12	70	56	68	20	50	77	54	14	790
19. Li Hon-ching,	52	60	42	55	53	8	64	28	58	75	68	50	57	62	20	28	780
20. J. Besthonjee,	60	60	61	35	56	50	56	24	98	61	65	50	10	20	60	A	777
21. Cheung Kwai,	62	60	68	50	50	72	45	25	72	50	69	10	30	78	31	A	772
22. Pun-yun-fong,	70	90	30	50	46	54	58	25	52	50	66	0	35	50	54	A	730
23. Chau Ü Cheung,	58	35	54	50	59	35	52	24	60	50	66	5	54	36	30	35	703
24. Sham Chau-fát,	72	30	20	38	40	22	31	25	43	58	61	25	31	39	16	8	559

STEWART SCHOLARSHIP.

FIRST CLASS.	Elocution. 200	Dictation. 100	Composition. 100	Grammar. 100	History. 100	English to Chinese. 100	Chinese to English. 100	Total. 800	Remarks.
1. Lo Man-yuk,	143	60	77	85	95	51	98	609	Morrison Scholar.
2. Taske Takasu,*	162	50	75	77	90	53	79	586	Stewart Scholar.
3. Chan Yeuk-ying,	149	55	86	76	73	62	76	577	
4. Leung Lán-fan,	154	50	71	65	89	59	81	569	
5. Chan Kam-to,	149	50	71	78	70	60	90	568	
6. Hung Hing-fát,	153	60	74	80	61	30	80	538	

BELILIOS SCHOLARSHIPS.

Senior—Class II. TSANG TSUNG-LI.

Junior—Class IV. WONG PING-IU.

圖 4-3　1890 年時陳錦濤在維多利亞書院的成績（2. Chan Kam-to）

【資料來源】*The Hongkong Government Gazette*, 18 January 1890, p. 65.

會上決議在條約實行後的三個月在中國召開關稅特別會議（Special Tariff Conference）。1925 年 8 月，條約正式實行，故北洋政府在 10 月 26 日召開關稅特別會議，美國、法國和日本等與中國有貿易關係的國家議定關稅安排。陳錦濤在同年 12 月被委任為財政總長，主要是段祺瑞倚重其專業的財金知識，可惜在 1926 年 1 月他便被迫離開。[5] 1938 年 3 月，他參與了日本支持的維新政府，當上財政部長，5 月兼任華興商業銀行總裁，最後逝於任內。[6]

　　因為種種原因，有關陳錦濤的研究接近空白。除了單篇文章，和其他同時代人的回憶之外，其他相關研究可說是相當稀少。[7] 陳錦濤是晚清和民國時代一位重要的財金官員和學者，也曾涉足外交。他在政海浮沉多年，可是終其一生，似無留下較完整的記錄，我們對他生平的了解主要透過他人的回憶。本章嘗試根據各種資料，重構他的一生。

初涉學林

　　陳錦濤字瀾生或（一說蘭蓀），[8] 廣東南海西樵佛山簡村人，[9] 童年時接受傳統私塾教育。[10] 1885 年，陳錦濤入讀中央書院。1892 年，陳錦濤為學校助理教師。1893 年在香港政府工務局任審計文員

5　《民國初年的幾任財政總長》，頁 5-8。

6　小林英夫：《日中戰爭と汪兆銘》（東京：吉川弘文館，2003 年），頁 41-42、98；《民國初年的幾任財政總長》，頁 5-8。

7　以上引〈陳錦濤〉為例，這篇傳記的作者參考二手材料為主，陳錦濤一生中某些重要片段完全沒有提到（如早期交遊和投資無線電事業等），結構也比較粗疏。

8　《中國文化界人物總鑑》，頁 468。

9　〈陳錦濤由美回華〉，《香港華字日報》，1906 年 9 月 8 日。

10　《近代中國人名辭典（修訂版）》，頁 52-53。

（Auditing Clerk）。[11] 陳錦濤在校成績優異，「考列超等」，「英文深諳，算學精通，名著當時，人所共仰羨者也」。[12] 根據 1890 年陳錦濤的成績單，以上所言絕非溢美之詞。[13]

陳錦濤在數學方面的成績尤其突出。算術是八十八分，僅比第一名的羅文玉低兩分，但比梁瀾勳的八十分為高。代數是九十一分，與羅文玉同分，遠遠拋離梁瀾勳、周昭岳、黃明、謝纘泰等。根據表中所示，陳錦濤在幾何所得分數最高，是七十九分。拉丁文六十九分，算是中規中矩，但比羅文玉、周昭岳等的分數低。默書成績則一般，只得五十分，反映陳錦濤當時聽寫能力可能不太好。謝纘泰因為是澳洲華僑，默書成績和作文比其洋人同學 A. Allen 更優秀。謝纘泰在默書和作文分別得九十分和九十七分，A. Allen 則是八十分和九十分。[14]

陳錦濤早年曾欲出家，後來打消念頭。省港報人蘇守潔（1894－1935）謂：

> 南海陳瀾生錦濤以算學名於世，彼少年時誓意為僧之事，今之人鮮知者。六榕寺僧鐵禪為余言，吾（按，鐵禪）師敬衢和尚，三水梁瀾勳之兄也。瀾勳異時，介瀾生於吾師，時瀾生才廿餘歲，而性耽禪悅，居於寺三月，願為僧，吾師已許之矣。將祝髮，則歸白父母，父不許，瀾生力言之，其父因言曰，若往為僧，可與櫬（按，棺木，即以死相

11 "Two Distinguished O.Q.C.'s," *The Yellow Dragon*, Vol. XXIII, No. 4 (December 1921), pp. 66-67.

12 *The Yellow Dragon*, Vol. IV (July 1903), p. 188.

13 "Government Notification," *The Hong kong Government Gazette*, 18 January 1890, p. 65.

14 Ibid.

脅）同往也。瀾生感泣，不忍違親命，因謝吾師，後遂渡海學於外。學成而歸，猶與吾師談此事也。[15]

1895 年，曾任李鴻章英文家庭教師的美國公理會（Congregational Church）傳教士丁家立，應盛宣懷之邀，協助籌辦天津北洋大學堂。丁家立同年抵港，物色同為中央書院畢業的溫宗堯和王勳為天津大學堂「英文並算學教習」。稍後陳錦濤和梁瀾勳也獲聘為教習。[16] 丁家立在美國達德茅斯學院（Dartmouth College）專攻文學與數學，[17] 故在聘用數學教師時能根據其專業知識作出判斷。

1899 年 9 月，日本著名記者、漢學家內藤湖南（1866－1934）訪華。9 月 13 日，內藤虎次郎造訪《國聞報》報社，他向該社記者方若（1869－1954）打聽天津有哪些名士值得會見，方若即提到了六位名士，陳錦濤和溫宗堯是其中兩位。方若說陳錦濤是中國的「數學名家」。[18] 1900 年，義和團之亂在北方蔓延，陳錦濤帶領學生到上海南洋公學，任數學教習。[19]

陳錦濤對俄國不存好感。早在 1898 年，俄國強行租借旅順和大連，陳錦濤致函友人汪康年（1860－1911），對此相當憤怒。[20] 1901 年，陳錦濤在一公開場合演講中國被瓜分之害，言辭間充滿民族主義

15　蘇守潔（豹翁）著、李健兒編：《文豹一瞥》（香港：儉廬文學苑，1939 年），頁 25。本書所引蘇守潔的生平資料，是參考黃仲鳴：〈誰叫你為文人〉，《香港文匯報》，2016 年 12 月 20 日。

16　The Yellow Dragon, Vol. VI (1905), p. 195.

17　Pamela Kyle Crossley, "Charles Tenny's Remnants of a Foreign Life in China," 載謝念林、王曉燕、葉鼎編譯：《丁家立檔案》（桂林：廣西師範大學出版社，2015 年），頁 1－6。

18　內藤湖南著、吳衛峰譯：《燕山楚水》（北京：中華書局，2007 年），頁 30。

19　〈陳錦濤〉，頁 290－301。

20　上海圖書館編：《汪康年師友書劄》（上海：上海古籍出版社，1986 年），頁 2083。

之義憤，對俄國加以撻伐。他在演講開首指出，「今者吾得與我同胞之國民集會於此，討論國事，不勝欣幸之至。而今者中國未亡，同志始可為此事耳」。如果他日中國被外國人瓜分，國人定必為外人所箝制。

陳錦濤將中國人對瓜分的反應分為幾類。第一類人認為亡國與自己無關。陳錦濤認為是不可思議。第二類人認為上海是各國的公共地段，如能累積錢財，在租界中廣置土地，養育子孫，那麼即使中國被瓜分，即使他日亡國，自己子孫仍舊可安樂生活。陳錦濤在天津曾聽過這樣的言論。第三類人認為亡國與自己無關，我只是做自己的事。陳錦濤反駁，指出當時中國雖未亡，但「在上海之生理已多有惟洋人能做、華人不能做者」。許多行業為使業務發展，均請洋人掛名，定時奉上酬金，陳錦濤認為，如中國亡國，此風定必更盛。第四類人更認為，中國被瓜分於他們有益，因為他們自己懂外文，瓜分後定必獲大用。陳錦濤認為此一想法行不通，「不知今日華人之通西文者，其才與學，雖有過於西人，其薪金已大不及西人」，洋人只認為「此等通外洋言語文字者，是我之後生也，何才與學之有？」[21] 而且中國人生活簡單，數十文即可過一天。陳錦濤以《香港藍皮書》為例，指出中國人所受薪金之不公。他認為如果中國亡國，「一切華人皆不免凌虐之慘」。[22] 語意十分沉痛。

陳錦濤認為破解困局「必自拒現在之俄迫密約始」。他分析，密約有其遠因和近因。就遠因而論，早在庚子拳亂前數年，中國正處多事之秋，中國官員一心倚靠俄國。惟列強早已視中國「為一敗家子，將其家貲產業奉送於一無饜之貪夫」。這個「貪夫」，就是俄國。列強不甘俄國獨享利權，故「各欲分嘗一臠」，肆行瓜分中國，「於是德國

21　〈續錄味蓴園第二次集議演說：陳君錦濤演說〉，載《北京新聞彙報》，1901 年 2 月，頁 2–5 上。

22　同上。

藉端而據膠州，英國欲保長江之利，尤恐此敗家子悉聽於貪夫，而長江之利亦將不保，於是威海、九龍相繼佔據，而法亦據有廣州灣」。[23]

　　他認為，列強瓜分中國，表面上是清政府保守官員不懂外交召禍，但實際的遠因是中國親俄，「今已享受其賜矣」。因此，他認為清政府與俄國訂密約，是沒有理由的。而且密約的條款，對中國百害而無一利。其一，滿洲雖歸清政府管理，惟關稅管理歸俄國；其二，清政府不可運送軍火進滿洲，所有清兵須撤離，炮台須悉數毀滅，俄國則可在滿洲用兵；其三，清政府須保護俄國在滿洲的鐵路。陳錦濤以強盜比喻俄國：

> 滿州〔洲〕如屋，俄如暴徒。暴徒入其室，而謂主人曰，屋則奉汝，而屋租之利則歸我。汝欲入室，必由我許可而後可，而我之出入自如，我若貯物於室中，汝必為之保護，若有毀失，惟汝是問，如是而謂室歸之主人者，其孰信之？ [24]

陳錦濤所言，即中國已喪失治權，而由俄國代行之。他又回顧歷史，指出俄國在租借旅順和大連後，強行向當地人徵稅，結果引起譁變，俄人下令屠殺。他指俄人強行徵稅，如以中國四萬萬之人口，每人捐五元的話，即有二十萬萬元。如中國將這一筆鉅費用於訓練士兵，何愁不能抗俄？以剛過去的聯軍之役而言，俄國也不是必勝的。[25] 陳錦濤所言，無疑是出於強烈愛國心，但不無書生論政之流弊。

　　同年稍後時間，溫宗堯亦在味蒓園演講俄國搶掠中國土地之問題。溫宗堯認為，俄國密約事關重要。他指有些人「以為俄欲佔東

23　同上。

24　同上。

25　同上。

三省，各國必不允許，倘俄人恃強而不從，各國必以兵戎相見」，這種想法，「其所見之謬誤亦已甚矣」。他認為如果中國反抗俄國之壓迫，各國方可介入，俄國無從強辯，「或能回其辣手」。[26] 可見溫宗堯和陳錦濤當時都是反俄的。

1901 年夏，盛宣懷派遣中國學生往美國的公立大學留學。中國方面早已安排北洋大學堂優異生放洋留學，但因庚子拳亂中輟。亂事平定後，復派學生出洋。6 月 13 日及 14 日期間，九名粵籍學生乘搭加力輪（The Gaelic）赴美，計有王寵佑、嚴錦榮、吳桂靈（三人礦學）；王寵惠、薛頌瀛、張煜全（三人律學）；林添祥、胡棟朝（二人工學）；陳錦濤（鐵學）。[27] 1901 年 8 月，美國三藩市的一份報紙刊載了十個中國留學生的消息，同時列出了他們的名字。在這些人當中，姓名可考的有五位：陳錦濤、王寵惠、王寵佑、張煜全、胡棟朝。五人俱是皇仁校友。陳錦濤、張煜全、胡棟朝和王寵佑均進入加州大學伯克萊分校學習。[28] 陳是這個留學團的領袖。陳錦濤、張煜全和胡棟朝和王寵佑等在 1901 年 8 月 22 日抵加州。[29] 加州大學伯克萊分校當時尚屬新創，學術門檻較低，吸引不少中國學生入讀。1902 年初，陳錦濤唸鐵廠工藝，但有感自己年紀太長，身體也不好，故入學不久便向盛宣懷申請轉系，改唸數學。[30] 陳錦濤精通數學，到校未久，已為系中人所知曉。《黃龍報》轉錄《香港華字日報》的記載云：

26　〈上海味純園集議電爭俄約〉，《東華新報》，1901 年 6 月 1 日。

27　〈學生出洋〉，《香港華字日報》，1901 年 7 月 29 日。

28　*The Yellow Dragon*, Vol. VIII, No. 4 (1906), p. 85.

29　"Chinese Students for Berkeley," *San Francisco Call*, Vol. 87, No. 84 (23 August 1901), California Digital Newspaper Collection，〈陳錦濤〉，頁 290–301。

30　〈陳錦濤〉，頁 290–301。

　　《金山中西報》云：「有友人在卜技利（按，即 Berkeley）
大學堂肄業者，昨到本局談及該堂人才，謂去年合校中西學
生，至算學精深靈捷者，以陳君錦濤為最。一日，各教習燕
坐閒談，言及演算法，謂華人用算盤，西人用筆算，各誇其
捷，今當中習算學者，有華人陳生，蓋面試之，陳君用算
盤，果捷於筆算者。陳君復謂，若所計之數，共成六柱，吾
用指算，尤為便捷。各教習即最精筆算之學生西人某與陳君
相較。一教習先舉十幾萬幾千幾百幾十元之數，一教習續言
幾萬幾千幾百幾元幾毛，再三再四，參差其數。陳君當以十
指照該教習等所唱之數，而屈計之。教習唱完，陳君即應聲
曰數共若干，至西人某用筆算者，移時尚未計就，各教習咸
稱賞陳君演算法精妙，許為中國大算學家也。[31]

加州大學伯克萊分校成立於 1868 年。該校數學系早期未具規模，教
師人數嚴重不足。1869 年 8 月 10 日，伯克萊大學正式委任出身西點
軍校（West Point Academy）的 William Welcker（1830－1900）為
第一任數學講座教授，至 1881 年為止。[32] 當時西點軍校教授的數學
強調應用，不尚理論研究，William Welcker 將這學風帶到加大伯克
萊分校數學系。到了 1881 年，校方為提升學系的學術水準，解僱
William Welcker，在 1882 年改聘出身哈佛大學和約翰霍金斯大學的
著名數學家 Irving Stringham（1847－1909）為第二任數學講座教授。[33]
陳錦濤在 1901 年 8 月下旬入學，當時的數學講座教授正是 Irving

31　*The Yellow Dragon*, Vol. IV (July 1903): 188.
32　Calvin C. Moore, *Mathematics at Berkeley: A History* (Wellesley: A K Peters, Ltd., 2007), p. 13.
33　*Mathematics at Berkeley: A History*, pp. 14-27.

Stringham。

　　要了解陳錦濤當時曾讀過甚麼課程、作過甚麼學術研究，翻查加州大學伯克萊分校的官方記錄可能會找到一些線索。但是，正如伯克萊大學榮休數學講座教授 Calvin C. Moore 所言，系方大概只保存最近五十年的記錄，[34] 所以查找百多年前的學生記錄，存在一定困難。尚幸，筆者找到陳錦濤碩士論文 *A History of Chinese Mathematics: A Comparative Study*，雖然大部分內文因年代久遠，打字稿顏色褪卻不可辨認，幸好部分引言、中間引用的一些圖表和當時考官評語仍存，我們可從這有限的資料了解陳錦濤研究方向的大略。

　　陳錦濤在論文開首強調，中國人是許多重要技藝如印刷、造紙等的發明者，這些發明對世界文明有所改變和裨益。他認為只有在最近二百年（按，即 1700 - 1900），中國的哲學和科學才算是墮後，他相信，中國人是數理科學和精密科學的真實創始者。陳錦濤指出，中國科學與古代希臘科學有相似的地方，例如，在中國的數理科學中，「算」和「數」是兩個分開的概念。「算」是指數字運算，而「數」是指計算哲學，[35] 在論文中他也討論到指算。[36] 似乎陳錦濤的中國數學史研究比日本學者三上義夫（1875 - 1950）的更早開展。

　　三上義夫是日本大正至昭和時期的數學史權威，生於廣島。1895年三上義夫從東京數學院與國民英學會畢業，1908 年至 1914 年間為帝國學士院和算史調查囑託，1911 年入讀東京大學哲學科，後進入研究院。1913 年用英文發表 *The Development of Mathematics in China and Japan*，1914 年則發表 *A History of Japanese Mathematics*，

34　Preface, in *Mathematics at Berkeley: A History*, pp.x-xi.

35　Chen Chin Tao, *History of Chinese Mathematics: A Comparative Study*, M. A. Thesis, Berkeley, 1902, p. 1.

36　Ibid., p. 28.

另外死後遺下《支那數學史》等未刊稿。[37] 在 *The Development of Mathematics in China and Japan* 中，三上義夫未有引用和提及上述陳錦濤的中國數學史研究。[38] 或許他對陳錦濤的研究根本未有所聞。

　　論文評審認為陳錦濤過度倚重《山海經》作為論文所據，他們認為《山海經》是偽書，不足憑信。考官評語打字稿也是顏色褪卻，不可辨認，只能看到部分內容。[39] 論文最後在 1902 年 12 月 18 日通過。Irving Stringham 是評審委員會主席。[40]

　　1902 年 9 月，有感留學美國舊金山灣區（Bay Area）的中國學生漸多，陳錦濤等發起成立舊金山中國學生會。他被選為第一任會長。[41] 1903 年，陳錦濤赴東岸的耶魯大學研讀經濟，在沒有薪水和官費支持下，陳錦濤很快陷入財困。更壞的是，這時候南洋公學會計致函陳錦濤，要求他盡快歸還一筆預支譯書的酬勞，陳錦濤只好回信請求通融，幸盛宣懷代其解圍，同意從陳錦濤學成回國後的工作薪酬中扣除。[42]

　　同年，兩廣總督岑春煊奏請調陳錦濤回國，盛宣懷為免陳錦濤學業中斷，拒絕了這一要求。惟陳錦濤可能因經濟困難，在 1903 年底經歐洲起程回國。[43] 1904 年，陳錦濤應兩廣總督岑春煊之聘，擔任學務

37　臼井勝美等編：《日本近現代人名辭典》（東京：吉川弘文館，2001 年），頁 1022。至於《支那數學史》則已出版，詳參三上義夫著；佐々木力總編解說、柏崎昭文編集補佐：《三上義夫著作集・第 1 卷・日本數學史》（東京：日本評論社，2016 年）。

38　Mikami Yoshio, *The Development of Mathematics in China and Japan* (New York: Chelsea Publishing Company, 1974) (Reprint of 1913 edition).

39　*A History of Chinese Mathematics: A Comparative Study*, pp. 29-30.

40　Ibid., n.p.

41　〈陳錦濤〉，頁 290－301。

42　同上。有些記載說陳錦濤曾在美國哥倫比亞大學留學，不確。如 "Chen Chin-tao" "Obituary", *North China Herald*, 13 June, 1939, p. 5 便是如此記載。

43　〈陳錦濤〉，頁 290－301。

顧問官。1905 年，帶領學生到美國遊學，及在耶魯大學繼續學業。[44]

　　陳錦濤在 1904 年春回國，最先寓廣州都府街。3 月 3 日，陳錦濤往訪岑春煊，當時陳錦濤穿的是西裝。岑春煊表示：

> 　　原欲以大學總理相待，但因大學之教育祇囿於一堂，不如學務處之普及。兩廣撥留先生在學務處任調查員之職，凡兩廣已成之學堂，其校室之建築何如，課本之講授何如，先生對之均有查核改良之責。[45]

陳錦濤接受任命，改穿華服和頭戴假髮。[46] 1905 年 4 月岑春煊派陳錦濤「赴東洋查學務」。廣東「自奉明詔興學以來，各屬學堂業已次第舉辦，惟於實業一項尚未講求」，故岑春煊特委「江蘇試用直隸州同陳錦濤赴東洋考察實業學堂事務，採其良法歸以餉諸吾民」。陳錦濤「於新學界中頗有名譽」，「此行當不負委任」。[47] 岑春煊對新自美國歸來的陳錦濤相當器重。

　　岑是晚清比較開明的官僚，願意接受西方文化。1903 年 6 月，他以兩廣總督的身份往香港訪港督卜力（Henry Arthur Blake, 1840－1918）及其妻子 Edith Blake。岑春煊透過翻譯表示，這是第一次與歐洲女性聚餐，同時表達希望與香港人能夠和諧共處。[48]

　　在耶魯大學，陳錦濤師從美國著名經濟學家 Irving Fisher（1867－

44　*The Yellow Dragon*, Vol. VIII, No.4 (December 1906), pp. 85-86.

45　〈陳錦濤回國述續〉，《香港華字日報》，1904 年 3 月 5 日。

46　同上。

47　〈派陳錦濤赴東洋查學務〉，《香港華字日報》，1905 年 4 月 21 日。

48　"Letter from Edith Blake to G. E. Morrison, 20 June 1903," in Lo Hui-Min（駱惠敏）(ed.), *The Correspondence of G. E. Morrison,* Vol.1 (Cambridge: Cambridge University Press, 1976), p. 215.

1947）。Fisher 在耶魯大學以超等成績完成學士和博士學位。他與陳錦濤一樣，也是從數學研究轉入經濟研究。[49] Fisher 中文譯名為費雪[50]或非休[51]。唐慶增（1902－1972）指 Fisher「原為美邦鼎鼎大名之算術經濟家」，[52] 並指他所著的《經濟學淺近原理》（*Elementary Principles of Economics*）十分深奧，「述非氏個人理論如資本、放資本的入款、交換公式等雜亂無章」，「因彼係算術經濟學家」，「書中用演算法處頗不少」。[53] 陳錦濤在 Fisher 指導下的博士論文為 *Societary Circulation*，原論文今已無存。[54]

經濟學家何廉（1895－1975）曾在耶魯大學留學，在 Fisher 身邊工作三年，何廉回憶，Irving Fisher 二十多年後仍然十分關心陳錦濤，及高度評價他的博士論文。[55] 陳錦濤以不到三年的時間完成博士課程，回國時，曾將論文呈交清政府。從〈批答留學美國計學博士陳錦濤所呈《錢物轉流理書》〉，可知論文的大概。當時的學部官員指出該書「以探賾索隱之思，考物值翔沈之理」，「今生（按，即陳錦濤）據物資可欲之等差與財幣積儲之量數」，「觀其通流轉易之情禦以微積方維，後出至精之算術，製為計學儀器，將以預知物情，停毒民力」，他們評價此書「此不徒神州所未曾有，將西哲亦不覺前賢畏後生矣」。[56] 可見該論文備受讚賞。

49 Robert Loring Allen, *Irving Fisher: a Biography* (Cambridge: Blackwell Publishers, 1993), p. 31-38, 42-79.

50 滕茂椿：《費雪之：「所得」所得概念》（天津：達仁學院經濟研究所，1941）。

51 唐慶增：《唐慶增經濟論文集》（上海：商務印書館，1930 年），頁 225。

52 同上，頁 225。

53 同上，頁 46。

54 耶魯大學東亞圖書館孟振華博士回覆筆者電郵，2014 年 2 月 18 日。

55 何廉；朱佑慈等譯：《何廉回憶錄》（北京：中國文史出版社，1988），頁 35。

56 〈批答留學美國計學博士陳錦濤所呈《錢物轉流理書》〉，《學部官報》第 4 期（1906年），頁 42。

1906 年 1 月，陳錦濤前往華盛頓拜見正在美國考察政治的廣東南海籍大員戴鴻慈（1847－1910）。戴鴻慈需要熟悉美國情況的中國留學生協助，陳錦濤給予他不少幫助。[57] 同月，岑春煊安排陳錦濤在取道回國時前往德國紙廠考察機器做紙，以作為廣東改良紙業之準備。[58] 陳錦濤 6 月回國，後應京師學堂會考。考試有中英文試題各一。中文為「尊尊也，親親也，長長也，男女有別，此其不可得與民變革者也」，而英文則為「中國是否應行強迫教育？」[59] 這個考試是專門為留學生舉行的畢業生考試。[60] 陳錦濤為「最優等第一名」，「奉旨給予法政科進士」，「着調度支部、學部行走」。[61] 考官評陳錦濤「察其器宇才識宏毅遠大」，「詢足為群英冕」，認為他「於理財一科尤為專長」。[62] 值得留意的是，當時的主考官是唐紹儀和曾入同文館、諳法語的旗人聯芳等。[63] 1907 年 7 月 1 日，皇仁書院為慶祝陳錦濤榮獲此等殊榮，特安排學校放假一天。[64] 此後陳錦濤歷任廣東視學、京兆視學、大清銀行監督、度支部預算司司長、統計局局長、度支部印刷局幫辦和大清銀行副監督等職。[65]

57　〈陳錦濤〉，頁 290－301。

58　〈陳錦濤奉查德國紙業〉，《香港華字日報》，1906 年 1 月 8 日。

59　*The Yellow Dragon*, Vol. VIII, No. 4 (December 1906), pp. 85-86; *The Yellow Dragon*, Vol. VIII, No.10 (July 1907), pp. 214-215.

60　〈陳錦濤〉，頁 290－301。

61　*The Yellow Dragon*, Vol. VIII (1909), p. 216.

62　〈附奏請將遊學畢業生陳錦濤分發戶部行走片〉，《學部官報》第 7 期（1906 年），頁 81－82。

63　*The Yellow Dragon*, Vol. VIII, No. 10 (July 1907), pp. 214-215；〈陳錦濤〉，頁 290－301；蔡振豐：《晚清外務部之研究》（台北：致知學術出版社，2014 年），頁 218。

64　*The Yellow Dragon*, Vol. IX, No.1 (September 1907), p. 19.

65　〈陳錦濤〉，頁 290－301。

　　1906 年 10 月 12 日，「諭旨以陳錦濤張煜全為法政科進士」。[66] 11月，陳錦濤由「學部奏請分撥度支部行走，所有幣政、銀行事宜，藉資襄贊。如學部遇有應辦之事，就便顧問」。[67] 12 月，戶部委陳錦濤管理戶部銀行。[68] 1907 年 1 月，署度支部尚書鐵良以陳錦濤為「財政專家」，故派他為「戶部銀行幫總」，「惟令其審定章程稽查賬目而已」，「故權限尤狹」。[69] 3 月，吉林將軍達壽（1870－1939）促請陳錦濤赴吉，惟沒有成事。[70] 5 月，陳錦濤經岑春煊奏准，調往郵傳部。[71] 6 月，度支部奏留陳錦濤。[72] 同月，度支部尚書、清宗室愛新覺羅・載澤（1868－1929）派陳錦濤出洋考察幣政。[73] 其中一站為奧國，因該國「製造紙幣之法，並刷印銀票各項機器各廠，素與各國齊名」。[74] 同年 10 月，憲政編查館聘請陳錦濤為顧問。[75] 1908 年 6 月，度支部派陳錦濤和陳宗嬀為大清銀行監理。[76] 清政府責成他們「隨時稽查」銀行「票據及現金及一切賬簿」。[77] 1910 年，陳錦濤以度支部郎中

66　〈陳錦濤行走兩部〉，《香港華字日報》，1906 年 11 月 24 日。

67　〈十二日有諭旨以陳錦濤張煜全為法政科進士陳仲篪徐景文醫科進士徐廷爵商科舉人惟胡棟朝未有所聞〉，《香港華字日報》，1906 年 10 月 31 日。

68　〈戶部委陳錦濤辦理戶部銀行〉，《香港華字日報》，1906 年 12 月 25 日。

69　〈記陳錦濤奉委戶部銀行幫總辦事〉，《香港華字日報》，1907 年 1 月 24 日，。

70　〈陳錦濤一調一留〉，《香港華字日報》，1907 年 3 月 21 日，。

71　〈陳錦濤經岑春煊奏准調郵傳部差委所遺度支部銀行等差〉，《香港華字日報》，1907 年 5 月 23 日。

72　〈度支部奏留陳錦濤〉，《香港華字日報》，1907 年 6 月 3 日。

73　〈澤公派陳錦濤赴各國調查金幣事〉，《香港華字日報》，1907 年 6 月 8 日。

74　〈陳錦濤回國時即往奧國調轉復奧使由〉，《北洋政府外交部》，中央研究院近代史研究所檔案館藏，檔號 03-22-001-07-01。

75　〈憲政館聘陳錦濤為顧問〉，《香港華字日報》，1907 年 10 月 11 日。

76　〈度支部派陳宗嬀陳錦濤為大清銀行監理廣東分行派王鑒羅詒為總副辦〉，《香港華字日報》，1908 年 6 月 3 日。

77　〈度支部派陳錦濤為監理官〉，《香港華字日報》，1909 年 1 月 4 日。

「試處大清銀行副監督」，因「辦有成效」，1911 年 5 月遂由度支部大臣愛新覺羅‧載澤「具摺奏請」實授副監督。[78]

徘徊於國計與壇坫之間

1912 年，陳錦濤為中華民國首任財政部長。3 月，他在諮文中表示，各省所發之債票應一律停止，以令國家經濟秩序重拾正軌，「竊維行政以統一為先，理財以核實為要」。[79]財政部發行債票，是為了補助軍費，且亦有統一財政的意圖。但自從軍興以後，百廢待興，各省均感困乏，不得不以借貸度日。在中央債票未發行之先，各地都以自己名義在各省自行募集公債。中央債票發行以後，地方上有些人以軍費不繼為託詞，一再到部請領債票，毫無節制。他們不知道發行公債在中國是創舉，既關乎民國之信用，外人也一直在觀望。[80]

公債與現金無異，一經借貸，即需償還，故要認真視之，尤其不可稍加浪費。有鑑於此，財政部之前因湖北軍政府、上海軍政府個別發行債票，與全國統一有礙，故先後向孫中山總統和黎元洪副總統要求，飭令停止發行。惟不獨湖北、上海兩地，各省仍以地方名義募集公債。現在中央債票正式發行，故各省所發之債票應一律停止發行。[81]

再者，根據財政部規例，各省所得的債款，一半留在中央，另一半歸本省，而且各省光復未久，要處理的事情很多，發行債票，事涉煩瑣細節，各省未能兼顧。故最佳的辦法是由財政部遴選合適的人

78　〈陳錦濤補實副監督〉，《香港華字日報》，1911 年 5 月 6 日。

79　〈財政部長陳君錦濤關於將各省所發之債票一律停止致外交部的諮文〉，1912 年 3 月 10 日，載中國第二歷史檔案館；馬振犢、郭必強編：《南京臨時政府遺存珍檔》（南京：鳳凰出版社，2011 年），第 8 冊，頁 2983－2988。

80　同上。

81　同上。

員，分別派往各省，隨時就實際情況稟呈當地都督，與及會同財政司辦理債票等相關事宜。募得之款除將一半解部之外，另一半則留在該省，而該省亦應盡量撙節。至於如何用款，各省需分別呈部，聽候指示。各部將領如需領款，亦應有確實預算，詳細報告陸軍部，一面報告財政部辦理，以後不得藉口軍費短缺，逕自向財政部索債票。陳錦濤指出，南北統一在即，執事官員即將交替，財政是國家之命脈，債票關乎國家信用，故必須慎之又慎。[82] 陳錦濤所奉行的是審慎理財的哲學。這對穩定當時中國政府的財政，至關重要。

當革命之際，群龍無首，地方人士各自成立籌餉局。地方籌餉局發行債票，沒有完備的償還機制，也沒有妥善的保證金制度為後盾，故債票形同廢紙。

陳錦濤為令國家經濟重拾正軌，故提出規範債票。但當時經濟問題已十分嚴重，陳錦濤深感無能為力，故在上任不久，便提出請辭，指出各國組織政府之前，定必妥善商討財政政策，以尋求共識，而且民國肇建，建立財政制度，至關重要。陳錦濤認為自己執掌政府財政部數月，毫無建樹，且因焦慮過度而時感心悸和頭痛。在此之前，陳錦濤已曾上書請辭，惟只因和議仍未完成，人心不穩，未獲批准。到了人心略定之時，他認為是時候正式引退。[83]

不久之後，陳錦濤再次請辭。此次去意甚堅，且在辭呈中提出當時中國政府所面對的經濟問題。他指出，任事已屆三閱月，可惜在財政上仍是一籌莫展，辜負了政府和百姓的期望，部院之間不諒解他的困難，他亦無法平衡輿情。他所處的位置正是「誠神明皆負疚之地，

82　同上。

83　〈陳錦濤致袁世凱、孫中山等電〉，1912 年 3 月 16 日，載桑兵主編：《各方致孫中山函電匯編》第二卷（北京：社會科學文獻出版社，2012），頁 116。

撫心五夜，憂來自煎」。[84] 左右做人難，可以想見他的苦況難以言宣。

　　他繼在呈文中談到當時的財政困局。第一，地方各自為政，沒有一個彼此同意的作事法則。在各省光復之後，自行推舉財政官員，號令多門，引起混亂。陳錦濤指出，中央政府成立，提交法案，並非要掠奪地方之利歸中央管有，而是要以中央權力和財政力量，維持各省的運作。第二，「國家收入，以賦稅為大宗，軍興以來，四民輟業，丁漕失征，厘卡閉歇。關稅所入，扣抵賠償，加以地方、中央界限混淆，雖有從前應解部款，現亦藉詞諉卸」。[85] 換句話說，就是地方託詞不上繳收入，中央財絀。第三，鈔票濫發、偽造，中央政府有意整頓，但地方應之寥寥。第四，中央債票未發行之前，地方自行發行債票，造成財政混亂，地方對中央相應不理，只有湖北和上海跟從。第五，幣制和銀行應由中央管理。當中國銀行欲改辦之際，各人都想分一杯羹。江南幣廠亦欲重新整理，但卻中道橫生枝節。第六，因為收入無着，難以制訂預算，然而各方催款急如星火，陳錦濤無力應付。第七，因為周轉不靈，借貸無可厚非，但「但砒能殺人，亦可起病。乃華俄借約，大啟紛爭，指擔保為抵押，敗事機於垂成」，後果相當嚴重。[86] 陳錦濤所言，全是事實。

　　1913 年 12 月，國務院委任陳錦濤為駐外財政員，且以倫敦為駐在地，以便就近與歐洲其他各國交涉。[87]

　　1910 年，英國與日本共同在倫敦籌辦一大型博覽會，展出兩國的產品。日本方面不單展出自己各式各樣產品，還將風土人情如蝦夷

84　〈陳錦濤呈孫中山文〉，1912 年 4 月 9 日，《各方致孫中山函電匯編》第二卷，頁 248－249。

85　同上。

86　同上。

87　〈陳君錦濤赴英請正式函知駐京英公使或其他有關係各使署〉，《北洋政府外交部》，中央研究院近代史研究所檔案館藏，檔號 03-10-006-02-001。

（Ainu）等展現於英國人眼前。日本在當地展場興建了一個蝦夷村，且安排蝦夷人住進去。[88] Hugh Cortazzi 指出，日本參加這次博覽會有許多原因，而其中一個考慮是希望在倫敦的股票市場集資。[89] Hans van de Ven 也指出，晚清政府屢舉外債，因此在十九世紀末二十世紀初，一個以中國債券為主導的市場慢慢在倫敦形成。[90] 因此倫敦在當時的東亞經濟體系的重要性，自是不言而喻。

　　陳錦濤之所以被選派，應是莫禮循（George Ernest Morrison, 1862－1920）向袁世凱推薦的。國務院謂：

> 　　據莫理循君函稱，此次陳錦濤君之赴英，政府必需推誠信用，應先由外交部正式函知駐京英公使或其他有關係之各使署，告以陳君錦濤現承大總統任命為駐外財政員，與全權公使等位並視。再俟陳君抵倫敦後，即由駐英中國公使正式紹介於英國外部，證其為中國代表。設陳君因公赴他國都會，該處駐使亦應照此辦理云云等因，按歐美各邦政府於派遣代表至他國時，莫不先行正式通告，並述其職分權限，是非重其人，重其事也。今中國特派駐外財政員，職任極重，且政府對於外人之信用，繫之該函。[91]

88　Kimio Miyatake, "Ainu in London 1910: Power, Representation and Practice of the Ainu Village," in Ayako Hotta-Lister & Ian Nish (eds.), *Commerce and Culture at the 1910 Japan-British Exhibition* (Leiden: Global Oriental, 2013), pp. 103-122.

89　Hugh Cortazzi, "Overview: Organization, Aims and Results of the Exhibition," in *Commerce and Culture at the 1910 Japan-British Exhibition*, pp. 17-25.

90　*Breaking with the Past: The Maritime Customs Service and the Global Origins of Modernity in China*, pp. 14-15, 162-171.

91　〈陳君錦濤赴英請正式函知駐京英公使或其他有關係各使署〉，載中國國家圖書館編：《國家圖書館藏民國孤本外交檔案續編》（北京：全國圖書館文獻縮微複制中心，2005 年），頁 301－302。

也許因為陳錦濤的職稱和權限較特別，與中國駐英公使職權有混淆之虞。莫理循從英國外交部人員方面得悉，陳錦濤和駐英公使劉玉麟協調不足。[92]

民國初年，社會剛經歷變亂，元氣有待恢復，國庫空虛，向外舉債成為政府恆常之務。陳錦濤在晚清時已代表政府與外國政府和財團代表談判借貸，故進入民國以後，政府委為駐外財政員，以便他與各國政府討論借貸事宜和各式業務合作。1913 年 6 月 12 日，奧匈帝國向財政部查詢：

> 路透電報有限公司近向奧國某銀行交涉，欲與聞由我國政府所給與該銀行關於貯蓄之許與權。此合同由陳錦濤君與路透男爵雙方簽押。函詢此項許與權有無效力等因。[93]

然而財政部直言否認，謂：

> 查辦理儲蓄一事，本部與奧國各銀行並無交涉，無從給以此項制度之許與權。[94]

財政部又指出：

92　"Letter from G. E. Morrison to Yuan Shikai, 9 July 1914," *The Correspondence of G. E. Morrison*, Vol.2 pp. 335-339.

93　〈陳錦濤雖曾與路透男爵擬有承辦有獎儲蓄券辦法惟詳細條件尚未商訂亦未提交國會議決該使所稱關於貯蓄制度之許與權不免誤會〉，《外交部》，中央研究院近代史研究所檔案館藏，檔號 03-20-050-03-004。

94　同上。

　　查本年二月間由陳錦濤君報告，有倫敦資本團路透男
爵願承辦有獎貯蓄券，一面承辦借款伍百萬，擬有辦法草
底若干條，當經本部提出國務會議，一面電致駐英劉代表
（按，劉玉麟）轉向路透男爵，聲明本部對於所擬草底辦法
大要許可，惟詳細條件須由路透男爵派人來京面為商定，並
聲明須由國會議決，方能有效。此項議草，係陳君以私人資
格與路透男爵籌商大致辦法，不能視為合同。現在路透男爵
並未派人來京，詳細條件亦未商定，又未提交國會，則奧使
所稱關於貯蓄制度之許與權，不免有所誤會。[95]

財政部強調陳錦濤是以個人資格接洽此事。正如莫禮循所言：

　　陳君錦濤現承大總統任命為駐外財政員，與全權公使
等位並視。[96]

財政部的言論印證了部門間協調不足，令陳錦濤議約時事倍功半。

　　1916 年 8 月，面對國庫空虛，再任財政總長的陳錦濤提議增
加鹽稅。[97] 財紐情況持續，他難安於位，更有辭職的打算。[98] 同月，
陳錦濤和熊希齡（1870–1937）與美國商討借款，惟以失敗告終。[99]

95　同上。
96　〈陳君錦濤赴英請正式函知駐京英公使或其他有關係各使署〉。
97　〈陳錦濤提議鹽斤加價以增稅餉〉，《香港華字日報》，1916 年 8 月 1 日。
98　〈陳錦濤程璧光將或辭職〉，《香港華字日報》，1916 年 8 月 5 日；〈陳錦濤位置恐不
　　鞏固〉，《香港華字日報》，1916 年 8 月 8 日。其實早在 7 月陳錦濤已打算辭職。見
　　〈陳錦濤除恩元均辭職〉，《香港華字日報》，1916 年 7 月 26 日。
99　〈陳錦濤熊希齡與美國商議借款不成〉，《香港華字日報》，1916 年 8 月 29 日。

9 月初，有傳陳錦濤在大借款的款項未到之前，欲向英國和美國借款一千萬。[100] 他指要維持政府的開支，需款八千萬：二千萬用來解散軍隊，三千萬為行政費，三千萬用來贖回中國銀行和交通銀行紙幣。[101]他本身是一個經濟學家，明白到要令經濟重拾正軌，以及爭取各國批准中國增加稅收，故毅然在內閣會議提議取消厘金。惟厘金是各省的主要收入，建議不易落實。[102] 另外，他與五國財團代表之橫濱正金銀行總理交換有關大借款的建議書，但尚沒有正式磋商。[103]

陳錦濤也兼掌外交。同月，陳錦濤與日本駐華大使林權助（1860－1939）為吉林鄭家屯中日衝突一事會面，討論事情發生的經過，但雙方各執一詞，沒有達成結論。林權助指中方士兵追逐日本士兵，陳錦濤予以否定。[104] 9 月 20 日，國會在會議上質問陳錦濤經手的一筆由日本銀行家借出的五百萬元貸款，且以長江礦產為擔保。陳錦濤承認曾簽此約，但反駁這筆五百萬元貸款只是一筆中日八百萬元貸款的預支部分。[105] 同日，陳錦濤因受國會之攻訐，窮於應付，遂請假三天赴天津，向唐紹儀請辭。但唐勸他留任，[106] 惟新共和黨議員擬參陳錦濤。[107]9 月，因應鄭家屯事件的發生，中國駐日公使章宗祥（1879－1962）

---

100 〈大借款未商妥之前財政總長陳錦濤借英美國一千萬元以應急需〉，《香港華字日報》，1916 年 9 月 4 日。

101 〈陳錦濤謂現時需款捌千萬元〉，《香港華字日報》，1916 年 9 月 10 日。

102 〈陳錦濤當內閣會議時提議取消厘金〉，《香港華字日報》，1916 年 9 月 10 日。

103 〈陳錦濤訪五國銀團代表之正金銀行總理〉，《香港華字日報》，1916 年 9 月 10 日。

104 "Charge Betrayal of China ," *The New York Times*, 19 September , 1916.

105 "Tang Shao Yi Has Reached Tien Tsin," *Arizona Republican*, 21 September, 1916；〈陳錦濤商借美款不成乃轉與日本銀團磋商而又被議院極力反對〉，《香港華字日報》，1916 年 9 月 21 日。

106 〈陳錦濤因國會之議論攻擊請假三天出京往天津〉，《香港華字日報》，1916 年 9 月 21 日。

107 〈新共和黨議員擬參陳錦濤谷鍾秀〉，《香港華字日報》，1916 年 9 月 21 日。

向陳錦濤請款成立東京通訊社。[108]

　　10 月 6 日，林權助與陳錦濤晤面，詳細討論鄭家屯案的善後安排。林權助開首表示，希望此事能盡快完滿解決。陳錦濤表示，北洋政府已再沒有讓步的空間：

> 　　貴公使對於我答復之條件，何者同意，何者尚不滿足，可以逐條討論，較為便捷迅速。[109]

林權助着眼的是中國政府聘用日人為顧問和教習。他指出：

> 　　誠然。解決辦法之中，由貴政府（按，中國）自己聲明之第一、第二項，貴國政府堅不承認，然自我觀之，第一，聘請顧問一事，去年中日交涉已有優先聘用日本人之明文，且在我提出之意思業經屢次說明，為聯絡感情、免除誤會起見，於中國改良軍隊頗有裨益，而貴國政府不允，不知據何理由？第二，聘請教習一事，段總理曾經說明，亦有理由。此節可請本國政府斟酌，不必再行主張。[110]

林權助所指的兩項要求，無疑是干涉別國內政。他進一步回應第三項，即中國政府「派員赴總領事署謝罪一節」，他回應說：

108　〈擬在東京組織通信社〉，《北洋政府外交部》，中央研究院近代史研究所檔案館藏，檔號 03-33-013-01-052。

109　〈磋商條件拒絕設置日警〉，《北洋政府外交部》，中央研究院近代史研究所檔案館藏，檔號 03-33-013-02-002。

110　同上。

　　查此條之原案，係作為貴國任意之辦法，不作為要
求，即令張督軍（按，張作霖，1875－1928）親往，似於體
面無礙。且我得總領事報告，張督軍已向領事言及，願親往
關東都督府及總領事署道歉，似貴國政府亦甚為難。[111]

陳錦濤即予反駁：

　　我未接督軍願往之電報。親往道歉出於督軍之意思，
固與體面無關，且兩國親善，督軍前往訪問，原無不可。惟
督軍一出地方，驚異世人，疑為有重大之事件，或因此有反
對之議論，亦未可知。政府慮此，故有前次之答復。[112]

但林權助不肯罷休，強調中國政府「派員前往關東都督府」。陳錦濤
重申：

　　前次答復，既可派員至領事署，詎不可派員至都督府
（按，關東都督府），不過政府之苦心，係欲就外交解決，
故由外交部與貴使館商定，不必由軍人直接辦理。[113]

言下之意，陳錦濤不希望事件牽涉到軍方。林權助在這事上稍作讓
步，指：

111　同上。

112　同上。

113　同上。

督軍自往或派員前往均可，由本公使與外交部商定，
不必由軍人直接辦理。且此款如出於要求，督軍或有不快。
今並非要求，似無妨礙。[114]

陳錦濤回應：

> 此款係由我政府任意，並非出於勉強，則政府僅令其
> 道歉。督軍自往，或派員前往，或僅赴領事署，或並赴關東
> 都督府，均任督軍自為之。如何？[115]

但他又補充，此為「個人之意思，並非政府之意思」。至於第四項慰
藉金問題，林權助反對中方與日方共同支付，他認為「恐甚難辦」：

> 因此次軍隊之衝突，我兵甚少，總數僅四、五十人，
> 我軍到裕勝當，決無戰鬥或用武力之意思，蓋以少數軍隊，
> 對抗多數，絕無此理，其後雖有開槍情事，亦係事不得已。
> 為保護自己起見，並非攻擊，故此次有受傷及死亡者，其責
> 任均應歸之中國軍隊。欲我政府亦予以撫卹，於理未合，恐
> 難應允。[116]

陳錦濤則認為：

114　同上。
115　同上。
116　同上。

此案之發生，雙方均有誤會，在我則罰之；在日本則不罰，不足以平軍人之氣。前次貴公使亦曾言及，日軍亦有不合，故僅罰一面，不足以昭公平，如欲以後相安無事，必須雙方各自處罰。[117]

林權助並不同意，認為：

此言似有理由，但我軍有稍過分者，即巡警帶兵前往一事，此外並無不合之點，且帶兵前往，查當日之情形，亦情有可原。日巡警初次前往，被武力拒絕，始行連帶前往，且並非戰鬥，不過調查情形而已。以後則我軍全立於防禦之地位，並非攻擊，故責任應歸中國軍隊，我僅能云日軍不去更好一語。[118]

陳錦濤認為林權助所言並非事實，且語帶諷刺回應，謂「日軍此去最不好，且最關要」，並指：

據我所得報告，鎮守使署參謀長曾令轉告河瀨，由鎮署擔任醫藥費，令其勿往裕勝當。且裕勝當我兵僅八人，日兵二十人，豈日兵為防禦我則非防禦乎？我兵團長不在兵舍，無將校、無教育；日兵則有指揮者、有將校，故必雙方處罰，方為公平。[119]

117　同上。
118　同上。
119　同上。

林權助表示不同意，逐點予以反駁：

> 第一，中國兵隊途中遇有外人，應以保護為其職務，乃反毆打日商，此案發生之責任，即在於此。第二，鎮守使署擔任醫藥一節，並未直接告知日本巡查，亦未告知日本商人吉本，據我觀之，鎮守使署應拿捕犯人，加以處罰，方為正當辦法。乃不出此，而云擔任醫藥費，中國兵隊之亂暴，於此可見。第三，日兵二十人，中國兵八人，其實我兵並不知中國兵有多少，且裕勝當中，雖僅有八人，而附近之中國兵甚多，若論兵隊數目，貴總長之言，殊不感佩。[120]

可見兩人分歧很大。陳錦濤因林權助之質詢談到雙方的罪責問題，他指：

> 中國兵毆打日商，其過在中國兵云云，惟雙方互相毆打，甚難確定責任所歸。[121]

他又指中國政府主動負責醫藥費是「不論是非，和平解決之意」，但「傳知日本巡查與否，不得而知」。又指出：

> 查辦犯人一節，鎮守使署須有相當時間方可查辦，故擬先付醫藥費，再行查辦，乃日本巡查不顧，竟前往軍隊交涉事，我對於此節甚不滿意，總之兩國軍隊均有不合。[122]

120　同上。
121　同上。
122　同上。

因此，如果「僅罰一面」，「易長日軍之驕氣」。[123] 林權助企圖令談判導向對日本有利之位置。他首先承認「日本巡查帶兵前往，固有不合」，但話鋒一轉，指出：

> 然彼等之情形不同。向來地方官無能，為約束軍隊之事，常由軍隊直接接洽，故在我主張聘請顧問，正為預防將來之衝突。[124]

林權助認為「直接交涉，本非善法，故長嶺事件在我已告知軍隊、領事，以後勿由軍隊直接交涉」，但他仍堅持「責任之在中國隊兵為無容疑。」[125]

陳錦濤極不同意，認為日本方面「帶兵甚多，且強欲闖入，是開釁之責任應在貴國兵隊」。彼此相持不下，林權助重申中國方面應聘用日本顧問，他指：

> 前夏次長云自由聘請，並可即時實行，惟不必形之筆墨云云。此層或可辦到，但僅在省城公署一處增聘，抑他處亦增聘乎？[126]

陳錦濤回答，只有奉天省公署，林權助反問「他處不可乎？」陳錦濤念及中國主權，指出「奉天為省會之地，且係事件發生之管轄地

123　同上。
124　同上。
125　同上。
126　同上。

方」。[127] 林權助欲利用這次衝突，作為派駐日本警察之口實。他認為增設日本警察：

> 貴國以為侵害警權，其實在我取締日人，與中國警察權即主權毫不相關，既於中國主權無礙，自可設立，中國無反對之理由。乃在我絕對認為必要，即無本案發生，亦擬如此辦理。[128]

陳錦濤斷然拒絕林權助的要求。他重申：

> 去年已有服從中國警察法令之約定，自應由中國警察取締日本之商民或居民，此時不便再行提起設立派出所一節，地方官曾屢次與日領交涉，要求撤退，本國政府亦曾反對，總之設置警察廳於警權即主權有最大關係，萬難遷就。[129]

林權助決不罷休，堅持：

> 據我見解，決不侵害中國主權及警察權。貴總長謂去年已有約定服從中國之警察法令，我商民自然服從，但另有我之必要，無論如何，必須實行。貴國政府謂於主權有礙，報上輿論因之亦如此議論，故日本甚受其影響，蓋中國警察

127　同上。

128　同上。

129　同上。

規則以外之事及中國警察廳不能辦之事，日本警察廳可以辦理也。[130]

日本欲行使之權限與治外法權無異。林權助指：

> 日人有犯罪之時，或行審判，或令入監獄，或白人與日人之爭執，或為退去處分，並未犯中國之警察規則，自於中國無關。又中國警察官不能日語，諸多不便，易生誤會。雜居地方之日人，雖服從中國之警察規則，而仍有治外法權。[131]

林權助始終堅持日本擁有治外法權這一特權。他續稱：

> 日人雖服從中國之警察規則，但有犯行之時，中國警察不能處罰，必日本領事方可處罰。[132]

陳錦濤不同意，指：

> 此事尚須研究，於一國主權有關係，雖多犧牲金錢，或手續繁雜，仍應自行辦理。若如貴公使之言，是直以日本之權力實行於中國內地也。[133]

130　同上。
131　同上。
132　同上。
133　同上。

林權助對此強辯：

> 雖然日人有治外法權，是中國主權之一部，已受限
> 制，且已許與各國人矣。[134]

陳錦濤明白到林權助強詞奪理。他指出：

> 商埠固係如此，而內地則不然。雜居地方，已約定服
> 從中央之警察法令，是中國警察能辦理則辦，全依中國之警
> 察規則辦理而已。[135]

林權助說不過陳錦濤，欲強行進一步推展治外法權，但遭到陳錦濤嚴
詞竣拒。[136] 彼此討論無甚結果。

　　1916 年 11 月，駐美公使顧維鈞與美國芝加哥 Continental &
Commercial National Bank 達成信貸協議，銀行向中國政府貸款
五百萬美元，以黃金計算，為期三年，並以中國若干稅項為保證。[137]
12 日，眾議院議員質問何以交通銀行限兌紙幣。他回覆交通銀行有足
夠儲備，但因客人提存過甚，引起混亂，故限制之。[138]

　　國庫空虛令政府無法資助地方財政活動。1917 年 1 月，熱河都
督姜桂題（1843－1922）就日人渡部平次欲在內蒙古赤峰埠組建電

134　同上。

135　同上。

136　同上。

137　"China Obtains Money in America," *Deseret Evening News*, 17 November 1916.

138　〈眾議員質問陳錦濤何以交通銀行限額兌換紙幣〉，《香港華字日報》，1916 年 11 月
　　　21 日。

氣燈廠一事諮詢財政部。渡部平次建議可由中日合辦或一人獨資或集資。姜桂題指出，如要中日合辦必涉巨資，如聽該日人自行招股，則既怕利權為外人所佔，又怕該日人提出其他擴充營業條件。他建議，政府可以提供款項，以便與該日人合作。陳錦濤回覆，指「中央庫款空虛，實無餘力籌辦」，「應由該都統就地設法招商或官商合辦」。[139]

3月，新疆省長指出，1917年上半年預算比1916年上半年有減無增，但在1916年7月因俄國哈拉湖（Hala Lake）地方作亂，中國人民死傷甚多，而該處俄國人民逃入中國伊塔、阿塔等處者卻極多。新疆邊界三面與俄相鄰，進入俄境相當容易，卡倫（按，哨崗）需嚴加防範，另加派委員稽查，以及派員赴俄調查，各項均在在需款，估計需二萬元以上。陳錦濤回覆，指「二萬元礙難照準」。[140]

陳錦濤因同時任署理外交總長，故也需兼理外交事務。中國邊疆與中亞細亞接壤，而歐洲各國在該處有着各種利益關係，中國時常捲進外交風波中。1916年7至8月間，英使朱爾典就德國人在新疆莎車製造事端多次向陳錦濤垂詢。7月21日，朱爾典與陳錦濤會晤。朱爾典指有德國人三人、阿富汗人三人、波斯人一人，住葉爾羌（Yarkand），在新疆煽動回民起事，俄國與英國因國家利益所繫，故極注意。他「甚盼貴國不為吸入歐戰漩渦之內，望即電新疆長官將德人送交最近之德國領事，其餘之人，當亦不得逗留境內」。陳錦濤回覆：

> 對於此事，本總長甚為注意，已有電致新疆省長官矣，

139 〈日人擬在赤峰創辦電汽燈廠事應由都統就地設法招商或官商合辦請部主稿會復由〉，《北洋政府外交部》，中央研究院近代史研究所檔案館藏，檔號 03-02-049-01-005。

140 〈新疆各道請追加交涉特別費二萬元礙難照準由〉，《北洋政府外交部》，中央研究院近代史研究所檔案館藏，檔號 03-42-016-05-003。

電中之措詞正復與貴公使之意相同。一有回電，即當奉告。[141]

惟此事一直處於膠着狀態。8 月 10 日，朱爾典再次就此事與陳錦濤面商。朱爾典表示尚未收到陳錦濤的回覆。朱爾典指出：

> 再行提及該德人三名，其中一名係上校，在波斯被俄軍敗後，經阿富汗竄入新疆地方，且其中有被擄印度人一名。該德人常與阿富汗地方通訊，且意在煽惑回民，居心巨測，若非拿交最近之領事，將來必發生轇轕。[142]

陳錦濤回覆：「已電飭送交最近之德領辦理。」朱爾典指出，德國領事尚未處理，至於該印度人，則請中國方面就近送交莎車英國領事。[143]

8 月 25 日朱爾典與陳錦濤就此事進度見面，朱爾典指該德國人不願出境，陳錦濤則指該德人要等待德國領事之訓令始同意離開。[144]英國方面對此事看得很重。9 月 13 日，兩人再會晤。朱爾典向陳錦濤查詢中國是否已將印度人兩名（按，由一名改為兩名，可能是情報有誤）交英國領事館，陳錦濤回應：「德人已解往漢口，惟貴國籍印人並無其人，祇有土耳其人數名而已。朱爾典態度因而軟化。[145]

西藏是英國勢力範圍所在，朱爾典在同年 9 月 27 日就西藏議員

141　〈新疆德人等煽惑回民事〉，《北洋政府外交部》，中央研究院近代史研究所檔案館藏，檔號 03-36-040-03-039。

142　〈莎車德人事〉，《北洋政府外交部》，中央研究院近代史研究所檔案館藏，檔號 03-36-041-05-024。

143　同上。

144　〈莎車德人事〉，《北洋政府外交部》，中央研究院近代史研究所檔案館藏，檔號 03-36-041-05-047。

145　同上。

問題與陳錦濤交涉。朱爾典指出：

> 按照草案附件換文第四條中有中國議院，西藏不派代表
> 云云，現在該草案既未簽定，貴國一方面不應擅自進行。今
> 日本公使接奉本國政府訓令，故特向貴總長重行提出抗議。[146]

陳錦濤對此事似乎所知不多，反問朱爾典中國議會中是否有西藏議員。朱爾典回覆，引述 9 月 25 日的《京報》（按，*Peking Gazette*）「有審查西藏議員之登載」。陳錦濤表示不清楚此事，要先翻查卷宗。[147] 類似的質詢，可謂無日無之。

　　民國初年，中國政體雖已由帝制演為共和，但在政治上仍受到列強歧視和牽制。1916 年 11 月，中國銀行致函，指銀行的東三省分行黑河分號在本埠收購金砂。這些金砂會熔為金條，運往哈爾濱再轉運到內地，以資繁榮金融。自歐戰爆發之後，俄國人禁止五金出口。如要出口，則需領有鐵路護照。之前運到的黃金，因東清鐵路禁阻，無法進入內地，全部擱在哈爾濱。哈爾濱中國銀行經與俄領多次磋商，請其提供護照，惟俄方堅持不發，以致無法付運，河埠金融因而停滯不前，對商業活動有莫大影響。事實上，該路既在中國領土，而金砂亦是中國礦產，俄人禁阻，殊不合理。陳錦濤認為：

> 中國銀行黑河分號收買之金砂，本係中國國產，由鐵路
> 運至內地，亦非輸出國外，以自國出產之金砂，在自國境內
> 輸運，何得受他國法律之拘束？至該行請發護照一節，設或

146　〈西藏議員問題〉，《北洋政府外交部》，中央研究院近代史研究所檔案館藏，檔號 03-28-010-03-007。

147　同上。

此次領照後，將來援為成例，凡運輸貨物必須先向俄領事請
領護照，誠恐有礙主權。若再拒絕不發，更於國體攸關。[148]

茲事體大，陳錦濤認為在此事上不能屈服。同年 11 月 23 日，陳錦濤
以財政總長兼鹽務處總辦的身份致函外交部，請外交部與俄政府交涉
歸還中國所運之鹽。陳錦濤指黑龍江虎林官鹽由商人承辦，1916 年
虎林官鹽配額為一百萬石，商會根據規定，往海參崴鹽局領運。陳錦
濤引述商會會長劉文耀之言，提到：

> 遵令到崴領得官鹽五百二十五袋，經崴局指定俄火車
> 三輛，載赴呢嗎站交卸，開有儀紙為憑。[149]

惟火車抵達呢嗎站之後，受到俄關阻撓，理由是俄國「現有新章，不
准中鹽出口」，「現已扣留關卡，堅不放行，會長無奈電告海參崴中國
領事力爭，迄無回電」。陳錦濤認為於理不合，指：

> 查往年運鹽均由崴局商同領事給執照，經過俄關，並無
> 留難情事，縱云該國新章，亦未照會我國，今忽扣留，實出
> 情理之外，應請貴局速電崴中國領事，請向俄關交涉速放。[150]

他又指：

148 〈東清鐵路禁阻中國銀行黑河分號金砂起運請與俄使交涉轉飭放行〉，《北洋政府外交
部》，中央研究院近代史研究所檔案館藏，檔號 03-36-174-06-006。

149 〈俄車站扣留由海參崴領運華鹽請向俄國交涉速放由〉，《北洋政府外交部》，中央研
究院近代史研究所檔案館藏，檔號 03-04-006-01-012。

150 同上。

歷年由海參崴運往虎林等鹽斤,向由崴轉運局會同領
事發給執照,俄關向無阻攔之事,茲准前因,自應從速交
涉,以維運務,除已函請東清鐵路公司轉諮該俄關,將扣留
虎林官鹽速即放行,並電請中國領事查復此案詳情,俟電復
再行呈報外,擬請轉諮外交部,速向俄國公使嚴重交涉,以
維鹺政,而利官運各等情。[151]

他認為:

查虎林官鹽向由崴局會同領事發照,儎運從無扣留之
事,今忽藉口新章扣運不放,殊於吉、黑鹽務大有關係,應
請貴部照會駐京俄使嚴重交涉,速飭俄關將扣留虎林官鹽即
日放行。[152]

當時俄國在黑龍江勢力相當穩固,時有干涉中國內政之舉,此事只是
冰山一角而已。

天津法租界轟動一時的老西開事件,陳錦濤曾參與交涉。1916
年 7 月至 10 月間,法國代辦瑪德(Damien Martel)多次與當時任外
交總長的陳錦濤晤面,談天津法租界擴地事。7 月 26 日,瑪德指:

關於法國租界事,本館於昨日接到貴總長言,已飭地
方官與法領會辦等語。此事延擱已久,應請從速解決,最好
仍採取天津法領所訂辦法,將爭論地點兩方劃分以結案,否

151 同上。
152 同上。

則恐又見有困難交涉發生。蓋華警在法人產業內設崗，實與條約相背也。[153]

陳錦濤回應：

> 本部對於此案，亦願從速解決，故於接到貴代辦公文後，趕即電示天津地方官與駐津法領會辦。[154]

因此事與本地人民生活攸關，陳錦濤認為不得不詢問地方意見，而且此事已延擱多年，應盡快解決。瑪德不滿意陳錦濤的答覆，認為：

> 因其懸擱已久，故現時不能不從速，即所謂地方上人民之意見，亦全係偽造。前有教士雷鳴遠（按，Vincent Lebbe, 1877－1940）從中煽動。今此人已離津，此案可望完結，但需貴部設法。[155]

瑪德言詞相當強硬，但陳錦濤仍回覆：「本部勢不能壓迫地方人民了結此案。」9月6日，瑪德再次催促陳錦濤：

> 天津海光寺窪事，貴部與本館對於分地之辦法，早經同意。八月底間，天津法領函送地圖六份到交涉署，請其簽

---

153 〈海光寺窪事〉，《北洋政府外交部》，中央研究院近代史研究所檔案館藏，檔號03-30-005-02-008。

154 同上。

155 同上。

字蓋印，作為分地之証。而交涉員以未奉部示，不能蓋印為辭。[156]

瑪德謂此事已延擱很久，且中方既已同意，因此他要求盡早派交涉員了結此事。[157] 陳錦濤回覆：

> 本部亦甚願早結此項交涉，但現在民意反對甚力，勢不能用壓力實行，鼓起風潮，仍須查看地方情形。[158]

瑪德反駁，認為「全屬教士雷鳴遠一人所假造」：

> 現雷教士已被驅逐，當無阻礙，且延擱愈久，百姓愈得機逞辯，況法領不能久待，至無終了之期。倘長此推宕，法領當取自由行動之手段，恐彼時生出意外之交涉，既非彼此之幸，且恐追悔無及，故莫如早結為是。前者康公使（按，康悌，M. A. R. Conty）起身之先，有貴政府任命總長二人，前參議院院長、副院長及議員等，開一茶會，為康公使餞行。席間該議員等向法政府代表致謝，言黨人在滬上頗受法租界之優待云云。中國國民黨代表之言如此，可見推廣租界，並非國人所不願意之事。[159]

---

156 〈津海光寺窪案〉，《北洋政府外交部》，中央研究院近代史研究所檔案館藏檔號 03-30-005-03-006。

157 同上。

158 同上。

159 同上。

瑪德只是斷章取義，完全忽略天津的民情。陳錦濤不慍不火的回應：

> 設天津居民皆如議員等之明白事體，或如議員等之受
> 法界優待，則此事之了結，當早見諸事實。可惜津人反對甚
> 力，容本部詳查現時情形如何，再予答復。[160]

9 月 27 日，瑪德再與陳錦濤辯論此事。瑪德稱：

> 天津海光寺窪地事，前者本擬於本月二十日實行劃
> 清。嗣經貴部派劉秘書來館要求展期，當經允許，並電駐津
> 法領遵照。昨接法領來函，稱現與王交涉員商訂劃界期限。
> 王交涉員始終以民意未曾疏通，外交部亦未有訓條指示辦
> 法，仍須候商辦法為遁詞。本代辦以此事懸擱太久，勢難久
> 待，若京津兩處始終推諉，惟有自由行動也。[161]

語氣與恫嚇無異。面對瑪德步步進逼，陳錦濤強調此事解決之道「全
在民意」。[162] 10 月 18 日，瑪德向陳錦濤提出具體劃界的建議。瑪德
提到「頃間王君與本代辦談及海光寺窪一案，並要求將劃分之界再行
退還一部分至佟家樓大樓為止，由此大道至小河一段讓還中國」，但
他認為：

160　同上。

161　〈海光寺窪案〉，《北洋政府外交部》，中央研究院近代史研究所檔案館藏，檔號 03-
　　　30-005-03-015。

162　同上。

　　　　前次提議劃分之辦法已屬讓步，今復要求多讓，實難
認可。[163]

瑪德的語氣相當強硬。陳錦濤反駁，同時指出堅持決定的理由：

　　　　現所劃分者，法國佔多半，實非平分。且新界遠過於
英界，亦足為他日引起英人要求推廣之口實，故以讓至大道
為宜，且可以此為疏通民意之憑依。[164]

瑪德回應：

　　　　此事與界限有關。本代辦對於地段不甚明瞭，徵求法
領之意見方能答復，但明晚（按，10 月 19 日）為限滿之
時，應請於明日早辦結。[165]

瑪德說自己「對於地段不甚明瞭」，似是託詞。此事嗣後引起天津人
民激憤，1916 年 10 月 21 日晨，「墻子河一帶商民數百人沿街呼號來
公署，環求誓死相爭，決難退讓，情詞十分激烈」。且「法領愈迫愈
緊，民意忿激至此，實無法可以疏通」。[166] 類似情況不斷發生，後或
因法國參與歐戰，無暇東顧，事件遂不了了之。

163　〈天津海光寺窪事〉，《北洋政府外交部》，中央研究院近代史研究所檔案館藏，檔號
　　　03-30-005-04-015。
164　同上。
165　同上。
166　〈海光寺窪案法領自由行動商民忿激情形由〉，《北洋政府外交部》，中央研究院近代
　　　史研究所檔案館藏，檔號 03-30-006-01-008。

1916 年 8 月 15 日，陳錦濤以署理外交總長身份致函駐美公使顧維鈞，信中提到袁世凱死後的中國政局。陳錦濤指出，一個月以來，國內情況漸漸安靜下來，肇慶軍務院已通電各處撤銷。廣東龍濟光軍和李烈鈞軍互相攻擊，但各省督軍發電排解。李烈鈞已走馬上任，因此善後之事宜應不難處理。參、眾兩院亦已於 8 月 1 日如期召開，各議員先後報到，且已足法定人數。大總統黎元洪公宴議員，與議員相處甚為融洽，國會的前途應是相當理想。各省之省議會，定於 10 月 1 日召開，而地方自治各種法令，也正在討論和修訂當中。各部官制「亦擬重行修改大旨，以元年官制為準，而參以現在情形」。[167] 可見政治稍見平穩。

1916 年 9 月 15 日，陳錦濤再向顧維鈞發一函，信中提到當時政情和當前財政困局：

> 少川公使台鑒：
>
> 　　上月郵奉一箋，計達左右。邇來國內情形，日見穩靜。當國務員提出國會之初，聞議員意見未能一致。迨至投票，則全體通過，可見多數議員均以國家為前提，不願攙入黨見，寔為立法、行政互相湊合之朕兆。粵省龍督軍於本月十日交卸替篆，由朱省長（按，朱慶瀾，1874－1941）暫代接收，從此南方各省亦一律安靜矣。目前最困難者，仍為財政問題，蓋必須挽回中（按，中國銀行）、交（按，交通銀行）兩行之信用，然後有活動之餘地。乃各省解款，非但不易復舊，且往往請中央撥款，以籌善後。相借外債之說，當

167　〈國內近月大事情形函希查照由〉，《北洋政府外交部》，中央研究院近代史研究所檔案館藏，檔號 03-12-001-06-031。

此時局，斷非倉卒所能有成。此則政府日夕計議，深冀早渡此難關者也。鄭家屯案，日使提出正式條件，於另箋詳之。唐總長來電定十四日由航北來，主持有人，不難早日解決。知關盪系，謹以奉聞，專此，敬頌輯安。

陳錦濤九月十五日。[168]

陳錦濤所提到的，仍是嚴重財困。中國自辛亥鼎革後，財政迄未走上坦途，再加上「弱國無外交」，陳錦濤的道路是相當崎嶇的。

身陷囹圄及出獄之後

1917 年春，陳錦濤因涉煉銅廠貪污案，段祺瑞將他交給地方審查廳審訊。在當時，段祺瑞與國民黨在政見上有所分歧，陳錦濤因與國民黨有關連，段祺瑞的左右對他很不滿。到了 1917 年 4 月，陳錦濤因涉煉銅廠貪污案被拿下審訊，然而次長殷汝驪（1883－1941）畏罪潛逃，參事虞正熙和司長吳乃琛也受到牽連。但經過地方審查廳的調查，沒有實則證據證明他們有罪。豈料在這時又發生大清銀行分紅案，陳錦濤為此備受攻擊，再受牽連。[169]

事緣大清銀行章程上規定，若經營有盈餘，行員可分紅。1911年，大清銀行確有盈餘，但革命在這時爆發，行員沒有得到分紅。因大清銀行停辦，債權尚未弄清，此事一直未獲解決。直至 1916 年底，大清銀行的賬目方才處理完畢。根據核算結果，確有盈餘，當時行員也因大清銀行停業，沒有工作，故要求財政部按章分紅。時任財

---

168 〈國內邇來軍政情勢函希查照由〉，《北洋政府外交部》，中央研究院近代史研究所檔案館藏，檔號 03-12-001-06-037。

169 《民國初年的幾任財政總長》，頁 5－7。

政總長的陳錦濤將他們的請求交部下李士熙和虞正熙等會簽。二人認
為根據大清銀行章程，分紅符合規章，然後再由陳錦濤批核。因陳錦
濤曾在大清銀行任職，此事難免為時人所詬病。[170]

　　另就煉銅廠貪污案地方審查廳先後傳召陳錦濤、李士熙、虞正
熙、吳乃琛查問，各人均延律師辯護。地方審查廳經過調查，認為經
手各人均有罪，遂把案件移送高等審檢廳。經過審訊，在當年重陽節
前宣告把大清銀行分紅案予以撤銷。惟煉銅廠貪污案，因陳錦濤曾就
此事面呈總統，說次長殷汝驪在此事受了別人請託。後煉銅廠商人
柴瑞周等具呈至國務院，指陳錦濤向他們墊款。總統遂下令調查。經
各級司法機關調查，認為陳錦濤等均有罪，遂被判監。至 1918 年 5
月，時為司法總長的江庸（1878－1960）重查有關此事之記錄，認為
查無實據，陳錦濤旋獲釋。以上為此事之大概。[171]

　　對於此事，時人評論者不少，除上引章士釗外，胡適（1891－
1962）也有所評價。他認為：「陳錦濤一案也是安福系做成的圈套」，
「受賄者為陳之弟，陳不免誤信其弟之言。」[172]

　　1920 年 5 月 19 日，陳錦濤出任廣東護法軍政府財政總長。5 月
18 日，財政次長文群與各科員與陳錦濤會面，討論財政事宜。同
日，軍政府七總裁之一的岑春煊促請陳錦濤早日上任。當時軍政府財
政維艱，陳錦濤有四項主張：一、積極改進各項軍政府現有收入；
二、強調西南關餘為軍政府應得之款，雖然目前尚與北洋政府磋商照
撥餘額，但進度理想，關餘仍歸軍政府；三、要取回伍廷芳攜去上海
的關餘，伍廷芳曾是七總裁之一，因擁護孫中山及與其他總裁政見不

170　同上。

171　同上。

172　曹伯言整理：《胡適日記全集》第七冊（台北：聯經出版事業股份有限公司，2004
　　　年），頁 524。

合，遂毅然離去，關餘的用途仍如 1919 年軍政府政務會所議；四、裁減冗費。[173] 1921 年 10 月 22 日，陳錦濤與李士偉（1883－1927）、葉恭綽（1881－1968）赴天津洽商借款。[174] 1922 年 11 月，前此不久發動驅逐孫中山離粵的粵軍總司令陳炯明（1878－1933）託陳廉伯邀請身在天津的陳錦濤回粵組織官商合辦銀行。[175]

北洋時期，政治領袖更替頻繁，故社會相當混亂，財政難上軌道。1925 年 12 月初，陳錦濤繼李思浩（1881－1962）為財政總長。[176] 12 月 12 日，國務總理許世英（1873－1964）在段祺瑞家中舉行組閣會議，陳錦濤獲委任為財政總長。[177] 因財政問題深重，許世英「催陳錦濤就財長職」。[178] 陳錦濤向中外財團籌得二百萬，先擬向國民軍發一月餉八十萬，另府部院政費五十萬，而新設六機關則不發。[179] 20 日正式就職。[180] 12 月末，當時「基督將軍」馮玉祥（1882－1948）主政，電許世英促其組閣，且下令國民軍不可敵視許內閣。陳錦濤終有空間與各銀團協商借款。[181] 惟在談判路上，遇上許多困難。他「擬延長海關賑款，移作政費，惟使團意見不一」。[182] 另外，「華銀團墊款中

---

173 〈陳錦濤整理財政方針〉，《香港華字日報》，1920 年 5 月 21 日。

174 〈李士偉葉恭綽陳錦濤廿二日赴天津進行借款〉，《香港華字日報》，1921 年 10 月 25 日。

175 〈陳錦濤回粵辦銀行〉，《香港華字日報》，1922 年 12 月 1 日。

176 〈陳錦濤繼李思浩長財政令已下〉，《香港華字日報》，1925 年 12 月 5 日。

177 〈段宅會議組閣〉及〈十二日段祺瑞住宅議決〉，《香港華字日報》，1920 年 12 月 16 日。

178 〈十二日段祺瑞住宅議決〉，《香港華字日報》，1920 年 12 月 16 日。

179 〈陳錦濤已向中外銀團籌得二百萬〉，《香港華字日報》，1920 年 12 月 16 日。

180 〈陳錦濤二十日就財長職〉，《香港華字日報》，1925 年 12 月 22 日。

181 〈馮玉祥電許世英促組閣〉，《香港華字日報》，1925 年 12 月 29 日。

182 〈陳錦濤擬延長海關賑款移作政費惟使團意見不一〉，《香港華字日報》，1925 年 12 月 30 日。

變，陳錦濤因上場無款頗為難」。[183] 1926 年 1 月 3 日，他宴請銀行界諸君，以作聯誼。[184] 14 日，他出席內閣會議，推銷其發公債的建議，債額為一千五百萬元。他在會議上提到與中國海關總稅務司安格聯洽商公債事宜。然而，這些建議在會上受到不少同僚反對。農商總長寇遐指出：

> 發行如此巨額公債，大足惹人懷疑，新閣成立，一事未辦，即發行公債，未免令人疑新閣為此而來，與閣員名譽及內閣威信均有關係，且所列條件如果一一可決，則安格聯保管內債基金之權限，又增漲一分，殊與現時國民所要求收回關稅保管權，大相背馳。[185]

因寇遐之反對，故陳錦濤修改建議，改為發債八百萬，且即晚在自宅宴請中國銀行、交通銀行、鹽業銀行、金城銀行、中南銀行、大陸銀行、懋業銀行、滙業銀行等銀行經理，討論發債一事。[186] 最後卻無功而還。面對國家財困卻無力籌款維持大局，自 13 日起，陳錦濤已沒有到部視事。[187] 18 日，陳錦濤辭任財政總長，[188] 28 日，第三次請辭。[189] 同日，原擬以王正廷兼任財長，但旋改由許世英兼署。[190] 陳錦濤欲發

183 〈華銀團墊款中變陳錦濤因上場無款頗為難〉，《香港華字日報》，1925 年 12 月 30 日。

184 〈陳錦濤三日宴銀業界聯絡感情〉，《香港華字日報》，1926 年 1 月 4 日。

185 〈陳錦濤十四日晚宴銀業界擬改發庫券八百萬〉，《香港華字日報》，1926 年 1 月 16 日；〈陳錦濤庫券案未通過閣議〉，《香港華字日報》，1926 年 2 月 1 日。

186 同上。

187 〈破碎不完之許閣〉，《香港華字日報》，1926 年 1 月 15 日。

188 〈陳錦濤一去不回〉，《香港華字日報》，1926 年 1 月 20 日。

189 〈陳錦濤辭意堅決〉，《香港華字日報》，1926 年 1 月 30 日。

190 〈陳錦濤辭職擬以王正廷兼任財長〉及〈十八日晚擬令陳錦濤給假十日臨時又改令許世英兼署財長〉，《香港華字日報》，1926 年 1 月 20 日。

巨額公債，成功機會相當渺茫。他曾向人表示，謂：

> 財源枯竭，種種籌款方法俱已用窮。如要我不走，惟有儘在年內趕發一批公債，俾籌數百萬元，大家方可將就渡過年關。否則政府信用固已喪失，個人能力亦已使盡，我雖一走亦恐不了。至公債之發行，自首須基金有着，現關稅會議正在進行，刻下雖尚無何結果，然增收二五附加稅之最低限度，將來必能達到目的，預計此項目的達到之期，已為期不遠，一經議決簽約生效，即可實行增稅。此時不妨即預先指定此二五附稅增收之一部分款額，為此項公債之基金。將來即按撥此款，分期償付本息，頗為可靠云云。[191]

陳錦濤未免把事情看得太簡單。一則關稅會議為列強所操控，而列強又各懷盤算，誠非真心協助中國政府改善財務狀況。二則當時國民黨打着北伐之旗幟，鼓吹民族主義和驅逐英帝國主義，他求助於安格聯，無異授人親英親帝的話柄。不過陳錦濤是具真才實學之人。在1925 年，馮玉祥曾聘陳錦濤為西北銀行總理。[192]

1925 年 12 月，英國、法國、日本等國公使向北京政府反映，山西運城和江蘇、上海等地之鹽務署稽核分所在行政上被地方軍人干預。各公使要求「中國政府設法使此項危急情形得以恢復」。[193] 陳錦濤指：

191　〈陳錦濤公債計劃難實現〉，《香港華字日報》，1926 年 1 月 25 日。

192　〈陳錦濤將為西北銀行總理〉，《銀行雜誌》第 2 卷 19 期（1925 年），頁 4。

193　〈關於山西及江蘇兩省干涉鹽務行政事由〉，《北洋政府外交部》，中央研究院近代史研究所檔案館藏，檔號 03-04-011-08-002。

　　查前據稽核總所報告，山西閻省長禁止鹽款出境，當
經函達臨時執政府秘書廳轉呈執政（按，段祺瑞）電飭閻省
長迅予取消。業准該省長巧電復稱，前因時局不靖，金融
滯塞，禁款出境，並非指定鹽款等語。至蘇省截鹽款之事亦
經執政府電飭孫督辦（按，孫傳芳）設法制止。[194]

段祺瑞是皖系領袖，但在 1920 年直皖戰爭戰敗後，實力大不如前，
故無力控制孫傳芳（1885－1935）等。在這種背景之下，地方無視中
央存在，截留稅收，視為等閒。

　　陳錦濤作為財政總長，面對如斯困局，即便他如何有才幹，但巧
婦難為無米之炊，結果仍是一籌莫展。

陳錦濤與貨幣、郵政改革及經濟史研究

　　1934 年，陳錦濤在暨南大學演講，談中國幣制的過去和將來。
他回顧從晚清至民國政府改良幣制的歷史。[195] 在演講中，陳錦濤談他
人的地方較多，而談自己的參與則較少。

　　陳錦濤從二十世紀初的中英馬凱商約（Mackay Treaty）談起。
馬凱商約的中方代表為時任鐵路大臣的盛宣懷，英方代表為專使馬凱
（James Mackay, 1852－1932）。盛宣懷在會後總結條約：

　　　　開議商約共二十四款，其萬難允者如運鹽進口、運糧
　　出口、洋商入內地製造、京城開通商口岸等款，已經痛駁。

194　同上。

195　陳錦濤：《中國幣制問題之經過及展望》（上海：財政部幣制研究委員會，1934
　　年），頁 1－11。

最有益者銀兩平色統歸一律、海上設律例商務衙門兩款似可商辦。[196]

陳錦濤指出，馬凱商約訂有附加條件，即中國政府若能改革幣制，英國政府願意在英貨入口稅上讓步，由百分之五增加至百分之十二點五。陳錦濤認為，此乃中國政府開展貨幣改革的契機。[197]

在這之後，中國駐美公使梁誠邀請美國政府派專家來華提供改革幣制的意見。[198] 1906 年，在清政府訪美使團的促成下，美國國務卿（Secretary of State）魯特（Elihu Root, 1845－1937）派康乃爾大學政治系教授精琪（Jenks W. Jeremiah, 1856－1929）來華作經濟顧問。[199] 陳錦濤指出：

（精琪）條陳金匯兌本位制，在國內則用銀元以為金圓之代表。發行之初，即定三十二對一之金銀比率，外匯則用金匯票，備有外匯基金，以為匯劃之用。設立中央銀行，掌理推行新幣及外匯之事。匯款之不及五千元者，不售匯票，任他銀行為之，此其大概也。[200]

1903 年 12 月，出使日本的大臣楊樞，在匯報中談到在日本與精琪會

---

196 〈遵旨與英專使馬凱開議商約事宜由〉，《總理各國事務衙門》，中央研究院近代史研究所檔案館藏，檔號 01-14-021-01-014。

197 《中國幣制問題之經過及展望》。

198 同上。

199 "Prof.Jenks for Chinese Adviser," *Los Angeles Herald*, Vol. 33, No. 214 (2 May 1906), California Digital Newspaper Collection.

200 《中國幣制問題之經過及展望》。

面的經過：

> 　　美國專員精琦（按，精琪）與日本大藏省官暨商會各
> 董集議銀圓價值數次，訂有條款，該員隨於月（按，舊曆
> 十一月）之初九日啟程往上海。樞於送別時詢其行蹤。據稱
> 現擬由上海往呂宋往廣州復回上海，隨即往江寧、漢口，約
> 計明年二月到北京等語。茲將該員送來會議銀元價值條款及
> 外務省送來頒贈各官寶星清單分別譯錄，寄呈台覽。[201]

精琪當時以國際匯兌委員會（Committee of International Exchange）
成員身份訪日，他指日本政府對中國政府奉行金本位制予以友善支
持。[202] 精琪來華前後，陳錦濤已在耶魯大學就讀。他與精琪生活在同
時代的美國，且研究範疇類近，故對金本位制自不陌生。1911 年 8
月 1 日，陳錦濤在英國倫敦出席改良中國幣制會議，同意確立金本位
制度，[203] 但當時沒有付諸實行。陳錦濤與精琪應該是認識的。他在倫
敦為駐外財政員期間，曾發電報回國，轉介精琪所介紹之無線電供應
商。該電云：

> 　　駐蜜（按，墨西哥）美國精奇（按，精琪）博士介紹
> 承辦美政府無線電公司總理到稱，該公司用不斷電浪，此法

201　〈鐵侍郎閱操蒙優待致謝之意日政府允為代奏東事日政府執其兩端藏事諒有文報我
　　國徒升入士官學校者已有九十五人美議員精琪已往上海約明年二月到京由〉，《外務
　　部》，中央研究院近代史研究所檔案館藏，檔號 03-02-072-01-003。

202　"China to Have Gold Standard: Japan Promises Cordial Support to That End," *San
　　Francisco Call*, Vol. 95, No. 3 (3 December 1903), California Digital Newspaper Collection.

203　〈與陳蘭生錦濤書〉，《文通》第 3 卷 37 期（1934 年），頁 6。

本輕效大，遠勝馬哥尼各法，經美政府採用，德國海軍亦用。現該公司擬代中國在海濱或內地建設，由公司或中國出資均可，成本只及馬哥尼之半，且可與檀香山、美州〔洲〕通電，每電報利益可有數十萬。若我政府願商議，該總理十月一日可由美起程赴華等語。如何。電復。濤。二十日。[204]

陳錦濤後來也投資胡光麃所創立的中國無線電業公司。[205] 精琪在民國初年被中國政府委為財務顧問，當時他已離開康乃爾大學到哥倫比亞大學任教。[206] 直到二十世紀二十年代，精琪仍與中國政要緊密聯繫。1921 年 9 月，精琪向葉恭綽發電報，討論中國政府在華盛頓會議的各種安排。[207]

事實上，陳錦濤在回國之初已對貨幣問題相當關注，並曾參與清政府的貨幣改革。1907 年，清政府支持度支部成立印刷局，度支部即擬定印刷局辦法。內容概要是：一、預定局章；二、籌備經費；三、選擇局址；四、建築房屋；五、購買機器；六、選定工匠。度支部委任曾習經（1867－1926）為印刷局總辦，陳錦濤、王景芳為幫辦。[208] 1908 年 3 月 13 日，陳錦濤乘搭郵船滿洲號（Manchuria）抵三藩市，對美國進行為期四個月的財政考察，秘書蔡世澄同行。陳錦濤欲為清

204 〈無線電事〉，《北洋政府外交部》，中央研究院近代史研究所檔案館藏，檔號 03-02-072-01-003。

205 《波逐六十年》，頁 198、252。

206 "American May Advise Chinese," *San Francisco Call*, Vol. 112, No. 48 (18 July 1912), California Digital Newspaper Collection.

207 〈對華會意見事〉，《北洋政府外交部》，中央研究院近代史研究所檔案館藏，檔號 03-39-007-01-006。

208 俞洪、高長福、王秀雲撰，北京印鈔廠廠史編委會編輯室編：《北京印鈔廠簡史：1908 年 — 1949 年》（北京：北京印鈔廠廠史編委會編輯室，1987 年），頁 2－3。

政府在美國購買一台印鈔的機器。[209]

　　同年，陳錦濤代表清政府出使英國、法國和德國，考察郵票的生產及印刷的防偽技術。最後清政府決定選用美國的系統，當中陳錦濤有決定性的作用。陳錦濤邀請美國人 Lorenzo J. Hatch（1856－1914）和 William A. Grant（1868－1954）來華工作。Lorenzo J. Hatch 是個很有經驗的鐫版家，在美國雕版與印刷出版局部（Bureau of Engraving and Printing）工作逾十五年，曾在 Western Banknote Company of Chicago 和 International Bank Note Company 工作。Lorenzo J. Hatch 最後與清政府簽訂六年合同。William A. Grant 也是很有經驗的鐫版家，有設計鈔票和郵票的經驗，他主要負責較精密的鐫版工作，令鈔票和郵票難以偽造，來華以前在 American Bank Note Company 工作，後隨 Lorenzo J. Hatch 來華，1909 年在度支部印製局（辛亥革命後易名為財政部印刷廠〔Chinese Bureau of Engraving and Printing〕）工作。在華期間，Lorenzo J. Hatch 主要負責設計郵票，而 William A. Grant 則負責將設計稿美化、修正，以及實際鐫版的工作。Lorenzo J. Hatch 1914 年在北京逝世，而 William A. Grant 一直在財政部印刷廠工作，直至 1928 年退休。William A. Grant 之下曾一度有三百學徒。他教授他們鐫版、印刷和防偽等技術。[210]

　　至於在鈔票方面，陳錦濤在 1910 年任度支部調查幣制局局長時指出：

209　"Liner Manchuria Ends Thirteenth Voyage on Friday, The Thirteenth," *San Francisco Call*, Vol. 103, No. 105 (14 March 1908)；《北京印鈔廠簡史：1908 年 — 1949 年》，頁 3。

210　Thomas Lera, Michael Rogers, H. James Maxwell, *Roberts Hopkins Specialized Collection of Chinese Postage and Revenue Die Proofs and Essays: Finding Guide* (Washington: Smithsonian National Postal Museum, 2010), p. 3; Christopher A. Reed, *Gutenberg in Shanghai: Chinese Print Capitalism, 1876-1937* (Vancouver: University of British Columbia Press, 2004), p. 65.

　　紙幣一物在園〔圓〕法中謂為代表金銀，有價值無實
值之貨幣，其發行既關乎國家之特權，其信用又關乎舉國之
經濟，而其所宜嚴防者，則在偽造與變造兩弊端。故今東西
各國，於發行紙幣一事，無不格外慎重，以籌防弊之法，以
堅商民之信。所有紙張、印刷一切，特為之分別設立專局。
其先則慎選紙料加工製造，使其紙張質地勻潔、堅韌不易破
損，以與尋常束楮有別，而復益之以浮水印映紋以為暗中之
記認。其次則以機器精刻銅版，務極工細；鍊製印油，備極
鮮明，以易辨明花紋之同異，且又益以電胎銅版，以禆印
刷，雖累億萬葉而毫釐不爽其真樣。蓋其防弊之法，先寓之
於技術之中，而不徒倚法律整齊而已也云云。[211]

由此可知，他已明白到印鈔必需注意防偽，以及用電版印鈔等事項。

　　陳錦濤早年雖受盛宣懷的知遇之恩，惟在評價盛宣懷的貨幣改革
時，則持批判態度。他指盛宣懷乃：

　　會訂馬凱商約之人，知改革幣制之利，可以聳動朝廷
之聽聞，乃東渡日本，將《日本財政史》十餘冊，譯成漢
文，歸獻政府，並條陳幣制，思以之為登庸之階。而當時度
支部，已設有幣制調查局，匯集四種辦法，奏請勅下內外臣
工，各抒己見，視多寡從違以為奏定。迨盛抵京時，事已奏
定，惟盛亦得幣制局會辦職。[212]

211　〈陳錦濤條陳紙幣辦法〉，《香港華字日報》，1910 年 4 月 21 日。

212　《中國幣制問題之經過及展望》。

可見陳錦濤認為盛宣懷未有改革幣制的決心，提出建議只為邀賞。

　　明治日本固然是中國走向現代化的仿效對象，但英國、美國和德國等也從沒有離開清政府的視線範圍。據小池求的研究，在 1907 年至 1909 年，德國曾有聯美聯華的構想，以圖拓展德國在華勢力。[213]以陳錦濤的留美背景，他當然較傾向美國的現代化模式。

　　學者 Douglas R. Reynolds 指出，在 1898 年至 1910 年十多年間，中國思想和體制的轉化都有可觀成就，但在整個過程中，如果沒有日本作為示範和積極參與者，這些成就便無法取得。從 1898 年至 1907 年，中日關係朝正面的方向發展且相對和諧，可稱為「黃金十年」。[214]盛宣懷就在這時與日本人多方接觸。1908 年，他東渡日本，會見日本各界人物，在其遺物中，便有《戊申八月東遊記見客簿》一冊，記載了他曾接見的客人。是次東遊，盛宣懷與日本財金界人物三菱公司田原豐、正金銀行長崎支店青柳正喜等見面。[215]至於究竟《日本財政史》是甚麼性質，以及《日本財政史》所本和內容為何，則有待進一步考證了。

　　陳錦濤又在文中回顧，指當時度支部設有幣制調查局，且將各種方案歸納為四種方案：一、金本位制；二、用印度金本位制；三、用菲島金匯兌本位制；四、劃一銀幣制，為將來改金匯兌本位準備。[216]第四個方案較多人支持。該方案具體來說分三期，第一期，劃一銀

213　小池求：《20 世紀初頭の清朝とドイツ：多元的國際環境下の雙方向性》（東京：勁草書房，2015 年），頁 141−184。

214　Douglas R.Reynolds 著，李仲賢譯：《新政革命與日本：中國 1898−1912》（*China, 1898-1912: The Xinzheng Revolution and Japan*）（香港：商務印書館〔香港〕有限公司，2015 年），頁 3−18。

215　久保田文次：《中國近代化の開拓者・盛宣懷と日本》（東京：留園出版，2008 年），頁 162−163。

216　《中國幣制問題之經過及展望》。

幣，並發行紙幣。第二期，推廣紙幣，停鑄銀幣，甚或收回銀幣，及設立外匯機關，訓練人才以備應用，以為制度過渡之法。第三期，待外匯價格至某水準，察覺到國際銀價與國內銀幣價格分離，且國內銀幣價格高於外價百份之若干，即訂立本位幣之金價，並將從前之儲備外匯基金，用以維持。[217] 此法「所需資金較少」，「而國內因通貨緊縮而生之困難亦較少也」。[218] 後來在奏定以後，清政府借外債一萬萬元，另招荷人威士林為幣制改革顧問。陳錦濤指「威士林之法亦是金匯兌本位」，「此法倡議下手即用金紙幣，不鑄代表銀幣之第一案也」，「實較印度菲島等法經濟多矣」。[219] 他又回憶：

> 其後周學熙長財時，有鑄造金幣之舉，不定金銀比率。袁世凱擬於登帝位時賞賜臣工，即用此金幣也。……
>
> 曹汝霖之幣制案，與威氏相仿。又民十七年全國經濟會議通過之劃一銀幣制案，與上文調查局之第四法相仿。民十八年甘末爾逐漸採行金本位制案，其大要與菲島之制相仿。而其條例之精密，則又比各案優勝矣。[220]

陳錦濤綜合近代中國幣制改革的歷史，提出各個方案的缺點，即「各案只從易中物（medium of exchange）着力，未從「價值標準」（standard of value）着力」。[221] 作為經濟學者，陳錦濤強調的是客觀的標準，他在文中列出三種說法，且逐一評價：一、「務求一物，其

217 同上。

218 同上。

219 同上。

220 同上。

221 同上。

價值不變，以為本位者」；二、「求二物或多物，其價值均拉，比較的不變，以為本位者」；三、「但用管理之術者」。[222] 關於第一法，他認為難以找到一價值不變之物，以作為衡量其他物品之標準。他指出「與薑價指數逼近者，厥為地毯」，然而地毯不是社會普遍需求的東西，故此法不成功。[223] 至於第二法，他指出「求二物或多物併用之法，其中有復倡金銀複本位者（Bimetallism）。其價值起落，雖較單本位為少，但非得各國共同訂約行用，則歷史上已昭示其失敗矣」。陳錦濤對此法之批判，至為明顯。他又引述「英之經濟學家馬疏氏曾提倡金銀併用本位制（Symmetallism）。其法，金銀價量各半併用，隨時定其比價，無複本位回定比價之失。其次士皮力氏擬金九銀一併用之法。至於現在美國金七五銀二五為庫存準備之法，斯二者皆變通馬疏氏之制而已，此制固較單本位價值稍穩，但亦非各國訂約共同行用，恐難見大效。[224] 他所着眼的，是一個共同協定的機制。陳錦濤更提到「伸縮圓制」或「物品圓制」（Compensated or Commodity Dollar），方法是：

> 以物價指數為伸縮補貶其圓制之標準，斯固逼近真值之水準矣。但正恐因有補貶圓值之舉，引起投機動作，以致補貼之費難籌，或致通貨乍盈乍虛之虞，所以美國國會，雖有提案，卒未通過，此第二項之法，亦未有適當解決矣。[225]

222　同上。
223　同上。
224　同上。
225　同上。

有關第三法，陳錦濤指出「但用管理之術」：

> 其恆常辦法，即升降利率，與施行公開市場政策，以
> 伸縮通貨是也。尋常用之，固能生效，惟在恐慌時期，仍慮
> 其力不足。蓋各國中央銀行，已多採用之，而各國物價指
> 數，仍起落如故也。只有瑞典一國，四年以來，物價指數，
> 未有超出水準線百分之二者，多數時期，常居百分之一以
> 內，極可謂為難能可貴。蓋金融市場，變化萬端，理最繁
> 賾，每出此慮之外。[226]

陳錦濤憶述：

> 美國聯邦準備總局，搜集指數圖表數十餘種，備懸董
> 事會議室內，以測市情變動，可謂美備矣。乃前年恐慌之
> 至，皆未先覺。其儲金準備線、貼現利率線、物價線三者，
> 皆前恃恃以測市情者也。乃此次恐慌期前。三線皆與恆常無
> 異，無險象可見，而恐慌竟突如其來矣。事後再行審查，始
> 覺建築物線突飛猛進而已。此又可見管理成效之難也。[227]

最後，陳錦濤在文中提出他對理想幣制的構想和展望：

> 理想之新幣制，能為價值總則，歷久適用，內而能安
> 物價，外而能定匯率者，今日各國中之幣制，尚未能得中其

226　同上。

227　同上。

選。貨幣學家對此未盡解決之問題，豈可畏難自足，而不加工深研者？此吾所以展望後起之成功也。[228]

陳錦濤一向堅信貨幣改革是必要的。在民國初年，他指出「我國幣制紊亂由來已久」，自 1914 年國務院召開幣制會議，議定國幣條例及施行細則，至 1916 年 2 月 8 日公佈條例和施行細則，規定「一圓銀主幣一種，中圓二角、一角、銀輔幣三種，五分鎳輔幣一種，二分、一分、五厘、二厘、一厘銅輔幣五種」。財政部計劃「首從劃一大銀元入手」，指示：

> 津、寧、鄂、粵四廠鑄造一圓銀主幣並改鑄舊式大銀元。計截至本年（按，1916 年）六月底止，共鑄成新主幣一萬一千四百七十六萬餘元，共銷煅舊銀元三千三百五十餘萬元。現正繼續進行換舊鑄新，力謀統一。[229]

至於貨幣的成色：

> 釐定至為慎重，當各廠鑄造之時，重量既須逐一平衡，成色尤必精細化驗，如公差稍有不合，即須重鎔改鑄，復在本部設化驗所，每鑄幣一批，一面由廠抽送數枚，由部平驗，一面再於運至銀行時，由銀行抽取一二枚送部平驗，實事求是，不遺餘力，與前清鼓鑄各種銀元方法，絕然不

228　同上。

229　〈整頓幣制既極力進行應否照會各使希核復由〉，《北洋政府外交部》，中央研究院近代史研究所檔案館藏，檔號 03-22-004-04-005。

同，故能信用昭著，商民樂用，南北通行，絕無阻礙。此近來整理主幣之成效也。[230]

陳錦濤歷仕清政府和民國政府，他所指出清朝鑄幣的流弊，是相當正確的描述。中國歷代均有官員提出改革幣政，如清代監察御史王茂蔭（1789－1865）提倡改革官票寶鈔變成可兌現貨幣。[231] 因為陳錦濤曾在美國高等學府接受經濟學訓練，視野識見自是不同。陳錦濤還提到：

> 惟壹元銀主幣推行既久，十進位之新輔幣自應劃分區域，次第發行，爰由本部飭令造幣總廠先行籌鑄中圓、貳角、壹角銀輔幣三種，花紋形式與壹圓新幣一致，量色公差均依照國幣條例辦理，現在鑄有成數，即以天津為首先發行地點，其他地方亦將次第推行，凡中圓二枚、二角五枚、一角十枚，各合主幣壹圓，得隨時向國家或省立銀行兌換紙幣，人民需要輔幣時，亦得以主幣向銀行交換，永遠照此定價，不得稍有參差。商民行使，應即一律遵守。[232]

幣制統一不單有利民生日用，且涉捍衛國家主權。他指出：

> 惟整理幣制，雖係內政，而前清光緒二十八年（按，1902 年），中英續議《通商行船條約》，第二款有中國允願

---

230 〈整頓幣制既極力進行應否照會各使希核復由〉。

231 Elisabeth Kaske, "Silver, Copper, Rice and Debt: Monetary Policy and Office Selling in China During the Taiping Rebellion," in *Money in Asia (1200-1900): Small Currencies in Social and Political Contexts* (Leiden: Brill, 2005), pp. 345-397.

232 〈整頓幣制既極力進行應否照會各使希核復由〉。

設法立定國家一律之幣制。二十九年（按，1903年）《中日通商行船條約續約》第六款中國國家允願自行從速改定一律通用之國幣，將全國貨幣俱歸劃一各等語。近來上海工部局藉口我國幣制紊亂，擬自鑄十進輔幣。主權所在，豈容外人侵越？現本部整頓幣制一事，既在極力進行，所有辦理情形應否照會駐京各國公使，請轉飭各國領事查照之處，相應諮請貴部查照酌辦，見復可也。此諮外交部。[233]

陳錦濤在這時所擬辦之貨幣改革，因推行時間合適，故成效較顯著。同時他也十分注重新鑄幣的成色。他指出：

> 本部前因造幣總廠就天津、京兆、山東、河南等處發行中圓、二角、一角三種。新銀輔幣當經先後通行，查照飭屬遵用各在案。茲復據該廠呈稱，按照中圓、二角、一角三種新銀輔幣，前經續鑄發行，呈奉諮行通用在案，茲查前項新銀輔幣，推行漸廣，新銅輔幣自應一併續籌鑄行。且現值各省錢荒，輔幣缺乏，尤為推行新輔幣最好之時機。[234] 當以擬定花紋形式，陰面作方袱形，繞以嘉禾，陽面上鐫鑄造年份。其一分者，中有一分並下列每一百枚當一圓字樣。五厘者中有五厘並下列每二百枚當一圓字樣，幣之中心一律鑄有

233　同上。

234　這次錢荒規模不少，至6月仍尚未完滿解決。銀行家周作民（1884–1955）在1917年6月21日致函南京交通銀行同業張榮綬和陳肅綱，信中提到「敝行（按，金城銀行）草創之初，即值時艱，市面既現停滯，施展尤為匪易」。詳見彭曉亮編注：《周作民日記書信集・人物卷》（上海：上海遠東出版社，2014年），頁129。

圓孔，即經模印一分新銅輔幣，送由大部核定其重量及成色公差，並即遵照條例辦理。[235]

陳錦濤對通貨流動的認識很深，明白到小額貨幣（Small currencies）[236] 對民生日用至為重要。他認為：

> 惟查條例於新銅輔幣，列有二分、一分、五厘、二厘、一厘五種監督，以為幣制改革，尤在因勢利導。從前舊銅元需數以當十為最繁，現在新幣制位以十進，凡公私款項出入畸零之數，應按大洋找算者，自以一分銅幣之用途。至民間習用當十銅元，若因新幣制推行，使一躍而進用一分銅幣，尤不能不為影響生計之預防。即應佐以五厘銅幣，藉資調劑，例如五厘銅幣三枚，適與舊日當十舊銅元兩枚市價之數，不相上下，先其所急，擬即先鑄一分、五厘兩種，仍商由中（按，中國銀行）、交（按，交通銀行）兩行代任，發行一切，均仿照新銀輔幣辦法辦理。應請大部照案諮行各部省，轉飭所屬，無論租稅、厘捐、郵電、輪路及其他一切收入，一律遵照國幣條例，收受不得絲毫折扣，並出示曉諭商民，俾知新銅輔幣完糧納稅，一切公家收入、商款貿易，行

---

235 〈新輔幣按十進行用由〉，《北洋政府外交部》，中央研究院近代史研究所檔案館藏，檔號 03-22-005-01-004。

236 學者 Ulrich Theobald 引述彭信威（1907–1967）的《中國貨幣史》，指出在中國傳統社會裏，白銀和銅錢是「平行本位」，意即白銀和銅錢同時在社會流通。白銀主要用於完納賦稅和商人的交易，而平民百姓主要用銅錢。相關討論詳見 Ulrich Theobald, "Introduction," in *Money in Asia (1200-1900): Small Currencies in Social and Political Contexts*, pp. 1-37.

用便易，可免折合申貼各項煩耗，隨時可向國家銀行兌換，每大元一枚換給一分銅幣一百枚或五厘銅幣二百枚，其與新銀輔幣交換之價，均依十進，遞推商民以大元或新銀輔幣兌用新銅輔幣，其兌額固無限制，即因存有新銅輔幣欲兌大元亦任聽多少，均可持往退換，出入價尤一律，不至稍有虧損。案關幣制，俾其周知，一面並請大部行知國家及省立銀行，准商人隨時到行兌換，悉遵條例辦理。至各該銀行發行此項新銅輔幣，並照法價隨時以大元來廠兌換，至收回較多時，仍准隨時將新銅輔幣退換，大元由廠如數換給，藉維法價而昭大信。是否之處理，合檢同幣樣，呈請大部鑒核，俯賜分別諮行指令施行等情，並附呈樣幣到部。[237]

陳錦濤着眼的，是貨幣的流通和有固定的匯兌標準，從而建立新幣的信用。他認為：

查一分暨五厘兩種新銅輔幣需數較鉅，且與向來習用尤為相合，因勢利導，莫善於茲，業經本部照準在案。惟發行伊始，關係幣制統一，至為重要，是非軍民官商協助，為理不可。凡公款出入、商業貿易，以及私人授受，悉應確遵國幣條例十進行使，不得絲毫折扣及拒絕不用。違者應照國幣條例施行細則第九條處罰。凡一分新銅輔幣一百枚或五厘新銅輔幣二百枚均得換一圓新幣一枚或中圓二枚、二角五枚、一角十枚，互相兌換均以此為標準。兌額多寡亦即照此

---

237 〈新輔幣按十進行用由〉。

標準推算任聽。需用何種新貨幣時，均可隨時持向國家或省立銀行互相兌換。[238]

新鑄之錢可能成色較佳，結果引起走私客的青睞。1916 年 7 月，陳錦濤和稅務處督辦蔡廷幹（1861－1935）致函外交部討論日人運輸銅料事。兩人稱：

> 本部特派直隸交涉員密函，稱迭與日本松平總領事面商。據稱現時日人赴海關報運銅塊出口，海關查驗甚嚴，稍有制錢鎔化痕跡者，即不放行，要求訂明辦法，請由中國官府另行指定查驗機關，凡遇日人出口銅塊，一律赴該機關請驗，即由該機關給一準照，聲明驗係廢銅若干，並無制錢鎔化痕跡，海關但憑准照完稅放行，即毋庸再行查驗。日商在該機關領此准照，願納照費。[239]

但陳錦濤和蔡廷幹同時亦指出，「查日本商人購運銅塊出口，名為廢鐵，實由制錢鎔化者居其多數」。[240] 在這些制錢裏，很有可能有新鑄貨幣混雜其中。

陳錦濤亦是一個出色的貨幣學家和貨幣史家，對貨幣的防偽尤為注意。1930 年，他在南開大學演講印鈔與防偽之法。陳錦濤以其深厚的學殖，先述中國鈔票的古代雛型和源流。首先，他肯定鈔票為中國所發明。然後他考鏡古代各式類鈔票。他指出，周代的傳別「用以

238　同上。

239　〈日人運銅事〉，《北洋政府外交部》，中央研究院近代史研究所檔案館藏，檔號3-18-081-05-004。

240　〈日人運銅事〉。

通貨幣之有無」，性質屬現代的票據。至於漢代的皮幣，是「往來遺贈於仕宦之間」，雖未曾在民間流通，但肯定是一種代表貨幣。而唐代的飛錢，則似匯票。然以性質論，三種貨幣均非鈔票。[241]

陳錦濤認為，宋代的交子才是「完全的紙幣」，當時的辦法是由十六家殷實商號聯合發行，以三年為一限替換。後來商人財力漸衰，無法抵償，訴訟遂起，政府因而出面干預。逮宋高宗時，兩淮、湖、廣行會子，與交子無別，「故中國真正之代表幣始於宋」。金代發行交鈔，原意是七年為一限替換，後變為「不兌換紙幣」。宋代之後百多年，不再鑄錢，大量發行鈔票。元代為紙幣時代，物價高昂，民生困苦，朝野大亂。同時民間對鈔票失去信心，而貨幣又未足夠在市場流通，故回復以物易物方式。至明代，則印行大明寶鈔。[242]

陳錦濤又談到鈔票防偽。原來宋代的交子和會子是以四川特製之紙製造。紙張質素甚佳，難以仿造。至於元代，則以楮木的樹皮作鈔票。明代的大明寶鈔則以桑樹皮製作鈔票。[243] 他轉而談到現代鈔票的製作，指出現代鈔票有三種印刷方法。一為平版印刷，二為凸版，三為凹版。平版因防偽能力較低，外國早已棄之不用。至於凸版印刷，以法國而言，是用木刻凸版，後易之以電版。而德國和奧地利等，則用凹版。而在鈔票紙張方面，各國所用以鈔票者，均是特製，外間無法購得，「例如美國鈔票紙中夾色絲」、「英蘭銀行發行之鈔票，其紙張係手製，用手捻之，瑟瑟作聲」。[244]

陳錦濤又指出平常印鈔防偽方法的缺點。防偽方法有三。一、

241　陳錦濤演講、華文煜記錄：〈鈔票之製造與防偽方法〉，《南開大學週刊》第 89－90
　　　期（1930 年），頁 51－52。

242　同上。

243　同上。

244　同上。

利用特製紙張。二、特製墨水。三、暗記。陳錦濤指出，特製紙張亦能仿造。即使紙張紋理構造獨特，仍可偽造。至於特製墨水，「英蘭銀行之鈔票，其墨水中含有特種化學原質，非局外人所知，做造仍不絕，須至發行銀行兌現時方能發覺」。最後，在暗記方面，一般人不易辨其真偽。陳錦濤進而提出，須提升鈔票的防偽。印鈔需用「一律經久不變之特製顏料」，其價雖昂，但能使人易於分辨，增加偽造的難度。另外在花紋方面亦應多下心思，從而令偽造者卻步。[245] 從現在的角度看，陳錦濤在防偽方面所言當然是老生常談，但以當時的知識程度而言，無疑是嶄新的見解。

從銀本位到英鎊連鎖制

上世紀三十年代，中國的社會經濟陷於低谷。以蔣介石為首的國民政府雖然在名義上統一中國，但中國當時面對的經濟困局是多發性的。就內在的因素而言，當時蔣介石僅是名義上的全國領袖，地方各軍事強人尚未完全交出軍權，而政權的維持與軍權有密不可分的關係。地方離心對南京政府的最大威脅來自截留賦稅，阻礙國民政府的改革步伐和政治進程。Julia C. Strauss 指出，南京政府在 1927 年1940 年間在政治體制上銳意革新。她以財政部為例，說明了國民政府在管理方面大量引進西方集權化和講求效率的概念，同時也以由洋員管理的鹽務署為仿效對象，理順財政部的運作流程。[246] 她指出，學者一般認為國民管理經營不善導致 1949 年戰敗，她則認為我們應該從另一角度看，即在當時十分惡劣的處境下，作為弱勢政權的國民政府究

245　同上。

246　Julia C. Strauss, *Strong Institutions in Weak Polities: State Building in Republican China* (New York: Oxford University Press, 1998), pp. 106-151.

竟用甚麼辦法令中國克服各種困難，而非片面批評國民政府的管治。[247]

上世紀二十到三十年代初，中國海關受到中國民族主義的衝擊，有「太上財政總長」之稱的總稅務司安格聯被撤換，取而代之是比較溫和、支持國民黨執政的梅樂和（Frederick Maze, 1871－1959）。關稅的一定份額用來償還外債，餘下部分則成為中國政府可支配的金錢。關稅支持了國民政府的各項改革事業，然而滿洲國的出現，令關稅收入減少，再加上關東軍支持不法分子在轄區內走私，進一步削弱中國海關的管治權。[248] 更甚者，在 1935 年 12 月，國民政府為了綏靖日本的領土野心，組織冀察政務委員會，管理河北和察哈爾二地，委員會名義上隸屬國民政府，實際有很大自主權，且委員當中有不少是親日官僚。[249]

國民政府在經濟上所受的外力衝擊不止於此。1929 年，美國金融市場震盪，釀成大蕭條（Great Depression），陳錦濤的老師 Fisher 亦在這次股災中輸掉大部分積蓄。[250] 大蕭條影響全球經濟，中國也不能倖免。各國政府為挽救各自的經濟，紛紛推行保護政策，中國出口受嚴重影響，城市和農村經濟出現倒退。

更嚴重的是，當時的中國是世界上僅餘少數行銀本位的國家。自 1931 年起，銀價大幅上升，令中國出口更加困難。1934 年，美國政府進一步抬高銀價，且推出美國購銀法案（American Silver Purchase Act），批准美國財政部從世界各地大量購買白銀，以作為美國貨幣準備金（monetary stock）總額的四分一。中國銀因收購而大量外流，

247　Ibid.

248　Donna Brunero, *Britain's Imperial Cornerstone in China: The Chinese Maritime Customs Service, 1854-1949* (London: New York: Routledge, 2006), pp. 134-140.

249　李志毓：《驚弦：精衛的政治生涯》（香港：香港牛津大學出版社，2014 年），頁 142－146。

250　*Irving Fisher: A Biography*, pp. 210-216.

令中國經濟更差。1934 年，國民政府眼見白銀流出情況相當嚴重，遂向白銀商徵收重稅。[251]

以上所述，是三十年代國民政府所面對的困境。國民政府為挽救瀕臨破產的國內經濟，遂有推行貨幣改革之舉。而這個改革所產生的新貨幣，是受到英磅和美金所局限的。[252] 陳錦濤在這樣的背景下再被起用。

國民政府乘着中國民族主義崛起而來。國民政府的領袖在執行各項政策時，均以民族主義為號召。當時國民政府對經濟現代化有兩派主張，一派是以蔣介石為首，主張軍事模式，把經濟從屬於國家的軍事需要。而這種模式是仿效德國和普魯士的。在軍事方面，蔣介石主要將精力集中在圍剿方面。另一派則由汪精衛及陳公博（1892 – 1946）為首，此派蛻變自國民黨改組派，強調民族經濟是中國民生所繫，認為經濟改革才是最重要的工作。[253]

汪精衛和陳公博成功團結當時商界和學界的精英如宋子文和銀行家陳光甫（1881 – 1976）等。宋子文是蔣介石的妻舅，但兩人的政見分歧嚴重，宋子文尤其反對蔣介石以軍事為先的政策。宋子文在經濟政策上與汪精衛及陳公博較接近，他在兩人主導的經濟改革中佔一重要位置。[254] 陳錦濤因宋子文之招，再踏足政壇。[255] 陳錦濤被推

251　Ann Trotter, *Britain and East Asia, 1933-1937* (Cambridge: Cambridge University Press, 1975), pp. 132-147.

252　Man-han Siu, "British Banks and the Chinese Indigenous Economy: The Business of the Shanghai Branch of the Chartered Bank of India, Australia and China (1913-1937)," in Hubert Bonin, Nuno Valério and Kazuhiko Yago (eds.), *Asian Imperial Banking History* (London: Pickering and Chatto, 2015), pp. 93-119.

253　Margherita Zanasi, *Saving the Nation: Economic Modernity in Republican China* (Chicago: Chicago University Press), 2006, pp. 2-5.

254　Ibid.

255　《中國文化界人物總鑑》，頁 468。

薦為財政部幣制委員會主席，則是出於孔祥熙的推薦。[256] 三人均有留美背景，孔、陳且有校友之誼。當時陳錦濤是清華大學法學院經濟系教授。[257]

　　陳錦濤在財政部幣制委員會主席任內，作過一些演講，也寫過一些文章，全部均圍繞貨幣改革。《管理幣制本位定價之商榷》在 1936年 3 月發表，是將其演講內容輯錄而為小冊子。陳錦濤在文中剖析了當時比較流行的六種主張：新金銀併用制、新金銀複本位制、金匯兌本位制、關金連鎖制、準物價指數制和英鎊連鎖制。[258]

　　他認為新金銀併用制「雖較金本位或銀本位為平穩」，「仍不免有起落之虞耳」，「況逐日作價，多有未便，且吾國金貨極少，即行新併用制，亦尚未能足用也」。[259]

　　至於新金銀複本位制，他認為「似可為吾國救時妙策，乃論中所稱，此制之現金準備，對外兌價，常得以較賤及貶值之硬貨為之一層，吾不無疑也」。而且「況觀金集團各國，與金匯制國家，數年來金價大漲，幣制每難維持，而新複本位制在此期內，竟與之相仿，則新制亦恐難免同遭殃也」。[260] 但他也同意新金銀複本位制有助維持銀價。

256　*Biographical Dictionary of Republican China, 1967-1979*, Vol.3, pp. 170-172，此書誤稱陳錦濤為哥倫比亞大學理學碩士。

257　蘇雲峰編：《清華大學師生名錄資料彙編 1927－1949》（台北：中央研究院近代史研究所，2004 年），頁 72。此書記載陳錦濤在 1930 年至 1937 年期間為清華大學經濟系教授，但有關其生平資料則錯誤甚多：一、陳錦濤是生於 1871 年而非 1869年；二、誤稱陳錦濤是哥倫比亞大學理學碩士；三、誤以為陳錦濤在 1918 年當廣東軍政府財政部長和關稅特別會議委員會委員；四、誤稱陳錦濤在 1925 年任國民政府財政部幣制委員主任。

258　陳錦濤：《管理幣制本位定價之商榷》（南京：財政部幣制研究委員會，1936 年），頁 1－18。

259　同上。

260　同上。

他認為金匯兌本位制和關金連鎖制「二者手續制度，雖有不同，但俱以純金為單位，根本相同，故可合論其得失」。然而，「惟因黃金為有價之物，均受供求原則所支配，故其價值必有起落，既有起落，已不堪為安定物價之易中品矣」。但「吾國向為入超之國（近兩月除外），儲金不如金集團國家，又無限制外匯，或劃賬協定，如金集團國然。且維持之機構，更不如人，又焉敢望以金為標準，可以安度無危哉？是金匯制或關金制，俱不易行於吾國明矣」。[261]

至於準物價指數制，他指出：

> 吾國洋風甚勁，倘行此制，宜於國人，而不宜於外人者，則阻力必多，推行不利。況國信未堅，立制之初，本位價值，不宜屢變，故竊以此制不合於中國之今日也。[262]

他衡量了各種主張，結論是認為英鎊連鎖制是最合適的。他指出：

> 今夫改革幣制之成功，多賴國際收支平衡，及政府收支平衡。今新制試採英匯十四便士半，已行之數月，尚稱順利，近兩月（十二月、一月）又得貿易出超，苟能繼續，或相差不遠，則國際收支平衡矣。[263]

除此之外，英鎊連鎖制「得多數國的同情，推行順利。」[264] 惟貿易出超是否與行英磅制有必然關係，似有商榷之餘地。

261　同上。
262　同上。
263　同上。
264　同上。

最後的時光

　　1938 年 3 月，陳錦濤參與南京的維新政府，當上財政部長，後兼任華興商業銀行總裁。[265] 華興銀行曾發行貨幣「華興券」，日本興亞院華中連絡部曾在 1939 年 6 月至 1941 年 11 月期間，多次刊行題為《華興券流通狀況》的調查報告。[266]

　　在陳錦濤任內，日本人接收江海關。在云云眾多海關當中，以粵海關和江海關等為最重要。江海關即上海的海關，而上海是國民政府時代中國的經濟樞紐。更重要的是，自清末以來，長江流域一帶一直是英國的勢力範圍。1937 年日本發動全面侵華以後，除後方及上海各租界等之外，國民政府大部分的領土陸續落入日軍手中。

　　然而維新政府的權力來自日本，陳錦濤作為財長，權力有限，只有聽命的分兒。有關江海關命運的談判，陳錦濤基本上沒有角色，他僅是談判內容的轉述人，沒有話語權。談判在日本進行，英方代表為英國駐日大使科萊基（Sir Robert Craigie, 1883－1959），日方代表是堀內幹城，陳錦濤稱雙方就「中國關稅收入為擔保償還以及其他關係事項」，「進行非正式會議」，「彼等意見交換之結果」，「帝國政府對英國政府通牒此次事變繼續中，帝國政府為處理此等問題擬執行暫行措施，英國政府對事變所適用之暫行措施並無異議」。[267] 英國首相張伯倫（Neville Chamberlain, 1869－1940）在任內對德國推行綏靖政策，對日本也是一樣。科萊基一向比較親日，在對日態度方面與張

265　《日中戦争と汪兆銘》，頁 41－42、98；《民國初年的幾任財政總長》，頁 5－8。

266　本莊比佐子、內山雅生、久保亨編：《興亜院と戦時中國調查：付刊行物所在目錄》（東京：岩波書店，2002 年），頁 295－296。

267　〈接收上海海關之史實：財長陳錦濤發表談話〉，《新東亞》第 5 卷（1938 年），頁58－61。

伯倫相當接近。[268] 因此在討論江海關的前途時，英方盡量不提任何反對意見。[269] 所謂「非正式會議」，其實即正式會議，以此為名不過是淡化日本在背後操控的色彩。陳錦濤續稱：

> 日本軍佔領地域內各港海關所徵收之一切稅收，為關稅擔保外債及賠償金之償還，決定將外債負擔部分匯與總稅務司。此外債及賠償金之償還，照從來除去海關經費其他常例之支出，其餘對稅收之第一擔保，以及各海關外債負擔部分，以前自各海關收入之比率，算定每月之數額。本件措置自去年九月以來，存於香港上海銀行（按，香港上海滙豐銀行）。對日庚子賠款延滯部分，已如日本所公布。將來庚子賠款日本應收者，及一九一三年善後借款日本部分，今後當實施與各外國同樣之支付。日本佔領地內之各海關，存款於香港上海銀行。本年一月以降，上海海關為支付外債起見，扣除總稅務司透支之金額，所餘一切須移交與橫濱正金銀行。此正金之存款，將來則用作外借〔債〕之償還也。[270]

日本政府這些舉動，無疑就是接收江海關。諷刺的是，江海關是中國的海關，但在談判桌上，中國的聲音是缺席的；在日本的管治下，江海關猶如俎上之肉。

268　Ian Nish, Peter Lowe & J. E. Hoare (eds.), *British Envoys in Japan 1859-1972* (Kent: Global Oriental, 1999), pp. 140-156.

269　〈接收上海海關之史實：財長陳錦濤發表談話〉。

270　同上。

　　1939 年 4 月，陳錦濤中風，在南京接受治療，其維新政府財政部長一職由嚴家熾暫代。[271] 1939 年 6 月 12 日上午 9 時 30 分，陳錦濤因病辭世，春秋六十有八。[272] 陳錦濤是學術種子，「為人敦厚」，可惜「缺乏應對的才能」，[273] 在雲譎波詭的政壇是難以立足的，後來更一度身陷囹圄。晚年或因財困而附敵，[274] 令一生蒙上污點。

271　〈陳錦濤未死〉，《大公報》，1939 年 4 月 9 日。

272　"Chen Chin-tao."

273　《民國初年的幾任財政總長》，頁 4－8。

274　當然亦有可能是出於溫宗堯等之鼓動，但筆者尚無確切證據，故只能視之為推論而已。

第五章

汪精衛政權時期
駐台北總領事：

張國威

> 竊思日人之特性，巧言鮮仁，動則假道德為標榜，其
> 實無一事不以權術騙人。

> 張國威評論日本向德宣戰（1914 年 9 月）[1]

> 總、次長：中國之患在租界，而尤以我民營業其間，
> 為彼生利，足以養奸，其害更甚。趁時機令我民退出租界，
> 絕彼來源，使彼知難而退，亦解決時局之計畫。芻蕘之見，
> 伏祈鑒察。國威叩。

> 張國威評論五卅慘案（1925 年 6 月）[2]

有關張國威的資料極度稀少，研究論文亦付之闕如，較完整的記載則見於日本的官方檔案。[3] 該檔案記載張國威為廣東香山人，1941年時五十九歲，即約生於 1882 年前後，學歷是皇仁書院畢業，另加遊學美國，歷任駐鎮南浦總副領事、仁川領事兼代朝鮮總領事、仰光領事、巴拿馬代辦公使兼總領事事務、三寶壟領事、外交部條約委員會顧問、外交部顧問、汪精衞政權之駐台北總領事。[4] 然而根據張國威的親供，原來他是生於 1872 年前後。[5] 因此，日方所記載的張國威生年並不準確。

1　〈膠澳戰事〉，《北洋政府外交部》，中央研究院近代史研究所檔案館藏，檔號 03-33-123-02-014。

2　〈滬案檔〉，《北洋政府外交部》，中央研究院近代史研究所檔案館藏，檔號 03-40-003-02-025。

3　Ref. B15100379700、台北駐在中華民国総領事並同館員（M-2-5-0-4_40_003）

4　同上。

5　〈申送署甑南浦副領事張國威起復親供〉。

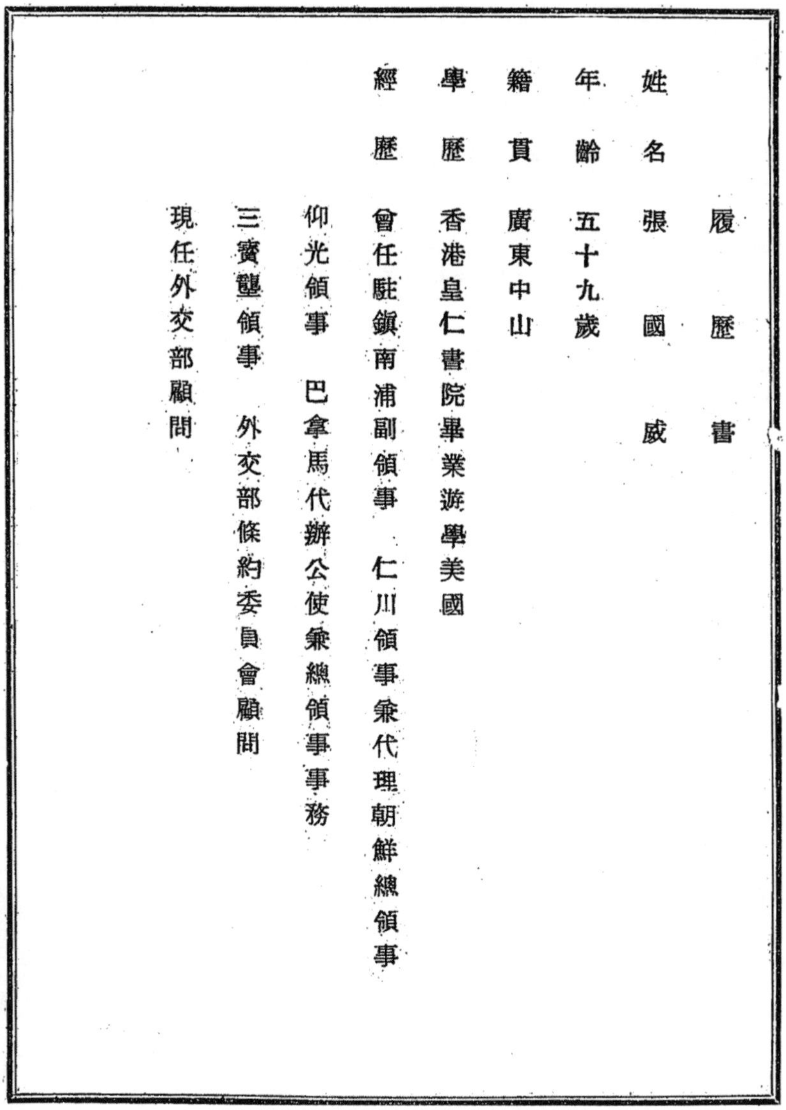

履歷書

姓名　張國威

年齡　五十九歲

籍貫　廣東中山

學歷　香港皇仁書院畢業遊學美國

經歷　曾任駐鎮南浦副領事　仁川領事兼代理朝鮮總領事
仰光領事　巴拿馬代辦公使兼總領事事務
三寶壠領事　外交部條約委員會顧問
現任外交部顧問

在中華民國日本大使館

圖 5-1　張國威履歷

【資料來源】JACAR（アジア歴史資料センター）Ref. B15100379700、台北駐在中華民国総領事並同館員（M-2-5-0-4_40_003）（外務省外交史料館）。

　　要了解張國威的生平大概，我們只能透過解讀他的上書和呈文，才能窺見一鱗半爪。他頗常向主事者上書，一方面反映他主動表達自己意見，另一方面亦反映他有建功立業的決心，希望得到賞識。這是張國威性格上一個很鮮明的特點。以下試談他一生的基本涯略。

誰是張國威？

　　張國威字心吾，[6] 有關他的家世，最重要和可靠的資料是其上朝廷之〈親供〉。張國威謂：

> 　　具親供。試署甑南浦副領事四品頂戴即選通判張國威今於與親供事。實供得副領事現年三十九歲，係廣東廣州府香山縣人。內監生於光緒三十年（按，1904 年）在廣東省賑捐第六卯案內遵例報捐通判職銜。三十二年（按，1906 年）奉駐韓馬總領事（馬廷亮〔約 1863 － ？〕）[7] 電調出洋。三月十五日到韓，派充總領事館隨員，八月委派甑南浦副領事。宣統元年（按，1909 年）二月在韓三年期滿，請假回籍省親。[8]

〈親供〉應是在 1911 年撰寫，[9] 上呈時，辛亥革命已經爆發，兵荒馬亂，張國威大概也清楚當時的情況，可是他仍選擇上呈，證明他十分重視自己的官位。馬廷亮在上奏中指出「據稱香山縣因」，「縣官業已

6　《最近官紳履歷彙編》第一集，頁 142。該書有關張國威的記載只有一句，且連生年也沒有。

7　《現代支那名士鑑》，頁 8。按，馬廷亮是廣東人。

8　〈申送署甑南浦副領事張國威起復親供〉。

9　同上。

他往」。[10] 當然馬廷亮身在國外，所得國內現況未必緊貼時局，但他自己亦為廣東人，定必可從其他渠道得知鄉梓情況。當時清政府早已進退失據，馬廷亮語意含糊，將廣東革命成功說成是「地方不靖」，「縣官業已他往」，[11] 無非是避免刺激清政府。

張國威的銜頭是四品官，[12] 算是中間的官階。現試根據各類原始檔案，重構其生平。

1907 年，時任署理甌南浦副領事張國威在一份公文中提到自己的學歷。張國威稱：「竊職前赴美國遊學，曾託廣東商號夥友報捐監生，加捐雙月通判。」其友在 1901 年曾以書信告知他已辦妥捐官的手續。張國威稱當時「職在華盛頓留學，遠隔重洋，恐郵寄轉多遺失，是以未向索取捐照」。[13]

後來他返回廣東時發現：

> 適該商號經手報捐之人又赴新嘉坡經商，尋訪不獲。職旋奉札調派駐甌南浦副領事。疊經函致該商號，設法嚴催。乃該經手男夥友，已在新嘉坡病故。輾轉俟查，始據該故夥家屬詳檢賬冊，僅於光緒三十年十月二十二日在廣東省賑捐第六卯案內代捐監生加通判職銜，實非雙月通判。現已在原捐局將監生通判職銜部照領到。理合將部監照呈請查驗，并求轉申更正存案。[14]

10　〈申送甌南浦副領事張國威服闕起復親供〉，《外務部》，中央研究院近代史研究所檔案館藏，檔號 02-19-011-02-055。

11　〈申送甌南浦副領事張國威服闕起復親供〉。

12　同上。

13　〈甌南浦副領事張國威請更正底銜〉。

14　同上。

　　1908 年 2 月左右，張國威正式成為甑南浦副領事。馬廷亮高度評價張國威，認為他「所有辦理交涉各件諸臻妥協，商情亦均悅服」。[15] 1909 年 4 月，張國威申請休假回籍，[16] 很可能是探望其繼母，蓋在同年稍後時間，張國威申請在籍守喪。該年 4 月 24 日，他返抵本籍，才知悉其繼母陳氏已於 4 月 13 日離世。

> 　　當時雖經家人訃告來韓，但適值職起身之際，竟至兩左。是以於途中並未接訃信。今既回籍，例應遵制丁憂。稟請恩准銷差，並求轉詳外務部，俾得在籍終制。[17]

但此事未獲批准，理由是「茲查該員自到差以來，辦理交涉各件深資得力」，且甑南一地事務繁重，未便由他人賡續，因此清政府要求張國威守孝百日後仍照常回韓工作。[18] 張國威「凡遇交涉事件，均能不激不隨，措置裕如，頗資得力」，[19] 可見他甚受器重。

　　張國威曾祖名張杞溪、曾祖母鄭氏。祖父名張可觀、祖母陳氏。父親張秉綸、母鄭氏、繼母陳氏（？－1909）、生母鍾氏。[20] 張國威已婚，至少育有一女名張學明。[21] 除此之外，我們對他的家庭所知不多。

15　〈派賈文燕張國威分充釜山與甑南浦副領事〉，《外務部》，中央研究院近代史研究所檔案館藏，檔號 02-19-008-02-026。

16　〈甑南浦副領事張國威請假回國省親委隨員錢廣禧暫行代理〉，《外務部》，中央研究院近代史研究所檔案館藏，檔號 02-19-009-01-040。

17　〈甑南浦副領事張國威丁母憂擬令在籍穿孝百日回韓當差〉，《外務部》，中央研究院近代史研究所檔案館藏，檔號 02-19-009-03-014。

18　同上。

19　〈甑南浦副領事張國威請更正底銜〉。

20　〈申送署甑南浦副領事張國威起復親供〉。

21　〈新家庭：持志大學高材生鄭永彥君與巴拿馬代辦公使張國威君之女公子學明女士新婚儷影〉，《圖畫時報》第 278 期（1925 年），頁 6。

張國威所見之朝鮮

　　張國威在韓國任領事多年，對韓國社會和政治有第一手的了解。作為甑南浦副領事，張國威曾向政府撰寫報告，調查甑南浦的商業情況。張國威首先指出，「韓國商界尚未發達」，「輸出之品，仍難敵我」。[22] 根據他的觀察，列強如英、法、德、俄等並未對當地構成嚴重威脅，「尚屬少數」，「所最宜注意與之競爭者，惟日本耳」。張國威指出，甑南浦與平壤接壤，可達芝罘和遼瀋等。甑南浦水深港闊，能容大船，故常有商船到訪，填平的地方日後會籌建電車路和鐵道。

　　　　在日人視之，稱為第二橫濱；在韓國評之，實為第一良港；在我國視之，尤為水陸交通最便之外國貿易場也。[23]

他指出，朝鮮人民的服飾，世代相沿，沒有多少改變。華商懂得他們的口味：

　　　　察其儉貧，則下等之生絲熟絲，足資取給；覘其俗尚，則製成豔薄之衣，更易銷售。[24]

因此日人難以奪去中國人的生意。另外海魚、鹽、鐵器、陶器和其他雜貨等，中國人多從奉天和山東進口，在黃海和平安銷售。大量中國帆船到當地貿易，獲利甚豐，「日人側目，頗倡抵制之說」。惟中國鹽

22　〈朝鮮甑南浦商務情形三十二年秋冬二季〉，《商務官報》第 18 期（1907 年），頁 18 下－19。

23　同上。

24　同上。

產遠較日本為多，日人雖有競爭之意，但無能為力。[25]

　　至於中國留居甑南浦的人，主要都是傭工，多為沿海居民，春天抵韓，夏天離去，主要從事燒磚、採礦、鑿石和填灘，亦有從事園圃、食物，以及縫紉、建造等。張國威指出，華工刻苦耐勞，韓人甚倚重之，雖然日人極力排擠，但西商依然樂於僱用。[26]

　　然而華人在甑南浦經商並非沒有隱憂。第一，韓國幣制複雜，韓商多用日元，而當時「華銀日昂，日金日落」，中國商人因換算而暗中虧損，為數不少。第二，中國小商人在韓國內地運貨，因未諳韓語，造成困難。另外，中國工人不懂書算和簿記，需仰賴韓人辦理，故常起紛爭。第三，自日本與韓國訂約以後，韓國的主權漸落日本之手，且在日俄戰爭以後，在甑南浦經營之日人，發展甚為迅速。張國威認為，中國方面應加強對當地華人之協助，「惟有急設商業學校，商學興，則商才奮；商才奮，則商業隆」。另外，中國政府應在山東和奉天沿海一帶，設立韓語講習會，教曉在韓華工基本韓語應對和簡單算學知識。[27] 他的建議是相當有建設性的，惟當時清政府財困，且韓國非清政府關注所在，其建議自是不了了之。

　　1908 年，張國威繼續跟進甑南浦的商務發展實況。他指出，商務最重要的目標「不外挽利權，爭進步」。甑南浦因地理關係，既與中國東北接壤，也與日本西南相通，是往返大連、威海、安東與及日本船隻的必經之路。甑南浦的商務，中國和日本商人佔多數。惟華商「非無所長，享有餘利，但未能競進者」，是由於中國商人「錮於積習」，不太講究爭勝之道。反觀日本商人，則力求創新，仔細觀察韓人喜好，以圖增加銷售。中國商人進口的貨品與前無異，惟日本商人

25　同上。

26　同上。

27　同上。

銳意求新，進口貨品儘量迎合韓人口味，因此以往洋貨和布疋是中國商人具優勢，日本商人已頗有後來居上之勢。張國威比較中國和日本在 1908 年春、夏兩季向韓國進口的貨額，兩者甚為懸殊。中國方面進口貨額是十一萬八千九百五十六元，與 1907 年相比，略有減少，而日本方面則為一百六十萬六千餘元，是中國的十六倍。然而因甑南浦人口不多，且夾於平壤和仁川之間，生意多為兩埠所經營，且韓國新帝繼位，人心不穩，日本方面累虧不少。[28]

　　張國威認為，甑南浦在港口與航道兩方面是有優勢的。然而航運早已落入日人手中，中國只可在夾縫中依靠漁艇和小船經營業務。另外，中國人的魚鹽鐵貨等尚有優勢，惟日人已有與中國競爭之打算，「韓政府現已仿台灣、關東州等處天日製鹽之法，於仁川附近之朱安地面設場試驗，其成績極好」。他估計，日本方面一年可出產三十至四十萬勆，定必對華商構成威脅。當時平南鐵路仍未完成，交通未便，中國商人尚可利用帆船運貨，但如無進步的話，很難振興中國商人在當地的業務。至於中國農民，因當地經濟停滯，「失業歸國者亦實繁有徒」。[29]

　　同年，張國威再在另一份報告談到甑南浦的商務情況。他指出，在 1898 年秋開港時，甑南浦只是一個小漁村，居民稀少，只有一千三百人，出入船隻只有一百二十七艘，進出口貨物總額只有少於五萬元。1899 年，出入船隻顯著增加，達五百七十五艘，進出口貨物總額則為一百三十四萬元，至於中、日、韓人口總計達八千二百餘人。至 1903 年，出入口貨值已增加三倍。1904 年至 1905 年期間，日俄戰爭爆發，日本以甑南浦為陸軍據點，所有軍需和食物，均在這裏運送。當時輪船運輸，相當興盛。進出口之貨值超過六百萬元。但

28　張國威：〈甑南浦商務情形〉，《商務官報》第 2 期（1908 年），頁 15 下－16。

29　同上。

因為當時朝鮮局勢動盪，韓人人心不穩，所以日商雖因亂局發了戰爭財，而華商卻蒙受其害。原因是戰爭導致交通不便，華商資金周轉困難，貨品銷路不廣，收入銳減。至 1905 年下半年，戰事中止，經濟才稍有起色。當時京釜和京義兩條鐵路經已開通，可以從釜山港直達鴨綠江，北韓商務稍為好轉。從前在黃海道和平安道的內地貿易為城市所吸納。因此在 1905 年至 1906 年，中國出口貨值增加。直至日韓締約之後，韓國朝廷多事，內亂頻仍，故 1908 年中國出口貨值又告回落。華商所運白洋布日見滯銷，一則因韓人生計困難，二則因韓人改穿洋裝，三則因日商之競爭。[30]

民國時期，張國威先是續任甑南浦副領事。1914 年 8 月 14 日，他請北洋政府外交部注意日本欲利用歐戰爆發、列強無暇東顧之機，乘時從朝鮮進攻遼東。[31] 9 月 7 日，張國威報告外交部，日本已從朝鮮運兵六萬往鐵嶺、長春、關東州；另在 9 月 2 日，日本已從水路運兵五萬往龍口，張國威認為形勢不妙。[32] 後來張國威當上仁川領事。[33] 張國威雖在國外，也側面感受到當時正在崛起的中國民族主義。當時仁川中華總商會指出，在韓國的華商一向在上海販運綢緞和夏布等貨，由日本輪船運至朝鮮銷售。1919 年的巴黎和會未能解決山東問題，引起全國公憤，抵制日貨之聲，不絕於耳。故華商決議，貨物不付日船發運。故運往韓國之貨物，只能改由其他船隻送往煙台，再運到韓國。惟煙台進出口貨一律需付釐捐。張國威接受華商之意見，考慮到

30　張國威：〈朝鮮甑南浦商務情形〉，《商務官報》第 21 期（1908 年），頁 18 – 19。

31　〈預防日本侵遼事〉，《北洋政府外交部》，中央研究院近代史研究所檔案館藏，檔號 03-36-001-01-117。

32　〈日人運兵事〉，《北洋政府外交部》，中央研究院近代史研究所檔案館藏，檔號 03-33-123-02-020。

33　〈收到保和會條約洋文本漢譯本〉，《北洋政府外交部》，中央研究院近代史研究所檔案館藏，檔號 03-35-006-02-006。

壩捐會加重華商的經濟負擔。故他特請求外交部及煙台海關對經過煙台之國貨予以豁免支付壩捐。張國威援引海關章程，指出轉口貨可予免稅，而運往韓國之貨物經煙台亦是轉口貨物之一種，故張國威希望海關能予寬免。[34] 可是他的請求最終落空。北洋政府外交部指出，免去壩捐只會予日領事口實。另外，壩捐是海壩工程會代表負責管理，海關只是代該會徵稅，且中國只是該會成員之一，北洋政府不可能單方面批准。[35]

　　在日本統治下的朝鮮，叛亂時起。1919 年，張國威時為中國駐仁川領事，親身經歷這些叛亂。他指出，自日本併吞朝鮮之後，「以征服者自居，朝鮮屈處於被征服者之地位」，因為兩族人民彼此心理不同，時常出現格格不入的情況，日本亦以武力鎮壓朝鮮人民。惟美國總統威爾遜（Thomas Woodrow Wilson, 1856－1924）在和會中提出民族自決，即時提振了朝鮮脫離日本管治之志。宗教領袖道教主孫秉熙等乘時而起，奔走四方，謀求獨立。此時李太王逝世，流言紛起，日本為安撫韓人，特為李太王舉行國葬，以示尊重。朝鮮各路人士，匯集韓京迎葬，孫秉熙利用這個機會，號召數千人在韓京聚集，「傳檄四方」，「一般韓民皆手揮舊韓國太極國旗遊行」，「街市歡呼萬歲」，日軍聞而震怒，並發兵圍堵，驅散群眾，捉拿首犯，送往法庭問訊。韓人不值日人所為，全城罷市，學校罷課。在咸鏡、平安、黃海諸道，凡有朝鮮人民聚居之地，均有宣言獨立。情況甚為嚴重。日本方面大為緊張，「皆動用兵力，甚至以炮火相見」，最後殺死數百韓人。韓人「獨立之說次第消滅」，但「罷市之風愈推愈廣，幾至波及

34　〈假道煙台運韓華貨請轉咨特准免納壩捐由〉，《北洋政府外交部》，中央研究院近代史研究所檔案館藏，檔號 03-19-075-02-001。

35　〈假道煙台運韓華貨未便由中政府逕准免徵壩捐由〉，《北洋政府外交部》，中央研究院近代史研究所檔案館藏，檔號 03-19-075-02-004。

全島」。日方大力彈壓，情況尚算受控。但張國威認為「韓人欲謀獨立之心，方興未艾，無善良之方法以解決此問題，恐日本君臣，其將從此盯食」。[36] 張國威所見證的，是近代韓國民族主義的冒起。

外交生涯

張國威在 1914 年 10 月 1 日曾上書當道，陳述自己對歐戰的看法。[37] 他指出「歐戰勃興，何能自止；人民塗炭，兵禍橫流」，因此中國方面應設法限制戰爭區域及兵額，[38] 且現代國家以保護人民為職志：

> 人道主義日騰，人口神聖，法律首重民命，推之以此心，行之以此道，和平景象，應無決裂之虞。[39]

可見張國威具新思想。豈料「奧塞失和」，戰事一觸即發，在全球引起連鎖效應，戰爭禍害將是「伊於胡底」。[40] 於是他向總統袁世凱獻策。他指出歐戰的破壞在於「正以兵數、戰區毫無限制所致」，他建議中國提倡在先，並得美國贊同，聯合其他局外中立國家，共同商定各種戰時限制辦法，例如甲、乙二國交戰，甲方敗北，它將經已聲明交乙國的權利給予戰勝的乙國，但戰勝的乙國除此權利外不可再要求

36　〈朝鮮圖謀獨立事〉，《北洋政府外交部》，中央研究院近代史研究所檔案館藏，檔號 03-33-040-01-009。

37　〈詳請轉呈意見書由〉，《北洋政府外交部》，中央研究院近代史研究所檔案館藏，檔號 03-36-001-02-001。

38　同上。

39　同上。

40　同上。

甲國提供其他權利或賠償。另外，各國應臨時劃定一個區域，若某一國家超越這一區域，便算戰敗。士兵數目亦必須相等，兵額固定在某一數量，不論交戰國的大小，均以此數為限，遇有士兵死傷，亦不可增加。到某國無法抵抗時，一經戰敗國聲明，戰勝國除所得利益外，不可再行攻擊。另外，各國亦不可與別國締結攻守同盟。張國威指出，如有違背此約者，「國際團得群起以武力裁制之」。如此，則國家不敢稍啟爭端，各國經費既能節省，人民自可休養生息，對世界和平定有裨益。[41] 張國威的構想與稍後成立的國聯（League of Nations）有點相似，足見其有遠謀，惟這樣的構想比較理想化，難以落實執行。

張國威亦曾任仰光領事。張國威任仰光領事期間，一直關注英國人對雲南片馬的野心。他指片馬議界事是中英雙方「久懸未決之案」，英國人對之虎視眈眈。[42] 1923 年，張國威奉北洋政府外交部令，赴片馬一帶考察。當時英國人矢口否認在片馬設治。張國威遂以遊歷密支那（Myitkyina）為名義，到片馬沿邊視察。

張國威僱用緬語翻譯、肩夫及廚師各一，在 2 月 1 日上午出發。2 日抵瓦城（Mandalay），並在該地稍為停留。張國威向當地雲南商人查詢片馬最新情況，惟他們均指道路險阻，無從得悉。3 日，張國威一行人等從瓦城往密支那。4 日下午抵達密支那。5 日張國威與密支那府尹會晤。張國威告訴他，這一次遊歷打算從密支那到片馬，而由騰越折返，並經八莫（Bhamo）回仰光。但因路途不熟，請緬方沿途予以便利和護送，安排馬匹和三名土語翻譯。

8 日渡金沙江，一行人等日行十餘英里，22 日才到拖角，可見路途相當遙遠。張國威指那一帶物產豐富，宜種茶葉等農作物，但天氣

41　同上。

42　〈聞英政府擬在片馬設官請轉飭雲南地方官就近調查禁阻以重界務由〉，《北洋政府外交部》，中央研究院近代史研究所檔案館藏，檔號 03-27-004-03-001。

變幻,「倏而或寒或温」,地勢險峻,「野人混沌樸僿」,無疑是荒野地區。英國人不惜工本,在密支那和拖角間興築鐵路,雖規模有限,但所費已不少,可見英人視之為具戰略價值之地。英國人在拖角六千尺的高山設有一座石炮台,常駐印度兵數十人,均為精悍之人,同時設有官廳徵稅,各戶需付銀二盾八,稍後更將稅額提高,令當地居民相當不滿。民居大約有百間,曾設小學一所,另有一間醫院正在興建中。張國威所言種種,「顯有永遠侵佔之確據」。

24 日起程往片馬,拖角官廳派員隨行,沿途「地勢之雄尤為絕特」。26 日抵達片馬。張國威觀察到英國人在片馬亦設兵房和駐兵,「觀其現狀非但欲以蒙蔽吾國耳目,實英人得尺得寸、深蔽固拒之慣技」。他指出,英國人在片馬駐兵多少,不是問題,因為該地供給不易,駐兵太多反成負累。當有事發生時,英國人只需從緬甸調動印度兵便可直達片馬,「捷勝吾不啻十倍」。如片馬為英國人所佔領,不但雲南被禍,四川、西藏也唇亡齒寒。27 日張國威等由片馬營地登片馬山和絕頂山,「雪深沒脛,俯視環境,氣為之壯」,下午則到姚家坪。28 日張國威患病,休息一天。

翌日起程赴騰越,3 月 10 日始到騰越,住道台舊衙。因欲與中國道尹交換意見,加上當地中國商會邀請他留下,盛情難卻,故 19 日始啟程返緬甸。走了八天路,張國威一行人等 3 月 27 日才抵八莫。騰越英領事請騰越政府派士兵到邊界護送。

28 日從八莫乘船到杰沙,從杰沙乘火車到仰光,31 日抵仰光。張國威亦發現,浦島府亦為中英未劃之界,英人操控的緬甸政府亦已在該地築路,無疑是「謀侵川藏邊地之張本」。[43]

43　〈呈復奉查英人在片馬最近設施實況與計劃由〉,《北洋政府外交部》,中央研究院近代史研究所檔案館藏,檔號 03-27-005-03-016。以上有關緬甸遊歷各段均根據這一件檔案。

　　因北洋政府長期陷於財困，最少在 1922 年 9 月至 1923 年 4 月
25 日期間，張國威曾被欠薪。他在致外交部的信函中，請部將欠薪匯
交上海張學明代收。至於 1923 年 4 月 26 日至 1923 年 8 月 29 日為止
的仰光使館公費，張國威亦請部匯給張學明。1923 年時，張國威寓
所為上海唐靶子路泰慶里一一三五號。[44]

　　張國威任仰光領事期間，著名教育家胡元倓（1872－1940）曾下
榻仰光領事館。胡元倓稱與「仰光領事張心吾一見如故」，並賦詩：

　　　　士女如雲競水嬉，輕橈翻碎碧玻璃。迴車每動游人
　　目，五色莊嚴祖國旗。[45]

張國威後當上巴拿馬總領事，之前職銜是代辦。[46] 1924 年 9 月，張國
威曾要求外交部替其向金星公司支付二百五十七元六角，賬入巴拿馬
使館經費。[47] 金星公司應為前述唐紹儀等創辦之金星保險公司，這一
筆費用很可能是保險費。

　　1925 年 4 月 7 日，張國威向北洋政府報告，巴拿馬國會閉會，
巴拿馬政府對華友善。[48] 同年，「五卅慘案」在上海發生，其震盪遠至
海外甚至巴拿馬等地。張國威曾向外交當道提到：

44　〈仰光領館任內薪俸分別寄滬寄仰由〉，《北洋政府外交部》，中央研究院近代史研究
　　所檔案館藏，檔號 03-10-008-03-024。

45　胡元倓：〈仰光領事張心吾一見如故招待下榻署中古木千章遠隔塵市心曠神怡頓忘征途辛
　　苦地近大湖為仰光第一名勝暇時往遊率成一絕〉，《湘君》第 3 期（1924 年），頁 97。

46　〈函巴拿馬總統就職事〉，《北洋政府外交部》，中央研究院近代史研究所檔案館藏，
　　檔號 03-10-004-01-002。

47　〈代交金星公司款項扣回由〉，《北洋政府外交部》，中央研究院近代史研究所檔案館
　　藏，檔號 03-10-009-03-023。

48　〈巴拿馬國會閉會事〉，《北洋政府外交部》，中央研究院近代史研究所檔案館藏，檔
　　號 03-10-004-01-002。

> 中國之患在租界，而尤以我人民營業其間為彼生利，
> 足以養奸，其害更甚。趁時機令我民退出租界，絕彼來源，
> 使彼知難而退，亦解決時局之計劃。[49]

但張國威又恐怕外人對此事發生誤會，故向巴拿馬要人和使團解釋，
中國絕無仇外主義，且稱「此次滬事，疚不在我。國民精神，在使人
格自由，列國若不相諒，殊與人道主義相背」。巴拿馬和各國代表對
中國情況甚表同情。[50]

聯英之建議

張國威在香港接受教育，對英國自是相當認同。民國成立以後，
中國政治陷入一片紛亂。1912 年 12 月，張國威向時任外交總長陸徵
祥（1872－1949）上書獻策。雖然建議最終沒被採納，但由此可以窺
見張國威思想之一斑。

該上書以恭維語為起首。張國威首先指出，當前國事步步維艱，
陸徵祥卻不計個人毀譽，復出壇坫，「不止舉國同欽，亦實全球驚
服。國家得人，將必收無窮之利」。接着他開始陳述自己對國家前途
的見解。[51]

張國威首先指出民國政府所面對的問題。他稱民國政府自創立以
來，先未得鄰邦承認，然後便是財政困難，百事無從着手。再加上蒙

49　〈滬案〉，《北洋政府外交部》，中央研究院近代史研究所檔案館藏，檔號 03-40-003-
　　02-025。

50　〈滬案〉，《北洋政府外交部》，中央研究院近代史研究所檔案館藏，檔號 03-40-003-
　　02-044。

51　〈條陳中英聯盟理由希採擇〉，《北洋政府外交部》，中央研究院近代史研究所檔案館
　　藏，檔號 03-32-155-02-047。

古問題、俄國坐大，中國外交處於劣勢。張國威認為解決方法，應從外交着手：

> 現就俄蒙協約而論，若以外交上解決，首在知己知彼。審外邦之趨向，辨種族之異同，然後操縱得宜，故得列邦之同情，隨獲外交之美果，則事半功倍矣。[52]

張國威從種族的角度出發，指出當前最重要的種族當推條頓（Teuton）、斯拉夫（Slav）及亞細亞（Asia），而在條頓中，當以德等為代表。至於斯拉夫，則以俄為最強悍。而在亞細亞方面，則是中國和日本。張國威認為種族不同，自有競爭，因此中國必需「聯援外邦，以防他國之侵害」。他指出英、俄是世仇，「百年以來，互相抵制」，至今未輟，因此英國與日本締造英日同盟，以保護其在遠東之利益。惟亦因為英日同盟，俄國在遠東擴張受到限制，遂演為日俄戰爭。俄國在戰爭中失利，「迫得急轉方針而謀我邊陲，以苦心籠絡愚蒙，自有俄蒙協約之發現。此我無外援之失策也」。[53]

張國威指出，聯俄不成，聯日或聯美也不可行。日本與中國同文同種，在道義上它應協助中國拒俄，惟它正在努力經營朝鮮，同時要討俄國之歡心，故日本不願助華，自可預料。至於美國，張國威認為它素性和睦，且有協助中國之心，惟它已與法國結盟，不願再與其他國家訂立軍事聯盟。[54]

那麼，剩下可以結盟的只有英國。因英國與中國的商務關係最密切，「緣英在我領土享商務最大之利權，印度又我接壤，於權利、地理

52　同上。

53　同上。

54　同上。

與我有特別之關切」。張國威認為，只要中國政府持一定的方針跟英政府接洽，英國政府自必樂意與中國締結軍事之約。如得英國之支持，則日本、美國、德國、法國必予中國以同情。原因是日本對外之政策與英國接近，美國、德國、法國應付東方之政策也相同。惟法國、俄國有經濟上之關係，而中國若與英國結盟，英國為自身利益計，定必利用經濟手段制裁俄國，因此「此次法使出來調停，亦經濟性質也。」再加上「英有印度之憂，而我有滿蒙之患，境界雖分，防俄同心」。總之，因商務利益關係，張國威認為，英國「不願我衰弱」。[55] 最後，他謂：

> 國威嘗讀英人著作之書，有云英政府甚願結交中國，維持東方之大局。惜乎公使未得其人，而中國政府對外方針變遷無定，誠為憾事。迫得持均勢之政策，亦非英所願云。[56]

他認為英國有此意願，如由中國提出結盟，英國定必歡迎。[57] 從其語意推敲，他似有意自薦為駐英公使。

陸徵祥收到信後，給張國威一簡短覆函，指他「所陳俄蒙問題、世界連橫大勢，足徵留心時事，殊堪嘉許。」[58] 所言純屬客套，未言採納與否。事實上張國威的建議，以當時情勢論，完全是一廂情願的想法。的確，英國希望一個穩定的中國政府，能夠予英國在華商業有足夠的發展空間，但英國考慮到維持列強的均勢（balance of power），和中國結盟與此背道而馳，不符合英國的利益。再加上張國威人微言輕，理據亦欠充分，上書失敗自是可以預料。

55　同上。
56　同上。
57　同上。
58　同上。

台北開館

　　1941 年 1 月 31 日上午 10 時半，汪精衞政權之台北總領事館舉行開館儀式。台灣總督代表軍司令官、憲兵隊長、台北州長、台北市長、警務署長及各地代表二百餘人出席。同日下午 4 時，在台北市公會堂舉行開館茶會，共有四百餘人出席。[59]

　　1942 年，丁寅生的《孔子演義》在台灣出版。張國威替其提字。[60] 1943 年 1 月，馬廷亮繼張國威為駐台北總領事。[61] 馬廷亮是資深外交官，明治時期是清政府駐日公使館參贊，大正時期曾任中國政府駐橫濱總領事等職。[62] 故日本方面對他認識很深。他也曾是張國威的上司。[63]

　　有說張國威在解放以後返回上海，曾任上海市文史研究館館員。[64] 至於以後情況如何，則不得而知了。張國威非有赫赫之名，只是中國近代外交界一個過場人物。正因如此，更值得我們重新發掘他的一生。學者研究皇仁校友，多側重名成利就者，但如果我們能多掌握一些被遺忘校友的生平，或可更全面地了解皇仁書院在中國近代化當中所扮演的角色。

59　〈公牘：駐台北總領事館呈〉，《外交公報》第 26 期（1941 年），頁 7。

60　薛建蓉：《重寫的「詭」跡：日治時期台灣報章雜誌的漢文歷史小說》（台北：秀威資訊科技股份有限公司，2015 年），頁 239。

61　許雪姬：〈日據時期的中華民國台北總領事館：1931−1937〉，載台灣大學歷史學系編：《日據時期台灣史國際學術研討會論文集》（台北：台灣大學歷史學系，1993 年），頁 559−633。

62　《現代支那名士鑑》，1913 年，頁 8。

63　〈申送署甄南浦副領事張國威起復親供〉，1911 年 7 月 21 日。

64　詳參 http://www.shwsg.net/d/71/1323.html。

第六章

法學權威 東西津樑：

鄭天錫的一生

　　新大使我們並不陌生。如果是 1935 年在百靈頓堂舉行之倫敦中國藝術國際展覽會的常客，便會記得腰肢挺直、頗魁梧的鄭莘庭博士之身影 —— 他是展覽的中國特使；會記得他那深刻但常表友善的風度、他那沉厚的聲線。中國藝術未曾斷裂的連綿譜系 —— 由樸實有致的商朝青銅器，到色彩斑斕的康熙瓷器，又或是古今劇目，甚至一般的世界議題，他都能侃侃而談。他頗似波希米亞的弗洛里澤爾王子，在這種種題目上，「他掌握了很多的資料」。稱一個人為「技藝高超的健談者」是相當沒新鮮感的，但如果在最好的情況下套用在鄭博士身上，卻是非常恰當的，結合他熱衷的款待客人的技藝，這一形容是再適合不過了。他是好酒的品評家，亦能煮得一手好菜。我們或可稱他為中國的佐治・塞恩斯伯里。

　　他喜歡人稱他為鄭莘庭博士（他還有一個名字 —— 鄭天錫）。他 1884 年生於廣州，父親是當地一個富商。在飽讀中國經書之後，他到香港皇仁書院讀書，而孫逸仙醫生也在這學校接受教育。他父親在香港開了一間分店，年輕的他在這裏工作了一段短時間。未知他的想像是否因看到香港政府的井井有條而受到激勵（正如孫逸仙醫生後來自承一樣），又或是律師是天生的而非後天造成的 —— 這就無從知曉了 —— 但在 1907 年這個年輕人放棄了商業。他暫別了年輕的妻子（她稍後赴英與他一起生活），乘船赴倫敦。他在荷蘭公園租了房子，且成為了大學學院的學生，二十九年之後，他成為了該學院其中一個院士。

　　鄭天錫傳略，擇錄自 *Sunday Observer*, 28 July 1946 [1]

1　FO371/11500, "Biographical Sketch of the New Chinese Ambassador, Dr. F. T. Cheng," Extract, *Sunday Observer*, 28 July 1946, p. 3. 內容與事實有些出入，詳見下文討論。

圖 6-1　鄭天錫與妻子之合照
【資料來源】鄭斌教授提供

圖 6-2　左起鄭天錫妻子、鄭天錫、鄭斌妻子傅錦培，前為鄭斌兒子鄭耀原。照片攝於 1950 年代。

【資料來源】鄭斌教授提供

圖 6-3　後左起鄭天錫、鄭天錫妻子、鄭斌妻子傅錦培；前左起為鄭斌兒子鄭耀原和女兒鄭耀華。

【資料來源】鄭斌教授提供

圖 6-4　左起鄭天錫兒子鄭本、鄭雄。
【資料來源】鄭斌教授提供

圖 6-5　左起鄭天錫女兒陳鄭慶還、鄭天錫妻子、鄭天錫、鄭天錫女兒鄭英還。
【資料來源】鄭斌教授提供

圖 6-6　左起鄭英還、鄭天錫、鄭天錫妻子、鄭斌、外孫黃兆錕。

【資料來源】鄭斌教授提供

圖 6-7　後左起為鄭斌、傅錦培；前坐
　　　者為傅錦培母宋瓊芳。

【資料來源】傅德楨先生提供

對中國讀者來說，鄭天錫（1884－1970）或許是一個比較陌生的名字。然而，西方讀者對 F. T. Cheng 卻相當熟悉，他們透過鄭天錫介紹中國的英文著作，了解中國的精神和物質文化。

在二十世紀上半葉的中英關係史和文化史當中，鄭天錫曾發揮重要的作用，積極向英國傳揚中國文化的精髓，從而提昇中國在國際間的形象。

鄭天錫久居國外，大部分著作均以英文撰寫，所以中國大眾對他所知不多。表面上他儼然如一英國紳士，所寫英文臻於完美，與英國上流社會的知識分子無異；但骨子裏完全是一個儒家君子，熱愛中國文化，修身處世一以孔孟之道為規矩。有人曾問他屬何政黨，他回應謂，自己不屬任何政黨，且對政治不感興趣，因為「君子群而不黨」。[2] 回憶幼年時讀《大學》和《中庸》，鄭天錫不諱言此兩書所談之哲學非常艱深，與他當時年紀相若的現代孩童是讀不懂的，更何況要他們理解，難怪在學校中已不再講授。但他認為，如果有人覺得兩書是過時的東西，那是錯誤的，正如其他儒家經典一樣，它們都是中國文化的根基，揚棄它們等於拋掉中國的智慧寶庫。反之，如果能夠有系統地將《大學》和《中庸》與其他哲學體系一同研究的話，那麼中國對世界和人文方面都能有所貢獻。[3] 他熱愛中國文化還體現在飲食方面，在宴客時，遇有魚翅一道菜，鄭天錫都會親自下廚。[4] 據說他製作的鱔魚羹，外國上流社會視為珍味。[5] 他亦精於粵菜的烹調，擅長炮製鮑魚和冬菇等。[6] 鄭天錫又曾以英文撰寫《食論》（*Musings of a*

2　*East & West: Episodes in a Sixty Years' Journey*, p. 35.

3　Ibid., pp. 21-22.

4　孫甄陶：〈記鄭天錫先生〉，《廣東文獻季刊》第 6 卷第 1 期（1976 年 5 月），頁 27－32。

5　半解：〈駐英大使鄭天錫擅調羹湯！〉，《海潮週報》第 53 期（1947 年），無頁數。

6　此據鄭斌教授言。

Chinese Gourmet）一書，弘揚中國飲食文化。

以下一章，將討論鄭天錫一生的幾個重要片斷。現在先談他的生平。

貫通東西

鄭天錫字雲程，號茀庭，以洋名 F. T. Cheng 廣為西方所熟悉，「天錫」兩字為塾師所起，意謂天上來的禮物。[7] 鄭天錫是廣東中山縣五區雍陌鄉人。[8] 1884 年 7 月 10 日生於福州。其父鄭貞南（1852－1895）1870 年代離鄉赴港謀生，後在香港迎娶許氏，是其僱主之女兒。後為改善生計，與妻及唯一幼弟鄭桂軒（1863－1933）前往福州。[9] 鄭父晚上在夜學研習英語，後因略懂英語在附近的福州船政局覓得助理技師一職，負責製造炸藥。因此關係，其弟得以在馬尾海軍學校學習，後更考取政府獎學金，往英國格林威治（Greenrich）的英國水師學堂留學。[10] 鄭天錫深受其叔的影響，同時亦由於閱讀了《福爾摩斯》（*Sherlock Holmes*），自幼萌生要到倫敦去之遠志。[11] 鄭桂軒亦曾指導鄭天錫學習英文和數學。[12]

鄭天錫未彌月時，中法戰爭正酣，戰禍影響福州，因此鄭父舉家遷回香港。鄭父在香港尋得買辦一職，故鄭天錫年幼時生活比較富

7　*East & West: Episodes in a Sixty Years' Journey*, p. 18.

8　見吳潤江撰〈鄭茀庭博士誄〉，載〈駐英大使鄭天錫在英逝世親友今追悼〉，《華僑日報》，1970 年 3 月 29 日。

9　*East & West: Episodes in a Sixty Years' Journey*, pp. 11, 13；鄭天錫父母及叔叔資料由鄭斌教授提供，特此鳴謝。

10　*East & West: Episodes in a Sixty Years' Journey*, pp. 13-14.

11　F. T. Cheng, "Civilization of China as Illustrated by Her Classics," in F. T. Cheng, *Civilization and Art of China* (London: William Clowes & Sons, Ltd), 1936, pp. 7-18.

12　*East & West: Episodes in a Sixty Years' Journey*, p. 78.

裕，家有傭人。其父本身雖無任何功名，但仍希望兒子科舉高中，故
鄭天錫年幼時在鄉間接受傳統教育，學習科舉帖括之學。[13] 1894 年，
鄭天錫受父親鼓勵，在香港進入一所由皇仁書院畢業生開設的夜校
唸英文。[14] 1895 年，鄭父在香港感染時疫身亡，鄭天錫的生活有所改
變。他放棄科舉一途，進入商業學校學習。沒多久，鄭天錫進入皇
仁書院讀書。[15] 在此之前，他已略曉英語。經面試之後，鄭天錫進入
第六班，[16] 在校尤精數學，曾得滿分，惟在繪學方面表現一般。[17] 因成
績優異，鄭天錫從第六班跳至第四班，再至第三班。[18] 惟鄭天錫沒有
在皇仁書院完成學業，不久便返鄉避疫，繼續自學英語。[19] 後來鄭天
錫又回到香港，搭住在父親朋友在香港的店舖且幫忙店務。這時期他
與革命派同鄉鄭貫公（1880－1906）往來甚多，但對革命始終不太
熱衷。[20]

　　鄭天錫自幼立志要到英國唸書，後來終得償所願。他先是在英
國自修預科，又從劍橋大學文學碩士 A. E. Williams 學習預科和應
考科目，最後順利完成課程。[21] 1909 年至 1915 年，鄭天錫在倫敦大
學（University of London）大學學院（University College）求學，
曾獲倫敦大學的 Quain Prize in Public International Law。[22] 鄭天錫是

13　*East & West: Episodes in a Sixty Years' Journey*, pp. 14-15, 17.

14　Ibid., p. 43.

15　Ibid., pp. 63-64, 66, 72-73.

16　Ibid., p. 73.

17　Ibid., pp. 73, 76.

18　Ibid., pp. 76, 78.

19　Ibid., p. 78.

20　Ibid., pp. 80-86.

21　Ibid., pp. 107, 110.

22　University College London (ed.), *Calendar 1986-87* (London: University College London, 1986), p. 240.

倫敦大學法學博士。論文是 "The Rules of Private International Law Determining Capacity to Contract"，導師是 John MacDonnell 教授。[23] 鄭天錫亦是中殿律師學院（The Honourable Society of the Middle Temple）的名譽主管會員（Honorary Bencher）。[24] 他在 1917 年返港執業。同年尾赴北京當法律編纂委員會編纂主任，在王寵惠和羅文榦領導下工作。[25] 在英國唸書時，鄭天錫與兩人來往甚多。[26]

鄭天錫在 1919 年任大理院判事，1920 年任司法考試常任考試委員，1921 年為華盛頓會議中國代表團專門委員。後歷任關稅特別會議中方專門委員、法權調查委員會籌備處長、國際法權委員會代表代理、國務院商標局法律顧問等職。1928 年任上海東吳大學法學院教授。[27] 另外，曾有一段時間，鄭天錫在上海執律師業。[28] 1931 年冬天，羅文榦到上海探望鄭天錫，謂國民政府行將改組，已內定羅文榦為司法部長，故羅文榦邀請鄭天錫擔任次長。[29] 1932 年鄭天錫任司法行政部政務次長。[30]

鄭天錫學貫中西，「平生鑽研法律之餘，更寢饋於史漢及周秦諸子。學養深粹，服膺儒素」。[31] 李樹芬亦謂「鄭博士對於國學造詣極

23　*East & West: Episodes in a Sixty Years' Journey*, pp. 120, 125.

24　F. T. Cheng, *Reflections at Eighty* (London: Luzac and Co. Ltd, 1966), Biographical Details of F. T. Cheng. "Honorary Bencher" 之中文翻譯由傅德楨先生提供，特此鳴謝。

25　《中國文化界人物總鑑》，頁 712；F. T. Cheng, *East & West: Episodes in a Sixty Years' Journey*, pp. 135-137；〈記鄭天錫先生〉，頁 27－32。

26　FO371/11500, "Biographical Sketch of the New Chinese Ambassador, Dr. F. T. Cheng," Extract, Sunday Observer, 28 July 1946, p. 3.

27　《中國文化界人物總鑑》，頁 712。

28　F. T. Cheng, *East & West: Episodes in a Sixty Years' Journey*, pp. 143-148.

29　〈記鄭天錫先生〉，頁 27－32。

30　《中國文化界人物總鑑》，頁 712。

31　〈鄭莘庭博士誄〉。

圖 6-8　鄭天錫在上海的執業廣告

【資料來源】*The Shanghai Directory 1930: City Supplementary Edition to the North-China Desk Hong List* (Shanghai: North-China Daily News & Herald, Limited, 1930), p. 55.

深」。[32] 他很喜歡讀書，中文方面是儒家的經典，英文方面是 James Boswell（1740－1795）的 *The Life of Samuel Johnson*。[33] 他尤其鍾愛 *The Life of Samuel Johnson* 一書，差不多在自己每一本著作中，都引用這一部書，可見此書對他影響至深。1935 年，鄭天錫以特派員身份，護送大批中國文物，參加倫敦中國藝術國際展覽會（International Exhibition of Chinese Art）。[34] 1936 年起，鄭天錫任海牙國際法庭法官。1946 年為國民政府駐英大使。[35]

　　1950 年初，英國政府承認中華人民共和國。鄭天錫從駐英大使退任，但仍居英國。曾有一位住在巴西、名字為 Y. N. Chang 的人欲

32　《香港外科醫生》，頁 7。

33　此據鄭斌教授言。

34　〈鄭天錫覲見林主席〉，《工商日報》，1936 年 5 月 26 日。

35　〈新任國際法庭法官鄭天錫過港赴任羅文錦昨請鄭氏茶敘昨午抵港下午原船赴歐〉，《天光報》，1936 年 12 月 26 日；〈鄭天錫赴英履新〉，《工商日報》，1946 年 7 月 26 日。

透過英國外交部尋找鄭天錫，說自己曾是鄭天錫的學生。英國方面即使知道鄭天錫的住址，但為免麻煩，遂透過里約熱內盧（Rio de Janeiro）的英國大使館回覆，表示無能為力，請他自行向台灣方面查問。[36] 同年稍早的時間，鄭天錫與傅秉常結為兒女姻親。鄭天錫兒子鄭斌迎娶傅秉常女兒傅錦培。[37]

鄭天錫是英國 Athenaeum Club 的會員。[38] 1950 年至 1952 年間，他住在倫敦。1952 年至 1960 年間，他在李國欽（1887－1961）的華昌公司任法律顧問，故多在美國生活，[39] 該公司專營銻（Antimony）的業務。[40] 鄭天錫在居美期間，有時住在女兒、歷史學家鄭英還（1916－2011）位於紐約的家中，有時則住在另一女兒位於新澤西的家。[41] 1970 年 1 月 31 日他在 Westminster Hospital 逝世。[42]

同年 3 月 30 日，鄭天錫生前友好、親戚和其他居港舊識，在香港北角明園西街四十九號二樓諾那精舍舉行追悼會，出席者有親家宋瓊芳、國畫家楊善深（1913－2004）、王韶生（1904－1998）等。[43] 可見鄭天錫在文藝界廣結朋友。其中祭文中云，「明律而流通海洋大陸兩大法系，嫻文學而沈浸濃郁於英詩」，[44] 可為其一生之寫照。

36　FO371/92337, Request for Information on Whereabouts of Former Chinese Ambassador to Great Britain Dr. Cheng Tien-Hsi, 26 March 1951.

37　《傅秉常與近代中國》，頁 218。

38　稿本《傅秉常日記》，1952 年 3 月 17 日。

39　〈記鄭天錫先生〉，頁 27－32。

40　此據鄭斌教授言。

41　同上。

42　"Deaths (continued)," 3 February 1970, *The Daily Telegraph*. 這是夾附在 *Reflections at Eighty* 的剪報。

43　〈北京大學同學會追悼鄭天錫教授〉，1970 年 3 月 31 日。

44　同上。

　　鄭天錫的兒女都各有成就。長子鄭斌先後在日內瓦大學（Geneva University）和倫敦大學唸書，1950 年獲倫敦大學博士，是研究太空法（Air Law）和國際法的權威，著作等身。他是倫敦大學教授。次子鄭本出身倫敦大學，是著名的醫生。三子鄭雄出身劍橋大學，是著名的眼科醫生。[45] 長女鄭錦還是香港商人黃馨山兒子黃伍如的妻子。黃伍如是土木工程師，抗戰時期曾參與興建江西和福建等之飛機場。[46] 次女鄭英還早年在金陵女子文理學院就讀。[47] 她是哈佛大學博士，後在美國 Dowling College 任教。嗣後更獲該校頒發 Honorary Doctor of Pedagogy。她也是同校的 Professor Emerita of History。[48] 三女鄭慶還則曾在荷蘭研究美術。[49]

香港之行

　　鄭天錫是留英的法律專家，故他在政府當官，亦離不開法律專業，且離不開從英國法律的觀點看問題。1927 年前後，鄭天錫是中日修約會議中方的專門委員，[50] 會上曾討論法權問題。[51] 鄭天錫曾參與

45　〈記鄭天錫先生〉，頁 27－32。

46　〈我新任駐英大使鄭天錫由京來港〉，《工商日報》，1946 年 7 月 9 日。

47　王光（講）；鄭英還記錄：〈世界政治潮流與中國政治制度〉，《金陵女子文理學院校刊》第 22 期（1934 年），頁 7－9。

48　此據鄭斌教授言。

49　〈記鄭天錫先生〉，頁 27－32。

50　〈通知日本派定專門委員銜名〉，《北洋政府外交部》，中央研究院近代史研究所檔案館藏，檔號 03-23-035-03-003。

51　〈函送中日專門委員關於法權會議記錄祈密存由〉，《北洋政府外交部》，中央研究院近代史研究所檔案館藏，檔號 03-23-036-01-001。

撰寫《中日法權會議報告書》。[52] 1927 年 5 月，司法總長羅文榦派時為參事的鄭天錫等負責接洽收回天津租界事宜。[53]

1933 年夏天，時任南京司法部次長的鄭天錫，南下探母，順道在香港考察司法和行政制度，以及調查新界土地登記法等。[54] 因鄭天錫曾在香港執律師業，故與香港司法當局和司法界人士相熟，在考察時給予許多便利，更曾被邀旁聽某命案的審判。[55]

鄭天錫本已熟悉香港司法制度，此次考察，相信是為國民政府法律改革搜集一些參考資料。他指出，香港的法院主要分為兩級，一為巡理府，即中國的初級法院；二為大審院，即中國的地方法院。鄭天錫認為「巡理府之簡易程序，實有足資吾人取法者」。[56] 此一看法，很有代表性，亦反映他長期受英國教育的洗禮。他進一步指出香港司法制度的優勝處。在警察拘人後，要在 24 小時內交法院，法院即開始審判，有罪與否，即時宣判。手續簡單，能迅速處理問題，且法官均極具資格和經驗。香港法院審判重在舉證，審判前控辯雙方須多方搜集證據，而證據多少直接影響判決。[57] 鄭天錫由此批評當時中國的司法制度之不足，指出「非若我國因舉證未足，仍可當庭請求下次開庭」，而英國的法院判案，「則向以速了為原則，對於法官與人民均可節省時間」。[58]

52　〈中日法權會議報告書一份請察收〉，《北洋政府外交部》，中央研究院近代史研究所檔案館藏，檔號 03-23-036-03-014。

53　〈函告收回天津租界事司法部已派參事湯鐵樵鄭天錫洽辦〉，《北洋政府外交部》，中央研究院近代史研究所檔案館藏，檔號 03-16-006-01-002。

54　〈鄭天錫昨已北返〉，《工商晚報》，1933 年 7 月 27 日。

55　〈鄭天錫談在香港考察司法之經過〉，《法律評論》第 512 期（1933 年），頁 8。

56　同上。

57　同上。

58　同上。

　　至於在監獄規則方面，香港監獄均與中國監獄無差別，但在物質和設備方面，前者遠勝後者。鄭天錫指出，香港監獄工廠的生產量高且出品優秀，另外犯人的洗手間亦遠較中國監獄的好。香港監獄的囚犯多以抽大煙和偷竊居多，當鄭天錫參觀之時，監獄有人滿之患，故有增建監獄之必要。監獄內常備有醫生，日均醫治四十至五十人。最後鄭天錫更總結：「某次余見一法官，在三小時之內，理案數十件，其精神手續均至足欽佩。」[59]

　　司法改革一直是國民政府急欲處理的問題，原因是外國人一直堅持享有領事裁判權。外國人開出條件，要求國民政府改革司法達至其滿意水平，他們才願意放棄領事裁判權。因此國民政府司法官員希望透過考察西方司法制度（香港是英國殖民地），引進現代化的司法觀念，改革中國司法制度。

　　訪港期間，鄭天錫曾在高等法院聽講多次，特別注意香港法院對小案件處理的程序。鄭天錫指出，國民政府的法律乃大陸法系（即德國制），即使是小案件，也要草擬判決書，費時失事。就他在香港所見，小案件處理便捷，此英、美法之好處值得國民政府學習。[60] 鄭天錫在港期間，何甘棠等曾請宴於南唐酒家，因何「與之有舊」[61]，皆因彼此也是皇仁校友。羅文錦兄羅雪甫亦有出席。[62]

59　同上。

60　〈司法部次長鄭天錫考察本港司法行政經過〉，《天光報》，1933 年 7 月 22 日。

61　〈司法部次長鄭天錫考察本港司法行政〉，《工商日報》，1933 年 7 月 19 日。

62　同上。

番書與黃龍——香港皇仁書院華人精英與近代中國

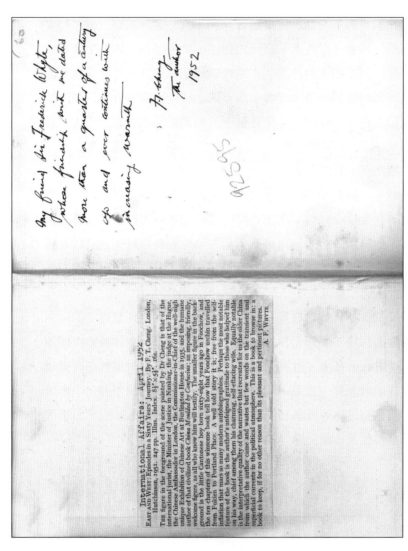

圖 6-9-1 至圖 6-9-2 鄭天錫贈 **Frederick Whyte** 爵士簽名本附贈言。**Frederick Whyte** 將在 *International Affairs* 所撰書評貼在在書裏。

[資料來源] *East & West: Episodes in a Sixty Years' Journey* (London: Hutchinson & Co. Publishers Limited, 1951)。筆者藏。

（續圖）

圖 6-9-2

鄭天錫與中國文化

倫敦中國藝術國際展覽會為中國近代藝術史上一大盛事。鄭天錫在這一展覽中擔當了重要角色。

倫敦中國藝術國際展覽會從 1935 年 11 月 28 日至 1936 年 3 月 7 日假座百靈頓堂（Burlington House）舉行。展覽會共展出 3,080 件展品，吸引了 401,768 位參觀者，售出展覽目錄達 108,914 冊。[63] 根據中英雙方的備忘錄，展覽會由倫敦愛好中國藝術人士發起。1935 年 4 月，國民政府派鄭天錫為展覽會特派員，赴英國視察和監督展品出國和返國事，及代表國民政府與英方接洽。[64]

1935 年 5 月 31 日上午，鄭天錫在南京的行政院與汪精衛晤面，「報告運英古物封箱啟運及定期出國事並請示」。[65] 6 月 3 日，他往晤國府主席林森（1868－1943）。[66] 國民政府借出逾千件展品，經由英艦修復號（Suffolk）由上海運往英國，中方展覽會秘書教育部督學唐惜分和莊尚嚴隨同前往英國，又另派故宮博物院職員傅振倫及那志良等赴英管理中方展品。[67]

6 月 14 日鄭天錫抵港，對記者表示國民政府借出 1022 件器物供展覽會，展品可分為四類：（一）銅器和鐵器、（二）書畫、（三）磁

63　Jason Steuber, "The Exhibition of Chinese Art at Burlington House, London, 1935-36," http://burlington.org.uk/media/_file/generic/theexhibitionofchineseartatburlingtonhouse.pdf。關於中國展品，可參倫敦中國藝術國際展覽會編：《參加倫敦中國藝術國際展覽會出品圖說》（上海：商務印書館，1936 年）。

64　莊尚嚴：〈赴英參加倫敦中國藝術國際展覽會記〉《國立北平故宮博物院年刊》，1936 年，頁 113－136。

65　〈鄭天錫謁汪〉，《工商日報》，1935 年 6 月 1 日。

66　〈鄭天錫晉謁林主席〉，《工商日報》，1935 年 6 月 4 日。

67　〈赴英參加倫敦中國藝術國際展覽會記〉。

器、（四）中研院所發現的古玉和漆器、甲骨。鄭天錫此行之目的是護送展品。[68] 然而，此僅為鄭天錫出行的原因之一。鄭天錫學貫中西，英文造詣極高，抵步後在英國演講，推廣中國文化，當有提升國民政府形象、爭取國際同情之效果，以及「使國際人士對我藝術發生深刻敬重印象」。[69]

莊尚嚴回憶，對於是否參與展覽會，國內學者分成兩派，「贊成者謂可宣揚國光」，「反對者嗤為折洋爛污」，他自己的看法是否定的：「夫藝展之在英倫，固曾哄動一時，若謂由是可以增睦邦交，提高國際地位，雖非緣木求魚，亦等鏡花水月。」[70] 當時社會更有聲音，認為是外銷國寶的藉口。[71]

1935 年，國民政府正處於內外交困：對內，中國白銀外流嚴重；對外，日本對中國侵略加劇，當時國民政府的艱難可想而知。國民政府在這個時候耗費大量金錢和物力參與展覽會，相信有其政治的考慮。國民政府希望透過展覽，爭取世界對中國的同情。不無巧合的是，當時國民政府所發起的新生活運動正進行得如火如荼。展覽會與新生活運動都反映了中國民族主義的興起。

另外，鄭天錫這次赴歐尚有兩項任務。其一，代表中國出席在柏林舉行、專門討論刑律以及監獄管理的法律會議；其二，代表中國出

68　〈英京藝展會特派員鄭天錫昨抵港〉，《工商日報》，1935 年 6 月 15 日；〈赴英參加倫敦中國藝術國際展覽會記〉，頁 113－136。

69　〈鄭天錫談話〉，《工商日報》，1936 年 5 月 18 日。

70　〈赴英參加倫敦中國藝術國際展覽會記〉，頁 113－136。

71　Ellen Huang, "There and Back Again: Material Objects at the First International Exhibitions of Chinese Art in Shanghai, London and Nanjing, 1935-1936," in Vimalin Rujivacharakul (ed.), *Collecting China: The World, China, and a History of Collecting* (Newark: University of Delaware Press, 2011), pp. 138-152.

席在丹麥舉行、專門討論如何統一各國刑律方案的會議。[72] 刑律及監獄會議分立法、預防、管理和幼年犯四方面。鄭天錫參加立法一組。他在會上將中國歷年司法改革之經過，及當時新頒之刑法、刑事訴訟法及民事訴訟法各方面之進步，詳加介紹。與會各人均感同情與欽佩。至於刑律統一會議，鄭天錫被推舉為副會長，閉幕時又被推舉為其中一位致閉幕詞的人，可謂備受禮遇。[73]

展覽會的執委會成員均為一時俊彥。除鄭天錫外，中方代表有駐英大使郭泰祺（1889－1952）、陳維城（Dr. W. C. Chen）[74] 等，而英方則有漢學權威伯希和（Paul Pelliot, 1879－1945）、文藝史專家 Bernard Rackham 和猶太裔陶瓷收藏家 Sir David Percival（1892－1964）等。前此任國聯李頓調查團主席的李頓（Victor Alexander George Robert Bulwer-Lytton, 1876－1947）是執委會的理事長、郭泰祺與 Sir William Llewellyn 為副理事長、Sir David Percival 為總監。鄭天錫的銜頭則為「中國政府特使」（Special Commissioner of the Chinese Government）。[75] Sir David Percival 在展覽的角色尤其關鍵，而展品的下限至十九世紀為止，十九世紀和二十世紀的沒有被納入，這當然與 Sir David Percival 對中國美術的看法有關。更甚者，有說展品之納入與否，完全由英方委員會決定，因此展品本身未能代表中國對自己文化傳統的觀點。[76]

72　〈鄭天錫今晨可抵港〉，《工商日報》，1935 年 6 月 14 日。

73　《法律評論》第 13 卷 31 期（1936 年），頁 26。

74　中國駐英大使館參事，見〈赴英參加倫敦中國藝術國際展覽會記〉，頁 113－136。

75　Royal Academy of Arts (Great Britain) (ed.), *Catalogue of the International Exhibition of Chinese Art, 1935-6* (London: Royal Academy of Arts, 1935), p. 12；〈赴英參加倫敦中國藝術國際展覽會記〉，頁 113－136。

76　Stacey Pierson, "From Market and Exhibition to University: Sir Percival David and the Institutionalization of Chinese Art History in England," in *Collecting China: The World, China, and a History of Collecting*, pp. 130-137.

　　1936 年 5 月，鄭天錫在京總結展覽會的成績，指出展覽空前成功，參觀者均稱許中國展品之古雅。英王喬治五世（George V, 1865－1936）及其妻子瑪麗皇后（Mary of Teck, 1867－1953）尤為鍾愛中國古物，皇宮中有中國室兩間陳列珍品，且曾兩次邀請鄭天錫進宮暢談古代中國文物。另外，英政府將入場券的兩成收益數千磅付給國民政府。[77] 瑪麗皇后曾贈送簽名照片和書本予鄭天錫，以示對他的尊敬。[78]

　　鄭天錫曾在英國作演講，1936 年匯集演講稿而為 *Civilization and Art of China*。此書除 Arthur Machen 為本書所寫的序外，共收演講三篇。第一篇為 "Civilization of China as Illustarted by Her Classics"，是 1935 年 11 月 12 日在牛津 Rhode House 的 China Society 的演講稿。先談先秦諸子學說，再談中國家庭，首重孝道，然後是個人，強調君子之道。第二篇為 "Some Cultural and Historical Aspects of Chinese Art"，是 1935 年 12 月 6 日在 Royal Academy of Arts 的演講稿。顧名思義，這一篇談中國的藝術。先談音樂，強調音樂在中國文化的教化和維持社會和諧的貢獻，同時亦提到墨子反對絲竹奏樂的學說等。然後是書法和繪畫，鄭天錫指出，作為一個好畫家首先要懂書法。書法既可以表達個人的內心世界，也可令人達至心境平和。寫書法時，一筆一劃要堅定。他又到談玉器和瓷器等。第三篇為 "A Talk About China"，則談孔子哲學和其他。[79] 鄭天錫此行，成功推廣中國在英國方面的形象。

　　鄭天錫對儒家文化有着一股強烈的信念，視之為一生之圭臬和南針。二戰時期，國際法院暫時停止運作，鄭天錫在瑞士日內瓦閒居。他覺得光陰不可虛度，故將歷年來有關中國文化的思考撰作整理而為

77　〈護送古物專員鄭天錫抵京〉，《工商日報》，1936 年 5 月 19 日。

78　此據鄭斌教授言。

79　各篇介紹主要採自 *Civilization and Art of China*。

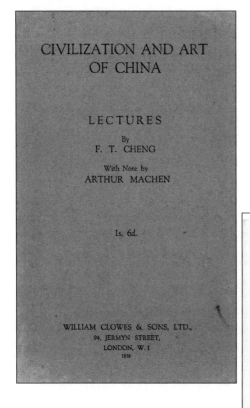

圖 6-10　鄭天錫 *Civilization and Art of China* (London: William Clowes & Sons, Ltd., 1936) 簽名本。

【資料來源】筆者藏

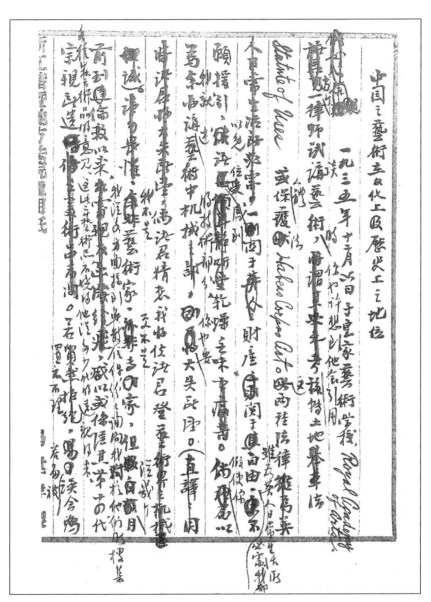

圖 6-11-1 至圖 6-11-2　"Some Cultural and Historical Aspects of Chinese Art" 的中文譯稿，惟未知出自何人手筆。

【資料來源】鄭斌教授提供

（續圖）

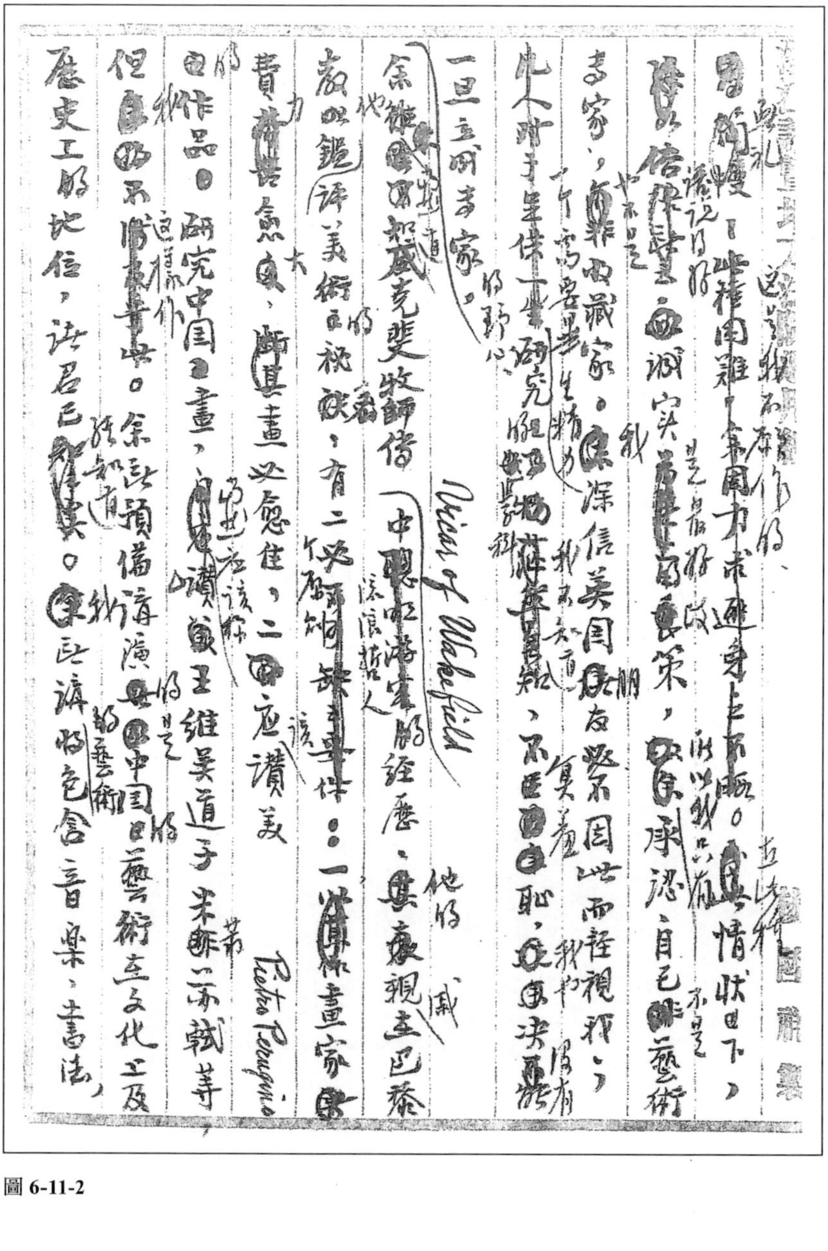

圖 6-11-2

China Moulded by Confucius: The Chinese Way in Western Light 一書。
他寫此書的目的，是向西方介紹中國文化的精粹，從而促進東西方之
了解。[80] 他又指出，戰爭由人類所引起，而人類要學會熱愛和平，始能
中止戰禍，故他深信，孕育中國人熱愛和平的中國文化，定能對世界
作出貢獻。[81] 此書主要談儒家與中國文化。不過因其對儒家的維護，此
書遭到當時西方學界的一些批評。

E. V. D. Heydt 在書評中雖然肯定此書之價值，稱「這是一部了
不起的書」、「鄭先生不單知道他自己國家的文學，對英國文學也瞭如
指掌，他對東西方思想之比較常常令人驚喜」，但亦同時指出，雖然
鄭天錫是新革命中國政府之一員，惟其文化觀保守至極。Heydt 認為
「此書應該是五百年前寫的」、「因為作者是老一派，無怪乎他依然恪
守許多現代學者不再接受的意見」。[82]

陳榮捷（1901－1994）指「閱讀這本書，就好像跟一位有文化
素養的紳士就中國宗教、哲學、家庭、婚姻、友誼、文學、藝術各課
題，作一番愉快的談話」。他認為此書有價值，皆因它「溫情洋溢而
不感情用事、有學問而不沉重、迷人但不從俗」，稱許友誼那一章寫
得最好。不過他亦批評此書印刷粗糙、對某些課題處理不太均衡、以
廣東拼音勉強拼譯人名和地名等，以及對中國傳統體制過度辯護。[83]

E. R. Hughes 則稱鄭天錫是一個徹頭徹尾的儒者（dyed-in-the-
wool Confucianist），但他認為「雖然鄭博士間中對中國經典的個別

80　F. T. Cheng, *China Moulded by Confucius: The Chinese Way in Western Light* (London: Stevens & Sons Limited, 1946), pp. 9-11, foreword.

81　*China Moulded by Confucius: The Chinese Way in Western Light*, p. 22.

82　E. V. D. Heydt, "Book Review: *China Moulded by Confucius: The Chinese Way in Western Light*," in *Artibus Asiae*, Vol. 9, No. 4 (1946), pp. 364-365.

83　Wing-tsit Chan, "Book Review: *China Moulded by Confucius: The Chinese Way in Western Light*," *The Far Eastern Quarterly*, Vol. 6, No. 3, Far Eastern Bibliography 1946 (May 1947), pp. 305-306.

關鍵詞和段落深入探討,但他把現代有關聖與王的重要觀念,擱在一旁」。不過他肯定鄭天錫是一個自由主義者,「明白到中國傳統秩序中民主理論的重要性」。[84]

C. C. Shih 對鄭天錫此書有很多意見,認為「如果對整體中國文化作詮釋時沒有觸及社會、經濟和政治因素,是危險的」。在宗教一章,鄭天錫沒有多談佛教和道教,C. C. Shih 認為這樣處理不好,因為不能全面反映中國文化。C. C. Shih 對此書的批評很直白。他認為西方未必需要中國倫理教化來補足自己的科學成就。再者,他不認為基督的教化會比儒家的差。C. C. Shih 指出,既然儒家在當時的中國已經不行了,他看不出儒家對西方會有甚麼貢獻。鄭天錫指孝道為所有德之本源,C. C. Shih 對此批評尤甚,認為孝道在中國社會已經發展至差不多心理病態的地步(almost psycho-pathological condition)。且在一戰之後,孝道作為主要之德,已經迅速失去力量。五倫之中除了朋友一倫外,其他都已經過時。C. C. Shih 建議,鄭天錫應該將中國主要思想家的思想羅列出來,且慎擇他們的言論,讓讀者自己了解他們的思想。不過他亦指出此書有一些可取的地方,例如他認為鄭天錫對儒學的詮釋持平公允,另外鄭天錫亦讓讀者從中國人生活的概念了解到中國人的本質。C. C. Shih 認為這是將來中國重生的主要希望(chief hope for the rebirth of China)。[85]

一位署名 M 的評論人則比較正面,認為鄭天錫此書「凝聚了中國四千年文化和智慧精髓」,「鄭博士廣泛閱讀英國文學。令人欣喜的

84　E. R. Hughes, "Book Review: *China Moulded by Confucius: The Chinese Way in Western Light*," *International Affairs* (*Royal Institute of International Affairs 1944-*), Vol. 23, No. 2 (April 1947), pp. 278-279.

85　C. C. Shih, "Book Review: *China Moulded by Confucius*," *International Journal*, Vol. 3, No. 3 (September 1948), pp. 274-276.

是，他可以引用莎士比亞、莊遜博士、吉朋，以及其他許多篇章，印證孔子與其門人之思想」。M 在評論結尾中總結：「東西方對於人類精神遺產都有着多樣性的貢獻，因此東西方之互相理解是必需的。為着這一最理想目標，這一部重要而令人嚮往的著作，不無小補。」[86]

他們的評論都各有道理，都指出了鄭天錫思想上的一個特點，就是強烈擁護儒家思想。誠然，鄭天錫有時對中國文化某些方面有一種偏執，但這種偏執不是來自頑固。鄭天錫是學法律出身的，而法律又事事講求證據與邏輯，不會妄下定論。因此，鄭天錫有此論調，是因為他對儒家思想有強烈的信心，明白它可以匡時濟世。而且他只是一個業餘寫作人，我們對之不宜太苛。我們更應該看重他對儒家文化的執着和堅持。

鄭天錫在該書談宗教部分，頗能反映其信仰所在。他指出，一般人認為中國人沒有宗教，而只有道德系統，因為作為大量中國人視為宗教的儒家[87]，既沒有司祭一職，也沒有甚麼禱詞，況且中國人視之為儒家創始人的孔子少談神明而常常只談人和人的使命，不談死後世界而只談將來的世代，再者孔子永遠不說自己是超人而只強調自己是一個人。[88] 鄭天錫認為儒家強調現世，不談怪力亂神。他引孔子「未能事人，焉能事鬼？」（《論語・先進》）、「未知生，焉知死？」（《論語・先進》）及「務民之義，敬鬼神而遠之，可謂知矣。」（《論語・雍也》）等語，說明中國人的鬼神觀。[89] 梁啟超（1873－1929）對此有一恰當的說法，他認為：「孔子是個現實主義者，不帶宗教色

86　M, "Book Review: *China Moulded by Confucius*," *Journal of Comparative Legislation and International Law*, Vol. 30, No. 3/4 (1948), pp. 100-101.

87　亦可譯作「儒教」。

88　*China Moulded by Confucius: The Chinese Way in Western Light*, p. 46.

89　Ibid., p. 48.

彩。」[90] 鄭天錫之看法與之十分相近。鄭天錫又謂，儒家沒有教堂也沒有神父，在人們的家中，只有拜祭用的神樓，或者是在城鄉之間設孔廟。而行使神父或道德監護人功能的是父母甚或老師，鄭天錫引孟母三遷之典故為例。[91] 這反映了鄭天錫對儒學的理解。

鄭天錫對儒家思想不是盲目崇拜，而是有其理性分析。有些人說西方的社會單位是個人，而中國則是家。鄭天錫認為這「僅是個人觀點」，因為儒家談進德也是以個人為本位的。[92] 他的反駁清脆利落。鄭天錫對孝道的重視也不是出於愚孝。他視孝道為「中國文化的基石」，[93] 這與他童年經歷有關 —— 他母親便是寡母守兒，所以他事母至孝。當他收到母親死訊時，「整個人崩潰了，哀痛逾恆，宛如發現自己在孤立的世界裏，孑然一身」。母親的死，令他深深明白「養兒方知父母恩」的道理。[94]

鄭天錫視儒家思想為其生命指南針。在 "What I Believe" 一文中，鄭天錫談他的人生信念，其中談到儒家思想的某些方面。他開宗明義指出，他不相信人絕不犯錯（infallibility of man）。他旁徵博引，引用「五十而知四十九年非」（《淮南子·原道訓》）[95] 和「加我數年，五十以學易，可以無大過矣」（《論語·述而》）等語。[96] 他覺得和諧，特別是人與人之間的和諧，是最重要的。他認為，如果一個

90　梁啟超：《古書真偽及其年代》（台北：中華書局，2018 年），頁 9。

91　*China Moulded by Confucius: The Chinese Way in Western Light*, pp. 51-52.

92　Ibid., p. 163.

93　Ibid., p. 166.

94　*East and West: Episodes in a Sixty Years' Journey*, pp. 151-152.

95　《淮南子》不是儒家著作。它糅合了各家思想。這一條引文強調自省，反映《淮南子》也包含了一些儒家思想。

96　F. T. Cheng, "What I Believe," in Sir James Marchant (ed.), *What I Believe* (London: Odhams Press Ltd), 1953, pp. 104-115.

人知道這種和諧所帶來的喜悅，他會願意努力去追求它。[97] 這非流於空談，鄭天錫將之付諸實行。他在上海執律師業時，曾有一對夫婦請他辦理離婚。不過他最後成功勸服兩人，令該對夫婦和好如初。生意做不成，鄭天錫還請該夫婦午飯。他覺得這筆錢用得其所。[98] 這完全體現了他的和諧論。鄭天錫也相信命運，相信萬事冥冥中自有主宰。[99] 這正是儒家知命論的體現。

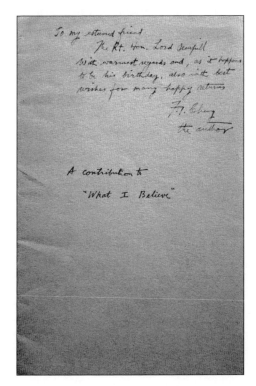

圖 6-12　鄭天錫贈 Lord Sempill 之 "What I Believe" 簽名抽印本。William Forbes-Sempill（Lord Sempill, 1893－1965）是蘇格蘭貴族，也是英國著名飛行家。

【資料來源】鄭斌教授提供 Lord Sempill 資料，特此鳴謝。筆者藏。

97　Ibid.

98　*East and West: Episodes in a Sixty Years' Journey*, p. 148.

99　Ibid.

鄭天錫晚年撰寫的《八十感言》(*Reflections at Eighty*)，Neville Whymant 為此書作序，稱它為「儒家道德手冊」。[100] 此書是鄭天錫晚年的人生思考。在第一章，鄭天錫談到有一個神父曾致電中國駐紐約總領事，謂當地青少年犯罪問題頗嚴重，神父向中國總領事請教，究竟中國人如何教導孩子，因為他觀察到中國青少年沒有在紐約弄出大問題來。總領事不知如何以對，詢問鄭天錫該怎樣作覆，鄭以「弟子，入則孝，出則弟，謹而信，汎愛眾，而親仁。行有餘力，則以學文」(《論語．學而》) 作覆。他由此指出中國人對家庭教育的重視。鄭天錫又談到中國人的兄友弟恭 (fraternal deference)，進而提到「四海之內，皆兄弟也」(《論語．顏淵》)。[101] 可見鄭天錫視儒家思想為立身處世之道。他談到年輕人在兩次大戰所顯示保家衛國的朝氣，「後生可畏，焉知來者之不如今也？」(《論語．子罕》)[102] 他也提到自我反省的重要，[103] 即儒家的「三省吾身」。不斷的自省，是儒家進德的必經之路。

在談到人與人之間的誤解時，鄭天錫一語中的，指其中一個原因是「太熟」(too close association)，所以他謂「又聞君子之遠其子也」(《論語．季氏》)。[104] 這又是經驗之談。

100　"Note on the Typescript of a New Work by H. E. Dr. F. T. Cheng," in F. T. Cheng, *Reflections at Eighty* (London: Luzac and Co. Ltd), p.x.

101　*Reflections at Eighty*, p. 2.

102　Ibid., p. 3.

103　Ibid., p. 3.

104　Ibid., p. 6.

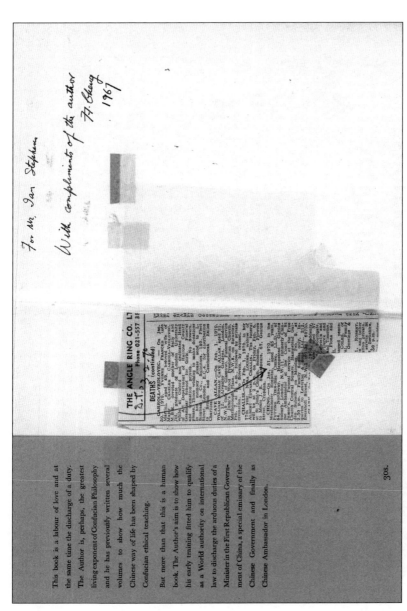

圖 6-13-1 至圖 6-13-2 鄭天錫 1967 年贈 Ian Stephens 之 *Reflections at Eighty* 簽名本。鄭天錫簽名時已是八三高齡，下筆依然蒼勁有力，顯示他當時相當健康。

[資料來源] 筆者藏

（續圖）

信言感想八十郭華年著

Reflections at Eighty

by

F. T. CHENG, LL.D.(Lond.)

Member of Permanent Court of
Arbitration and of United Nations Panel
for Inquiry and Conciliation, etc.
Formerly Judge of the Permanent Court
of International Justice, Ambassador to
the Court of St. James's, etc.

LUZAC AND CO. LTD
46 Great Russell Street, London, WC1
1966

圖 6-13-2

國府最後的駐英大使

　　1946 年夏，鄭天錫獲委任為國民政府駐英大使。1946 年 7 月上旬，鄭天錫從南京乘搭飛機到香港，目的是回中山原籍探親。居港期間，鄭天錫住在好友張公勇（約 1887－1959）的公館。張公勇 1937 年時為皇仁舊生會副主席，曾任均益貨倉有限公司（China Provident Company Limited）及聯益貨倉有限公司（North Point Wharves Limited）董事長等高職，1959 年逝世時留下 825,400 港元遺產。[105] 張公勇與鄭天錫年齡相若，應是鄭在皇仁求學時的同窗好友。1946 年 7 月 10 日，鄭天錫抵港，對記者表示「關於政府派其為新任駐英大使一說，彼尚未奉到明令云」。在中山盤桓數日後便會返南京，等待政府指示後再返歐洲。[106] 7 月 16 日，行政院正式宣佈鄭天錫為國府駐英大使。[107]

　　7 月下旬，他抵英任事。[108] 8 月 4 日，他代表國民政府向英王呈遞國書。[109] 9 月 10 日，他設宴招待行將訪華的英貿易代表團。[110] 鄭天錫在法律界的資歷十分深厚，但在外交界僅是新人而已。傅秉常謂「渠初任外交官，各事不接頭，自屬不足怪之事」，又聞說「弗庭似過於節省，使館用人亦辭去多名，致不能應付」。[111] 然而鄭天錫在英國

105　〈皇仁舊生會新職員〉，《香港華字日報》，1937 年 3 月 24 日；〈我新任駐英大使鄭天錫由京來港取道返中山原籍省親〉，《工商日報》，1946 年 7 月 9 日；〈太平紳士商界聞人張公勇昨病逝今日下午三時半出殯〉，《工商晚報》，1959 年 5 月 28 日；〈張公勇遺產准承辦人管業〉，《大公報》，1959 年 6 月 29 日。

106　〈鄭天錫抵港〉，《工商日報》，1946 年 7 月 10 日。

107　〈鄭天錫使英任命行政院正式發表〉，《工商日報》，1946 年 7 月 17 日。

108　〈鄭天錫抵英〉，《工商日報》，1946 年 7 月 29 日。

109　《廣東省政府公報》，1947 年 2175 期，頁 11－12。

110　〈鄭天錫在英招待訪華團〉，《工商日報》，1946 年 9 月 12 日。

111　傅錡華、張力校註：《傅秉常日記》（台北：中央研究院近代史研究所，2016 年），頁 219，1946 年 10 月 22 日。

的人脈很廣，彌補了這方面的不足。11 月 6 日，瑪麗皇后接見鄭天錫夫婦。[112]

鄭天錫任駐英大使期間，相當活躍，經常應邀發表演說和出席各種活動，提升國民政府的國際形象。1946 年 8 月 12 日，他在 BBC 發表講話：

> 我獲任命為中國駐英大使，於我來說，是十分值得欣喜的，皆因我與這國家的關係，早已密不可分。
>
> 或者，您們當中有些人知道，我曾在這個國家住了逾十年。在法律的範疇和在民主體制兩方面，我在這裏學到很多東西。在偶然的情況下，更得到不少學術榮譽。我對之珍而重之。
>
> 1917 年我返回中國。從那時起我擔任了一連串與中國和國際有關的司法職位，且以 1936 年我獲選為海牙常設國際法院法官作結。在這段時間裏，我深深地察覺到，我在這國家所接受的健全法學訓練，以及圍繞着我的民主體制，令我獲益良多。或者您們會記得，在 1935 年，作為假百靈頓堂舉行的中國藝術國際展覽會特使的我，帶着我國的一些國寶來到這裏。我可以說，這些珍寶從未在他國展覽。正因為這個國家美術愛好者洋溢着強烈和別具慧眼的興味，令這個展覽會獲得空前成功；毫無疑問，這次成功鞏固了兩國之間的文化關係。
>
> 現在我再一次成為倫敦的居民。我願迎難而上，我忙於回味昔日難忘的情境，重敍舊誼，結識新友。這個國家之客觀精神 —— 令一個從飽受全體戰禍之國家，順利過渡而

---

112 〈英后接見鄭天錫夫婦〉，《工商日報》，1946 年 11 月 8 日。

為致力於重建和社會保障之國家——令我留下深刻印象。當我思考英國人生活的這些方面，提醒我中國與您們有許多共同利益和問題，而這更突顯了我們之間的親密聯繫。然而，我相信如果東方和西方要活在完全和諧的境界，且對相互之繁榮作全面的貢獻，我們要和對方有更深入和更全面的了解。為着這一原因，我期望盡我所能，推廣中國文學、文化和哲學，以及一般中國事務的更廣闊研究。我同樣希望說服更多大英帝國的代表往訪我國，能夠使他們認真看到，就是我們是何等期盼您們到來，和我們在一起，以及我們希望加強我們的經濟和文化紐帶，從而達致雙贏。我的國家委任一個壯歲在這偉大和歷史性城市度過的人擔任這席位這一事實，我敢說，是我國真誠和熱切期盼加深中英友誼和拓闊中英關係最鮮明的憑證。[113]

鄭天錫在駐英大使任內，確是全力促進中英之間的友誼和認識。

　　1947 年 3 月 11 日，鄭天錫在倫敦辛浦生軍人俱樂部以〈中國及中國軍隊〉為題，發表演講，其中提到中國在抗日戰爭中的直接和間接貢獻，「使反侵略戰事趨向勝利」。[114] 4 月 23 日，他應史特拉福（Stratford-upon-Avon）市長之邀，出席在該市舉行之莎士比亞誕生383 週年紀念儀式。[115] 6 月 12 日，牛津大學 Christ Church College 設午宴和晚宴招待鄭天錫，「並邀該校重要教職員作陪」，[116] 可說是一種

113　*East and West*, pp. 180-181.

114　〈鄭天錫出席發表演說〉，《工商日報》，1947 年 3 月 13 日。

115　〈鄭天錫參加紀念莎翁儀式〉，《工商日報》，1947 年 4 月 26 日。

116　〈外館動態：英牛津大學基督堂學院院長宴鄭大使天錫〉，《外交部週報》，1947 年 6
　　月 21 日。

隆譽。8 月下旬，他往觀香港足球隊星島與漢姆列德球隊（Dulwich Hamlet Football Club）在英國之對賽。[117] 雙十前夕，鄭天錫向英人發表演說，「對英人民經由英聯合援華會對我國表示隆情厚誼，深致感激之忱」。[118] 12 月 19 日，鄭天錫在中國大使館宴請前加拿大總督阿斯隆伯爵（The Earl of Athlone）夫婦。[119] 當時伊利沙伯公主（Princess Elizabeth）和夫婿愛丁堡公爵（Duke of Edinburgh）亦有出席。[120]

　　1948 年 5 月 19 日，鄭天錫代表國民政府在英海港樸次茅斯（Portsmouth）接受英方提供的輕巡洋艦（light cruiser）Aurora 號和驅逐艦（destroyer）Mendip 號。Aurora 易名為「重慶」（Chungking），Mendip 則為「靈甫」（Lingsu）〔Lingfu〕。[121] Mendip 號是英國政府租借給國民政府，從正式交接起計，為期五年。[122] 不過當時外界誤以為此艦是英國送給國民政府的。[123] 至於 Aurora 號，則是英國贈予國民政府，同時送贈的還有守港快艇（harbour defense motor launch）1033、1047、1058、1059、1068、1390、1405、1406。[124] 1941 年 3 月 11

117　〈南華遠征隊首捷六比二勝暹大週末星島戰漢姆列德鄭天錫大使到場參觀〉，《華僑日報》，1947 年 8 月 21 日。

118　〈鄭天錫發表雙十講詞〉，《工商日報》，1947 年 10 月 10 日。

119　〈鄭天錫歡宴加拿大總督〉，《工商日報》，1947 年 12 月 22 日。

120　此據鄭斌教授言。

121　"British Ships For Chinese Navy: Transfer at Portsmouth," *Times*, 20 May 1948。有關靈甫艦之研究，詳見馬幼垣：〈靈甫艦 —— 流落異邦的中國海軍孤兒〉，載馬幼垣：《靖海澄疆：中國近代海軍史事新詮》（台北：聯經出版事業股份有限公司，2009 年），頁 451－462。

122　FO371/6721, Foreign Office to Nanking, "Foreign Office Telegram No. 417 to Nanking," 11 May 1948.

123　〈靈甫號艦駛哥侖坡〉，《工商晚報》，1948 年 7 月 12 日。

124　FO371/6539, Foreign Office to Nanking, "Foreign Office Telegram No. 415 to Nanking," 8 May 1948. "Harbour Defense Motor Launch" 一詞的中文譯名承蒙馬幼垣教授提供，特此鳴謝。

CHINESE EMBASSY PRESS CLIPPINGS

CLASSIFICATION NUMBER	NAME OF NEWSPAPER	DATE	PAGE	OTHER PARTICULARS
15	The Times	6th April	1949.	The Telegraph

DINNER

PRINCESS ELIZABETH AND DUKE OF EDINBURGH AT CHINESE EMBASSY

Princess Elizabeth, Duchess of Edinburgh, and the Duke of Edinburgh, with Lady Margaret Hay and Lieutenant-General Sir Frederick Browning in attendance, were present at a dinner party given by the Chinese Ambassador and Mme. Cheng Tien-Hsi at the Chinese Embassy last, evening. The other guests were:—

The Brazilian Ambassador and Dona Isabel Moniz de Arago, the Belgian Ambassador and Vicomtesse Obert de Thieusies, Miss Felicity Attlee, Dr. and Mme. M. L. Tuan, Dr. Seymour Cheng, Dr. and Mme. W. C. Chen, Dr. and Mme. Yui Ming, Colonel and Mme. T. C. Han, Col. and Mme. Y. T. Loh, Commander and Mme. T. T. Chen, Miss Cheng Ying-Wan, and Mr. Bin Cheng.

DINNER

The Chinese Ambassador, Princess Elizabeth and the Duke of Edinburgh, attended by Lady Margaret Hay, and Lt.-Gen. Sir Frederick Browning, were the guests of the Chinese Ambassador and Mme. Cheng Tien-Hsi at dinner at the Chinese Embassy last night. The other guests were:—

The Brazilian Ambassador and Dona Isabel Moniz de Arapao, the Belgian Ambassador and Vicomtesse Obert de Thieusies, Miss Felicity Attlee, Dr. and Mme. M. L. Tuan, Dr. Seymour Cheng, Dr. and Mme. W. C. Chen, Dr. and Mme. Yui Ming, Col. and Mme. T. C. Han, Col. and Mme. Y. T. Loh, Cmdr. and Mme. T. T. Chen, Miss Cheng Ying-Wan and Mr. Bin Cheng.

圖 6-14 中國大使館藏伊利沙伯公主與夫婿出席中國大使館宴會的剪報檔（1949 年）

[資料來源] 鄭斌教授提供

日，英國政府徵用中國海關六艘巡邏船，不過最後或被破壞，或是落入日本人手中。故英國此舉是為了補償國民政府的損失。鄭天錫命下屬段茂瀾（1899－1980）處理交涉事宜。[125]

7 月 28 日，他在中國大使館接待中國方面出席奧運之各代表人員，當時代表團的團長是王正廷。[126] 1949 年 1 月 8 日，他在中國大使館設午宴招待 Sir William Strang 及其太太，鄭英還等也有出席。[127] 鄭天錫在任期間，努力維持良好的中英關係。

不過鄭天錫任職駐英大使期間，中英關係也非沒有波瀾。隨着香港九龍城事件的持續發酵，促使國府外交部下令鄭天錫在英國就地交涉。[128] 事情延續了好幾個月，5 月 18 日鄭天錫與貝文（Ernest Bevin, 1881－1951）晤談接收 Aurora 號和 Mendip 號等事宜。貝文請鄭天錫促請國民政府盡快就其對公共租界（International Settlement）的責任提出解決辦法。貝文指出，早在 1943 年 1 月 11 日簽訂的《中英新約》（Sino-British Treaty）已提到這一問題，而且之後在上海成立了一個委員會。這委員會運作了兩年，亦曾提出了一些意見，可是過了很久，依然未見國民政府有任何回覆。他認為這一問題至關重要，因為很多曾在工部局工作的英人尚未收到應得的薪金。英政府業已提供一些協助，紓解他們的困境。貝文請國民政府盡快解決，鄭天錫同意向政府反映。鄭天錫也乘時向貝文提到九龍城事件，問他對自己提出解決九龍城事件之方案有何意見。貝文不無推搪地回應，指方案仍在考慮中，不過他初步認為鄭天錫之方案等同國民政府在爭議之地段擁有司法管轄權。鄭天錫為此表示關注，指出此一方案不是為了挑起兩

125　FO371/6721, Scarlett to Dr. Tuan Mao-Lan, Chinese Embassy, "Draft," May 1948.

126　〈鄭天錫大使招待我選手〉，《工商日報》，1948 年 7 月 30 日。

127　*The North-China Daily News*, 11 January 1949.

128　〈外部電令鄭天錫向英交涉釋放九龍城二代表〉，《華僑日報》，1948 年 1 月 15 日。

國之間司法管轄權之爭端，而是為了避免滋事分子避開司法管轄。貝文承諾盡快給予回覆。可見兩人也是為着本國利益，針鋒相對。[129]

　　1948 年 12 月，國府在國共內戰中失利，鄭天錫曾與當時英國外相貝文會面，探討英國援華之可能性。[130] 1949 年 6 月 21 日，英國藍煙通（Blue Funnel Line）安齊西斯輪（S. S. Anchises）在上海被國民黨 P-51 飛機擊中，[131] 22 日再被轟炸，後被送往日本的神戶（Kobe）修理。[132] 英國政府為此提出強烈抗議，貝文更將抗議書面交鄭天錫。[133] 7 月，鄭天錫與貝文晤面，主要討論到廣州國民政府封閉共區港口之舉，英方表示不予承認。[134] 8 月 5 日，鄭天錫往訪英國務大臣麥尼爾（Hector McNeil），中英雙方均拒絕透露談話內容，[135] 惟根據當時的局勢推斷，應與中國內政有關。1949 年 10 月 1 日，中華人民共和國正式在北京成立。英國政府開始考慮承認中華人民共和國。10 月 18 日鄭天錫代表國府與貝文會談。[136] 1950 年 1 月 6 日，英國正式承認中華人民共和國。不久鄭天錫從駐英大使一職退下。

　　鄭天錫的一生，與英國結下不解之緣。他致力促進中英文化交流、提升中國的形象和地位。在近代中英文化交流史中，鄭天錫寫下重要一筆。我們應當銘記他的功勞。

129　FO371/364, Mr. Bevin to Sir R. Stevenson (Nanking), "Conversation between the Secretary of State and the Chinese Ambassador, Anglo-Chinese Relations," 19 May 1948.

130　〈英下議院今日開會討論中國局勢〉，《工商日報》，1948 年 12 月 9 日。

131　〈安齊西斯船主昨稱晨復遭機關槍掃射〉，《工商日報》，1948 年 6 月 23 日。

132　"Anchises Leaves Shanghai," *The Hong Kong Telegraph*, 30 July 1949.

133　〈安齊西斯輪被炸事件真相在調查中〉，《工商日報》，1948 年 6 月 23 日。

134　〈鄭天錫訪貝文談封閉共區事〉，《華僑日報》，1949 年 7 月 6 日。

135　〈鄭天錫訪晤英國務大臣〉，《華僑日報》，1949 年 8 月 7 日。

136　〈英承認中共問題尚未有任何決定鄭天錫昨訪貝文會談〉，《華僑日報》，1949 年 10 月 20 日。

第七章

法學與外交：

被遺忘了的羅文榦

我一生最得意的時候，是在留英時代。家裏有的是錢，除了等文憑，別無責任。回國之後，當什麼財政總長，吃了一場官司。由於把弟張學良之薦，到南京國民政府當一任司法行政部長，不是國難，決不給我兼長外交。大家都到洛陽，我獨留南京，後來外交部交代時，我的特別辦公費，是全繳出的。我今天這樣窮，總算問心無愧。

羅文榦回憶自己從政的崎嶇路，〈羅鈞任一夕話〉[1]

圖 7-1　中年羅文榦
【資料來源】羅徵詮先生和羅昭湄
女士提供。

1　盧前（1905−1951）:〈羅鈞任一夕話〉,《盧前筆記雜鈔》（北京：中華書局，2006年），頁176。

圖 7-2　年輕時的羅文榦
【資料來源】羅徵遠醫生提供

圖 7-3　羅文榦的簽名照片
【資料來源】羅徵遠醫生提供

以家境論，羅文榦是五人之中最富裕者。他是近代中國著名的外交家和法學名宿，但很少有人提到他與皇仁書院以及香港的種種關係。由於羅文榦英年早逝，事蹟散落故紙堆中，我們對他的生平志事只是一知半解。事實上，在民初的政壇和司法界，羅文榦曾經叱咤一時。他在牛津大學畢業，學富五車，英文優深；但他的衣着完全是中國化，常戴的是瓜皮帽、墨鏡，穿的是大綢長衫，留有小鬍子，「近看像老牌名士」。[2] 羅文榦重視法治精神，不囿於黨見，對國民黨向抱疏離的態度。[3] 正如下文所示，他處事幹練，見解精闢，能夠看到當時中國法政問題的癥結所在。羅文榦的一生相當不平凡，值得我們重新審視和探索。以下先從他的家世談起。

羅文榦的家世及生平

羅文榦字鈞任，廣東番禺人。晚清時期，羅文榦的家族在粵港兩地均有資產。1896 年，羅文榦的父親羅子聰（又名羅冠英、羅承參）當上東華三院主席。[4] 羅文榦兄羅雪甫，原名羅文亮，乃粵港兩地富商，曾任德國魯麟洋行（Reuter, Brockelmann & Co）買辦等職。羅雪甫「弱冠（按，二十歲）進黌門，旋廢科舉，年廿四始在香港聖士提反學堂習英文，同學以年長訕笑之，苦學數年畢業」。[5] 可見他學

2　〈羅文榦的幾個鏡頭〉，《人物雜誌》第 1 卷 1 期（1946 年），頁 26。按，根據羅文榦的簽名（見圖 7–3），羅文幹之「幹」應寫作「榦」。不過因「羅文幹」已成慣例，本書亦並存這一寫法。

3　《稿本傅秉常日記》，1940 年 4 月 6 日。

4　〈東華三院前任主席芳名〉，http://www.tungwah.org.hk/about/corporate-governance/board-of-directors/past/。這一資料由羅徵遠醫生提供。這一段所談有關羅子聰及羅氏家族各人輩份、字等資料乃根據羅徵遠醫生提供之《羅氏族譜》。

5　《中國近代名人圖鑑》，頁 330–333。

習英文的決心。羅雪甫與弟曾從譚榮光學習英文，[6] 後出洋考察和遊歷，曾赴英國、俄國、德國、法國、日本、美國等地。回國後經商，且曾任東華三院副理，興建棲流所（即收容季節性流民的機構[7]）和新式醫院。是時伍廷芳倡建廣州河南河橋，特邀羅雪甫協助。羅雪甫與五弟羅文莊（約 1878－1934）等在 1907 年曾與伍廷芳兒子伍朝樞（1887－1934）合組羊城河橋公司，[8] 另他又經營福泰疋頭店。[9] 羅雪甫居四，羅文榦是其十弟。當羅文榦「甫十一齡，（羅雪甫）親帶往法屬習法文數年」，然後將羅文榦送往英國習法律。[10] 可見羅雪甫具新思維，羅文榦深受其影響。除英、法文外，羅文榦亦通德文。[11] 羅雪甫在廣州從商的同時，在廣東法政大學夜校唸書。[12] 羅文莊字端甫，曾留學美國。[13] 羅文莊回國後曾任廣東高等法院院長等職。[14] 十一弟羅文柏則曾在中山大學等任教，對文學和戲劇研究頗深。[15]

6　《花甲回憶錄》，頁 10。

7　梁其姿：《施善與教化：明清的慈善組織》（台北：聯經出版事業公司，1997 年），頁 225。

8　〈商辦羊城河橋公司收第一期股銀廣告〉，《香港華字日報》，1907 年 3 月 13 日。羅文莊生卒年根據〈司法界聞人羅文莊逝世〉，《工商日報》，1934 年 12 月 15 日。

9　《花甲回憶錄》，頁 10。

10　《中國近代名人圖鑑》，頁 330－333。關於羅文榦學會法文有另一說法。據說羅父在安南經營草蓆生意，相當成功，故羅文榦很早便在安南學會法文。參高朗月：〈羅文幹假扮張學良舊事〉，《春秋雜誌》第 635 期（1983 年 12 月 16 日），頁 10－11。此文由羅文榦後人提供。《花甲回憶錄》，頁 10。

11　1922 年 11 月羅文榦被屈下獄，其家人曾送德文《比較刑法》給其在獄中閱讀，此證明羅文榦德文程度至少能讀書看報。見羅文榦：〈身受之司法滋味〉，《晨報六周年增刊》第 12 期（1924 年），頁 14－23。

12　《中國近代名人圖鑑》，頁 330－333。

13　〈羅文莊之鐵面〉，《人權日報》，1913 年 3 月 27 日。此資料由羅徵遠醫生提供。

14　〈司法界聞人羅文莊逝世〉。

15　〈羅文柏今晚在聯華演講〉，《工商日報》，1934 年 9 月 11 日。

羅文榦最初接受的教育，與當時一般幼童無異，「幼讀書鄉里」，但他「頗有意於新教育，故不習帖括業」，「慨然作海外之遊，以求泰西文化之所長」，「於是弱冠赴英入牛津大學讀律，卒得碩士學位」。[16] 根據《黃龍報》記載，羅文榦 1904 年是 5C 班第一名。[17] 同年 5 月已在 3C 班，在中期試名列全班第二。[18]（見圖 7–4）羅文榦如此跳班，證明他成績相當優秀。其弟羅文柏當時也是皇仁書院學生，1904 年 9 月、10 月左右離開皇仁書院赴上海。[19]

羅文榦親家車顯承「年十四入香港皇仁中學校」，[20] 即在 1904 年左右進入皇仁書院讀書。由此推論，他可能與羅文榦有一段時間同在皇仁書院求學。兩人的父親亦似早已認識。1885 年初，羅子聰曾捐銀五十元作海防經費，車茂軒則捐銀二十元，[21] 兩人名字相連，應非巧合，可見羅家和車家或是世交。羅文榦和車顯承背景十分相似。兩人都在英國習律的。

羅文榦因有感「治外法權之傷」、「法制橋杙之未修」，故在牛津大學時「治羅馬法及法制史」，[22] 惟有關其在牛津大學的學習情況，我們所知不多。羅文榦晚年曾對朋友說：

16　《中國近代名人圖鑑》，頁 174－177。

17　*The Yellow Dragon*, Vol. V, No. 5 (March 1904), p. 98.

18　*The Yellow Dragon*, Vol. V, No. 8 (June 1904), p. 153.

19　"List of Boys Who Have Left During the Last Two Months," *The Yellow Dragon*, Vol. VI, No. 3 (November 1904), p. 62.

20　《車顯承哀啟》。

21　〈續錄港商認捐海防經費〉，《循環日報》，1885 年 1 月 7 日。

22　澄海黃際遇篆刻撰文：〈番禺羅鈞任先生墓誌銘〉（無出版地：1942 年）。此資料由羅徵遠醫生提供。

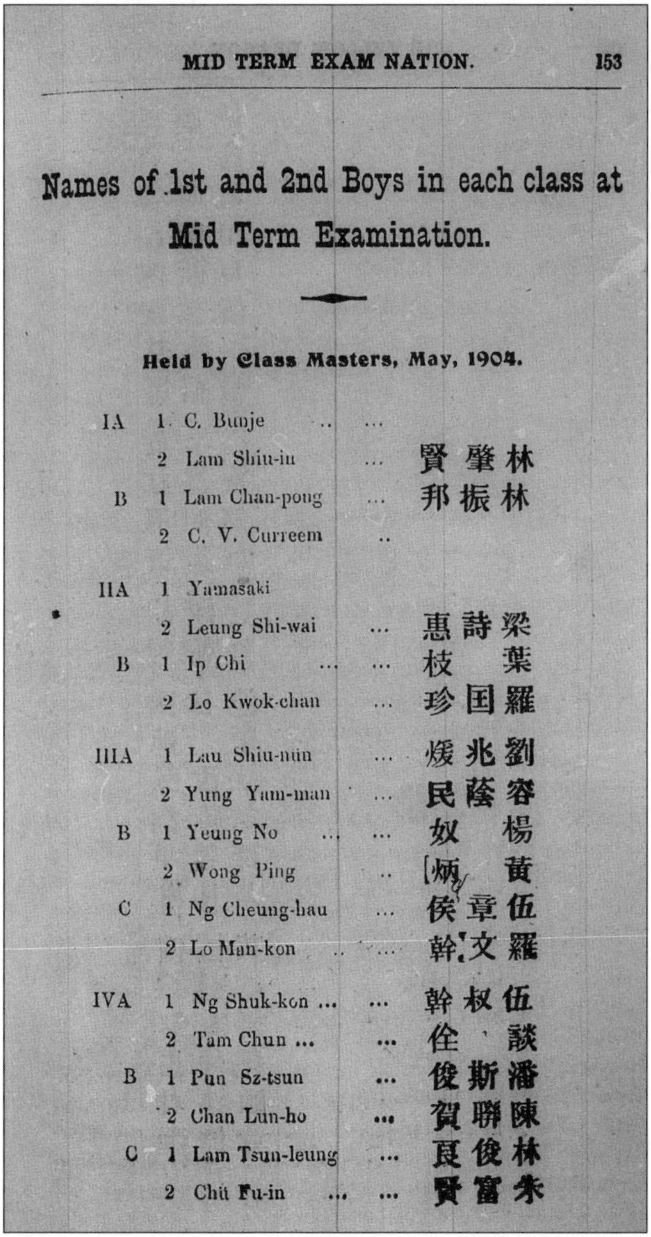

MID TERM EXAM NATION. 153

Names of 1st and 2nd Boys in each class at Mid Term Examination.

Held by Class Masters, May, 1904.

IA	1	C. Bunje	
	2	Lam Shiu-in ...	林肇賢
B	1	Lam Chan-pong ...	林振邦
	2	C. V. Curreem ..	
IIA	1	Yamasaki	
	2	Leung Shi-wai ...	梁詩惠
B	1	Ip Chi	葉枝
	2	Lo Kwok-chan ...	羅国珍
IIIA	1	Lau Shiu-nun ...	劉兆煖
	2	Yung Yam-man ...	容蔭民
B	1	Yeung No	楊奴
	2	Wong Ping ..	黃炳
C	1	Ng Cheung-hau ...	伍章侯
	2	Lo Man-kon	羅文幹
IVA	1	Ng Shuk-kon	伍叔幹
	2	Tam Chun	談佺
B	1	Pun Sz-tsun ...	潘斯俊
	2	Chan Lun-ho ...	陳聯賀
C	1	Lam Tsun-leung ...	林俊良
	2	Chü Fu-in	朱富賢

圖 7-4 1904 年，羅文榦在皇仁書院唸書（羅文榦之「榦」誤作「幹」）。
【資料來源】*Yellow Dragon*, Vol. V, No. 8 (June 1904), p. 153.

我一生最得意的時候，是在留英時代。家裏有的是
錢，除了等文憑，別無責任。[23]

惟未知羅文榦是否由皇仁書院直接考入牛津大學。羅文榦在牛津大學
Merton College 就讀。[24] 他在牛津大學得碩士學位，後得倫敦內殿律
師學院（The Honourable Society of the Inner Temple）入會認可。[25]

1911 年，羅文榦從英國返回廣東任廣東審判廳長，到 1912 年民
國初創，他被晉升為廣東高等檢察廳長。[26] 1912 年至 1915 年任北京
總檢察長，1921 年任北洋政府王寵惠內閣司法部長。[27]

許世英（1873－1964）是民國初年的司法總長，相當欣賞羅文榦
的才華。羅文榦出任北京總檢察長，當由許世英所推定。許世英曾連
發四電促請羅文榦到北京就任總檢察長。許世英在第一則電文謂：

迺聽政聲，欣佩無量。改良司法，首重中央。總檢察
長，非公莫屬。民國初立，賢哲匡時。大義所關，公無可
諉。伏望賜教，並乞電覆。[28]

第二則電文謂：

借重良才為總檢察長，曾經呈請簡任。公到京約需十

23　〈羅鈞任一夕話〉。

24　此據羅文榦孫羅沛雲女士言。

25　《中國近代名人圖鑑》，頁 174－177；《最新支那要人傳》，頁 201－202。

26　《中國近代名人圖鑑》，頁 174－177。

27　《最新支那要人傳》，頁 201－202。

28　〈司法總長致廣東羅司法司電四則〉，《山西司法匯報》第 4 期（1912 年），頁 5 上。

日，此時接替檢察官不可無人。現擬先任二員，一為朱深，一為李杭文，皆留學日本之傑出者。餘缺俟面商再定。[29]

第三則電文語氣十分懇切，謂：

電悉。焚香以俟，盼如期來。[30]

第四則電文更反映許世英求賢若渴之心，謂：

兩得胡都督（按，胡漢民〔1879－1936〕）電，留公在粵。此間望君如望歲，萬乞懇請都督派員接替，趕速啟行。除電都督外，特此敦促。[31]

早在羅文榦留英時，許世英曾隨清政府五大臣出洋考察，聞羅文榦之名，請他擔任通譯。[32] 可見兩人早已認識。

羅文榦之所以離粵北上，根據汪希文（1890－1960）的說法，是因為當時的在廣東任總綏靖處經略的陳炯明（1878－1933）屬行賭禁。陳炯明對賭博深惡痛絕，要對犯賭博罪者處以死刑。羅文榦指出，就中華民國刑法而言，犯賭博罪者輕者不過罰款，重者不過徒刑，如處以死刑，與法律條文有所牴觸，故提出反對。惟陳炯明沒有聽從羅文榦等的意見，一意孤行，槍斃了一個賭博犯。羅文榦感意興闌珊，即提出請辭，剛好北京司法總長許世英邀請羅文榦到北京工

29　同上。
30　同上。
31　同上。
32　汪祖澤：〈羅文幹事跡〉，《廣東文史資料存稿選編》第 5 卷，頁 141－142。

作，羅文榦遂起行。當時大約是 1912 年的春天。[33]

後羅文榦擔任修訂法律館副總裁。[34] 1916 年，袁世凱稱帝，改元洪憲。袁世凱鼓動政客楊度（1875－1931）等組織籌安會，支持帝制。羅文榦聞訊，即召集檢察廳諸位檢察官，指出應該以法律制裁袁世凱。惟在袁世凱的統治下，羅文榦無法行使職權，故毅然放棄職務返回南方去。[35] 1921 年 10 月，羅文榦與張煜全、梁如浩（1863－1941）、蔡廷幹（1861－1935）等一同出席太平洋會議。10 月 1 日前後，他們一行人路經山東濟南，督軍田中玉（1869－1935）偕同魯省官紳到車站，詢問北洋政府會在太平洋會議上對山東問題作何取態；萬一失敗，有何應對方法。代表團表示，雖然結果難料，但定當努力，無負眾望。[36] 1922 年羅文榦任財政總長。王寵惠當時是法律館總裁，羅文榦為副總裁。王寵惠欣賞羅文榦的才華，故在組閣時邀請羅文榦任財政總長。[37]

羅文榦與王寵惠份屬皇仁校友。兩人曾同時任教於北京大學法科研究所。[38] 羅文莊與王寵惠一度為同學。[39] 羅文莊亦曾是陳錦濤 1916 年當財政總長時的秘書，陳錦濤推薦羅文莊「敘列三等」。[40] 鄭天錫則是羅文榦的下屬。[41] 可見羅文榦兄弟與其他皇仁校友互有交誼。

33　汪希文、張叔儔原著；蔡登山主編：《孫中山的左右手：朱執信與胡漢民》（台北：獨立作家，2016 年），頁 239－246。

34　《最新支那要人傳》，頁 201－202。

35　〈羅文榦事跡〉，頁 141－142。

36　〈太平洋會議政府對山東問題所持態度〉，《北洋政府外交部》，中央研究院近代史研究所檔案館藏，檔號 03-33-160-02-002。

37　《民國初年的幾任財政總長》，頁 69。

38　〈本校報告〉，《北京大學日刊》第 383 期（1919 年），頁 1－2。

39　〈司法界聞人羅文莊逝世〉，《工商日報》，1934 年 12 月 15 日。

40　〈大總統指令第二百六十四號〉，《政府公報》第 266 期（1916 年），頁 7。

41　〈函告收回天津租界事司法部已派參事湯鐵樵鄭天錫洽辦〉。

　　英政府對羅文榦充滿期望，稱他為法律權威（legal luminary），指出他雖然沒有其他與財政總長相關的資格，但王寵惠的內閣與之前的一樣，主要是由「年輕中國」所主導。[42] 羅文榦在任內曾就各國退還庚子賠款提出用途建議，充分反映他處事優秀和對條約的深入了解。他指出，英國、法國、日本等國均有退還賠款之動議，但各國的用意，是「以美國前所退還賠款一部分之用途為先例，指明專充教學經費」。他建議中國與各國討論退還賠款時，應該確切聲明，要求三分之一作教育費、三分之一作振興實業費，其餘三分之一作行政費，「如改良司法、籌備賑災等類」，且若要各國同意，則在退還賠款之用途，要說得清楚明白。因為若說得太抽象，便會引起懷疑。他批評：「振興實業費撥充行政費等語，範圍未免過廣」，而應將「振興實業費改為裁兵及其善後費用如開墾築路，籌辦工廠，以安插被裁兵士」，因為這些舉措均屬裁兵善後問題，不必明言振興實業，而振興實業已寓其中」。原因是在華盛頓會議時，已有希望中國裁兵之決議，中國利用經費裁兵，各國自然較易接受。至於退回賠款之一部分作為行政費，雖然是用在改良司法、籌備賑濟，但行政費一詞，含義廣泛，羅文榦認為應「聲明撥充改良司法，擴充廳監及籌備賑濟之用，較為妥當」。皆因中國政府改良司法制度是各國樂見的事，[43] 由此可見其識見宏遠。惟羅文榦因向奧國借款事，涉嫌受賄，故被繫獄。1924 年案件撤銷，無罪釋放。[44]

　　1926 年，他在杜錫珪（1875－1933）內閣再任司法部長。1926 至 1927 年間任北洋政府稅關署督辦。1929 年任潘復（1883－1936）

42　FO371/7998, Sir B Alston (Peking) to Marquess Curzon, 12 October, 1922.

43　〈咨明本部對於退還庚子賠款意見請查照辦理由〉，《北洋政府外交部》，中央研究院近代史研究所檔案館藏，檔號 03-08-016-01-009。

44　《民國初年的幾任財政總長》，頁 69。

內閣外交總長、關稅自主委員會委員。後任奉天張學良（1901－
2001）東三省保安總司令之下的東北邊防司令長官公署參議。1931
年任北平政務委員會委員，又任國民政府行政司法部部長。1932年
至1934年國民政府司法部部長，1932年至1933年兼任外交部長，
1933年與時任行政院院長的汪精衛共同請辭，改任廣東西南政務委
員會委員兼外交交涉員。1933年夏羅文榦以特別調查委員名義赴新
疆，調查中俄國境問題。1936年隱居羅浮山，1938年任重慶國民政
府參政員，[45] 晚年遁隱佛門。[46] 1941年因惡性瘧疾毒菌入腦病逝於樂
昌。[47] 羅明佑（1900－1967）在接受記者訪問時，回憶羅文榦最後的
歲月稱：

> 先叔自抗戰以來，奔走國內各地，致力教育及實業，
> 除任教西南聯大外，並創辦廣西火柴廠及投資礦業，家居昆
> 明，惟以出席國民參政會議及料理業務關係，常往來於川、
> 滇、桂、粵。本年七月間曾自渝來港小住數日，即赴緬返
> 滇，最近羅氏舉家於上月二十五日抵樂昌，未及一週即患瘧
> 疾，僅數日竟致不起，言之殊堪悲痛。[48]

一代法學權威，就此長離人間。

羅文榦有三子三女，當時尚在中國讀書和工作。三子為羅明述、

45　《最新支那要人傳》，頁201－202。

46　《中國文化界人物總鑑》，頁783。

47　〈番禺羅鈞任先生墓誌銘〉；〈我外交法律界耆宿羅文幹病逝樂昌〉（剪報資料，報名不
　　詳），1941，羅徵遠醫生提供資料。

48　〈我外交法律界耆宿羅文幹病逝樂昌〉。

羅明遠、羅明邃；三女為羅輼玉、羅懷玉、羅婉玉。[49] 其姪為著名電影人羅明佑。羅明佑生於香港，曾為聯華影片公司總經理、聯華影片公司影畫攝影監督。1941 年為中國電影教育協會香港分會常務理事兼總幹事。[50] 羅明佑女兒羅愛珠是唐東海的妻子。[51] 據說唐東海是唐紹儀的親戚。他早年在廣州嶺南大學讀書，曾在皇仁書院擔任教師，在校任教凡數十年。[52]

羅文榦認識不少香港上流社會的人物。李寶椿母凌福禧逝世，羅文榦致輓聯云：

> 田園養志，貨殖豐財，方欣玉樹爭華，膝遠歌詩賢母幔。范叔綈袍，時珍本草，詎意金讖遽委，淚霑挾纊病人衣。[53]

輓聯前半部談李寶椿母諸孫遶膝，一派歡愉景象。後半部則寫臨終情境，肅然淒涼。

羅文榦是張學良的結拜兄弟。[54] 他的重要著作有《獄中人語》和《比較刑法概要》（此書為北大授課講義）等。現試從以下幾方面探討羅文榦與近代中國的關係。

49　〈我外交法律耆宿羅文榦在樂昌逝世〉，《大公報》，1941 年 10 月 18 日。有關羅文榦子女資料，參考自羅徵遠醫生提供《羅氏族譜》。

50　《中國文化界人物總鑑》，頁 784。

51　此據羅明佑女兒羅愛麗 Audrey Scherbler 言。

52　此據何冠環博士言。

53　羅文榦輓聯，載《哀思錄》，1923 年（?），頁 33。

54　參〈羅鈞任一夕話〉。遇到一些較重要的事情，羅文榦會透過張學良告知蔣介石。例如羅文榦在其中一張便箋曰：「請將中俄經過情形密電張漢卿，告以停頓原因，並請其以館名義向蔣陳說利害，或可動蔣（一字不可辨）。不然此事忽然中斷，俄必謂我不對，以後必多困難。」〈請將中俄經過情形密電張漢卿〉，《國民政府外交部》，中央研究院近代史研究所檔案館藏，檔號 04-02-010-02-052。

縲絏之災

1922 年，王寵惠為北洋政府組閣。他提名羅文榦擔任財政總長，惟羅文榦不久便因奧國借款一事繫獄。事情要從 1914 年開始說起。那一年，北洋政府曾向奧國訂購炮艦四艘，作價六百萬英磅，訂為貸款，年息六厘。奧國還把所得稅七千磅回贈北洋政府，北洋政府遂願意先付貨款四分之一，奧國旋開始建造炮艦。後來北洋政府向德國和奧國宣戰，這份借款造艦合同暫擱一旁。直到一戰結束之後，北洋政府與奧國恢復邦交，奧國再與北洋政府交涉，年息提升至九厘，而對華借款的佣金則增至八千鎊，但要求北洋政府一次過付本利。經由財政總長羅文榦與奧國談判，結果由原定六百萬鎊減至四百一十萬鎊，利息仍舊是九厘，佣金則全部作為財政部人員的福利金。此合同在 1922 年 11 月 14 日簽字。

剛巧在 14 日後的某一天，總理王寵惠招待國會議員，國會議長吳景濂（1873－1944）詢問王寵惠何以國會經費遲遲未發，王寵惠回答說因政府財困，各機關的經費也沒有着落。吳景濂聞之憤憤不平，剛好聞說羅文榦與奧國簽了合同，便直接向總統黎元洪密告，羅文榦與奧國訂約有受賄之虞。黎元洪不問原委，逐把羅文榦送入監獄。

府院為了此事立刻召開會議，內閣閣員多認為總統違法，羅文榦的事應交法庭處理，如果羅文榦查明有罪，應該嚴辦羅文榦；如果查明無罪，吳景濂應該反坐。就在這時，吳景濂等就跑到總統府阻止蓋印，因此總統的令沒有下來。21 日，王寵惠認為責任內閣已被破壞，打算待至羅文榦案結束後便辭職。22 日，黎元洪派孫寶琦（1867－1931）往地方檢察廳迎接羅文榦出獄，留羅文榦在公府禮官處，但羅文榦表示願受法律裁判，如果有罪，自當接受判決；如果沒有罪，也不必再進總統府了。25 日，閣員總辭，羅文榦仍回地方檢查廳看守所。

　　翌年 7 月 29 日，羅文榦經法庭判無罪，惟司法總長程克（1878－1936）受人慫恿，命令檢察廳提出上訴，羅文榦又被關押。修正法律總裁江庸（1878－1960）遂彈劾程克，且憤然辭職。一時引起全國司法界譁然。直至 1924 年，檢查廳撤銷上訴，事情才告結束。[55] 英國人認為，羅文榦下獄是反對者對當時政府中較開明人士的攻擊。[56] 有評論指「羅文榦是曹錕欲推翻王寵惠內閣的犧牲品」[57]。

　　有關此案，當時的中國政府檔案記錄甚多。有稱：「原案告發情節，有華義銀行支付手續費支票兩紙，計一五六四號支票三萬磅，又一五六五號五千磅匯滬轉匯北京以掩耳目等情」。[58] 另外，「據眾議院議長吳景濂等說明書內稱德奧債款經巴黎和會議決，概作中國賠款，有案可稽」。[59] 惟「據該部（按，即財政部）公債司司長錢懋勛供稱，前因取消奧國購貨合同，曾將義國外交部等簽字證明書諮送外交部查核，尚未交還」。[60]

　　對入獄的來龍去脈，羅文榦有詳細的記載，從中我們可了解民國

55　以上幾段有關羅文榦案的描述根據《民國初年的幾任財政總長》，頁 68－71

56　F0731／3806, "Mr. Clive to Marquess Curzon of Kedleston", 22 November 1922.

57　徐進：〈從「羅文幹案」看北洋政治漩渦中的檢察機關〉，《清風苑》第 4 期（2014年），http://218.94.117.252:7002/jsqfy/qfy/info.jsp?nid=5562.

58　〈財政總長羅文幹等辦理德奧債款合同違背約法一案究竟華義銀行曾否發出此項支票是何用途及交付何人請予轉行義使從速見復由〉，《北洋政府外交部》，中央研究院近代史研究所檔案館藏，檔號 03-20-022-01-005。

59　〈財政總長羅文幹等辦理德奧債款合同違背約法一案據吳議長說明書內稱德奧債款經巴黎和會議決概作中國賠款有案可稽等語請查明原案是否對於德奧兩國一律辦理詳予見復以憑辦理懸案以待盼速施行由〉，《北洋政府外交部》，中央研究院近代史研究所檔案館藏，檔號 3-20-022-01-006。

60　〈財政總長羅文幹等因辦理奧款展期合同違背約法等情一案本廳對於取消奧國購貨合同義國外交部等簽字證明書有亟待參閱之必要請檢送過廳以憑辦理由〉，《北洋政府外交部》，中央研究院近代史研究所檔案館藏，檔號 03-20-022-01-011。

初年中國的司法狀況。以下內容主要根據羅文榦〈身受之司法滋味〉一文整理。[61]

1922 年 11 月 18 日半夜，突然有數十軍警來到羅文榦家中，稱總統有事要找他往總統府。羅文榦覺事情有異，登上車後，旋被送至警察廳。下車後，羅文榦進一小室。他詢問各人，他的罪名為何，「此來究為何事，若係逮捕，請示拘票」，惟在室各人均無法回答。後警察總監告訴羅文榦，他們是奉總統口諭逮捕他，並應即晚交看守所，原因是總統稱羅文榦等收取奧款經手人八萬磅。羅文榦認為此事莫名其妙。

沒多久，王寵惠、高恩洪（1875－1943）、孫丹林等總長抵警察廳，王寵惠以總理身份擔保羅文榦。羅文榦坦然表示「非事大白，決不回家」，羅文榦自請要求往看守所，惟檢察長以事無頭緒，不肯關押羅文榦入所。總統屢派人勸羅文榦歸家，但羅文榦堅持不肯。11 月 29 日，檢察官正式將羅文榦收押。惟傳票始終未下，「獨聞外間政潮甚急，並聞保定及各督軍攻予之通電已到」，意即此次身陷囹圄，完全因為政爭。

到所以後，羅文榦不可閱讀任何法律書籍，但宗教哲學書籍則不受限制。所長亦容許羅文榦家送食物至所。羅文榦亦可自備一小爐和筆墨，但所寫文章要受到檢查。所中不許閱報，故他未悉外間情況，煙酒亦不許。羅文榦在所中逗留至 1923 年 1 月 12 日，惟他返家後仍受監視。

1 月 15 日，羅文榦再被監禁在看守所，囚禁期間張君勱曾往探訪，討論憲法。一直過了幾個月，猶未見傳票。4 月，地方檢察廳通知羅文榦已被起訴，「犯偽造文書及背信罪，惟不附起訴文」。自此之

61　〈身受之司法滋味〉。

後，遷進普通囚室，羅文榦親身體驗了囚犯生活之惡劣。「於是十數人住居一室，氣味之臭，不言可喻」、「然而每星期只洗一次」、「每次五十人同浴一池」，故衞生環境至為惡劣。至於管理方面，亦甚嚴格。「例如放茅，亦限時刻，從旁干涉」，且因空間有限，「往往有數日不見太陽者」，「而所中則郎當之聲，時時充耳，所中可任意處分」。

民國初年，政府因財政困難，行政經費甚少，囚犯的基本生活自是十分惡劣。

羅文榦在 1922 年 11 月入獄，時已隆冬，惟暖氣設備不足，即有被褥，「惟於有外客參觀時有之」，意即只是裝飾門面。獄內水廁亦是相當惡劣，「早晨十人同一洗臉盤，漱口水無有也」，囚犯藥物因無經費而不購買。羅文榦的監倉「門外同時即釘一木牌」，曰「羅文榦偽造詐財犯」，羅文榦自嘲「猶萬牲園之動物焉」。羅文榦沒有受到其他犯人欺負，且「有時與其他囚犯作法律顧問」。後顧維鈞任外交總長，對羅文榦遭遇有所聞，曾向司法總長反映。羅文榦獄中待遇得到改善。

5 月中，地方審判廳突然傳召羅文榦，「所問皆奧款計算賬目，予皆不知」。羅文榦指自己雖是總長，只管大方向，賬目皆由下級處理。羅文榦代表律師劉崇佑查明真相，且部中科長多次往法庭解說。案件延至 7 月，羅文榦獲判無罪。[62]

羅文榦的《獄中人語》

在司法行政部部長任內，羅文榦曾與上海第一等區法院院長沈家彝等視察湖南、湖北兩省司法制度。羅文榦總結考察結果，指出湘人多善良之輩，而且刻苦耐勞，故就他所見，湖南犯罪者不太多，「統

62　以上數段內容根據〈身受之司法滋味〉。

計全湘現有人犯，亦只二千餘人，此為他省所不經見者」，其所干犯者，主要是傷害毀壞之罪。至於以犯罪而言，則以爭奪墳地為主。在民事和刑事方面，泰半性質輕微。在湖北方面，羅文榦只考察了武漢等兩地，「故多由表冊研究」，他僅知道各法院積存案件不多，民事案件亦不多，刑事案件則以欺詐案居多。[63]

羅文榦同時指出司法改革之必要：

> 湘、鄂兩省法院之設置，均係以軍事區域或行政區域為標準，故有輕重倒置之弊，例如湘省之岳陽，訴訟案件甚簡，但設有地方法院，而訟案繁多之祁陽等縣，只設承審員，鄂省亦然，穀城、大冶等縣訟案繁雜，亦均委之承審員，孝感、黃坡等縣訟案簡易，反設地方法院。[64]

因此，他認為從經費和人才方面考量，未能有效行用資源。至於監獄方面，羅文榦認為問題亦在發展不平均，「如武昌長沙新建之監獄，規模極為宏大，經費達數十萬元，而各縣舊監，或竟無修理之費」。[65]

對於監獄的利弊，因為他曾下獄，故有親身的體會。以下內容亦主要採自〈身受之司法滋味〉一文。[66]

羅文榦指出中國法律問題。第一，「吾國法律，乃裝飾品之法律也」。根據他親身經驗，中國的「法律沒有制裁」。中國法律未能保障人權，即「吾國人民隨時可被槍殺，隨時可被監禁，隨時家產可被

63　〈法界消息：羅文幹談湘鄂兩省司法〉，《法律評論》第 11 卷 35 期（1934 年），頁 23–24。

64　同上。

65　同上。

66　〈身受之司法滋味〉。

沒收」。且訴訟法為具文，羅文榦說：

> 昔年予為訴訟法起草者，乃至身受然後知其無制裁之苦，三次拘押，未嘗一見拘押票，再行羈押數月，然後始得傳訊，予自作自受，夫復奚言。所可憐者，小民無辜之苦耳。

第二，「吾國之司法獨立，乃空言之司法獨立也」。當時中國法官任用之權，操在司法部手上，而且法官人數太多，地位不高。當時沿用大陸法，因此檢察制、合議制並行，且審訊案件只局限在所駐之院。辦案程序太多太繁，法官須親自處理。中國方面沒有英國和美國的書記室和警察裁判制度來處理小案，亦無調解制度，「案件注重級，而不注重審，使上訴案日見其多」。因此法官之人數「為天下冠」，人數多自然地位低和不受尊重，故自尊觀念亦低，無法有效行使職權。

另外就是法官薪金太低。羅文榦稱，法官操生殺大權，但其薪俸卻極低。最低薪者，月入不超過一百元；最高薪者，月入不超過三百元。大理院掌最終審判權，最低薪者，月入不超過一百八十元；最高薪者，月入不超過六百元。法官本身工作已極繁忙，但又不能如其他部門的人兼職。而且由於國庫空虛，所出之糧少於半數，經濟壓力令法官難以專注審案。而且法官地位也低。[67]

1922 年 11 月，羅文榦因「辦理奧債，以非罪入獄」，一直至1924 年夏天才釋放。羅文榦在獄中「寂然苦坐」，剛巧其友張君勱（1886－1969）往監獄探望他，贈送所著《國憲論》予羅文榦。羅文榦在獄中沒事可做，細讀《國憲論》一書。讀後他抒發自己對當時中

67　以上數段內容根據〈身受之司法滋味〉。

國政治發展的感想。《獄中人語》全書上篇為〈君勸《國憲論》議書後〉，中篇是〈民國十二年之回顧〉，下篇則是〈我們希望民國十三年之中國政治設施〉。[68] 貫穿全書，羅文榦主要談他對中國政治和法律的看法，批評的地方固多，但具建設性的意見也不少。羅文榦在其他文章亦討論過相近的問題，因此本章只選談《獄中人語》若干內容。此書反映了當時的社會面貌。

一、不應盲目仿效外國

羅文榦指出，「憲法者，所以定國家之組織，明定立法、行政、司法權之行使，不容混亂，納之於軌道也」，「然而國與國異，其機關之組織、其權限之大小、其制度之異同，則此國不能強以學彼國也。故起草中國憲法，中國之歷史、中國之人情風俗，不容或忽。民國初立，人但知國體改變，則群相率抄襲法、美之條文」。[69] 且「此數年間，各省割據，聯省之議一倡，則又相率援德、美、瑞士等制度。彼有之，我不可無；彼無之，我不可無之」。[70] 簡而明之，就是盲目抄襲，對自身嚴重缺乏信心。

羅文榦認為，學習他國要因應自己的情況。他指出，英國因其特殊情況，創設上議院和下議院。[71] 各國成例，上議院代表資產階級，下議院代表普通百姓。但當時的中國早已沒有貴族，老成持重之人又付之闕如，也沒有諸侯之制等，因此他認為根本不需要上議院，「何必徒糜歲費，多養一機關耶？」如要反映民意，一院已足夠。[72]

68　羅文幹：《獄中人語》，（台北：文海出版社重印，1971 年），頁 1－2。

69　《獄中人語》，頁 1－2。

70　同上，頁 2。

71　同上，頁 9。

72　同上，頁 10。

　　羅文榦批評張君勱迷信聯邦，因為張君勱認為，在世界聯邦大國當中，上議院是代表各州，而下議院則代表人民，因是之故，上議院和下議院制是聯邦制的通例。張君勱指出，如果有人問他，中國應行一院制抑或兩院制，他會毫不猶疑說是兩院制。羅文榦則指出張君勱的謬誤：「此皆先有州後有國之故」，然而「中國本先有國而後有行省，則尤何必效之？」[73] 正說中問題的核心。

　　羅文榦又指出，民國初年南京、北京只有參議院，然其成績遠勝於以後的兩院制。[74] 當時中國人接觸西方政治體制的經驗尚淺，仍在摸索階段，張君勱有如此之見解實亦情有可原。

　　羅文榦認為，「就歷史理論而言，兩院皆無必要，非空言也」。[75] 如果害怕一院權力過大，可以在事前訂立選舉、被選舉和監督選舉之法，事後嚴控議院買賣選票及給予政府解散的權力。[76] 言下之意，就是不應盲目模仿別人。羅文榦在《獄中人語》中屢次談到這點。另外，他認為「凡國家一種法律，不在起草之難，不在頒布之難，在實行之難」。[77]

二、反映司法地位低下，法制問題重重

　　羅文榦作出一個很沉痛的提問。他指出「今國人言司法獨立矣。而此十餘年來果獨立乎？」[78] 當時法官處於被動之位置，任人魚肉，毫無保障。更甚者，有些法官更樂於被干涉，以為干祿之終南捷徑。「雖然人干涉之而已，則竟願受干涉。甚焉者，或借其干涉之機會，

73　同上，頁 10。
74　同上，頁 11。
75　同上，頁 11。
76　同上，頁 11。
77　同上，頁 196。
78　同上，頁 32。

以達其取官之目的。此則所謂法官不能辭其咎也。」[79]

羅文榦比較美國的大理院（即最高法院）與中國的大理院。首先，就資格言，美國的大理院只有九人。他們的資格限制十分嚴格。中國的大理院則有六個法庭共三十多人，資格寬鬆得多。第二，就地位言，美國的大理院推事與美國國務員差不多相等，而中國的大理院推事最多只與參事和司長同等，實毫無優越感可言。當時的美國國務卿是由推事而出掌國家大政。而中國的推事「幾有洋車夫工貲無所出之歎」。美國與英國一樣，視法官至為神聖，而中國則視法官為師爺或刀筆吏，毫無地位可言。第三，就自重觀念而言，美國法官自重觀念特別高，判案以良知為標準。中國法官則為了自己的生計，遇事只望息事寧人，不想生事。第四，以制度言，美國法院制度本於英國，故司法獨立。中國法院制度則本於大陸法，故易受行政干涉。[80]

羅文榦親身感受到提犯審訊欠缺效率和程序。羅文榦稱，每天晚上七時後至夜半一時前，警察都會送三十至四十人甚或六十至七十人進拘留所。羅文榦從拘留所隔壁聽到各人所犯之罪大抵都是輕微財產罪或賭博之類。拘留所官員詢問完畢之後，當即檢查他們的身體，收進拘留所。檢察官循例問訊，然後疑犯一直拘留，等待再次問訊。疑犯無限期被關。這類案件延期又延期，無罪者往往無故被關押數月。然而羅文榦指出，在世界其他地方，凡有案件發生便可延請律師。羅文榦起草刑事訴訟法初稿時，曾提到此建議。可惜法院中人認為不方便，仍主張沿用舊制，疑犯要至公判時才可找律師辯護，因此疑犯之命運便任由檢察官和法官主宰了。羅文榦認為這樣的制度難言公平。羅文榦根據其親身經歷，認為看守所比監獄環境更差。原因有三方面：一、案件積壓，加上檢察官之不良分子胡亂關押，看守所擠滿疑

79　同上，頁33。

80　同上，頁38。

犯；二、看守所經費十分短缺，即使囚衣和囚被亦不足夠，當時看守所已欠發經費九個月；三、疑犯滿所，資金奇缺，管理異常困難。[81]

三、議員質素低下

羅文榦謂「國會到今日真是討厭到不耐煩了」。他認為國會的議員們已沒有資格代表人民。他認為有這樣的問題，是因為選舉法不完備之過。選民之資格，沒有查證和確認；候選人既無資格限制，復無政見可言，一切均以金錢運動之，當議員只知吵吵鬧鬧，沒有自愛自重。法律上奉他們為神明，所以越加放肆。[82] 羅文榦歸因袁世凱一開始用錢解決問題，開壞了先例，令議員只是向錢看，極之敗壞風氣。[83]

新疆交涉

對於晚清政府和民國政府來說，新疆對中國有特殊的意義。然而晚清至民國初年，中國內亂頻仍，中國政府未能有效管治新疆。新疆省長楊增新（1864－1928）在民國以後長期主政，新疆與當時的中央政府關係疏離。後盛世才（1897－1970）長期任新疆省主席，更積極援引蘇俄支持，排除國民政府在新疆的力量。[84] 在羅文榦出使新疆之

81　同上，頁 51－55。

82　同上，頁 199。

83　同上，頁 200。

84　詳參 Judd C. Kinzley & Jianfei Jia, "Xinjiang and the Promise of Salvation in Free China", in Joseph Esherick & Matthew T. Combs (eds.), *1943: China at the Crossroads* (Ithaca: Cornell University East Asia Program, 2015), pp. 75-101。有關民國初年新疆軍閥的詳細歷史，可參 Andrew D. W. Forbes, *Warlords and Muslims in Chinese Central Asia: A Political History of Republican Sinkiang, 1911-1949* (Cambridge: Cambridge University Press, 1986).

前，新疆宣慰使黃慕松（1883－1937）已指出新疆正陷於亂局。1933年6月，當時馬仲英佔據奇台，「獲槍四五千枝，氣焰大張，乘勢西進省垣，一夕數驚，人心震動。且遠來客軍與本地軍隊素不相習，未易團結，誠邊局岌岌之時」。惟核心問題為財政困頓，交通阻隔。[85] 羅文榦是在此背景下出使新疆的。現根據當時的公私記載，重構羅文榦出使新疆的經過。

羅文榦往迪化，到南疆視察，且擬擇地與國民政府駐蘇大使顏惠慶（1877－1950）會面。但是，當時政府並沒有正式宣佈羅文榦此行的具體任務，加上當時羅文榦身為外交部長，他與駐蘇大使顏惠慶見面的消息自是不逕而走，引起許多揣測。當時，中蘇復交約一年，惟中蘇商約尚未簽訂，中蘇的關係未能打破悶局，且蘇聯在新疆與盛世才親近，擁有超然的地位，故出使新疆與中蘇關係有莫大關連。[86] 他在啟程前在首都國際聯歡社外交部員歡送會上稱：「此次奉命赴新，意義甚為重要。新疆國際關係複雜，外交上極須注意，免為東北第二，故其重要性猶較整理交通而上之。」[87] 其目的是為「明邊區情勢，使政府應付外交暨設施政治時得資參考」。[88] 他在途經陝西和甘肅等各省時曾與各省軍政當局、高等法院院長及首席檢察官等討論移犯往新疆屯墾。[89] 此即古代的移民實邊，以圖將國民政府力量擴展至新疆。9月1日早上，羅文榦由蘭州西部乘搭飛機，10時抵涼州，與師長馬步青會晤，下午1時抵甘肅，與旅長馬步康會晤。9月2日由甘肅飛往哈密，馬仲英在吐魯番派代表來晤，且與當地回王見面，入城視察，

85　〈函陳省軍戰勝馬軍情形〉，《國民政府外交部》，中央研究院近代史研究所檔案館藏，檔號 04-02-002-03-010。

86　〈羅文幹氏赴新與西北問題〉，《北方公論》第 49 期（1933 年），頁 4－9。

87　〈鈞任君壯哉此行！〉，《國聞周報》第 10 卷 35 期（1933 年），頁 2－4。

88　〈外長羅文幹飛新〉，《時兆月報》第 28 卷 10 期（1933 年），頁 4。

89　〈法官訓練所最近消息〉，《法治周報》第 1 卷 46 期（1933 年），頁 38。

宣達中央意旨，羅文榦且以中央名義，捐款 1,000 元賑災。同日下午抵迪化，時任省主席劉文龍（1870－1950）及盛世才均到機場迎迓。[90]

　　9 月 3 日晚上和 9 月 4 日早上，劉文龍與盛世才及羅文榦晤談。羅文榦在致汪精衛和蔣介石的報告中指出多項問題。其一，新疆有危機，地方難有安靖。其二，地方回歸安靖後，應着手交通建設。新疆本有歸綏大道和甘肅、陝西至迪化一路，惟歸綏大道初開，陝西、甘肅一路交通流量少，故羅文榦建議中央加大經營力度，「多造長途汽車四、五百輛，則於邊亂有莫大裨益」。意即新疆動亂之源在於經濟落後，民生困苦而思亂，唯有改善經濟，才是正本清源之道。其三，中央銀行應在西北從速設立分行，「以利商旅，新省尤關重要，不能稍緩」。蓋中央銀行即政府的銀行，有代表國民政府控制權之意，此舉既可宣示主權，也有透過經濟力量，引進現代化動力之意。同時通過經濟投入，可以加強國民政府在新疆的力量。其四，新疆金融制度混亂，解決之法為「中央應統一幣制稅收，並指定關稅各稅先發大批公債以應急需。望子文兄速派幹員到新妥籌辦法」。其五，劉文龍與盛世才希望可得美麥借款（American Cotton and Wheat Loan）一部分，羅文榦認為「亦可指定若干，專以為開發汽車路之用，或其他生產之用」。其六，為免引起更多紛爭，不可再增添邊防軍。[91] 羅文榦在新疆與盛世才和劉文龍討論新疆發展方向，大方向是重視墾荒闢路、振興教育。他又強調「非建設無以自救」，且新疆於國防至為重要，故建設刻不容緩。[92]

90　〈電告由蘭飛迪化沿途宣慰情形〉，《國民政府外交部》，中央研究院近代史研究所檔案館藏，檔號 04-02-001-03-033。

91　〈電陳數事〉，《國民政府外交部》，中央研究院近代史研究所檔案館藏，檔號 04-02-001-03-041。

92　〈羅文榦與劉盛商〉，《工商晚報》，1933 年 9 月 14 日。

　　羅文榦此行的任務是承認盛世才在新疆的統治，並且調停盛世才與馬仲英之間由此而起的紛爭。[93] 羅文榦在考察過程中已稱「新事太複」，中途派秘書入京報告。[94] 9 月 9 日，羅文榦抵吐魯番，馬仲英「郊迎三十里並列馬隊一旅，請羅部長檢閱，城內纏回（按，維吾爾）空巷歡迎，途為之塞」。10 日接見纏回代表，宣達中央意旨。馬仲英率領全體軍官聽訓，羅文榦與馬討論各項問題，馬表示服從中央及保護西北交通。11 日，馬仲英就任督辦公署所委之東路警備總司令一職，同日舉行歡迎羅文榦的大會，盛況空前，羅文榦極力宣慰，表示願意設法救濟。[95] 13 日，羅文榦從迪化發急電予汪精衛和蔣介石，說明新疆經濟狀況之嚴峻。羅文榦 12 日從吐魯番返，他指出馬仲英答應服從中央命令，不從事戰爭，且會保護商旅和交通安全。惟「至該師編制餉項給養，中央省府均無分文給發」，羅文榦向他們承諾中央可派人改編軍隊，劃定防區，籌發軍餉。羅文榦向汪精衛和蔣介石表示此事十分迫切，「否則防區問題即為戰爭之導火線」。至於省府財政方面，已出現嚴重困難，羅文榦促請宋子文從速籌發公債和設立銀行，以作維持，並安排向外國貸款購買汽車兩千輛，供新疆、甘肅等地使用。另外，羅文榦促請政府派專家赴當地組織建設，最好能安排一官商均能參加之調查團。總之，羅文榦認為新疆的最大問題在財政，「子文兄能來一行固好，不能則請派負責人員即來。刻危機四伏，非財不行」。[96] 他說到了問題的核心。

93　*Warlords and Muslims in Chinese Central Asia: A Political History of Republican Sinkiang,1911-1949*, p. 111.

94　〈羅文幹將赴伊犁〉，《天光報》，1933 年 10 月 2 日。

95　〈羅文幹視察吐魯番〉，《華僑週報》第 44 期（1933 年），頁 56－57。

96　〈電陳對新意見〉，《國民政府外交部》，中央研究院近代史研究所檔案館藏，檔號 04-02-001-03-045。

20 日抵塔斯干（Tashkent），22 日往斜米與顏惠慶晤面。[97] 28 日，羅文榦赴新西伯利亞與顏惠慶晤談，討論各項問題。第一，不侵犯條約。羅文榦認為「此約現應對新省情形較東省尤為注意。果此約速訂，則新之可保，徐圖開發，否則新之亡較東尤易」。第二，廢止金樹仁（1879－1941）所訂之協定，應從速訂商約。第三，羅文榦令官員研究新疆問題，提供資料予顏惠慶。第四，羅文榦主張土西鐵路應邀歐美財團參加。推測其意義，一為國內缺乏資金，二為限制蘇聯對新疆的控制。第五，統一外交。此舉是加強國民政府對新疆的控制。第六，探討將留俄華工遷新疆。此舉主要是徙民實邊。[98]

29 日，汪精衛回應羅文榦上述六點，大致同意各項。第一，同意不侵犯條約應早日訂立。汪精衛指出蘇聯方面已擬有對案，可請顏惠慶大使返莫斯科後再詢蘇方。第二，同意與蘇聯訂立商約，以發展新疆經濟，但仍當從不侵犯條約入手，從而看蘇方是否有誠意。第三，汪精衛認為「調查邊界辦法甚好」。第四，有關引入歐美資本開發新疆交通事，需先交由交通部審核。第五，同意統一外交辦法。第六，有關留俄華工遷新疆一事，汪精衛有所疑慮，因「留俄華工中難保無赤化分子，若全數移新，不獨於治安有礙，以後新省問題恐將更形複雜，此事須安慎處理。請顏使先調查明確後，再定辦法」。[99]

10 月 28 日，羅文榦自海參崴（Vladivostok）發密電予蔣介石和汪精衛報告新疆最新情況，指出「盛、馬在達阪城附近相持，互有傷

97　〈電告由塔城轉斜米晤顏使〉，《國民政府外交部》，中央研究院近代史研究所檔案館藏，檔號 04-02-001-03-047。

98　〈羅部長赴西伯利亞交涉〉，《國民政府外交部》，中央研究院近代史研究所檔案館藏，檔號 04-02-002-04-020。

99　〈新蘇訂約事〉，《國民政府外交部》，中央研究院近代史研究所檔案館藏，檔號 04-02-002-04-021。

士」，[100] 可見新疆局勢動盪。10月30日，馬部隊「離塔（斯干）竄沙灣」。[101] 10月31日，羅文榦再自海參崴拍電予蔣介石和汪精衛，報告「盛在達阪附近被馬擊敗，犧牲甚大，退守省城，現又整備作戰，雙方正在相持不下」。羅文榦亦批評盛世才的疵政：

> 盛自私自利，軍民離心，決難持久，自印五十兩大票到處強迫行使，物價陡漲數倍，現洋每元已漲至省票七十，尚不能止，財政破產，民情恐慌，情勢危急，請轉呈中央，速籌救濟辦法，以維邊陲。[102]

另外，南疆形勢亦不明，已派員宣慰。羅文榦語重心長地指出「新局危急，中央非有決心，必為東北之續」。[103] 可見他對於邊患，甚為關注。

羅文榦考察後得出結論是「治理新省，非不可能，其先決條件，首在結束軍事，然後整理財政開發交通」，且謂「軍事不停止，一切均無從着手」。[104] 羅文榦考察完畢，往見汪精衛。汪也同意停止軍事行動為安定新疆的辦法。[105] 羅文榦總結新疆考察，恰當地指出「新民古樸純良，極為易治，惟官吏虐民，極無人道，殺人盈野，白骨山

---

100 〈新省情形〉，《國民政府外交部》，中央研究院近代史研究所檔案館藏，檔號 04-02-002-03-026。

101 〈據陳述善電馬仲英部離塔竄沙灣〉，《國民政府外交部》，中央研究院近代史研究所檔案館藏，檔號 04-02-002-03-027。

102 〈據張培元電等情〉，《國民政府外交部》，中央研究院近代史研究所檔案館藏，檔號 04-02-002-03-029。

103 〈據張培元電等情〉，1933 年 10 月 31 日。

104 〈羅文榦巡新返京〉，《求實月刊》第 1 卷 2 期（1933 年），頁 6-8。

105 〈羅文幹今日赴贛謁蔣報告赴新經過〉，《天光報》，1933 年 11 月 14 日。

積」，且「監犯殆盡係冤獄，無法律人道可言，余今始知自由平等一
語之真實意義」，因此他總結「新省問題，不在外交民族經濟，其症
結僅在吏治，故甚易解決」。[106]

對日本侵華的態度

1931 年「九一八」事件發生，震動國民政府。日方軍事利動不
斷升級，終演至「一‧二八」事件發生。1932 年 2 月 1 日，英國駐華
大使藍森（Miles Lampson, 1880－1964）上下午均與時任外交總長的
羅文榦會面，就時局發展交換意見。羅文榦向藍森表示，英國早前在
國聯上對日的取態與中國發生隔閡，他希望英國能採較公正的主張，
使兩國邦交有所改善，且因藍森大使駐華多年，對中國素稱融洽，故
希望他此次回華能對中英關係有所貢獻。[107] 羅文榦留英多年，與英國
的上層知識分子聯繫甚多，且羅文榦相當反日，日方更認為羅文榦是
「活躍的反日派人物」。[108] 故他欲運動英國以抗衡日本，自是可以理
解。羅文榦的強烈反日態度，可能源自張學良的影響。

2 月 7 日，羅文榦對日本內閣總理犬養毅（1852－1932）有關
上海事件的宣言作出還擊，清楚表達中國的立場。他指「中國領土主
權，是整個的。中國領土主權之完整，曾經歷次國際公約之保障，
決無在整個國家之領土主權範圍以內、東三省問題與上述問題可以
分別解決之理」。而且「日本對於中國武力政策，亦係整個的。其軍
事行為，即秉此一貫政策而發」，因此「中國軍隊在中國境內，作守

---

106 賀嶽僧：〈讀羅文榦氏報告感言〉，《每周評論》第 92 期（1933 年），頁 10－11。

107 〈羅外長昨日兩次接見英使〉，《工商日報》，1933 年 2 月 2 日。

108 東京日日新聞社編：《国際戦を呼ぶ爆弾支那》（東京：東京日日新聞社，1935
年），頁 74－75、85－86。

護領土自衛行動，係合於法律公理之正當行為，決無任何武力主義可言」。羅文榦認為，國民政府完全出於自衛，立場至為正確。他又指出，中國對日態度已相當容忍，「亦係為保持世界和平及國際公約」。他轉向友邦呼籲：

> 要求世界對於日府自九月十八日以來在東三省之武力侵略，尤其是最近沿中東路之進攻，在上海閘北之襲擊，與繼續開釁，及其無張〔節〕制之飛機轟炸，與最近對於首都之炮擊，及吳淞炮台之大規模攻擊，均係不可諱飾之嚴重戰爭行為。[109]

以中國當時的軍事力量，根本不足與日本抗衡，故羅文榦只能徵之以道德的力量，引起世界各國關注和同情。

1932 年 6 月，蘇方指出：

> 偽國（按，偽滿洲國）要求在西比利亞派領，為俄領駐滿交換條件。如日要求承認，當答須經考慮，以為延宕。⋯⋯
>
> 偽國僅傀儡，彼真正外長係前駐哈日領。[110]

1932 年 8 月 29 日，羅文榦在中國外交部紀念週發表演講，反駁日本外相內田康哉（1865－1936）8 月 25 日在日本國會的演說，同時說

---

109 〈雜錄：羅文幹之談話（二月七日申報）〉，《剪報》第 9 期（1932 年），頁 97。

110 〈偽國在西比利亞派領事〉，《國民政府外交部》，中央研究院近代史研究所檔案館藏，檔號 04-02-010-01-041。

明中國政府的外交方針。羅文榦在演講中，指日本外相的演說：

> 已將日本政府的野心，暴露無遺，使今後侵略中國之
> 計劃，無須再用其掩飾，此誠日本政府對全世界正論挑戰之
> 行為也。……
>
> 日本政府不顧人類和平之呼籲，藐視國際聯合會之組
> 織，踐踏一切神聖條約之義務，竟復公然露骨演詞，其詞不
> 啻向世界宣示日本有侵略中國之權、有攫奪東省之權、有製
> 造傀儡而謚之曰獨立國家操縱之玩弄之乃至最終併吞之而後
> 已之權。

他直斥內田之詞說為「直中古黷武主義之演述，而飾以二十世紀之文
字者也」。羅文榦逐點反駁內田康哉之說法。第一，日本以自衛為侵
略的手段，且謂「自衛之權，可行使於本國疆域之外」，「又謂非戰公
約並不禁止自衛權利之自由行使」。羅文榦反駁，若其他六十一個簽
字國也接受日本如此解釋，非戰公約則與廢紙無異。他指出，第一，
日本可以行使國際公法所提供的和平方法保護日本在華權益。惟日方
並沒有向國民政府申訴，而是在 1931 年的 9 月 18 日發動攻擊，日人
「猶曰自衛」，是為不當。第二，日本政府承認傀儡政權，且辯稱：
「滿州〔洲〕偽國之成立，乃出於滿州〔洲〕人民之自願，而係中國
內部之一種分立運動」。羅文榦反駁，指出「殊不知東省之患，並不
在分立運動之內發，而在侵略運動之外襲」。他指出問題的核心，一
切皆因日本軍閥而起：

> 夫挾其傀儡登場，沐猴而冠組織偽政府，而謚之曰滿
> 州〔洲〕獨立國者，日本軍閥也；逞一己之意思而強迫施諸

實行者，亦日本軍閥也；鞭撲馳驟我東省三千萬之同胞，使之宛轉呻吟於日人鐵蹄之下，而不得為自由意旨之表示者，亦日本軍閥也。

第三，羅文榦指出日本破壞《九國公約》。他在演講結尾強調，中國政府與人民絕不懷有排外思想，但日人壓迫日甚一日，欲改善中日關係需由日本作主動。另外，中國不會因武力而放棄領土主權。至於東北事件之解決，中國方面絕不接受日本以武力維持與支配任何組織。最後，羅文榦認為解決東北事件之方法應在國聯和《九國公約》框架內進行。[111] 然而當時日方已放棄與中國講和，羅文榦的抗議日方完全沒有接受。

1933 年 3 月中，羅文榦在保定與蔣介石商妥對日絕交案。[112] 羅文榦向記者發表談話，指出：

> 自承德失敗，北方情勢益趨危，敵方謠言中傷，無所不至，本人因於十日晚專車北上，一面視察真情，一面宣揚中央一貫政策，在平曾兩度接見各國公使及代辦聲明日方侵略行為，已於國聯報告書中受世界各國一致之議責，此報告書既係各國一致通過，又為我國所接受，此時唯有照報告書意旨做去，絕無妥協或直接交涉之可言，中央外交政策始終如一，外傳種種，不足置信。[113]

111 〈外長羅文榦駁斥內田政策之演詞〉，《國際》第 1 卷 4 期（1932 年），頁 60−61。
112 〈對日絕交問題〉，《天光報》，1933 年 3 月 20 日。
113 〈羅文榦昨已抵京〉，《工商晚報》，1933 年 3 月 19 日。

5 月，蘇聯有意出售中東鐵路予日本，羅文榦向蘇聯駐華大使鮑格莫洛夫（D. Bogomoloff）提出抗議，指出有關中東鐵路問題，「仍希望貴國政府遵照一九二四年協定之規定」。惟蘇方對此置之不理，只稱「本國所以提議出售中東路者，無非以遠東和平為重，願將該路出售，以避免衝突耳」。此話無異狡辯。[114] 1936 年，當時主掌西南外交的羅文榦指出，西南與其他省對外的態度相同，擁護凱洛非戰公約（Kellogg-Briand Pact），抵抗是自衛，與戰爭不同。西南方面決定抵抗日本的侵略，但不是對日宣戰。[115]

　　1938 年 2 月 19 日，羅文榦在香港大學以〈日本之侵略〉為題作演講。他指出：

　　　　自日本侵略我東三省後，根據事實與一般意見，日本無日不居侵略者地位，而中國無日不在自衛之中也。就法律上而言，此實為侵略，並非意外事件。至於中國何以應付此故事，惟有抵抗而已。[116]

他在演講中，首先提到了抗戰的目的。他指出「中國為厭戰之國家」，又指：

　　　　吾國之大賢遺教，莫不謂以正義而戰，苟非正義所在，縱戰而勝，亦屬罪惡。故今日中日之戰，中國乃為自衛

114　〈關於中東鐵路問題〉，《國民政府外交部》，中央研究院近代史研究所檔案館藏，檔號 04-02-006-01-046。

115　〈羅文榦昨日解釋西南之抗日政策〉，《工商日報》，1936 年 6 月 7 日。

116　羅文榦：〈日本之侵略 ── 二月十九日在香港大學演講〉，《廣東黨務旬刊》第 25 期（1938 年），頁 21─22。

而戰，實合乎正義者苟戰而勝固佳。縱戰而不勝，亦所不計。[117]

換言之，羅文榦主張對日抗戰到底。對於敵我形勢，羅文榦也有中肯的評估：

> 但就軍械設備而言，我實遜於敵，敵人以炸彈作炮彈作戰，吾儕以血肉作戰，故縱有失地，亦不足異，蓋此實屬吾儕意中事。吾儕所期者，只最後之勝利而已。[118]

羅文榦亦分析了中國積弱的原因，他指出：

> 年來屢次謀統一而失敗者，乃因外敵侵略而成功於一旦。……
>
> 中國為一和平守法之國家，故對於國際條約制裁，及國際義務，過於信仰。此種信仰，使吾儕陷於崇拜偶像，信賴他人。今經過此次教訓後，吾儕覺悟只有武力足恃，敵人實促吾儕覺悟前者之愚昧與空望。[119]

羅文榦的分析十分恰當，其所指是國民政府過於倚賴外力，前此國聯介入滿洲國，無功而還。他更進一步指出：

117　同上。
118　同上。
119　同上。

友敵之分，有時而晦，今吾儕更可一試吾國之國際之
友矣。[120]

同時，他也反思國民政府過去努力的得失，指出：

自國民政府成立後，新建設甚多，現在此種建設，多
成敵人轟炸之目的物，今後吾儕深知國家實力，實不在乎
此。美麗之建築物，不足救國，知所取捨矣。[121]

羅文榦直白地批判國民政府在這方面的不足。

羅文榦進而提出建言，認為應向中國發展落後地區輸入從中國
城市或留學海外回歸的畢業生，從而提升國力。他回憶前此的西北之
行，曾跟甘肅和山西兩省當局討論用人問題。甘肅和山西當局指出，
當地公務人員缺乏有識之士，羅文榦則回答當局可以聘用外國留學和
中國大學的畢業生。當局則表示，因西北地區較落後，大學生不願
來。羅文榦在演講中指出：

今日機炸毀各大學，且排日蒞臨都市，使各大學均遷
入農村開辦，無異使教育深入農村，普遍全國。且使大學生
均切實認識吾國之內情，使對於所得之歐美學識、都市安逸
之外，對於中國得一深刻之印象。[122]

120　同上。
121　同上。
122　同上。

他留意到中國龐大的城鄉差異,認為抗戰反而帶來改善這個差異的契機。而且他認為,在抗戰之時,各銀行紛紛內遷,更是復興農村經濟的黃金機會。內地的交通系統亦因政府內遷而有所加強。[123] 可見他對抗戰的前景是樂觀的,且從危機中看到轉機。

羅文榦的識力非凡,這從他 1939 年所寫〈世界大戰與中國〉一文中,可見一斑。雖然他等不到抗戰勝利,但他在 1939 所說的話,後來大部分均應驗了。羅文榦在文中開首指出:

> 德義搶劫於歐非,日本搶劫於我國;此數年造成強盜世界,禽獸行為。自九一八東北事變起,即當料到有今日,我們與其責備張伯倫,無寧責備西門(按,John Simon, 1873－1940);與其批評德義,無寧批評日本。假使當年有人仗義執言,焉有今日德義問題、中日事變?[124]

羅文榦進而分析當時的國際形勢,他指出:

> 蘇聯看住英法,英法看住美國,美國政府看住美國人民,美國人民計算孤立的利害;遠東問題有九國簽紙,反戰公約既無制止戰爭辦法,國聯亦未加入;又歐戰時曾上過大當,今後不易輕於再上。蘇聯忙於內政,樂得袖手旁觀,專事生產。[125]

123　同上。

124　〈世界大戰與中國〉,《今日評論》第 1 卷 14 期(1939 年),頁 3－5。

125　同上。

簡單來說，就是各自計算自己的利害。列強只要不干犯自己的利益，則甚麼也不理。因此，羅文榦指出：

> 遠東倭寇，有我中國擋住大門；西歐暴行，有英法首當其衝。[126]

因為西方列強採自保之態度，故德國和日本之氣焰日張。羅文榦認為，如果英、法、美、蘇四個國家沒有相互共識，如果只有英、法進攻，美、蘇袖手的話，是不可能成功的。[127]

　　羅文榦歸納出一些基本看法。其一，英、法、美、蘇如能合作，同心協力，抵抗侵略，「則或有戰爭可能」，但羅文榦也認為此事「未免理想」。其二，如果美、蘇永不願加入作戰，德、意和日僅攻擊弱小國家，美、蘇斷不會因此付諸一戰。觀乎史實，羅文榦此觀察無誤。其三，除非德、意和日直接向英、法、美、蘇發動攻擊，否則英、法、美、蘇不會「起而抗戰」。[128] 日後德國果然直接進攻蘇聯，日本則偷襲珍珠港（Pearl Harbor）。換句話說，羅文榦的邏輯推論是正確的。

　　羅文榦認為「我之大患，實在倭寇」。第一，如果英、法、美、蘇向德、意和日三國作戰的話，中國便能得四國幫助。[129] 不過，徵諸日後史實，中國得到的援助始終不多。第二，如果美、蘇不參戰，「於我利少」。第三，英、法若只在歐洲作戰而忽略中國，則為日人

126　同上。
127　同上。
128　同上。
129　同上。

帶來侵華的黃金時機。[130] 換一個角度說，如果世界不戰的話，「有害是不能大打一場，得到痛快解決」。另外，就是德國與日本之間的關係，無法維持下去，「利盡則交疏」，日本人無法再在遠東單獨地橫行霸道。[131]

由此可見，羅文榦真有過人的分析能力。可惜天不假年，兩年之後他便因急病辭世。他對中國近代政治和法律貢獻良多，我們不該遺忘這位法律長才。希望這篇略傳能煥起學界對這位一代偉人的重新關注。

---

130 同上。

131 同上。

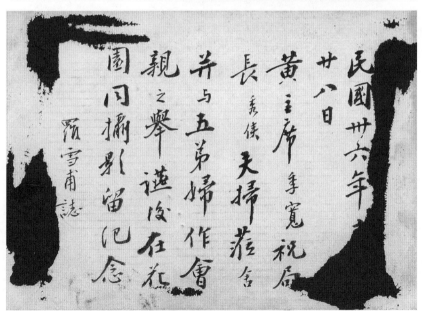

圖7-5　羅雪甫會親照及背面親筆提字（1947年）。右一羅雪甫、右三穿大衣者為黃紹
　　　竑、左三羅文莊妻子潘佩蘭、左一羅明佑（羅雪甫兒子）。

【資料來源】羅徵遠醫生提供及協助辨認相中人物。

結論

縱合以上所論，可以看到香港社會精英在中國近代化之角色和貢獻，比我們想像中大和廣。以往學者多傾向於考察個別香港精英在中國近代化的貢獻，方向雖然正確，但研究採本略為單調。本書選定了香港皇仁書院一批從創校至 1920 年代初的校友，通過他們各人的經歷，嘗試從一個較廣闊的角度探討同一課題。

很多校友因為香港發展前景有所局限，紛紛到中國就業。當中很多投身新興事業。他們為了更美好的將來，北上工作是唯一選擇，在這種情況下他們非自覺地擔當了中介人的角色。如本書所示，在中國海關工作的皇仁校友甚多，由於薪給優厚，當中許多都工作至退休。投身中國海軍和鐵路事業的亦復不少。

本書亦嘗試從家族史之視角，探討皇仁書院早期校友的歷史。另外，以往人們有一種錯覺，認為皇仁書院是專門訓練商人和買辦的學校。本書對這一看法，提出了一些修正。

由於皇仁校友多通曉英文，在翻譯界、外交界、法律界、醫學界和商界等均能有所貢獻。當時，中國面對外患，社會出現巨變，而巨變帶來機遇，與外國人接觸自然需要懂英文，這就為皇仁校友帶來無窮機會。譚子剛、張國威、温宗堯等也是在這個背景下，從香港踏上清政府的外交舞台。當然，沒有科舉功名始終是少了一點優勢，故部分校友須先購買官銜，以為晉身官場之資。

值得討論的是，為甚麼當時這些皇仁校友的父母會想到將自己的兒子送到皇仁書院讀書呢？他們的背景又是如何？無可否認，他們都具遠見，知道如果子弟們能夠學好英文的話，對將來的工作前景大有幫助。而且皇仁書院沒有宗教性質，故深受中國人的歡迎。至於在背景方面，筆者掌握有關皇仁校友父母以至家族的資料十分有限，僅知道他們的父親一般經濟能力較佳，文化程度也較高，明白知識改變命運。畢竟皇仁書院學費不便宜，不是一般人所能負擔的。筆者也得承認，目前我們掌握有關早期皇仁校友的史料仍是相當有限。這些文獻或已散佚，或是流落異鄉，或是存放在塵封的檔案裏，又或是存放在未為人知的個人文書之中，蒐集殊非易事。但是如果能夠搜集到這方面的資料，我們便能利用統計學或資料庫等方法，從量化和質化兩方面研究這些皇仁校友的生平，更全面地了解皇仁書院與中國近代化進程的關係。惟這涉及許多複雜問題，不是短時間能解決的。所以這樣的研究只能俟之來日了。

讀者或會留意到，在皇仁書院芸芸眾多校友中，有些人當上了漢奸。筆者認為有幾個原因。第一，皇仁書院歷史悠久，歷年校友數目眾多，當中有一小部分人附敵，是可以理解的。第二，皇仁書院是殖民地官方學府，自然不會提倡中國民族主義。二十世紀初，皇仁書院沒有教授中國歷史，皆因校長黎璧臣憂慮會令學生革命情緒升溫。[1]第三，當時不少校友懷着過客的心態，不打算在香港久留，一心只想學好英文後便到中國甚至海外謀事，哪裏有機會便到哪裏去，尋找生計比一切都來得重要。而且，公允一點說，從務實的觀點看，不能將所有替日本人做事的人都說成是漢奸。溫宗堯大力鼓吹中日親善，陳錦濤出任傀儡政權財長，張國威任汪精衞政權之駐台北總領事，當然逃不了漢奸之污名。但很多較為基層的人物，為了生計，不得不替日本人做事，從事一些較低級的工作。對於這類人，似不宜深責之。

皇仁書院在校園中，闢建了一角作為校史館，展示學校所擁有的，以及校友所捐贈的文物和文獻，隨着不斷公開徵集文物和文獻，以及研究的深化，當能引起學界對皇仁校史研究的關注。筆者曾數次造訪校史館，印象中1950年或之後的歷史極詳細，但最初數十年的歷史內容頗為簡略，僅得寥寥數語。可見皇仁書院這一段歷史有待我們撰寫。筆者不揣淺陋，撰作此書，嘗試填補這個比較重要的空白。

---

1   *Queen's College: Its History 1862-1987*, p. 50.

附錄　皇仁校友一覽表（1860 至 1920 年代）

* 以筆劃排序

	名字	生卒年	字	籍貫	學歷
1	尹端模	1870－1927	文楷	廣東東莞人	曾在中央書院學習，1884 年英文班第五班第一名。1884 年考進北洋醫學堂，1888 年畢業。
2	方玉田	不詳	不詳	不詳	皇仁書院、北京郵電學校。
3	王文藻	不詳	不詳	廣東鶴山人	皇仁書院、北洋醫學堂第五屆畢業生。
4	王建祖	1879－？	長信	廣東番禺人	皇仁書院、北洋大學堂、日本留學、加州大學經濟學士。廷試獲一等成績。
5	王進祥	不詳	不詳	不詳	皇仁書院、北京郵電學校。
6	王壽椿	不詳	不詳	不詳	皇仁書院、北京郵電學校。
7	王暢祖	不詳	不詳	廣東人	1896 年在皇仁書院 1A 班。
8	王維瀚	不詳	不詳	廣東人	1890 年在維多利亞書院第一班。
9	王德光	不詳	不詳	不詳	維多利亞書院。1889 年 Steward Scholar。
10	王諒祖	不詳	不詳	廣東人	1895 年時仍在皇仁書院讀書。
11	王寵勳（王勳 /王承贊）	1872－1933	閣臣	廣東東莞人	中央書院。

職業／名銜	身份／備註
曾任海軍醫官。1891 年至 1896 年任廣州博濟醫局醫生兼教師，並主持撰寫西醫書籍。1896 年至 1897 年間在北洋醫學堂任教。旋返港定居和行醫。	・香港著名西醫、商人。 ・1902 年醫務所在中環德忌笠街徐善亭鑲牙館右鄰二樓（卑利街上截門牌五十四號 A）。 ・香港牧師區鳳墀之女婿。
曾為廣東電政管理局報務課長。	・電報局職員。
曾在北洋醫學堂工作，當袁世凱為直隸總督時，甚器重王文藻，家中各人遇有患病，定必延請王文藻治理。王文藻後來長期擔任袁世凱的醫生。	・西醫。
1901 年南洋公學教員。1906 年返國，任兩廣總督署文案。1907 年度任支部秘書，授翰林院編修。1908 年為赴美特使秘書，1909 年任江蘇省財政監理官。晚清時當唐紹儀參贊。1915 年任北京大學法科長。後為北大教授。	・經濟學家、學者。疑為王諒祖、王暢祖、王延祖等之兄弟。
不詳	・郵電學校學生。
不詳	・郵電學校學生。
1896 年 6 月進入中國海關。	・中國海關高級職員。
1897 年 11 月進入中國海關，初為試用同文供事，1900 年 2 月離開時為試用同文供事前班。	・中國海關職員。
曾在香港海軍船塢工作，又曾當臬署翻譯官。後從商。	・翻譯、商人。 ・1941 年登記地址為香港中環畢打街馮登記。
1896 年 6 月進入中國海關，初為試用同文供事，1930 年 3 月離開時為超等一級稅務員。	・中國海關高級職員。
歷任中央書院教師、香港庫房文員、北洋大學堂教師、滬寧鐵路總辦分省補用道、漢陽鐵路局萍煤轉運局總辦。	・教師、晚清官員。 ・葬於上海八字橋聖公會墳場。 ・妻陳英蘭為陳藹亭女兒。 ・王寵惠兄。

	名字	生卒年	字	籍貫	學歷
12	王寵佑	1879–1958	佐臣	廣東東莞人	皇仁書院、北洋大學堂。後進入加州大學柏克萊分校和哥倫比亞大學，攻讀採礦冶金和地質學等科。
13	王寵益	1888–1930	沒有	廣東東莞人	早年在皇仁書院就讀。1903 年入讀香港華人西醫書院，1908 年畢業後赴英，在愛丁堡大學考獲醫學博士學位，嗣後又在劍橋大學考獲公共衛生及熱帶病學文憑。
14	王寵惠	1881–1958	亮疇	廣東東莞人	1887 年進入香港聖保羅書院，1891 年進入維多利亞書院，1895 年進入北洋大學堂，1900 年在北洋大學堂以第一名資格畢業。日本留學（日方檔案記載，王寵惠在庚子拳亂後赴日是為了研究政治）、加州州立大學、耶魯大學法學博士、遊學英國、法國、德國。
15	王寵慶	1886–1939	景臣	廣東東莞人	曾在皇仁書院就讀。1900 年轉到天津大學堂就讀。醫學博士。
16	王鑑明	不詳	不詳	廣東人	中央書院。
17	左汝謙	約1876–1950	吉帆	廣東番禺人	皇仁書院、1895 年進入香港華人西醫書院。北洋醫學堂第五屆畢業。
18	甘元晉	不詳	不詳	不詳	皇仁書院、北京郵電學校。
19	甘儲相	不詳	不詳	不詳	1873 年在中央書院。
20	任坤元	約1859–？	不詳	不詳	1872 年進入中央書院讀書。1879 年英文班第一班第一名。
21	伍青霄（伍漢墀）	1876–1923	尚華	廣東順德人	皇仁書院卒業。

職業／名銜	身份／備註
返國後任長沙煤礦公司技師、保泰公司總理。1914 年任大冶鐵礦總理。1921 年華盛頓會議中國全權代表。同年任山東礦山歸還委員會委員長。1923 年任六河溝礦山公司技術長。1929 年出席東京萬國工業會議，任代表主席。歷任國立編譯館礦物學名詞審查委員、廣東實業司司長、長沙華昌煉銻廠總工程師、太平洋會議諮議等。	· 王寵佑是中國地質學界的權威，曾著《煤業概論》等。 · 美國採礦冶金學會會員。 · 王寵惠兄。
1920 年返港，後任香港大學病理學系講座教授。	· 醫學教授。 · 王寵惠弟。
歷任司法總長、教育總長、修訂法律館總裁、1919 年巴黎和會中國代表、海牙國際法庭法官。曾任國民政府外交部長。	· 歐美派之巨頭、中國首屈一指的法學家。 · 伯林國際法學會會員。
曾在香港執業，1932 年北上工作，後任國聯防疫處駐華聯絡專員。	· 西醫。 · 王寵惠弟。
1872 年 11 月進入中國海關，初為通譯，1919 年 4 月離開時是超等同文供事副後班。	· 中國海關高級職員。
後在廣州經營藥房。	· 商人。 · 來自信奉基督教的家族。左斗山兒子。 · 妻王慧珍為王寵惠姊。
不詳	· 郵電學校學生。
不詳	· 不詳
曾任中央書院教師、寶利皇家律師行翻譯。	· 教師、翻譯。
香港旗昌洋行買辦。後從事船舶代理，又曾在中華銀行辦房工作。後開辦漢興洋行。	· 香港買辦、商人。 · 潔淨局局紳、定例局員。

	名字	生卒年	字	籍貫	學歷
22	伍章侯	約 1887－？	不詳	廣東人	1904 年 3 月 3 日進入皇仁書院第三班，1905 年在第二班，1906 年在第一班。1906 年和 1907 年均獲皇仁書院的翻譯獎。
23	伍錫河	不詳	不詳	廣東人	1890 年維多利亞書院英文班 8B 班第二名。
24	朱勝祥	不詳	不詳	不詳	1913 年 3 月 4 日從西營盤地區學校轉入皇仁書院 4B 班，1915 年 12 月 7 日離校，時在商科 2C 班。
25	朱葆林	不詳	不詳	廣東人	1904 年皇仁書院 2A 班第一名。
26	江文俊	約 1903－？	不詳	不詳	1923 年皇仁書院畢業，考獲大學預科入學試合格。Morrison Scholar。
27	江其輝	1881－1921	少邨	廣東佛山人	十四歲時從家鄉到香港讀書，先在灣仔官立學校讀書一年，1897 年 2 月 22 日改就皇仁書院第六班。
28	何乃合	1876－1930	樂琴	生於廣州	皇仁書院、香港華人西醫書院畢業。
29	何兆樞	約 1900－1980	耿中	廣東順德人	皇仁書院畢業。
30	何回生	不詳	不詳	廣東南海人	中央書院。
31	何廷勳	不詳	不詳	廣東人	1885 年時為中央書院學生，成績優異。
32	何志紅	不詳	不詳	不詳	1911 年 2 月 23 日從私立學校轉入皇仁書院 5C 班，1915 年 10 月 1 日離校，時在 1C 班。

職業／名銜	身份／備註
1907 年 12 月進入中國海關，初為試用同文供事後班，1908 年 10 月離開時為試用同文供事。	· 中國海關職員。
1897 年 3 月至 1898 年 2 月為試用郵政局供事。	· 中國海關職員。
1915 年離校後往杭州協助其親戚的絲綢生意。	· 職員。
1904 年 3 月進入中國海關，初為試用同文供事後班，1939 年 2 月離開時為超等二級幫辦。	· 中國海關高級職員。
1923 年加入中央裁判署任文員，後累升至書記長。香港淪陷期間，江文俊舉家回國，加入駐華英軍服務團工作，和平後返港，仍任中央裁判署書記長一職。1957 年退休。	· 香港政府高級公務員。 · 1958 年獲 MBE 勳銜。
皇仁書院教師、《共和報》東主和翻譯。	· 教師、報人。
新界醫官，在大埔工作。	· 西醫。
畢業後即在瑞昌西藥行協助父親經營生意。	· 香港藥商。 · 第一屆藥行商會主席、癸亥年東華三院總理、乙丑年保良局總理等。
自設太厘洋行，任司事。	· 商人。
1885 年 8 月進入中國海關工作，初為候補通事，1925 年 8 月離開時為頭等同文供事中班。	· 中國海關高級職員。
離校後透過親戚介紹赴爪哇一間糖批發公司工作。	· 公司職員。

	名字	生卒年	字	籍貫	學歷
33	何東 Sir Robert Ho Tung	1862－ 1956	曉生	香港人 ／ 混血兒	中央書院畢業。
34	何林安	不詳	不詳	廣東 南海 南村沙 鄉人	皇仁書院。
35	何林英	約 1861－？	不詳	不詳	1873 年進入中央書院。馬尾船政局管輪 班第二屆畢業。
36	何炳	不詳	不詳	香港人	1886 年在中央書院第一班。
37	何英明	約 1862－？	不詳	香港人 ／廣東 南海人	1878 年進中央書院。
38	何恩德	約 1883－ 1943	不詳	廣東 南海 西樵人	皇仁書院。
39	何恩錫	約 1886－ 1912	不詳	廣東人	1900 年入讀皇仁書院第三班，1903 年是 Head Boy，1904 年是 Morrison Scholar。後在英國唸法律，以優異成績 獲律師文憑。
40	何高俊	1878－ 1953	不詳	廣東 南海人	皇仁書院。1902 年香港華人西醫書院畢 業。

職業／名銜	身份／備註
在中央書院學習時成績優異。1878 年至 1880 年間在中國海關工作，1880 年至 1882 年間為怡和洋行買辦助理。後為香港廣州火險買辦。擁有香港上海滙豐銀行、黃埔船塢公司、香港電燈有限公司、香港電車公司、香港置地有限公司、省港澳輪船公司、香港火燭保險公司等公司股份。在滿洲和荷屬東印度也有業務。生記租務東主，《工商日報》東主，在香港持有大量物業。積極參與中國政治。1922 年海員大罷工，何東曾協助調停。1924 年至 1925 年為倫敦博覽會香港代表。1925 年，何東發起中國和平統一會議，邀請各方政要和軍人出席。1932 年國民政府顧問。	• 近代中國巨商之一。香港首富。1930 年代據說有逾三千萬元資產，曾累捐二十六萬予香港大學。香港大學何東工學館之設，以紀念其捐助，也曾捐款創辦九龍英童學校及皇仁書院何東獎學金。
在鄉經營何家園藥店。	• 小商人。
馬尾船政局管輪班第二屆畢業。	• 海軍學堂學生。
1887 年 4 月進入中國海關，初為超額候補通事，1888 年 10 月離開時為候補通事。	• 中國海關職員。
1883 年 3 月至 1885 年 4 月間在中國海關任候補通事。	• 中國海關職員。 • 何回生姪。
1921 年創立一鳴英文學校，自任校長，1934 年退休。1940 年香港政府聘為郵件檢查員，1941 年任金唐酒家司理。	• 英文學校校長。 • 基督徒。香港青年會幹部。
後回港跟從外籍大律師保打。	• 律師。 • 聖保羅書院總教習何星儔兒子。
婦產科醫生，前曾在香港華人西醫書院畢業當助教。歷任那打素、何妙齡、雅麗氏等醫院婦產科醫生。1907 年東約公立醫局主任醫生及兼任留診所醫生、廣東省衛生司副司長。後在香港行醫，1949 年 9 月退休。	• 香港西醫。 • 何啟姪兒。 • 基督教徒。 • 1908 年前後診所在皇后大道中一四四號三樓。 • 著有《赤十字會初級急救要法》一書。

	名字	生卒年	字	籍貫	學歷
41	何啟（又名何神啟）Sir Kai Ho Kai	1859－1914	沃生（號）	廣東南海人	曾在中央書院讀書，1872 年赴英留學，先在 Palmer House School 讀書，後在鴨巴甸大學習醫，1881 年又得律師資格。
42	何啟佳 Walter Bosman	不詳	不詳	香港人／混血兒	早年在中央書院就讀，後入讀英國水晶宮工程學院。
43	何球堃	不詳	不詳	廣東人	1897 年仍在皇仁書院求學，得英譯中最佳成績獎。
44	何華清	約 1885－1978	不詳	不詳	皇仁書院畢業。
45	何福	1863－1926	澤生	香港人／混血兒	中央書院。
46	何廣洵	不詳	不詳	不詳	皇仁書院。
47	何錦垣	不詳	不詳	廣東人	1885 年中央書院的 Morrison Scholar。
48	何錦鏞	不詳	不詳	廣東人	1887 年在中央書院第一班。
49	何覺先	不詳	子徵	廣東順德人	皇仁書院、郵電傳習所高等畢業。
50	余幼裴	不詳	不詳	廣東人	1897 年在皇仁書院 6C 班，成績優異。1898 年 4B 班第一名。
51	余迪源	不詳	不詳	廣東人	1896 年在皇仁書院 2B 班，作文成績優異獲獎。
52	余藻熙	不詳	不詳	不詳	皇仁書院。曾在北洋醫學堂學習，1906 年轉學四川大學堂。

職業／名銜	身份／備註
曾與同人創辦香港雅麗氏利濟醫院和香港華人西醫書院。與曹善允（1868－1953）等合辦聖士提反書院。	· 著名醫生、大律師。 · 太平紳士、潔淨局議員、定例局議員。與胡禮垣合著《新政真詮》。
1891 年抵南非的納塔爾省任鐵路工程師。在南非，何啟佳先是從事鐵路和道路的建設工作，後來從商。他在當地生活逾半世紀。	· 鐵路工程師、商人。 · 何東弟。
1897 年 3 月進入中國海關，初為另用同文供事，1901 年 3 月離開時為郵政分局次等供事。	· 中國海關職員。
曾在皇仁書院和育才書社任教凡三十五年。	· 教師。
曾在香港土木局工作，後當買辦。	· 香港富商。 · 定例局議員。 · 何東弟。
通過華北鐵路工程司學徒的初試。	· 以後情況不詳。
1886 年 6 月進入中國海關，初為候補通事，1926 年 6 月離開時為特等一級稅務員。	· 中國海關高級職員。
1891 年 7 月至 1895 年 5 月在中國海關工作，為試用同文供事。	· 中國海關職員。
曾在廣州電報局工作。	· 電報從業員。
1905 年 4 月進入中國海關，初為試用同文供事後班，1913 年 6 月離開時為三等同文供事正後班。	· 中國海關高級職員。
1901 年 12 月進入中國海關，初為另用同文供事，1904 年 7 月離開時為試用同文供事中班。	· 中國海關高級職員。
以後情況未詳。	· 醫科生。

	名字	生卒年	字	籍貫	學歷
53	利樹滋	？－1954	不詳	不詳	皇仁書院。
54	吳文廣	約1906－？	不詳	廣東香山人	1924 年皇仁書院畢業。
55	吳兆熊	不詳	不詳	廣東人	皇仁書院，成績優異。
56	吳希曾	不詳	少皋	廣東四會人	先後在聖保羅書院和皇仁書院讀書。
57	吳城波	約1890－1970	志澄	廣東香山人	十七歲進皇仁書院，二十三歲以優等成績畢業。
58	吳為雨	不詳	蔭民	廣東順德人	皇仁書院、北洋醫學堂第五屆畢業。
59	吳衍	約1866－1917	銘泉	廣東番禺人	曾就讀聖約瑟書院。十八歲進中央書院，1888 年畢業。
60	吳超明	不詳	不詳	不詳	皇仁書院、北京郵電學校。
61	呂翰	約1852－1884	賡堂	廣東鶴山人	中央書院、第一屆福州馬尾船政後學堂駕駛班畢業。

職業 / 名銜	身份 / 備註
曾在高露雲律師樓工作三十多年。	· 法律界職員。
先在安南西貢南圻航業有限公司任貨儎部主任，1930 年返港，在德國商行拔蘭樽公司任船務主任。1932 年自辦泗海船務貿易有限公司，為董事長兼總經理，和平後任多利順洋行華經理。	· 公司經理。
1910 年 12 月進海關。1942 年吳兆熊在汪精衛管轄下粵海關及江門分關任一級稅務官。1946 年為粵海關特等二級幫辦。	· 中國海關高級職員。
1918 年時為漢粵川湘鄂工程局副局長	· 中國鐵路高級職員。
畢業後進其樂公司工作，後轉往法國郵船公司及太古船塢，之後再轉到先施公司，累升至監察助理。離開先施後自立門戶，先後開設華貿洋行和光達公司。	· 商人、基督徒。 · 華商總會董事值理、中山商會董事等。
京綏鐵路局醫務主任。	· 西醫、鐵路協會會員。 · 1918 年通訊地址為北京東城洒茲府。
1888 年 3 月 1 日升為師範生，1889 年 7 月 10 日補拔為助教，1903 年 2 月 22 日晉升為第一助教員。	· 教師。
在長沙郵局工作。	· 中國郵局職員。
1869 年，呂翰獲選入讀船政後學堂，學習駕駛和戰陣等技術。畢業後，呂翰被派往各口岸遊歷。後得沈葆楨賞識，駐振威艦，駐防澎湖。1875 年調往揚武艦，往南洋和日本各地遊歷，加授守備加遊擊銜。後因守衛台灣有功，晉升為都司。1876 年，呂翰為飛雲艦管帶。1877 年，調往威遠艦，同時為駕駛學生教習。因三次協助平定台灣加禮宛番社亂事，獲晉升為遊擊。1881 年，呂翰被調到天津。1882 年因治喪返廣東。1884 年，呂翰擔任後學堂的教習，後又統領福勝和建勝兩炮艦。1884 年在中法馬江海戰中殉職，當時他在福勝艦，時為督帶官。	· 中國海軍軍官。

	名字	生卒年	字	籍貫	學歷
62	宋振華	約 1905－？	不詳	廣東人	1924 年皇仁書院畢業。
63	宋啓堃	不詳	不詳	廣東人	皇仁書院。
64	李文祺	約 1907－？	不詳	廣東 香山 小欖人	早年就讀皇仁書院，約十八歲離校。
65	李可楨	不詳	不詳	生於 香港	皇仁書院、1902 年進入香港華人西醫書院，1907 年畢業。
66	李平	不詳	不詳	廣東人	皇仁書院。
67	李玉書	不詳	不詳	廣東 南海人	皇仁書院。
68	李孝式	1901－ 1988	不詳	廣東 信宜人	皇仁書院、1923 年得劍橋大學文學士學位。
69	李炳森	約 1894－ 1962	不詳	廣東 番禺人	皇仁書院、香港大學畢業。
70	李帶 （李戴）	不詳	不詳	香港人	中央書院。
71	李惠堂	1905－ 1979	光梁 （號魯 衞）	廣東 五華人	皇仁書院。

職業 / 名銜	身份 / 備註
歷任司理和會計等職。1936 年 8 月創立鋼泉洋行，經營出入口生意。	・ 商人。
1907 年 7 月加入中國海關，初為試用華班鈐子手，1938 年 1 月離開時為超等一級驗貨員。	・ 中國海關高級職員。
曾擔任中華鋼品公司經理，後與董仲偉合辦廣豐洋行，及創辦廣興洋紙行。	・ 商人。
西醫。	・ 西醫、基督徒。 ・ 1922 年李可楨診所在中環威頓街一二七號。
1911 年 6 月通過華北鐵路工程司學徒的初試。	・ 入選為華北鐵路工程司學徒。
寧波一等郵局長。	・ 郵局長。
1924 年開始在馬來亞經營錫礦生意，1929 年任吉隆坡衞生局議員，1937 年為太平紳士，1941 年日軍侵略新加坡和馬來亞，李孝式任吉隆坡消極防衞隊主任。1942 年 1945 年期間，在聯軍中任上校。1948 年被委任為馬來亞聯邦行政局及立法局議員，1946 年至 1953 年期間，曾代表馬來亞出席錫業國際會議。1955 年至 1956 年 3 月任馬來亞政府運輸部長，後為財政部長。1956 年為赴英獨立代表團之一員，1957 年為赴英財政代表團之一員。	・ 企業家、政治家。 ・ 1957 年獲爵士銜。
西醫。	・ 西醫。
1876 年 12 月加入中國海關，初為通事，1884 年 9 月離開時為四等通事。	・ 中國海關職員。
李惠堂很早投身足球圈，曾效力南華等球會。抗戰時期逃到中國自由區。	・ 中國著名足球員。

	名字	生卒年	字	籍貫	學歷
72	李瑞光	不詳	不詳	不詳	皇仁書院、北京郵電學校。
73	李漢楨	不詳	不詳	廣東人	1890 年在維多利亞書院第一班。
74	李福全	約 1862－？	載之	廣東 香山人	1873 年進入中央書院，1878 年離開。
75	李福疇	不詳	不詳	香港人	1886 年在中央書院第一班。
76	李粹魂	不詳	不詳	不詳	皇仁書院、北京郵電學校。
77	李輝耀	不詳	不詳	廣東人	1891 年維多利亞書院英文班 4C 班第二名。
78	李錫康	不詳	嘯秋	不詳	皇仁書院、北洋醫學堂第九屆畢業生。
79	李錫鸞	不詳	不詳	廣東人	1891 年維多利亞書院第八班第二名。
80	李應南	約 1883－？	次薰	廣東 廣州人	先後在聖保羅書院和皇仁書院讀書，後從天津北洋大學堂卒業，曾留學美國，獲學士學位。
81	李燦基	約 1880－？	伯曜	江蘇 上海人	出身香港拔萃書院和皇仁書院，後從天津北洋大學堂卒業，曾留學麻省理工學院，攻讀衛生工程。又曾在吳思德工業學校、賓夕法尼亞州大學留學。
82	李獻良	約 1900－？	不詳	廣東 番禺人	皇仁書院畢業。
83	車顯承	1890－1925	湛清（號）	廣東 番禺人	十四歲進皇仁書院，一年後轉至聖士提反書院、1908 年赴英，1910 年進劍橋大學 Christ's College。後來加入 Gary's Inn，在英國獲大律師資格。

職業／名銜	身份／備註
北京郵電學校學生。	・不詳
1890 年 6 月加入中國海關，初為試用同文供事。1904 年 5 月離開時為四等同文供事前班。	・中國海關職員。
盛宣懷通譯。芝罘招商局總辦、後任道台。1909 年李福全為二品官。後為京奉鐵路管理局長。民國時期為福建招商局長。屬舊交通系。	・晚清高級官僚、民國官員、商人。 ・1912 年，李福全以京奉路局員司身份認購四百五十元愛國公債。 ・後在芝罘生活，擁有大量資產。盛宣懷好友。
1887 年 8 月加入中國海關，初為候補通事。1892 年 8 月離開時為四等同文供事。	・中國海關職員。
不詳	・北京郵電學校學生。
1899 年 2 月加入中國海關，初為試用同文供事後班。1901 年 10 月離開時為試用同文供事。	・中國海關職員。
不詳。	・不詳。
1903 年 12 月至 1904 年 4 月為試用同文供事後班。	・中國海關職員。
歷任大連灣郵政局繪圖主任、直隸高等學堂教員、天津工程局測量主任、廣東高等學堂教員、廣東工務司工程師。	・教師、工程師。
歷任廣州英文學校英文教員、三水鳳岡高等小學數學教員、粵漢鐵路副工程司。曾在波士頓和華盛頓水利清道局、賓夕法尼亞州鐵路轉運公司實習。回國後任兩廣高等工業學校建築工程師、廣東工務司水利工程師、兩廣高等師範學校教員、嶺海建築測繪所經理工程師。	・教師、工程師。 ・在美國時為經濟學會會員。廣東化學會和中華工程師會會員。
曾任香港租務法庭法官、康發公司董事、華商總會代表值理等。	・商人。
車顯承在英國時已替北洋政府交通部工作。當中國參戰之時，他協助北洋政府遣散在中國鐵路或其他機構工作的德國籍和奧地利籍員工。1916 年進入交通部，任郵傳司總務科科員。1919 年協助中國政府起草民法和刑法。1921 年任哈爾濱高等法院法官。臨終前為上海地方檢察廳檢察總長。	・大律師。 ・北洋政府官員。

	名字	生卒年	字	籍貫	學歷
84	冼德芬（又名冼先）	1856－1924	不詳	香港人／混血兒	中央書院。
85	冼應勳	約 1865	不詳	廣東南海人	香港皇家大書院畢業。
86	卓文通	不詳	不詳	不詳	皇仁書院、北京郵電學校。曾考入唐山路礦學堂，惟未知是否入學。
87	周少岐	1863－1925	文輝	廣東東莞石龍人	中央書院。
88	周長齡	1861－1959	壽臣	廣東寶安人	中央書院，曾留學美國。
89	周景澄	不詳	不詳	不詳	皇仁書院。
90	周銘波	不詳	不詳	不詳	皇仁書院。
91	周鏡澄	不詳	鑒秋	廣東順德人	皇仁書院畢業。1896 年 Steward Scholar。

職業 / 名銜	身份 / 備註
1873 年任中央書院教師。曾任法律事務所書記，在伊尹氏律師事務所任職，後從事法律業務。曾任龍濟光的法律顧問、華商會所主席、東華三院主席。	· 商人、律師。 · 1909 年捐一千元予香港大學作創辦的經費。 · 1913 年擁有資產五十餘萬。
歷任北洋津榆鐵路翻譯、洋務局翻譯員、彰德府秋操接待外賓隨員、營口鈔關襄理員、海早各口稅務總理、天津海關道翻譯委員、天津商會翻譯、辦理華洋商務理事會華書記官。民國後為天津海河工程局董事、交通部主事、路政司交涉科科長、交通部僉事等。	· 清政府及北洋政府官員。
曾供職於北京電報局、電政司考工科、香港電報局等。	· 電報局職員。
香港富商。1925 年 7 月 17 日，上環普慶坊發生倒塌事件，周少岐在這次事故中身亡。	· 香港富商。
周長齡生於香港，來自本地一個富裕家庭。他早年接受傳統教育，後來進入中央書院，1873 年赴美國留學，是第三批留美幼童之一，同學有年輕兩歲的唐紹儀。在美時曾在哥倫比亞大學讀書。1881 年留美幼童計劃停辦，周長齡從美返國。後被派往朝鮮。1894 年甲午戰爭時，他負責通商事宜交涉，在中國海關工作。1903 年袁世凱安排他任招商局總辦。1907 年任京奉鐵路總辦，1908 年署山海關道，1909 年任營口分巡兵備道兼山海關監督，1911 年任北京清政府外交部參議。辛亥革命後辭官返港，轉投商界，任南洋兄弟煙草公司、香港電話公司、香港電燈公司等董事，及東亞銀行董事局主席。日治時期留港。1959 年在香港逝世。	· 清政府官員、香港富商。 · 1920 年太平紳士，1921 年獲選為香港大學董事，1921 年至 1931 年為港英政府定例局議員，1926 年至 1931 年為議政局議員，又為東華醫院終身顧問等。
1908 年時為溫宗堯使藏參贊。	· 參贊。
通過華北鐵路工程司學徒的初試。	· 以後情況不詳。
據説曾任橫濱大同學校校長。	· 校長。

	名字	生卒年	字	籍貫	學歷
92	屈永秋	約1862－1945	桂庭	廣東廣州人	1874 年進入中央書院，1878 年仍在中央書院求學。屈永秋自北洋醫學堂畢業，也是監生。
93	招浩駢	1867－1941	文卿（譜名：明輝）	廣東南海橫沙村人	1887 年時在中央書院第一班。
94	林子峯（亦作林子峰）	不詳	不詳	不詳	皇仁書院。出身自英國中殿律師學院的大律師，亦是醫學博士。
95	林仁照	不詳	不詳	不詳	皇仁書院。
96	林平	不詳	不詳	廣東人	中央書院。
97	林承芬	1888－1963	不詳	廣東東莞人	皇仁書院、北洋醫學堂（沒有完成課程）。後留學美國，得博士學位。
98	林泉	約1858－？	不詳	不詳	1871 年進入中央書院。1872 年在預備班。馬尾船政局管輪班第二屆畢業。
99	林國材	不詳	不詳	不詳	皇仁書院。
100	林清源	？－1960	不詳	不詳	1912 年 3 月 12 日進皇仁書院 6B 班，1916 年 2 月 29 日離校。
101	林福根	不詳	芹生	廣東番禺人	皇仁書院。1904 年離校。
102	林肇賢	不詳	不詳	不詳	皇仁書院。牛津大學畢業。後清政府賞予附生資格。

職業／名銜	身份／備註
1888 年為旅順醫院醫官，1895 年北洋醫學堂醫官，1896 年醫學堂監督，1899 年騎兵隊附軍醫官，1900 年北洋醫學堂兼醫局正醫官，1905 年後補道。1906 年任留學出身醫學生考試委員。1906 年往歐美考察，1907 年返國，任北洋醫學堂兼天津衛生局總辦。	・清政府醫官。
1889 年 7 月進入中國海關，初為候補通事，1929 年離開時為副稅務司（會計課）。招浩駢在九龍關凡四十年零六個月。	・中國海關高級職員。
曾在香港衛生部門工作。民國初年在廣東政府外交部任職。林子峯歷任梧州關監督兼交涉員、稅務處處長、粵海關監督、臨清關監督、宜昌關監督兼交涉員。	・外交官。 ・中國政府海關監督。
1908 年時為温宗堯使藏參贊。	・參贊。
1875 年 1 月進入中國海關。初入海關時為通譯。	・中國海關職員。
畢生從事銀行業。曾任美國三藩市盎格魯加里佛利亞銀行分行經理。戰前任中國銀行副經理。戰後協助連瀛洲和歐陽奇等在新加坡創立華聯銀行。	・銀行家， ・晚年信佛。 ・1940 年前後居跑馬地黃泥涌道五十三號三樓。
未詳。	・海軍學堂學生。
1908 年時為温宗堯使藏參贊。	・參贊。
離校後在《香港華字日報》當助理翻譯，累升至同日報營業部主任，在報界工作凡四十多年，死前為《工商晚報》廣告部職員。	・香港報人。
1904 年離校後在 Austrian Lloyd 工作。 漢口謝榮記經理。	・公司經理。 ・1919 年通訊地址是謝榮記。
回國後在廣東任英文專科教員。	・教師。

	名字	生卒年	字	籍貫	學歷
103	林銘勳	約 1902－ 1941	不詳	廣東 新會人	皇仁書院卒業。
104	林樂明	1898－ 1991	不詳	廣東 香山人	先後在育才書社和皇仁書院就讀，後又赴上海，就讀於聖芳濟書院，兩年卒業。
105	林潤釗	約 1875－？	抱恆	廣東 博羅人	皇仁書院、北洋大學堂。
106	林繼宗	不詳	不詳	不詳	皇仁書院。
107	林藻泰	不詳	不詳	廣東 廣州人	1893 年維多利亞書院中文班第六班第二名。
108	林藻慶	約 1880－ 1952	雲階	廣東 廣州人	皇仁書院。
109	林蘇	不詳	不詳	澳門人	1873 年在英文班第四班，成績優異。 1875 年 Morrison Scholar。
110	祁潤華	不詳	不詳	廣東 東莞人	皇仁書院。
111	侯鳳書	約 1861－？	不詳	廣東人	1877 年進中央書院。1883 年中央書院第一班西學考試（即英文班）第三名。
112	施炳光	不詳	不詳	混血兒	1885 年在中央書院得翻譯科獎。
113	施楊廷	不詳	不詳	不詳	1913 年 9 月 16 日從西營盤地區學校進入皇仁書院商科班第三班，1915 年 12 月 28 日離校時在第二班。
114	洪國智 Charles Graham Over－ beck Ander－ son	1890－ 1935	不詳	香港人 / 混血兒	皇仁書院、1911 年 10 月進入劍橋大學 Peterhouse 讀書。

職業／名銜	身份／備註
曾在香港環球保險公司工作，亦曾任美華實業公司書記。後與鄧次乾組共和汽車公司，又曾為九巴公司司理。1941年被日人殺死。	・商人。
曾在永安公司任文員。1919年10月進入中國海關，最初在江海關任職，1954年退休時為稅務司。	・文員、中國海關高級職員。
廣東大學堂教師。歷任瓊州、潮州、欽州及兩廣總督洋務委員。駐薩摩島領事（兼巴布亞）。1932年為廣西省政府顧問。	・外交官。
通過華北鐵路工程司學徒的初試。	・以後情況不詳。
1901年9月加入中國海關為郵政局次等供事，1906年9月離開時為郵政局供事試用前班。	・郵局職員。 ・林藻慶兄弟。
曾在香港海軍船塢工作。香港著名會計師。曾與何高俊、譚榮光等在清末創立體育學校，自任司庫。	・會計師。 ・1952年居灣仔柯布連道二號二樓。
1876年5月進入中國海關，初為候補通事，1880年8月離開時為四等通事。後來當檳榔嶼法庭的翻譯。	・中國海關職員、翻譯。
1950年前曾任通事二十餘年。戰前為溜冰會主席。	・翻譯。
1885年1月進中國海關。1913年7月離職，時為二等同文供事副前班。	・中國海關高級職員。
協理英國海關參贊及清政府駐朝鮮欽差。	・中國官員。
離校後在香港中華煤氣有限公司本地寫字樓任文員。其父亦是皇仁校友，1915年時在同公司已工作十七年。	・文員。
在上海當律師，且曾在當地英國領事館工作。	・律師。 ・洪國樑弟。

	名字	生卒年	字	籍貫	學歷
115	洪國樑 Joseph Overbeck Anderson	1880－1940	不詳	香港人／混血兒	皇仁書院。（應尚有其他學位。）
116	洪興錦	1883－1937	不詳	香港人／混血兒	皇仁書院。後留英習法律。
117	胡仕澄	不詳	不詳	廣東人	皇仁書院。稅務學堂畢業。
118	胡廷勳	不詳	不詳	廣東人	1873 年已在中央書院預備班，1874 年在英文班第五班，1876 年在第三班，成績優異。
119	胡固卿	不詳	不詳	不詳	皇仁書院、北京郵電學校。
120	胡棟朝	1872－1957	振廷	廣東番禺人	皇仁書院、北洋大學堂、加州大學、康乃爾大學工程碩士。
121	胡瑞璋	不詳	不詳	不詳	1917 年離開皇仁書院，時在商科 2B 班。
122	胡爾桂	1879－1938	焯卿（別字）	廣東鶴山人	皇仁書院、1899 年進入香港華人西醫書院，1905 年畢業。
123	胡爾楷	1865－1898	德澤（又字士模）	廣東鶴山人	中央書院、福州馬尾船政局管輪班第三屆畢業。1895 年自香港華人西醫書院畢業。
124	胡禮元	不詳	松圃	廣東三水人	中央書院畢業。貢生。

職業／名銜	身份／備註
大律師。	·大律師。
1909年回港，在的近律師樓工作。香港上海的士公司董事、福安輪船公司董事、西江商業航運公司董事等。	·律師、商人。
1909年1月進入中國海關工作，初為見習，1917年4月離開時為三等同文供事副前班。胡仕澄曾任廣東稽核分所英文文牘員。	·中國高級海關職員、文員。
1880年5月進入中國海關工作，初為候補通事。1885年離開時為四等通事。	·中國海關職員。
不詳。	·郵電學校學生。
歷任嶺南大學工學院院長、省路局局長、廣九鐵路局長。1903年中國旅美學生會司庫。王寵惠、張煜全和陳錦濤等均為會員。 1906年留學生考試放榜，胡棟朝獲最優等成績。1908年工科進士。	·中國政府官員、鐵路專家。
在廣州英美煙公司工作。	·公司職員。
西醫。	·西醫。 ·胡爾楷弟。
西醫。	·西醫。
從1908年初起在江蘇高等學堂任教英文。1911年仍在該校任教。	·英文教師。 ·胡禮垣兄弟。 ·1911年報住蘇州撫轅前書院巷。

	名字	生卒年	字	籍貫	學歷
125	胡禮垣	1847－1916	榮懋	廣東三水人	中央書院。
126	胡禮泰（譯音）U Lai-tai	約1865－？	不詳	廣東三水人	1875 年進入中央書院。
127	范汝雄	不詳	不詳	廣東南海人	1887 年仍在中央書院。
128	范汝繼	不詳	不詳	廣東南海人	1894 年在維多利亞書院英文班 5B 班。
129	范學湀	不詳	不詳	廣東南海人	1881 年中央書院中文班第五班第二名。1882 年在中央書院英文班第八班。
130	范學燾	不詳	不詳	廣東南海人	在維多利亞書院讀書，1891 年離校。
131	范錫駿	不詳	不詳	廣東人	1898 年皇仁書院 7C 班第二名。
132	韋德	約1897－1925	榮堅	廣東香山人	皇仁書院。
133	唐有恆	1884－1958	少珊	廣東香山人	1900 年至 1904 年在皇仁書院求學，1903 年至 1904 年為《黃龍報》主筆。1904 年至 1908 在美國康乃爾大學攻讀農科。1907 年得學士學位，1908 年得碩士學位。
134	唐厚培	不詳	不詳	廣東香山人	皇仁書院。
135	唐祐	不詳	不詳	不詳	1871 年在中央書院預備班，成績優異。第四屆福州馬尾船政後學堂駕駛班畢業。

職業／名銜	身份／備註
1873 年曾任中央書院教師。1882 年時為香港上海滙豐銀行文員。	・ 商人、學者、思想家。 ・ 1909 年贈皇仁書院一百冊自著《梨園娛老集》。
不詳	・ 生平無可考。 ・ 應為胡禮垣弟。
1887 年 6 月進入中國海關，1927 年 6 月離開時為超等同文供事中班。	・ 中國海關高級職員。 ・ 范汝雄應為范汝繼兄。
1896 年 9 月至 12 月在中國海關任額外同文供事，1930 年離開時為超等二級稅務員。	・ 中國海關高級職員。
不詳。	・ 以後情況不詳。 ・ 應是范汝雄的親戚。
香港政府農林處文員和傳譯。	・ 香港政府公務員。 ・ 應是范汝雄的親戚。
1901 年 6 月進入中國海關，初為另用同文供事，1931 年 11 月離開時為署稅務司（超等二級幫辦）。	・ 中國海關高級職員。
中華海員工會會員、聯義社社員、中國國民黨黨員，曾在比亞輪當侍者。1925 年行刺陳炯明部下洪兆麟。洪兆麟和韋德俱亡。	・ 侍應。
1908 年至 1912 年任廣東農事試驗場場長。1912 年至 1914 年為北京高等農業學校校長。1915 年後為北京農林專門學校校長。	・ 農業專家。 ・ 應是唐紹儀親戚。
滬杭甬鐵路杭州城站總務佐理員。	・ 鐵路職員。
曾為濟安艦管駕。	・ 清政府海軍軍官。

	名字	生卒年	字	籍貫	學歷
136	唐紹儀	1862－1938	少川	廣東香山人	中央書院，早年留美。
137	唐瑞華	1895－？	不詳	生於上海	皇仁書院和上海南洋公學唸書、1910 年至 1913 年在康乃爾大學攻讀機械工程，得學士學位。
138	唐福祥	不詳	不詳	不詳	曾在香港灣仔官立英文學校肄業。後進入皇仁書院繼續學業。1910 年離開皇仁書院，打算加入學生北伐軍，沒有成功，遂轉學聖若瑟書院。1923 年，唐福祥赴美求學。

職業 / 名銜	身份 / 備註
唐紹儀父唐巨川是上海茶葉出口商。唐紹儀1873年赴美國留學，是第三批留美幼童之一，1881年因留美幼童停辦，自美返國。1882年唐紹儀在朝鮮任德籍稅務司穆麟德（Paul Georg von Möllendorff,1848－1901）秘書。1884年甲申政變後返國。1885年任天津稅務衙門官吏。同年秋任袁世凱隨員，同往朝鮮。在朝鮮唐紹儀大展所長。1894年甲午戰爭前返國。1896年任清政府駐朝鮮總領事。1898年丁父憂，返中國。1899年任兩廣總督幕僚，1900年任關內外鐵路總辦，後轉任山東省洋務局總辦。1904年任議約大臣。1906年兼任會辦稅務大臣，同年又兼郵傳部左侍郎。1908年代表清政府訪美，1910年任郵傳部尚書。1911年1月因反對清政府鐵路國有辭職。1911年12月任中華民國內閣總理。1912年3月加入同盟會。後辭任內閣總理。1914年與同人合辦金星人壽保險公司。唐紹儀反對袁世凱稱帝。1917年任護法軍政府財政部長。1921年任孫中山廣東軍政府財政部長。1925年與章炳麟（1869－1936）合組辛亥同志俱樂部。直到老年仍在政壇活動。1931年任反蔣派廣州國民政府常務委員。1933年任西南政務委員會常任委員，1934年辭任。後陳濟棠發動反蔣，唐紹儀改而支持蔣介石。中日戰爭爆發，唐紹儀留在上海，屢有人勸他出山助日，唐紹儀拒之。1938年9月30日被國民政府軍統人員殺死。	· 政治家、富商。
漢陽鐵廠助理工程師。	· 工程師。
1915年第二屆遠東運動會在上海舉行，唐福祥當時效力南華，為正隊長，成績優秀。以後第三屆和第四屆的遠東運動會，唐福祥亦有所貢獻。	· 中國著名球員。

	名字	生卒年	字	籍貫	學歷
139	容子名	1883－？	不詳	廣東香山人	皇仁書院。
140	容次嚴	1909－？	不詳	廣東香山人	皇仁書院畢業。
141	徐英揚	不詳	不詳	不詳	皇仁書院、北洋醫學堂第五屆畢業。
142	徐華清	約1857－？	靜瀾	廣東嘉應州長樂縣人	中央書院、北洋醫學堂。
143	袁玉太（亦作袁玉泰）	不詳	不詳	香港人	1887 年在中央書院第一班。
144	袁金華	不詳	英山	不詳	皇仁書院。
145	袁振英	1894－1979	仲勳	廣東東莞人	皇仁書院畢業、北京大學、里昂中法大學。
146	袁齡	約1873－？	夢九	廣東南海人	皇仁書院畢業。
147	高以孝	不詳	不詳	廣東人	1915 年從育才書社進皇仁書院第三班，1917 年 6 月 8 日離校，時在第二班。
148	高佑昌	約1900－1962	不詳	不詳（一說廣東番禺人）	皇仁書院。

職業 / 名銜	身份 / 備註
渣打銀行買辦。香港銀行辦房團主席。	· 銀行買辦。 · 1940 年容子名擁有約五百萬資產，主要投資房地產和金融等。 · 太平紳士、華商總會值理幹事、東華三院及保良局董事。 · 1940 年居金龍台八號。
1935 年與香港商人譚秀荔之姪女結婚。	· 銀行家。 · 容子名兒子。
1905 年被選派到美國出席美國軍醫會議。1909 年再次被選派到美國出席美國軍醫會議，時任軍醫總局正軍醫，後當上陸軍軍醫學堂監督。	· 軍醫。
1888 年任天津鐵路公司醫官，1889 年旅順水師水電學校教習，1895 年陸軍官醫局總辦，1912 年北洋軍醫學堂總辦。1909 年與出使大臣戴鴻慈赴俄國。	· 醫官。 · 1913 年居天津。
1887 年 4 月進入中國海關，初為候補通事，1909 年 1 月離開時為頭等同文供事副前班。	· 中國海關高級職員。
曾任皇仁書院教師在士篤士律師樓任職。	· 教師、商人。 · 1913 年東華三院主席、1916 年華商會所會長。
入北京大學，在英文系唸書。與趙太侔和黃文山等組織實社，研究各類社會主義。	· 學者。
曾留校任教。歷任船政司總翻譯、英國律師翻譯、京奉鐵路局洋務署總翻譯、津浦鐵路浦口辦事處長、交通部路政司司長等職。	· 教師。 · 晚清、民國官員。 · 懂日文。
1917 年在九龍關任試用華班鈐子手。1948 年離開時為中國海關一等監察長（病假）。他曾在汪精衛政權管轄下的中國海關工作。	· 中國海關高級職員。
在泰和洋行工作四十多年，曾設高氏快字打字學社。	· 營業員、運動家。 · 高錫威姪。

	名字	生卒年	字	籍貫	學歷
149	高卓成	約1855－？	不詳	不詳（一説廣東番禺人）	高卓成在 1877 年進入中央書院，1878年間仍在該校。
150	高景芬	？－1962	不詳	不詳（一説廣東番禺人）	皇仁書院、北京協和醫院實習，後又進香港大學醫科，獲醫科學位。
151	高錫威（又名高建芬）	？－1942	不詳	不詳（一説廣東番禺人）	1921 年皇仁書院畢業、美國春田大學體育科。
152	區煒森	1910－1980	不詳	廣東新會潮連鄉人	皇仁書院畢業。
153	區賢燦	約1861－？	不詳	不詳	1874 年進入中央書院。1878 年仍在中央書院。馬尾船政局管輪班第二屆畢業。
154	崔維靈	不詳	不詳	不詳	皇仁書院。
155	巢坤霖	1888－1953	不詳	廣東人	香港聖保羅書院、聖士提反書院、皇仁書院、杜倫大學、倫敦大學。
156	張才	不詳	不詳	不詳	1889 年維多利亞書院畢業。
157	張公勇	約1887－1959	不詳	不詳	皇仁書院。
158	張玉堂（又名張福廷）	約1867－？	不詳	廣東香山人	1882 年中央書院中文班第一班首名，1883 年也是首名。

職業 / 名銜	身份 / 備註
商人。	· 香港富商。 · 高錫威和高景芬父。
曾在東華醫院當醫生三年，後在馬祿臣醫院行醫。	· 西醫。 · 基督徒。 · 高錫威兄弟。
香港中華基督教青年會體育幹事。	· 青年會幹事。 · 基督徒。 · 著有 *Association Football and Its Teamplay* 一書。
畢業後即考入香港政府工作，1950 年從市政衛生局行政主任調升為副華民政務司，不久兼任報紙及刊物註冊官。1963 年從華民政務司署退休，	· 香港政府高級官員。 · 基督徒。 · 獲 MBE 勳銜。
不詳	· 海軍學校學生。
通過華北鐵路工程司學徒的初試。	· 以後情況不詳。
歷任清華學校英文教員、官立文商專科學校校長等。曾任國民政府駐澳洲外交官。	· 學者、教育家、外交官。 · 基督徒。 · 1953 年居赤柱。
曾任本校教師。曾在新界田土廳工作，後在警察局工作。	· 公務員、語言專家。
曾任均益貨倉有限公司及聯益貨倉有限公司董事長等高職。	· 商人。 · 1959 年逝世時留下八十二萬五千四百港元遺產。 · 1937 年時為皇仁舊生會副主席。
1886 年 12 月進入海關工作。曾任宜昌稅關文案十多年，未滿四十歲當上亞東關副稅務司。1908 年 8 月任亞東商務委員一職。	· 中國海關高級職員。

	名字	生卒年	字	籍貫	學歷
159	張慶桐	約 1887－?	竹朋（一字權隱）	廣東順德人	皇仁書院、1914 年自稅務學堂畢業。
160	張炳南	約 1903－?	不詳	廣東南海人	皇仁書院、1921 年前後考進稅務專門學校。
161	張啟源	不詳	不詳	香港人	1897 年在皇仁書院 6A 班。
162	張國威	約 1872－?	心吾	廣東香山人	皇仁書院畢業，遊學美國。
163	張煜全	1879－?	昶雲	廣東南海人	福州英華書院、皇仁書院、東京帝國大學、加州大學、耶魯大學。1906 年法科進士。
164	張經鎏	約 1903－?	不詳	廣東楊縣人	皇仁書院、1921 年前後考進稅務專門學校。
165	張鉅鎮	不詳	不詳	不詳	1913 年 9 月 17 日進皇仁書院 3A 班，1915 年 11 月 23 日離校時在 2B 班。
166	張錦	約 1854－約 1939	富石	廣東南海人	中央書院卒業。
167	張耀生	不詳	不詳	廣東人	皇仁書院。
168	張耀南	約 1864－?	不詳	廣東人	1877 年進入中央書院，1882 年中央書院英文班第四班首名。
169	張鶴儔	約 1889?－1950	不詳	廣東人	皇仁書院。

職業 / 名銜	身份 / 備註
曾在廣州、嘉興、杭州、牛莊海關工作。曾在汪精衞管轄下的中國海關工作。	· 中國海關高級職員。
1926 年 8 月進入中國海關。1950 年 2 月離開時為特等一級稅務員。	· 中國海關高級職員。 · 1921 年報住廣州西關錦龍中約第九號。
1898 年 12 月進入中國海關。	· 中國海關職員。
曾任駐鎮南涌總副領事、仁川領事兼代朝鮮總領事、仰光領事、巴拿馬代辦公使兼總領事事務、三寶壟領事、外交部條約委員會顧問、外交部顧問、汪精衞政權駐台北總領事。	· 詳細討論見正文。
清末任駐日公使館三等參贊,兼任管理遊學日本學生副總監督。民國成立後歷任大總統秘書、外交部參事、江蘇交涉員、蕪湖關監督、外交部秘書。1918 年任北京清華學校校長。後歷任外交部參事、國務院調查局長、國務院參議、華盛頓會議專員。1928 年奉軍撤離北京後脫離政界。	· 清政府及民國官員。 · 教育家。
1925 年 8 月進入海關,1950 年 2 月離開時為一等一級幫辦。	· 中國海關高級職員。 · 1921 年報住香港乾秀里六號二樓。
離校後赴美國奧克蘭協助其父在當地的生意。	· 協助其父的生意。
1876 年 12 月進海關工作。1876 年任稅關書記,1896 年稅務處幫辦,1911 年赴印度視察鴉片。曾任駐印度禁煙委員。清朝時為候選布政司理問。1915 年為代理九江關監督兼通商事宜。後進稅務處,為稅務處第三股長。	· 中國海關高級職員。 · 曾居北京。
1906 年 6 月進中國海關,1936 年是九龍關超等二級幫辦。	· 中國海關高級職員。
1885 年 8 月進入中國海關工作,初為候補通事,1915 年 11 月離開時為二等同文供事正前班。	· 中國海關高級職員。
曾任皇仁書院英文教師十四年,在 1922 年離校,改行從商。	· 教師、商人。

	名字	生卒年	字	籍貫	學歷
170	張驥英	約 1876－？	籋雲	廣東 寶安人	皇仁書院、上海公立學校。1899 年蘇州 大學法科。
171	曹炳乾	不詳	不詳	不詳	皇仁書院、北京郵電學校。
172	梁九居	不詳	不詳	不詳	皇仁書院、北洋醫學堂第九屆畢業。
173	梁文照	約 1857－？	不詳	廣東人	1873 年進中央書院唸書，1878 年仍在 該校就讀。
174	梁文勳	不詳	不詳	廣東人	1882 年在中央書院英文班第九班，是班 上第二名。
175	梁文興	1886－？	蔚彬	廣東香 山人	1897 年至 1898 年在皇仁書院求學， 1898 年至 1904 年間在檀香山公立學校 就讀，1904 年至 1909 年在海德堡學校 攻讀商業，1909 年至 1911 年在法巴來 蘇大學求學，1911 年至 1912 年在哥倫 比亞大學求學，得文學士學位。
176	梁兆文	約 1904－？	不詳	不詳	皇仁書院。
177	梁有彰	不詳	不詳	不詳	1914 年 9 月 12 日從西營盤學校轉入皇 仁書院，1917 年 3 月 12 日離開時在商 科班第一班。
178	梁廷翰 Leong Henry Guthrie	1890－ 1961	顯利	廣東人 （？）	1905 年進入皇仁書院讀書，曾在 1906 年獲 Junior Bellilos Scholar。
179	梁沛亨	不詳	不詳	廣東人	1898 年皇仁書院 5B 班第一名。
180	梁容光	不詳	不詳	廣東人	1883 年為中央書院英文班第八班首名。

職業／名銜	身份／備註
歷任稅關官吏、外國領事翻譯、《南方報》記者、司法官、律師等。曾在上海總商會、中國紅十字會、閘北職業稅務局等做事。曾任誘柺防止協會顧問。後為浙江督軍盧永祥參議、中國海軍司令官參議、外交部長參議、閘北消防協會評議員、中國教育委員會上海市會委員等職。	· 稅關官吏、翻譯、記者、律師。
不詳。	· 北京郵電學校學生。
不詳。	· 北洋醫學堂學生。
1880 年 4 月至 9 月在中國海關為候補通事。	· 中國海關職員。
1887 年 5 月進入中國海關，初為額外候補通事，1927 年 2 月離開時為超等同文供事前班。	· 中國海關高級職員。
1912 年至 1914 年任廣東高等學校校長。1914 年至 1915 年任天津青年會教員，1915 年至 1916 年任天津北方絨毯公司經理。	· 教師、商界人物。
精於泳術，曾參加遠東運動大會，亦曾參加香港渡海泳，榮獲冠軍。他後來成為國人游泳會訓練部和水球部主任。	· 運動員。
離校後投靠其從商的叔父（皇仁校友）。	· 公司職員。
曾在 Bailey & Co. 工作。九龍百老滙戲院東主和顯利大廈業主。	· 香港富商。
1903 年 11 月加入中國海關，初為試用同文供事後班，1935 年 10 月離開時為檔案主任。	· 中國海關檔案主任。 · 中國海關高級職員。
1887 年 9 月進入中國海關工作，初為候補通事，1927 年 8 月離開時為超等同文供事後班。	· 中國海關高級職員。

	名字	生卒年	字	籍貫	學歷
181	梁敦彥	1851－1924	崧生	廣東順德龍眼村人	中央書院。1872 年為留美幼童，1873 年至 1874 年在哈特佛小學唸書，1874 年至 1878 在哈特佛中學（Hartford High School）唸書，1878 年至 1881 年在耶魯大學求學。1881 年 9 月返國。
182	梁焯榮	不詳	不詳	不詳	1913 年 9 月 17 日從灣仔地區學校轉入皇仁書院商科班 3D 班，1915 年 12 月 31 日離校，時在商科班 2C 班。
183	梁詩南	不詳	不詳	澳門人	1888 年在中央書院英文班第二班。
184	梁詩彥	不詳	不詳	澳門人	1894 年在維多利亞書院中文班第六班。
185	梁詩惠	不詳	不詳	澳門人	1905 年皇仁書院 2A 班第一名。1906 年進入北洋大學堂，未知有否完成學位。
186	梁詩鑾	不詳	不詳	澳門人	1890 年在維多利亞書院第一班。
187	梁榮昭	不詳	不詳	廣東人	1902 年在皇仁書院 3B 班，得歷史科獎。
188	梁福藻	約 1861－？	不詳	廣東人	1876 年進入中央書院，1878 年仍在中央書院。馬尾船政局管輪班第二屆畢業。
189	梁錦全	不詳	不詳	廣東人	中央書院。
190	梁瀾勳	約 1870－？	慎始	廣東三水人	皇仁書院畢業。

職業／名銜	身份／備註
1881 年至 1884 年間為天津電報學堂教員，1885 年至 1903 年為鄂督張之洞司理文札、1903 年為漢口道台，1904 年至 1907 年為天津道台，1907 年至 1908 年為外務部待郎，1908 年至 1910 年為外務部尚書。1914 年至 1916 年為交通部總長。1911 年耶魯大學贈與文學士及文學博士學位。	· 晚清、民國高級官僚。
離校後往廣東協助其親戚的絲綢生意。	· 協助親戚生意。
1888 年 11 月進入中國海關，初為候補通事，1928 年 10 月離開時為頭等幫辦前班。	· 中國海關高級職員。 · 應為梁詩鑾兄。
1904 年 5 月進入中國海關，初為試用同文供事後班，1911 年 11 月離開時為三等同文供事正後班。梁詩彥在潮海關的任上，因參與革命而曠工，最後被免職。	· 中國海關高級職員。 · 應為梁詩南等弟。
1908 年 6 月進入海關，初為候補三等稅務員。1943 年 6 月離開時為超等二級幫辦。	· 中國海關高級職員。 · 應為梁詩南等弟。
1893 年進入中國海關，1896 年 5 月離開，時為試用同文供事。	· 中國海關職員。 · 應為梁詩南弟。
1904 年 10 月進入中國海關，初為試用同文供事後班，1933 年 6 月離開時為一等一級稅務員。	· 中國海關高級職員。
不詳。	· 海軍學校學生。
1877 年 3 月進入中國海關，初入海關時為候補通事，1884 年 3 月離開時為三等通事。	· 中國海關高級職員。
歷任皇仁書院教師、候補道台、天津大學堂教師、粵漢鐵路局秘書、兩廣總督外交處員、瓊州北海交涉員（北海洋務局）、清政府駐澳洲總領事、河口厘金局長、北京財政部職員、外交部特派廣東交涉員兼粵海關監督等，後來居三水和澳門。	· 教師、外交官。

	名字	生卒年	字	籍貫	學歷
191	梅仲宏	約 1903－？	不詳	廣東 台山人	皇仁書院、1921 年前後考進稅務專門學校。
192	梅英山	不詳	不詳	廣東人	1900 年為皇仁書院 7A 班第二名。
193	莫錦秋	不詳	不詳	不詳	1913 年 9 月 17 日從灣仔官立學校轉入皇仁書院，1916 年 3 月 14 日離校，時在商科班 2B 班。
194	莫文暢	1865－1917	若濂	廣東 香山人	中央書院。
195	莫應溎	1901－1997	不詳	廣東 香山人	嶺南學堂、皇仁書院、劍橋大學畢業。
196	莫禮智	1868－1926	睿卿	香港人	最初在一所私校就讀，後轉學中央書院，以優秀成績在十八歲畢業。
197	許金水	不詳	不詳	廣東人	1897 年仍在皇仁書院。
198	許華卓	不詳	不詳	不詳	皇仁書院。
199	郭乃安	約 1861－？	不詳	不詳	1874 年進入中央書院，1878 年仍在中央書院。馬尾船政局管輪班第二屆畢業。
200	郭而萬	不詳	不詳	不詳	皇仁書院。
201	郭鳳儀	不詳	不詳	廣東人	1893 年在維多利亞書院求學，成績優異。
202	郭潤堂	不詳	不詳	廣東人	皇仁書院。
203	郭嶧亭（又名郭嶧廷）	約 1877－？	不詳	廣東 番禺人	皇仁書院。

職業／名銜	身份／備註
1926 年 9 月進入中國海關。曾在汪精衞政權管轄下的中國海關工作。	・中國海關高級職員。 ・1921 年報住香港禧利街二十三號。
1904 年 7 月進入中國海關。1939 年 5 月離開海關，時為超等一級幫辦。	・中國海關高級職員。
在廣東官立電報所工作。	・電報所職員。
曾任中央書院教師、太古副買辦。	・買辦、英文工具書作者。 ・著有《唐字音英語》、《達辭字典》、《增廣達辭字典》等。
莫應湛回國後為大律師，在上海執業。1952 年 9 月定居廣州。	・大律師、商人。 ・曾為華商會理事、中區街坊會理事。
在中央書院任教約一年。先後在香港天文台、法庭等工作數年。1893 年創立莫禮智英文學校（又名樂群學塾），教授英文和 Pitman Shorthand 等。學校在 1926 年仍存在。	・商人、教育家、宗教家。 ・1926 年住上環必列啫士街二號。
1899 年 2 月進入中國海關，初為試用同文供事後班，1933 年 4 月離開時為代理稅務司。	・中國海關高級職員。
通過華北鐵路工程司學徒的初試。	・以後情況不詳。
不詳。	・海軍學校學生。
通過華北鐵路工程司學徒的初試。	・以後情況不詳。
1896 年 10 月至 1897 年在中國海關，為試用郵政局供事。	・中國海關職員。
1908 年在漢口鋼廠工作。1908 年 6 月進入中國海關，初為候補三等稅務員，1943 年 6 月離開時為超等一級幫辦。	・中國海關高級職員。
供應石炭予清廣東政府。法華輪船公司經理。與廣東官僚相熟。曾當清政府在香港的秘密偵探。與民國廣東政府的人亦相熟。	・商人。 ・精通英語。

	名字	生卒年	字	籍貫	學歷
204	郭鴻達	約 1856－？	不詳	不詳	中央書院。
205	郭羅貴	不詳	不詳	廣東人	中央書院
206	陳元沾	不詳	不詳	廣東人	中央書院、1908 年考入稅務學堂。
207	陳文	不詳	不詳	廣東人	中央書院。
208	陳文燦	不詳	不詳	不詳	皇仁書院、北京郵電學校。
209	陳文韜	不詳	不詳	廣東人	1900 年皇仁書院 3A 班第二名。
210	陳兆倫（疑即陳兆麟）	不詳	不詳	不詳	中央書院、第四屆福州馬尾船政後學堂駕駛班畢業。
211	陳兆桐（又名陳作琴）	1850 年代－？	不詳	廣東新會人	1871 年在中央書院英文班第六班第三名。
212	陳兆瑞	約 1877－？	雪佳	廣東香山人	皇仁書院。
213	陳君葆	1898－1982	沒有	廣東香山人	皇仁書院、香港大學文學士。
214	陳兆蘭	約 1863－？	不詳	不詳	1877 年進入中央書院，1878 年仍在中央書院。馬尾船政局駕駛班第七屆畢業的學。
215	陳地	不詳	不詳	不詳	1914 年 9 月 12 日進入皇仁書院商科班 3C 班，1915 年 11 月 30 日離開時在商科班 2B 班。

職業／名銜	身份／備註
英文教師、翻譯。	・英文教師、翻譯。
1875 年 5 月進入中國海關。初入海關時為通譯，1913 年 5 月離開時為頭等同文供事副前班。	・中國海關高級職員。 ・曾編纂《字典彙集》和《通商須知》兩書。
1909 年 1 月進中國海關，初為見習，1925 年 2 月離開時為二等同文供事中班。	・中國海關高級職員。
1872 年 11 月加入中國海關，初進海關時是通譯，1899 年 4 月離開海關。	・中國海關職員。
不詳。	・郵電學校學生。
1901 年 6 月加入中國海關，初為另用同文供事，1936 年 6 月離開時為超等一級幫辦。	・中國海關高級職員。
不詳。	・海軍學校學生。
招商局總辦。	・買辦。 ・陳藹亭姪。 ・陳兆桐曾與吳縣王貫三合撰《萬國輿圖》。
歷任太古洋行華經理、聯華銀行董事、上海中國總商會會議員交通部顧問。	・買辦、商人。 ・1922 年得三等嘉禾章。 ・浦東醫院理事、廣肇公所董事、仁濟醫院董事。
歷任新加坡華僑中學教師、馬來亞七州府視學官。曾任香港大學馮平山圖書館館長、文學院教師。陳君葆活躍於香港文化界，時有撰文。	・教師、學者。
不詳。	・海軍學校學生。
離校後在 Messrs. Holmes and Hayward 當文員。	・律師樓文員。

	名字	生卒年	字	籍貫	學歷
216	陳呈滔	不詳	不詳	不詳	皇仁書院、北京郵電學校。
217	陳柏康	不詳	不詳	不詳	皇仁書院、稅務學堂。
218	陳炳麟	不詳	不詳	廣東人	1904 年皇仁書院 3B 班第二名。
219	陳迪祥	不詳	不詳	不詳	皇仁書院。
220	陳振南	不詳	不詳	廣東南海人	皇仁書院。
221	陳啟明	1859－1919	不詳	香港人／混血兒	中央書院。
222	陳富	不詳	不詳	廣東人	中央書院。
223	陳斯銳	約1884－1952 後	劍泉	廣東南海人	皇仁書院、倫敦大學。
224	陳滋業	不詳	不詳	廣東人	1900 年皇仁書院 5C 班第一名。
225	陳琚	不詳	不詳	廣東人	中央書院。
226	陳順和	不詳	不詳	香港人	1895 年時仍在皇仁書院求學。
227	陳傳楠	不詳	不詳	不詳	皇仁書院、北京郵電學校。
228	陳廉伯	1884－1944	樸庵	廣東南海人	皇仁書院。
229	陳敬光	不詳	不詳	廣東人	1903 年皇仁書院 5A 班第二名。

職業／名銜	身份／備註
不詳	・郵電學校學生。
1913 年 4 月進中國海關。1943 年起為重慶關稅務司。	・中國海關高級職員。
1906 年 1 月進入中國海關，初為試用同文供事後班，1916 年 3 月離開時為三等同文供事正前班。	・中國海關高級職員。
通過華北鐵路工程司學徒的初試。	・以後情況不詳。
中華銀公司會計主任。	・會計、鐵路協會會員。
1877 年曾任本校教師。歷任香港警察翻譯，後同處晉升至二等。鴉片商人、1919 年 10 月陳啟明與何福同赴京。返港後因急病去世。	・香港商人。 ・潔淨局紳、華商總會副主席。
1873 年 9 月進入中國海關，初入海關時為通譯，1921 年 3 月離開時為特等一級稅務員。	・中國海關高級職員。
1914 年任外交部翻譯局長，1920 年國務院秘書，1921 年外交部條約司科長，1926 年外交部翻譯科長、法權調查委員會委員，1927 年外交部主席僉事。北洋政府倒台後下野。	・北洋政府官員。
1902 年 12 月進入中國海關，初為試用同文供事後班，1909 年 10 月離開時為三等同文供事副前班。	・中國海關高級職員。
1873 年 8 月進入中國海關，初為通譯，1918 年 1 月離開時為二等幫辦後班。	・中國海關高級職員。
1895 年 6 月進入中國海關，初為另用同文供事，1929 年 3 月離開時為特等二級稅務員。	・中國海關高級職員。
不詳。	・郵電學校學生。
廣東富商、廣州滙豐銀行買辦。來自廣東南海富裕商人家庭。	・富商、買辦。
1907 年 3 月進入中國海關，初為試用同文供事後班，1910 年 8 月離開時為試用同文供事副後班。	・中國海關職員。

	名字	生卒年	字	籍貫	學歷
230	陳瑞麒	不詳	不詳	廣東人	1889 年仍在維多利亞書院求學。
231	陳福泰	約 1860－？	不詳	香港人	1874 年進中央書院唸書，1878 年仍在該校就讀。
232	陳福濤	不詳	不詳	不詳	1910 年 2 月離開皇仁書院。
233	陳福謙	約 1892－？	不詳	廣東 江門人	1911 年 9 月 15 日進皇仁書院 3D 班，前此從育才書社轉入，1915 年 11 月 26 日離校。1913 年 Ho Kom-tong Scholar。1915 年參加香港大學會考，領有入學文憑。
234	陳端義	約 1902－？	不詳	廣東 番禺人	皇仁書院、1921 年前後考進稅務專門學校。
235	陳樹勳	不詳	不詳	廣東人	中央書院。
236	陳錦濤	1871－1939	瀾生	廣東 南海人	皇仁書院畢業、加州柏克萊大學理學碩士、耶魯大學經濟學博士。
237	陳錫昌	不詳	不詳	不詳	皇仁書院、北京郵電學校。
238	陳濟謙	約 1895－1975	伯益	廣東 番禺人	皇仁書院、香港大學畢業。
239	陳耀真	1899－1986	不詳	不詳	1917 年從皇仁書院畢業、美國波士頓大學醫學博士。曾在約翰霍金斯大學威爾默眼科研究所研究。

職業 / 名銜	身份 / 備註
1890 年 8 月進入中國海關，初為試用同文供事後班，1915 年 6 月離開時為二等同文供事副前班。	· 中國海關高級職員。
1880 年 10 月至 1881 年 10 月在中國海關為候補通事。	· 中國海關職員。
赴馬來聯邦從商。	· 商人。
離校後先赴韶關其親戚任董事的礦務公司工作，其後在 1920 年進入香港庫務司署工作，1925 年調往遺產稅署，1947 年升為特等文員，1954 年署理遺產稅署副署長職，1955 年退休。	· 香港政府高級公務員。 · 1953 年榮獲英女皇伊利沙伯二世加冕紀念章。 · 1955 年獲 MBE 勳銜。
生平不詳。	· 情況不詳。 · 1921 年報住香港昭隆街十六號。
1874 年 5 月進入海關。初入海關時為通譯，1913 年 12 月離開時為超等幫辦前班。	· 中國海關高級職員。
曾任大清銀行副監督。中華民國第一任財政總長。1916 年段祺瑞內閣之財政總長。1925 年再任財政總長。關稅特別會議委員會委員。1925 年西北銀行經理。1926 年後從政界隱退。1930 年任清華大學經濟系教授。因宋子文之招再踏足政界。後任國民政府幣制委員會主席。1938 年任日本支持之維新政府財政部長。	· 詳細討論見正文。
陳錫昌是松、黑兩江郵船局局長。	· 郵電學校學生。 · 郵船局局長。 · 曾因工作表現出色獲北洋政府六等嘉禾章。
香港大學畢業後，跟隨父親經營金山莊三盛昌，其後擴展至酒店業務，經營東山酒店。	· 商人。
1929 年後先後在齊魯大學、華西大學醫院、中央大學、嶺南大學醫學院、中山醫學院、中國醫科大學眼科等任教授。	· 眼科專家。 · 基督徒。

	名字	生卒年	字	籍貫	學歷
240	陳鑾	約 1867－？	宇琴	廣東 新會人	中央書院卒業。
241	陸秩科	不詳	不詳	廣東 高要人	中央書院。
242	陸敬科	1871－？	禮初	廣東 高要人	中央書院卒業。
243	陸煥	1892－ 1964	匡文	廣東 信宜人	皇仁書院、北京大學哲學門。
244	陸達祥	不詳	不詳	不詳	1912 年 9 月 17 日進入皇仁書院 3C 班，1915 年 11 月 30 日離開時在 1B 班。
245	陸廣嵩	不詳	不詳	廣東人	中央書院。
246	陸慶南	約 1859－？	善祥	廣東 三水人	1879 年中央書院中文班第一班第一名。
247	陸鏡輝	不詳	不詳	不詳	皇仁書院、天津北洋醫學堂畢業。
248	陸靄雲	1882－ 1954	不詳	廣東 肇慶人	培英學校、1900 年皇仁書院畢業。

職業／名銜	身份／備註
1884 年 1 月進入海關，曾任稅關書記。1903 年任北洋洋務隨辦，1904 年英藏條約譯官，1906 年稅務學堂總辦（後為校長），1910 年外務部俄國條約研究會員，1913 年稅務處第三股總辦。關稅改良委員會副會長。1914 年從稅務處提調。1926 年任上海編定貨價委員會委員長。	· 晚清、民國官員。 · 曾居北京。
不詳。	· 應為陸敬科兄。
卒業後留校任教。後歷任廣東省長公署交涉局英文主任兼外交部特派廣東交涉署翻譯科長、交涉局長。	· 英文教師、官員。 · 著有《華英文法捷徑》等。
1910 年加入同盟會，1912 年返回信宜縣任同盟會分會會長。曾在廣東公立法政專門學校和鹽警學校教授法律。1921 年任信宜縣縣長。大元帥府法制委員會秘書兼經界局秘書。勷勤大學秘書長，亦任行營民事處長等。後在台灣生活，任光復大陸設計委員。	· 政治家。
離校後往上海協助其在茶行工作的父親。	· 茶行營業員。
1866 年 1 月進入中國海關，初為通譯，1895 年 5 月離開時為頭等同文供事。	· 中國海關高級職員。
香港《華字日報》主筆。統一黨黨員。	· 香港報人。
在廣州行醫，兼在醫科學校教書。後又到澳門，1933 年到中山行醫，凡十多年。1948 年正式在澳門取得行醫許可。1950 年以後，陸鏡輝在澳門定居。	· 西醫、牧師。
1903 年到日本橫濱鳥思倫燕梳公司工作，後調至香港分行任華經理。1953 年退休。後為囉士洋行保險部經理。	· 香港保險商人。 · 基督徒。 · 1934 年被委任為播音台委員。 · 1936 年被委任為太平紳士。1937 年保良局總理。南華體育會主席、南華體育會會長。1941 年被委任為香港保衛團團長。戰後曾任聖保羅中學、英華女校等校董，以及聖保羅堂值理等。

	名字	生卒年	字	籍貫	學歷
249	麥兆億	不詳	不詳	廣東人	1903 年是皇仁書院 5A 班第一名。1906 年曾任皇仁書院小老師。
250	麥信堅	1865－1947	佐之	廣東番禺人	中央書院（師範學校）。1887 年北洋醫學堂畢業。曾留學美國六年。
251	麥勝	不詳	不詳	不詳	皇仁書院、北京郵電學校。
252	麥惠	不詳	不詳	不詳	皇仁書院、北京郵電學校。
253	麥蔭多	不詳	不詳	不詳	皇仁書院、北京郵電學校。
254	彭國瑞	1887－1969	不詳	廣東人	皇仁書院。 1907 年 Senior Morrison Scholar。 在青島唸書，學習德文。
255	彭壽春	約 1865－？	不詳	廣東人	1877 年進入中央書院，Morrison Scholar。1883 年英文班第一班第一名。
256	彭顯通	約 1890－？	不詳	不詳	皇仁書院肄業。
257	曾忠	約 1867－1906	達廷	廣東南海西樵人	1879 年進入中央書院學習。
258	曾海	不詳	不詳	不詳	中央書院。
259	曾傑芬	約 1858－？	不詳	不詳	中央書院。1878 年 Morrison Scholar。
260	曾錫周	不詳	不詳	廣東香山人	皇仁書院。
261	游敬森	？－1916	不詳	不詳	中央書院、北洋醫學堂第五屆畢業。
262	馮元熙	不詳	不詳	不詳	1913 年 3 月 3 日從私立學校轉入皇仁書院 5B 班，1916 年 1 月 31 日離校，時在 2B 班。

職業／名銜	身份／備註
1911 年 4 月進入中國海關，初為試用同文供事，1947 年 2 月離開時為特等一級稅務員。	· 教師、中國海關高級職員。
返國後得袁世凱保舉為候補道，後任工程局總辦。1908 年任招商局天津分局總辦，亦曾擔任清政府出使大臣隨員。	· 官僚、商界人士。
不詳	· 郵電學校學生。
不詳	· 郵電學校學生。
曾在天津電報總局華洋總管處供職。	· 電報局職員。
回港後加入祈廉保船務公司為股東，1948 年購買全部股份，1964 年退休。	· 航運商人。 · 葬跑馬地天主教墳場，應為天主教徒。 · 1961 年寓跑馬地藍塘道。
不詳。	· 彭國瑞父。
某洋莊幫辦。	· 公司職員。
在皇仁書院任教職十九年。	· 教師。
晚清時為檀香山總領事。	· 外交官。
香港庫房司吏，後在怡和洋行工作。	· 教師、商行職員。
安南西貢東方匯理銀行買辦。	· 買辦。 · 曾捐贈一萬元予香港大學的創立基金。他亦是香港大學勸捐董事之一。
1906 年補巡部主事，不久改任民政部主事，升補員外郎，歷任內外城官醫院監督、民政部衛生司主稿、禁衛軍軍醫處處長，最後為路電監查會調查員，且在任內病故。	· 醫官、中國政府官員、鐵路協會會員。
離校後赴檳榔嶼協助其父在當地的業務。	· 從商。

	名字	生卒年	字	籍貫	學歷
263	馮志銘	不詳	不詳	生於東莞	1893 年在維多利亞書院中文班第二班，成績名列前茅。1895 年進入香港華人西醫書院。
264	馮柏燎	1880－1943	耀卿	廣東鶴山人	皇仁書院。
265	馮浩昌	不詳	不詳	不詳	皇仁書院畢業。
266	馮偉	1892－？	偉龍	廣東南海人	皇仁書院、吳思德工業學校學習機械專科、美國詩那喬士大學機械工程師學位、威士汀好士工廠大學專科學院電機工程師。
267	馮啟明	不詳	不詳	不詳	皇仁書院。
268	馮國福	不詳	不詳	廣東人	皇仁書院、稅務學堂。
269	馮華川（又名馮水）	約1845－？	穗祥	廣東香山人	中央書院。
270	馮漢	1875－1950	師韓	廣東鶴山人	皇仁書院、北洋大學堂。
271	馮鑑泉	不詳	不詳	廣東人	皇仁書院。
272	黃之棟	約1904－1975	不詳	廣東澄海人	皇仁書院。
273	黃文山（原名黃天俊）	1898－1988	凌霜（號）	廣東台山人	曾在廣州千頃書院讀書。1911 年進皇仁書院讀書。北京大學文學士及哥倫比亞大學文學碩士。
274	黃文徵	1894－？	不詳	原籍福建晉江落藉廣東南海	皇仁書院。

職業／名銜	身份／備註
不詳。	· 西醫。
1904 年任廣州寶興磁器莊出口部主管。1906 年與李道明在廣州合組利豐，主力雜貨出口。1917 年在香港創立利豐分號。	· 省港商人。 · 1940 年住旺角花園街二一三號。
河北保定高等學堂西學正教員。	· 英文教師。
上海威士汀好士公司工程師、廣州公用局副司長兼技士、粵漢鐵路機務處處長、大本營無線電報總局長、交通部技士、廣州市電話所所長、廣州市公用局局長、廣東省政府設計委員、財政部食糖運銷管理委員會駐廣東辦事處主任等。	· 中國政府官員、工程師。
通過華北鐵路工程司學徒的初試。	· 以後情況不詳。
1913 年 3 月進入中國海關，1948 年 3 月離開時為稅務司。	· 中國海關高級職員。
1882 年為人和鴉片公司助理。曾創辦馮華川銀行。鴉片商人。旗昌洋行買辦。曾任華商公局主席。	· 香港富商。 · 潔淨局議員。
晚清時任山海關電報領隊，後返香港政府工作，又任敦梅中學書法講席。	· 香港政府公務員。 · 書法家。
1911 年 6 月通過華北鐵路工程司學徒的初試。	· 入選為華北鐵路工程司學徒。
曾在皇仁書院和聖保羅書院任教。後來在新聞界工作。《工商日報》特約記者。	· 教師、記者。
回國後黃文山先後在北平師範大學、中山大學、暨南大學任教，曾任勞動大學教務長、中央大學社會學系系主任兼教授等。	· 學者、教授。 · 著作有《社會進化》、《唯物論的歷史觀》和《西洋知識史》等
曾任廣州《人權報》記者，1915 年自福華銀業有限公司兼保險有限公司開業起任公司秘書數十年，另曾兼任聖保羅中學教師三年。	· 教師、記者、公司高級職員。

	名字	生卒年	字	籍貫	學歷
275	黃文韜	約1865－？	不詳	廣東人	1877 年進入中央書院讀書。
276	黃文耀	不詳	不詳	廣東人	皇仁書院、稅務學堂。
277	黃伯芹	約1885－1971	不詳	廣東台山人	皇仁書院畢業。康乃爾大學礦科地質碩士。
278	黃卓光	不詳	不詳	不詳	皇仁書院。
279	黃明	不詳	不詳	不詳	皇仁書院
280	黃金福	1870－1931	麗川	香港人／混血兒	中央書院。
281	黃屏蓀	約1873－？	不詳	廣東番禺人	維多利亞書院畢業。
282	黃炳耀 Benjamin Wong Tape	1875－1967	不詳	廣東台山人	維多利亞書院、新西蘭 Otago Boys' High School 畢業。
283	黃倫蘇	1860－？	不詳	廣東南海人	1874 年在中央書院英文班第八班，是班上的第二名。1875 年在中央書院英文班第五班，是班上的第二名。1875 年春考進船政學堂後學堂，1881 年畢業，在揚武艦學習。第四屆福州馬尾船政後學堂駕駛班畢業。

職業／名銜	身份／備註
1884 年 1 月至 1885 年 2 月間為中國海關候補通事。	· 中國海關職員。
1913 年 4 月進入中國海關。1942 年至 1944 年黃文耀在汪精衞管轄下之江海關任一級稅務官。	· 中國海關高級職員。
美國運通銀行華經理、福華銀業有限公司董事長。香港富商黃伯耀長子。	· 商人。 · 基督徒。 · 保良局總理和深水埗公立醫局主席等。 · 太平紳士。
離校後赴馬來聯邦的國家鐵路局工作，任三級文員，後被派往雪蘭莪的車站工作。	· 殖民地鐵路職員。
留校當教師。曾任臬署三等文員、潔淨局署理首席文員，後加入粵漢鐵路，旋轉任沙面電報局經理。1909 年，黃明任清政府駐西藏甘孜的商務官員。	· 教師、香港政府職員、電報局高級職員、清政府官員。
九龍倉買辦。九龍金興織造公司經理。	· 買辦、商人。
1894 年進鐵行公司任華經理。退休時為鐵行公司經理。	· 買辦。 · 1923 年任東華醫院主席，同年獲委任為太平紳士，1926 年任保良局主席，1927 年任旅港番禺會所主席，1932 年任香港中約公立醫局正主席。1934 年團防局紳，1937 年東華醫院永遠顧問、東華醫院總理。
從事保險業。在香港 China Mutual 人壽保險公司工作，1909 年升任秘書，1919 年任香港分行司理。後該公司由加拿大永明人壽保險公司接辦，黃炳耀遂擔任該公司香港分行秘書，1927 年升為主持人。1934 年退休。	· 香港保險業商人。 · 1924 年任香港政府非官守太平紳士。1934 年任香港大學監督委員。香港扶輪會創辦人之一。他又曾任市政局官守議員、東華三院主席、保良局主席、香港仔工業學校執委、皇仁書院校友會主席。OBE。
1883 年時為飛雲艦管帶。1885 年為鎮海兵船管駕，後轉職南洋水師。1912 年 8 月任廣東海防辦事處幫辦，後為廣東海防司令部司令。1914 年為海軍上校，1917 年為海軍少將。	· 中國海軍高級將領。

	名字	生卒年	字	籍貫	學歷
284	黃泰初	不詳	不詳	廣東新會人	皇仁書院、香港大學工科畢業。
285	黃益初	不詳	不詳	廣東新會人	皇仁書院、香港大學畢業。
286	黃國瑜（又名黃廷珍）	不詳	不詳	廣東新會人	皇仁書院。
287	黃國權	不詳	不詳	不詳	皇仁書院。
288	黃理權	不詳	不詳	不詳	1915 年 9 月 10 日進入皇仁書院第三班，1917 年 6 月 15 日離校時在第二班。
289	黃斌	不詳	不詳	廣東人	中央書院。
290	黃敬業	1884－？	亮文	廣東新寧人	1899 年至 1900 年在香港 Mrs. Falconer's School 學習，1900 年至 1903 年在皇仁書院就讀。1903 年至 1906 年在北洋醫學堂就讀。1909 年至 1910 年在香港工業學校學習。1912 年至 1916 年間在美國搭夫脱大學醫學院學醫，1916 年得醫學博士。
291	黃瑞根	不詳	不詳	不詳	1913 年 9 月 16 日進入皇仁書院，1916 年 1 月 18 日離校。
292	黃燕清（又名黃言情）	1891－1974	熊彪	廣東高要人	英皇書院、皇仁書院、廣東高等師範。
293	黃興有	不詳	不詳	廣東人	1887 年在中央書院第一班。
294	黃應秋	不詳	不詳	不詳	皇仁書院。

職業／名銜	身份／備註
1928 年起執業，曾草擬佐敦道平安戲院圖則。	・ 土木工程師和建築師。 ・ 黃國瑜兒子。
近代中國著名電影商人。	・ 商人。 ・ 黃國瑜兒子。
曾任皇仁書院教師、臬衙總翻譯。1915 年時為粵東巡案使署交涉員，兼電報局總辦。	・ 教師、翻譯、中國政府官員。 ・ 集思廣益社成員。
通過華北鐵路工程司學徒的初試。	・ 以後情況不詳。
1917 年為香港政府海港局抄寫文員。	・ 香港政府文員。
1871 年 6 月進入中國海關時為通譯，1917 年 3 月離開海關時是超等同文供事副後班。	・ 中國海關高級職員。
醫學博士。1916 年 8 月回國。	・ 醫學博士。
中區警署任沙展翻譯。	・ 翻譯。
金星洋行華經理、華商總會常務理事。著作有《北行集》等。香港淪陷前任香港上、中區自衛團團長。	・ 報人、小說家、商人、教育家。
1887 年 4 月進入中國海關，初為額外候補通事，1890 年 6 月離開時為試用同文供事。	・ 中國海關職員。
通過華北鐵路工程司學徒的初試。	・ 以後情況不詳。

	名字	生卒年	字	籍貫	學歷
295	黃臨初	約 1892－？	不詳	廣東 新會人	皇仁書院、税務學堂。
296	黃贊熙	約 1875－？	翊昌	福建 閩侯人	維多利亞書院。
297	黃寶森	不詳	不詳	不詳	中央書院、北洋醫學堂畢業。
298	黃寶楠	1883－？	憫生	廣東人	1900 年至 1905 年在皇仁書院讀書。1908 年 4 月自費赴美，1909 年至 1912 年在密西根礦業學校攻讀礦務工程科。1913 年至 1914 年在哥倫比亞大學攻讀政治及社會學，獲碩士學位。
299	黃顯章	約 1861－？	不詳	不詳	1874 年進入中央書院，1878 年仍在中央書院。馬尾船政局管輪班第二屆畢業。
300	黃顯華	不詳	不詳	廣東人	1895 年時仍在皇仁書院求學。
301	楊兆華	不詳	不詳	不詳	1911 年 2 月 23 日從私立學校轉入皇仁書院 4C 班，1916 年 2 月 21 日離校時在 2C 班。
302	楊明新	約 1895－？	不詳	廣東 寶安人	皇仁書院、税務學堂畢業。
303	楊炳南	不詳	不詳	廣東人	1895 年時仍在皇仁書院求學。
304	温其濬	不詳	不詳	廣東 鶴山人	皇仁書院肄業、北洋大學堂，遊學美國。原自費，後為官費生，在美學習武備工程。

職業／名銜	身份／備註
以後情況不詳。	· 以後情況不詳。 · 胡禮垣外孫。 · 黃國瑜兒子。
1892 年離校之後，歷任京奉鐵路車務稽核、會計主任、翻譯委員、鐵路總公司翻譯股翻譯委員、滬寧鐵路總核算兼統計科長、交通部經理司綜核科長、路政司營業科長、路政司運輸科長、路政司營業課長等。1924 年，黃贊熙為隴海路督辦。1899 年前後曾任南洋學堂教員。	· 北洋政府高級鐵路官僚。 · 安福系。
以後生平不詳。	· 醫學堂畢業生。
1915 年任農商部僉事上行走，1916 年兼鹽務署編譯員。 北京萬國共濟會職員。	· 北洋政府公務員。 · 中國政治社會學會會員。 · 1917 年報住廣東南海縣榮基里。
不詳。	· 海軍學堂學生。
1896 年 6 月進入中國海關，初為試用同文供事，1930 年 12 月離開時為一等二級幫辦。	· 中國海關高級職員。
離校後協助其在糖批發公司工作的父親。	· 公司職員。
1913 年 3 月進中國海關。1944 年至 1946 年為梧州關稅務司。	· 中國海關高級職員。
1897 年 3 月進入中國海關，初為試用同文供事，1921 年 8 月離開時為頭等同文供事副後班。	· 中國海關高級職員。
畢業後履行承諾，回國服務。	· 從事教研。

	名字	生卒年	字	籍貫	學歷
305	溫宗堯	1867－1947	欽甫	廣東台山人	中央書院畢業、曾在美國留學。
306	溫俊臣	約1865－？	不詳	廣東台山人	中央書院畢業。
307	溫桂漢	約1864－？	不詳	不詳	1877 年進入中央書院，1878 年仍在中央書院。他是馬尾船政局駕駛班第七屆畢業的學生。
308	溫祥	不詳	吉雲	廣東新寧人	皇仁書院。
309	溫植慶	約1889－1971	不詳	廣東台山人	皇仁書院、畢業於香港華人西醫書院。1914 年愛丁堡大學內外科醫學士，1915 年熱帶病學文憑，1916 年公共衛生科文憑，1922 年愛丁堡皇家外科學院院士。
310	溫萬慶	1895－？	不詳	廣東台山人	1912 年仍在皇仁書院求學。1918 年耶魯大學畢業。
311	溫德章	不詳	孝生	廣東新會人	中央書院、北洋電報學堂第一屆畢業生。
312	葉文海	不詳	不詳	不詳	1917 年在皇仁書院 2B 班。

職業／名銜	身份／備註
1903 年返國。在廣東歷任要職。1908 年因清政府與英國討論中英兩國在西藏通商問題，被委任為英通訂約副大臣。曾駐拉薩，為駐藏參贊大臣。其後任兩廣總督洋務顧問、外務部參議。旋投身革命陣營。1911 年任上海光復軍政府全國外交副使，協助伍廷芳在南北議和中與北方代表唐紹儀談判。1912 年任駐滬通商交涉使。又加入岑春煊的國民公黨為副會長。曾參與倒袁，參加岑春煊主持的肇慶軍務院，為外交副使。1920 年為廣東軍政府總裁選為南北和平會議南方總代表。後隱居上海。晚年投日，為日本人操控之維新政府立法院院長，後來傀儡政府合併重組，温宗堯任汪精衞政權時期之司法院院長。	· 詳細討論見正文。
曾任香港《循環日報》記者三十多年，後當《循環日報》經理和編輯、主筆。華興銀礦有限公司承總值理命司理人。	· 香港報人。
不詳。	· 海軍學堂學生。
晚清官員翻譯、梁瀾勳翻譯。	· 翻譯。
著名西醫。曾在英國行醫，1918 年回港執業。1922 年起任香港養和醫院董事局董事。戰時曾任外科後備醫官。1945 年 12 月至 1950 年 2 月間曾任中國海關醫員。	· 西醫。 · 基督徒。
曾在法國華工青年會工作一年，又曾在上海青年會當學生書記，後成了姻親和校友孔祥熙的助手。嗣後在南京國民政府任財政部秘書、工商部全國商標局長等職。離開政府後加入交通銀行工作。	· 中國政府官員、銀行職員。 · 温植慶親戚。
廣九鐵路（華段）監督。	· 中國鐵路高級職員。 · 集思廣益社成員。
1917 年在廣州的考試中成功考入中華郵政工作。	· 中國郵局職員。

	名字	生卒年	字	籍貫	學歷
313	葉坤	不詳	不詳	不詳	皇仁書院畢業。
314	葉易山	不詳	不詳	廣東人	皇仁書院、稅務學堂。
315	葉清龍	不詳	不詳	福建人（一說香港人）	1894 年在維多利亞書院英文班 5C 班，成績優異。
316	葉富	1848－1881	夢梅	廣東廣州府新安縣，生於香港島黃泥涌村。	中央書院、第一屆福州馬尾船政後學堂駕駛班畢業。
317	葉毓勳	不詳	不詳	廣東人	1908 年在皇仁書院 4A 班，成績優異。
318	葉漢	不詳	不詳	廣東人	中央書院。
319	葉廣文	不詳	不詳	廣東人	1886 年在中央書院第一班。
320	葉灝明	1866－1946	蘭泉	廣東鶴山人	二十歲來港，曾在中央書院讀書四年。
321	董幹文	約1897－？	不詳	廣東香山人	曾在皇仁書院肄業，後考進稅務專門學校。
322	廖光豫	不詳	不詳	不詳	皇仁書院、北京郵電學校。

職業 / 名銜	身份 / 備註
1913 年參與第一屆遠東運動會，獲選為中國足球代表。返國後與同人合組南華體育會，為首任英文幹事。又曾任廣東全省運動會職員和廣州精武體育會職員。	· 運動員。
1912 年 2 月進中國海關，同年 4 月離開，時為試用同文供事。	· 中國海關職員。
1898 年 5 月進入中國海關，初為試用同文供事，1927 年 2 月離開時為頭等同文供事前班。	· 中國海關高級職員。
葉富最後因公殉職。1881 年，浙江台州海盜為患。超武艦奉命前往剿盜。9 月 18 日，葉富與數名水手登陸，同時找來一些士兵壯大行色。一行人等到大荊山海盜根據地剿盜。雙方交戰三小時，期間葉富不幸身亡。	· 中國海軍軍官。
1919 年加入中國海關，初為試用三等同文供事副後班，1950 年離開時是特等二級幫辦。葉毓勳曾在汪精衞管轄下之海關工作。	· 中國海關高級職員。
1872 年當中央書院的教師。1873 年 9 月加入廣東海關。1916 年為粵海關二等幫辦前班。	· 中國海關高級職員。
1891 年 1 月進入中國海關，初為試用同文供事，1897 年 9 月離開時為四等同文供事。	· 中國海關職員。
早年任輪船辦房，往來南洋和汕頭等。後何東經營糖業生意，聘請他常駐泗水辦理糖務，其後屈臣氏聘請他為漢口分行買辦。回港後組織光大堂置業有限公司，經營商業。1923 年廣州大本營任中央財政委員。民國初年，創立鶴山商會，任主席共廿七年。又與劉鑄伯和何澤生等本地商人合組華商總會，任司理十七年。九一八事件後，辭去大阪商船公司辦房一職。	· 買辦、商人。 · 與華商向香港政府領地建立華人永遠墳場。曾任保良局和東華三院總理。又曾與其他華商籌建位於加露連山的孔聖堂。
曾在粵海關工作，後轉到香港安達銀行任買辦。	· 銀行家。
不詳。	· 郵電學校學生。

	名字	生卒年	字	籍貫	學歷
323	翟朝亨	不詳	不詳	不詳	皇仁書院、曾考進北洋醫學堂,未有完成課程,後返香港,進香港華人西醫書院。
324	趙子權	約1889-？	不詳	廣東人	皇仁書院卒業。
325	趙志松	不詳	不詳	不詳	中央書院
326	趙憲廉	不詳	不詳	廣東人	皇仁書院。
327	劉秉惠	不詳	不詳	不詳	皇仁書院、北京郵電學校。
328	劉春和	不詳	不詳	不詳	皇仁書院、稅務學堂。
329	劉景清	約1887-？	不詳	廣東東莞人	1907 年皇仁書院卒業,前此曾在西營盤皇家書院(英皇書院)唸書。
330	劉湛燊	不詳	不詳	不詳	皇仁書院、北洋醫學堂第十屆畢業。
331	劉賀	不詳	不詳	不詳	中央書院。1880 年 Morrison Scholar。
332	劉葉昌	不詳	不詳	廣東人	皇仁書院。
333	劉漢池	不詳	不詳	廣東人	1888 年中央書院英文班第三班。
334	劉燕詒	不詳	公謀	廣東東莞人	皇仁書院。
335	劉禮	不詳	不詳	生於香港	皇仁書院、1896 年進香港華人西醫書院。

職業 / 名銜	身份 / 備註
不詳。	· 西醫。
歷任香港律師樓翻譯、汕頭煤油專賣科長、煤油專賣局長。	· 1928 年前後居汕頭。 · 國民黨人。
曾任中央書院教師、壽威洋行買辦。	· 教師、買辦。
漢粵川鐵路湘鄂線材料處處長。	· 鐵路職員。鐵路協會會員。 · 通信處是長沙新河。
不詳。	· 郵電學校學生。
1908 年原在廣東清政府的學部工作。	· 稅務學堂學生。
畢業後曾在潔淨局工作，任太平山痘房翻譯。先後在中央警署、水師、油麻地警署、元朗屏山和上水警署任翻譯等共五年。在廣東陸軍測量學校和粵東女子師範學校任英文教師凡二年。返港後任米業商行之洋務交涉工作。海洋船務公司總經理。Hong Kong Fire Insurance 及 Canton Insurance Co. 香港代表。	· 教師、商人。 · 1939 年擁有五十萬資產。 · 創辦拒毒會，協助國人戒鴉片。香港拒毒促進會會長、東華醫院總理、鐘聲慈善社副社長、孔聖會值理、知行中學校董、廣州志德嬰孩醫院駐港董事、 · 廣東省救濟委員會香港分會主任委員、香港防空委員會中環段甲區主任委員。 · 1940 年前後居香港永樂西街一七一號三樓。
金星人壽保險公司總醫生。	· 西醫。
大成紙局總辦。	· 商人。
1905 年 12 月進入中國海關，初為試用同文供事後班，1940 年 12 月離開，時為特等二級稅務員。	· 中國海關高級職員。
1890 年 3 月進入中國海關，初為試用同文供事，1925 年 6 月離開時為署襄辦銓敘科副稅務司（總稅務司署）。	· 中國海關高級職員。
滬寧鐵路車務華副總管。	· 鐵路職員。
西醫。	· 西醫。

	名字	生卒年	字	籍貫	學歷
336	劉鑄伯（又名劉壽）	1867－1922	鶴齡	廣東新安人	中央書院畢業。
337	潘有鴻	不詳	不詳	廣東南海人	皇仁書院、1920 年香港大學工學士。
338	潘國澄	不詳	不詳	廣東人	1907 年皇仁書院 5A 班，成績優異。
339	潘斯讓	不詳	不詳	廣東人	1904 年皇仁書院 2B 班第二名。
340	潘範菴	約1899－1978	不詳	廣東新興人	英華書院和中央書院肄業。
341	潘賢達	約1893－1956	不詳	不詳	皇仁書院、1918 年香港大學工學士。
342	潘應時	不詳	不詳	不詳	皇仁書院、北京郵電學校。
343	潘鶴儔	不詳	不詳	不詳	皇仁書院、北京郵電學校。
344	蔡文炳	約1900－？	不詳	香港人	皇仁書院。
345	蔡蔭樞	不詳	不詳	廣東人	皇仁書院。
346	蔡鎮鏞	約1903－？	鐵庵	廣東番禺人	皇仁書院、1921 年前後考進稅務專門學校。

職業／名銜	身份／備註
1888 年任台灣淡水西學堂教席，兼洋務委員。兩年後充總教員。1905 年任漁業總辦，兼洋務會辦，另在衛生局、巡警局，均曾擔任工作。屈臣氏買辦、鴉片商人、潔淨局議員等。曾在家鄉組織昌裕公司，從事貸款業務。精通英語。孔聖會會長，創育才書社。反對革命派，資助保皇黨。	・商人。 ・保良局總理、東華醫院長年顧問等。
曾在皇仁書院充師範生。生平不詳。	・不詳。
1907 年 12 月加入中國海關。1937 年至 1941 年為九龍關超等二級幫辦。1942 年在汪精衛管轄下粵海關及江門分關任二級稅務官。	・中國海關高級職員。
1908 年 7 月進入中國海關，初為試用華班鈐子手。1942 年 7 月離開時為副監查官（一級）。	・中國海關高級職員。
曾是九龍大方書局股東兼總監督。歷任詩剌士律師樓書記、廣州《互助日報》和香港《大光報》主任編輯、廣州培正中學教師、香港英華書院教師、華人賑濟會委員、華商會籌賑會常務委員、旅香新興商會主席、華人革新協會副主席等。	・商人、教師。 ・香港社會名流，也是香港著名文人。
畢業後曾在教育界工作，後在工程界工作。曾創辦菁莪中學，又自營測繪事務所。	・則師。
不詳	・郵電學校學生。
不詳	・郵電學校學生。
曾任美國大通銀行買辦。	・買辦。
1906 年 6 月進中國海關，初為試用同文供事後班，1936 年 6 月離開，時為超等一級稅務員（休假）。	・中國海關高級職員。
1921 年 9 月進入中國海關，初為見習，1931 年 6 月離開時為三等一級稅務員。	・中國海關高級職員。 ・1921 年報住廣州河南德鄰里九號。

	名字	生卒年	字	籍貫	學歷
347	衛文緯	約1904－？	不詳	廣東番禺瀝浩鄉人	皇仁書院。
348	衛永浩	不詳	伯權	廣東番禺人	皇仁書院。
349	鄧仕	不詳	不詳	不詳	皇仁書院、北京郵電學校。
350	鄧松年	不詳	不詳	不詳	皇仁書院、1903年進北洋醫學堂，是第八屆畢業。後在美國約翰·霍金斯大學及哈佛大學醫學院留學。
351	鄧松滿	不詳	不詳	廣東人	1888年中央書院中文班第五班第一名。
352	鄧偉傑	約1903－？	不詳	廣東三水人	皇仁書院、1921年前後考進稅務專門學校。
353	鄧祥光	不詳	不詳	不詳	皇仁書院、北洋醫學堂第八屆畢業。
354	鄧達鴻	約1885－？	不詳	不詳	1900年從灣仔書館轉入皇仁書院。
355	鄧榮基	約1862－？	不詳	廣東人	1876年進入中央書院，1878年仍在中央書院讀書。
356	鄧榮發	不詳	不詳	香港人	1900年仍在皇仁書院讀書。
357	鄧澤祥	不詳	不詳	不詳	皇仁書院、北京郵電學校。
358	鄧燦熙	不詳	不詳	不詳	皇仁書院。

職業／名銜	身份／備註
歷任電話公司華經理、廣發祥有限公司董事。	· 公司高級職員。 · 曾任南京國民政府蒙藏委員會顧問。 · 國民政府僑務委員會駐港顧問。
粵漢路官埗橋車站站長。	· 鐵路職員。 · 鐵路協會會員
不詳。	· 郵電學校學生。
西醫。	· 西醫。 · 1958 年 6 月仍然在世，當時在香港演講。
1895 年 3 月加入中國海關，初為通譯，1929 年 12 月離開時為副稅務司。	· 中國海關高級職員。
1925 年 9 月進入中國海關，初為見習，1936 年 11 月離開時為頭等同文供事中班。	· 中國海關高級職員。 · 1921 年報住地址為香港大道中七十八號。
抗戰前在廣州市市立醫院工作。	· 西醫。 · 曾撰〈薑片蟲病之傳染及其防預〉一文。
後加入政府工作，1917 年調至高院任通譯，1939 年退休。戰後重返高院工作，至 1953 年時工作已屆四十三年。	· 香港政府公務員 · 1953 年榮獲高等法院加冕紀念獎章。
1882 年 3 月進入中國海關工作，初為候補通事，1922 年 3 月離開時為超等同文供事中班。	· 中國海關高級職員。
1901 年 10 月進入中國海關，初為額外同文供事。1932 年 12 月離開時為一等一級幫辦（在假）。	· 中國海關高級職員。
不詳。	· 郵電學校學生。
通過華北鐵路工程司學徒的初試。	· 以後情況不詳。

	名字	生卒年	字	籍貫	學歷
359	鄭天錫 F.T. Cheng	1884－1970	莆庭	廣東 香山人	皇仁書院、倫敦大學法學博士。
360	鄭文培	不詳	植生	廣東 香山人	皇仁書院。
361	鄭文祺	約 1862－？	不詳	不詳	1875 年進入中央書院，1878 年仍在中央書院求學。北洋醫學堂第三屆畢業。
362	鄭生	1905－？	鈞沛	廣東 寶安人	皇仁書院。
363	鄭榮歡	不詳	不詳	不詳	皇仁書院。
364	鄭樹嘉	不詳	不詳	不詳	皇仁書院、北京郵電學校。
365	黎弼良	約 1859－？	不詳	不詳	1874 年進入中央書院。1877 年是中央書院英文班第五班第二名。1878 年仍在校。馬尾船政局管輪班第二屆畢業。
366	黎鎮邦	不詳	貴朝	不詳	1890 年進入維多利亞書院。
367	黎藻飀	不詳	不詳	不詳	皇仁書院、稅務學堂。
368	盧河清	？－1956	不詳	不詳	1907 年前後在皇仁書院唸書。皇仁書院足球會會員。

職業／名銜	身份／備註
1917 年從英國返國。在香港執律師業。同年末赴北京，任法律編纂委員會編纂主任。1919 年任大理院判事。1920 年司法試驗常任試驗委員。後為關稅特別會議中國專門委員、法權調查委員會籌備處長、國際法權委員會代表代理、國務院商標局法律顧問。1928 年為東吳大學法學院教授。1931 年為國民政府司法行政部常務次長。1932 年任同部政務次長。1936 年繼王寵惠為海牙國際法院法官。後為國民政府駐英大使。	· 詳細討論見正文。
滬杭甬鐵路杭楓車務巡查。	· 中國鐵路職員。
在鐵路部門工作。鄭文祺曾是津浦鐵路管理局副局長兼車務總管。	· 中國鐵路高級職員。 · 鐵路協會會員。
歷任香港聯合化學工業製造廠經理、李美度士律師行通事、香港政府通事、永茂洋行經理、永茂電影公司經理、環球戲院副經理等職。	· 公司高級職員、翻譯。
通過華北鐵路工程司學徒的初試。	· 以後情況不詳。
不詳。	· 郵電學校學生。
不詳。	· 海軍學堂學生。
1905 年任廣東電報學堂校長，1907 年任黃埔水師工藝學堂高等英文教員，1908 年兼任該校監察員。	· 教師。
曾為江蘇掘港通泰秤放總局局長。	· 公務員。
英美煙公司鴻商源東主	· 商人。 · 紅卍字會道人。

	名字	生卒年	字	籍貫	學歷
369	盧家裕	約1876－1965	仲雲	廣東香山人	1894 年入讀皇仁書院。
370	盧國棉	1898－1954	不詳	廣東花縣羅洞村人	皇仁書院畢業。
371	盧祥	不詳	不詳	廣東人	中央書院。
372	盧煥初	不詳	不詳	廣東人	1912 年 3 月 11 日進入皇仁書院 4B 班，1915 年 11 月 30 日離校，時在 1B 班。
373	盧銘涓	不詳	不詳	廣東人	在中央書院成績名列前茅，1877 年獲翻譯科獎。
374	蕭祥彬	？－1918	不詳	廣東人	1885 年時為中央書院學生。
375	錢燨康	不詳	不詳	不詳	皇仁書院、北京郵電學校。
376	霍啟謙	不詳	不詳	廣東人	皇仁書院、稅務學堂。
377	霍滄華	不詳	不詳	廣東人	1918 年仍在皇仁書院就讀，當年得歷史科獎。
378	霍達光	不詳	不詳	廣東人	1885 年中央書院學生。

職業 / 名銜	身份 / 備註
畢業後留校任教。後加入德華銀行。歐戰時銀行停辦，轉往京奉鐵路工作。後返港，任職荷蘭銀行買辦超過二十年。龍華娛樂有限公司董事長。歷任大新公司、岩口長途汽車公司、廣安輪船公司、香港油麻地小輪公司董事、永安人壽保險公司董事、香港船廠董事等。香港銀行辦房團主席。兒子也在荷蘭銀行工作。	· 香港商人。 · 1940 年財產約有一百萬。 · 曾任灣仔公立醫局副主席、東華三院總理、保良局總理。1925 年香港政府委任他為郵政檢查員。 · 1940 年前後居跑馬地鳳輝台七號。 · 曾獲荷蘭女王頒發勳章。
1918 年起，盧國棉在香港各律師樓當文員，同時亦從事商業活動，除繼承父親經營之南興隆和廣興隆生豬欄，又創立香港肉食公司、全記鮮魚欄，及與同邑合辦同安牛欄。1939 年為華商總會值理。	· 律師樓文員、商人。
1874 年 2 月加入中國海關。曾在稅務處工作。	· 中國海關高級職員。
離校後盧煥初赴江西贛州協助其在海關工作的親戚。	· 以後情況不詳。
1877 年 3 月進入中國海關，初入海關時為候補通事，1891 年 12 月離開時為二等同文供事。	· 中國海關高級職員。
1886 年 6 月進入中國海關工作，初為候補通事，1918 年 1 月逝世時為頭等幫辦後班。	· 中國海關高級職員。
不詳。	· 郵電學校學生。
霍啟謙在 1920 年為江門關四等幫辦。1947 年在總稅務司公署任稅務司，當時他也負責員工福利委員會的工作。	· 中國海關高級職員。
1919 年 10 月加入中國海關，1950 年 2 月離開時為超等二級幫辦，兼為代理副稅務司。	· 中國海關高級職員。
1885 年 5 月進入中國海關工作，初為候補通事，1909 年 3 月離開時為頭等同文供事副後班。	· 中國海關高級職員。

	名字	生卒年	字	籍貫	學歷
379	鮑少莊	1892－？	不詳	廣東香山人	先後在廣州、香山和皇仁書院唸書。
380	戴天材	不詳	不詳	廣東人	1897 年仍在皇仁書院。
381	戴天培	不詳	不詳	廣東人	1885 年在中央書院中文班第四班首名。1887 年盛夏離校時在第二班。秀才。
382	戴天澤	不詳	不詳	廣東人	1885 年在中央書院英文班第九班次名。
383	戴東培	約1888－1982	不詳	廣東人	皇仁書院畢業、香港大學土木工程系首屆畢業生。
384	謝才	不詳	不詳	不詳	1917 年 6 月 10 日離開皇仁書院時在商科 3E 班。
385	謝正方	不詳	不詳	廣東人	皇仁書院學生，1899 年應考牛津大學本地試。Morrison Scholar。
386	謝恩隆	約1885－？	孟博	廣東番禺人	皇仁書院（1904 年獲中譯英獎，時在 1A 班。）、北洋大學堂、1906 年赴美進農業學校。1909 年卒業。康乃爾大學學士和碩士。

職業／名銜	身份／備註
1913 年考得隨習通事官，奉派實習，兩週後因工作表現優異升職，1915 年考得三級通事翻譯官，1917 年調往庫房工作，同年考升二級通事翻譯官。鮑少莊先後在海港發展處、倉庫部、會計處等工作，1923 年升任高等法院通事官，戰時負責防空工作。香港淪陷後，鮑少莊在澳門英領事館工作，至 1945 年 9 月。在澳門時，又兼任當地唯一報紙的報務和協助管理兩所中英文學校。和平以後，鮑少莊回港，繼續在香港政府工作，1950 年通過通事翻譯官最高考試，1951 年晉升至高院主任通事，1953 年退休。	・香港政府高級公務員。
1899 年 2 月進入中國海關，初為試用同文供事後班，1931 年 6 月離開時為代理稅務司（一等幫辦級）。	・中國海關高級職員。 ・應為戴天培和戴天澤之弟。
1887 年 4 月進入中國海關，初為候補通事，1919 年 8 月離開時為頭等幫辦後班。	・中國海關高級職員。 ・應為戴天澤兄。
1887 年 4 月進入中國海關，初為候補通事，1927 年 10 月離開時為代理稅務司（超等幫辦後班）。	・中國海關高級職員。 ・應為戴天培弟。
曾任金山輪船公司買辦，後從事地產及租務業務。	・商人。 ・著有《港僑須知》。
同年在香港國家醫院擔任管工頭目。	・醫院管工。
皇仁書院教師。	・教師。
1912 年任農林部技師，1914 年農商部技正，又為《農林公部》和《農商公部》編輯。1917 年農林部技正，1922 時為交通部技正。曾在北京大學授課。	・農學專家。 ・曾著《中國茶説》一書。

	名字	生卒年	字	籍貫	學歷
387	謝祺	1886－？	作楷	廣東新會人	皇仁書院、1904 年官費在美國波士頓大學攻讀冶金等學科。1908 年得學士學位。1909 年得碩士學位。
388	謝潤德	？－1884	不詳	不詳	1873 年在中央書院中文班第四班。1874 年在英文班第六班，當時他名列第一，何東則是第二。1876 年謝潤德在第英文班第三班。成績均名列前茅。第四屆福州馬尾船政後學堂駕駛班畢業。
389	謝纘泰	1872－1938	聖安	廣東開平人	在悉尼唸初中，肄業於中央書院。
390	鍾灼華	不詳	不詳	不詳	皇仁書院、北京郵電學校。
391	鍾惠霖	約1889－1954	不詳	廣東番禺人	皇仁書院畢業。
392	鄺其照（又名鄺全福／鄺蓉鏡）	1836？－1912？	蓉階	廣東台山人	中央書院。
393	鄺燕暖（又作鄺言暖）	約1890－？	建之	廣東台山人	1905 年時為皇仁書院之 8A 第二名。1916 年自稅務專門學校畢業。
394	鄺驄	不詳	不詳	不詳	中央書院、第四屆福州馬尾船政後學堂駕駛班畢業。
395	羅少堅	不詳	不詳	廣東人	1916 年 9 月 6 日進入皇仁書院 2C 班。
396	羅文玉	不詳	不詳	不詳	中央書院。1890 年 Morrison Scholar。

職業 / 名銜	身份 / 備註
離校後當廣州聖心書院教師，後到外國留學。曾任北京傳習所教師、農林部視察員、廣東礦務局長、廣東電力公司協理、廣東捲煙特稅局長、國民政府財政部捲煙煤油稅處長、國民政府財政部統稅處長等職。1923 年曾任廣東政府電燈局局長。後任廣州市電力公司總理。	· 商人、官員。 · 全國民營電業聯合會執監委員。
1884 年，謝潤德在中法馬江海戰中陣亡，時為飛雲艦大副。	· 中國海軍軍官。
1887 年至 1890 年間在香港民政廳工作。後入工務局。1899 年在香港創辦華人俱樂部。曾發明飛艇，且經營多種事業。又曾任《南華早報》買辦。謝纘泰甚注意新界農礦業發展。晚年從事著述，多為英語。	· 香港商人、買辦、報人。 · 1938 年居灣仔軒尼斯道二三九號。
不詳。	· 郵電學校學生。
歷任中西水火保險公司委員、美亞保險公司經理、華商總會值理、上海聯保水火險有限公司香港總公司經理等。	· 保險業高級職員。
晚清官員幕僚、字典編譯者等。	· 晚清官員幕僚、字典編譯者等。
1916 年 7 月加入中國海關為見習。1947 年時為粵海關超等一級幫辦。	· 中國海關高級職員。
不詳。	· 中國海軍學堂學生。
1917 年 7 月在江海關任華班鈐子手。1950 年 2 月離開時為特等二級驗貨員。羅少堅曾在汪精衛政權管治下的中國海關工作。	· 中國海關高級職員。 · 羅達文兄。
曾任檳榔嶼法庭首席通譯。	· 翻譯。

	名字	生卒年	字	籍貫	學歷
397	羅文柏	約 1890－?	節若	廣東 番禺人	皇仁書院。其他高等學位待考。
398	羅文顯	1895－ 1963	不詳	香港人 / 混血兒	皇仁書院、香港大學畢業。
399	羅文階	不詳	不詳	不詳	1893 年仍在維多利亞書院就讀。
400	羅文榦	1888－ 1941	鈞任	廣東 番禺人	皇仁書院、牛津大學畢業，得碩士學位。倫敦內殿律師學院入會認可。
401	羅旭龢 Sir Robert Kote－ wall	1880－ 1949	不詳	香港人 / 混血兒	拔萃書院、皇仁書院。
402	羅伯渭	約 1887－ 1955	不詳	廣東人	皇仁書院、北京郵電學校卒業。
403	羅欣培	不詳	不詳	不詳	皇仁書院、北京郵電學校。
404	羅泮輝	1881－ 1936	芹三	廣東 南海人	早年在三藩市生活，後轉到皇仁書院。因英語成績出眾，獲 Stewart Scholarship。曾在北洋大學堂學習，後赴哈佛大學，得碩士學位，然後赴芝加哥大學法學院，得法學博士學位。
405	羅長肇	1869－ 1934	不詳	香港人 / 混血兒	中央書院。

職業／名銜	身份／備註
歷任中山大學教授等。	· 學者。 · 羅文榦弟。
怡和洋行華經理。	· 香港商人。 · 中華總商會會董。 · 1936 年為非官守太平紳士。
應為香港政府公務員。	· 應為香港政府公務員。
羅文榦在北洋政府工作。歷任總檢查廳長、潘復內閣外交總長等。張作霖返奉天後，任命他為東三省保安總司令部參議，兼任東北大學法學院院長。滿洲事變後，任國民政府司法行政部長。1932 年為外交部長，後辭任。其後到廣東任西南政務委員會委員兼外交涉員。1936 年隱居羅浮山。1938 年任重慶國民政府參政員。1941 年因惡性瘧疾毒菌入腦病逝於樂昌。	· 詳細討論見正文。
香港警察廳、裁判司署、輔政司署主席文案。後為商人，旭蘇行東主。	· 香港官員、商人。 · 定例局華人議員、團防局理事、香港大學名譽會長。 · 1949 年居干德道五十號。
卒業後赴漢口郵政管理局工作。1915 年 2 月加入香港郵政局。1938 年由香港郵政局唐信分所主任晉陞為郵務副監督。後為郵務總管。1951 年退休。	· 香港郵政高級職員。 · 獲 MBE 勳銜。
不詳。	· 郵電學校學生。
曾任本校教師、外交部特派廣東交涉員、廣東外交司司長、東吳大學法科教授、京滬、滬杭甬鐵路管理局局長等職。	· 教師、外交官、官員。 · 基督徒。
曾任中央書院教師。怡和洋行買辦，1920 年代退休。	· 香港買辦、商人。 · 1934 年寓干德道。兒子為羅文錦、羅文惠、羅文浩、羅文顯。1934 年有遺產五十多萬元。 · 潔淨局華人代表。1915 年東華醫院總理、東華三院永遠顧問、保良局永遠顧問等。

	名字	生卒年	字	籍貫	學歷
406	羅星樓	不詳	不詳	不詳	中央書院。1886 年的 Steward Scholar。
407	羅啟康	？－1952	不詳	不詳	1899 年在皇仁書院 2B 班。
408	羅傳英	不詳	不詳	廣東人	1889 年維多利亞書院英文班第四班第二名。
409	羅達文	不詳	不詳	廣東人	1916 年 9 月 6 日進皇仁書院 2C 班。
410	羅翰芬	不詳	不詳	澳門人	1889 年維多利亞書院英文班第四班第一名。
411	羅錫標	約1860－？	不詳	廣東人	1873 年進入中央書院唸書。1879 年得化學科獎。
412	羅韞赤	1902－？	不詳	廣東順德人	皇仁書院畢業。
413	譚天池	？－1940/1941	不詳	廣東台山人	1891 年在維多利亞書院。1897 年在北洋大學堂頭等第三班。美國留學。
414	譚其濂	不詳	次宋	廣東香山人	皇仁書院、北洋醫學堂第五屆畢業。
415	譚保元（亦作譚葆元）	不詳	不詳	廣東人	1885 年 2 月是中央書院英文班第三班第三名。
416	譚乾初	約1855－？	子剛（？）	廣東順德人	中央書院卒業。

職業 / 名銜	身份 / 備註
不詳。	・英文讀本作者
省港澳輪船公司總買辦。	・買辦。
1889 年 7 月至 1890 年 8 月在中國海關任候補通事。	・中國海關職員。
1917 年 7 月加入中國海關，任試用華班鈐子手，1936 年 9 月為代理監察長和代理港務長。	・中國海關高級職員。 ・羅少堅弟。
1890 年 11 月加入中國海關，初為候補通事，1896 年 5 月離開時為四等同文供事。	・中國海關職員。
1880 年 4 月進入中國海關工作，初為候補通事，1914 年 10 月離開時為超等同文供事正後班。	・中國海關高級職員。
曾任裕豐總經理、寶昌號司理等。	・香港商人。
曾任萬牲園總辦和廣東造幣局總辦等職。又在鹽務署工作了很長時間。	・中國政府官員。
曾在上海工作，亦似曾在中國海軍工作。	・西醫。 ・曾撰《鼠疫》一書。
1885 年 8 月進入中國海關，初為候補通事，1904 年 3 月離開時為三等同文供事前班。	・中國海關高級職員。
清候補道、駐美公使館隨員、古巴領事、墨西哥領事。後用積蓄十萬回港創辦濟安燕梳公司，任經理。又與港商吳理卿創立協安洋面火燭保險有限公司，總辦公室設在文咸西街四十二號。後經營失敗。譚乾初是香港利民興國織造有限公司倡辦招股員之一。嗣後曾入京運動，任新加坡領事，因辛亥革命，領事生涯告終。	・香港商人、晚清外交官員。

	名字	生卒年	字	籍貫	學歷
417	譚傑威	？－1903	不詳	廣東東莞人	1897 年起在皇仁書院就讀，1902 年或以前離校。
418	譚錫鴻	不詳	不詳	不詳	皇仁書院。
419	譚榮光	1887－1956	沒有	廣東東莞人	皇仁書院畢業。
420	譚體泉	約1859－1938	士釗（學名）	廣東東莞人	中央書院畢業，中央書院師範學校。
421	關景	不詳	不詳	廣東人	中央書院、第四屆福州馬尾船政後學堂駕駛班畢業。
422	關景忠	1873－1923	不詳	廣東番禺人	1892 年維多利亞書院畢業。
423	龐銘世	不詳	不詳	不詳	1876 年在中央書院英文班第五班，成績優異。福州馬尾船政局管輪班第二屆畢業。
424	蘇仲材	不詳	不詳	不詳	皇仁書院。
425	蘇念詰	不詳	不詳	廣東人	皇仁書院。
426	蘇啟康	不詳	不詳	廣東人	皇仁書院。
427	龔少傑	不詳	不詳	不詳	皇仁書院、北京郵電學校。

職業 / 名銜	身份 / 備註
香港政府潔淨局驗渠師書記，1903 年 11 月因傷口受細菌感染而亡。	· 香港政府公務員。 · 譚榮光兄。 · 譚醴泉子。
通過華北鐵路工程司學徒的初試。	· 以後情況不詳。
曾在希士廷律師樓、冼文彬律師樓、冼秉熹律師樓通譯長共數十年。曾任協德洋行司理及創辦光明洋行等。	· 通譯、商人 · 1950 年居香港灣仔星街二十九號及幼齋。
香港順利辦館英文書記。	· 公司職員。 · 譚榮光父。
1881 年任琛航兵艦大副。1885 年為福星兵艦大副。	· 清政府海軍軍官。
1895 年 11 月進中國海關，初為試用同文供事，1921 年 11 月離開時為頭等同文供事副後班。歷任各海關辦事員，兼辦京師稅務學堂提調差使。	· 中國海關高級職員。 · 關景良弟。
不詳	· 中國海軍學校學生。
通過華北鐵路工程司學徒的初試。	· 以後情況不詳。
1908 年 11 月進入中國海關，1942 年 7 月離開。最初為試用華班鈐子手，離開時為鑑定官（四級）。	· 中國海關高級職員。
1906 年 12 月進入中國海關，初為試用同文供事後班，1941 年 11 月離開，時為特等一級稅務員。	· 中國海關高級職員。
不詳。	· 郵電學校學生。

資料出處（以筆劃排序）

【1 尹端模】 "Prize Day at the Central School," *Hong Kong Daily Press*, 23 January 1884；〈尹文楷醫寓〉（廣告），《香港華字日報》，1902 年 8 月 12 日；〈彤管流徽〉，《香港華字日報》，1910 年 7 月 25 日；〈公謙梁士詒〉，《香港華字日報》，1913 年 3 月 25 日；柴蓮馥：〈教務論說門：尹文楷先生對於自立之演說〉，《新民報》第 3 卷 11 期（1916 年），頁 7 下－9 上。

【2 方玉田】 *The Yellow Dragon*, Vol. XI, No. 7 (April 1910), pp. 346-347；微塵：〈電政要聞：國內之部：方玉田奉派視察廣東電政〉，《電友》第 12 卷 5 期（1936 年），頁 27。

【3 王文藻】 *The Yellow Dragon*, Vol. XVII, No. 4 (December 1915), p. 60；*Queen's College, 1862-1962*, p. 292；《圖說中國海軍史：古代－1955》，第一冊，頁 283。

【4 王建祖】〈廷試留學生今日揭曉一等王建祖二等鄭豪趙學三等熊崇志陳仲篪均廣東人〉，《香港華字日報》，1908 年 5 月 9 日；《最新支那官紳錄》，頁 42；《現代中華民國滿洲國人名鑑》，頁 22。

【5 王進祥】 *The Yellow Dragon*, Vol. XI, No. 7 (April 1910), pp. 346-347。

【6 王壽椿】 *The Yellow Dragon*, Vol. XI, No. 7 (April 1910), pp. 346-347.

【7 王暢祖】 "Prize Distribution at Queen's College," *The Hong Kong Weekly Press*, 13 February 1896；《年表》，頁 697。

【8 王維瀚】 *The Hongkong Government Gazette*, 18 January 1890, pp. 65-70; "Chinese Staff of the Maritime Customs, 1854-1950," https://www.bris.ac.uk/history/customs/resources/servicestaff/chinesestaff/waywong.

【9 王德光】 *The Yellow Dragon*, Vol. V, No. 3 (November 1903), p. 49；〈王德光選充臬署繙譯〉，《香港華字日報》，1910 年 3 月 1 日；《懷冰隨筆》，〈先覺者洪興錦〉，頁 81－82；《日本軍政下の香港》，1996 年，頁 63。

【10 王諒祖】 *The Hongkong Government Gazette*, 19 January 1895, pp. 44-49；"Chinese Staff of the Maritime Customs, 1854-1950," https://www.bris.ac.uk/history/customs/resources/servicestaff/chinesestaff/waywong.

【11 王寵勳】 CO 129/271, William Robinson to Joseph Chamberlain, 14 April 1895, Appointment in Treasury；〈改派王勳交滬甯鐵路案卷〉，《香港華字日報》，1905 年 12 月 2 日；〈唐紹儀慰留王勳之稟批〉，《香港華字日報》，1906 年 12 月 27 日；〈王閣臣委萍煤局總辦〉，《香港華字日報》，1908 年 10 月 6 日；《東莞虎門王氏家譜》。

【12 王寵佑】〈顏惠慶聘王寵佑蔣廷幹充顧問同赴太平洋會〉，《香港華字日報》，1921 年 9 月 15 日；《中國文化界人物總鑑》，頁 61；《東莞虎門王氏家譜》。

【13 王寵益】《東莞虎門王氏家譜》；《香江有幸埋忠骨：長眠香港與辛亥革命有關的人物》，頁 70－71。

【14 王寵惠】 JACAR（アジア歴史資料センター）Ref. B03050695700、支那ニ於ケル有力官民履歴取調一件 第一卷（1-6-1-65_001）（外務省外交史料館）；愛之事業社編纂部編：《現代常識新辭典》（東京：愛之事業社，1939 年），頁 120－121；〈王寵惠先生大事年表〉，《碩學豐功：王寵惠先生資料展暨紀念專刊》，頁 171－175。

【15 王寵慶】 *The Yellow Dragon*, Vol. II, No. 10 (July 1901), p. 217；〈王寵慶醫生前線歸來戰區需要痘苗望各僑團捐助〉，《大公報》，1939 年 1 月 17 日；《東莞虎門王氏家譜》。

【16 王鑑明】 "Prize List," *Hong Kong Daily Press*, 13 February 1871; "Distribution of Prizes at the Government Central Schools," *Hong Kong Daily Press*, 31 January 1872；〈銘文〉；《年表》，

頁 697；"Chinese Staff of the Maritime Customs, 1854-1950," https://www.bris.ac.uk/history/customs/resources/servicelists/chinesestaff/waywong.

【17 左汝謙】〈國父在西醫書院之同學與書院學員分析〉，載《國父之家世與學養》，頁 33－42；《圖說中國海軍史：古代－1955》第三冊，2002 年，頁 283；〈王氏家族枝葉繁茂〉，《基督教週報》第 2164 期（2006 年 2 月 12 日）。

【18 甘元晉】 The Yellow Dragon, Vol. X, No. 3 (November 1908), pp. 52-53.

【19 甘儲相】 "Distribution of Prizes at the Government Central School," Hong Kong Daily Press, 22 January 1873.

【20 任坤元】 "Teaching of English in the Government Schools," in Hong Kong Blue Book, Hong Kong, 1877; The Hongkong Government Gazette, 4 May 1878, pp. 232-236; "Prize List," The China Mail,16 January 1879；曾達廷：〈繙陳緒生陋習各宜審處說〉，The Yellow Dragon, Vol. V, No. 2 (October 1903), pp. 31-34.

【21 伍青霄】 "Prize Day at Victoria College," The China Mail, 25 January 1894；〈第二次捐助興建香港大學經費芳名列〉，《香港華字日報》，1909 年 3 月 25 日；〈華商總會公讌伍漢墀〉，《香港華字日報》，1922 年 10 月 21 日；〈伍漢墀訃告〉，1923 年；《現代支那人名鑑》，1925 年，頁 772；《伍漢墀公墓誌》，載《香港華籍名人墓銘集（港島篇）》，頁 41－42。

【22 伍章侯】 "English School Class Prizes," The Yellow Dragon, Vol. VIII, No. 6 (March 1907), pp. 124-125, and "Scholarship Winners,1906-7," pp. 126-127; "Chinese Staff of the Maritime Customs, 1854-1950," https://www.bris.ac.uk/history/customs/resources/servicelists/chinesestaff/moouyang.

【23 伍錫河】 "The Prize-list," China Mail, 13 January 1890; "Chinese Staff of the Maritime Customs, 1854-1950," https://www.bris.ac.uk/history/customs/resources/servicelists/chinesestaff/moouyang.

【24 朱勝祥】 The Yellow Dragon, Vol. XVII, No. 5 (January 1916), p. 78.

【25 朱葆林】 "Queen's College Presentation of Prizes," The Yellow Dragon, Vol. V, No. 5 (March 1904), pp. 85-98; "Chinese Staff of the Maritime Customs, 1854-1950," https://www.bris.ac.uk/history/customs/resources/servicelists/chinesestaff/cheuconk.

【26 江文俊】〈任職中央裁判署垂卅四年書記長江文俊榮休〉，《工商日報》，1957 年 12 月 2 日；〈總督府盛會總督代表女王授勳有功官民〉，《工商日報》，1958 年 12 月 12 日。

【27 江其輝】〈江其輝逝世〉，《香港華字日報》，1921 年 10 月 26 日；"The Late Mr. Kong Ki-fai," The Yellow Dragon, Vol. XXIII, No. 3 (November 1921), pp. 41－42.

【28 何乃合】〈國父在西醫書院之同學與書院學員分析〉；Queen's College: Its History 1862－1987, p. 43；〈何樂琴先生墓誌銘〉，載《香港華籍名人墓銘集（港島篇）》，頁 131－132。

【29 何兆槥】〈藥行界聞人何耿中老先生病逝〉、〈聞〉，《工商晚報》，1980 年 8 月 31 日。

【30 何回生】〈銘文〉；《張之洞全集》第 1 卷，頁 447。

【31 何廷勳】 The Hongkong Government Gazette, 25 April 1885, pp. 357-360; "Chinese Staff of the Maritime Customs, 1854-1950," https://www.bris.ac.uk/history/customs/resources/servicelists/chinesestaff/genghuan.

【32 何志紅】 The Yellow Dragon, Vol. XVII, No. 7 (April 1916), p. 114.

【33 何東】《香港華人名人史略》，頁 1－2；JACAR（アジア歴史資料センター）Ref. B02031670900、支那要人消息雜纂，第四卷（A-6-1-0-1_004）（外務省外交史料館）；《最

新支那要人傳》，頁 31；何世禮：〈何母張太夫人蓮覺女士生平懿行補遺〉（香港：無出版地，1964 年）；鄭宏泰、黃紹倫：《香港大老：何東》（香港：三聯書店〔香港〕有限公司，2007 年）。

【34 何林安】〈拿獲糾黨劫擄之匪徒〉，《廣益華報》，1909 年 10 月 2 日。

【35 何林英】 *The Hongkong Government Gazette*, 4 May 1878, pp. 231-236；《清末海軍史料》上冊，頁 438。

【36 何炳】 *The Hongkong Government Gazette*, 23 January 1886, pp. 48-52; "Chinese Staff of the Maritime Customs, 1854-1950," https://www.bris.ac.uk/history/customs/resources/servicelists/chinesestaff/genghuan.

【37 何英明】 *The Hongkong Government Gazette*, 4 May 1878, pp. 231-236; "Chinese Staff of the Maritime Customs, 1854-1950," https://www.bris.ac.uk/history/customs/resources/servicelists/chinesestaff/genghuan；《張之洞全集》第 1 卷，頁 447。

【38 何恩德】〈青年會今日追悼戰時殉難幹部〉，《華僑日報》，1947 年 9 月 13 日。

【39 何恩錫】 *The Yellow Dragon*, Vol. V, No. 3 (November 1903), p. 52；〈何恩錫律師榮旋〉，《香港華字日報》，1910 年 9 月 30 日；〈何恩錫律師接理訟務〉，《香港華字日報》，1910 年 10 月 11 日；〈小錢債案〉，《香港華字日報》，1911 年 12 月 30 日；"In Memoriam," *The Yellow Dragon*, Vol. XIII, No. 5 (January 1912), p. 268; *Queen's College,1862-1962*, p. 215.

【40 何高俊】〈何高俊醫書准給版權〉，《香港華字日報》，1908 年 9 月 4 日；〈西醫何高俊〉（廣告），《香港華字日報》，1908 年 9 月 17 日；〈種牛痘之益〉，《通問報：耶穌教家庭新聞》第 807 期（1919 年），頁 11 下；〈新民報〉，〈欲中國科學發達當以中國文授課并譯科學書報意見書〉，第 4 年第 6 期（1919 年），頁 18－19 上；〈服務四十載榮獲 OBE〉，《華僑日報》，1949 年 9 月 5 日；〈何高俊醫生昨晚逝世〉，《香港華僑日報》，1953 年 6 月 7 日；〈何高俊醫生出殯哀榮〉，《工商日報》，1953 年 6 月 9 日；〈醫界名宿何高俊出殯榮哀〉，《華僑日報》，1953 年 6 月 9 日。

【41 何啟】《近代中国人名辭典（修訂版）》，頁 191。

【42 何啟佳】 *Supplement to The Hongkong Government Gazette*, 11 February 1888, pp. 157-160; Walter Bosman, *Lands Unknown* (Hong Kong: Hong Kong Daily Press, 1939), pp. VII-VIII, foreword；鄭宏泰、黃紹倫：《何家女子 —— 三代婦女傳奇》（香港：三聯書店〔香港〕有限公司，2010 年），頁 52。

【43 何球塾】 "Prize-list," *The China Mail*, 23 January 1897; "Chinese Staff of the Maritime Customs, 1854-1950," https://www.bris.ac.uk/history/customs/resources/servicelists/chinesestaff/genghuan.

【44 何華清】〈老教育家何華清病逝〉，《華僑日報》，1978 年 4 月 18 日。

【45 何福】JACAR（アジア歴史資料センター）Ref. B03050696400、支那ニ於ケル有力官民履歷取調一件，第二卷（1-6-1-65_002）（外務省外交史料館）；《現代支那人名鑑》，1925 年，頁 520－521；〈何福君辭職〉，《香港華字日報》，1921 年 11 月 16 日；〈何澤生公之哀思錄〉，《香港華字日報》，1927 年 10 月 7 日。

【46 何廣洵】 "Railway Apprentices," *The Yellow Dragon*, Vol. XII, No. 10（July 1911), p. 179.

【47 何錦垣】 *The Hongkong Government Gazette*, 25 April 1885, pp. 357-360; "Chinese Staff of the Maritime Customs, 1854-1950," https://www.bris.ac.uk/history/customs/resources/servicelists/chinesestaff/genghuan.

【48 何錦鏞】*The Hongkong Government Gazette*, 22 January 1887, pp. 59-64; "Chinese Staff of the Maritime Customs, 1854-1950," https://www.bris.ac.uk/history/customs/resources/servicestaff/chinesestaff/genghuan.

【49 何覺先】*The Yellow Dragon*, Vol. XI, No. 7 (April 1910), pp. 346-347;〈中華全國電氣協會會員錄〉,《電氣》第 1 期（1913 年）,頁 78－92。

【50 余幼裳】"Presentation of Prizes at Queen's College," *The China Mail*, 23 January 1897; "Queen's College Prize Distribution," *The Hong Kong Telegraph*, 14 January,1898; "Chinese Staff of the Chinese Maritime Customs, 1854-1949," https://www.bris.ac.uk/history/customs/resources/servicestaff/chinesestaff/uwaung.

【51 余迪源】"Prize List," *The Hong Kong Weekly Press*, 13 February,1896; "Chinese Staff of the Chinese Maritime Customs, 1854-1949," https://www.bris.ac.uk/history/customs/resources/servicestaff/chinesestaff/uwaung.

【52 余藻熙】〈告白〉,《香港華字日報》,1906 年 7 月 25 日;*The Yellow Dragon*, Vol. VIII, No. 6 (October 1906), pp. 39-41; "Situations Obtained by Queen's College Boys in 1906," *The Yellow Dragon*, Vol. VIII, No. 6 (March 1907), pp. 130-132.

【53 利樹滋】〈榮哀錄〉,《華僑日報》,1954 年 3 月 14 日。

【54 吳文廣】《前鋒》第一期（1950 年）,無頁數。

【55 吳兆熊】*The Yellow Dragon*, Vol. XII, No. 6, March 1911, p. 106;《年表》,頁 115、551、663; "Chinese Staff of the Maritime Customs, 1854-1950," https://www.bris.ac.uk/history/customs/resources/servicestaff/chinesestaff/moouyang.

【56 吳希曾】〈現任中華國有鐵路及首領職員一覽表〉,《鐵路協會會報》第 72 期（1918 年）,頁 222。

【57 吳城波】《香港華人名人史略》,頁 85;〈吳國泰昆仲令尊翁吳志澄舉殯哀榮〉,《華僑日報》,1970 年 10 月 19 日。

【58 吳為雨】〈附錄鐵路協會會員題名〉,《鐵路協會會報》第 73 期（1918 年）,頁 181－184;浩然:〈林聯輝任北洋醫學院院長〉,《基督教週報》第 2113 期（2005 年 2 月 20 日）。

【59 吳衍】"A Brief Biography of Late Mr. Ng In" &〈吳衍先生史略〉,*The Yellow Dragon*, Vol. XVIII, No. 7 (April 1917), pp. 114-115.

【60 吳超明】*The Yellow Dragon*, Vol. XI, No. 7 (April 1910), pp. 346-347;吳超明、胡燮:〈各地郵務職工團體郵護運動文件一束:建議書〉,載《全國郵務職工總會半月刊》第 1 卷第 4 期（1932 年）,頁 15－16。

【61 呂翰】〈銘文〉;〈馬尾陳亡人數〉,《循環日報》,1884 年 10 月 15 日;池仲祐:〈海軍實紀·述戰篇·呂游戎賡堂事略〉,載《福州馬尾港圖志》,頁 242－243。

【62 宋振華】《前鋒》第一期（1950 年）,無頁數。

【63 宋啓堃】"Situations Obtained by Q.C.boys in 1907," *The Yellow Dragon*, Vol. IX, No. 6 (February 1908), pp. 123-124; "Chinese Staff of the Maritime Customs, 1854-1950," https://www.bris.ac.uk/history/customs/resources/servicestaff/chinesestaff/soonszung.

【64 李文祺】〈經濟人物誌:李文祺先生:洋紙商會主席〉,《經濟導報》2 期（1947 年）,頁 24。

【65 李可楨】〈李可楨失竊續聞〉,《香港華字日報》,1922 年 10 月 24 日;〈教訊:陳觀斗夫人歸天記（南洋）〉,《興華》第 25 卷 24 期（1928 年）,頁 33;〈國父在西醫書院之同學與書院學員分析〉,載《國父之家世與學養》,頁 33－42。

【66 李平】"Railway Apprentices," *The Yellow Dragon*, Vol. XII, No. 10 (July 1911), pp. 179; "Examination Successes," *The Yellow Dragon*, Vol. XIII, No. 11 (September 1911), p. 198.

【67 李玉書】〈普通會員通訊處一覽表〉，載《環球中國學生會會員題名錄》，1919 年，頁 16－17。

【68 李孝式】〈李孝式上校爵士簡介〉，《工商日報》，1957 年 8 月 3 日；向梅芳：《百年風華 —— 李孝式傳奇》（內蒙古：遠方出版社，2011 年）。

【69 李炳森】*The Yellow Dragon*, Vol. XVII, No. 4 (December 1915), p. 60；〈李炳森醫生舉殯賻金撥捐義校〉，《華僑日報》，1962 年 9 月 19 日。

【70 李帶】〈銘文〉；"Chinese Staff of the Maritime Customs, 1854-1950," https://www.bris.ac.uk/history/customs/resources/servicelists/chinesestaff/leelichen.

【71 李惠堂】曾靖侯：〈曾子序〉，載李惠堂：《球圃菜根集》（香港：前鋒體育書報社，1948 年），頁 5－6；蕭乾主編：《新編文史筆記叢書》（北京：中華書局，2005 年），第一輯《粵海揮塵錄》，頁 94。

【72 李瑞光】*The Yellow Dragon*, Vol. XI, No. 7 (April 1910), pp. 346-347.

【73 李漢楨】*The Hongkong Government Gazette*, 18 January 1890, pp. 65-70; "Chinese Staff of the Maritime Customs, 1854-1950," https://www.bris.ac.uk/history/customs/resources/servicelists/chinesestaff/leelichen.

【74 李福全】"Teaching of English in the Government Schools," in *Hong Kong Blue Book*, Hong Kong, 1877; *The Hongkong Government Gazette*, 4 May 1878, pp. 231-236；《政府公報》，〈京奉路局員司認購愛國公債清單〉第 64 期（1912 年），頁 9－10；《現代支那人名鑑》，1924 年，頁 157；《現代支那人名鑑》，1928 年，頁 255；*Queen's College, 1862-1962*, p. 274.

【75 李福疇】*The Hongkong Government Gazette*, 23 January 1886, pp. 48-52; "Chinese Staff of the Maritime Customs, 1854-1950," https://www.bris.ac.uk/history/customs/resources/servicelists/chinesestaff/leelichen.

【76 李粹魂】*The Yellow Dragon*, Vol. XI, No. 7 (April 1910), pp. 346-347.

【77 李輝耀】"Distribution of Prizes at Victoria College," *Hong Kong Daily Press*, 2 February 1891; "Chinese Staff of the Maritime Customs, 1854-1950," https://www.bris.ac.uk/history/customs/resources/servicelists/chinesestaff/leelichen.

【78 李錫康】*The Yellow Dragon*, Vol. VII, No. 6 (March 1906), p. 121；李錫康：〈社友來稿滙錄：種痘規則〉，《中西醫學報》第 15 期（1911 年），頁 11－13；《圖說中國海軍史：古代 —— 1955》第一冊，頁 283。

【79 李錫鸞】"Distribution of Prizes at Victoria College," *Hong Kong Daily Press*, 2 February 1891; "Chinese Staff of the Maritime Customs, 1854-1950," https://www.bris.ac.uk/history/customs/resources/servicelists/chinesestaff/leelichen.

【80 李應南】《最近官紳履歷彙編》第一集，頁 50。

【81 李燦基】《最近官紳履歷彙編》第一集，頁 50。

【82 李獻良】〈香港華商總會新陣容：李獻良〉《經濟導報》79 期（1948 年），頁 11。

【83 車顯承】*List of Subscription to the Endowment Fund*, 1911, p. 13；〈華人大律師〉，《香港華字日報》，1916 年 3 月 18 日；*Who's Who in China*, 1925, pp. 98-99; "Mr. Che Hin-shing," "Obituary," *North China Herald*, 18 April 1925, p. 224；《車顯承哀啟》，羅昭湄女士提供資料。

【84 冼德芬】曾達廷：〈縷陳緒生陋習各宜審處說〉，*The Yellow Dragon*, No. 2, Vol. V (October 1903), pp. 31-34; *The Yellow Dragon*, Vol. V, No. 3 (November 1903), p. 47；〈第二次捐

助興建香港大學經費芳名列〉,《香港華字日報》,1909 年 3 月 25 日;《現代支那名士鑑》,
1912 年,頁 312;〈冼德芬逝世〉,《香港華字日報》,1924 年 4 月 9 日。

【85 冼應勳】《最近官紳履歷彙編》第一集,頁 83。

【86 卓文通】 "Tong Shan Engineering College," *The Yellow Dragon*, Vol. VIII, No. 4 (December 1906), pp.
87-88; *The Yellow Dragon*, Vol. XI, No. 7 (April 1910), pp. 346-347;〈電界消息〉,《電友》第 1 卷
6 期(1925 年),頁 18－19;〈恭賀新禧:香港電報局全人〉,《會報》第 32 期(1928 年),頁 1。

【87 周少岐】〈督憲為周少岐像開幕〉,《香港華字日報》,1925 年 12 月 4 日;鄭宏泰、高皓:《白
手興家:香港家族與社會 1841－1941》,頁 73－76。

【88 周長齡】《白手興家:香港家族與社會 1841－1941》,頁 72;《近代中國人名辭典(修訂版)》,
頁 863。

【89 周景澄】〈書院生光〉,《香港華字日報》,1908 年 10 月 23 日。

【90 周銘波】 "Railway Apprentices," *The Yellow Dragon*, Vol. XII, No. 10 (July 1911), p. 179.

【91 周鏡澄】曾達廷:〈繕陳緒生陋習各宜審處說〉,*The Yellow Dragon*, Vol. V, No. 2 (October
1903), pp. 31-34; *The Yellow Dragon*, Vol. V, No. 3 (October 1903), p. 49; *Queen's College,
1862-1962*, p. 241;鄒振環:〈清本政治與文化漩渦中的馮鏡如〉,《華東師範大學學報(哲學
社會科學版)》第 3 期(2014 年),頁 51－58。

【92 屈永秋】 *The Hongkong Government Gazette*, 4 May 1878, pp. 231-236;《現代支那名士鑑》,
1913 年,頁 197。

【93 招浩駢】 *The Hongkong Government Gazette*, 23 January 1886, pp. 48-52; *The Hongkong
Government Gazette*, 22 January 1887, pp. 59-64;〈招顯宗岑淑嫻百年好合〉,《華僑日
報》,1962 年 12 月 9 日;《年表》,頁 266－268; "Chinese Staff of the Maritime Customs,
1854-1950," https://www.bris.ac.uk/history/customs/resources/servicelists/chinesestaff/
cheuconk;招浩駢曾孫招天欣醫生提供資料;《招氏族譜》。

【94 林子峯】 "Association Notes," *The Yellow Dragon*, Vol. XXVIII, No. 8 (May 1922), p. 178;
CO129/492, Canton Situation, Cecil Clementi to L. S. Amery, 29 April 1926;〈監院又一彈劾,
宜昌關監督林子峯〉,《觀海》第 2 期(1931 年),頁 4;陶履謙編:《伍梯雲博士哀思錄》,
頁 30－31;《年表》,頁 804、822、831、833。

【95 林仁照】〈書院生光〉,《香港華字日報》,1908 年 10 月 23 日。

【96 林平】〈銘文〉; "Chinese Staff of the Maritime Customs, 1854-1950," https://www.bris.ac.uk/
history/customs/resources/servicelists/chinesestaff/laleaou.

【97 林承芬】〈告白〉,《香港華字日報》,1906 年 7 月 26 日;JACAR(アジア歷史資料センター)
Ref. B02031670900、支那要人消息雜纂 第四卷(A-6-1-0-1_004)(外務省外交史料館);〈林
承芬在星逝世港親屬舉行家奠〉,《工商日報》,1963 年 5 月 11 日。

【98 林泉】 *The Hongkong Government Gazette*, 4 May 1878, pp. 231-236;《清末海軍史料》,上
冊,頁 438。

【99 林國材】〈書院生光〉,《香港華字日報》,1908 年 10 月 23 日。

【100 林清源】 *The Yellow Dragon*, Vol. XVII, No. 7 (April 1916), p. 115;〈本報職員林清源昨日出殯
致祭者眾〉,《工商晚報》,1960 年 8 月 16 日。

【101 林福根】 "List of Boys Who Have Left During the Last Two Months," *The Yellow Dragon*, Vol.
VI, No. 3, November 1904, p. 62;〈普通會員通訊處一覽表〉,載《環球中國學生會會員題名
錄》,1919 年,頁 23。

【102 林肇賢】〈捷報〉，*The Yellow Dragon*, Vol. XIII, No. 2 (October 1911), p. 209.

【103 林銘勳】JACAR（アジア歷史資料センター）Ref. B02031670900、支那要人消息雜纂 第四卷（A-6-1-0-1_004）（外務省外交史料館）；〈林銘勳死日人刀下遺產三萬元〉，《華僑日報》，1947 年 8 月 4 日。

【104：林樂明】《海關服務卅五年回憶錄》，〈自序〉、頁 45－57；台灣財政部財政史料陳列室網頁，http://museum.mof.gov.tw/ct.asp?xItem=3550&ctNode=59&mp=1。

【105 林潤釗】〈天津北洋大學堂夏季課榜〉，《香港華字日報》，1897 年 7 月 23 日；〈德國承認接待駐薩摩島領事由〉，《外務部》，中央研究院近代史研究所檔案館藏，檔號 02-12-020-01-030；《現代支那人名鑑》，頁 415－416；〈本府聘林潤釗為省政府顧問書〉，《廣西公報》第 30 期（1932 年），頁 48。

【106 林繼宗】"Railway Apprentices," *The Yellow Dragon*, Vol. XII, No. 10 (July 1911), p. 179.

【107 林藻泰】"Victoria College: Distribution of Prizes by H. E. The Governor," *Hong Kong Daily Press*, 10 February 1893; "Chinese Staff of the Maritime Customs, 1854-1950," https://www.bris.ac.uk/history/customs/resources/servicelists/chinesestaff/laleaou；〈林君藻慶墓誌銘〉，載《香港華籍名人墓銘集（港島篇）》，頁 226－227。

【108 林藻慶】〈名會計師林藻慶病逝〉，《華僑日報》，1952 年 2 月 16 日；〈林君藻慶墓誌銘〉，載《香港華籍名人墓銘集（港島篇）》，頁 226－227。

【109 林蘇】"Distribution of Prizes at the Government Central School," *Hong Kong Daily Press*, 22 January 1873; "Public Examination in the Central School," *Hong Kong Daily Press*, 30 January 1875；〈銘文〉；*Queen's College: Its History 1862-1987*, p. 231; "Chinese Staff of the Maritime Customs, 1854-1950," https://www.bris.ac.uk/history/customs/resources/servicelists/chinesestaff/laleaou.

【110 祁潤華】《前鋒》（香港：前鋒出版社，1950 年），第一期，無頁數。

【111 侯鳳書】"Teaching of English in the Government Schools," in *Hong Kong Blue Book*, Hong Kong, 1877; *The Hongkong Government Gazette*, 4 May 1878, pp. 231-236；〈獎賞學童〉，《循環日報》，1883 年 1 月 31 日；《年表》，頁 627; "Chinese Staff of the Maritime Customs, 1854-1950," https://www.bris.ac.uk/history/customs/resources/servicelists/chinesestaff/genghuan.

【112 施炳光】"Prize List," *The China Mail*, 4 February 1885；丁新豹、盧淑櫻：《非我族裔：戰前香港的外籍族群》，頁 206－207。

【113 施楊廷】*The Yellow Dragon*, Vol. XVII, No. 5 (January 1916), p. 79.

【114 洪國智】"Correspondence," *The Yellow Dragon*, Vol. XIII, No. 3 (November 1911), p. 235; *Eurasian: Mixed Identities in the United States, China, and Hong Kong, 1842-1943*, p. 226.

【115 洪國樑】*The North-China Daily News*, 9 March,1908; *Eurasian: Mixed Identities in the United States, China, and Hong Kong, 1842-1943*, p. 226.

【116 洪興錦】〈法界聞人洪興錦逝世〉，《工商晚報》，1937 年 2 月 19 日；〈洪興錦律師逝世法界聞人又弱一個〉，《香港華字日報》，1937 年 2 月 19 日；〈先覺者洪興錦〉，《懷冰隨筆》，頁 81－82；《商城記──香港家族企業縱橫》，頁 60。

【117 胡仕澄】*The Yellow Dragon*, Vol. X, No. 3 (November 1908), pp. 52-53；〈稅務同學在稽核所供職一覽表〉，《稅務專門學校季報》第 4 卷 2 期（1923 年）通訊，頁 1－8; "Chinese Staff of the Maritime Customs, 1854-1950," https://www.bris.ac.uk/history/customs/resources/ servicelists/chinesestaff/genghuan.

【118 胡廷勳】"Distribution of Prizes at the Government Central School," *Hong Kong Daily Press*, 22 January 1873; "Public Examination at the Government Schools," *Hong Kong Daily Press*, 11 February 1874; "Prize Day at the Central School," *Hong Kong Daily Press*, 19 January 1876; "Chinese Staff of the Chinese Maritime Customs, 1854-1949," https://www.bris. ac.uk/history/customs/resources/servicelists/chinesestaff/uwaung.

【119 胡固卿】*The Yellow Dragon*, Vol. XI, No. 7 (April 1910), pp. 346-347.

【120 胡棟朝】〈學生大會記〉,《香港華字日報》,1903 年 9 月 25 日;〈胡棟朝未授職之原因〉,《香港華字日報》,1906 年 11 月 15 日;〈奉旨胡棟朝賞工科進士〉,《香港華字日報》,1908 年 10 月 20 日;《私立嶺南大學校報》,〈校務:胡院長棟朝離校北上〉,1931 年,第 3 卷 15 期,頁 9;〈廣九修約代表紛紜雲集廣州〉,《工商日報》,1934 年 6 月 21 日;〈胡繼賢胡棟朝會商修約務本平等之旨〉,《天光報》,1934 年 6 月 29 日;〈修約領袖張慰慈昨晨北返〉,《工商日報》,1934 年 8 月 3 日;《中華文化界人物總鑑》,頁 277;羅湘君:〈胡棟朝日記歷史文化價值探析〉,頁 39－42。

【121 胡瑞璋】*The Yellow Dragon*, Volume XVIII, No. 8 (May 1917), p. 127.

【122 胡爾桂】《鶴山胡氏族譜》;《香江有幸埋忠骨:長眠香港與辛亥革命有關的人物》,頁 76－81。

【123 胡爾楷】《鶴山胡氏族譜》;《香江有幸埋忠骨:長眠香港與辛亥革命有關的人物》,頁 76－81;《清末海軍史料》上冊,頁 439。

【124 胡禮元】〈銘文〉;《江蘇高等學堂校友會雜誌》第 1 期(1911 年),頁 17。

【125 胡禮垣】"Jury List for 1882," *The Hong Kong Government Gazette*, 25 February 1882; *The Yellow Dragon*, Vol. V, No. 3 (November 1903), p. 47;〈輓名士胡翼南先生聯選錄〉,《香港華字日報》,1916 年 11 月 28 日;〈隱士胡禮垣先生逝世〉,《香港華字日報》,1916 年 10 月 16 日;*Queen's College,1862-1962*, p. 274;〈胡翼南先生墓誌銘〉,載《香港華籍名人墓銘集(港島篇)》,2012 年,頁 98－99。

【126 胡禮泰】*The Hongkong Government Gazette*, 4 May 1878, pp. 231-236.

【127 范汝雄】*The Hongkong Government Gazette*, 22 January 1887, pp. 59-64;〈十九世紀香港英語教育下的華人精英〉,《歷史的覺醒:香港社會史論》,頁 105－136;"Chinese Staff of the Maritime Customs, 1854-1950," https://www.bris.ac.uk/history/customs/resources/ servicelists/chinesestaff/daifung.

【128 范汝繼】"Prize Day at Victoria College," *The China Mail*, 25 January 1894;〈十九世紀香港英語教育下的華人精英〉,《歷史的覺醒:香港社會史論》,頁 105－136;"Chinese Staff of the Maritime Customs, 1854-1950," https://www.bris.ac.uk/history/customs/resources/ servicelists/chinesestaff/daifung.

【129 范學滂】"Annual Distribution of Prizes at The Central School," *The China Mail*, 27 January 1881;〈大書院學童考列名次〉,《循環日報》,1882 年 2 月 13 日。

【130 范學燾】〈十九世紀香港英語教育下的華人精英〉,《歷史的覺醒:香港社會史論》,頁 105－136。

【131 范錫駿】"Queen's College Prize Distribution," *The Hong Kong Telegraph*,14 January 1898; "Chinese Staff of the Maritime Customs, 1854-1950," https://www.bris.ac.uk/history/ customs/resources/servicelists/chinesestaff/daifung.

【132 韋德：招瑋珉：〈韋德烈士略史和遺書〉，《革命導報》第 3 期（1926 年），頁 10－11；〈韋德小史〉，《真光》第 24 卷 11/12 期（1926 年），頁 67；《珠海市人物志》，頁 121－123。

【133 唐有恆】〈農事試驗場之先聲〉，《警東新報》，1908 年 12 月 19 日；《游美同學錄》，頁 99；《珠海市人物志》，頁 231－233。

【134 唐厚培】〈普通會員通訊處一覽表〉，載《環球中國學生會會員題名錄》，1919 年，頁 29。

【135 唐祐】"Prize List," *Hong Kong Daily Press*, 13 February 1871；〈銘文〉；《清末海軍史料》上冊，頁 436；《中國近代海軍史事編年（1860－1911）》，頁 211。

【136 唐紹儀】*Breaking with the Past: The Maritime Customs Service and the Global Origins of Modernity in China*, pp. 156-158；《近代中國人名辭典（修訂版）》，頁 565－566。

【137 唐瑞華】《游美同學錄》，頁 99。

【138 唐福祥】〈唐福祥君小史〉，《體育世界》第 1 期（1927 年），頁 8。

【139 容子名】〈第一次捐助興建香港大學經費芳名列〉，《香港華字日報》，1909 年 3 月 24 日；《香港華人名人史略》，頁 42；《香港華僑概説》，1939 年，頁 17；JACAR（アジア歷史資料センター）Ref. B02031670900、支那要人消息雜纂 第四卷（A-6-1-0-1_004）（外務省外交史料館）。

【140 容次嚴】〈容次嚴今日結婚〉，《工商晚報》，1935 年 3 月 20 日；《香港華人名人史略》，頁 42。

【141 徐英揚】〈揀派陸軍醫官徐英揚赴美國第十四次軍醫會由〉，《總理各國事務衙門》，中央研究院近代史研究所檔案館藏，檔號 01-27-015-01-068；〈美開第十八次軍醫會派軍醫學堂監督唐文源醫官徐英揚赴會請照復該使由〉，《總理各國事務衙門》，中央研究院近代史研究所檔案館藏，檔號 01-27-015-01-099；《陸軍軍醫學校校友會雜誌》，1918 年 12 月，無頁數；《清末海軍史料》上冊，頁 450；浩然：〈林聯輝任北洋醫學院院長〉，《基督教週報》第 2113 期（2005 年 2 月 20 日）。

【142 徐華清】《現代支那名士鑑》，1913 年，頁 276；*Queen's College: Its History 1862-1987*, p. 238.

【143 袁玉太】*The Hongkong Government Gazette*, 22 January 1887, pp. 59-64; "Chinese Staff of the Maritime Customs, 1854-1950," https://www.bris.ac.uk/history/customs/resources/servicelists/chinesestaff/daifung.

【144 袁金華】曾達廷：〈纍陳緒生陋習各宜審處説〉，*The Yellow Dragon*, Vol. V, No. 2 (October 1903), pp. 31-34；〈華商會所改良之第壹日〉，《香港華字日報》，1916 年 10 月 1 日；〈前任主席芳名〉，東華三院網頁，http://www.tungwah.org.hk/about/corporate-governance/board-of-directors/past。

【145 袁振英】〈在校同學錄〉，《國立北京大學廿週年紀念冊》，1917 年，頁 9、30；袁振英：〈袁振英自傳〉，載中共東莞市委黨史研究室主編，李繼鋒、郭彬、陳立平著：《袁振英傳》（北京：中共黨史出版社，2009 年），頁 179－190。

【146 袁齡】〈咨復葫蘆島開埠事本部現派袁齡等屆時前往與議由〉，《北洋政府外交部》，中央研究院近代史研究所檔案館藏，檔號 03-17-007-01-012；《現代支那人名鑑》，頁 842。

【147 高以孝】*The Yellow Dragon*, Vol. XVIII, No. 10 (July 1917), p. 162；〈收到《關聲》捐款第八次報告〉，《關聲》第 3 卷 11 期（1935 年），頁 645；〈專件：關員消息（民國二十六年四月份）〉，《關聲》第 5 卷 11 期（1937 年），頁 1065；〈年表〉，頁 161－162；"Chinese Staff of the Maritime Customs, 1854-1950," https://www.bris.ac.uk/history/customs/resources/servicelists/chinesestaff/kikung.

【148 高佑昌】《中國文化界人物總鑑》，頁 338；〈體育名宿高佑昌病逝〉，《華僑日報》，1962 年 3 月 31 日。

【149 高卓成】 The Hongkong Government Gazette, 4 May 1878, pp. 231-236；《中國文化界人物總鑑》，頁 338；〈高景芬醫生舉殯〉，《華僑日報》，1962 年 4 月 12 日。

【150 高景芬】《中國文化界人物總鑑》，頁 338；〈體育名宿高佑昌病逝〉，《華僑日報》，1962 年 3 月 31 日；〈高景芬醫生舉殯〉，《華僑日報》，1962 年 4 月 12 日。

【151 高錫良】 The Yellow Dragon, Vol. XXIII, No. 13 (November 1922), p. 286；《中國文化界人物總鑑》，頁 338；〈青年會今日追悼戰時殉難幹部〉，《華僑日報》，1947 年 9 月 13 日；〈體育名宿高佑昌病逝〉，《華僑日報》，1962 年 3 月 31 日。

【152 區煒森】〈副華民政務司區煒森息勞歸主〉，《華僑日報》，1980 年 4 月 12 日。

【153 區賢燦】 The Hongkong Government Gazette, 4 May 1878, pp. 231-236；《清末海軍史料》上冊，頁 438。

【154 崔維靈】 "Railway Apprentices," The Yellow Dragon, Vol. XII, No. 10 (July 1911), p. 179.

【155 巢坤霖】〈巢坤霖遺體昨日出殯〉，《工商日報》，1953 年 11 月 22 日；〈巢坤霖〉，《外國的月亮》，頁 172－178。

【156 張才】 The Hongkong Government Gazette, 30 March 1889, p. 260；曾達廷〈縷陳緒生陋習各宜審處說〉，The Yellow Dragon, Vol. V, No. 2 (October 1903), pp. 31-34.

【157 張公勇】〈皇仁舊生會新職員〉，《香港華字日報》，1937 年 3 月 24 日；〈我新任駐英大使鄭天錫由京來港取道返中山原籍省親〉，《工商日報》，1946 年 7 月 9 日；〈太平紳士商界聞人張公勇昨病逝今日下午三時半出殯〉，《工商晚報》，1959 年 5 月 28 日；〈張公勇遺產准承辦人管業〉，《大公報》，1959 年 6 月 29 日。

【158 張玉堂】〈大書院學童考列名次〉，《循環日報》，1882 年 2 月 13；〈獎賞學童〉，《循環日報》，1883 年 1 月 31 日；"Prize Day at the Central School," Hong Kong Daily Press, 23 January 1884; The Hongkong Government Gazette, 25 April 1885, pp. 357-360；〈新派亞東關稅務司張玉堂之歷史〉，《香港華字日報》，1906 年 12 月 7 日）；〈亞東關用華人為稅務司〉，《南洋商務報》，1906 年第 10 期；〈亞東關稅務司道途〉，《香港華字日報》，1907 年 3 月 19 日；〈初五日抵江孜擬調張玉堂譯埠章派吳梅生代理江孜商務委員乞咨稅務處轉飭遵照又藏官赴新辣為難情形並請撥經費二萬兩由〉，《外務部檔》，中央研究院近代史研究所檔案館藏，檔號 02-16-003-04-005；〈咨送亞東關署稅司張玉堂所著之《藏事述要》一書由〉，《外務部檔》，中央研究院近代史研究所檔案館藏，檔號 02-16-005-03-007；〈已箚飭總稅務司轉飭張玉堂吳梅生為亞東江孜商務委員由〉，《外務部檔》，中央研究院近代史研究所檔案館藏，檔號 02-13-004-02-010。

【159 張慶桐】 The Yellow Dragon, Vol. X, No. 3 (November 1908), pp. 52-53；〈本校畢業同學個人狀況調查表〉，《稅務專門學校季報》第 4 卷 2 期（1923 年）通訊，頁 1－8；《年表》，頁 709。

【160 張炳南】〈本屆新同學一覽表〉，載《稅務專門學校季報》第 3 卷第 1 期（1921 年）附錄，頁 1－3；《年表》，頁 600；"Chinese Staff of the Maritime Customs, 1854-1950," https://www.bris.ac.uk/history/customs/resources/servicelists/chinesestaff/chang.

【161 張啟源】 "Presentation Of Prizes At Queen's College," The China Mail, 23 January 1897；《年表》，頁 607。

【162 張國威】〈申送署甌南浦副領事張國威起復親供〉，《外務部檔》，中央研究院近代史研究所檔案館藏，檔號 02-19-011-01-033；《最近官紳履歷彙編》（第一集），頁 142；JACAR（ア

ジア歴史資料センター）Ref. B15100379700、台北駐在中華民国総領事並同館員（M-2-5-0-4_40_003）（外務省外交史料館）。

【163 張煜全】〈學部奏派張煜全充游學監督錄旨抄稿知照由〉，《外務部檔》，中央研究院近代史研究所檔案館藏，檔號 02-12-042-03-004；〈本館特電〉，《香港華字日報》，1906 年 10 月 31 日；〈本館特電〉，《香港華字日報》，1913 年 6 月 19 日；《現代支那人名鑑》，1928 年，頁 186；《中國文化界人物總鑑》，頁 420。

【164 張經鎏】〈本屆新同學一覽表〉，《稅務專門學校季報》第 3 卷 1 期（1921 年）附錄，頁 1－3；《年表》，頁 607；"Chinese Staff of the Maritime Customs, 1854-1950," https://www.bris.ac.uk/history/customs/resources/servicelists/chinesestaff/chang.

【165 張鉅鎮】 The Yellow Dragon, Vol. XVII, No. 5 (January1916), p. 78.

【166 張錦】《現代支那人名鑑》，1924 年，頁 157；《安樂康平室隨筆》，頁 280；《年表》，頁 607。

【167 張耀生】 The Yellow Dragon, Vol. VIII, No. 6 (March 1907), p. 131；《年表》，頁 268－270、607。

【168 張耀南】 The Hongkong Government Gazette, 4 May 1878, pp. 231-236；〈大書院學童考列名次〉，《循環日報》，1882 年 2 月 13 日；"Chinese Staff of the Maritime Customs, 1854-1950," https://www.bris.ac.uk/history/customs/resources/servicelists/chinesestaff/cheuconk.

【169 張鶴儔】 "Situations Obtained by Q. C. Boys in 1909," The Yellow Dragon, No., Vol. X, (March 1910), pp. 326-328；〈歡送張鶴儔先生〉，The YellowDragon, Vol. XXIII, No. 14 (December 1922), pp. 319-320；〈前皇仁書院教師張鶴儔氏出殯榮哀〉，《華僑日報》，1950 年 8 月 28 日。

【170 張驥英】《現代支那人名鑑》，1928 年，頁 130。

【171 曹炳乾】 The Yellow Dragon, Vol. XI, No. 7 (April 1910), pp. 346-347.

【172 梁九居】 The Yellow Dragon, Vol. VII, No. 6 (March 1906), p. 121；《圖説中國海軍史：古代－1955》第一冊，頁 283。

【173 梁文照】 The Hongkong Government Gazette, 4 May 1878, pp. 231-236; "Chinese Staff of the Maritime Customs, 1854-1950," https://www.bris.ac.uk/history/customs/resources/servicelists/chinesestaff/leelichen.

【174 梁文勳】 "Distribution of Prizes at the Central School," The China Mail,10 February 1882; "Chinese Staff of the Maritime Customs, 1854-1950," https://www.bris.ac.uk/history/customs/resources/servicelists/chinesestaff/lianlieu.

【175 梁文興】《游美同學錄》，頁 87－88。

【176 梁兆文】 黃錦芬：〈游泳能手梁兆文〉，《伴侶雜誌》第 1 期（1928 年），頁 6。

【177 梁有彰】 The Yellow Dragon, Vol. XVIII, No. 8 (May 1917), p. 127.

【178 梁廷翰】 "Scholarship Winners, 1905-6," The Yellow Dragon, Vol. VII, No. 6 (March 1906), pp. 117-118; The Yellow Dragon, Vol. VIII, No. 6 (October 1906), pp. 39-41；〈殷商梁顯利昨病逝寓所〉，《工商晚報》，1961 年 1 月 16 日。

【179 梁沛亨】 "Queen's College Prize Distribution," The Hong Kong Telegraph, 14 January 1898；《年表》，頁 37、39－40、45－48；"Chinese Staff of the Maritime Customs, 1854-1950," https://www.bris.ac.uk/history/customs/resources/servicelists/chinesestaff/leelichen.

【180 梁容光】〈獎賞學童〉，《循環日報》，1883 年 1 月 31 日；"Chinese Staff of the Maritime Customs, 1854-1950," https://www.bris.ac.uk/history/customs/resources/servicelists/chinesestaff/leelichen.

【181 梁敦彥】〈香港中央書院與清季革新運動〉，頁 249－267；《游美同學錄》，頁 88。

【182 梁焯榮】 *The Yellow Dragon*, Vol. XVII, No. 5 (January 1916), p. 78.

【183 梁詩南】 "The Government Central School: Annual Distribution of Prize," *The China Mail*, 18 January 1888; "Chinese Staff of the Maritime Customs, 1854-1950," https://www.bris.ac.uk/history/customs/resources/servicelists/chinesestaff/leelichen.

【184 梁詩彥】 "Prize Day At Victoria College," *The China Mail*, 25 January 1894; "Chinese Staff of the Maritime Customs, 1854-1950," https://www.bris.ac.uk/history/customs/resources/servicelists/chinesestaff/leelichen；〈呈報對梁詩彥等人參加反清革命後申請准予復職的處理意見〉，《潮海關檔案選譯》，頁 10－14。

【185 梁詩惠】 "Prize List 1904-5," *The Yellow Dragon*, Vol. VI, No. 6 (March 1905), pp. 115-117; "Situations Obtained by Queen's College Boys in 1906," *The Yellow Dragon*, Vol. VIII, No. 6 (March 1907), pp. 130-132; "Chinese Staff of the Maritime Customs, 1854-1950," https://www.bris.ac.uk/history/customs/resources/servicelists/chinesestaff/leelichen.

【186 梁詩鑾】 *The Hongkong Government Gazette*, 18 January 1890, pp. 65-70; "Chinese Staff of the Maritime Customs, 1854-1950," https://www.bris.ac.uk/history/customs/resources/servicelists/chinesestaff/leelichen.

【187 梁榮昭】 "Presentation of Prizes," *The Yellow Dragon*, Vol. III, No. 6 (February 1902), pp. 101-112; "Chinese Staff of the Maritime Customs, 1854-1950," https://www.bris.ac.uk/history/customs/resources/servicelists/chinesestaff/leelichen.

【188 梁福藻】 *The Hongkong Government Gazette*, 4 May 1878, pp. 231-236；《清末海軍史料》上冊，頁 438。

【189 梁錦全】〈銘文〉；"Chinese Staff of the Maritime Customs, 1854-1950," https://www.bris.ac.uk/history/customs/resources/servicelists/chinesestaff/leelichen.

【190 梁瀾勳】〈梁瀾勳充美利濱領事黃榮良充紐絲綸正領英外部承認由〉，《外務部檔》，中央研究院近代史研究所檔案館藏，檔號 02-12-014-01-033；*The Yellow Dragon*, Vol. X, No. 5 (January 1909), pp. 94-95；〈領事得人〉，《東華報》，1908 年 7 月 25 日；《現代支那人名鑑》，1928 年，頁 295。

【191 梅仲宏】〈本屆新同學一覽表〉，《稅務專門學校季報》第 3 卷 1 期（1921 年）附錄，頁 1－3；《年表》，頁 659、732。

【192 梅英山】 "Prize List," *The Yellow Dragon*, Vol. I, No. 7 (March 1900), pp. 143-145；《年表》，頁 301；"Chinese Staff of the Maritime Customs, 1854-1950," https://www.bris.ac.uk/history/customs/resources/servicelists/chinesestaff/moouyang.

【193 莫錦秋】 *The Yellow Dragon*, Vol. XVII, No. 7 (April 1916), p. 114.

【194 莫文暢】曾達廷：〈縷陳緒生陋習各宜審處說〉，*The Yellow Dragon*, Vol. V, No. 2 (October 1903), pp. 31-34；〈唐字調音英語新書〉（廣告），《香港華字日報》，1904 年 8 月 22 日；*Dictionary of Hong Kong Biography*, pp. 323－324.

【195 莫應溎】 "Correspondence," *The Yellow Dragon*, Vol. XXIII, No. 3 (November 1921), p. 44；〈莫應溎大狀師返港〉，《香港華字日報》，1927 年 7 月 19 日；〈莫應溎提供福利會促進工作三年計劃〉，《華僑日報》，1951 年 6 月 17 日；〈莫應溎離港以後〉，《工商日報》，1952 年 9 月 22 日；*Dictionary of Hong Kong Biography*, pp. 323-324；《近代粵商與社會經濟》，頁 50－52。

【196 莫禮智】〈新書將出〉,《香港華字日報》,1898 年 1 月 15 日;〈莫禮智華英應酬撮要新雜話書出版〉(廣告)《香港華字日報》,1907 年 4 月 23 日;〈樂群書塾英文日館〉(廣告),《香港華字日報》,1908 年 3 月 19 日;"Local Chinese Christian Teacher, Mr. Mok Lai-chi", "Obituary", *The China Mail*, 18 December 1926; "Mr. Mok Lai-chi," "Obituary," *The Hong Kong Telegraph*, 18 December 1926;甘思永:〈莫禮智先生行述〉,《神召會月刊》第 2 卷 1 期(1927 年),頁 3;

【197 許金水】"Presentation of Prizes at Queen's College," *The China Mail*, 23 January 1897; "Chinese Staff of the Maritime Customs, 1854-1950," https://www.bris.ac.uk/history/customs/resources/servicelists/chinesestaff/genghuan.

【198 許華卓】"Railway Apprentices," *The Yellow Dragon*, Vol. XII, No. 10 (July 1911), p. 179.

【199 郭乃安】*The Hongkong Government Gazette*, 4 May 1878, pp. 231-236;《清末海軍史料》上冊,頁 438。

【200 郭而萬】"Railway Apprentices," *The Yellow Dragon*, Vol. XII, No. 10 (July 1911), p. 179.

【201 郭鳳儀】"Victoria College: Distribution of Prizes by H. E. The Governor," *Hong Kong Daily Press*, 10 February 1893, p. 2; "Chinese Staff of the Maritime Customs, 1854-1950," https://www.bris.ac.uk/history/customs/resources/servicelists/chinesestaff/kuokyung.

【202 郭潤堂】"Situations Obtained by Q.C.boys in 1908," *The Yellow Dragon*, Vol. X, No. 6 (March 1909), pp. 111-112; "Chinese Staff of the Maritime Customs, 1854-1950," https://www.bris.ac.uk/history/customs/resources/servicelists/chinesestaff/kuokyung.

【203 郭嶧亭】《現代支那人名鑑》,1912 年,頁 288;《現代支那名士鑑》,1913 年,頁 195。

【204 郭鴻逵】"Teaching of English in the Government Schools," in *Hong Kong Blue Book*, Hong Kong, 1877; *The Hongkong Government Gazette*, 4 May 1878, pp. 231-236;〈教習英文〉(廣告),《香港華字日報》,1902 年 9 月 23 日。

【205 郭羅貴】〈廣告〉,《廣益華報》,1899 年 3 月 24 日;〈銘文〉;《年表》,頁 643;"Chinese Staff of the Maritime Customs, 1854-1950," https://www.bris.ac.uk/history/customs/resources/servicelists/chinesestaff/kuokyung.

【206 陳元沾】*The Yellow Dragon*, Vol. X, No. 3 (November 1908), pp. 52-53; "Chinese Staff of the Maritime Customs, 1854-1950," https://www.bris.ac.uk/history/customs/resources/servicelists/chinesestaff/chechen.

【207 陳文】〈銘文〉; "Chinese Staff of the Maritime Customs, 1854-1950," https://www.bris.ac.uk/history/customs/resources/servicelists/chinesestaff/cheuconk.

【208 陳文燦】*The Yellow Dragon*, Vol. XI, No. 7 (April 1910), pp. 346-347.

【209 陳文韜】"Special Prizes," *The Yellow Dragon*, Vol. I, No. 7 (March 1900), pp. 144-145; "Chinese Staff of the Maritime Customs, 1854-1950," https://www.bris.ac.uk/history/customs/resources/servicelists/chinesestaff/aichan.

【210 陳兆倫】〈銘文〉;《清末海軍史料》,上冊,頁 436;

【211 陳兆桐】"Prize List," *Hong Kong Daily Press*, 13 February 1871;〔清〕陳兆桐、王貫三:《萬國輿圖》(出版地不詳: 同文書局,光緒 12 年〔1886 年〕);〈銘文〉;《邵元沖日記》,頁 449;《廣東人在上海:1843－1949 年》,頁 102。

【212 陳兆瑞】〈陳雪佳先生小傳〉,《海上名人傳》,1930 年 5 月,頁 56;《現代支那人名鑑》,1928 年,頁 191。

【213 陳君葆】〈陳君葆先生生平簡介〉,載《水雲樓詩草(修訂本)》,頁 1－3。

【214 陳兆蘭】 *The Hongkong Government Gazette*, 4 May 1878, pp. 231-236；《清末海軍史料》
上冊，頁 437。

【215 陳地】 "School Note," *The Yellow Dragon*, Vol. XVII, No. 4 (December 1915), pp. 56－61.

【216 陳呈滔】 *The Yellow Dragon*, Vol. XI, No. 7 (April 1910), pp. 346-347.

【217 陳柏康】 *The Yellow Dragon*, Vol. X, No. 3 (November 1908), pp. 52-53；《年表》，頁 598、
162－163。

【218 陳炳麟】 "Queen's College Presentation of Prizes," *The Yellow Dragon*, Vol. V, No. 5 (March
1904), pp. 85-98; "Chinese Staff of the Maritime Customs, 1854-1950," https://www.bris.
ac.uk/history/customs/resources/servicelists/chinesestaff/aichan.

【219 陳迪祥】 "Railway Apprentices," *The Yellow Dragon*, Vol. XII, No. 10 (July 1911), p. 179.

【220 陳振南】 〈鐵路協會會員題名〉，《鐵路協會會報》第 88 期（1920 年），頁 147。

【221 陳啟明】 *The Yellow Dragon*, Vol. V, No. 3 (November 1903), p. 50；《現代支那名士鑑》，
1913 年，頁 45；〈港商陳啟明何福昨日到京〉，《香港華字日報》，1919 年 10 月 15 日；〈陳
啟明已歸道山〉，《香港華字日報》，1919 年 12 月 12 日。

【222 陳富】 〈銘文〉； "Chinese Staff of the Maritime Customs, 1854-1950," https://www.bris.
ac.uk/history/customs/resources/servicelists/chinesestaff/cheuconk.

【223 陳斯銳】《現代中華民國滿洲國人名鑑》，頁 266；《花甲回憶錄》，頁 4。

【224 陳滋業】 "Prize List," *The Yellow Dragon*, Vol. I, No. 7 (March 1900), pp. 143-145; "Chinese
Staff of the Maritime Customs, 1854-1950," https://www.bris.ac.uk/history/customs/
resources/servicelists/chinesestaff/aichan.

【225 陳琚】 〈銘文〉；《年表》，頁 612； "Chinese Staff of the Maritime Customs, 1854-1950,"
https://www.bris.ac.uk/history/customs/resources/servicelists/chinesestaff/cheuconk.

【226 陳順和】 *The Hongkong Government Gazette*, 19 January 1895, pp. 44-49; "Chinese Staff
of the Maritime Customs, 1854-1950," https://www.bris.ac.uk/history/customs/resources/
servicelists/chinesestaff/aichan.

【227 陳傳楠】 *The Yellow Dragon*, Vol. XI, No. 7 (April 1910), pp. 346-347.

【228 陳廉伯】《近代粵商與社會經濟》，頁 55。

【229 陳敬光】 "Distribution Of Prizes," *The Yellow Dragon*, Vol. IV, No. 6 (March 1903), pp 101-
110; "Chinese Staff of the Maritime Customs, 1854-1950," https://www.bris.ac.uk/history/
customs/resources/servicelists/chinesestaff/aichan.

【230 陳瑞麒】 *The Hongkong Government Gazette*, 2 February 1889, p. 110; "Chinese Staff of
the Maritime Customs, 1854-1950," https://www.bris.ac.uk/history/customs/resources/
servicelists/chinesestaff/aichan.

【231 陳福泰】 "Teaching of English in the Government Schools," in *Hong Kong Blue Book*, Hong
Kong, 1877; *The Hongkong Government Gazette*, 4 May 1878, pp. 231-236; "Chinese Staff
of the Maritime Customs, 1854-1950," https://www.bris.ac.uk/history/customs/resources/
servicelists/chinesestaff/aichan.

【232 陳福濤】 *The Yellow Dragon*, Vol. XVII, No. 7 (April 1916), pp. 113-114.

【233 陳福謙】 *The Yellow Dragon*, Vol. XVII, No. 4 (December 1915), p. 57；〈潮連同鄉會昨宵聯
賀陳福謙榮獲 MBE 勳銜〉，《華僑日報》，1955 年 6 月 23 日；〈潮連同鄉會監事長陳福謙祝
嘏〉，《華僑日報》，1963 年 10 月 19 日。

番書與黃龍 —— 香港皇仁書院華人精英與近代中國

【234 陳端義】〈本屆新同學一覽表〉,《稅務專門學校季報》第 3 卷 1 期(1921 年)附錄,頁 1－3。

【235 陳樹勳】〈銘文〉;《年表》,頁 598;"Chinese Staff of the Maritime Customs, 1854-1950," https://www.bris.ac.uk/history/customs/resources/servicelists/chinesestaff/aichan。

【236 陳錦濤】《中華文化界人物總鑑》,頁 468;《支那常識読本》,頁 188;《民國初年的幾任財政總長》,頁 5－8。

【237 陳錫昌】The Yellow Dragon, Vol. XI, No. 7 (April 1910), pp. 346-347;〈大總統批令〉,《政府公報》第 1212 期(1915 年),頁 33。

【238 陳濬謙】The Yellow Dragon, Vol. XVII, No. 4 (December 1915), p. 60;〈陳濬謙病逝今大殮出殯〉,《工商晚報》,1975 年 7 月 4 日。

【239 陳耀真】〈青年會消息:香港皇仁書院青年會成立〉,《青年》第 18 卷 7 期(1915 年),頁 252;〈陳耀真因病逝世追悼會在穗舉行〉,《大公報》,1986 年 5 月 9 日;《老大回:三代人在美國的傳奇》,頁 74－101。

【240 陳鑾】〈日本政府派員接洽由〉,《北洋政府外交部》,中央研究院近代史研究所檔案館藏,檔號 03-24-028-01-007;《現代支那人名鑑》,1924 年,頁 249;《年表》,頁 598。

【241 陸秩科】〈銘文〉。

【242 陸敬科】The Hongkong Government Gazette, 4 May 1878, pp. 232-236;〈大書院學童考列名次〉,《循環日報》,1882 年 2 月 13 日;〈鄭樹壇序〉,《華英文法捷徑》,1894 年,香港文裕堂印刷;《現代支那人名鑑》,1925 年,頁 354。

【243 陸煥】〈在校同學錄〉,《國立北京大學廿週年紀念冊》,1917 年,頁 31;〈非政學系其人,而帶政學系風度:廣東的「不倒翁」陸匡文〉,《時局人物》第 3 期(1949 年),頁 12;歐鍾岳:〈陸匡文先生傳〉,《廣東文獻季刊》第 3 期 4 期(1973 年),頁 68。

【244 陸達祥】"School Notes," The Yellow Dragon, Vol. XVII, No. 4 (December 1915), p. 58.

【245 陸廣嵩】〈銘文〉;"Chinese Staff of the Maritime Customs, 1854-1950," https://www.bris.ac.uk/history/customs/resources/servicelists/chinesestaff/lulung.

【246 陸慶南】"Prize List," The China Mail, 16 January 1879;《現代支那人名鑑》,1912 年,頁 140;《金石銘刻的澳門史:明清澳門廟宇碑刻鐘銘集錄研究》,2006 年,頁 229。

【247 陸鏡輝】〈告白〉,《香港華字日報》,1906 年 7 月 26 日;陸鏡輝:〈培靈會與我四十載的回憶〉,http://www.hkbibleconference.org/cn/95-about-hkbc/share-articles/258-.html。

【248 陸靄雲】《香港華人名人史略》,頁 45;〈陸靄雲被委為播音台委員繼已告退魯郝之缺〉,《工商日報》,1934 年 8 月 31 日;〈陸靄雲昨晤當局協商自衛團工作進行〉,《工商日報》,1939 年 9 月 8 日;〈本港聞人陸靄雲逝世定明日下午出殯〉,《工商日報》,1954 年 9 月 15 日。

【249 麥兆億】"Distribution of Prizes," The Yellow Dragon, Vol. IV, No. 6 (March 1903), pp. 101-110; "Situations Obtained by Queen's College Boys in 1906," The Yellow Dragon, Vol. VIII, No. 6 (March 1907), pp. 130-132; "Chinese Staff of the Maritime Customs, 1854-1950," https://www.bris.ac.uk/history/customs/resources/servicelists/chinesestaff/maming.

【250 麥信堅】《現代支那名士鑑》,頁 9;《花甲回憶錄》,頁 1;《清末海軍史料》上冊,頁 449;Queen's College: Its History 1862-1987, p. 238.

【251 麥勝】The Yellow Dragon, Vol. XI, No. 7 (April 1910), pp. 346-347.

【252 麥惠】The Yellow Dragon, Vol. XI, No. 7 (April 1910), pp. 346-347.

【253 麥薩多】The Yellow Dragon, Vol. XI, No. 7 (April 1910), pp. 346-347;〈天津電報總局華洋總管處恭賀新禧〉,《電友》第 2 卷 12 期(1926 年),無頁數。

【254 彭國瑞】〈彭國瑞夫人温蕙芳仙逝〉,《華僑日報》,1961 年 1 月 30 日;〈航業界老前輩彭國瑞
今日舉殯〉,《華僑日報》,1969 年 7 月 29 日。

【255 彭壽春】*The Hongkong Government Gazette*, 4 May 1878, pp. 231-236;〈獎賞學童〉,《循
環日報》,1883 年 1 月 31 日。

【256 彭顯通】〈被控槍斃母親〉,《警東新報》,1914 年 3 月 21 日。

【257 曾忠】"The Late Mr.Tsang Chung, Second Chinese Assistant"〈曾達廷先生小傳〉,*The
Yellow Dragon*, Vol. VII, No. 10 (July 1906), pp. 195, 203-204.

【258 曾海】〈銘文〉;〈伍廷芳奏派曾海為檀香山總領事〉,《香港華字日報》,1907 年 12 月 23 日。

【259 曾傑芬】"Teaching of English in the Government Schools," in Hong *Kong Blue Book*, Hong
Kong, 1877; *The Hongkong Government Gazette*, 4 May 1878, pp. 231-236;曾達廷:〈縷
陳緒生陋習各宜審處説〉,*The Yellow Dragon*, Vol. V, No. 2 (October 1903), pp. 31-34; *The
Yellow Dragon*, Vol. V, No. 3 (November 1903), pp. 47, 50.

【260 曾錫周】*The Yellow Dragon*, Vol. X, No. 7 (April 1909), p. 134;〈大學堂勸捐董事會議〉,《香
港華字日報》,1909 年 3 月 22 日;中山縣文獻委員會編:《中山文獻》第 1 期創刊號(1947
年),頁 11。

【261 游敬森】浩然:〈林聯輝任北洋醫學院院長〉,《基督教週報》第 2113 期(2005 年 2 月 20
日);〈交通部奏本部路電監查會調查員游敬森在職病故懇請照章給卹摺並批令〉,《鐵路協會會
報》第 42 期(1916 年),頁 127-128。

【262 馮元熙】*The Yellow Dragon*, Vol. XVII, No. 7 (April 1916), p. 115.

【263 馮志銘】"Victoria College: Distribution of Prizes By H. E. The Governor," *Hong Kong Daily
Press*, 10 February 1893;〈國父在西醫書院之同學與書院學員分析〉,頁 33-42。

【264 馮柏燎】JACAR(アジア歴史資料センター)Ref. B02031670900、支那要人消息雜纂 第四
卷(A-6-1-0-1_004)(外務省外交史料館);《香港華人名人史略》,頁 47。

【265 馮浩昌】《教育雜誌》第 2 期(1905 年),頁 5-7。

【266 馮偉】〈廣州短訊〉,《香港華字日報》,1927 年 9 月 2 日;〈公用局長馮偉先生略歷〉,《中華
實事週報》第 1 卷 29 期(1929 年),頁 29;《民國人物大辭典(增訂本)》,頁 2042;《革
命與我:辛亥革命元勳王棠口述》,頁 65。

【267 馮啟明】"Railway Apprentices," *The Yellow Dragon*, Vol. XII, No. 10 (July 1911), p. 179.

【268 馮國福】*The Yellow Dragon*, Vol. X, No. 3 (November 1908), pp. 52-53;勒慕薩、馮國福、
鄧邦達:〈中華民國五年沙市口華洋貿易情形論畧〉(中英文對照)(附圖表),載《通商各關華
洋貿易全年清冊》第 2 卷(1917 年),頁 470-474;克立基、馮國福、李彭祿:〈中華民國
六年宜昌口華洋貿易情形論畧〉(中英文對照)(附圖表),載《通商各關華洋貿易全年清冊》
第 2 卷(1918 年),頁 490-499;勞騰飛、馮國福、李彭祿:〈中華民國七年宜昌口華洋貿
易情形論畧〉(中英文對照)(附圖表),載《通商各關華洋貿易全年清冊》第 2 卷(1919 年),
頁 460-474;羅雲漢、馮國福、李明:〈中華民國八年宜昌口華洋貿易情形論畧〉(中英文對
照)(附圖表),載《通商各關華洋貿易全年清冊》第 2 卷(1920 年),頁 420-433;〈江
海關同學一覽表〉,《稅務專門學校季報》第 3 卷 1 期(1921 年),頁 6-8;馮國福:〈滬關
馮國福君來函二〉(10 月 8 日),載《稅務專門學校季報》第 4 卷 4 期(1923 年),通訊,
頁 8;"Chinese Staff of the Maritime Customs, 1854-1950," https://www.bris.ac.uk/history/
customs/resources/servicelists/chinesestaff/aichan.

【269 馮華川】 "Jury List for 1882," *The Hong Kong Government Gazette*, 25 February 1882;〈廣告〉,《循環日報》,1884 年 3 月 29 日;〈續錄再賑東粵水災樂捐芳名〉,《循環日報》,1885 年 9 月 28 日;〈額外聚會〉,《香港華字日報》,1903 年 4 月 24 日;曾達廷:〈縷陳緒生陋習各宜審處説〉,*The Yellow Dragon*, Vol. V, No. 2 (October 1903), pp. 31-34; *The Yellow Dragon*, Vol. V, No. 3 (November 1903), p. 47;〈安撫華民政務司大人鑒〉,《香港華字日報》,1905 年 8 月 30 日;〈准粵督電復周榮曜煤廠事仍請將馮華川交案由〉,《外務部》,中央研究院近代史研究所檔案館藏,檔號 02-13-002-02-019;〈華商公局議案〉,《香港華字日報》,1906 年 5 月 19 日;〈港商設會歡迎岑督〉,《香港華字日報》,1907 年 6 月 22 日;《現代支那名士鑑》,1913 年,頁 306。

【270 馮漢】〈馮公府君師韓碑銘〉,載《香港華籍名人墓銘集(港島篇)》,2012 年,頁 98－99。

【271 馮鑑泉】 "Railway Apprentices," *The Yellow Dragon*, Vol. XII, No. 10 (July 1911), p. 179; "Examination Successes," *The Yellow Dragon*, Vol. XII, No. 11 (September 1911), p. 198.

【272 黃之棟】〈新聞界教育界耆宿黃之棟先生病逝〉,《工商日報》,1975 年 7 月 27 日;林鈴:〈一位為祖國解放作貢獻的香港人 — 李啟輝〉,載林亞傑主編:《廣東文史資料存稿選編》第 5 卷(廣東:廣東人民出版社,2005 年),頁 228－233。

【273 黃文山】《中華文化界人物總鑑》,頁 548;謝康:〈黃文山先生的「書」和「人」〉,載《新亞書院學術年刊》第 12 卷 11 期(1969 年),頁 8－12。

【274 黃文徵】〈人名辭典〉,《香港年鑑》(香港:華僑日報,1956 年),頁(己)22。

【275 黃文韜】〈大書院學童考列名次〉,1882 年 2 月 13 日;*The Hongkong Government Gazette*, 4 May 1878, pp. 231-236; "Chinese Staff of the Chinese Maritime Customs, 1854-1949," https://www.bris.ac.uk/history/customs/resources/servicelists/chinesestaff/uwaung.

【276 黃文耀】 "Scholarship Winners 1907-8," *The Yellow Dragon*, Vol. IX, No. 6 (February 1908), pp. 120-121;《年表》,頁 557、563、568、744。

【277 黃伯芹】〈黃伯芹息勞定後日出殯〉,《工商日報》,1971 年 11 月 19 日。

【278 黃卓光】 *The Yellow Dragon*, Vol. XVII, No. 7 (April 1916), p. 114.

【279 黃明】 "Mr. Wong Ming," *The Yellow Dragon*, Vol. XI, No. 4 (December 1909), p. 284;《花甲回憶錄》,頁 4－5。

【280 黃金福】《現代支那名士鑑》,頁 192;《現代支那人名鑑》,頁 698;〈黃金福今午出殯之榮哀〉,《工商晚報》,1931 年 12 月 12 日;《非我族裔:戰前香港的外籍族群》,頁 206。

【281 黃屏蓀】〈港紳黃屏蓀年老退休〉,《大公報》,1939 年 3 月 26 日。

【282 黃炳耀】〈衛生局華人議員黃炳耀先生訪問記〉,《工商日報》,1948 年 3 月 28 日;〈港大創辦人太平紳士黃炳耀逝世〉,《工商日報》,1967 年 6 月 18 日。

【283 黃倫蘇】 "Public Examination at The Government School," *Hong Kong Daily Press*, 11 February 1874; "Public Examination at The Central School," *Hong Kong Daily Press*, 30 January 1875;〈羊城新聞〉,《循環日報》,1883 年 6 月 28 日;《清末海軍史料》上冊,頁 436;《船政志》,頁 517－518。

【284 黃泰初】〈廿餘年前負責興建平安戲院建築師黃泰初供述該院拱形上蓋構造〉,《工商日報》,1958 年 10 月 17 日;黃媛珊:《我的前半生》、《我的後半生 —— 在美國五十年的文化交流》;http://www.qb5200.com/content/2016-01-10/a1634.html.

【285 黃益初】 *The Yellow Dragon*, Vol. XVII, No. 4 (December 1915), p. 60;黃媛珊:《我的前半生》、《我的後半生 —— 在美國五十年的文化交流》;http://www.qb5200.com/content/2016-01-10/a1634.html.

【286 黃國瑜】曾達廷：〈續陳緒生陋習各宜審處説〉，*The Yellow Dragon*, Vol. V, No. 2 (October 1903), pp. 31-34; *The Yellow Dragon*, Vol. XVII, No. 4, (December 1915), p. 60；〈集思廣益社之章程人物〉，《東華報》，1915 年 12 月 4 日。

【287 黃國權】"Railway Apprentices," *The Yellow Dragon*, Vol. XII, No. 10 (July 1911), p. 179.

【288 黃理權】*The Yellow Dragon*, Vol. XVIII, No. 10 (July 1917), p. 162.

【289 黃斌】〈銘文〉；《年表》，頁 634；"Chinese Staff of the Maritime Customs, 1854-1950," https://www.bris.ac.uk/history/customs/resources/servicelists/chinesestaff/huanghyui .

【290 黃敬業】《游美同學錄》，頁 136。

【291 黃瑞根】*The Yellow Dragon*, Vol. XVII, No. 7 (April 1916), p. 114.

【292 黃燕清】JACAR（アジア歷史資料センター）Ref. B03040888300、新聞雜誌ニ関スル調査雜件 / 支那ノ部 第五卷（1-3-2-46_1_4_005）（外務省外交史料館）；《香港華人名人史略》，頁 93；《港澳社會人物群像之四：黃燕清》，1948；〈光華光中兩校昨聯開懇親會〉，《香港華字日報》，1938 年 2 月 6 日；〈各區居民希望自衛團員能日夜出巡〉，《香港華字日報》，1939 年 11 月 21 日；〈華商總會理事會會議推定各組辦事人〉，《香港華字日報》，1950 年 10 月 17 日。

【293 黃興有】*The Hongkong Government Gazette*, 22 January 1887, p. 59; "Chinese Staff of the Maritime Customs, 1854-1950," https://www.bris.ac.uk/history/customs/resources/servicelists/chinesestaff/waywong.

【294 黃應秋】"Railway Apprentices," *The Yellow Dragon*, Vol. XII, No. 10 (July 1911), p. 179.

【295 黃臨初】"Scholarship Winners 1907-8," *The Yellow Dragon*, Vol. IX, No. 6 (February 1908), pp. 120-121; *The Yellow Dragon*, Vol. XVII, No. 4 (December 1915), p. 60；《何啟胡禮垣評傳》，頁 169。

【296 黃贊熙】《最新支那官紳錄》，頁 540；〈訊息： 黃贊熙先生來校演講〉，《南洋週刊》第 7 卷 5 號（1919 年），頁 40；〈抄捕安福黨人誌〉，《民報》，1920 年 9 月 11 日；"Who's who in China," *The Yellow Dragon*, Vol. XXIII, No. 8 (May 1922), pp. 173-174.

【297 黃寶森】*Queen's College: Its History 1862-1987*, p. 238；《清末海軍史料》上冊，頁 449。

【298 黃寶楠】《游美同學錄》，頁 133－134。

【299 黃顯章】*The Hongkong Government Gazette*, 4 May 1878, pp. 231-236；《清末海軍史料》，頁 438。

【300 黃顯華】*The Hongkong Government Gazette*, 19 January 1895, pp. 44-49; "Chinese Staff of the Maritime Customs, 1854-1950," https://www.bris.ac.uk/history/customs/resources/servicelists/chinesestaff/waywong.

【301 楊兆華】*The Yellow Dragon*, Vol. XVII, No. 7 (April 1916), p. 115.

【302 楊明新】*The Yellow Dragon*, Vol. X, No. 3 (November 1908), pp. 52-53；〈中央公務懲戒委員會議決書〉，《國民政府公報》1939 年渝字 136，頁 21－22；《年表》，頁 58、508－509；

【303 楊炳南】*The Hongkong Government Gazette*, 19 January 1895, pp. 44-49; "Chinese Staff of the Maritime Customs, 1854-1950," https://www.bris.ac.uk/history/customs/resources/servicelists/chinesestaff/yaoyin.

【304 温其濬】〈畢業生温其濬回粵〉，《東華報》，1906 年 9 月 29 日；温其濬：〈英華工學分類字彙〉，《工程學報》第 1 卷 1 期（1933 年），頁 84－88。

【305 温宗堯】《現代中華民國滿洲國人名鑑》，頁 46－47；《支那常識讀本》，頁 188；《近代中國人名辭典（修訂版）》，頁 633。

【306 溫俊臣】〈額外叙會〉,《香港華字日報》,1902 年 1 月 21 日;《最新支那官紳錄》,頁 617;《香港事情》,頁 343;《最近官紳履歷彙編》第一集,頁 189;JACAR(アジア歷史資料センター)Ref. B03040888300、新聞雜誌ニ関スル調查雜件 / 支那ノ部,第五卷(1-3-2-46_1_4_005)(外務省外交史館)

【307 溫桂漢】The Hongkong Government Gazette, 4 May 1878, pp. 231-236;《清末海軍史料》上冊,頁 437。

【308 溫祥】The Yellow Dragon, Vol. X, No. 5 (January 1909), pp. 94-95;〈澳洲梁總領事抵港〉,《廣益華報》,1909 年 1 月 23 日;〈雪梨華僑歡迎梁總領事之眷屬隨員〉,《東華報》,1909 年 3 月 27 日。

【309 溫植慶】〈溫植慶醫生被控案〉,《工商日報》,1948 年 1 月 28 日;〈醫界名宿何高俊出殯榮哀〉,《華僑日報》,1953 年 6 月 9 日;〈溫植慶醫生逝世〉,《華僑日報》,1971 年 7 月 17 日;〈溫植慶醫生舉殯安葬基督教墳場〉,《華僑日報》,1971 年 7 月 16 日;"Chinese Staff of the Chinese Maritime Customs, 1854-1949," https://www.bris.ac.uk/history/customs/resources/servicelists/chinesestaff/uwaung.

【310 溫萬慶】"The Prize List," The Hong Kong Telegraph, 8 February 1912;《現代中華民國滿洲國人名鑑》,頁 47;羅元旭:《東成西就 —— 七個華人基督教家族與中西交流百年》,2012 年,頁 205－206。

【311 溫德章】〈集思廣益社之章程人物〉,《東華報》,1915 年 12 月 4 日;〈鐵路協會會員題名〉,《鐵路協會會報》第 82 期(1919 年),頁 134－135;"Association Notes," The Yellow Dragon, Vol. XXVIII, No. 8 (May 1922), p. 178;〈交部電廣九路監督溫德章稱款絀無法協助請就地籌借〉,《香港華字日報》,1924 年 1 月 23 日。

【312 葉文海】The Yellow Dragon, Vol. XVIII, No. 8 (May 1917), p. 126.

【313 葉坤】《全國足球名將錄》,1936 年,頁 18。

【314 葉易山】The Yellow Dragon, Vol. X, No. 3 (November 1908), pp. 52-53; "Chinese Staff of the Maritime Customs, 1854-1950," https://www.bris.ac.uk/history/customs/resources/servicelists/chinesestaff/ikhoong.

【315 葉清龍】"Prize Day at Victoria College," The China Mail, 25 January 1894; "Chinese Staff of the Maritime Customs, 1854-1950," https://www.bris.ac.uk/history/customs/resources/servicelists/chinesestaff/ikhoong.

【316 葉富】North China Herald, 4 October 1881;〈傳聞異辭〉,《循環日報》,1881 年 10 月 12 日;《清末海軍史料》,頁 436;詳參姜鳴:〈戰死的軍官與逆襲的草寇,誰是英雄,誰是人生贏家〉,http://toutiao.weiyoubaba.com/a/ch590.shtml。

【317 葉毓勳】"English School Class Prizes," The Yellow Dragon, Vol. IX, No. 6 (February 1908), pp. 117-119;《年表》,頁 720;"Chinese Staff of the Maritime Customs, 1854-1950," https://www.bris.ac.uk/history/customs/resources/servicelists/chinesestaff/ikhoong.

【318 葉漢】曾達廷:〈縷陳緒生陋習各宜審處說〉,The Yellow Dragon, Vol. V, No. 2 (October 1903), pp. 31-34; The Yellow Dragon, Vol. V, No. 3 (November 1903), p. 46;《年表》,頁 109－110、636。

【319 葉廣文】The Hongkong Government Gazette, 23 January 1886, pp. 48-52; "Chinese Staff of the Maritime Customs, 1854-1950," https://www.bris.ac.uk/history/customs/resources/servicelists/chinesestaff/ikhoong.

【320 葉瀾明】《葉公蘭泉紀念冊》,1946 年,無頁數;《革命與我:辛亥革命元勳王棠口述》,頁 65、77。

【321 董幹文】康健:〈老成持重的董幹文〉,《現代經濟文摘》第 1 卷 1 期(1947 年),頁 20-21。

【322 廖光豫】 *The Yellow Dragon*, Vol. XI, No. 7 (April 1910), pp. 346-347.

【323 翟朝亨】 "Half Yearly Examination, 1909, Head Boys in Each Class," *The Yellow Dragon*, No., Vol. XI, (March 1910)326-328; *The Yellow Dragon*, Vol. XXIII, No. 6 (March 1922), p. 125.

【324 趙子權】《現代支那人名鑑》,1928 年,頁 121。

【325 趙志松】曾達廷:〈縷陳緒生陋習各宜審處説〉, *The Yellow Dragon*, No. 2, Vol.5 (October 1903), pp. 31-34.

【326 趙憲廉】〈鐵路協會會員題名〉,《鐵路協會會報》第 76 期(1919 年),頁 152。

【327 劉秉惠】 *The Yellow Dragon*, Vol. XI, No. 7 (April 1910), pp. 346-347.

【328 劉春和】 *The Yellow Dragon*, Vol. X, No. 3 (November 1908), pp. 52-53; "Situations Obtained by Q.C.boys in 1908," *The Yellow Dragon*, Vol. X, No. 6 (March 1909), pp. 111-112.

【329 劉景清】《香港華人名人史略》,頁 60;《香港華僑概説》,頁 23;JACAR(アジア歴史資料センター)Ref. B02031670900、支那要人消息雜纂 第四卷(A-6-1-0-1_004)(外務省外交史料館)。

【330 劉湛燊】 "Situations Obtained by Queen's College Boys in 1906," *The Yellow Dragon*, Vol. VIII, No. 6 (March 1907), pp. 130-132;〈告白〉,《香港華字日報》,1906 年 7 月 25 日; *The Yellow Dragon*, Vol. VIII, No. 6 (March 1907), p. 131;劉湛燊:〈衛生常識〉,《甲子年刊》,1933 年,頁 170-187;《圖説中國海軍史:古代-1955》第一冊,頁 283。

【331 劉賀】 "Prize Day at the Central School," *Hong Kong Daily Press*, 31 January 1880;曾達廷:〈縷陳緒生陋習各宜審處説〉, *The Yellow Dragon*, No. 2, Vol. V (October 1903), pp. 31-34.

【332 劉葉昌】 "Situations Obtained by Queen's College Boys in 1905," *The Yellow Dragon*, Vol. VII, No. 6 (March 1906), pp. 120-122; "Chinese Staff of the Maritime Customs, 1854-1950," https://www.bris.ac.uk/history/customs/resources/servicelists/chinesestaff/laleaou.

【333 劉漢池】 "Prize Day at the Central School Hongkong," *Hong Kong Daily Press*, 24 January 1887; "The Government Central School: Annual Distribution of Prize," *The China Mail*, 18 January 1888; "Chinese Staff of the Maritime Customs, 1854-1950," https://www.bris.ac.uk/history/customs/resources/servicelists/chinesestaff/laleaou.

【334 劉燕詒】〈普通會員通訊處一覽表〉,《環球中國學生會會員題名錄》,1919 年,頁 50。

【335 劉禮】〈國父在西醫書院之同學與書院學員分析〉,頁 33-42。

【336 劉鑄伯】〈聘英文教習〉(廣告),《香港華字日報》,1902 年 7 月 9 日;〈團體魂〉, *The Yellow Dragon*, Vol. XIII, No. 7 (April 1912), pp. 305-310;JACAR(アジア歴史資料センター)Ref. B03050696400、支那ニ於ケル有力官民履歴取調一件、第二卷(1-6-1-65_002)(外務省外交史料館);《現代支那名士鑑》,頁 89;劉富宗等:《劉公鑄伯行述》(香港:無出版社,1922 年);〈劉鑄伯即代表華商議辭貝勒答辭〉,《香港華字日報》,1909 年 9 月 9 日;〈孔聖會會長劉鑄伯演説辭〉,《香港華字日報》,1911 年 10 月 21 日;〈英皇太子致函弔慰劉君鑄伯家屬〉,《香港華字日報》,1922 年 5 月 24 日;〈已故名人史略〉,《香港華人名人史略》,頁 5。

【337 潘有鴻】 *The Yellow Dragon*, Vol. XVII, No. 4 (December 1915), p. 60;郭大江:《百年檔案藏一代風流:香港大學早年工學士的故事》,頁 272。

【338 潘國澄】 "English School Class Prizes," *The Yellow Dragon*, Vol. VIII, No. 6 (March 1907), pp. 124-125;《年表》,頁 269-271、551。

【339 潘斯讓】"Queen's College Presentation of Prizes," *The Yellow Dragon*, Vol. V, No. 5 (March 1904), pp. 85-98；《年表》，頁 161；"Chinese Staff of the Maritime Customs, 1854-1950," https://www.bris.ac.uk/history/customs/resources/servicelists/chinesestaff/pairen.

【340 潘範菴】〈華商總會理監事今就職最短期內舉行常務會議〉，《華僑日報》，1948 年 7 月 15 日；〈華革會副主席潘範菴病逝遺體將於後日大殮出殯〉，《大公報》，1978 年 1 月 20 日。

【341 潘賢達】〈本港名建築師潘賢達昨病逝〉，《工商日報》，1956 年 7 月 1 日；《百年檔案藏一代風流：香港大學早年工學士的故事》，頁 270。

【342 潘應時】*The Yellow Dragon*, Vol. XI, No. 7 (April 1910), pp. 346-347.

【343 潘鶴儔】*The Yellow Dragon*, Vol. XI, No. 7 (April 1910), pp. 346-347.

【344 蔡文炳】〈皇仁中學同學會第三次總聚會〉，《香港華字日報》，1922 年 12 月 13 日；〈警司懸紅購緝蔡文炳〉，《工商日報》，1930 年 8 月 20 日。

【345 蔡蔭樞】"Situations Obtained by Queen's College Boys in 1906," *The Yellow Dragon*, Vol. VIII, No. 6 (March 1907), pp. 130-132; "Chinese Staff of the Maritime Customs, 1854-1950," https://www.bris.ac.uk/history/customs/resources/servicelists/chinesestaff/tsengtzou.

【346 蔡鎮鏞】〈本屆新同學一覽表〉，《稅務專門學校季報》第 3 卷 1 期（1921 年）附錄，頁 1－3；"Chinese Staff of the Maritime Customs, 1854-1950," https://www.bris.ac.uk/history/customs/resources/servicelists/chinesestaff/tetsen.

【347 衞文緯】〈衞文緯熊琦任蒙藏會顧問〉，《華僑日報》，1947 年 7 月 14 日；〈裝電話難又難〉，《工商晚報》，1947 年 12 月 5 日；〈郭贊衞文緯等謁林慶年〉，《華僑日報》，1948 年 8 月 11 日；〈香港華商總會新陣容：衞文緯〉，《經濟導報》第 79 期（1948 年），頁 14；〈港澳社會人物群像之五：衞文緯〉，《公平報》第 4 卷 9 期（1949 年），頁 17；〈八二高齡儒師桃李滿門數十年前弟子設宴為慶〉，《工商晚報》，1974 年 10 月 24 日。

【348 衞永浩】〈鐵路協會會員題名〉，《鐵路協會會報》第 86 期（1919 年），頁 194。

【349 鄧仕】*The Yellow Dragon*, Vol. XI, No. 7, (April 1910), pp. 346-347.

【350 鄧松年】*The Yellow Dragon*, Vol. IV, No. 10 (July 1903), p. 197；《寰球中國學生會週刊》第 47 期（1920 年），第 1 版；〈鄧松年講「醫德」指出醫者應注意幾點〉，《華僑日報》，1958 年 6 月 25 日；《圖說中國海軍史：古代－1955》第一冊，頁 283。

【351 鄧松滿】"The Government Central School：Annual Distribution of Prize," *The China Mail*,18 January 1888; "Chinese Staff of the Maritime Customs, 1854-1950," https://www.bris.ac.uk/history/customs/resources/servicelists/chinesestaff/tatchai.

【352 鄧偉傑】〈本屆新同學一覽表〉，《稅務專門學校季報》第 3 卷 1 期（1921 年）附錄，頁 1－3；"Chinese Staff of the Maritime Customs, 1854-1950," https://www.bris.ac.uk/history/customs/resources/servicelists/chinesestaff/tetsen.

【353 鄧祥光】*The Yellow Dragon*, Vol. IV, No. 10 (July 1903), p. 197；鄧祥光：〈市立第二神經病院工作概要〉，《廣州衛生》第 1 期（1935 年），頁 162－165；鄧祥光：〈薑片蟲病之傳染及其防預〉，《廣州衛生》第 2 期（1935 年），頁 116；鄧祥光：〈廣州市市立醫院二十四年下半年度工作概要（附表）〉，《廣州衛生》第 2 期（1935 年），頁 135－149；《圖說中國海軍史：古代－1955》第一冊，頁 283；

【354 鄧達鴻】曾達廷：〈續錄院中瑣記〉，*The Yellow Dragon*, Vol. I , No. 7 (March 1900), pp. 160-161；〈高等法院及市政衛生局頒發加冕紀念獎章侯志律爵士及彭德主席分別主持〉，《華僑日報》，1953 年 6 月 14 日。

【355 鄧榮基】 *The Hongkong Government Gazette,* 4 May 1878, pp. 231-236; "Chinese Staff of the Maritime Customs, 1854-1950," https://www.bris.ac.uk/history/customs/resources/servicelists/chinesestaff/tatchai.

【356 鄧榮發】 "Annual Prize Distribution at Queen's College," *Hong Kong Daily Press*, 24 January 1900; "Chinese Staff of the Maritime Customs, 1854-1950," https://www.bris.ac.uk/history/customs/resources/servicelists/chinesestaff/tatchai.

【357 鄧澤祥】 *The Yellow Dragon*, Vol. XI, No. 7 (April 1910), pp. 346-347.

【358 鄧燦熙】 "Railway Apprentices," *The Yellow Dragon*, Vol. XII, No. 10 (July 1911), p. 179.

【359 鄭天錫】《中華文化界人物總鑑》，頁 712；〈鄭天錫赴英履新〉，《工商日報》，1946 年 7 月 26 日；〈北京大學同學會追悼鄭天錫教授〉，《華僑日報》，1970 年 3 月 31 日。

【360 鄭文培】〈普通會員通訊處一覽表〉，《環球中國學生會會員題名錄》，1919 年，頁 51。

【361 鄭文祺】 *The Hongkong Government Gazette,* 4 May 1878, pp. 231-236；〈法制章程〉，《鐵路協會會報》第 48 期（1916 年），頁 3；〈本會紀事〉，《鐵路協會會報》第 91 期（1920 年），頁 7－8；《清末海軍史料》上冊，頁 449。

【362 鄭生】〈人名辭典〉，《香港年鑑》，1956 年，頁（己）26。

【363 鄭榮歡】 "Railway Apprentices," *The Yellow Dragon*, No. 10, Vol. XII, No. 10 (July 1911), p. 179.

【364 鄭樹嘉】 *The Yellow Dragon*, Vol. XI, No. 7 (April 1910), pp. 346-347.

【365 黎弼良】 *The Hongkong Government Gazette*, 4 May 1878, pp. 231-236; "Prize Day at the Central School," *Hong Kong Daily Press*, 1 February 1877；《清末海軍史料》上冊，頁 438。

【366 黎鎮邦】黎鎮邦譯：〈黎掌院別港記〉，*The Yellow Dragon*, Vol. I, No. 9 (May 1900), p. 5; *The Yellow Dragon*, Vol. XII, No. 1 (September 1910), p. 14.

【367 黎藻飃】 *The Yellow Dragon*, Vol. X, No. 3 (November 1908), pp. 52-53；〈稅務同學在稽核所供職一覽表〉，載《稅務專門學校季報》第 4 卷 2 期（1923 年）通訊，頁 1－8。

【368 盧河清】〈今賽腳波會〉，《香港華字日報》，1907 年 6 月 15 日；〈哀榮錄〉，《華僑日報》，1956 年 12 月 16 日；〈明論堂同人為盧河清誦經〉，《華僑日報》，1956 年 12 月 20 日。

【369 盧家裕】〈盧仲雲獲賞荷國勳章〉，《工商日報》，1926 年 12 月 1 日；〈當代名人史略〉，《香港華人名人史略》，頁 44；JACAR（アジア歴史資料センター）Ref. B02031670900、支那要人消息雜纂 第四卷（A-6-1-0-1_004）（外務省外交史料館）；*Queen's College, 1862-1962*, 1962, p. 238；〈龍華置業公司董事長盧仲雲去世〉，《大公報》，1965 年 5 月 29 日。

【370 盧國棉】《花縣華僑志》，頁 300－301。

【371 盧祥】〈銘文〉；《年表》，頁 537。

【372 盧煥初】 *The Yellow Dragon*, Vol. XVII, No. 4 (December 1915), p. 58.

【373 盧銘涓】 "Prize Day at the Central School," *Hong Kong Daily Press*, 27 January 1877；〈銘文〉； "Chinese Staff of the Maritime Customs, 1854-1950," https://www.bris.ac.uk/history/customs/resources/servicelists/chinesestaff/loloy.

【374 蕭祥彬】 *The Hongkong Government Gazette*, 25 April 1885, p. 357; https://www.bris.ac.uk/history/customs/resources/servicelists/chinesestaff/shisoo；《年表》，頁 111。

【375 錢燁康】 *The Yellow Dragon*, Vol. XI, No. 7, April 1910, pp. 346－347.

【376 霍啟謙】沙博思、霍啟謙、雷若衡：〈中華民國八年沙市口華洋貿易情形論畧〉（中英文對照）（附圖表），載《通商各關華洋貿易全年清冊》第 4 卷（1920 年），頁 261－272；《年表》，頁 64－67。

【377 霍滄華】"Queen's College: The Annual Prize Distribution," *The Hong Kong Telegraph*, 6 February 1918; "Chinese Staff of the Maritime Customs, 1854-1950," https://www.bris. ac.uk/history/customs/resources/servicelists/chinesestaff/daifung.

【378 霍達光】*The Hongkong Government Gazette*, 25 April 1885, p. 357; "Chinese Staff of the Maritime Customs, 1854-1950," https://www.bris.ac.uk/history/customs/resources/ servicelists/chinesestaff/daifung.

【379 鮑少莊】〈高院主任通事鮑少莊氏退休法官同寅歡送〉,《華僑日報》,1953 年 4 月 16 日;吳灞陵等編:《香港年鑑 1958》(香港: 華僑日報出版部,1959 年),頁 106。

【380 戴天材】"Presentation Of Prizes at Queen's College," *The China Mail*, 23 January 1897; "Chinese Staff of the Maritime Customs, 1854-1950," https://www.bris.ac.uk/history/ customs/resources/servicelists/chinesestaff/tatchai.

【381 戴天培】〈賞物誌盛〉,《循環日報》,1885 年 2 月 6 日;"Government Notification," *Supplement to The Hongkong Government Gazette*, No. 62 (11 February 1888), pp. 157-160; "Chinese Staff of the Maritime Customs, 1854-1950," https://www.bris.ac.uk/history/ customs/resources/servicelists/chinesestaff/tatchai.

【382 戴天澤】〈賞物誌盛〉,《循環日報》,1885 年 2 月 6 日;"Chinese Staff of the Maritime Customs, 1854-1950," https://www.bris.ac.uk/history/customs/resources/servicelists/ chinesestaff/tatchai.

【383 戴東培】〈港大土木工程系首屆畢業生地產物業界前輩戴東培老先生殯禮極備哀榮〉,《工商日報》,1982 年 1 月 24 日。

【384 謝才】*The Yellow Dragon*, Vol. XVIII, No. 10 (July 1917), p. 162.

【385 謝正方】"Prize List," *The Yellow Dragon*, Vol. I, No. 7 (March 1900), pp. 143-144;《花甲回憶錄》,頁 4 － 5。

【386 謝恩隆】*The Yellow Dragon*, Vol. V, No. 5 (1904), pp. 97-98;《最新支那官紳錄》,頁 751;〈本校佈告一:理科致劉復、李順義、謝恩隆、顧兆熊、李惟恆諸先生函〉,《北京大學日刊》123 期(1918 年),頁 1。

【387 謝祺】〈派謝作楷探礦〉,《香港華字日報》,1913 年 2 月 22 日;《最新支那官紳錄》,頁 750;〈廣州市電力公司總理謝作楷辭職赴滬〉,《香港華字日報》,1927 年 5 月 6 日;《現代中華民國滿洲國人名鑑》,頁 145;〈本會執監委員:謝作楷君〉,《電業委刊》第 1 期(1930 年),頁 46;《革命與我:辛亥革命元勳王棠口述》,頁 65。

【388 謝潤德】"Distribution of Prizes at the Government Central School," *Hong Kong Daily Press*, 22 January 1873; "Public Examination at the Government School," *Hong Kong Daily Press*, 11 February 1874; "Prize Day at the Central School," *Hong Kong Daily Press*, 19 January 1876;〈銘文〉;《清末海軍史料》上冊,頁 308、436。

【389 謝纘泰】〈中國發明飛艇家謝君纘泰小傳〉,《小說月報》第 1 卷 4 期(1910 年),頁 1－3;〈老革命黨員謝纘泰昨逝世現年 66 歲〉,《天光報》,1938 年 4 月 5 日;〈老革命黨員謝纘泰昨晨在港逝世〉,《工商日報》,1938 年 4 月 5 日。

【390 鍾灼華】*The Yellow Dragon*, Vol. XI, No. 7 (April 1910), pp. 346-347.

【391 鍾惠霖】〈香港華商總會新陣容:鍾惠霖〉,《經濟導報》79 期(1948 年),頁 13;〈榮哀錄〉,《華僑日報》,1954 年 3 月 3 日。

【392 鄺其照】〈銘文〉;內田慶市:〈鄺其照の玄孫からのメール〉,載《或問》131,No. 19(2010 年),頁 131－146;沈國威:〈解題:鄺其照的《字典集成》及其他英語著作〉,載(清)鄺

其照著；內田慶市、沈國威編：《字典集成：影印與題解》（北京：商務印書館，2016 年），頁 339－387。

【393 鄺燕暖】"Prize List 1904-5," *The Yellow Dragon*, Vol. VI, No. 6 (March 1905), pp. 115-117；〈本校畢業同學個人狀況調查表〉，1923 年第 4 卷第 2 期，通訊，頁 1－8；《年表》，頁 121；"Chinese Staff of the Maritime Customs, 1854-1950," https://www.bris.ac.uk/history/customs/resources/servicelists/chinesestaff/kuokyung.

【394 鄺聰】〈銘文〉；《清末海軍史料》上冊，頁 436。

【395 羅少堅】The Yellow Dragon, Vol. XVIII, No. 10 (July 1917), p. 162；《年表》，頁 729；"Chinese Staff of the Maritime Customs, 1854-1950," https://www.bris.ac.uk/history/customs/resources/servicelists/chinesestaff/loloy.

【396 羅文玉】*The YellowDragon*, Vol. V, No. 3 (November 1903), p. 51.

【397 羅文柏】〈羅文柏今晚在聯華演講〉，《工商日報》，1934 年 9 月 11 日；《羅氏族譜》。

【398 羅文顯】〈太平紳士羅文顯病逝〉，《工商晚報》，1963 年 3 月 14 日。

【399 羅文階】"Victoria College: Distribution of Prize by E. E. The Governor," *Hong Kong Daily Press*, 10 February 1893；《花甲回憶錄》，頁 6－7。

【400 羅文榦】《中華文化界人物總鑑》，頁 783；《最新支那要人傳》，頁 201－202；〈番禺羅鈞任先生墓誌銘〉、〈我外交法律界耆宿羅文榦病逝樂昌〉（剪報資料，報名不詳），1941）；《中國近代名人圖鑑》，頁 174－177。

【401 羅旭龢】JACAR（アジア歴史資料センター）Ref. B02031670900、支那要人消息雜纂 第四卷（A-6-1-0-1_004）（外務省外交史料館）；〈羅旭和爵士昨深夜逝世〉，《工商晚報》，1949 年 5 月 24 日。

【402 羅伯渭】〈羅伯渭升任郵務副監〉，《工商日報》，1938 年 3 月 17 日；〈前郵局總管羅伯渭逝世〉，《華僑日報》，1955 年 5 月 4 日；〈退休郵務監督羅伯渭逝世〉，《工商晚報》，1955 年 5 月 5 日。

【403 羅欣培】*The Yellow Dragon*, Vol. XI, No. 7 (April 1910), pp. 346-347.

【404 羅泮輝】曾達廷：〈縷陳緒生陋習各宜審處説〉，*The Yellow Dragon*, Vol. V, No. 2 (October 1903), pp. 31-34；《現代支那名士鑑》，1913 年，頁 178；《游美同學錄》，頁 206；〈滬市府參事羅泮輝昨暴卒死因至今尚未明瞭〉，《香港華字日報》，1936 年 1 月 31 日；"Dr.Pan H Lo", "Obituaries and Funerals", *North China Herald*, 5 February 1936, p. 224；《中國文化界人物總鑑》，頁 784。

【405 羅長肇】〈港紳羅長肇逝世續記定下星期二日出殯〉，《天光報》，1934 年 7 月 1 日；〈羅長肇之遺產〉，《工商日報》，1934 年 10 月 19 日。

【406 羅星樓】*The Yellow Dragon*, Vol. V, No. 3 (November1903), p. 99；〈初學英語新書二種〉（廣告），《香港華字日報》，1903 年 9 月 25 日。

【407 羅啟康】"The Ninth of the Ninth Moon," *The Yellow Dragon*, Vol. I, No. 4, October 1899, p. 89；〈羅啟康哀思會〉，《華僑日報》，1952 年 10 月 9 日。

【408 羅傳英】"The Government Central School: Annual Distribution of Prize," *The China Mail*, 18 January 1888. https://www.bris.ac.uk/history/customs/resources/servicelists/chinesestaff/loloy.

【409 羅達文】*The Yellow Dragon*, Vol. XVIII, No. 10 (July 1917), p. 162. https://www.bris.ac.uk/history/customs/resources/servicelists/chinesestaff/loloy.

【410 羅翰芬】"Prize Distribution at the Central School," *The China Mail*, 5 March 1889. https://www.bris.ac.uk/history/customs/resources/servicelists/chinesestaff/loloy.

【411 羅錫標】*The Hongkong Government Gazette*, 4 May 1878, pp. 231-236; "Prize List," *The China Mail*, 16 January 1879. https://www.bris.ac.uk/history/customs/resources/servicelists/chinesestaff/loloy.

【412 羅韞赤】〈人名辭典〉,《香港年鑑》,1956 年,頁（己）31。

【413 譚天池】"Distribution of Prizes at Victoria College," *Hong Kong Daily Press*,2 February 1891;〈天津北洋大學堂夏季課榜〉,《香港華字日報》,1897 年 7 月 23 日;〈前萬牲園總辦譚天池任為廣東造幣局總辦〉,《香港華字日報》,1916 年 11 月 17 日;《稿本傅秉常日記》,1941 年 1 月 24 日。

【414 譚其濂】譚其濂:《鼠疫》;浩然:〈林聯輝任北洋醫學院院長〉,載《基督教週報》第 2113 期（2005 年 2 月 20 日）。

【415 譚保元】〈賞物誌盛〉,《循環日報》,1885 年 2 月 6 日;"Chinese Staff of the Maritime Customs, 1854-1950," https://www.bris.ac.uk/history/customs/resources/servicelists/chinesestaff/tatchai.

【416 譚乾初】〈協安洋面火燭保險有限公司告白〉（廣告）,《香港華字日報》,1905 年 3 月 31 日;〈利民興國織造有限公司招股緣起〉,《香港華字日報》,1908 年 6 月 18 日;〈譚子剛署新加坡領事〉,《香港華字日報》,1911 年 9 月 13 日;JACAR（アジア歴史資料センター）Ref. B03050696400、支那ニ於ケル有力官民履歴取調一件、第二卷（1-6-1-65_002）（外務省外交史料館）;《現代支那人名鑑》,頁 228－229;《最新支那官紳錄》,頁 777。

【417 譚傑威】《花甲回憶錄》,頁 4、6－7。

【418 譚錫鴻】"Railway Apprentices," *The Yellow Dragon*, Vol. XII, No. 10 (July 1911), p. 179.

【419 譚榮光】〈譚榮光復入法律界〉,《工商日報》,1929 年 6 月 13 日;《花甲回憶錄》,1952 年;《粵東拼音字譜》,1950 年,版權頁;〈耀山免費學校請譚榮光演講〉,《華僑日報》,1952 年 3 月 19 日;〈譚榮光逝世定今午出殯〉,《華僑日報》,1956 年 8 月 26 日。

【420 譚禮泉】"Public Examination at the Government Schools," *Hong Kong Daily Press*, 11 February 1874; *The Hongkong Government Gazette*, 4 May 1878, pp. 231-236;《花甲回憶錄》,頁 1－2、5、27。

【421 關景】〈管駕得人〉,《循環日報》,1881 年 12 月 17 日;〈營務處示〉,《循環日報》,1885 年 1 月 19 日;〈銘文〉;《清末海軍史料》上冊,頁 436。

【422 關景忠】《香港開埠與關家》,頁 14;"Chinese Staff of the Maritime Customs, 1854-1950," https://www.bris.ac.uk/history/customs/resources/servicelists/chinesestaff/kuokyung.

【423 龐銘世】"Prize Day at the Central School," *Hong Kong Daily Press*,19 January 1876;張協等編:〈（馬尾）〈海軍各學校歷屆畢業生名手冊〉〉,載《福州馬尾港圖志》,頁 108－122。

【424 蘇仲材】"Railway Apprentices," *The Yellow Dragon*, Vol. XII, No. 10 (July 1911), p. 179.

【425 蘇念詒】*Yellow Dragon*, Vol. X, No. 6 (March 1909), pp. 111-114, "Situations Obtained by Q. C.boys in 1908." https://www.bris.ac.uk/history/customs/resources/servicelists/chinesestaff/shisoo.

【426 蘇啟康】"Situations Obtained by Queen's College Boys in 1906," *The Yellow Dragon*, Vol. VIII, No. 6 (March 1907), pp. 130-132. https://www.bris.ac.uk/history/customs/resources/servicelists/chinesestaff/shisoo.

【427 龔少傑】*The Yellow Dragon*, Vol. XI, No. 7 (April 1910), pp. 346-347.

參考文獻

一、中文部分（按筆劃排序）

1. 一手資料

資料庫

除《傅秉常日記》、族譜等資料外，其他主要採自《全國報刊索引》資料庫，包括：《民國時期期刊全文資料庫（1911－1949）》、《晚清期刊篇名資料庫（1833－1911）》、《民國時期期刊篇名資料庫（1911－1949）》）（http://www.cnbksy.com）〔簡稱《全》〕、https：//mmis.hkpl.gov.hk〔簡稱 mmis〕、Trove National Library of Australia〔簡稱 TNLA〕等。

《大公報》（《全》）

《工商日報》（mmis）

《工商晚報》（mmis）

《北京新聞彙報》（《全》）

《末世牧聲》（《全》）

《民國報》（TNLA）

《招氏族譜》招天欣醫生提供

《東華報》（TNLA）

《東華新報》（TNLA）

《前鋒》

《政府公報》（《全》）

《香港年鑑》（1956 年）

《香港華字日報》（mmis）

《夏聲》（《全》）

《商務官報》（《全》）

《國民政府公報》（《全》）

《國立北京大學廿週年紀念冊》（《全》）

《通商各關華洋貿易全年清冊》（《全》）

《傅秉常日記》（稿本）傅錡華博士提供

《循環日報》（mmis）

《稅務專門學校季報》（《全》）

《稅務學校季報》（《全》）

《華僑日報》（mmis）

《新中國》（《全》）

《經濟導報》（《全》）

《電友》（《全》）

《電氣》（《全》）

《監察院公報》（《全》）

《廣州衞生》（《全》）

《廣益華報》（TNLA）

《遼東詩壇》（《全》）

《環球中國學生會會員題名錄》（《全》）

《羅氏族譜》羅徵遠醫生提供

《關聲》（《全》）

《勸農淺說》（《全》）

《警東新報》（TNLA）

《鐵路協會會報》（《全》）

《鶴山胡氏族譜》

中央研究院近代史研究所檔案館藏〈北洋政府外交部檔〉（archives.sinica.edu.tw/）

中央研究院近代史研究所檔案館藏〈外務部檔〉（archives.sinica.edu.tw/）

中國近代海關機構職銜名稱英漢對照〉，http://archdtsu.mh.sinica.edu.tw/imhkmh/images/namelist1.htm。

專著

上海圖書館編：《汪康年師友書箚》，上海：上海古籍出版社，1986 年。

《中國近代名人圖鑑》，上海：出版社不詳，1925 年；台北：天一出版社重印，1977 年。

中國第二歷史檔案館；馬振犢、郭必強編：《南京臨時政府遺存珍檔》（南京：鳳凰出版社，2011 年。

內藤湖南著、吳衞峰譯：《燕山楚水》，北京：中華書局，2007 年。

王棠述，王頌威、黃振威編：《革命與我：辛亥革命元勳王棠口述》，香港：商務印書館〔香港〕有限公司，2015 年。

王業晉主編，李寧、黃健敏整理：《李仙根日記‧詩集》，北京：文物出版社，2006 年。

王韜、顧燮光等編：《近代譯書目》，北京：北京圖書館出版社，2003 年。

北京清華學校編：《游美同學錄》，北京：清華學校，1917 年。

《伍秩庸博士哀思錄》，出版資料不詳，1929 年。

《伍漢墀訃告》，香港：無出版社，1923 年。

朱彭壽：《安樂康平室隨筆》，北京：中華書局，1982 年。

何廉著，朱佑慈等譯：《何廉回憶錄》，北京：中國文史出版社，1988 年。

李惠堂：《球圃菜根集》，香港：前鋒體育書報社，1948 年。

李景康：《李景康先生詩文集》，香港：永德印務，1963 年。

李樹芬：《香港外科醫生：六十年回憶錄》，香港：李樹芬醫學基金出版，1965 年。

汪希文、張叔儔原著，蔡登山主編：《孫中山的左右手：朱執信與胡漢民》，台北：獨立作家，2016 年。

《車顯承哀啟》，自刊，1925 年。羅徵詮先生和羅昭湄女士提供。

《招顯洸九十華誕感恩畫冊》，香港：自刊本，2018 年。

《哀思錄》，香港：李安仁堂刊送，1923 年？

胡禮垣：《胡翼南先生全集》，香港：胡百熙，1983 年。

《重訂南社姓氏錄》，蘇州：南社，1916 年。

《香港華字日報》編輯：《廣東扣械潮》，香港：香港華字日報，1924 年。

凌鴻勛：《七十自述》，台北：三民書局，1968 年。

桑兵主編：《各方致孫中山函電匯編》，北京：社會科學文獻出版社，2012 年。

翁文灝著，李學通、劉萍、翁心鈞整理：《翁文灝日記》，北京：中華書局，2010 年。

袁振英：〈袁振英自傳〉，載中共東莞市委黨史研究室主編，李繼鋒、郭彬、陳立平著：《袁振英傳》，北京：中共黨史出版社，2009 年，頁 179－190。

張之洞著，孫華峰、李秉新編：《張之洞全集》（石家莊：河北人民出版社，1998 年。

張元濟：《張元濟日記：公元 1912－1926 年》，北京：商務印書館，1981 年。

張蔭桓著，任青、馬忠文整理：《張蔭桓日記》，北京：北京中華書局，2015 年。

曹伯言整理：《胡適日記全集》，台北：聯經出版事業股份有限公司，2004 年。

莫文暢：《唐字音英語》，香港，出版資料不詳。

陳兆桐、王貫三：《萬國輿圖》，出版地不詳：同文書局，光緒 12 年〔1886 年〕。

陳君葆著；謝榮滾整理：《水雲樓詩草（修訂本）》，廣州：廣東人民出版社，2017 年。

陳善頤：〈稅務專門學校的回憶〉，載黨德信主編：《文史資料存稿選編》第 24 冊，北京：中國文史出版社，2002 年，頁 360－372。

陳錦濤：《管理幣制本位定價之商榷》，上海：財政部幣制委員會，1936 年。

陳錦濤：《中國幣制問題之經過及展望》，上海：財政部幣制研究委員會，1934 年。

陳蘭彬、譚乾初著，賴某森點校：《使美紀略・古巴雜記》，長沙：岳麓書社，2016 年。

陶履謙編：《伍梯雲博士哀思錄》，上海：無出版社，1935 年。

陸敬科：《華英文法捷徑》，香港，出版資料不詳。

陸鏡輝：〈培靈會與我四十載的回憶〉，http://www.hkbibleconference.org/cn/95-about-hkbc/share-articles/258-.html

《傅母李太夫人哀思錄》，香港：出版社不詳，1929 年。

傅秉常口述；沈雲龍訪問；謝文孫記錄：《傅秉常先生訪問記錄》，台北：中央研究院近代史研究所，1993 年，頁 111－112。

彭曉亮編注：《周作民日記書信集・人物卷》，上海：上海遠東出版社，2014 年。

華麗士（Alfred Russel Wallace）著，梁瀾勳譯述，許家惺纂輯：《十九周新學史》（山西：山西大學堂譯書院，1902 年。

黃際遇篆刻撰文：〈番禺羅鈞任先生墓誌銘〉，出版資料不詳，1942 年。

溫宗堯：《增訂英文文法易解（上冊）》，上海：商務印書館，1921 年。

溫宗堯編譯：《英國史略》，香港：循環日報館，1895 年。

《葉公蘭泉紀念冊》，香港：追悼葉公蘭泉大會，1946 年。

廖恩燾：《新粵謳解心》，香港：天地圖書有限公司，2011 年。

劉景山口述、沈雲龍訪問、陳存恭記錄：《劉景山先生訪問記錄》，台北：
　　中央研究院近代史研究所檔案館近代史研究所，1987 年。

敷文社編：《最近官紳履歷彙編》第 1 集，北京：敷文社，1920 年。

鄧家宙編著：《香港華籍名人墓銘集（港島篇）》，香港：香港史學會，
　　2012 年。

謝念林、王曉燕、葉鼎編譯：《丁家立檔案》，桂林：廣西師範大學出版
　　社，2015 年。

謝英伯：〈謝英伯先生自傳 —— 人海航程〉，載秦孝儀編：《革命人物誌》
　　第 19 集，台北：中央文物俱應社經銷，1968 年，頁 294－369。

謝榮滾主編：《陳君葆日記全集》，香港：商務印書館〔香港〕有限公司，
　　2004 年。

鄺其照著，內田慶市、沈國威編：《字典集成：影印與題解》，北京：商務
　　印書館，2016 年。

鄺其照：〈台灣番社考〉，載台灣銀行經濟研究室編：《台灣輿地彙鈔》，台
　　北：台灣銀行發行，1965 年），頁 35－39。

羅文榦：《獄中人語》，台北：文海出版社，1971 年。

譚其濂：《鼠疫》，上海：商務印書館，1918 年。

譚榮光：《花甲回憶錄》，香港：作者自刊，1952 年。

龔選舞：《一九四九國府垮台前夕：龔選舞回憶錄》，台北：衛城出版社，
　　2011 年。

論文

主要採自《全國報刊索引》資料庫（包括《民國時期期刊全文資料庫
（1911－1949）》、《晚清期刊篇名資料庫（1833－1911）》、《民國時期期
刊篇名資料庫（1911－1949）》。

〈人事匯志〉，《抗戰與交通》第 60 期（1941 年），頁 1030。

大元帥令（中華民國十三年九月一日）〉、〈派李卓峯、伍大光、謝適群、
　　徐希元、林子峯、陸敬科、薛錦標、徐紹棫為銅鼓開埠籌備委員此
　　令〉，《陸海軍大元帥大本營公報》第 25 期（1924 年），頁 22－29。

〈中國發明飛艇家謝君纘泰小傳〉，《小說月報》第 1 卷 4 期（1910 年），
　　頁 1－3。

〈公用局長馮偉先生略歷〉，《中華實事週報》第 1 卷 29 期（1929 年），
　　頁 29。

尹文楷：〈二十五年來之香港教會〉，《真光》第 26 卷 6 號（1927 年），
　　頁 1－8。

〈外長羅文幹駁斥內田政策之演詞〉，《國際》第 1 卷 4 期（1932 年），頁
　　60－61。

〈本府聘林潤釗為省政府顧問書〉，《廣西公報》第 30 期（1932 年），頁
　　48。

〈本校佈告一：理科致劉復、李順義、謝恩隆、顧兆熊、李惟恆諸先生
　　函〉，《北京大學日刊》123 期（1918 年），頁 1。

甘思永：〈莫禮智先生行述〉，《神召會月刊》第 2 卷 1 期（1927 年），頁
　　3。

〈收件告白〉，《萬國公報》第 359 期（1875 年），頁 29。

〈江蘇高等學堂校友會雜誌〉第 1 期（1911 年），頁 17、33。

〈老少軼聞：施伯聲行醫救同道：施診施藥，大義大善〉，《光明月刊》第 1
　　卷 4 期（1936 年），頁 54。

何乃合：〈娠婦嘔吐不止〉，《中西醫學報》第 3 期（1910 年），頁 7。

何高俊：〈欲中國科學發達當以中國文授課并譯科學書報意見書〉，《新民
　　報》第 4 年 6 期（1919 年）。

吳超明、胡燮：〈各地郵務職工團體郵護運動文件一束：建議書〉，《全國郵
　　務職工總會半月刊》第 1 卷 4 期（1932 年），頁 15－16。

〈忘私奉公‧奮健的老外交家！「好讀」是唯一的嗜好：温宗堯氏家庭訪問
　　記〉，《華文大阪日日》第 4 卷 10 期（1940 年），頁 14－15。

〈亞東關用華人為稅務司〉，《南洋商務報》第 10 期（1906 年）。

《兩廣官報》第 17 期（1911 年），頁 2909。

屈桂庭口述、簡又文記錄：〈診治光緒皇帝秘記〉，《逸經》第 29 期（1937
　　年），頁 46－47。

〈法界消息：羅文幹談湘鄂兩省司法〉，《法律評論》第 11 卷 35 期（1934
　　年），頁 23－24。

〈青年會消息：香港皇仁書院青年會成立〉，《青年》第 18 卷 7 期（1915
　　年），頁 252。

〈非政學系其人，而帶政學系風度：廣東的「不倒翁」陸匡文〉，《時局人
　　物》第 3 期（1949 年），頁 12。

〈政書：度支部事類：稅務學堂招考學生示並章程〉，《現世史》第 7 期
　　（1908 年），〈度支部〉頁 8－9。

胡元倓：〈仰光領事張心吾一見如故招待下榻署中古木千章遠隔塵市心曠
　　神怡頓忘征途辛苦地近大湖為仰光第一名勝暇時往遊率成一絕〉，《湘
　　君》第 3 期（1924 年），頁 97。

〈唐福祥君小史〉，《體育世界》第 1 期（1927 年），頁 8。

〈恭賀新禧：香港電報局全人〉，《會報》第 32 期（1928 年），頁 1。

〈訊息：黃贊熙先生來校演講〉，《南洋週刊》第 7 卷 5 號（1919 年），頁
　　40。

康健：〈老成持重的董幹文〉，《現代經濟文摘》第 1 卷 1 期（1947 年），
　　頁 20－21。

梅仲宏、郭琳焯：〈曲詞：花落春歸去〉，《上海粵樂社團第六次聯歡大會特
　　刊》，1947 年，頁 16。

莊尚嚴：〈赴英參加倫敦中國藝術國際展覽會記〉《國立北平故宮博物院年
　　刊》，1936 年，頁 113－136。

〈陳雪佳先生小傳〉，《海上名人傳》，1930 年 5 月，頁 56。

陳錦濤演講、華文煜記錄：〈鈔票之製造與防偽方法〉，《南開大學週刊》第
　　89－90 期（1930 年），頁 51－52。

《陸軍軍醫學校校友會雜誌》，1918 年 12 月，無頁數。

〈港澳社會人物群像之五：衛文緯〉，《公平報》第 4 卷 9 期（1949 年），
　　頁 17。

〈稅務學堂招生章程略述〉，《四川學報》第 10 期（1906 年），頁 11。

馮大本：〈藍翎參將銜升用游擊留閩儘先補用都司呂翰行略〉，《鑄強月刊》
　　第 3 卷 6－7 期（1923 年），頁 18－21。

黃錦芬：〈游泳能手梁兆文〉，《伴侶雜誌》第 1 期（1928 年），頁 6。

黃贊熙：〈信佛緣起〉，《佛學半月刊》第 3 卷 15 期（1933 年），頁 8－9。

溫其濬：〈英華工學分類字彙〉，《工程學報》第 1 卷 1 期（1933 年），頁
　　　84－88。

溫宗堯：〈敬告國民政府諸公及西南北當局與父老兄弟書〉，《新中國》第 2
　　　卷 7－8 期（1939 年），頁 1－4。

溫宗堯：〈讀阿部首相車中談及新政綱之感想〉，《新中國》第 2 卷第 9－
　　　10 期（1939 年），頁 1－3。

溫宗堯：〈中國事變之癥結及其解決之途徑〉，《新中國》第 2 卷第 9－10
　　　期（1939 年），頁 22－24。

溫宗堯：〈東亞新秩序之建設〉，《和平月刊》第 1 期（1939 年），頁 51－
　　　53。

溫宗堯：〈英國與日本〉，《新東亞》第 1 卷第 6 期（1939 年），頁 1－2。

溫宗堯：〈辛亥革命之回憶及感想〉，《新命月刊》第 4 期（1939 年），頁
　　　12－13。

溫宗堯：〈治匪之道〉，《新中國》第 1 卷第 3 期（1938 年），頁 70－72。

瑋玟：〈韋德烈士略史和遺書〉，《革命導報》第 3 期（1926 年），頁 10－
　　　11。

〈電上海海軍醫院何院長〉，《海軍公報》第 11 期（1930 年），頁 199。

〈監院又一彈劾，宜昌關監督林子峰〉，《觀海》第 2 期（1931 年），頁 4。

〈種牛痘之益〉，《通問報：耶穌教家庭新聞》第 807 期（1919 年），頁
　　　11 下。

〈與陳瀾生論金佛郎案書〉，《甲寅週刊》第 1 卷 23 期（1925 年），頁 5－
　　　8

劉湛燊：〈衛生常識〉，《甲子年刊》，1933 年，頁 170－187。

歐鍾岳：〈陸匡文先生傳〉，《廣東文獻季刊》第 3 期第 4 期（1973 年），
　　　頁 68。

羅文榦：〈世界大戰與中國〉，《今日評論》第 1 卷 14 期（1939 年），頁
　　　3－5。

羅文榦：〈日本之侵略 —— 二月十九日在香港大學演講〉，《廣東黨務旬
　　　刊》第 25 期（1938 年），頁 21－22。

羅文榦：〈身受之司法滋味〉，《晨報六周年增刊》第 12 期（1924 年），
　　　頁 14－23。

2. 二手資料

專著

Douglas R. Reynolds 著，李仲賢譯：《新政革命與日本：中國 1898－1912》（*China, 1898-1912: The Xinzheng Revolution and Japan*），香港：商務印書館〔香港〕有限公司，2015 年。

丁新豹、盧淑櫻：《非我族裔：戰前香港的外籍族群》，香港：三聯書店〔香港〕有限公司，2014 年。

上海勤奮書局編譯所編：《全國足球名將錄》，上海：上海勤奮書局編譯所，1936 年。

王韶生：《懷冰隨筆》，台北：文鏡文化事業有限公司，1982 年。

王齊樂：《香港中文教育發展史》，香港：三聯書店〔香港〕有限公司，1996 年。

王賡武編：《香港史新編（增訂版）》，香港：三聯書店〔香港〕有限公司，2017 年。

向梅芳：《百年風華：李孝式傳奇》，蒙古：遠方出版社，2011 年。

何屈志淑：〈尹端模醫生的畢業證書〉，載香港醫學博物館學會：《杏林鴻爪：香港醫學博物館藏品選》，香港：香港醫學博物館學會，2016 年，頁 36－39。

利德蕙（Vivienne Poy）著，顧筱芳譯：《香港利氏家族史》（*Profit, Victory & Sharpness*），香港：中文大學出版社，2011 年。

吳中柱：《老大回：三代人在美國的傳奇》，廣州：中山大學出版社，2013 年，頁 74－101。

吳醒濂編：《香港華人名人史略》，香港：五洲書局，1937 年。

宋鑽友：《廣東人在上海：1843－1949 年》，上海：上海人民出版社，2007 年。

李志毓：《驚弦：汪精衛的政治生涯》，香港：香港牛津大學出版社，2014 年。

李尚仁：《帝國的醫師：萬巴德與英國熱帶醫學的創建》，台北：允晨文化實業股份有限公司，2012 年。

李金強：《中山先生與港澳》，台北：秀威資訊科技股份有限公司，2012 年。

李金強：〈香港中央書院與清季革新運動〉，載李國祁主編：《郭廷以先生百歲冥誕紀念史學論文集》，台北：台灣商務印書館股份有限公司，2005 年。

李金強等:《曾國藩・郭嵩燾・王韜・薛福成・鄭觀應・胡禮垣》,台北:台灣商務印書館,1999 年。

京良:〈中國海關史首屆國際研討會擇介〉,《近代史研究》第 2 期(1989年),頁 304−314。會議論文集為《中國海關研究首次國際研討會:一九八八年十一月三十日至十二月二日》,香港:香港大學歷史系,1988 年。

冼玉清:〈比《古巴圖經》更早的《古巴雜記》〉,載冼玉清:《嶺東文獻叢談》,香港:中華書局〔香港〕有限公司,1965 年,頁 17−19。

周佳榮:《潮流兩岸:近代香港的人和事》,香港:香港中和出版有限公司,2016 年。

林亞傑主編:《廣東文史資料存稿選編》,廣州:廣東人民出版社,2005年。

林崇墉:《沈葆楨與福州船政》,台北:聯經出版事業公司,1987 年。

林萱治、鄭麗生編:《福州馬尾港圖志》,福州:福建地圖出版社,1984年。

《花縣華僑志》編輯組編:《花縣華僑志》,花都市:花都市地方志辦公室,1996 年。

邵建:《一個上海香山人的人際關係 —— 鄭觀應社會關係網研究》,上海:上海辭書出版社,2014 年。

俞洪、高長福、王秀雲執筆,北京印鈔廠廠史編委會編輯室編:《北京印鈔廠簡史:1908 年 — 1949 年》,北京:北京印鈔廠廠史編委會編輯室,1987。

南京市檔案館編:《審訊汪偽漢奸筆錄》,南京:江蘇古籍出版社,1992年。

姜鳴:〈戰死的軍官與逆襲的草寇,誰是英雄,誰是人生贏家〉,http://toutiao.weiyoubaba.com/a/ch590.shtml。

姜鳴:《中國近代海軍史事編年(1860−1911)》,北京:生活・讀書・新知三聯書店,2017 年。

施其樂:〈十九世紀香港英語教育下的華人精英〉,收於施其樂著、宋鴻耀譯:《歷史的覺醒:香港社會史論》,香港:香港教育圖書公司,1999年,頁 105−136。

柳存仁:《外國的月亮》,上海:上海古籍出版社,2002 年。

柳存仁：《和風堂新文集》，台北：新文豐出版股份有限公司，1997年。

胡平生：《梁蔡師生與護國之役》，台北：台灣大學文學院，1976年。

唐慶增：《唐慶增經濟論文集》，上海：商務印書館，1930。

孫修福編譯：《中國近代海關高級職員年表》，北京：中國海關出版社，2004年。

徐友春主編：《民國人物大辭典（增訂本）》，石家莊：河北人民出版社，2007年。

浩然：〈林聯輝任北洋醫學院院長〉，《基督教週報》第2113期（2005年2月20日）。

珠海市地方志辦公室編：《珠海市人物志》，廣州：廣東人民出版社，1993年。

〈國父在西醫書院之同學與書院學員分析〉，載羅香林：《國父之家世與學養》，台灣：台灣商務印書館，1972年，頁33－42。

康狄：《太陽旗下的罪惡：不為人知的日本遠東戰爭罪行》，台北：獨立作家，2015年。

張人鳳編：《張菊生先生年譜》，台北：台灣商務印書館，1995年。

張玉法：《清季的革命團體》，台北：中央研究院近代史研究所，1975年。

張志雲：〈中國海關關員的遺留和決擇（1949－1950）〉，載王文隆等：《近代中國外交的大歷史與小歷史》，台北：政大出版社，2016年，頁79－109。

張俠等編：《清末海軍史料》，北京：海洋出版社，1982年。

張雲樵：《伍廷芳與清末政治改革》，台北：聯經出版事業公司，1987年。

張曉輝：《近代粵商與社會經濟》，廣州：廣東人民出版社，2015年。

張禮恆：《何啟胡禮垣評傳》，南京：南京大學出版社，2006年。

教育部體育大辭典編訂委員會編：《體育大辭典》，台北：台灣商務印書館股份有限公司，1984年。

梁其姿：《施善與教化：明清的慈善組織》，台北：聯經出版事業公司，1997年。

莫華劍編：《澄懷古今：莫家三代珍藏》，香港：中文大學文物館，2009年。

郭大江：《百年檔案藏一代風流：香港大學早年工學士的故事》，香港：牛津大學出版社，2012年。

郭岱君編：《重探抗戰史》（一）：從抗日大戰略的形成到武漢會戰（1931－1938）》，台北：聯經出版事業股份有限公司，2015 年。

陳貞壽：《圖説中國海軍史：古代 — 1955》第一冊，福州：福建教育出版社，2002 年，頁 283。

陳悦：《船政史》，福洲：福建人民出版社，2016 年。

彭澤周：《近代中國之革命與日本》，台北：台灣商務印書館，1989 年，頁 186。

湯志民：《台灣的學校建築》，台北：五南圖書出版有限公司，2006 年。

湯鋭祥：《孫中山與海軍護法研究》，北京：學苑出版社，2006 年。

菊池秀明著，廖怡錚譯：《末代王朝與近代中國：晚清與中華民國》，台北：台灣商務印書館，2017 年。

馮錦榮：〈日本人在香港的活動與「和書」的流播（1868－1945）〉，載李培德編著《日本文化在香港》，香港：香港大學出版社，2006 年，頁 65－91。

黃宇和：《孫中山：從鴉片戰爭到辛亥革命》，台北：聯經出版事業股份有限公司，2016 年。

黃媛珊：《我的前半生》、《我的後半生 —— 在美國五十年的文化交流》，http://www.qb5200.com/content/2016-01-10/a1634.html。

黃耀堃、丁國偉：《唐字音英語和二十世紀初香港粵方言的語音》，香港：香港中文大學中國文化研究所吳多泰中國語文研究中心，2009 年。

楊永安：《長夜星稀：澳大利亞華人史，1860－1940》，香港：商務印書館〔香港〕有限公司，2014 年。

楊偉編：《潮海關檔案選譯》，北京：中國海關出版社，2013 年。

楊國雄：《舊書刊中的香港身世》，香港：三聯書店〔香港〕有限公司，2014 年。

楊國雄：《香港身世：文字本拼圖》，香港：香港各界文化促進會，2009 年。

聖保羅書院同學會編：《中國‧香港‧聖保羅 —— 165 年的人與時代》，香港：商務印書館〔香港〕有限公司，2016 年。

萬仁元、方慶秋主編：《國民黨統治時期的小黨派》，北京：檔案出版社，1992 年。

賈士毅：《民國初年的幾任財政總長》，台北：傳記文學，1967 年。

賈士毅：《民國財政史》，上海：商務印書館，1928 年。

福州市地方志編纂委員會編，沈岩主編：《船政志》，北京：商務印書館，
　　2016 年，頁 517－518。

趙雨樂：《近代南來文人的香港印象與國族意識（三卷合訂本）》，香港：
　　三聯書店〔香港〕有限公司，2017 年。

趙雨樂、鍾寶賢、李澤恩編註，梁英杰、高翔、樊麗敏譯：《明治時期香港
　　的日本人》，香港：三聯書店〔香港〕有限公司，2016 年。

劉文龍、趙長華、黃洋：《中國與拉丁美洲大洋洲文化交流志》，上海：上
　　海人民出版社，1998 年。

劉昭仁：《台灣仁醫的身影》，台北：秀威資訊科技股份有限公司，2006 年。

劉智鵬：《香港華人精英的冒起》，香港：中華書局〔香港〕有限公司，
　　2013 年。

滕茂椿：《費雪之：「所得」所得概念》，天津：達仁學院經濟研究所，
　　1941 年。

潘光哲：《晚清士人的西學閱讀史（1833－1898）》，台北：中央研究院
　　近代史研究所，2014 年。

蔡振豐：《晚清外務部之研究》，台北：致知學術出版社，2014 年。

鄭宏泰、高皓：《白手興家：香港家族與社會，1841－1941》，香港：中
　　華書局〔香港〕有限公司，2016 年。

鄭宏泰、黃紹倫：《商城記 —— 香港家族企業縱橫談》，香港：中華書局
　　〔香港〕有限公司，2014 年。

鄭宏泰、黃紹倫：《山巔堡壘：何東花園》，香港：中華書局〔香港〕有限
　　公司，2012 年。

鄭宏泰、黃紹倫：《一代煙王利希慎》，香港：三聯書店〔香港〕有限公司，
　　2011 年。

鄭宏泰、黃紹倫：《何家女子：三代婦女傳奇》，香港：三聯書店〔香港〕
　　有限公司，2010 年。

鄭宏泰、黃紹倫：《香港大老：何東》，香港：三聯書店〔香港〕有限公司，
　　2007 年。

鄭宏泰：《香港大老：周壽臣》，香港：三聯書店〔香港〕有限公司，2006 年。

樽本照雄編：《新編增補清末民初小説目錄》，濟南：齊魯書社，2002 年。

蕭乾主編：《新編文史筆記叢書》第一輯《粵海揮塵錄》，北京：中華書局，
　　2005 年。

蕭麗娟等編：《甲午戰後：租借新界及威海衞》，香港：香港歷史博物館，
　　2014 年。

薛建蓉：《重寫的「詭」跡：日治時期台灣報章雜誌的漢文歷史小説》，
　　台北：秀威資訊科技股份有限公司，2015 年。

薛觀瀾：《袁世凱的開場與收場》，台北：獨立作家出版社，2014 年。

羅元旭：《東成西就 —— 七個華人基督教家族與中西交流百年》，香港：
　　三聯書店〔香港〕有限公司，2012 年。

羅香林：《傅秉常與近代中國》，香港：中國學社，1973 年。

羅婉嫻：〈鼠疫前香港醫療狀況：以《1895 年醫務委員會報告書》為
　　中心〉，載劉士立、皮國立編：《衛生史新視野：華人社會的身體、疾
　　病與歷史論述》，新北市：華藝數藝，2016 年，頁 143－168。

譚世寶：《金石銘刻的澳門史：明清澳門廟宇碑刻鐘銘集錄研究》，廣州：
　　廣東人民出版社，2006 年。

關肇碩、容應萸：《香港開埠與關家》，香港：廣角鏡出版社有限公司，
　　1997 年。

蘇守潔（豹翁）著，李健兒編：《文豹一睨》，香港：儉廬文學苑，1939 年。

蘇雲峰編：《清華大學師生名錄資料彙編 1927－1949》，台北：中央研究
　　院近代史研究所，2004 年。

論文、報章

〈王氏家族枝葉繁茂〉，《基督教週報》第 2164 期（2006 年 2 月 12 日）。

徐進：〈從「羅文幹案」看北洋政治漩渦中的檢察機關〉《清風苑》第 4
　　期（2014 年），http://218.94.117.252：7002/jsqfy/qfy/info.
　　jsp?nid=5562。

馬家輝：〈皇仁的漢奸〉，《明報新聞網》，2015 年 9 月 6 日。

高朗月：〈羅文幹假扮張學良舊事〉，《春秋雜誌》第 635 期（1983 年 12
　　月 16 日），頁 10－11。

黃仲鳴：〈誰叫你為文人〉，《香港文匯報》，2016 年 12 月 20 日。

葉先秦：〈五旬節運動入華初期史略〉，《基督教與中國文化研究中心通訊》
　　第 64 期（2016 年 4 月），香港：建道神學院，頁 21－30。

鄒振環：〈清本政治與文化漩渦中的馮鏡如〉，《華東師範大學學報（哲學社
　　會科學版）》第 3 期（2014 年），頁 51－58。

蔡惠堯：〈深港聞人劉鑄伯：生平、志業與意義〉，《台灣師大歷史學報》第
　　50 期（2013 年 12 月），頁 199－246。

鄧城鋒：〈中央書院學制分析〉，《滁州學院學報》第 11 卷 1 期（2009
　　年），頁 1－4。

謝康：〈黃文山先生的「書」和「人」〉，《新亞書院學術年刊》第 12 卷 11
　　期（1969 年），頁 8－12。

羅湘君：〈胡棟朝日記歷史文化價值探析〉，《嶺南文史》第 3 期（2016
　　年），頁 39－42。

二、英文部分（按字母排序）

1. 一手資料

報章

Mainly from https://mmis.hkpl.gov.hk/ and https://chroniclingamerica.loc.
gov/

Arizona Republican (https://chroniclingamerica.loc.gov/)

Brief History of England: With Notes, Questions, and Maps. London: T.
　　Nelson and Sons, Paternoster Row, 1874.

CO 129/271

FO 371

Hong Kong Daily Press(https://mmis.hkpl.gov.hk/)

Hong Kong Telegraph(https://mmis.hkpl.gov.hk/)

List of Subscription to The Endowment Fund, 1911

North China Herald（《全》）

San Francisco Call (https://chroniclingamerica.loc.gov/)

The China Mail (https://mmis.hkpl.gov.hk/)

The Hongkong Government Gazette (http://sunzi.lib.hku.hk/hkgro/
　　browse.jsp)

The New York Times

The World's Anglo-Chinese Weekly(《全》)

Yellow Dragon

專著

Bosman, Walter. *Lands Unknown*. Hong Kong: Hong Kong Daily Press, 1939.

Cheng, F. T. *Reflections at Eighty*. London: Luzac and Co. Ltd, 1966.

Cheng, F. T. "What I Believe." in Sir James Marchant (ed), *What I Believe*. London: Odhams Press Ltd, 1953, pp. 104-115.

Cheng, F. T. *East & West: Episodes in a Sixty Years' Journey*. London: Hutchinson & Co. Publishers Ltd., 1951.

Cheng, F. T. *Civilization and Art of China:* London: William Clowes & Sons Ltd., 1936.

Dealy, T. K. *Notes on the Geography of the Chinese Empire*. Hong Kong: Noronha & Co.,1896.

Lo Hui-Min (ed). *The Correspondence of G. E. Morrison, Vol.1*. Cambridge: Cambridge University Press, 1976.

Royal Academy of Arts (Great Britain) (ed). *Catalogue of the International Exhibition of Chinese Art, 1935-6*. London: Royal Academy of Arts, 1935.

Tse, Tsan Tai. *The Chinese Republic Secret History of the Revolution*. Hong Kong: South China Morning Post, 1924.

Yoshio, Mikami. *The Development of Mathematics in China and Japan*. New York: Chelsea Publishing Company, 1974 (Reprint of 1913 edition).

論文

C. C. Shih. "Book Review: *China Moulded by Confucius*." *International Journal*, Vol.3(3) (September 1948), pp. 274-276.

Chan, Wing-tsit. "Book Review: *China Moulded by Confucius:The Chinese Way in Western Light*." *The Far Eastern Quarterly*, Vol. 6, No. 3, Far Eastern Bibliography 1946 (May 1947), pp. 305-306.

Heydt, E. V. D. "Book Review: *China Moulded by Confucius*." in *Artibus Asiae*, Vol. 9, No. 4 (1946), pp. 364-365.

Hughes, E. R. "Book Review: *China Moulded by Confucius : The Chinese Way in Western Light*." *International Affairs* (*Royal Institute of International Affairs 1944-*), Vol. 23, No. 2 (April 1947), pp. 278-279.

M. "Book Review: *China Moulded by Confucius*." *Journal of Comparative Legislation and International Law*, Vol. 30, No. 3/4 (1948), pp. 100-101.

學位論文

Chen, Chin Tao. *A History of Chinese Mathematics: A Comparative Study*. M. A.Thesis, Berkeley, 1902.

2. 二手資料

資料庫

http://www.hksh.org.hk/sites/default/files/website-media/pdf/about-hksh/board_of_directors.pdf

"Chinese Maritime Customs project." https://www.bris.ac.uk/history/customs/about.html.

專著

Allen, Robert Loring. *Irving Fisher: A Biography*. Cambridge: Blackwell Publishers, 1993.

Anderson, Gerald H. *Biographical Dictionary of Christian Missions*. New York: Macmillan Reference USA, 1998.

Bickley, Gillian. *The Golden Needle: The Biography of Frederick Stewart (1836-1889)*. Hong Kong: David C. Lam Institute for East-West Studies, Hong Kong Baptist University, 1997.

Bonin, Hubert, Nuno Valério & Kazuhiko Yago (eds). *Asian Imperial Banking History*. London: Pickering & Chatto, 2015.

Boorman, Howard L. & R. C.Howard (eds). *Biographical Dictionary of Republican China*. New York: Columbia University Press, 1967-1979.

Braisted, William Reynolds. *Diplomats in Blue: U.S. Naval Officers in China, 1922-1933*. Gainesville: University Press of Florida, 2009.

Brunero, Donna. *Britain's Imperial Cornerstone in China: The Chinese Maritime Customs Service,1854-1949*. London: New York: Routledge, 2006.

Carroll, John M. "The Peak: Residential Segregation in Colonial Hong Kong." in Bryna Goodman & David S G Goodman (eds). *Twentieth-century Colonialism and China*. London: Routledge, 2012, pp. 81-91.

Carroll, John M. "Ho Kai: A Chinese Reformer in Colonial Hong Kong." in Kenneth J,Hammond & Kristin Stapleton (eds). *The Human Tradition in Modern China*. New York: Rowman & Littlefield, 2008, pp. 55-72.

Carroll, John M. *A Concise History of Hong Kong*. New York: Rowman & Littlefield, 2007.

Carroll, John M. *Edge of Empires: Chinese Elites and British Colonials in Hong Kong*. Cambridge: Harvard University Press, 2005.

Chan, Wai Kwan. *The Making of Hong Kong Society: Three Studies of Class Formation in Early Hong Kong*. Oxford: Clarendon Press, 1991.

Chang, Chihyun. *Government, Imperialism and Nationalism in China: The Maritime Customs Service And Its Chinese Staff*. London: Routledge, 2013.

Choa, G. H. *The Life and Times of Sir Kai Ho Kai: A Prominent Figure in Nineteenth-century*. Hong Kong: Chinese University Press, 2000.

Chung, Po-yin Stephanie. *Chinese Business Groups in Hong Kong and Political Changes in South China,1900-1925*. London: St. Martin's Press, 1996.

Coble, Parks M. *The Shanghai Capitalists and the Nationalist Government, 1927-1937*. Cambridge: Council on East Asian Studies, Harvard University, 1986.

Eastman, Lloyd E. *The Abortive Revolution: China Under Nationalist Rule, 1927-1937*. Cambridge: Harvard University Press, 1974.

Elleman Bruce A. & Stephen Kotkin (eds). *Manchurian Railways and the Opening of China: an International History*. New York: M. E. Sharpe, 2010, pp. 13-36.

Endacott, George Beer. *A History of Hong Kong*. Hong Kong: Oxford University Press, 1973.

Hase, Patrick H. *The Six-Day War of 1899: Hong Kong in the Age of Imperialism*. Hong Kong: Hong Kong University Press, 2008.

Hill, Emily M. *Smokeless Sugar: The Death of a Provincial Bureaucrat and the Construction of China's National Economy*. Vancouver: UBC Press, 2010.

Holdsworth, May & Christopher Munn (eds). *Dictionary of Hong Kong Biography*. Hong Kong: Hong Kong University Press, 2012.

Hotta-Lister, Ayako & Ian Nish (eds). *Commerce and Culture at the 1910 Japan-British Exhibition*. Leiden: Global Oriental, 2013.

Kaori, Abe. *Chinese Middlemen in Hong Kong's Colonial Economy, 1830-1890*. London: Routledge, 2017.

Koyama Noboru(小山騰); Ian Ruxton (tran). *Japanese Students at Cambridge University in the Meiji Era, 1868-1912* (Original: 破天荒明治留学生列伝 ─ 大英帝国に学んだ人々). North Carolina: Lulu. com, 2004.

Kwan, Man Bun. *Beyond Market and Hierarchy: Patriotic Capitalism and the Jiuda Salt Refinery, 1914-1953*. New York: Palgrave Macmillan, 2014.

Ladds, Catherine. *Empire Careers: Working for the Chinese Customs Service, 1854-1949*. Manchester: Manchester University Press, 2013.

Lee, Sophia. "The Foreign Ministry's Cultural Agenda for China: The Boxer Indemnity." in Peter Duus, Ramon H. Myers & Mark R. Peattie (eds). *The Japanese Informal Empire in China, 1895-1937*. New Jersey: Princeton University Press, 1989, pp. 272-306.

Lera, Thomas, Michael Rogers & H.James Maxwell. *Roberts Hopkins Specialized Collection of Chinese Postage and Revenue Die Proofs and Essays: Finding Guide*. Washington: Smithsonian National Postal Musuem, 2010.

Lightfoot, Sonia. *The Chinese Painting Collection and Correspondence of Sir James Stewart Lockhart (1859-1937)*. Lewiston: Edwin Mellen Press, 2008.

Mar, Lisa Rose. *Brokering Belonging: Chinese in Canada's Exclusion Era,1885-1945*. New York: Oxford University Press, 2010.

Moore, Calvin C. *Mathematics at Berkeley: A History*. Wellesly: A. K. Peters Ltd., 2007.

Neilson, Keith. *Britain, Soviet Russia and the Collapse of the Versailles order, 1919-1939*. London: Cambridge University Press, 2006.

Ng Lun, Ngai-ha. *Interactions of East and West: Development of Public Education in Early Hong Kong*. Hong Kong: Chinese University Press,1984.

Nish, Ian, Peter Lowe & J.E. Hoare (eds). *British Envoys in Japan 1859-1972*. Kent: Global Oriental,1999.

Peattie, Mark R. "The Dragon's Seed: Origins of the War." in Mark R.Peattie, Edward Drea & Hans van de Ven (eds). *The Battle for China: Essays on the Military History of the Sino-Japanese War of 1937-1945*. California: Stanford University Press, 2011, pp. 48-78.

Reed, Christopher A. *Gutenberg in Shanghai: Chinese Print Capitalism, 1876-1937*. Vancouver: University of British Columbia Press, 2004.

Reynolds, Douglas R. & Carol T. Reynolds. *East Meets East: China Discover the Modern World in Japan,1854-1898*. Ann Arbor: The Association for Asian Studies, 2014.

Rogaski, Ruth. *Hygienic Modernity: Meanings of Health and Disease in Treaty-Port China*. California: University of California Press, 2004.

Rujivacharakul, Vimalin (ed). *Collecting China: The World, China, and a History of Collecting*. Newark: University of Delaware Press, 2011.

Smith, Carl T. "The Formative Years of the Tong Brothers, Pioneers in the Modernization of China's Commerce and Industry." in *Chinese

Christians: Elites, Middlemen and the Church in Hong Kong. Hong Kong: Hong Kong University Press, 2005, pp. 34-51.

Stokes, Gwenneth & John Stokes. *Queen's College: Its History 1862-1987*. Hong Kong: Queen's College Old Boys' Association, 1987.

Stokes, Gwenneth & John Stokes. *Queen's College, 1862-1962*. Hong Kong: Queen's College, 1962.

Straight, Willard. *China's Loan Negotiations*. New York: China Press,1912.

Strauss, Julia C. *Strong Institutions in Weak Polities: State Building in Republican China*. New York: Oxford University Press, 1998.

Teng, Emma. *Eurasian: Mixed Identities in the United States, China, and Hong Kong, 1842-1943*. Berkeley: University of California Press, 2013.

Theobald, Ulrich "Introduction." in *Money in Asia (1200-1900): Small Currencies in Social and Political Contexts*, pp. 1-37.

Trotter, Ann. *Britain and East Asia, 1933-1937*. Cambridge: Cambridge University Press, 1975.

Turner, Bryan S. & Oscar Salemink (eds). *Routledge Handbook of Religions in Asia*. London: Routledge, 2014.

van de Ven, Hans. *China at War: Triumph and Tragedy in the Emergence of the New China*. London: Profile Books Ltd., 2017.

van de Ven, Hans. *Breaking with the Past: The Maritime Customs Service and the Global Origins of Modernity in China*. New York: Columbia University Press, 2014.

Zanasi, Margherita. *Saving the Nation: Economic Modernity in Republican China*. Chicago: Chicago University Press, 2006.

論文

Steuber, Jason. "The Exhibition of Chinese Art at Burlington House, London,1935-36." http://burlington.org.uk/media/_file/generic/theexhibitionofchineseartatburlingtonhouse.pdf.

學位論文

Chiu, Ling-yeong, *The Life and Thought of Sir Kai Ho Kai*. Ph. D. Thesis, University of Sydney, 1968.

Chow, Lo-sai Pauline, *Ho Kai and Lim Boon Keng: A Comparative Study of Tripartite Loyalty of Colonial Chinese Elite, 1895-1912*. M. A. Thesis, University of Hong Kong, 1987.

Wen, Ching-hsi, *Liberalism,Marxism, and the Intellectual Movement in China, 1915-1920: With Special Reference to the Career of Ch'en Tu-hsiu*. Ph. D. Thesis, University of Hong Kong, 1975.

三、日文部分（按筆劃排序）

1. 一手資料

檔案

JACAR（アジア歴史資料センター）Ref. A06050218500、樞密院文書・雜件 大正一・大正元年～大正五年・樞密院秘書課（国立公文書館）。

JACAR（アジア歴史資料センター）Ref. B15100379700、台北駐在中華民国総領事並同館員（M-2-5-0-4_40_003）（外務省外交史料館）。

JACAR（アジア歴史資料センター）Ref. B02031670900、支那要人消息雜纂第四卷（A-6-1-0-1_004）（外務省外交史料館）。

JACAR（アジア歴史資料センター）Ref. B03050696400、支那ニ於ケル有力官民履歷取調一件，第二卷（1-6-1-65_002）（外務省外交史料館）。

JACAR（アジア歴史資料センター）Ref.B03050739100、袁世凱帝制計画一件（極秘）/反袁動亂雜件ノ部第三卷（1-6-1-75_2_003）（外務省外交史料館）。

JACAR（アジア歴史資料センター）Ref. C09123108200、明治37年，人事日記，庶人秘号（防衛省防衛研究所）；JACAR（アジア歴史資料センター）Ref. C09123108600、明治37年，人事日記，庶人秘号（防衛省防衛研究所）。

專著

山本実彦：《渦まく支那》，東京：改造社，1939 年。

支那研究會編：《最新支那官紳錄》，北京：支那研究會，1918 年。

外務省情報部編：《現代中華民國滿洲國人名鑑》，東京：東亞同文會調查
　　編纂部，1932 年。

外務省情報部編：《現代支那人名鑑》，東京：外務省情報部，1928 年。

外務省情報部編：《現代支那人名鑑》，東京：外務省情報部，1924 年。

外務省東亞局編：《新國民政府人名鑑》，東京：外務省東亞局，1940 年。

永松淺造：《新中華民國》，東京：東華書房，1942 年。

吉岡文六：《現代支那人物論》，東京：時潮社，1938 年。

〈国民政府答礼使節きょう來朝〉，《大阪朝日新聞》，1940 年 5 月 20
　　日。神戶大學新聞記事文庫外交（152-033）。

東京日日新聞社編：《国際戦を呼ぶ爆弾支那》，東京：東京日日新聞社，
　　1935 年。

南満洲鉄道株式会社総務部交渉局編譯：《支那ニ於ケル外国人経営ノ教育
　　施設》，大連：南満洲鉄道総務部交渉局，1916 年。

神谷衡平編：《中等学校最新時文読本》，東京：昇竜堂書店，1939 年。

報知新聞社政治部編：《大陸の顔》，東京：東海出版社，1938 年。

橋川時雄編：《中國文化界人物總鑑》，北京：中國華法令編印館，1940 年。

須賀中將追念錄編纂會編：〈故友追念記〉，《須賀彥次郎君追念錄》，東
　　京：須賀中將追念錄編纂會，1943 年。

2. 二手資料

專著

久保田文次：《中國近代化の開拓者‧盛宣懷と日本》，東京：留園出版，
　　2008 年。

小池求：《20 世紀初頭の清朝とドイツ：多元的國際環境下の雙方向性》，
　　東京：勁草書房，2015 年。

小林英夫：《日中戰爭と汪精衞》，東京：吉川弘文館，2003 年。

小林英夫、柴田善雅：《日本軍政下の香港》，東京：社會評論社，1996
　　年。

山口梧郎：《支那常識讀本》，東京：テンセン社，1939 年。

本莊比佐子，內山雅生，久保亨編：《興亜院と戦時中國調査：付刊行物所在目錄》，東京：岩波書店，2002 年。

臼井勝美等編：《日本近現代人名辭典》，東京：吉川弘文館，2001 年，頁 1022。

近代中国人名辭典修訂版編集委員会編集：《近代中国人名辭典（修訂版）》，東京：国書刊行会，2018 年。

高田時雄：〈清末の英語學 —— 鄺其照とその著作〉，《東方學》第 117 輯（2009 年），頁 1－19。

蔭山雅博：《清末日本教習與中國教育近代化》，東京：雄山社，2011 年。

論文

內田慶市：〈鄺其照の玄孫からのメール〉，《或問》131，No. 19（2010 年），頁 131－146。

高田時雄：〈清末の英語學 —— 鄺其照とその著作〉，載《東方學》第 117 輯（2009 年），頁 1－19。

□ 責任編輯：吳黎純
□ 裝幀設計：高　林
□ 排　版：楊舜君
□ 印　務：劉漢舉

番書與黃龍
香港皇仁書院華人精英與近代中國

□
著者
黃振威

□
出版
中華書局（香港）有限公司
香港北角英皇道 499 號北角工業大廈一樓 B
電話：(852) 2137 2338　傳真：(852) 2713 8202
電子郵件：info@chunghwabook.com.hk
網址：http://www.chunghwabook.com.hk

□
發行
香港聯合書刊物流有限公司
香港新界大埔汀麗路 36 號
中華商務印刷大廈 3 字樓
電話：(852) 2150 2100　傳真：(852) 2407 3062
電子郵件：info@suplogistics.com.hk

□
印刷
美雅印刷製本有限公司
香港觀塘榮業街六號海濱工業大廈四樓 A 室

□
版次
2019 年 6 月初版
© 2019 中華書局（香港）有限公司

□
規格
16 開（230 mm × 170 mm）

□
ISBN：978-988-8572-67-0